Chronik 1914

Chronik
Verlag

Abbildungen auf dem Schutzumschlag
(oben links beginnend)
Attentat auf das österreichisch-ungarische Thronfolgerpaar in Sarajevo am 28. Juni 1914
Paul von Hindenburg (vordere Reihe, 2. v. l.), Oberbefehlshaber der bei Tannenberg siegreichen 8. deutschen Armee, im Kreise seines Stabes
Hissen der US-Flagge in Veracruz Llave nach der Besetzung der mexikanischen Stadt durch US-amerikanischen Truppen am 21. April 1914
Deutsche Soldaten auf dem Weg an die Westfront
Brand der Kathedrale von Reims nach der Beschießung durch deutsche Truppen am 20. September 1914
Asta Nielsen in dem Film »Engelein« von Urban Gad
Tango – Vergnügen der »besseren« Gesellschaft und Ärgernis der Polizei

2., überarbeitete Auflage 1989

© Chronik Verlag
in der Harenberg Kommunikation Verlags- und Mediengesellschaft mbH & Co. KG
Dortmund 1988

Copyright für den Beitrag aus Erwin Hölzle (Hg.), Quellen zur Entstehung des Ersten Weltkrieges – Internationale Dokumente 1901 – 1914: Wissenschaftliche Buchgesellschaft, Darmstadt (1978)
für den Beitrag von Gertrude Stein: Suhrkamp Verlag, Frankfurt am Main (1979)
Das Werk einschließlich aller seiner Teile ist urheberrechtlich geschützt.
Jede Verwertung außerhalb der engen Grenzen des Urheberrechtsgesetzes ist ohne
Zustimmung des Verlags unzulässig und strafbar. Das gilt insbesondere für
Vervielfältigungen, Übersetzungen, Mikroverfilmungen und die Einspeicherung
und Verarbeitung in elektronischen Systemen.

Herausgeber: Bodo Harenberg
Autor: Norbert Fischer
Übersichtsartikel: Dr. Ingrid Loschek (Mode), Rainer Wachtel (Architektur)
Lektorat: Ekkehard Kruse
Anhang: Ludwig Hertel, Bernhard Pollmann, Karl Adolf Scherer
Bildredaktion: Margit Schramm
Graphiken: Roman Necki
Redaktionelle Abwicklung: Barbara Reppold-Hinz, Annette Retinski
Leihgeber für Zeitungen und Zeitschriften: Institut für Zeitungsforschung, Dortmund

Satz: Systemsatz, Dortmund
Druck: Mohndruck Graphische Betriebe GmbH, Gütersloh
ISBN 3-611-00036-1

Inhalt

Der vorliegende Band aus der »Chronik-Bibliothek des 20. Jahrhunderts« führt Sie zuverlässig durch das Jahr 1914 und gibt Ihnen – aus der Sicht des Zeitzeugen, aber vor dem Hintergrund des Wissens von heute – einen vollständigen Überblick über die weltweit wichtigsten Ereignisse in Politik und Wirtschaft, Kultur und Sport, Alltag und Gesellschaft. Sie können das Jahr in chronologischer Folge an sich vorüberziehen lassen, die »Chronik 1914« aber auch als Nachschlagewerk oder als Lesebuch benutzen. Das »Chronik«-System verbindet eine schier unübersehbare Fülle von Artikeln, Kalendereinträgen, Fotos, Grafiken und Übersichten nach einheitlichen Kriterien und macht damit die Daten dieses Bandes mit jedem anderen Band vergleichbar. Wer die »Chronik-Bibliothek« sammelt, erhält ein Dokumentationssystem, wie es in dieser Dichte und Genauigkeit nirgends sonst zu haben ist.

Hauptteil (ab Seite 8)

Jeder Monat beginnt mit einem Kalendarium, in dem die wichtigsten Ereignisse chronologisch geordnet und in knappen Texten dargestellt sind. Sonn- und Feiertage sind durch farbigen Druck hervorgehoben. Pfeile verweisen auf ergänzende Bild- und Textbeiträge auf den folgenden Seiten. Faksimiles von Zeitungen und Zeitschriften, die im jeweiligen Monat des Jahres 1914 erschienen sind, spiegeln Zeitgeist und herausragende Ereignisse.

Wichtige Ereignisse des Jahres 1914 werden – zusätzlich zu den Eintragungen im Kalendarium – in Wort und Bild beschrieben. Jeder der 334 Einzelartikel dieses Bandes bietet eine in sich abgeschlossene Information. Die Pfeile des Verweissystems machen auf Artikel aufmerksam, die an anderer Stelle dieses Bandes ergänzende Informationen zu dem jeweiligen Thema vermitteln.

545 teils farbige Abbildungen und grafische Darstellungen illustrieren die Ereignisse und Entwicklungen des Jahres 1914 und werden damit zu einem historischen Kaleidoskop besonderer Art.

Hinter dem Hauptteil (auf S. 214) geben originalgetreue Abbildungen einen Überblick über alle Postwertzeichen, die im Jahr 1914 im Deutschen Reich neu ausgegeben wurden.

Januar	8
Februar	30
März	44
April	56
Mai	72
Juni	84
Juli	100
August	126
September	158
Oktober	170
November	186
Dezember	200

Übersichtsartikel (ab Seite 22)

19 Übersichtsartikel, am blauen Untergrund zu erkennen, stellen Entwicklungen des Jahres 1914 zusammenfassend dar.

Alle Übersichtsartikel aus den verschiedenen Jahrgangsbänden ergeben – zusammengenommen – eine sehr spezielle Chronik zu den jeweiligen Themenbereichen (z. B. Film von 1900 bis 2000).

Wissenschaft und Technik	22
Unterhaltung	28
Werbung	40
Mode	52
Auto	66
Bildungswesen	80
Film	82
Urlaub und Freizeit	96
Arbeit und Soziales	120
Kunst	123
Verkehr	150
Architektur	157
Gesundheit	168
Essen und Trinken	181
Musik	185
Wirtschaft	195
Wohnen und Design	198
Literatur	210
Theater	212

Anhang (ab Seite 215)

Der Anhang zeigt das Jahr 1914 in Statistiken und anderen Übersichten. Ausgehend von den offiziellen Daten für das Deutsche Reich, Österreich und die Schweiz, regen die Zahlen und Fakten zu einem Vergleich mit den vorausgegangenen und den nachfolgenden Jahren an.

Für alle wichtigen Länder der Erde sind die Staats- und Regierungschefs im Jahr 1914 aufgeführt und werden wichtige Veränderungen aufgezeigt. Die Zusammenstellungen herausragender Neuerscheinungen auf dem Buchmarkt sowie der Premieren auf Bühne und Leinwand werden zu einem Führer durch das kulturelle Leben des Jahres.

Das Kapitel »Sportereignisse und -rekorde« spiegelt die Höhepunkte des Sportjahres 1914.

Internationale und deutsche Meisterschaften, die Entwicklung der Leichtathletik- und Schwimmrekorde sowie alle Ergebnisse der großen internationalen Wettbewerbe im Automobilsport, Eiskunstlauf, Fußball, Gewichtheben, Pferde- und Radsport sowie im Tennis sind wie die Boxweltmeister im Schwergewicht nachgewiesen.

Der Nekrolog enthält Kurzbiographien von Persönlichkeiten, die 1914 verstorben sind.

Deutsches Reich, Österreich und Schweiz in Zahlen	215
Die Regierungen des Deutschen Reiches, Österreichs und der Schweiz	218
Staatsoberhäupter und Regierungen ausgewählter Länder	219
Kriege und Krisenherde	221
Ausgewählte Neuerscheinungen auf dem Buchmarkt	222
Uraufführungen in Schauspiel, Oper, Operette und Ballett	223
Filme	224
Sportereignisse und -rekorde	225
Nekrolog	228

Register (ab Seite 231)

Das *Personenregister* nennt – in Verbindung mit der jeweiligen Seitenzahl – alle Personen, deren Namen in diesem Band verzeichnet sind.

Werden Personen abgebildet, so sind die Seitenzahlen kursiv gesetzt. Herrscher und Angehörige regierender Häuser mit selben Namen sind alphabetisch nach den Ländern ihrer Herkunft geordnet. Wer ein bestimmtes Ereignis des Jahres 1914 nachschlagen möchte, das genaue Datum oder die Namen der beteiligten Personen aber nicht präsent hat, findet über das spezielle *Sachregister* Zugang zu den gesuchten Informationen.

Oberbegriffe und Ländernamen erleichtern das Suchen und machen zugleich deutlich, welche weiteren Artikel und Informationen zu diesem Themenfeld im vorliegenden Band zu finden sind. Querverweise helfen bei der Erschließung der immensen Informationsvielfalt.

Personenregister	231
Sachregister	235

Das Jahr 1914

»Eine Landung in England war der Traum, der unter den gotischen Gewölben des Ratskellers nebelte. Die Augen funkelten, und die Beschießung Londons ward verhandelt. Die Beschießung von Paris war eine Begleiterscheinung und vollendete die Pläne, die Gott mit uns vorhatte.«

Mit diesen satirischen Worten charakterisiert Heinrich Mann in seinem 1914 vollendeten zeitkritischen Roman »Der Untertan« die Stammtischgedanken deutscher Bürger aus der letzten Epoche des Kaiserreiches. Der Traum vom Kaiserreich als Weltmacht – so wollen es die deutsche Regierung und das deutsche Militär – soll noch 1914 Wirklichkeit werden: Am frühen Morgen des 4. August marschiert die deutsche Armee in das Nachbarland Belgien ein, beginnt damit ihre wohlvorbereitete Westoffensive und zugleich den ersten Weltkrieg in der Geschichte der Menschheit.

Nach dem tödlichen Attentat auf den österreichisch-ungarischen Thronfolger Erzherzog Franz Ferdinand und seine Frau am 28. Juni in Sarajevo hatte sich die Kriegsgefahr in Europa trotz hektischer diplomatischer Kontakte zwischen den Großmächten ständig verdichtet. Die »Julikrise« mit ihren oft im Stundenabstand gewechselten Depeschen belegt, daß sowohl die deutsche wie die österreichisch-ungarische Regierung das Attentat von Sarajevo für ihr machtpolitisches Kalkül zu nutzen verstehen.

Mit dem Ausbruch des Weltkrieges im August 1914 beginnt ein erbarmungsloser Kampf um die Machtverteilung in Europa und den Kolonien zwischen den Dreibundpartnern Deutsches Reich und Österreich-Ungarn einerseits und der Tripelentente – dem Bündnis zwischen Rußland, Frankreich und Großbritannien – andererseits. Die ersten spektakulären Erfolge der deutschen Truppen an West- und Ostfront können nicht darüber hinwegtäuschen, daß der geplante rasche Sieg über Frankreich nicht möglich ist. Bereits die Marneschlacht im September versetzt den deutschen Siegesträumen einen entscheidenden Dämpfer; nach den beiden Flandernoffensiven im Herbst 1914 erstarrt der deutsche Angriff zu einem zermürbenden Stellungskrieg.

Für scharfsichtige zeitgenössische Beobachter kommt der Kriegsausbruch im August nicht überraschend – zu viele Anzeichen deuten bereits in der ersten Hälfte des Jahres 1914 auf eine bevorstehende militärische Konfrontation hin. Vor allem das Deutsche Reich und die österreichisch-ungarische Doppelmonarchie – getrieben vom Hunger nach Weltmacht das eine, bedroht von der Gefahr innerer Auflösung das andere Land – bereiten den bewaffneten Konflikt zielstrebig vor. So drängt der deutsche Generalstabschef Helmuth von Moltke bereits im Frühjahr auf einen möglichst raschen Angriff gegen Rußland, um das rasant rüstende Zarenregime im östlichen Nachbarstaat als machtpolitischen Faktor zu degradieren.

Die Friedensappelle, die vor allem aus dem sozialistischen Lager kommen, vermögen den immer näher rückenden Krieg nicht zu verhindern. Nach Kriegsausbruch reiht sich die Arbeiterbewegung in den kriegführenden Staaten – auch die deutsche Sozialdemokratie – größtenteils ein in die verbreitete »patriotische« Stimmung. Nur wenige standhafte Pazifisten, wie Karl Liebknecht, verweigern der Kriegspolitik jede Unterstützung.

Letztlich läutet der Krieg das Ende des seit über 40 Jahren bestehenden deutschen Kaiserreiches ein, das sich 1914 noch einmal in seiner ganzen Widersprüchlichkeit entfaltet. Es erweist sich bereits in den letzten Friedensmonaten als eine durch und durch militarisierte Gesellschaft, die ihren weithin sichtbaren repräsentativen Glanz in der Person von Kaiser Wilhelm II. findet. Nicht umsonst werden die Jahre vor dem Weltkrieg als »wilhelminische« Epoche bezeichnet: Der letzte deutsche Monarch steht bei der traditionellen Neujahrszeremonie in der Reichshauptstadt Berlin ebenso im Rampenlicht wie bei einer feierlichen Kanaleinweihung in Kiel.

Politische Macht dagegen übt eine Lobby aus Schwerindustrie und Großagrariertum aus. Unterstützt von politisch rechtsorientierten gesellschaftlichen Gruppen wie dem Alldeutschen Verband und der halbmilitärischen Jugendorganisation Jungdeutschlandbund sowie der preußischen Generalität, fordert sie Expansionsstreben und Aufrüstung, Weltmachtdenken und soldatische Gesinnung im Deutschen Reich.

Die von Heinrich Mann im »Untertan« charakterisierte kriegerische Haltung des Bürgertums im deutschen Kaiserreich zeigt sich erst recht nach Beginn des Krieges. In öffentlichen Pamphleten stellen deutsche Intellektuelle – Künstler wie Wissenschaftler – die blutigen Schlachten als Kampf des »zivilisierten« Deutschtums gegen die internationale Barbarei dar.

Kritische Stimmen werden zum Verstummen gebracht: Nur neun Tage nach Kriegsausbruch muß der Vorabdruck von Heinrich Manns »Untertan« in der Münchener Zeitschrift »Zeit im Bild« aus Furcht vor der Zensur gestoppt werden. Noch am 18. November spricht Thomas Mann gegenüber seinem älteren Bruder Heinrich von einem »großen, grundanständigen, ja feierlichen Volkskrieg«, den das Deutsche Reich führe.

Für die Bevölkerung in Stadt und Land endet das Jahr angesichts wachsender Armut und Nahrungsmittelknappheit in der Sorge um das tägliche Überleben, für die Soldaten in den Schützengräben bedeutet der Rest des Jahres Angst vor dem allgegenwärtigen Tod.

Norbert Fischer

◁ *Verpflegung deutscher Soldaten auf einem Leipziger Vorortbahnhof, wo der Truppentransport auf dem Weg zur Front einen Zwischenhalt eingelegt hat (Zeichnung von Felix Schwormstädt aus der »Leipziger Illustrirten Zeitung«)*

Januar 1914

Mo	Di	Mi	Do	Fr	Sa	So
			1	2	3	4
5	6	7	8	9	10	11
12	13	14	15	16	17	18
19	20	21	22	23	24	25
26	27	28	29	30	31	

1. Januar, Neujahr

In Berlin findet die traditionelle Neujahrszeremonie mit dem deutschen Kaiser Wilhelm II. statt. Beteiligt sind u. a. Vertreter des diplomatischen Korps, aber auch zahlreiche hochrangige Militärs. → S. 14

Bei den offiziellen Neujahrsansprachen in den Hauptstädten der europäischen Großmächte stehen die innenpolitischen Probleme der jeweiligen Staaten im Vordergrund. → S. 15

Der britische Schatzkanzler David Lloyd George kritisiert in einem Gespräch mit der Tageszeitung »Daily Chronicle« in London die Rüstungspolitik seines Kabinettskollegen, des Marineministers Winston Churchill. Er löst damit einen heftigen Streit innerhalb der britischen Regierung aus. → S. 25

Der Berliner Ullstein-Verlag übernimmt mit der »Vossischen Zeitung« eine der wichtigsten Tageszeitungen im Deutschen Reich. Er bezahlt für das linksliberale, lange in Familienbesitz befindliche Blatt 5,5 Millionen Mark. → S. 18

Mit dem Scherl-Konzern geht einer der bedeutendsten Berliner Presseverlage in die Hände der ebenfalls in Berlin ansässigen Großbank Disconto-Gesellschaft über. Über verschiedene Gesellschaften gibt der Pressegigant u. a. den »Lokal-Anzeiger«, die »Gartenlaube«, »Sport im Bild« sowie »Die Woche« heraus. Die Zeitungen und Zeitschriften zeichnen sich durch Innovationen in Inhalt und Aufmachung aus. → S. 18

Richard Wagners Oper »Parsifal« wird am Neujahrstag in mehreren europäischen Städten gezeigt, nachdem am 31. Dezember 1913 das Aufführungsprivileg der Stadt Bayreuth ablief. → S. 26

2. Januar, Freitag

Als Nachfolger von Ahmed Izzet Pascha wird der Führer der einflußreichen jungtürkischen Bewegung, Enwer Pascha, zum neuen Kriegsminister des Osmanischen Reiches ernannt. Enwer fördert den Einfluß des Deutschen Reiches in Konstantinopel. → S. 13

3. Januar, Sonnabend

Der spanische König Alfons XIII. löst in Madrid per Dekret das Abgeordnetenhaus auf. Verfassungsgemäß werden dadurch Neuwahlen zum spanischen Senat notwendig. Alfons XIII. will mit seiner Maßnahme der Regierung von Ministerpräsident Eduardo Dato Iradier zu einer ausreichenden parlamentarischen Mehrheit verhelfen.

In Berlin wird mit Urban Gads Stummfilmkomödie »Engelein« der 24. Film mit der populären dänischen Schauspielerin Asta Nielsen uraufgeführt. Der Streifen gilt unter Kritikern als bester Film des Jahres. → S. 27

4. Januar, Sonntag

In München wird der bayerische Ministerpräsident Georg Freiherr von Hertling in den erblichen Grafenstand erhoben. Bayern ist der einzige deutsche Bundesstaat, der noch die Verleihung des persönlichen Adelstitels praktiziert.

Die Internationale Kriminalistische Vereinigung feiert in Berlin ihr 25jähriges Bestehen. Zu ihren Mitbegründern zählte 1888 der deutsche Jurist und Kriminalpolitiker Franz von Liszt. → S. 21

5. Januar, Montag

In einer Denkschrift spricht sich der russische Außenminister Sergei D. Sasonow bezüglich der sog. Liman-Sanders-Krise gegenüber Zar Nikolaus II. dafür aus, den Einfluß des deutschen Armeekommandos im Osmanischen Reich mit allen Mitteln – notfalls unter Inkaufnahme eines Krieges – zu verhindern (→ 13. 1. / S. 12).

In Straßburg beginnen fünftägige Kriegsgerichtsverhandlungen gegen den deutschen Oberst Adolf von Reuter. Reuter hatte sich im November 1913 als Armeekommandant in der elsässischen Garnisonsstadt Zabern zivilrechtliche Polizeigewalt angemaßt (→ 10. 1. / S. 16).

Der russische Botschafter in Paris, Alexandr P. Iswolski, informiert in einem offiziellen Telegramm den russischen Zar Nikolaus II. über die volle Loyalität Frankreichs bei einer politischen Lösung der sog. Liman-Sanders-Krise (→ 13. 1. / S. 12).

6. Januar, Dienstag

Auf einer am Vortag begonnenen mitteleuropäischen Wirtschaftskonferenz in Budapest erörtern deutsche, österreichisch-ungarische und belgische Wirtschaftsvertreter die Möglichkeit einer Zollunion zwischen den beteiligten Staaten. → S. 25

7. Januar, Mittwoch

Der griechische Ministerpräsident Eleftherios Wenizelos beginnt eine bis zum 15. Februar dauernde Reise ins europäische Ausland. Dabei erläutert er den Regierungen der Großmächte die Politik Griechenlands nach den Balkankriegen 1912/13, insbesondere die Frage der Grenzziehung im südalbanischen Epirus (→ 3. 4. / S. 64).

Der Zentralverband der deutschen Gewerkvereine fordert in Berlin einen arbeitsfreien Sonnabendnachmittag für Arbeiterinnen.

In der Südafrikanischen Union beginnt ein Eisenbahnerstreik, der sich am 13. Januar zum Generalstreik ausweitet. Der Ausstand – er richtet sich gegen die diktatorischen Verhältnisse im Land – wird von Polizei und Milizen brutal unterdrückt und muß am 22. Januar abgebrochen werden. → S. 24

8. Januar, Donnerstag

Im preußischen Landtag in Berlin stellt Finanzminister August Lentze den Haushaltsentwurf 1914 vor. Er umfaßt ein Volumen von rund 4,84 Milliarden Mark und steigt damit gegenüber dem Vorjahr um etwa 280 Millionen Mark.

9. Januar, Freitag

Nach einer Vereinbarung zwischen dem Berliner Magistrat und der Leitung des Deutschen Theaters werden in der laufenden Spielzeit 1913/14 kostenlose Klassikervorstellungen für Volksschüler veranstaltet; die Kosten werden von der Stadt getragen. Unter den geplanten 14 Nachmittagsaufführungen ist u. a. das Schauspiel »Minna von Barnhelm« von Gotthold Ephraim Lessing. → S. 21

Heftige Unwetter führen an der deutschen Ostseeküste zu schweren Schäden. Das pommersche Fischerdorf Damkerort wird für 18 Stunden von der Umwelt abgeschnitten. → S. 20

10. Januar, Sonnabend

In Straßburg endet der Prozeß gegen den Hauptverantwortlichen in der sog. Zabern-Affäre, Oberst Adolf von Reuter, mit einem Freispruch. Das Urteil wird in der liberalen Öffentlichkeit mit Empörung aufgenommen. → S. 16

Der britische Marineminister Winston Churchill wendet sich energisch gegen die Kritik seines Kabinettskollegen, Schatzkanzler David Lloyd George, an der britischen Rüstungspolitik. Gleichzeitig fordert er eine weitere Aufrüstung der britischen Flotte, um – so seine Ansicht – das militärische Gleichgewicht in Europa zu wahren (→ 1. 1. / S. 25).

11. Januar, Sonntag

Einen Ländervergleich im Skispringen auf der Semmeringschanze (Niederösterreich) gewinnt Norwegen vor Österreich, der Schweiz und der Mannschaft des Deutschen Reiches.

12. Januar, Montag

Die deutsche Regierung signalisiert gegenüber Rußland ein Einlenken bei der sog. Liman-Sanders-Krise: Der deutsche General Otto Liman von Sanders wird mit Wirkung vom 14. Januar seines Armeekommandos enthoben und zum Generalinspekteur der Armee im Osmanischen Reich ernannt (→ 13. 1. / S. 12).

Der seit 1912 diktatorisch regierende chinesische Präsident Yüan Shih-kai löst das Parlament in Peking auf. Auf Befehl Yüans sollen die Wahlrichtlinien umgearbeitet und eine Verfassungsänderung vorgenommen werden, bevor das Parlament wieder zusammentreten kann (→ 30. 4. / S. 64).

In Petersburg (heute Leningrad) wird der französische Botschafter in Rußland, Théophile Delcassé, von dem bisherigen Direktor für politische und Handelsangelegenheiten im französischen Außenministerium, Maurice Paléologue, abgelöst. Delcassé wird am 26. August französischer Außenminister.

13. Januar, Dienstag

In der russischen Hauptstadt Petersburg (heute Leningrad) findet eine Sonderkonferenz mit Vertretern von Regierung und Militär zur sog. Liman-Sanders-Krise statt. Während sich der russische Kriegsminister Wladimir A. Suchomlinow für ein militärisches Vorgehen ausspricht, setzt sich Ministerpräsident Wladimir N. Kokowzew mit einem politischen Kompromiß durch und vermindert damit die diplomatischen Spannungen in Europa. → S. 12

Auf Initiative des früheren Sozialisten Aristide Briand gründen 168 französische Abgeordnete in Paris eine sog. Vereinigung der Linken. Mit ihren Forderungen nach Laienschule, Gewissensfreiheit, Steuerreform und weiterer Demokratisierung zählt die neue Gruppierung innerhalb der nicht schwach entwickelten französischen Parteienlandschaft zum Spektrum der antiklerikalen Republikaner.

Auf 17 öffentlichen Versammlungen fordern Hamburger Arbeiter eine Verbesserung des Koalitionsrechts und damit ihrer Möglichkeiten zur gewerkschaftlichen Organisation. Im Mittelpunkt steht dabei die Ausdehnung des Koalitionsrechtes u. a. auf den Agrarsektor und öffentlichen Dienst. → S 17

14. Januar, Mittwoch

Der deutsche Reichstag in Berlin beschließt die Einsetzung eines Ausschusses, der ein Gesetz über die Befugnisse des Militärs gegenüber der Zivilgewalt erarbeiten soll. Im Hintergrund der Entscheidung stehen die Ereignisse der sog. Zabern-Affäre (→ 10. 1. / S. 16).

In Straßburg verteidigt die zweite Kammer des elsaß-lothringischen Parlaments in einer Resolution das Verhalten der Zivilbehörde während der sog. Zabern-Affäre im November 1913. Dagegen kritisiert sie das Verhalten des in Zabern stationierten deutschen Militärs ebenso wie den Freispruch im Prozeß gegen den zuständigen Kommandanten Adolf von Reuter (→ 10. 1. / S. 16).

15. Januar, Donnerstag

Der deutsche Panzerkreuzer »Goeben« trifft zu einem Besuch in der südostsizilianischen Hafenstadt Syrakus ein. Italien und das Deutsche Reich wollen damit demonstrativ ihre militärische Verbundenheit betonen.

Der Budgetausschuß des deutschen Reichstages in Berlin lehnt die Bewilligung einer ersten Rate von 46 000 Mark zur Vorbereitung der Olympischen Spiele 1916 in Berlin ab. Abgeordnete des Zentrums verweisen dabei auf die Zuständigkeit der einzelnen deutschen Länder, während Sozialdemokraten die Unterdrückung des Arbeiterturnens kritisieren (→ 17. 2. / S. 42).

In Paris erklärt sich der französische Ministerpräsident Gaston Doumergue zu einer finanziellen Unterstützung der französischen Mannschaft für die Olympischen Spiele 1916 in Berlin in Höhe von 150 000 Francs (122 100 Mark) bereit.

Januar 1914

Der Amtsantritt des deutschen Prinzen Wilhelm zu Wied als Fürst von Albanien am 7. März 1914 wirft seinen Schatten voraus: Die Frau des neuen Herrschers (l.) mit ihrer Tochter Marie Eleonore und Königin Elisabeth von Rumänien, geb. Prinzessin zu Wied, auf der Titelseite der Familienzeitschrift »Die Woche« (Nr. 1)

Nummer 1. — **DIE·WOCHE** — Seite 9.
Bilder vom Tage

Königin Elisabeth von Rumänien, geb. Prinzessin zu Wied, und Prinzessin Wilhelm zu Wied, die künftige Beherrscherin Albaniens, mit ihrer Tochter Marie Eleonore.
Ein deutsches Fürstengeschlecht auf dem Balkan.

Januar 1914

Militärische Konfrontation in Europa vorerst verhindert

13. Januar. Auf einer Sonderkonferenz in Petersburg (heute Leningrad) entscheidet sich die politische und militärische Führung Rußlands gegen militärische Aktionen zur Lösung der sog. Liman-Sanders-Krise. Zuvor hatte die deutsche Regierung unter internationalem Druck bereits eine Entschärfung der deutschen Militärmission im Osmanischen Reich zugesagt, die Europa zu Beginn des Jahres an den Rand eines Krieges gebracht hatte. An der Petersburger Sonderkonferenz nehmen neben dem russischen Ministerpräsidenten Wladimir N. Kokowzew Außenminister Sergei D. Sasonow, Kriegsminister Wladimir A. Suchomlinow, Marineminister Iwan K. Grigorowitsch und der russische Generalstabschef Jakov G. Zilinsky teil.

Während Sasonow mit Unterstützung des Kriegsministeriums seine Bereitschaft demonstriert, die deutsche und osmanische Regierung auch unter Inkaufnahme eines Krieges unter Druck zu setzen, befürwortet Kokowzew eine Verhandlungsstrategie. Im Fall des Scheiterns aller Bemühungen solle die russische Regierung gegenüber dem Osmanischen Reich einen finanziellen Boykott beschließen. Kokowzew erklärt, daß er »den Krieg für Rußland im Augenblick für das größte Unglück halte«. Schließlich setzt sich der Ministerpräsident mit seiner kompromißbereiten Haltung durch, zumal die Verbündeten Großbritannien und Frankreich militärische Aktionen ablehnen.

Die russische Regierung hatte bereits seit November 1913 – nach ersten Informationen über den Umfang der deutschen Militärmission im Osmanischen Reich – diplomatische Schritte unternommen. Das Drängen auf ultimative Maßnahmen stieß jedoch bei ihren Bündnispartnern gegen Ende des Jahres 1913 auf eine lediglich abwartende Haltung. Trotz russischer Hinweise auf die Gefahr einer politischen Niederlage und damit Demütigung der Tripelentente zwischen Großbritannien, Frankreich und Rußland (Sasonow-Denkschrift) blieben die Bündnispartner bei ihrer Haltung.

Stationen russischer Diplomatie
17. 11. 1913: Der russische Ministerpräsident Wladimir N. Kokowzew protestiert erstmals in Berlin.
13. 12. 1913: Die osmanische Regierung erhält eine britisch-französisch-russische Anfrage wegen der deutschen Militärmission.
5. 1. 1914: Eine Denkschrift des russischen Außenministers Sergei D. Sasonow fordert Zwangsmaßnahmen gegen Deutsche und Osmanen.

Außerdem wurde die Liman-Sanders-Krise durch ein von der deutschen Regierung am 12. Januar 1914 signalisiertes Einlenken entschärft. Daraus resultiert am 14. Januar die Abgabe des deutschen Kommandos über das osmanische I. Armeekorps. Als Ergebnis der insbesondere vom deutschen Außenminister Gottlieb von Jagow durchgesetzten kompromißbereiten Politik wird General Otto Liman von Sanders stattdessen zum Generalinspekteur des osmanischen Heeres herabgestuft, um von dort den Einfluß des Deutschen Reiches auszubauen.

Deutsche Militärmission verursacht Krise

Die sog. Liman-Sanders-Affäre resultiert aus der Entsendung einer deutschen Militärmission unter Leitung von General Otto Liman von Sanders in die osmanische Hauptstadt Konstantinopel am 14. Dezember 1913. Im Hintergrund stehen Auseinandersetzungen zwischen den europäischen Großmächten um den politischen Einfluß am Bosporus.

In einer geheimen Abschiedsaudienz hatte der deutsche Kaiser Wilhelm II. am 9. Dezember 1913 die Ziele der Mission u. a. mit Einflußnahme auf Armee und Kriegsministerium sowie Kontrolle der Politik anderer Großmächte im Osmanischen Reich umrissen. Außerdem soll sie das Osmanische Reich als militärisches Gegengewicht zu Rußland stärken.

Den imperialistischen Zielen der deutschen Regierung steht das Interesse Rußlands an einem freien Zugang zum Mittelmeer über Bosporus und Dardanellen entgegen. Auf diesem südlichen Seeweg wurden im Durchschnitt der Jahre 1903 bis 1912 37% der russischen Ausfuhr abgewickelt.

Rußland sieht seine Exporte bedroht, weil die militärische Befestigung des Meerengengebietes zu den Hauptaufgaben der deutschen Militärmission zählt. Rußlands Bündnispartner Großbritannien und Frankreich dagegen verfolgen eigene politische, wirtschaftliche und militärische Ziele im Osmanischen Reich.

Generalleutnant Otto Liman von Sanders wurde am 17. Februar 1855 im pommerschen Stolp geboren. Vor seiner Ernennung zum Leiter der deutschen Militärmission im Osmanischen Reich kommandierte er die 22. Heeresdivision. Der Plan einer deutschen Militärmission wurde am 28. Oktober 1913 vertraglich geregelt

Kokowzew setzt sich gegen Sasonow durch

13. Januar. Das im folgenden auszugsweise dokumentierte Protokoll der Petersburger Sonderkonferenz zur sog. Liman-Sanders-Affäre zeigt deutlich, wie nahe Europa zu Beginn des Jahres 1914 vor dem Ausbruch eines Krieges steht.

»Der Vorsitzende des Ministerrates [Wladimir A. Kokowzew] gibt der Ansicht Ausdruck, daß der Zweck dieser Konferenz eine Bestimmung der Position wäre, die die Kaiserliche Regierung [von Zar Nikolaus II.] bei jeder Wendung, die die Dinge nehmen könnten, einzunehmen hätte... Der Außenminister [Sergei D. Sasonow] gibt der Überzeugung Ausdruck, daß unsere, nicht durch Druck verstärkten Ratschläge in Konstantinopel erfolglos bleiben würden. Indem der Minister hierauf die Konferenz ersucht, zur Beratung von Mitteln zur Nötigung der Türkei überzugehen, teilt er mit, daß er in den Unterredungen mit dem französischen und englischen Gesandten in St. Petersburg eine gewisse Folgerichtigkeit in den etwaigen Schritten der Mächte des Dreiverbandes [Tripelentente – Großbritannien, Frankreich, Rußland] angedeutet hätte. Erstens erscheine es möglich, zu einem finanziellen Druck auf die Türkei zu greifen... Zweitens müßte man für den Fall, daß die Maßnahmen finanziellen Charakters auf die Türkei nicht die gewünschte Einwirkung ausüben sollten, ein Programm ausarbeiten, in dem Methoden zur Ausübung eines unmittelbaren Druckes auf die Pforte vorzusehen wären... Der Außenminister lenkt die Aufmerksamkeit der Konferenz auf die Möglichkeit, durch energisches und gleichzeitig vorsichtiges, einmütiges Handeln der drei Mächte einen Erfolg zu erzielen, wobei dies nach Ansicht des Ministers durchaus nicht unbedingt einen Krieg mit Deutschland zur Folge haben müßte. In Wirklichkeit würde Deutschland ein Auftreten Rußlands, das nur die Unterstützung von Frankreich allein hätte, nicht sonderlich gefährlich erscheinen. Beide Staaten wären wohl kaum imstande, Deutschland einen tödlichen Schlag zu versetzen, auch nicht im Falle militärischer Erfolge, die sich nie voraussagen lassen. Ein Kampf unter Beteiligung Englands dagegen könnte für Deutschland verhängnisvoll werden, das sich ganz klar über die Gefahr ist, bei einem englischen Eingreifen binnen sechs Wochen einer völligen sozialen inneren Katastrophe entgegengeführt zu werden... Unzweifelhaft erscheint das Eingreifen Großbritanniens im Falle einer für Rußland und Frankreich ungünstigen Wendung der militärischen Operationen. Diese Einmischung könnte entweder auf die Beendigung des vom Standpunkte der englischen Interessen unvorteilhaften europäischen Zusammenstoßes oder auf die Unterstützung derjenigen Staaten gerichtet sein, deren Niederlage den Aufgaben der englischen Politik widerspricht [Rußland und Frankreich]... Kokowzew, der gegenwärtig einen Krieg für das größte Unglück für Rußland hält, spricht sich dahin aus, daß es äußerst unerwünscht wäre, Rußland in einen europäischen Konflikt zu verwickeln, welcher Ansicht sich die übrigen Mitglieder der Konferenz anschließen... [Er faßt] das Gutachten der Konferenz in folgenden Thesen zusammen... [1. Ein deutsches Armeekommando kann nicht akzeptiert werden, wohl aber eine Inspekteurstellung.] 2. Die Unterhandlungen mit Berlin sind solange fortzusetzen, bis deren Erfolglosigkeit vollkommen klar zutage liegt. [3. Maßnahmen sind nur im Einvernehmen mit Großbritannien und Frankreich zu treffen.] 4. Sollte die aktive Beteiligung sowohl Frankreichs und Englands an gemeinsamen Schritten mit Rußland nicht gesichert sein, so erscheint es nicht möglich, zu Druckmitteln zu greifen, die einen Krieg mit Deutschland zur Folge haben könnten.«

Autoritäres Regime bestimmt politische Verhältnisse in Rußland

Die innenpolitische Lage in Rußland unter dem seit 1894 amtierenden Zar Nikolaus II. zeichnet sich durch scharfe Repressionen gegen Oppositionelle und krasse soziale Gegensätze aus.
Um 1900 hatte Rußland als imperialistische Großmacht auch wirtschaftlich Anschluß an West- und Mitteleuropa gewonnen. Die rasche Industrialisierung führte jedoch zur Bildung eines millionenstarken, in elenden Verhältnissen lebenden Industrieproletariats. Nach der erfolglosen Revolution von 1905 verschärfte sich der politische Druck des zaristischen Regimes auf fortschrittliche Kräfte (vor allem Sozialdemokraten). Das 1905 eingesetzte Parlament (Duma) erwies sich als Scheineinrichtung, die seit den Wahlrechtsänderungen 1907 eine der Regierung genehme Zusammensetzung hat. Viele Oppositionelle (u. a. Wladimir I. Lenin) gingen ins Exil.

Der russische Zar Nikolaus II. (l.) – hier zusammen mit französischen Offizieren während eines Manövers – wurde am 19. Mai 1868 in Zarskoje Selo (heute Puschkin) geboren. 1894 übernahm er den Thron. Ebenso wie sein Vater regiert er autokratisch

Enwer Pascha wird neuer Kriegsminister

2. Januar. In Konstantinopel (heute Istanbul) tritt der Kriegsminister des Osmanischen Reiches, Ahmed Izzet Pascha, zurück. Zu seinem Nachfolger wird der Jungtürkenführer Enwer Pascha ernannt.
Der 32jährige General Enwer Pascha gilt als einflußreichster osmanischer Politiker. Das von ihm geführte Komitee »Einheit und Fort-

Am 22. November in Konstantinopel geboren, stieß der Berufsoffizier Enwer Pascha früh zu den Jungtürken und beteiligte sich an der Revolution 1908/09 wie auch 1913 am Balkankrieg

schritt« hatte der jungtürkischen Bewegung, die eine säkularisierte, an westlichen Vorbildern orientierte Gesellschaft anstrebt, durch einen Putsch am 23. Januar 1913 endgültig zur Macht verholfen.
Am 6. Januar wird Enwer Pascha auch Generalstabschef. Aufgrund seiner grundsätzlich deutschfreundlichen Einstellung – er war von 1909 bis 1911 Militärattaché in Berlin – gilt er als Wegbereiter des deutschen Einflusses im Osmanischen Reich.

50 Jahre lokale Selbstverwaltung

20. Januar. In der russischen Hauptstadt Petersburg (heute Leningrad) finden Feiern zum 50jährigen Bestehen der sog. Semstwos statt. Sie bilden öffentliche Organe der lokalen Selbstverwaltung.
Im europäischen Rußland am 1. Januar 1864 (sog. Semstwo-Reform) auf Kreis- und Gouvernementsebene eingeführt, übernehmen die Semstwos in begrenztem Maß öffentliche Aufgaben wie Straßen- und Brückenbau, Fuhr- und Postdienste und Wirtschaftsförderung sowie Aufgaben im Schul- und Gesundheitswesen.
Trotz Vormacht des Adels wurden sie nach 1880 zur Basis des organisierten Liberalismus. Eine neue Semstwo-Ordnung vom 12. Juni 1890 schuf verstärkt staatliche Kontrollmöglichkeiten.

Januar 1914

Neujahrsfeiern »innerhalb der Grenzen des Erlaubten«

1. Januar. Die erste Nacht des Jahres 1914 ist von zahlreichen offiziellen und privaten Silvesterfeiern bestimmt. Neben den kostspieligen organisierten Veranstaltungen versammeln sich auch viele Menschen auf den Straßen. Der nachstehende Bericht aus der »Frankfurter Zeitung« schildert die Stimmung auf der Zeil, einer Frankfurter Straße:

Neujahrskarte 1914 mit militärisch ausstaffiertem kleinem Kind

»Am lebhaftesten war es wie immer auf der Zeil. Hatte aber diese Straßenfeier Frankfurt in früheren Jahren ein nicht ganz einwandfreies Renommee verschafft, so ging es diesmal verhältnismäßig ruhig her ... Eine Stunde lang schrie man sich gegenseitig ›Prosit Neujahr!‹ in die Ohren. Dann begann eine immer stärker wahrnehmbare Abwanderung ... in die Seitenstraßen, in die Kaffeehäuser und Restaurationen, die bald vollgepfropft waren. Die Polizei hatte umfangreiche Vorkehrungen getroffen, um allen Ausschreitungen begegnen zu können. Die gesamte Schutzmannschaft, einschließlich der berittenen, war dienstbereit und an verschiedenen Stellen zum sofortigen Einschreiten aufgestellt. Auf der Zeil, in der Kaiserstraße und in den Seitengassen patrouillierten in ziemlich dichten Abständen Doppelposten ... Die Jahreswende wurde zwar heuer laut und geräuschvoll gefeiert, Frösche knallten ... aber das alles spielte sich innerhalb der Grenzen des Erlaubten ab.«

Der Kaiser und der Kriegsminister.

Generalfeldmarschall von Bock u. Polach und Exz. von Tirpitz.

Der Kaiser mit seinen Söhnen und seinem Gefolge auf dem Weg zur Paroleausgabe im Zeughaus.

Die Prinzen Friedrich Karl (×) und Friedrich Sigismund (××).

Der türk. Mil.-Att. Djemil Bei (×) u. Izzet Bei Baban (××).

Von der militärischen Neujahrsfeier in Berlin.

Kaiser und Militär Hand in Hand bei den Neujahrszeremonien

1. Januar. *Das offizielle Berlin feiert den Neujahrstag mit den traditionellen Zeremonien. Um 10.15 Uhr begeben sich der deutsche Kaiser Wilhelm II., Regierungsvertreter und zahlreiche hochrangige Militärs zu einem gemeinsamen Gottesdienst in die Schloßkapelle. Um 11.30 Uhr folgt der Empfang des diplomatischen Korps. Nach der traditionellen Parole-Ausgabe im Zeughaus (Abb.: Wilhelm II. und Gefolge auf dem Weg) findet im Schloß eine Frühstückstafel statt. Der Abend dient einem Essen mit der deutschen Generalität, dem eine militärische Besprechung über den Verlauf der sog. Kaisermanövers vom September 1913 folgt.*

Neujahrsansprachen: Soziale Konflikte und Friedensreden

1. Januar. Die öffentliche Diskussion zur Jahreswende im Deutschen Reich wird – neben der immer noch umstrittenen, am 30. Juni 1913 vom Reichstag in Berlin verabschiedeten größten Aufrüstungsvorlage seit 1871 – vor allem durch die Ereignisse der sog. Zabern-Affäre bestimmt (→ 10. 1. / S. 16). Konservative Politiker nehmen die Empörung in der deutschen Öffentlichkeit als Anlaß zur antidemokratischen Agitation.

Der 49jährige Deutschkonservative Kuno Graf von Westarp ist seit 1908 Mitglied des Reichstages und seit 1913 auch Fraktionsvorsitzender seiner Partei

Der Fraktionsvorsitzende der Deutschkonservativen Partei (→ 22. 1. / S. 17) im Reichstag, Kuno Graf von Westarp, warnt vor einer »Machterweiterung des Reichstages und einer Schmälerung der Rechte des Kaisers«.

Oktavio Freiherr von Zedlitz und Neukirch, Führer der Freikonservativen im preußischen Abgeordnetenhaus in Berlin, will eine etwaige Entwicklung des Deutschen Reiches zu einer sozialen und bürgerlichen Demokratie mit allen zur Verfügung stehenden Mitteln energisch bekämpfen.

Dagegen gibt der Jurist und liberale Politiker Conrad Haußmann (Reichstagsabgeordneter für die Fortschrittliche Volkspartei) in einem in der Neujahrsausgabe der »Frankfurter Zeitung« erschienenen Leitartikel eine Standortbestimmung bürgerlich-liberaler Positionen. Nach Schilderung der Entwicklung bürgerlicher Zivilisation in den letzten hundert Jahren kritisiert er vor allem die Mißachtung der Arbeit durch den deutschen Adel und die bisher nicht realisierte politische Gleichheit im Deutschen Reich. Mit einem Hinweis auf die Mißachtung staatsbürgerlicher Rechte spielt auch er auf die Zabern-Affäre an.

Haußmann sagt wörtlich u. a.: »Geht es vorwärts oder führt die Bewegung nur im Kreis herum? Herrscht ein Gesetz der Entwicklung auch im Staat und in der Gesellschaft . . . Das Verhältnis Deutschlands zu anderen Völkern ist unter der Nachwirkung früherer Erschütterungen und wegen der kurzen Dauer der eigenen Stabilität noch nicht im Gleichgewicht; sichere, offene Richtlinien der Auslandspolitik fehlen den Regierten und Regierenden. Die Selbsterziehung der Völker hat erst angefangen . . . Überhaupt die Schattenseiten sind erheblich, und sie verdienen da am lebhaftesten getadelt zu werden, wo der Staat sich mitverantwortlich macht. Das tut er in Deutschland z. B. mit seiner beschränkten und beschränkenden Züchtung des Respekts vor Titeln und Rangstufen. Die deutsche Menschheit wird amtlich noch nach Ranglisten klassifiziert und gesellschaftlich gewertet von den hohen und höchsten Stellen, die für die Volkserziehung mitverantwortlich sind . . . Man konserviert ›Klassen‹. Um Staatsdiener zu ›erhöhen‹, ›erniedrigt‹ man die Staatsbürger.«

Die »Frankfurter Zeitung« führt zum Jahresbeginn 1914 in gesellschaftspolitischen Fragen unter dem Stichwort »Epigonen oder Neugestalter?« in Abgrenzung zum konservativen Lager eine Bestandsaufnahme liberaler Grundsatzpositionen durch.

Anton Erkelenz, geboren am 10. Oktober 1878 in Neuss, arbeitete zunächst als Schlosser und Dreher. 1902 wurde er Sekretär der liberal orientierten Hirsch-Dunckerschen Gewerkvereine in Düsseldorf

Der liberale Gewerkschafter Anton Erkelenz bezeichnet die kulturelle Emanzipation der Arbeiter als Kern der sozialen Frage. Wörtlich sagt Erkelenz: »Für die Massen der Arbeitnehmer hat das technische Zeitalter zwar Brot geschaffen, hat das Streben nach Kulturanteil wachgerufen, aber es vermag es nicht zu erfüllen.« Für die bürgerliche Frauenbewegung nennt die Schriftstellerin Marianne Weber die Erkämpfung aller Staatsbürgerrechte, Gleichberechtigung in der Ehe, Erschließung aller Berufsarten und Bildungsmöglichkeiten als vorrangige Ziele. Sie fährt fort: »Vielmehr ist dies wiederum, was die moderne Frau im Bereich ihres eigenen Wesens von der Bejahung ihrer menschlichen Fähigkeiten erwartet: Nämlich die Möglichkeit und die Entwicklung der Fähigkeit, an der Einzelnen auf Grund der ihr verliehenen Wesenskräfte den Sinn und Wert ihres Lebens . . . selbständig zu schaffen, das Leben aus eigener Kraft zu leisten. Dies ist die adäquateste, die notwendige inhaltliche Ergänzung der erstrebten sittlichen Autonomie, ein allgemein-menschlicher höchster Anspruch, den jedes nach Vollkommenheit strebende Wesen an sich stellen muß.«

Auf den offiziellen politischen Neujahrsempfängen in den europäischen Metropolen wird im allgemeinen der Wunsch nach Sicherung des Friedens herausgestellt. Darüber hinaus allerdings bestimmen innenpolitische Probleme der einzelnen Staaten die Reden der Staatsmänner wie auch die öffentlichen Diskussionen.

In Paris hebt der französische Präsident Raymond Poincaré in einem Rückblick auf das Jahr 1913 die Wiederherstellung des Friedens durch die Beendigung der Balkankriege hervor.

Der 53jährige Raymond Poincaré stammt aus bildungsbürgerlichen Verhältnissen. Bereits 1887 war der konservative Politiker erstmals Abgeordneter. Am 17. Januar 1913 wurde er zum Präsidenten gewählt

Während Poincaré bei seinen Ausführungen auf die schwelenden internationalen Konflikte wie die sog. Liman-Sanders-Krise (→ 13. 1./S. 12) nicht eingeht, wird der Neujahrsempfang in der italienischen Hauptstadt Rom allgemein als Hinweis auf eine Annäherung zwischen Frankreich und Italien gewertet. Der bereits seit 1897 im Amt befindliche französische Botschafter in Rom, Camille Barrère, betont in einer Ansprache auf einem Empfang der französischen Kolonie die traditionelle Freundschaft zwischen beiden Ländern. Italien und Frankreich gehören politisch gegensätzlich ausgerichteten Bündnissystemen in Europa an (→ 11. 2. / S. 34).

In Budapest weist der ungarische Oppositionsführer Mihály Graf Károlyi von Nagykárolyi auf die Notwendigkeit hin, den Kampf gegen das Regime von Ministerpräsident István Graf Tisza fortzusetzen. Graf Károlyi fordert die Schaffung eines demokratischen Ungarn durch Einführung des allgemeinen, gleichen und geheimen Wahlrechts. 1912 und 1913 hatte der Ausschluß der Opposition aus dem Parlament durch Graf Tisza zu zahlreichen Protestaktionen im ungarischen Landesteil der habsburgischen Doppelmonarchie Österreich-Ungarn geführt.

Albert I. ist seit 1909 König der Belgier. Der am 8. April 1875 in Brüssel geborene Monarch erkennt früh die krisenhafte Zuspitzung der europäischen Politik vor dem Ersten Weltkrieg

Für politisches Aufsehen sorgt der belgische König Albert I., als er auf einem Neujahrsempfang in Brüssel eine Neuorientierung der belgischen Kolonialpolitik ankündigt. Ohne die Kolonialherrschaft grundsätzlich in Frage zu stellen, führt der Monarch aus: »An Ort und Stelle, also in der Kolonie selbst, muß nach dem Beispiel anderer Kolonialländer eine Regierung errichtet werden, die von der Zentralregierung mit weitgehenden Machtbefugnissen ausgestattet wird. Die Bevormundung von hier aus, die jetzt auf der Kolonialverwaltung lastet, kann nicht aufrechterhalten werden.« Nach dieser programmatischen Rede drohen in Belgien schwere innenpolitische Konflikte um die Frage der Kolonialherrschaft.

Januar 1914

Zivile Prozeßzeugen (hier Elsensohn) sprechen von einem Skandal

Auch im Verlauf des Prozesses in Straßburg wird die Empörung der Zaberner Bürger (r. der Zeuge Denkel neben einem Soldaten) deutlich

Als offizieller Anklagevertreter fungiert Kriegsgerichtsrat Ossiander

Straßburg: Freispruch in Zabern-Affäre

10. Januar. Im fünftägigen Hauptprozeß zur sog. Zabern-Affäre spricht das Kriegsgericht Straßburg den deutschen Oberst Adolf von Reuter von der Anklage der Amtsanmaßung, der Freiheitsberaubung und des Hausfriedensbruchs frei. Das Urteil belegt die Dominanz des deutschen Militärs gegenüber politischen Instanzen.

Das Gericht stützt sich bei dem Freispruch auf eine alte preußische Kabinettsordre aus dem Jahr 1820, das den Militärbehörden in Ausnahmefällen das Recht zur Unterdrückung innerer Unruhen zuspricht. Wörtlich heißt es in dem Urteil: »Hier können auch staatsrechtliche Bedenken gegen die Vorschriften nicht erhoben werden ... Gerade durch ein langandauerndes Versagen der Polizei ist eine Art Selbsthilfe des Militärs umso mehr geboten.« Zwei weitere deutsche Offiziere werden am gleichen Tag in Straßburg wegen ihrer aktiven Beteiligung an der Zabern-Affäre ebenfalls freigesprochen. Die Straßburger Urteile werden in der liberalen deutschen und ausländischen Öffentlichkeit mit Empörung aufgenommen. Insbesondere wird die Tatsache kritisiert, daß dem preußischen Militär unter Rückgriff auf anachronistische Verordnungen die Möglichkeit zur Aufhebung verfassungsrechtlicher Zustände und damit ein Übergewicht im Verhältnis zur Politik eingeräumt wird.

Die Anfang November 1913 beginnende Zabern-Affäre – die schwerste verfassungspolitische Krise im Deutschen Reich seit 1908 – war dadurch ausgelöst worden, daß deutsche Offiziere die einheimische Bevölkerung in der elsässischen Garnisonsstadt Zabern beschimpft hatten. Seit dem 6. November kam es aus diesem Anlaß zu Protestkundgebungen, die der örtliche Kommandant Adolf von Reuter mittels brutaler Gewaltherrschaft des Militärs zu unterdrücken versuchte. In diesem Zusammenhang wurden zwischen dem 26. November und 1. Dezember Zaberner Bürger durch deutsche Offiziere willkürlich verhaftet und verschleppt. Zugleich patrouillierten bewaffnete deutsche Truppen durch die elsässische Stadt. Am 28. November ließ Adolf von Reuter 30 Zivilisten, die an einer Demonstration teilgenommen hatten, gefangennehmen und über Nacht in einem Kasernenkeller internieren. Das militärische Vorgehen wurde Anfang Dezember von der deutschen Regierung gerechtfertigt. Die Affäre – auch Gegenstand eines folgenlosen Mißtrauensvotums gegen Reichskanzler Theobald von Bethmann Hollweg – gilt als Beispiel für die Militarisierung der deutschen Gesellschaft vor dem Ersten Weltkrieg.

»Im Verkehr mit Offizieren haben Sie die Binde abzunehmen! Verstanden?!« (Karikatur im »Simplicissimus«)

Empörung in der liberalen Presse

Die in Berlin erscheinende bürgerlich-liberale »Vossische Zeitung« drückt in einem Leitartikel am 12. Januar ihre Empörung über den zwei Tage zuvor ergangenen Freispruch im Prozeß vor dem Kriegsgericht Straßburg in der sog. Zabern-Affäre aus.

»Unmöglich kann sich der Bürgerstand den Gedanken aneignen, daß er schutzlos der bewaffneten Macht preisgegeben sei und eine Gesetzesverletzung keine Sühne finde, wenn nur dem Offizier das Bewußtsein der Rechtswidrigkeit seines Vergehens gefehlt hat. Wenn das Rechtens sein sollte, so hätte das Deutsche Reich aufgehört, ein Rechtsstaat zu sein. Dann wären alle Gesetze zum Schutz der persönlichen Freiheit nicht das Papier wert, worauf sie gedruckt sind. Und deshalb ist es jetzt die unabweisliche Pflicht der Volksvertretung, eine durchgreifende Änderung dieser Verhältnisse zu fordern, und die Pflicht der Regierung, sie ungesäumt zu schaffen... Daß die objektiven Rechtsverletzungen ... keine strafrechtliche Verfolgung finden sollen, wird neue Beunruhigung hervorrufen und ernste politische Nachteile in den Reichslanden [gemeint: die erst seit 1871 zum Deutschen Reich zählenden Elsaß und Lothringen] verursachen.«

Adelspartei agitiert gegen Demokratie

22. Januar. Auf einem pommerschen Landesparteitag in Stettin unter dem Motto »Kaisermacht oder Parlamentsherrschaft?« bekräftigt die monarchistisch orientierte Deutschkonservative Partei ihre ablehnende Haltung zur parlamentarischen Demokratie.

Vor dem Plenum fordert der Präsident des preußischen Abgeordnetenhauses und deutschkonservative Spitzenpolitiker Hans Graf von Schwerin-Löwitz zum Kampf gegen demokratische Reformen auf, wie sie nach seiner Ansicht von den Sozialdemokraten Friedrich Ebert und Hugo Haase, aber auch von liberalen Politikern angestrebt werden. Wörtlich heißt es in einer von ihm verfaßten und von den rund 400 Delegierten verabschiedeten Resolution: »Sie [die pommerschen Konservativen] sind bereit, mit allen Volkskreisen und Parteien gemeinsam zu arbeiten, welche noch fest auf dem Boden unserer monarchischen konstitutionellen Reichs- und Staatsverfassung stehen.«

Der Präsident des deutschen Landwirtschaftsrates und Rittergutsbesitzer Hans Graf von Schwerin-Löwitz verkörpert in bezeichnender Weise die programmatischen Interessen der Deutschkonservativen. Während einer Strukturkrise der deutschen Landwirtschaft 1876 durch preußische Großagrarier gegründet, verstanden sie sich von vornherein als Standesvertretung des Großgrundbesitzes. Die ausschließlich von Adligen geführte Partei erzielte vor allem in Preußen aufgrund des Dreiklassenwahlrechts eine politische Macht, die ihrer zahlenmäßigen Stärke in keiner Weise entspricht. Ihr Einfluß wird durch die Besetzung zahlreicher wichtiger Verwaltungspositionen zusätzlich verstärkt. Als Kopf der autoritär strukturierten Deutschkonservativen Partei gilt der preußische Rittergutsbesitzer und ultrakonservative Politiker Ernst von Heydebrand und der Lasa.

Im Deutschen Reichstag in Berlin stellt die Deutschkonservative Partei seit der Parlamentswahl von 1912 45 Abgeordnete.

Seit 1893 im Reichstag vertreten: Hans Graf von Schwerin-Löwitz

Ernst von Heydebrand   *SPD-Führer Haase*   *Sozialdemokrat Ebert*

Arbeiterkampf für Koalitionsfreiheit

13. Januar. Auf 17 öffentlichen Versammlungen fordern Hamburger Arbeiter Verbesserungen des Koalitionsrechts. In einer Resolution verwahren sie sich außerdem gegen Beschneidungen bereits bestehender Koalitionsmöglichkeiten.

Wörtlich heißt es in der Resolution: »Die Versammlung ist überzeugt, daß jede Schmälerung dieses Rechtes die schwersten inneren Krisen für Deutschland heraufbeschwören würde, daß insbesondere die organisierte Arbeiterschaft zu den schärfsten Kampfmitteln greifen müßte, um ein solches Attentat auf ihre soziale Stellung abzuwehren ... Das Koalitionsrecht ist auf alle erwerbstätigen Männer und Frauen in Privat- und Staatsbetrieben sowie in den häuslichen Diensten auszudehnen.« Des weiteren fordern die Arbeiter ein Verbot für Unternehmer, Arbeitsverträge von der Nichtmitgliedschaft in einer Gewerkschaft abhängig zu machen.

Seit der Regelung des Koalitionsrechtes im Jahr 1869 – es bietet im gewerblichen Bereich begrenzte Möglichkeiten zur organisierten Durchsetzung sozialer und wirtschaftlicher Interessen – kämpfen die Gewerkschaften um dessen Ausdehnung auf andere Wirtschaftssektoren (z. B. Landwirtschaft und öffentlicher Dienst).

Reaktionäre Kreise formieren sich im Preußenbund

18. Januar. In Berlin hält der am 14. Juni 1913 gegründete Preußenbund seine erste Tagung ab. Unter den rund 250 Anwesenden befinden sich zahlreiche konservative Politiker und bekannte Militärs wie Ernst von Heydebrand und der Lasa und Generalleutnant Alfred von Wrochem. Der monarchistisch orientierte Preußenbund versteht sich als antidemokratische Kampforganisation gegen den »süddeutschen Liberalismus«.

Der Führer der Deutschkonservativen Partei, Rittergutsbesitzer Ernst von Heydebrand und der Lasa (→ 22. 1./S. 17) weist in seiner Rede auf angeblich preußische Tugenden wie »Pflichterfüllung« und »Geist der Ordnung« hin, die er im gesamten Deutschen Reich propagiert sehen möchte. Alfred von Wrochem als Vorstandsmitglied des Deutschen Wehrvereins bezeichnet das »monarchische preußische Heer« als Vorbild für die Jugend.

Aus der Rede von Wrochems
»Die Sozialdemokratie beherrscht Preußen, den Reichstag, wo sie ungestraft alles, was uns heilig ist, beschimpft. Wir sind wohlhabend geworden und dadurch verweichlicht ... und unmännlich. Wir geben dem Zeitgeist nach, der Thron und Altar zerstören will. Man vergeudet Rechte an das Volk, das dafür noch gar nicht reif ist ... Die einzige Schule aber, wo noch Pflichterfüllung gelehrt wird, ist das Heer.«

Im Anschluß an die unter dem Schlagwort »Preußentag« abgehaltene Veranstaltung protestieren zahlreiche Vertreter des liberalen preußischen Bürgertums, aber auch offizielle Vertreter süddeutscher Länder gegen den Vorherrschaftsanspruch preußischer Reaktionäre im Deutschen Reich. Die sozialdemokratische Tageszeitung »Vorwärts« hatte bereits in einem am 14. Januar abgedruckten Beitrag vom Preußenbund als einer »Hilfstruppe der Staatsstreichler« im Deutschen Reich gesprochen.

Der erstmals Mitte 1912 ins Auge gefaßte Preußenbund gilt als politische Reaktion antidemokratischer Kreise aus Industrie, Militär, Geistlichkeit und konservativen Parteien auf das Ergebnis der Reichstagswahlen vom 12. Januar 1912. Damals war die Sozialdemokratische Partei Deutschlands mit 110 Sitzen erstmals zur stärksten Fraktion aufgestiegen.

Verspottung des Preußenbundes im »Simplicissimus«

Januar 1914

Pressekonzentration in Berlin nimmt zu

1. Januar. Der Berliner Ullstein-Verlag übernimmt mit der »Vossischen Zeitung« die älteste Tageszeitung der Reichshauptstadt. Gleichzeitig geht der Scherl-Pressekonzern in die Hände der deutschen Großbank Disconto-Gesellschaft über. Beide Geschäfte sind ein Anzeichen für die zunehmende Pressekonzentration im Deutschen Reich. Nach anhaltenden Diskussionen über eine Neuorientierung der »Vossischen Zeitung« seit dem Tod des langjährigen Hauptanteilseigners Carl Rudolf Lessing plant der Ullstein-Verlag mit seinem 5,5-Millionen-Mark-Kauf inhaltliche und typografische Änderungen bei dem Blatt. Neuer Chefredakteur wird der Publizist und Wirtschaftsjournalist Georg Bernhard.

Im Gegensatz zur »Vossischen Zeitung« gilt der seit 1883 entstandene Pressekonzern des Berliner Verlegers August Scherl als profitträchtiges Unternehmen. Mit seinen Zeitungen und illustrierten Zeitschriften (»Lokal-Anzeiger«, »Die Woche«, »Sport im Bild«) zählt er neben Ullstein und dem Zeitungs- und Buchverleger Rudolf Mosse zum wichtigsten Presseunternehmer im sog. Berliner Zeitungsviertel. Aufgrund überzogener Expansionspläne war die August Scherl GmbH allerdings im Jahr 1909 in finanzielle Schwierigkeiten geraten. Unter Einfluß regierungsamtlicher Kreise – insbesondere des Berliner Reichskanzleramtes – übernahm trotz starker Konkurrenz die Disconto-Gesellschaft den Konzern, um eine politisch genehme Berichterstattung bei den auflagenstarken Blättern zu sichern.

Das sog. Ullstein-Haus in Berlin an der Kreuzung Charlottenstraße/Kochstraße im Jahr 1914; der Eckbau wurde erst zwei Jahre zuvor fertiggestellt

An unsere Leser!

Die „Vossische Zeitung" erscheint heute zum erstenmal im neuen Verlage. Die bisherige Redaktion bleibt unverändert im Amt und wird im Sinne der alten Tradition fernerhin tätig sein. Der weitere Ausbau der „Vossischen Zeitung", sowohl in redaktioneller wie in technischer Beziehung, soll sich nicht in überhasteten Reformen vollziehen, sondern allmählich in stetiger Arbeit unter pietätvoller Erhaltung des Bewährten und in enger Fühlung mit den Wünschen einer Leserschaft, die Anspruch darauf erheben kann, ihr Urteil, ihre Anschauungen und ihren Geschmack respektiert zu sehen.

Als eine Neuerung, die wir sofort in die Erscheinung treten lassen, geben wir heute schon eine Beilage, die Zeitbilder, die den Inhalt der Zeitung illustrativ ergänzen soll. Diese Beilage wird wöchentlich dreimal erscheinen und bald allgemein den Tagesereignissen gewidmet sein, bald bestimmte Themata behandeln, die Ausschnitte aus unserem Kulturleben darstellen.

Verlag und Redaktion.

Lange Tradition

Die »Vossische Zeitung« – ihre Vorläufer reichen bis 1617 zurück – gehörte zwischen 1751 und 1795 Christian Friedrich Voß d. Ä. und Christian Friedrich Voß d. J. Danach befand sich das Blatt im Besitz der Familie Lessing (Abb.: Brief an die Leser über den Verkauf).

Innovationen auf dem Pressesektor bei Druck und Vertrieb

Sowohl der Scherl-Konzern als auch der Ullstein-Verlag zeichnen sich durch bemerkenswerte Innovationen im Pressewesen aus. Die Neuerungen betreffen vor allem Druck und Vertrieb.

Der Berliner Großverleger August Scherl hatte sich frühzeitig auf eine als »amerikanisch« empfundene Geschwindigkeit eingestellt: Mit Doppelrotationsmaschinen für den Druck und Linotype-Setzmaschinen erregte er bereits 1896 Aufsehen. Zugleich nutzte er die Möglichkeiten der Großstadt für Reklame, indem er z. B. an Brandmauern in hohen, grellen Lettern seine Produkte anpries.

Wie Scherl, der über einen eigenen Speditionsapparat verfügt, änderte auch der Ullstein-Verlag die Vertriebswege. Seine seit 1904 erscheinende »B. Z. am Mittag« wird nicht mehr auf traditionelle Weise ausgetragen, sondern von fliegenden Händlern verkauft. Bereits kurz nach Redaktionsschluß sorgen Angestellte auf Fahrrädern, Zyklonetten (Dreirad-Lieferrädern) oder Lastautomobilen für einen raschen Vertrieb. Ullsteins »expresse Boten« bringen seit 1906 bis zu 40 kg schwere Zeitungspakete per Bahn in andere Orte. Bei seiner »Berliner Illustrirten Zeitung« hob Ullstein den Verkauf über Abonnement auf und bot das Blatt einzeln im Handel an – eine Neuerung, die vor allem den Aufschwung von Pressekiosken begünstigte. Mit der 1894 erworbenen »Illustrirten« führte er zudem den sog. Autotypiedruck (Selbstdruck) von der Rundplatte ein.

In der Walzengießerei des Ullstein-Verlages in Berlin werden Farbwalzen für die Druckmaschinen hergestellt

Verkaufserfolg bei Bahnreisenden: Ullsteins 1-Mark-Bücher

Mit dem sog. Seebäder-Dienst – hier ein Vertriebsautomobil – wird auch die Ostseeküste von Ullstein versorgt

Ullstein-Verlag am Markt erfolgreich

Seit seiner Gründung im Jahr 1877 zeichnen den Ullstein-Verlag flexible Marktstrategien aus. Nach einem ersten, mißglückten Anlauf mit dem »Neuen Berliner Tageblatt« (später »Deutsche Union«) errang der Verleger Leopold Ullstein bereits 1878 mit der »Berliner Zeitung« und ihrer kritischen Haltung gegenüber Reichskanzler Otto von Bismarck einen Erfolg. Nachdem ihr mit der »Berliner Morgenpost« Konkurrenz im eigenen Haus erwachsen war, stellte sie 1905 ihr Erscheinen als Abonnementsblatt ein. Zugleich gründete der Verlag die »B. Z. am Mittag«. Das Mittagsblatt gilt als erste deutsche Boulevardzeitung. In sensationeller Aufmachung arbeitet sie mit Schlagzeilen, Kurznachrichten und kleinem Feuilleton und kündigt sich als »schnellste Zeitung der Welt« an.

Weniger aus inhaltlichen als aus kostentechnischen Gründen erschien ab 1887 die »Berliner Abendpost«. Redaktionell gestützt auf die »Berliner Zeitung«, sollte sie die Druckmaschinen auch abends ausnutzen und erschien am nächsten Morgen vor allem in der Umgebung von Berlin. Seit 1909 gehört auch die »Berliner Allgemeine Zeitung« zu Ullstein.

Neben dem großen Erfolg der »Berliner Morgenpost« als Tageszeitung (Auflage 1914: 300 000, Abonnementspreis: 15 Pfennig pro Woche) steht Ullstein auch auf dem Zeitschriftensektor in vorderster Linie. Die »Berliner Illustrirte Zeitung« erzielt 1914 mit fast einer Million Exemplaren die höchste Auflagenziffer für Zeitschriften im Deutschen Reich. Unter den Frauenzeitschriften wurde die »Dame« seit 1912 zu einem begehrten Anzeigenorgan für Kosmetik-, Auto- und Modeindustrie. Die erfolgreiche Marktstrategie des Ullstein-Verlages äußert sich auch in Modeblättern wie »Die praktische Berlinerin«. Mit Schnittmusterbögen zum Selberschneidern spricht sie auch ärmere Kreise an. Die Reklame »Sei sparsam, Brigitte, nimm Ullstein-Schnitte« ist im Jahr 1914 bereits eine gängige Redewendung. Daneben gehören dem Ullstein-Verlag Fachzeitschriften wie die »Bauwelt«.

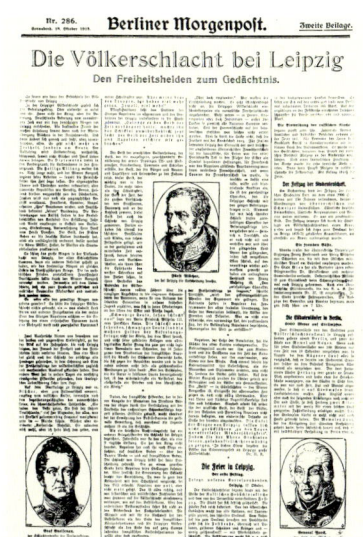
Zu den populärsten Ullstein-Blättern zählt die »Berliner Morgenpost«

Feuilleton-Ergänzung der »Vossischen Zeitung«: Die »Zeitbilder«

Kriegsnummer von Ullsteins Boulevardblatt »B. Z. am Mittag«

Die »Berliner Illustrirte Zeitung«, führend im Deutschen Reich

Ullsteins Werbestrategien zielen auch auf die Frauen

Das erste Titelblatt der »Dame«-Beilage zur »Frauen-Zeitung«

Mit Sonderausgaben reagiert Ullstein auf das aktuelle Geschehen

Konventionelle Aufmachung: Die »Berliner Allgemeine Zeitung«

Das Militär erhält im Feuilleton nicht erst im Krieg breiten Raum

Januar 1914

Berlin will Schutzzollpolitik beibehalten

20. Januar. Anläßlich der Haushaltsberatungen im deutschen Reichstag in Berlin verkündet der deutsche Innenminister Clemens Delbrück in einer wirtschaftspolitischen Grundsatzrede, daß die deutsche Regierung ihre bisherige Schutzzollpolitik weiter beibehalten werde. Hinter dem Streit um die Schutzzölle steht ein Machtkampf zwischen verschiedenen Wirtschaftsverbänden.

Wörtlich sagt der seit 1909 amtierende und gleichzeitig als Vizekanzler fungierende Delbrück u. a., »daß unser bisheriger Zollschutz im allgemeinen genügt, daß er aber auch aufrechterhalten werden muß, und daß ferner die Richtung unserer Vertragspolitik im wesentlichen dieselbe bleiben muß«.

Mit dieser Erklärung unterstützt der deutsche Innenminister die Interessen des sog. Leipziger Kartells, eines politisch extrem rechtsorientierten Zweckbündnisses u. a. von Schwerindustriellen (Centralverband deutscher Industrieller) und Großagrariern (Bund deutscher Landwirte). Im Rahmen des 1913 etablierten Leipziger Kartells setzt sich diese einflußreiche Lobby für einen Schutz deutscher Produkte vor ausländischer Konkurrenz durch eine Hochzollpolitik ein.

Demgegenüber fordern liberal orientierte Unternehmensverbände wie der Hansabund (→ 18. 5 / S. 77) und der Bund deutscher Industrieller vor dem Hintergrund auslaufender Handelsverträge (→ 9. 4. / S. 68) eine Lockerung der Zollpolitik zur Förderung des Wettbewerbs.

Durch die ständestaatlich-antidemokratische Ausrichtung des Leipziger Kartells einerseits und die bürgerlich-liberale Gesinnung der Freihandelsanhänger andererseits ist der Streit auch ein innenpolitischer Machtkampf.

Innenminister Clemens Delbrück
Der am 19. Januar 1865 in Halle an der Saale geborene deutsche Politiker Clemens Delbrück wurde nach einer Karriere als Verwaltungsjurist 1905 preußischer Minister für Handel und Gewerbe und 1909 deutscher Innenminister. Daneben ist er Vizepräsident des preußischen Staatsministeriums. Der Großneffe des deutschen Politikers Rudolf von Delbrück ist ein Vertrauter von Reichskanzler Theobald von Bethmann Hollweg. Sein spezielles Interesse gilt der Sozialpolitik, die er als Instrument im Kampf gegen die organisierte Arbeiterbewegung ansieht.

Reichsbank senkt den Diskontsatz

22. Januar. Die Reichsbank in Berlin senkt den Diskontsatz um 0,5% auf 4,5%. Sie reagiert damit auf erste Anzeichen einer Wirtschaftskrise. Gleichzeitig erläutert Reichsbankpräsident Rudolf Havenstein im deutschen Reichstag in Berlin seine Diskontpolitik.

Die Senkung des Diskontsatzes – sie ermöglicht den Banken eine Verbilligung von Krediten – wird auf einer von Rudolf Havenstein geleiteten Sitzung des Reichsbank-Zentralausschusses beschlossen. Anschließend erklärt der seit 1908 amtierende Präsident der deutschen Zentralnotenbank vor dem Reichstag die bis Herbst 1913 verfolgte restriktive Geldpolitik mit den infolge der Balkankriege 1912/13 angespannten internationalen Kapitalmärkten. Bereits Ende 1913 führte die immer deutlicher werdende wirtschaftliche Krise aufgrund gleichzeitiger Kapitalknappheit zu einer ersten Senkung des Diskontsatzes. Zugleich warnt Havenstein aber vor einer Überbeanspruchung der Reichsbank bei der Kreditvergabe.

Grubenunglück fordert 24 Menschenleben

30. Januar. *Bei einem Grubenunglück auf der Dortmunder Zeche »Minister Achenbach« kommen 24 Menschen ums Leben.*

Gegen 19 Uhr werden 85 Bergarbeiter durch eine Schlagwetterexplosion eingeschlossen. 61 können gerettet werden, während die übrigen durch einstürzende Wände und fehlenden Sauerstoff sterben. Die Explosion erfolgte nach dem Abfeuern eines sog. Sprengschusses (Abb.: Angehörige der Verunglückten umlagern den Zecheneingang).

Bei einer Parlamentsdebatte am 14. März im preußischen Abgeordnetenhaus in Berlin werden mangelnde Sicherheitsvorkehrungen sowie gefahrenträchtige Akkordarbeit in preußischen Bergwerken kritisiert.

Sturmflut an der pommerschen Ostseeküste

9. Januar. *In der Nacht vom 9. zum 10. Januar richtet ein heftiges Unwetter an der deutschen Ostseeküste schwere Schäden an. Insbesondere die Küste von Pommern ist betroffen: Eine Sturmflut schließt das pommersche Fischerdorf Damkerort für 18 Stunden ein und zerstört in Kolberg einen Teil der Strandpromenade. Viele weitere Fischer- und Bauerndörfer werden von den Wassermassen bedroht. Bei Windstärke 8 bis 9 steht das Wasser in den Ortschaften bis zu einer Höhe von zwei Metern. Zahlreiche Dünen werden fortgerissen. Die Versorgung der vom Unwetter Betroffenen wird durch strengen Frost erschwert (Abb.: Verwüstungen im vielbesuchten Seebad Ahlbeck auf Usedom).*

Fortschrittliche Strafrechtslehrer

4. Januar. Im Berliner Kaiserhof feiert die Internationale Kriminalistische Vereinigung (IKV) ihr 25-jähriges Jubiläum. Die am 31. Dezember 1888 u. a. von dem deutschen Juristen Franz von Liszt gegründete Organisation verkörpert

Die wissenschaftliche Erforschung von Kriminalität begann mit dem am 19. Oktober 1909 im Alter von 72 Jahren gestorbenen italienischen Mediziner und Anthropologen Cesare Lombroso

Der Franzose Alphonse Bertillon entwickelte mit seinem System der »Bertillonage« die Kriminologie auf praktischem Weg weiter. Seit 1880 leitet er das Identifikationsbüro der Pariser Polizei. Bertillon stirbt am 13. Februar 1914

Der österreichische Strafrechtslehrer Hanns Groß zählt zu den Pionieren einer wissenschaftlichen Erforschung von Kriminalität. Seit 1898 ist er Herausgeber des »Archivs für Kriminalanthropologie und Kriminalistik«

die wachsende Bedeutung der modernen Strafrechtslehre.
In einer Festrede weist Liszt auf die Bedeutung des internationalen Meinungsaustausches für die nationalen Strafgesetzgebungen hin. Anschließend würdigen Vertreter der preußischen Regierung die IKV.
Neben Liszt zählen die Strafrechtler Adolphe Prins (Belgien) und Gerard Anton van Hamel (Niederlande) zu den Gründern der IKV. Die Vereinigung vertritt den – von der klassischen Strafrechtslehre heftig befehdeten – Leitsatz: »Aufgabe der Strafe ist die Bekämpfung des Verbrechens als soziale Erscheinung.« Sie fordert sowohl resozialisierende als auch vorsorgende Maßnahmen im gesellschaftlichen Bereich. Im Jahr 1914 zählt die Strafrechtlerorganisation 1147 Mitglieder.

Gebogen aufwärts.   Eingedrückt abwärts.   Geradlinig abwärts.   Gebogen abwärts.

Bertillon nutzt beim anthropometrischen System physiologische Unterschiede (hier: Nasenprofile)

Verbrechen gilt auch als soziales Problem

Sowohl Fortschritte in der Beweissicherung und Spurensuche als auch eine veränderte Einstellung zum Strafrecht zeugen von einer raschen Entwicklung der internationalen Kriminologie vor dem Ersten Weltkrieg.
Als Begründer der Kriminologie gilt der italienische Mediziner und Anthropologe Cesare Lombroso. Nach seiner Auffassung läßt sich die Ursache eines Verbrechens auf erbliche körperlich-geistige Anomalitäten bei den Tätern zurückführen. Lombrosos 1876 erstmals publizierte Theorien wurden bald widerlegt, jedoch bildeten sie die Basis zur systematischen Erforschung von Kriminalität. In Österreich beispielsweise griff der Jurist Hanns Groß Lombrosos Lehren in einem »Handbuch für Untersuchungsrichter« auf. Er forderte einerseits wissenschaftliche Methoden bei der Untersuchung sog. Realien (Waffen, Handschriften u. a.), andererseits die Hilfe von Sachverständigen auch im psychologischen Bereich.
Erste praktische Konsequenzen aus der Kriminologie ergaben sich durch das 1879 von dem französischen Anthropologen und Kriminalisten Alphonse Bertillon vorgestellte anthropometrische System. Es sollte durch exakte Vermessung des menschlichen Körpers die Identifizierung von Personen ermöglichen. Als »Bertillonage« war das System bis zur Einführung der Fingerabdrücke weltweit verbreitet.
Bedeutender noch als das Aufkommen naturwissenschaftlicher Methoden bei der Verbrechensaufklärung aber war ein Wandel in der Einstellung gegenüber dem Täter. Begründet von dem deutschen Strafrechtslehrer und Kriminalpolitiker Franz von Liszt, zielte die sog. soziologische Strafrechtsschule seit Ende des 19. Jahrhunderts auf die Erforschung der gesellschaftlichen Ursachen von Gesetzesverletzungen. Entsprechende Untersuchungen initiierten eine Diskussion zur Strafrechtsreform im Deutschen Reich und führten 1909 zu einem ersten Reformentwurf.

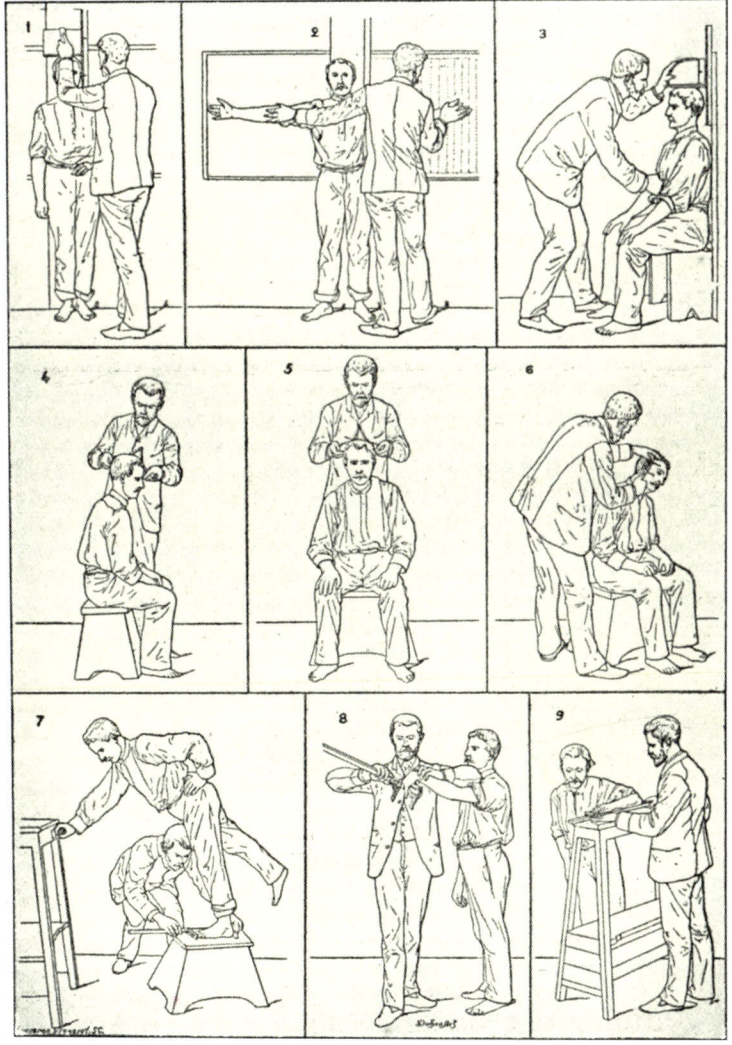

Die »Bertillonage« umfaßt neun Meßwerte (u. a. die Kopfweite)

Januar 1914

Wissenschaft und Technik 1914:
Nachrichtenfernübermittlung macht rasche Fortschritte

Beherrschendes Thema auf technischem Sektor ist der Fortschritt auf dem Gebiet der drahtlosen Nachrichtenübermittlung. Institutionell äußert sich der Aufschwung der Naturwissenschaften vor dem Ersten Weltkrieg in der Gründung zahlreicher technischer Forschungseinrichtungen.

Ein markantes Beispiel für die Entwicklung der Telegrafie ist die offizielle Eröffnung einer drahtlosen Verbindung zwischen dem deutschen Sender Nauen (bei Berlin) und der US-amerikanischen Station Sayville (Long Island bei New York) am 12. Februar. Die 5200 km lange Verbindung – erste Versuche datieren vom 15. Januar 1913 – wird mit einer Hochfrequenz-Maschine mit Frequenz-Verdoppelung nach dem System Arco (Antennen-Energie: 100 kW) betrieben. Bis zum US-amerikanischen Kriegseintritt 1917 wird die Linie Nauen-Sayville zur wichtigsten Leitung für deutsche Nachrichten ins Ausland.

Gleichzeitig sind alle deutschen Kolonialgebiete mit mindestens einer Station für drahtlose Telegrafie ausgerüstet. Am 14. März gelingt erstmals ein drahtloser Kontakt zwischen Nauen und Windhuk (Südwestafrika; heute Namibia). Während die Geschichte der drahtlosen Telegrafie erst um 1900 begann, gibt es bereits seit 1858 eine Kabelverbindung zwischen Europa und Nordamerika. 1914 umfaßt das Netz der drahtgebundenen Telegrafie weltweit eine Strecke von insgesamt 519 346 km.

Die theoretischen Fortschritte innerhalb der Naturwissenschaften, die sich im Laufe des 19. Jahrhunderts von den Geisteswissenschaften gelöst hatten, führen in den Jahren vor dem Ersten Weltkrieg zur Gründung zahlreicher Forschungsinstitute. Sie schaffen eine Basis für die praktische Verwertung naturwissenschaftlicher Erkenntnisse (u. a. auch auf militärischer Ebene; → 17. 12. / S. 209). Beispielhaft für diese Entwicklung stehen 1914 die Einweihung des Instituts für Pflanzenphysiologie in Berlin am 22. Mai, des Kohleforschungsinstituts in Mülheim an der Ruhr am 27. Juli sowie der Neubau des Physikalischen und Radiologischen Instituts in Heidelberg. Die zuletzt genannte Einrichtung ist der Heidelberger Universität angegliedert und zählt den deutschen Physiker und Nobelpreisträger des Jahres 1905, Philipp Lenard, – er entwickelte u. a. 1903 ein Atommodell – zu seinen Mitarbeitern. Die neue Radiologie-Abteilung findet insbesondere wegen des Interesses an dem erst 1898 entdeckten radioaktiven metallischen Element Radium im Zusammenhang mit der Krebsbekämpfung Interesse. Die hochgesteckten Erwartungen in die Bestrahlungstherapie erweisen sich allerdings als trügerisch.

Erkennbare praktische Fortschritte zeigt dagegen das Gebiet der Elektrotechnik. So trägt sie beispielsweise zur Umwandlung von Hausmüll in Heizkraft und elektrische Energie bei. Dabei werden die Heizgase der Öfen städtischer Müllverbrennungsanlagen unter Dampfdruck ausgenutzt und die aus der Dampfkraft gewonnene Elektrizität zur Beleuchtung und Kraftübertragung verwendet.

Auch einzelne Forscher treten 1914 hervor: Der britische Physiker und Nobelpreisträger 1908 Ernest Rutherford entwickelt theoretische Voraussagen über die künstliche Umwandlung von Atomkernen, die ihm 1919 durch den Beschuß von Stickstoff mit Alphastrahlen gelingt. Mit seinem 1911 entstandenen Atommodell zählt Rutherford zu den bekanntesten Physikern des 20. Jahrhunderts.

Dem deutschen Chemiker Paul Duden gelingt 1914 erstmals eine Essigsäuresynthese. Künstliche Essigsäure findet u. a. in der chemischen Industrie bei der Herstellung von Farbstoffen Verwendung, wird aber auch bei Arzneimitteln des öfteren benutzt.

Senderaum des Großsenders Nauen (bei Berlin); die Gesamtanlage wird von der deutschen Gesellschaft für drahtlose Telegrafie technisch betreut

Müllanlagen arbeiten mit modernsten Mitteln: Aufzüge zum Entladen von Müllschiffen in Rotterdam

Schlacken der Müllverbrennungsöfen werden, wie hier in Rotterdam, mit einer Schwebebahn abtransportiert

Vorreinigungsbecken der Kläranlage Wilmersdorf; hinten sog. biologische Körper und Nachreinigungsbecken

Die sog. biologischen Körper der Kläranlage Wilmersdorf vernichten die gelösten Stoffe städtischer Abwässer

Der fünfstöckige Neubau des Physikalischen und Radiologischen Institutes der Universität Heidelberg beinhaltet zahlreiche Laboratorien, Praktikanten- und Assistentenräume wie den Arbeitsraum des Physikers Philipp Lenard. Außerdem existieren ein großer Hörsaal – er bietet Platz für 320 Personen – und ausgedehnte Räume für wissenschaftliche Sammlungen. Der Verbindung zwischen den verschiedenen Stockwerken dient ein Aufzug, der auch den Zugang zu einem Beobachtungsturm sichert. Besondere Probleme bereitete die Fundamentierung des Gebäudes, da es auf abschüssigem Gelände errichtet wurde. Daher sorgen 529 Holzpfähle für die sichere Verankerung im Boden. Die Fassade des Neubaus ist durch die Verwendung der drei Grundfarben Gelb, Weiß und Blau geprägt; sie paßt sich dadurch in die umliegende Landschaft ein. Augenfällig sind die weiß eingefaßten Fensterreihen

Entwicklung der Meeresforschung

Die 1872 begründete moderne Meeresforschung nimmt vor dem Ersten Weltkrieg einen starken Aufschwung. Nach Einrichtung einer wissenschaftlichen Kommission zur Meeresforschung im Deutschen Reich 1900 begann ab 1901 eine internationale Kooperation in der Antarktisforschung. Sie führte u. a. zur ersten deutschen Antarktisexpedition unter Leitung des Geografen Erich von Drygalski (1901–03). Beachtliche wissenschaftliche Ergebnisse – Reihenmessungen von Temperatur, Salz- und Sauerstoffgehalt des Meeres in verschiedenen Tiefen – erbrachte die zweite deutsche Antarktisexpedition mit dem Forschungsreisenden Wilhelm Filchner 1911/12. 1914 wird auf Initiative u. a. des deutschen Meereskundlers Gerhard Schott das Projekt einer internationalen Erforschung des Atlantischen Ozeans in physikalischer und biologischer Hinsicht erörtert.

Dank eines US-amerikanischen Spezialschiffes kann 1914 die erste Unterwasseraufnahme eines Tauchers entstehen

Hydrobiologische Station in Saratow an der Wolga

Die Unterwasseraufnahmen entstehen in einer mit dem Spezialschiff verbundenen Taucherkammer

Januar 1914

Wilson forciert Antitrustmaßnahmen

20. Januar. US-Präsident Woodrow Wilson verkündet im Kongreß in Washington die Grundsätze einer Antitrustpolitik. Im Rahmen seiner Politik der »Neuen Freiheit« (»New Freedom«) will er die wirtschaftliche Macht US-amerikanischer Konzerne bremsen.

US-Präsident Woodrow Wilson
Der am 28. Dezember 1856 in Staunton (US-Bundesstaat Virginia) geborene Woodrow Wilson stammt aus einer presbyterianischen Pastorenfamilie, deren religiöse Moral seine persönliche Einstellung weitgehend geprägt hat. Nach einem Jurastudium wirkte er als Professor an der Princeton University, die er von 1902 bis 1910 leitete. Dabei bemühte er sich vergeblich um eine Universitäts- und Studienreform. 1910 wurde er als Kandidat der Demokraten zum Gouverneur von New Jersey gewählt. Er war national bereits als liberaler Reformpolitiker bekannt, als er 1913 28. Präsident der USA wurde.

In sieben Punkten listet Wilson die vorgesehenen Maßnahmen auf. Sie zielen auf die Wiederherstellung gleicher Wettbewerbschancen für alle Unternehmer. Das bedeutet die Begrenzung monopolistischer oder oligopolistischer Macht in der US-amerikanischen Wirtschaft. Wilson erweist sich mit seinen Antitrustmaßnahmen wirtschaftspolitisch als Verfechter eines grundsätzlich freien Marktes mit begrenzten staatlichen Interventionsmöglichkeiten. Er dient damit vor allem den Interessen des mittelständischen Bürgertums in den USA, dessen Geschäftstätigkeit unter der Expansion der Konzerne leidet.

Das bisher gültige Gesetz zur Sicherstellung des freien Wettbewerbs, der sog. Sherman-Antitrust-Act von 1890 (u. a. mit einem Verbot von Preiskartellen), konnte den Konzentrationsprozeß in der Wirtschaft der Vereinigten Staaten nicht aufhalten. Auf der anderen Seite wurde es dazu benutzt, Kampfmaßnahmen der US-amerikanischen Gewerkschaften als »monopolistisch« zu verurteilen.

Die Antitrust-Leitlinien von Wilson werden vor allem von Großindustriellen heftig angegriffen. Kleinere Unternehmer kritisieren, daß mit ihnen der Zusammenschluß in Handelsvereinigungen unter Strafe gestellt wird (→ 26. 9. / S. 167).

Antitrustbotschaft in sieben Punkten

20. Januar. Die sog. Antitrustbotschaft von US-Präsident Woodrow Wilson enthält im wesentlichen folgende Punkte:

1. Verbot der Verkettung von Aufsichtsratsposten in großen Korporationen, Banken, Eisenbahnen sowie industriellen, kommerziellen und der Allgemeinheit dienenden Körperschaften
2. Staatliche Kontrolle des Kapitals von Eisenbahngesellschaften
3. Definition des Begriffes »schädliche Beschränkung des Handels«
4. Schaffung einer staatlichen Kommission zur Überwachung des freien Wettbewerbs
5. Bestrafung verantwortlicher Personen
6. Verbot sog. Holding-Companies (Dachgesellschaften)
7. Ermöglichung von Schadensersatzklagen aufgrund von Antitrusturteilen (→ 26. 9. / S. 167).

Generalstreik in Südafrika von Militär unterdrückt

7. Januar. In der Südafrikanischen Union beginnt aus Protest gegen die willkürliche Entlassung von Beschäftigten ein 15tägiger Eisenbahnerstreik. Dem von der 350 000 Mitglieder zählenden südafrikanischen Transportarbeitergewerkschaft in Pretoria ausgerufenen Streik schließen sich rasch weitere Gewerkschaften an. Am 13. Januar kommt es zum Generalstreik, der zum Protest gegen die undemokratischen Verhältnisse im britischen Dominion wird. Die Regierung verhängt das Kriegsrecht und setzt Milizen gegen die Streikenden ein. Sie fürchtet Nachschubprobleme für die profitträchtigen südafrikanischen Goldminen. Aufgrund des militärischen Drucks muß der Streik von den Gewerkschaften am 22. Januar beendet werden.

Südafrikanische Regierungstruppen patrouillieren nach der Ausrufung des Kriegsrechts durch die Straßen des 1886 gegründeten Johannesburg

Gerichtshof Johannesburg: Zahlreiche Einwohner warten auf eine Ausnahmegenehmigung zur Umgehung der nächtlichen Ausgangssperre

Januar 1914

Großbritannien: Streit um Marinerüstung

1. Januar. Innerhalb der britischen Regierung kommt es zu einem Streit über die Frage weiterer Aufrüstungsmaßnahmen. Schatzkanzler David Lloyd George wendet sich in einem von der britischen Tageszeitung »Daily Chronicle« veröffentlichten Gespräch energisch gegen die von Marineminister Winston Churchill geplante Verstärkung der britischen Flotte.

Dabei kritisiert Lloyd George vor allem die hohen britischen Rüstungsausgaben. Zugleich betont er, daß gegenwärtig ein günstiger Zeitpunkt für die Aufnahme von internationalen Verhandlungen zur Rüstungsbegrenzung gegeben sei.

Die Aussagen des Schatzkanzlers richten sich gegen Pläne des Marineministeriums, mit dem Bau von vier neuen Schlachtschiffen die Schlagkraft der britischen Flotte zu erhöhen. Auf einer Kabinettssitzung am 22. Januar in London schiebt die britische Regierung die endgültige Klärung der Flottenfrage auf und neutralisiert damit die Regierungskrise.

Der liberale Politiker David Lloyd George, britischer Schatzkanzler

Der britische Marineminister (Erster Lord der Admiralität) Churchill

Der am 17. März im Parlament vorgestellte Flottenetat 1914/15 beinhaltet allerdings die von Churchill geforderten vier neuen Schlachtschiffe; das Neubauprogramm kostet rund 18,4 Millionen Pfund (375,4 Millionen Mark; 1913/14: 16 Millionen Pfund = 326,4 Millionen Mark). Damit setzt Churchill den von ihm seit dem Scheitern einer politischen Verständigung mit dem Deutschen Reich (sog. Haldane-Mission 1912) betriebenen Flottenausbau in Großbritannien fort.

Konvention über die Sicherheit auf See

20. Januar. In London unterzeichnen zwölf Seemächte die sog. Konvention zum Schutz des menschlichen Lebens auf See. Die Vereinbarung schreibt u. a. die Mitführung von Rettungsbooten im internationalen Schiffsverkehr vor.

Die Konvention regelt die Schiffahrt auf den Weltmeeren in vier wesentlichen Punkten:
▷ Verkehr auf den Meeren
▷ Bauart der Schiffe
▷ Funkanlagen
▷ Rettungsgeräte

Diese Bereiche werden von zahlreichen Einzelbestimmungen ausgefüllt. Leitender Grundsatz für die Rettungseinrichtungen ist, daß auf jedem Schiff für die entsprechende Zahl von Besatzungsmitgliedern und Passagieren genügend Rettungsplätze in Booten oder Pontons zur Verfügung stehen müssen. Ein von den USA geleiteter internationaler Dienst soll Eisgang und Bewegung von Eisbergen im Nordatlantik beobachten. Weiter verlangt die Konvention den Einbau von wasserdicht abgeschotteten Tanks in alle Schiffe, um eine Flutung zu verhindern. Für Schiffe mit mehr als 50 Besatzungsmitgliedern bzw. Passagieren wird drahtlose Telegrafie gefordert, um rechtzeitig Notrufe übermitteln zu können.

Die u.a. von den Vereinigten Staaten, Großbritannien, Frankreich, dem Deutschen Reich, Österreich-Ungarn und Italien unterzeichnete Konvention gilt für alle Handelsschiffe mit mehr als zwölf Passagieren, soweit sie nach dem 1. Januar 1915 gebaut werden. Die USA, Großbritannien, Frankreich und das Deutsche Reich sollen die Einhaltung der einzelnen Punkte gemeinsam überwachen.

Die »Vaterland«, das größte Schiff der Welt; der Dampfer (Länge: 289,6 m; Breite: 30,5 m; Tiefgang: 11,3 m) verkehrt auf der Hamburg-Amerika-Linie

Vorbereitung einer künftigen Zollunion

6. Januar. In Budapest endet eine zweitägige mitteleuropäische Wirtschaftskonferenz. Delegierte aus dem Deutschen Reich – unter ihnen Herzog Ernst Günther zu Schleswig-Holstein –, Österreich-Ungarn und Belgien besprechen u. a. Fragen der Handelsverträge und der Vereinheitlichung wirtschaftlicher Bestimmungen. Zu den wichtigsten Themen auf der unter Leitung des ungarischen Politikers Sándor Wekerle stehenden Tagung zählt die Vereinheitlichung der Bestimmungen über Kapitalgesellschaften. Vertreter der deutschen Delegation schlagen dabei eine Übernahme des deutschen Aktienrechtes durch andere Staaten vor. Zugleich weisen sie auf bereits bestehende Ansätze zur Vereinheitlichung hin. Insbesondere die Exportindustrie und die Banken des Deutschen Reiches verstehen die von mitteleuropäischen Wirtschaftsvereinen veranstaltete Tagung als geeignete Vorbereitung zur Schaffung einer künftigen Zollunion (9. 9. / S. 162).

US-Gouverneur für den Panamakanal

27. Januar. In Washington ernennt der US-amerikanische Präsident Woodrow Wilson den Offizier und Bauingenieur George Goethals zum Gouverneur der Panamakanalzone. Goethals leitet seit 1907 die Arbeiten am Panamakanal; der Schiffahrtsweg wird am → 15. August (S. 154) offiziell eingeweiht.

Die Panamakanalzone ist seit dem Erwerb der Baukonzession durch die USA politisch umstritten. 1903 hatte die US-amerikanische Regierung zunächst die Loslösung der Provinz Panama vom Mutterland Kolumbien betrieben, um eine ihr gefügige Regierung einzusetzen. Diese räumte den Vereinigten Staaten anschließend den gewünschten Sonderstatus für eine 16 km breite Zone am geplanten Kanal ein und sicherte der US-Regierung die Ausübung aller Souveränitätsrechte über die Kanalzone zu. 1908 und 1912 schlug sie Aufstände der einheimischen Bevölkerung gegen die US-Herrschaft brutal nieder. Der 55jährige, in Brooklyn (heute zu New York) geborene Goethals tritt sein Amt am 1. April an.

Richard Wagners »Parsifal« jetzt für alle Bühnen frei

1. Januar. In zahlreichen europäischen Metropolen wird das Bühnenweihfestspiel »Parsifal« des deutschen Komponisten Richard Wagner erstmals gezeigt.

So feiern Kritiker die Neujahrsaufführung des »Parsifal« in Rom als »hauptstädtisches Ereignis ersten Ranges«. Besondere Beachtung findet die Sopranistin Lina Pasini Vitale in der Rolle der Kundry.

Eine in der Pariser Oper abgehaltene fünfstündige Generalprobe vor geladenen Gästen ist ebenfalls von großer Bedeutung für das Gesellschaftsleben in der französischen Hauptstadt. Weitere Neujahrsaufführungen des dreiaktigen »Parsifal« finden u. a. in Berlin, Madrid und Budapest statt.

Richard Wagner hatte sein am 26. Juli 1882 uraufgeführtes Werk zunächst nur dem Festspielhaus Bayreuth vorbehalten. Nach Ablauf einer 30jährigen Schutzfrist wurde es jedoch – trotz der Proteste zahlreicher Wagner-Anhänger – gemäß deutschem Urheberrecht ab 1. Januar 1914 freigegeben. Allerdings hatte es bereits illegale konzertante Aufführungen in London (1884), New York (1886), Boston (1891) und Amsterdam (1896, 1905) sowie Privatvorstellungen für den bayerischen König Ludwig II. in München in den Jahren 1884 und 1885 gegeben.

An der Wiener Hofoper singt Erik Schmedes die Rolle des Parsifal

Schlußszene dritter Akt bei der Generalprobe in Paris (Zeichnung)

Cornelis Bronsgeest als Amfortas im Königlichen Opernhaus, Berlin

Johannes Sembach als Parsifal in Covent Garden

Cäcilie Rüsche als Kundry (Londoner Inszenierung)

E. McDermid und E. Matthews als Blumenmädchen

August Kiess in der Rolle des Klingsor in London

»Parsifal« – die Vollendung der Festspielidee Wagners

Richard Wagners Bühnenweihfestspiel »Parsifal« ist in seiner Wirkungsgeschichte eng mit dem zwischen 1872 und 1876 erbauten Bayreuther Festspielhaus verknüpft. Werk und Spielstätte verkörpern die Festspielidee des deutschen Komponisten.

Nachdem Wagner den Plan eines eigenen Festspielhauses erstmals 1850 einem Freund schriftlich mitgeteilt hatte, entschied er sich 20 Jahre später für Bayreuth als Festspielort. Nach der Grundsteinlegung 1872 fanden vier Jahre später erstmals die Bayreuther Festspiele mit Aufführungen der Wagner-Oper »Ring des Nibelungen« statt. Die zweiten Bayreuther Festspiele 1882 – sie finden seit diesem Zeitpunkt jährlich statt – waren dann dem »Parsifal« gewidmet, dessen insgesamt 16 Aufführungen auch zu einem finanziellen Erfolg wurden. Wagner selbst sah im »Parsifal« die Vollendung seiner Festspielidee. Daher wollte er künftige Aufführungen auf Bayreuth beschränken: »Wie kann und darf eine Handlung, in welcher die erhabensten Mysterien des christlichen Glaubens offen in Szene gesetzt werden, auf Theatern wie den unsrigen aufgeführt werden«, schrieb er 1880 über das Werk, das erst 1914 einer breiteren Öffentlichkeit zugänglich gemacht wird.

Bühnenbild aus der »Parsifal«-Uraufführung bei den Festspielen am 26. Juni 1882

Gesamtansicht des Bayreuther Festspielhauses (Grundsteinlegung: 22. Mai 1872)

Richard Wagner (Ölbild, Franz Lenbach)

Januar 1914

Neues Stück von Gerhart Hauptmann

17. Januar. Im Deutschen Künstlertheater in Berlin findet die Uraufführung der dramatischen Dichtung »Der Bogen des Odysseus« von Gerhart Hauptmann statt. Unter der Regie von Rudolf Rittner spielt Hans Marr die Hauptrolle der Sagengestalt Odysseus.

Der deutsche Dichter und Literaturnobelpreisträger des Jahres 1912, Gerhart Hauptmann, beschreibt in seinem Stück den antiken Sagenhelden Odysseus als ein um seine Identität ringendes Individuum. Das Werk zählt zu den weniger bedeutenden Arbeiten Hauptmanns. Die Inszenierung wird vom Publikum mit gedämpftem Beifall aufgenommen. Kritiker bemängeln die undifferenzierte Ausgestaltung der Rollen. Gelobt wird der 64jährige Schauspieler Emanuel Reicher – einer der profiliertesten Darsteller des naturalistischen Theaters – in der Rolle des Laertes.

Norweger gewinnt

25. Januar. Bei den Deutschen Skimeisterschaften in Garmisch-Partenkirchen siegt im Gesamtklassement der Norweger Hans Gunnestad (Abb. beim Skispringen) vor dem Dresdner Perry Smits. Der Wettbewerb besteht insgesamt aus den Disziplinen Langlauf und Skispringen.

Eiskunstläufer küren Weltmeister

25. Januar. Im Schweizer Wintersportort Sankt Moritz werden die Weltmeisterschaften im Eiskunstlaufen der Damen und der Paare ausgetragen. Während in der Damen-Einzelkonkurrenz Opika von Méray Horváth ihren Vorjahrestitel verteidigen kann, lösen im Paarlauf die Finnen Ludowika Eilers-Jakobson und Walter Jakobson das österreichische Paar Helene Engelmann/ Karl Mejstrik als Titelträger ab.

Die Budapesterin Méray Horváth kann sich den ersten Platz vor allem aufgrund ihrer sehr guten Pflichtvorstellung sichern. In der Kür dagegen enttäuschen alle neun am Start befindlichen Läuferinnen. Die Deutsche Meisterin Thea Frenssen aus Berlin belegt bei den Titelkämpfen den vierten Platz.

Bei der Paarlauf-Weltmeisterschaft kann die erst 15jährige Österreicherin Helene Engelmann mit ihrem Partner Karl Mejstrik den Vorjahressieg nicht wiederholen. Zusammen mit seiner Frau Ludowika Eilers-Jakobson – einer im Deutschen Reich geborenen, früher in Berlin ansässigen Eiskunstläuferin – gewinnt der Finne Walter Jakobson den letzten Vorkriegstitel. Die beiden siegten bereits 1911.

Bei sonnigem Winterwetter finden die vom Internationalen Eislaufverband organisierten Wettbewerbe starke Publikumsresonanz.

Opika von Méray Horváth gewinnt 1914 ihren dritten Titel in Folge

»Engelein« – Asta Nielsen in einer ihrer Glanzrollen

3. Januar. Der in Berlin uraufgeführte Film »Engelein« (Buch und Regie: Urban Gad) gilt als bester Film des Jahres 1914. In der Hauptrolle ist die im Deutschen Reich lebende Dänin Asta Nielsen zu sehen. Die Stummfilmkomödie beschreibt, wie sich die als zwölfjähriges Mädchen verkleidete 17jährige Jesta und ihr Onkel aus Amerika ineinander verlieben und schließlich heiraten. In weiteren Rollen sind Max Landa (als Peter J. Schneider) und Alfred Kühne (als Redakteur Schneider) zu sehen. Die Kamera führen Axel Graatkjaer und Karl Freund.

Der von der deutschen Projektions-AG Union (Paul Davidson) produzierte Film lebt von der meisterhaften Darstellung der Jesta durch Asta Nielsen und der ungekünstelten, wie selbstverständlich wirkenden Regiearbeit Urban Gads. »Engelein« steht damit – als Prototyp der sog. Screwball-Comedy – im Gegensatz zu anderen zeitgenössischen deutschen Filmen, die sich stärker den künstlerischen Maßstäben eines elitär eingestellten Theaterpublikums unterwerfen.

Die in Dänemark geborenen Asta Nielsen und Urban Gad arbeiten seit 1911 im Deutschen Reich. Asta Nielsen zählt zu den frühen Stars.

Die am 11. September 1881 geborene Asta Nielsen als Jesta; die Szene zeigt das Liebesleid des Mädchens

V. l.: Adele Reuter-Eichberg (als M. Schiebstaedt), M. Landa; Fredy Immler (als Th. Schiebstaedt), A. Nielsen

Asta Nielsen (r.) sammelte im Alter von zwölf Jahren als Opernchoristin erste Bühnenerfahrungen. 1909 lernte sie in Kopenhagen den Regisseur Urban Gad kennen

Jesta alias Asta Nielsen bei einem Selbstmordversuch. Nach mehreren Anläufen gibt sie ihre Absicht auf; schließlich nimmt der Film noch ein glückliches Ende

Februar 1914

Mo	Di	Mi	Do	Fr	Sa	So
						1
2	3	4	5	6	7	8
9	10	11	12	13	14	15
16	17	18	19	20	21	22
23	24	25	26	27	28	

1. Februar, Sonntag

Nach französischen Presseberichten hat sich das britische Militär für eine bedingungslose Unterstützung Frankreichs im Fall eines Krieges gegen das Deutsche Reich ausgesprochen. In Frankreich waren nach entsprechenden Äußerungen des britischen Schatzkanzlers David Lloyd George Zweifel an der britischen Bündnistreue lautgeworden.

2. Februar, Montag

Im Kolonialgebiet Deutsch-Ostafrika (Tanganjika, heute zu Tansania) wird die Tanganjika-Bahn eröffnet. Über eine Länge von 1250 km verbindet sie Daressalam – Sitz der deutschen Kolonialverwaltung – mit dem Tanganjikasee. Die Bahnlinie dient vor allem der kolonialen Erschließung des Landesinneren sowie einer Verkehrsanbindung des profitträchtigen Katanga-Erzgebietes (heute Shaba, zu Zaire). → S. 38

In den Kammerspielen des Deutschen Theaters Berlin wird die Komödie »Der Snob« des deutschen Dramatikers Carl Sternheim uraufgeführt. → S. 43

3. Februar, Dienstag

Der US-amerikanische Präsident Woodrow Wilson hebt ein gegen Mexiko verhängtes Waffenembargo zugunsten der konstitutionalistischen Armee von Venustiano Carranza auf. Carranza kämpft gegen den diktatorisch regierenden mexikanischen Präsidenten Victoriano Huerta (→ 21. 4. / S. 60).

In Washington billigt das US-amerikanische Repräsentantenhaus ein Gesetz zur Neuregelung der Einwanderungsbestimmungen. Es sieht den Nachweis einer Mindestschulbildung für Einwanderer vor, aber keine Einschränkungen für bestimmte Nationalitäten. Im Vorjahr hatte der Bundesstaat Kalifornien vor allem den Zuzug von Japanern gesetzlich eingeschränkt.

Bei einem Bombenanschlag auf den Bischofspalast in der ungarischen Stadt Debrecen kommen drei Menschen ums Leben, weitere acht werden schwer verletzt. Der Anschlag gilt Bischof Miklossy von Debrecen, der allerdings unverletzt bleibt. Die Täter flüchten nach Rumänien. Miklossy war in der Vergangenheit wegen seiner diskriminierenden Haltung gegenüber der rumänischen Minderheit häufig kritisiert und auch bedroht worden.

Nach in Paris bekanntgewordenen offiziellen Angaben betragen die französischen Ausgaben für die Besetzung Marokkos seit 1912 rund 294 Millionen Francs (rund 235,2 Millionen Mark). Davon entfallen allein auf Militärausgaben rund 287 Millionen Francs (rund 229,6 Millionen Mark). Marokko war 1912 zum französischen Protektorat unter dem Generalresidenten Louis Hubert Gonzalve Lyautey geworden.

Die italienische Regierung legt in Rom einen Gesetzentwurf über die bürgerliche Eheschließung vor. Danach gilt bei künftigen Heiraten das Prinzip der Ziviltrauung; nur kirchlich getraute Ehen sind nicht mehr zulässig. Die katholische Kirche protestiert gegen den Entwurf (→ 19. 5. / S. 79).

Auf dem Berliner Flugplatz Johannisthal verbessert der deutsche Pilot Bruno Langer mit einem Doppeldecker den Weltrekord im Dauerflug ohne Passagier. Mit seiner Zeit von 14:07 h überbietet Bruno Langer die alte Bestmarke um 44 Minuten. → S. 42

4. Februar, Mittwoch

Bei der seit dem 17. Januar stattfindenden zweiten Lesung des Haushaltes 1914 im deutschen Reichstag in Berlin weist Außenminister Gottlieb von Jagow auf die positive Entwicklung der deutsch-britischen Verhältnisse hin. Nach seiner Ansicht gibt es zwischen beiden Staaten zahlreiche gemeinsame politische Interessen.

In der russischen Hauptstadt Petersburg (heute Leningrad) enden dreitägige Beratungen zwischen der russischen Regierung und den Ministerpräsidenten Serbiens und Griechenlands, Nikola Pašić und Eleftherios Weniselos. Dabei werden die Möglichkeiten eines neuen Balkanbundes erörtert.

5. Februar, Donnerstag

In Glasgow gibt der britische Schatzkanzler David Lloyd George Einzelheiten der von der Regierung geplanten Landreform bekannt. Danach soll Landarbeitern der Ankauf von Grundbesitz erleichtert werden.

6. Februar, Freitag

Der russische Reichsrat in Petersburg (heute Leningrad) nimmt einen Gesetzentwurf zur Bekämpfung der Trunksucht einstimmig an. In der Vorlage wird u. a. der Verkauf von Spirituosen in den Erfrischungsräumen öffentlicher Vergnügungsstätten (Theater, Kino, Ausstellungsgebäude) verboten.

7. Februar, Sonnabend

In der rumänischen Hauptstadt Bukarest treffen der griechische Ministerpräsident Eleftherios Weniselos und der serbische Ministerpräsident Nikola Pašić zu fünftägigen Beratungen mit der rumänischen Regierung ein. Dabei werden die Perspektiven eines neuen Balkanbundes ausgelotet.

8. Februar, Sonntag

In Konstantinopel wird zwischen dem Osmanischen Reich und Rußland eine Vereinbarung über Reformen im osmanischen Teil von Armenien unterzeichnet. Hintergrund sind die teilweise blutigen Verfolgungen der armenischen Minderheit im Osmanischen Reich.

In Lissabon wird Bernardino Luis Machado Guimarães zum neuen portugiesischen Ministerpräsidenten ernannt, nachdem der seit dem Vorjahr amtierende Alfonso Augusto da Costa am 26. Januar seinen Rücktritt erklärt hatte. Da Costas Demission erfolgte unter dem Druck öffentlicher Demonstrationen; in verfassungsrechtlichen Konflikt mit der Opposition hatte seine Position ebenso geschwächt wie ein am 14. Januar begonnener Eisenbahnerstreik.

Das erste deutsche Arbeiterjugendheim wird in Steglitz (heute zu Berlin) durch den Sekretär des SPD-Bildungsausschusses, Wilhelm Pieck, eingeweiht.

Bei den vom Berliner Eislaufverein veranstalteten Europameisterschaften im Eisschnellauf siegt der norwegische Favorit Oscar Mathisen (Christiania, heute Oslo) im Vierkampf klar vor dem Russen Wladimir Ippolitow. → S. 43

Der Einheimische Fritz Kachler wird in Wien Europameister im Eiskunstlauf der Herren. → S. 43

9. Februar, Montag

Rußland erhält – gemäß einem am 30. Januar 1914 geschlossenen Abkommen – von Frankreich eine Anleihe in Höhe von 665 Millionen Francs (541,3 Millionen Mark). Sie wird von der russischen Regierung zur Aufrüstung und für den militärisch wichtigen Eisenbahnbau verwendet (→ 11. 2. / S. 34).

10. Februar, Dienstag

In Stockholm tritt der schwedische Ministerpräsident Karl Albert Staaff nach einem verfassungsrechtlichen Streit mit König Gustav V. über die Zulässigkeit öffentlicher politischer Meinungsäußerungen der Krone zurück. → S. 34

11. Februar, Mittwoch

Als Ergebnis einer Vereinbarung zwischen dem deutschen Generalmajor und Quartiermeister Georg Graf von Waldersee und dem italienischen Generalstabschef Alberto Pollio sichert die italienische Regierung die Entsendung von drei Armeekorps und zwei Kavalleriedivisionen an die deutsche Westgrenze bei einem etwaigen Krieg gegen Frankreich zu. → S. 39

In Petersburg (heute Leningrad) tritt der als gemäßigt geltende russische Ministerpräsident Wladimir N. Kokowzew zurück. Sein Nachfolger wird der nationalistisch-reaktionär orientierte Iwan L. Goremykin. Im Hintergrund des Rücktritts steht eine politische Intrige nationalistischer Kreise, u. a. des Agrarministers W. Kriwoschein. → S. 39

In Berlin endet die zweitägige Tagung des Deutschen Landwirtschaftsrates. In einer Ansprache erklärt der deutsche Reichskanzler Theobald von Bethmann Hollweg u. a.: »Die gewaltigen Fortschritte der deutschen Landwirtschaft sind ein beredtes Zeugnis dafür, mit neuen Erfindungen, mit neuen Entwicklungen, mit neuen Zuständen sich abzufinden, sondern sie auszunützen.« (→ 16. 2. / S. 39)

12. Februar, Donnerstag

Mit einer Veinbarung über eine gemeinsame Kapitalaufstockung bei der russischen Rüstungsfirma Putilow durch Frankreich und Rußland endet die sog. Putilow-Affäre. Dabei hatten Spekulationen über eine mögliche deutsche Beteiligung bei Putilow zu heftigen öffentlichen Reaktionen und diplomatischen Aktivitäten in den beiden verbündeten Staaten geführt. → S. 36

In der österreichisch-ungarischen Hauptstadt Wien kommt es zu Protestversammlungen von Arbeitslosen. Die Teilnehmer demonstrieren gegen die Untätigkeit der Regierung angesichts der hohen Arbeitslosigkeit.

In Paris einigen sich Frankreich und Spanien auf ein Abkommen über den Bau einer Eisenbahnlinie in Marokko von Tanger bis Fez. Eine französisch-spanische Gesellschaft wird mit dem Projekt betraut.

13. Februar, Freitag

In einer in Athen überreichten Note sprechen die europäischen Großmächte Griechenland die von ihm während der Balkankriege 1912/13 besetzten Ägäisinseln (früher zum Osmanischen Reich) mit Ausnahme von Tenedos, Imbros und Castellorizo zu. Im Gegenzug soll sich die griechische Regierung verpflichten, die Inseln nicht militärisch zu nutzen sowie die an der griechisch-albanischen Grenze gelegene Region Epirus zu räumen (→ 3. 4. / S. 64).

Im Rahmen des sog. Gewerkschaftsstreites innerhalb der katholischen Kirche bekräftigt der Kölner Erzbischof Felix von Hartmann seine »gemäßigte« Einstellung. Auf einer Versammlung in Köln spricht er sich neben zahlreichen anderen hochrangigen Klerikern für den Eintritt katholischer Arbeiter auch in interkonfessionelle Gewerkschaften aus. → S. 39

Die Allgemeine Deutsche Kunstgenossenschaft protestiert in Berlin gegen die Beschlagnahme von Künstlerpostkarten durch preußische Gerichte. Angeblich zeigen die Reproduktionen »unsittliche« Szenen. → S. 43

14. Februar, Sonnabend

Britische Frauenrechtlerinnen setzen ihre militanten Aktionen für die Einführung des Frauenwahlrechts fort, indem sie in London die Fenster des Innenministeriums zertrümmern. Gleichzeitig legen Suffragetten im Pavillon des vornehmen Lawn-Tennis-Clubs Feuer (→ 9. 3. / S. 54).

15. Februar, Sonntag

In Berlin wird ein deutsch-französisches Abkommen unterzeichnet, in dem Frankreich einer unter Führung der Deutschen Bank stehenden Eisenbahngesellschaft den Bau von Bahnstrecken im Osmanischen Reich zubilligt. Neben seiner ökonomischen Bedeutung ist das Projekt wegen des damit verbundenen Einflusses im Nahen Osten auch politisch brisant.

Titelseite der Münchener Kulturzeitschrift »Jugend« (Nr. 6/1914)

Februar 1914

Der Norweger Oscar Mathisen wird in seiner Heimatstadt Christiania (heute Oslo) Weltmeister im Eisschnellaufen der Herren (→ 8. 2. / S. 43).

16. Februar, Montag

Unter Vorsitz des Rittergutsbesitzers Conrad Freiherr von Wangenheim findet in Berlin die 21. Generalversammlung des deutschen Bundes der Landwirte statt. In einer Resolution wenden sich die Delegierten gegen eine weitere Demokratisierung im Deutschen Reich und unterstützen die monarchische Verfassung. → S. 39

In Paris werden Pläne der französischen Regierung bekannt, den Etat der zwei Waffengattungen der Armee um zusätzlich 1,41 Milliarden Francs (1,28 Milliarden Mark) aufzustocken. Bisher waren lediglich Sonderausgaben in Höhe von 860 Millionen Francs (688 Millionen Mark) geplant.

17. Februar, Dienstag

Nach dem Rücktritt des liberalen schwedischen Ministerpräsidenten Karl Albert Staaff am 10. Februar bildet der konservative Politiker Hjalmar Hammerskjöld in Stockholm ein neues Kabinett (→ 10. 2. / S. 39).

In Budapest scheitern Versuche des ungarischen Ministerpräsidenten István Graf Tisza, mit Vertretern der rumänischen Minderheit in Ungarn eine Verständigung über Fragen des Minderheitenschutzes herbeizuführen. Seit 1787 ist der Anteil der nichtmagyarischen Bevölkerung in Ungarn durch eine rigide Magyarisierungspolitik von rund 71 % auf rund 45% gesunken.

Die erste Koran-Übersetzung ins Osmanische erscheint in Konstantinopel (heute Istanbul). Bisher war der Koran wegen seiner symbolhaften und »geheiligten« Sprache nur wenigen Gelehrten verständlich. → S. 42

Der deutsche Reichstag in Berlin genehmigt in einer ersten Rate den deutschen Sportverbänden 46 000 Mark zur Vorbereitung der Olympischen Spiele 1916 in Berlin. Die Billigung der Summe war vom Budgetausschuß des deutschen Reichstages am 15. Januar zunächst abgelehnt worden. → S. 42

18. Februar, Mittwoch

In Brüssel nimmt die belgische Abgeordnetenkammer das neue Schulgesetz mit den Stimmen der christdemokratischen Regierungsfraktion an. Die Fraktionen der Liberalen und der Sozialisten hatten sich an der Abstimmung nicht beteiligt. Das neue Schulgesetz trägt den Wünschen der belgischen Kirchen nach christlicher Erziehung Rechnung (→ 19. 5. / S. 79).

Nach einer durch die russische Regierung erlassenen Verordnung werden bestimmte russische Häfen und Gewässer für die Benutzung durch ausländische Schiffe grundsätzlich gesperrt. Sie können zukünftig nur noch mit einer diplomatischen Sondererlaubnis angelaufen werden.

19. Februar, Donnerstag

In München erklärt der bayerische Innenminister Max Freiherr von Soden-Frauenhofen (Zentrumspartei), daß er die Bestätigung sozialdemokratischer Bürgermeister wegen ihrer antimonarchischen Haltung nach wie vor verweigern werde. Nach der bayerischen Gemeindeordnung bedarf die Wahl der Bürgermeister staatlicher Bestätigung.

Nach neuntägiger Dauer endet in Paris eine Reise des künftigen Fürsten von Albanien, Prinz Wilhelm zu Wied, in Hauptstädte der europäischen Großmächte. Er hatte u.a. Rom am 10. Februar, Wien am 13. Februar und London am 18. Februar besucht (→ 7. 3. / S. 49).

20. Februar, Freitag

Auf einer Tagung des Jungdeutschlandbundes in Berlin spricht sich der Gründer dieser rund 500 000 Mitglieder umfassenden Vereinigung, General Colmar Freiherr von der Goltz, für eine intensivere Wehrtüchtigung der deutschen Jugend aus (→ 9. 6. / S. 94).

Die Sozialdemokratin Rosa Luxemburg wird in Frankfurt am Main zu einer einjährigen Haftstrafe verurteilt. Sie hatte in zwei Vorträgen Mißstände innerhalb der deutschen Armee kritisiert und gleichzeitig zum Kampf gegen den Krieg aufgerufen. → S. 39

Das russische Außenministerium veröffentlicht in Petersburg (heute Leningrad) Aktenmaterial, mit dem die neutrale Haltung Rußlands während der beiden Balkankriege 1912/13 dokumentiert werden soll. Mit den Akten – u.a. Protokolle über russische Vermittlungsbemühungen – will Rußland gleichzeitig sein Interesse am Frieden in Europa belegen.

In Kiel wird das Institut für Seeverkehr und Weltwirtschaft eröffnet. Es ist der Universität angegliedert und zählt international zu den bedeutendsten Einrichtungen seiner Art. → S. 39

21. Februar, Sonnabend

Eine albanische Delegation unter Führung von Kriegsminister Essad Pascha trifft in der mittelrheinischen Stadt Neuwied zu Gesprächen mit dem designierten Fürsten von Albanien, Prinz Wilhelm von Wied, ein. Der deutsche Adlige war 1913 von den europäischen Großmächten zum albanischen Monarchen bestimmt worden (→ 7. 3. / S. 49).

Die griechische Regierung erklärt sich in Athen bereit, die Note der europäischen Großmächte vom 13. Februar zur Beilegung der Ägäis-Krise zu akzeptieren. Gleichzeitig drückt sie jedoch ihren Wunsch aus, Teile der Albanien zugesprochenen Gebiete an der griechischen Nordgrenze zurückzuerhalten.

Auf einer Sonderkonferenz in Petersburg (heute Leningrad) vereinbaren die russische Regierung und der russische Generalstab eine Modernisierung der Schwarzmeerflotte (→ 11. 2. / S. 34). Nach beider Ansicht muß die Sicherung der Dardanellen-Meerenge für die russische Schiffahrt angesichts des deutschen Engagements im Osmanischen Reich (→ 13. 1. / S. 12) höchste Priorität erhalten.

Als »Weißer Wolf« bekannte chinesischen Rebellen plündern die Stadt Linautschau; dabei kommen 1300 Menschen ums Leben. Die chinesischen Regierungstruppen weigern sich, gegen die Rebellen vorzugehen.

22. Februar, Sonntag

Der Reichsverband deutscher Ärzte beschließt bei einer außerordentlichen Versammlung in Berlin seine Auflösung. Er sieht seine Aufgabe mit dem am 23. Dezember 1913 zwischen Ärzten und Kassenverbänden geschlossenen Abkommen als erfüllt an.

23. Februar, Montag

In der französischen Abgeordnetenkammer in Paris endet eine am 13. Februar begonnene Debatte über den Gesundheitszustand von Soldaten im französischen Heer mit der Einsetzung eines parlamentarischen Untersuchungsausschusses. Zuvor waren Informationen bekanntgeworden, nach denen von insgesamt 717 415 Soldaten derzeit 261 303 wegen Krankheit dienstunfähig sind.

Mit einem eintägigen Streik unterstützen mittel- und südfranzösische Bergarbeiter ihre Forderung nach der Einführung einer Altersversicherung für Bergleute, die derzeit im Parlament beraten wird. Sie wird am 25. Februar – mit einer Mindestrente von 600 Francs (480 Mark) im Jahr – vom Abgeordnetenhaus in Paris gebilligt.

Nach einem Beschluß des Rats von Königsberg werden die Überreste des 1804 verstorbenen deutschen Philosophen Immanuel Kant in den Königsberger Dom überführt. Für einen Betrag von 50 000 Mark wird dort ein Ehrengrab für Kant errichtet.

Anläßlich der diesjährigen Rosenmontagsumzüge stellt die Münchner Polizei bedauernd die Popularität »unsittlicher« Tänze wie dem Tango fest. Im Kölner Raum kommt es bei den Rosenmontagsfeiern zu tätlichen Auseinandersetzungen. → S. 42

24. Februar, Dienstag

Der deutsche Generalstabschef Helmuth von Moltke übersendet dem deutschen Außenminister Gottlieb von Jagow eine Ausarbeitung über die Kriegspläne Rußlands. Darin wird die Verstärkung der russischen Kriegsbereitschaft seit 1905 als Gefährdung deutscher Sicherheitsinteressen interpretiert (→ 20. 5. / S. 76).

In Berlin wird der Entwurf eines preußischen Grundteilungsgesetz bekannt. Es soll einerseits die Aufteilung von Landwirtschaftsgütern durch gewerbliche Makler verhindern, andererseits im Zuge der »inneren Kolonisation« die Beschaffung von Land für sog. Ansiedlerstellen erleichtern.

Die deutschen Professoren an der Universität Prag drohen mit ihrer Kündigung, wenn der Vermittlungsvorschlag des österreichischen Ministerpräsidenten Karl Graf von Stürgkh im deutsch-tschechischen Nationalitätenstreit in Böhmen angenommen wird. Im Vorjahr war der böhmische Landtag nach jahrelanger obstruktiver Haltung der deutschen Abgeordneten aufgelöst worden. Seit 1880 führt die Doppelsprachigkeit im Landtag zu Konflikten.

Südafrikanische Gewerkschaftsführer, die wegen des vom 7. bis 22. Januar während des Generalstreiks auf Regierungsanweisung aus ihrem Land deportiert worden waren, erreichen die britische Hafenstadt Gravesend. In einem Aufruf an das britische Volk weisen sie auf die illegale Deportation hin und klagen ihr Recht auf einen Prozeß vor einem südafrikanischen Gericht ein (→ 7. 1. / S. 24).

25. Februar, Mittwoch

Im britischen Unterhaus in London stellt Kriegsminister John Seely die Planungen für das Militärflugwesen vor. Der Bestand an Flugzeugen soll demnach von gegenwärtig 161 auf insgesamt 250 erhöht werden.

Das russische Kriegsministerium gibt bei verschiedenen einheimischen Firmen den Bau von insgesamt 353 Flugzeugen in Auftrag. Nach französischen Plänen konstruiert, sollen sie die bereits vorhandenen 300 Militärflugzeuge ergänzen. Dazu wird die Zahl der Fliegerkorps von derzeit 20 auf 35 aufgestockt (→ 11. 2. / S. 34).

26. Februar, Donnerstag

In Straßburg bilden Landtagsabgeordnete verschiedener Parteien eine sog. Liga zur Verteidigung Elsaß-Lothringens. Sie wollen sich gegen die Verunglimpfung der regionalen Bevölkerung in Teilen der deutschen Presse wie anläßlich der sog. Zabern-Affäre zur Wehr setzen (→ 10. 1. / S. 16).

Elf Menschen kommen in Rummelsburg (bei Berlin) ums Leben, als eine Nitrobenzolfabrik explodiert. → S. 42

27. Februar, Freitag

In London lehnt der britische Premierminister Herbert Henry Asquith die Einführung der allgemeinen Wehrpflicht in Großbritannien ab.

28. Februar, Sonnabend

Die britische Labour Party und die am 24. Februar in Großbritannien angekommenen, im Zusammenhang mit einem Generalstreik deportierten südafrikanischen Arbeiterführer beschließen in London eine juristische Klärung der Deportation (→ 7. 1. / S. 24).

Das Wetter im Monat Februar

Station	Mittlere Lufttemperatur (°C)	Niederschlag (mm)	Sonnenscheindauer (Std.)
Aachen	6,8 (2,1)	33 (59)	– (74)
Berlin	4,3 (0,4)	14 (40)	– (78)
Bremen	5,9 (0,9)	23 (48)	– (68)
München	3,3 (–0,9)	14 (50)	– (72)
Wien	– (0,6)	– (41)	– (81)
Zürich	2,0 (0,2)	33 (61)	99 (79)

( ) Langjähriger Mittelwert für diesen Monat – Wert nicht ermittelt

Februar 1914

Die Leipziger »Illustrirte Zeitung« widmet sich in ihrer Ausgabe vom 12. Februar 1914 dem diesjährigen Faschingstreiben

Faschingstreiben. Nach einer farbigen Originalzeichnung von Knut Hansen.

Februar 1914

Bündnissysteme in Europa formieren sich zum Krieg

11. Februar. Die deutsche Regierung erhält von Italien eine diplomatische Zusicherung über die Entsendung von drei Armeekorps und zwei Kavalleriedivisionen an die deutsche Westgrenze im Kriegsfall. Zusammen mit der französisch-russischen Rüstungsanleihe vom 9. Februar dokumentiert sie die Intensivierung der Kriegsvorbereitung in den beiden europäischen Bündnissystemen Anfang 1914.

Die auf einer Italien-Reise des deutschen Oberquartiermeisters Georg Graf von Waldersee im Dezember 1913 mit dem italienischen Generalstabschef Alberto Pollio vorbereitete Absprache sieht vor, daß Italien im »casus foederis« (Bündnisfall) drei Armeekorps und zwei Kavalleriedivisionen an den Oberrhein zum Einsatz gegen Frankreich sendet. Die Absprache ist innerhalb des Dreibundes (Deutsches Reich, Österreich–Ungarn, Italien) von besonderer politischer Brisanz, da Italien damit die aufgekommenen Zweifel an seiner Bündnistreue zu zerstreuen versucht.

Innerhalb des Dreibundes drängen der deutsche Generalstabschef Helmuth von Moltke wie auch sein österreichisches Pendant Franz Freiherr Conrad von Hötzendorf auf einen Krieg gegen Rußland und Frankreich. Hötzendorf fordert in einem Brief an Moltke am 14. Februar konkrete militärische Absprachen für den Kriegsfall, da nach seiner Ansicht die Ausgangslage des Dreibundes angesichts der wachsenden russischen Aufrüstung immer schwieriger werde.

Auch in der sog. Tripelentente zwischen Frankreich, Rußland und Großbritannien rückt die Möglichkeit eines Krieges immer mehr ins Blickfeld. Die französische Regierung – seit 1892 in einem Militärbündnis mit Rußland – gewährt Rußland am 9. Februar eine Anleihe in Höhe von 665 Millionen Francs (532 Millionen Mark). Das Geld dient dem Ausbau strategisch wichtiger Eisenbahnlinien an der russischen Westgrenze sowie der Erhöhung der Friedenspräsenzstärke im russischen Heer. Bis 1917 soll das Rekrutenkontingent um 480 000 Mann (39%) gesteigert werden. Zusätzlich vereinbart die russische Regierung mit dem Generalstab auf einer Sonderkonferenz in Petersburg

Militärausgaben bis 1914

Österreich-Ungarn	255,5
Deutsches Reich	193,9
Italien	166,5
Rußland	207,3
Frankreich	165,3
Großbritannien	124,2
Index:	1906 = 100

(heute Leningrad) am 21. Februar die Modernisierung der Schwarzmeerflotte. Am 25. Februar vergibt das russische Kriegsministerium Aufträge für 353 Militärflugzeuge nach französischen Plänen (bisheriger Bestand: 300) und erweitert die Zahl der Fliegerkorps um 15 auf 35. Allerdings werden gleichzeitig innere Probleme bei der Tripelentente deutlich: Nach einem Streit in der britischen Regierung im Januar 1914 über die Rüstungspolitik (→ 1. 1./S. 25) werden in Frankreich Zweifel an der militärischen Bereitschaft Großbritanniens zur Unterstützung seiner Bündnispartner laut. Auch der russische Außenminister Sergei D. Sasonow kritisiert in einem an die russische Botschaft in London gerichteten Schreiben vom 19. Februar die »schwankende und unklare Politik« des britischen Kabinetts und meint, »daß der Weltfriede erst an dem Tag gesichert sein wird, an dem der Dreiverband [Tripelentente] ... sich in ein ... in der Welt offen angekündigtes Defensivbündnis ... verwandelt hat«. Bisher ist das Verhältnis zwischen Rußland und Großbritannien nur politisch durch einen Vertrag aus dem Jahr 1907 geregelt.

Helmuth von Moltke, *geboren am 25. Mai 1848 auf dem mecklenburgischen Gut Gersdorf, übernahm 1906 als Nachfolger Alfred Graf von Schlieffens das Amt des Generalstabschefs der deutschen Armee. Er zählt im Deutschen Reich zu den energischsten Befürwortern eines Krieges gegen Rußland. Bereits 1911 forderte er eine bedeutende Aufrüstung des Heeres. 1913 überarbeitete Moltke den von Schlieffen konzipierten Aufmarschplan für Westeuropa. Nach Moltkes Ansicht kommt den Landheeren bei einem künftigen Krieg die entscheidende Funktion zu.*

Franz Freiherr Conrad von Hötzendorf, *der österreichisch-ungarische Generalstabschef, geboren am 11. November 1852 in Penzing (heute zu Wien), war zunächst als Militärtheoretiker bekannt. 1906 übernahm er den Generalstab und richtete sein Augenmerk u. a. auf eine verbesserte Bewaffnung der Armee. Zugleich trieb er Ausbildung und Organisation der Streitkräfte energisch voran. Conrad von Hötzendorf trat für eine militärische Lösung der Konflikte mit Italien und Serbien 1908/09 ein und wurde deswegen 1911 – allerdings nur vorübergehend – entlassen.*

Joseph Jacques Césaire Joffre, *geboren im südwestfranzösischen Rivesaltes, führt seit 1911 den französischen Generalstab. Einen von Joffre zur Verteidigung der Nordgrenze ursprünglich geplanten Durchmarsch durch Südbelgien im Falle eines deutschen Angriffs lehnte die französische Regierung bereits 1912 aus politischen Gründen ab. Militärstrategisch fürchtet der 62jährige Joffre vor allem die kurzen Mobilmachungsfristen für die Truppen des Deutschen Reiches, die sich nach seiner Ansicht nach Umsetzung der deutschen Wehrvorlage aus dem Jahr 1913 ergeben werden.*

John Seely, *britischer Kriegsminister, wurde am 31. Mai 1868 in Brookhill Hall (bei Nottingham) geboren und amtiert seit 1911. Er tritt bereits am 30. März 1914 zurück; ab 6. August übernimmt Horatio Herbert Kitchener, 1. Earl Kitchener of Khartoum and of Broome, das Kriegsressort. Bedeutender als die Armee ist die britische Flotte. Erster Lord der Admiralität (svw. Marineminister) ist der 39jährige Winston Churchill. Kommandant des britischen Expeditionskorps für Frankreich wird nach Kriegsbeginn der 61jährige General John Denton Pinkstone French.*

Jakov G. Zilinsky *ist seit 1911 russischer Generalstabschef. Anläßlich der sog. Liman-Sanders-Krise im Januar 1914 (→ 13. 1./S. 12) sprach er sich für militärischen Druck durch Rußland aus und nimmt dabei eine gefährliche Zuspitzung der Konfrontation mit dem Deutschen Reich in Kauf. Im März wird er abgelöst und übernimmt die Kommandantur des Militärbezirks Warschau, nach Kriegsbeginn die Armeekommandantur der russischen Heeresgruppe Nordwest. Nachfolger im Amt des Generalstabschefs wird General Nikolai N. Januskevic.*

Februar 1914

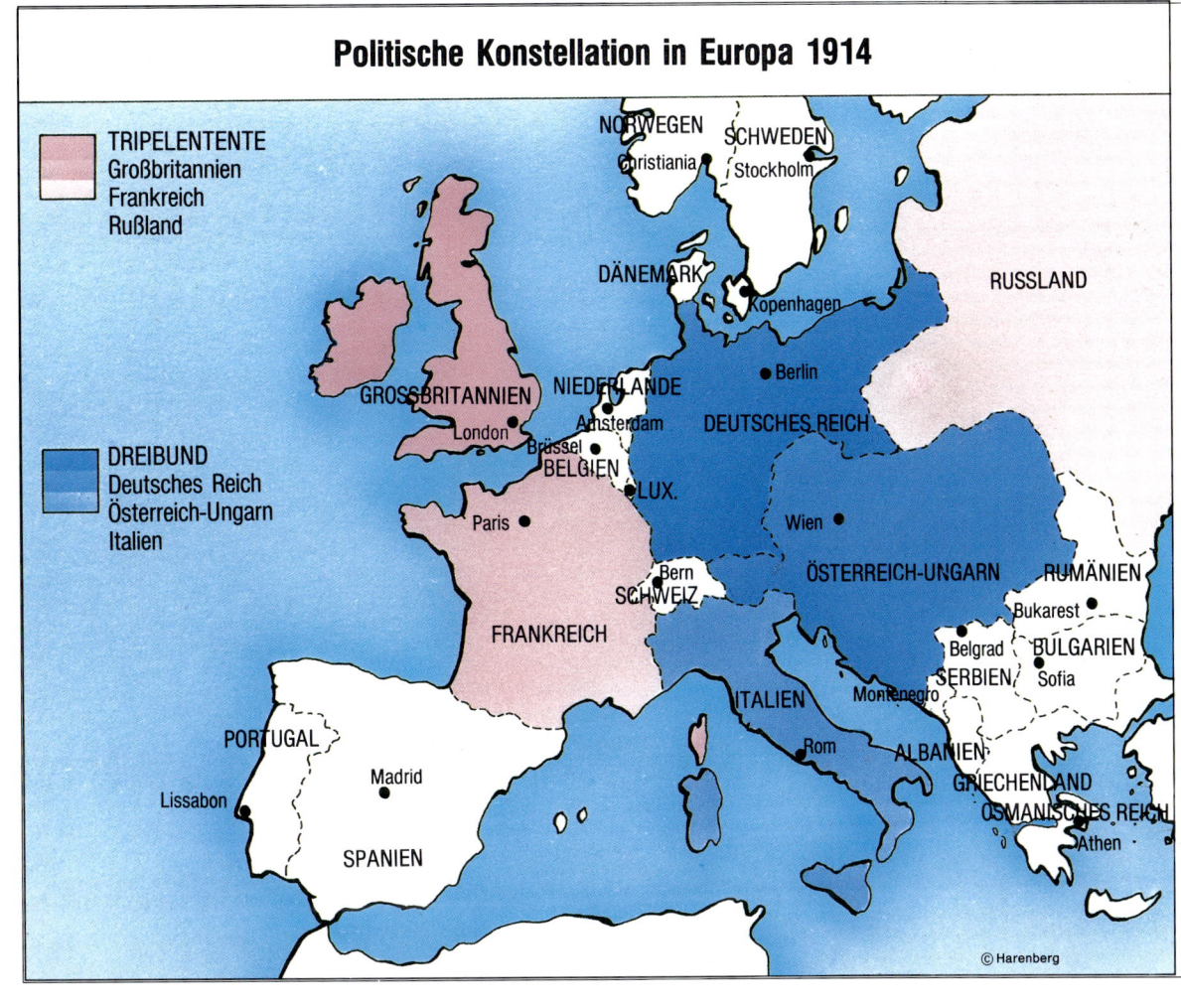

Bündnissysteme der Großmächte

Die politische und militärische Situation in Europa am Vorabend des Ersten Weltkriegs wird im wesentlichen durch die beiden Bündnissysteme Dreibund und Tripelentente bestimmt (siehe Karte).
Der erstmals am 20. Mai 1882 vertraglich geregelte Dreibund zwischen dem Deutschen Reich, Österreich-Ungarn und Italien sieht eine Neutralität Italiens bei einem Krieg zwischen Österreich–Ungarn und Rußland sowie eine gegenseitige deutsch-italienische Unterstützung bei einem Krieg mit Frankreich vor. Trotz mehrmaliger formeller Erneuerungen – zuletzt am 5. Dezember 1912 – hat sich Italien aufgrund seiner Verträge mit Frankreich (1902) und Rußland (1909) dem Dreibund zunehmend entfremdet.
Die Tripelentente entstand 1908. Vorläufer dieses Bündnisses waren das französisch-russische Militärbündnis von 1892, die sog. Entente cordiale zwischen Großbritannien und Frankreich von 1904 (→ 21. 4./S. 62) und der britisch-russische Vertrag von 1907. Letzterer blieb allerdings ohne Militärabsprachen.

Kräfteverhältnisse zu Wasser, zu Lande und in der Luft

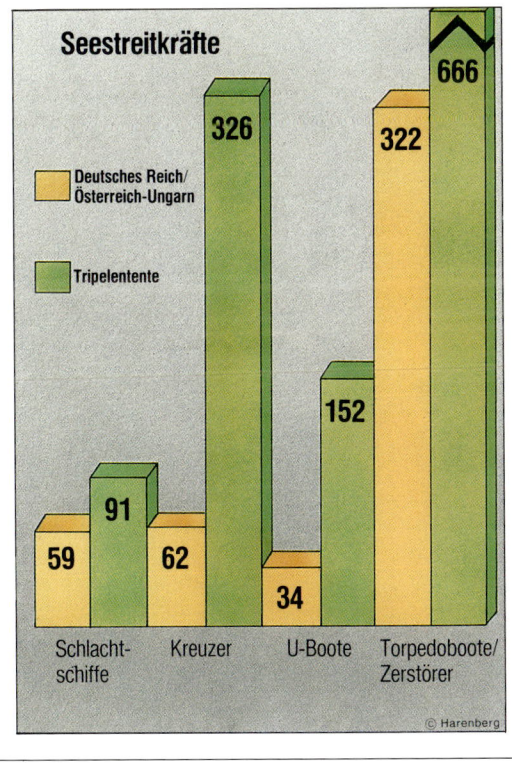
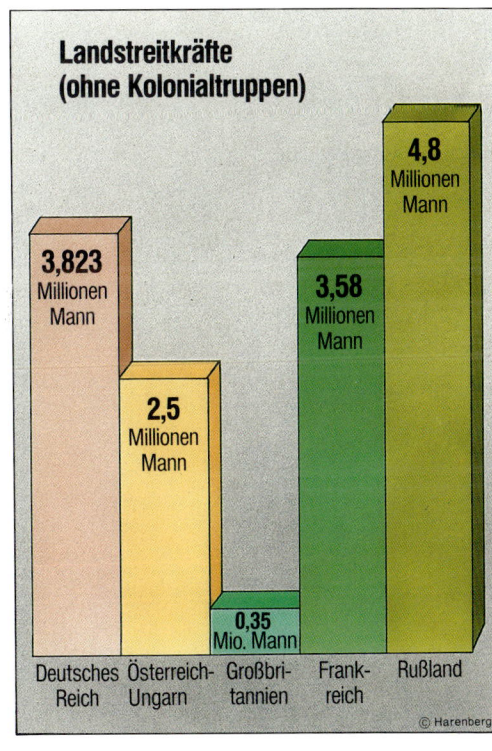
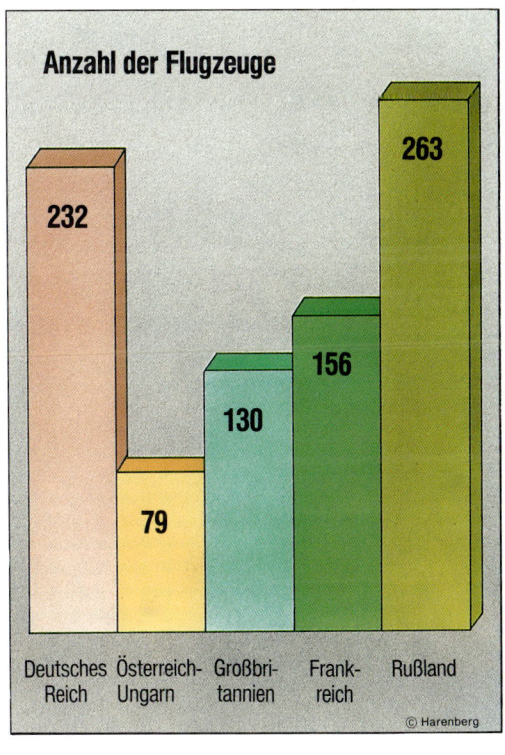

Februar 1914

Hauptgebäude der russischen Rüstungsfabrik Putilow in Petersburg; nach Schichtende verlassen Arbeiter das Werksgelände

Putilow-Affäre zeigt politische Nervosität in Europa

12. Februar. In Petersburg (heute Leningrad) endet die sog. Putilow-Affäre mit einer französisch-russischen Vereinbarung über eine gemeinsame Kapitalaufstockung bei der russischen Rüstungsfirma Putilow. Zuvor hatte es Spekulationen über eine Beteiligung des Deutschen Reiches – ein möglicher Kriegsgegner von Rußland – an Putilow gegeben.

Die von der französischen und russischen Finanzdelegation unterzeichnete Vereinbarung sieht eine Kapitalaufstockung von insgesamt 34 Millionen Rubel (73,4 Millionen Mark) vor. Davon sollen 15 Millionen Rubel (32,4 Millionen Mark) durch die Emission von Anleihen, 13 Millionen Rubel (28,1 Millionen Mark) durch Obligationen jeweils zur Hälfte auf dem Pariser und Petersburger Finanzmarkt aufgebracht werden. Weitere sechs Millionen Rubel (13 Millionen Mark) dienen dem Ankauf eines Teils der Newskywerke, einem weiteren russischen Rüstungsproduzenten. Die Kapitalaufstockung erfolgt wegen akuter Kapazitätsprobleme.

Die Bedeutung dieses Abkommens erklärt sich aus der Konkurrenz privater Unternehmer in der profitträchtigen internationalen Rüstungsindustrie. Die französische Firma Schneider-Creusot sah ihre Kapitalbeteiligung an den Putilowwerken durch ein Finanzierungsangebot u. a. des britischen Rüstungsunternehmens Vickers-Armstrong und der Deutschen Bank bedroht. Aus diesem Grund lancierte sie am 28. Januar in der Pariser Presse Meldungen über eine angebliche Beteiligung der deutschen Fried. Krupp AG an Putilow und löste dadurch die politische Affäre mit ihren weitreichenden Verwicklungen aus.

Rußland und Frankreich entfalteten hektische diplomatische Aktivitäten, um den vermeintlich drohenden Einfluß des Deutschen Reiches auf die russische Rüstungsproduktion zu verhindern. Ganz im Interesse von Schneider-Creusot engagierte sich die russische Regierung bereits Ende Januar für eine Sicherung des französischen Einflusses bei Putilow.

Konservative Kreise in beiden Staaten nutzten den Fall zur Schürung nationalistischer Ressentiments.

Die Affäre um den mit 100 000 Beschäftigten größten russischen Rüstungsproduzenten belegt die spannungsgeladene Atmosphäre in Europa. Der Fall wirkt umso erstaunlicher, als ohnehin 21 von 32 Direktoren sowie rund 60% der Vorarbeiter und Monteure bei Putilow deutscher Abstammung sind.

Paris und Petersburg wollen Wogen glätten

In den offiziellen Stellungnahmen der Regierungen in Paris und Petersburg (heute Leningrad) zur sog. Putilow-Affäre wird der Versuch deutlich, das entstandene gegenseitige Mißtrauen abzubauen. Der französische Ministerpräsident Gaston Doumergue erklärt am 3. Februar in Paris, daß sowohl französische als auch russische Regierungsvertreter zu spät die politische Brisanz des Falls erkannt haben. Mit der Sicherung des französischen Einflusses bei Putilow durch die russische Regierung ist das Problem nach seiner Ansicht jedoch gelöst.

Zuvor hatten die sozialistischen Abgeordneten Jean Jaurès und Albert Thomas im französischen Parlament die Regierung wegen der unzureichenden Information der Öffentlichkeit kritisiert. Wörtlich sagte Jaurès am 2. Februar: »Es ist unbegreiflich, daß die nationale Presse den Fall zuerst mit größter Hast als eine Art Verrat ankündigte und daß man jetzt so eifrig Schweigen [zeigt].« In Petersburg beschwichtigt der russische Marineminster Iwan K. Grigorowitsch am 12. Februar die Öffentlichkeit, indem er eine Gefahr durch die bei Putilow beschäftigten Deutschen ausschließt.

Zwei der wichtigsten französischen Politiker: Jean Jaurès (l.) und Gaston Doumergue (r.). Jaurès zählt zu den führenden Sozialisten; Doumergue amtiert seit Ende 1913 als Ministerpräsident

Krupp-Gewinne im Rüstungsgeschäft

Die Zusammenarbeit privatwirtschaftlicher Unternehmen im profitträchtigen internationalen Rüstungsgeschäft wie bei der sog. Putilow-Affäre ist keine Seltenheit. Führend tätig sind dabei die deutsche Fried. Krupp AG, die britische Firma Vickers-Armstrong und das französische Unternehmen Schneider-Creusot.

Vor allem die russische Aufrüstungspolitik bietet einen umfangreichen Absatzmarkt. So liefert die zu Krupp zählende Germania-Werft in Kiel Schiffe für die russische Flotte. Deutsche Unternehmen erhalten allein in den Wintermonaten 1913/14 Rüstungsaufträge im Wert von 69 Millionen Rubel (149 Millionen Mark) und damit mehr als Unternehmen aus verbündeten Staaten (Großbritannien: 67 Millionen Rubel, 144,7 Millionen Mark; Frankreich: 57 Millionen Rubel, 123 Millionen Mark).

Außerdem werden die wenigen russischen Rüstungswerke von ausländischen Konzernen kontrolliert: Schneider-Creusot übt bei der russischen Newa-Werft einen bedeutenden finanziellen Einfluß aus, die Hamburger Werft Blohm & Voss beeinflußt die Werft in technischer Hinsicht. Die österreichische Rüstungsfirma Skoda half beim Aufbau der Putilowwerke, die inzwischen von Schneider-Creusot übernommen wurden. Skoda selbst steht seit 1913 unter dem Einfluß von Krupp. Diesem größten deutschen Rüstungsproduzenten verschaffen die Geschäfte vor dem Weltkrieg hohe Dividenden (1911: 18 Millionen Mark bzw. 10%; 1913: 25 Millionen Mark bzw. 14%). Die britische Firma Vickers-Armstrong verfügt über Konzessionen zur Errichtung bedeutender neuer Rüstungswerke im russischen Zarizyn (heute Wolgograd). Um entsprechende Aufträge zu erhalten, bedient sie sich – ebenso wie Schneider-Creusot – eigener Bestechungsagenturen in Petersburg (heute Leningrad).

Neben der Verschmelzung zu Konzernen und der Streuung von Aktien zeigt sich die internationale Zusammenarbeit im Rüstungsgeschäft auch in der Kooperation etwa bei der Patentverwertung (z. B. Harvey Steel Corporation).

Panzer-Bearbeitungswerkstatt der Fried. Krupp AG; in dieser Abteilung des Panzerwalzwerks des Essener Unternehmens werden Panzerplatten, schwere Formstücke und größere Maschinenteile bearbeitet

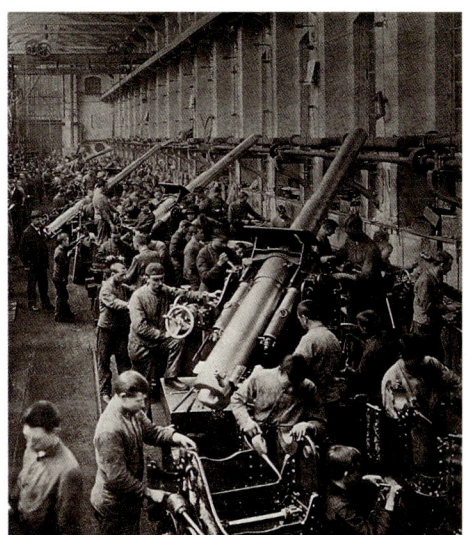
Kanonenfabrikation bei Krupp; die Krupps gelten als »Kanonenkönige«

Kriegsschiffe als Rüstungsobjekte: Stapellauf des deutschen Schlachtschiffes »Kronprinz« auf der Germaniawerft in Kiel

Mit den als »dicke Bertha« bekannten 42-cm-Mörsern macht Krupp besonders gute Geschäfte; im Weltkrieg dienen sie der Festungsbeschießung

»Freudentag bei Krupps – wieder eine ›dicke Bertha‹ angekommen!«

Februar 1914

Tanganjika-Bahn für stärkere koloniale Ausbeutung

2. Februar. Der Bau der Tanganjika-Eisenbahnlinie in Deutsch-Ostafrika (Tanganjika, heute zu Tansania) wird mit dem Erreichen des Tanganjikasees bei Kigoma abgeschlossen. Als Teil kolonialer Infrastruktur bildet sie ein wesentliches Instrument der deutschen Kolonialherrschaft in Afrika.

Die über Morogoro und Tabora führende Bahnlinie verbindet auf einer Strecke von 1270 km Daressalam – wichtige Hafenstadt am Indischen Ozean und Sitz der deutschen Kolonialverwaltung – mit dem Landesinneren von Tanganjika sowie dem Tanganjikasee und erschließt diese Regionen für die wirtschaftliche Ausbeutung. Der Verkehr mit dem Katanga-Gebiet (heute Shaba, zu Zaire) mit seinen reichen Erzvorkommen wird ebenso verbessert wie die Überlandverbindung mit Kamerun (Reisezeit nach Stanleyville [heute Kisangani, zu Zaire]: rund neun Tage). Gleichzeitig mit dem Bahnbau werden bedeutende Hafenanlagen für den Ort Kigoma in Angriff genommen.

Die koloniale Ausbeutung von Tanganjika begann 1884, als der deutsche Kolonialpolitiker Carl Peters – in offener Rivalität zu britischen Unternehmern – die Einheimischen zum Verkauf von Landgebieten bewegte. 1885 erwarb die Deutsch-Ostafrikanische Gesellschaft von der deutschen Regierung einen sog. Schutzbrief zur Ausübung von Hoheitsrechten in Tanganjika; sechs Jahre später übernahm das Deutsche Reich selbst die Verwaltung des sog. Schutzgebietes Deutsch-Ostafrika. In Verträgen mit Großbritannien (Helgoland-Sansibar-Vertrag 1890), Belgien und Portugal regelte es seine Einflußsphären.

Einseitig an den Interessen kolonialer Wirtschaft ausgerichtet, zielt die Herrschaftspraxis auf bedingungslose Unterwerfung der einheimischen Bevölkerung und nimmt im allgemeinen keine Rücksicht auf traditionelle soziale und politische Strukturen. So kam es wiederholt zu Aufständen, die von deutschen Truppen blutig niedergeschlagen wurden. Im Verlauf des sog. Maji-Maji-Aufstandes 1905 bis 1907 kamen insgesamt rund 75 000 Einheimische ums Leben. Die deutschen Investitionen in den Kolonien betragen 1914 940 Millionen Mark (1906: 290 Millionen Mark).

△ *Die einheimische Bevölkerung wird von der deutschen Kolonialverwaltung zu harten körperlichen Arbeiten beim Bau der Tanganjika-Bahn gezwungen. Dagegen üben die weißen Kolonialherren vorwiegend Aufsehertätigkeiten aus. Neben der Tanganjika-Bahn werden bereits vor dem Weltkrieg weitere Bahnlinien geplant; sie sollen die jetzt fertiggestellte Strecke mit dem nordwestlichen Teil der Kolonie Deutsch-Ostafrika verbinden. Zu diesem Zweck fanden von März bis September 1913 bereits erste Vermessungsarbeiten statt*

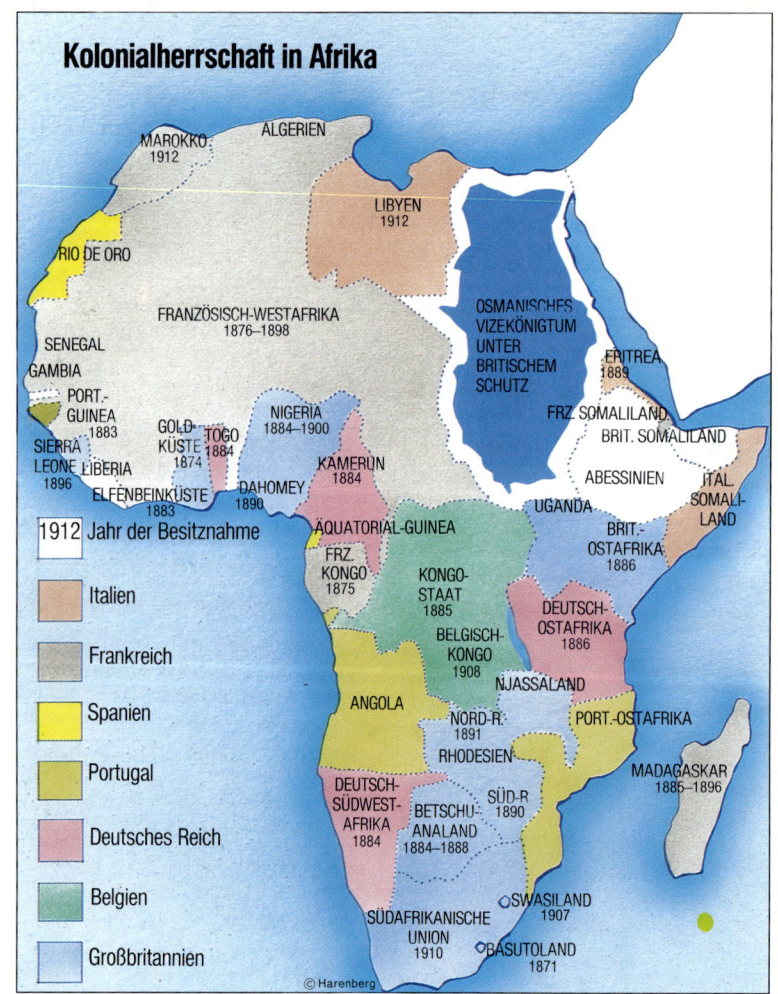

◁ *Bei der Kolonialisierung Afrikas werden verschiedene Phasen unterschieden: Etwa bis 1800 stand der von privilegierten Handelsgesellschaften betriebene Sklavenhandel im Mittelpunkt. Von 1800 bis etwa 1880 profitierten private europäische »Kompanien« vom Handel mit afrikanischen Produkten. Ihre geschäftlichen Stützpunkte wurden schließlich in verstärktem Maß von den Regierungen der Kolonialstaaten übernommen. Beschränkte sich die europäische Herrschaft noch 1880 vor allem auf die Küsten, so begann danach im Zuge des Imperialismus die Kolonialisierung der inneren Territorien des Kontinents*

Landwirte gegen Demokratisierung

16. Februar. In Berlin findet die 21. Generalversammlung des deutschen Bundes der Landwirte statt. Auf der als politische Propagandaveranstaltung konzipierten Tagung wenden sich die Delegierten gegen jegliche Ansätze zur Demokratisierung im Deutschen Reich.
Nach Abschluß der von Conrad Freiherr von Wangenheim (Erster Vorsitzender, seit 1898) und Gustav Roesicke (Zweiter Vorsitzender, seit 1893) geleiteten Tagung verabschieden die Delegierten eine Resolution, in der es u. a. heißt: »Die neuere innerpolitische Entwicklung in Deutschland muß den Bund der Landwirte als große Vereinigung monarchisch gesinnter nationaler Männer mit schweren Besorgnissen erfüllen.« Insbesondere weist die landwirtschaftliche Interessenvertretung die öffentliche Kritik anläßlich der sog. Zabern-Affäre zurück (→ 10. 1./S. 16) und spricht sich für eine Stärkung der Autorität der Fürstenhäuser aus. Wirtschaftspolitisch fordern die Delegierten einen Ausbau der deutschen Schutzzollpolitik (→ 20. 1./S. 20).
Der 1893 gegründete Bund der Landwirte zählt als politischer Kampfverband der deutschen Großgrundbesitzer zu den reaktionärsten deutschen Lobbygruppen.

Kieler Institut für Weltwirtschaft

20. Februar. In Kiel wird das Institut für Seeverkehr und Weltwirtschaft (heute Institut für Weltwirtschaft) eröffnet. Die der örtlichen Universität angeschlossene Einrichtung wird von dem deutschen Nationalökonom Bernhard Harms geleitet, der sie 1911 als Universitätsabteilung begründet hatte.
Satzungsgemäß hat das Institut die Aufgabe, die Weltwirtschaftslehre zu pflegen und zu fördern sowie Lehrveranstaltungen in der Universität zu übernehmen. Außerdem wird das Weltwirtschaftsinstitut verpflichtet, bei militärisch wichtigen Themen mit der Kieler Marineakademie zusammenzuarbeiten.
Das Institut zählt international zu den wichtigsten seiner Art. Parallel zur Institutsarbeit gibt die Einrichtung das Periodikum »Weltwirtschaftliches Archiv« heraus.

Streit über Gewerkschaft

13. Februar. Auf einer in Köln abgehaltenen Versammlung bekräftigen mehrere führende Vertreter des katholischen Klerus – u. a. der Kölner Erzbischof Felix von Hartmann – ihre gemäßigte Haltung im sog. Gewerkschaftsstreit. In einer Resolution billigen sie die Mitgliedschaft katholischer Arbeiter in interkonfessionellen Gewerkschaften.
Dabei sprechen sich die anwesenden Würdenträger – neben Hartmann die Bischöfe von Trier, Osna-

»Kannst Du protestantische von katholischen Schwielen unterscheiden?«

brück, Hildesheim, Paderborn und Münster – allerdings für eine Bevorzugung katholischer Arbeitervereine aus. Wo diese erfolgreich arbeiten, so heißt es, »wäre es in keiner Weise zu billigen, daß katholische Arbeiter sich interkonfessionellen Gewerkschaften anschlössen«.
Die Resolution steht im Zusammenhang des seit 1900 währenden Gewerkschaftsstreites in der katholischen Kirche; in diesem Konflikt stehen sich die sog. Kölner und die sog. Berliner Richtung (Integrale) gegenüber. Letztere sehen – unter ideologischer Führung des Bischofs von Breslau, Georg Kardinal von Kopp – in den seit der Jahrhundertwende aufkommenden christlichen Gewerkschaften die Gefahr sozialistischen Einflusses auf katholische Arbeiter und plädieren für streng katholisch ausgerichtete Arbeitervereine. Im Verlauf der Auseinandersetzungen entstand trotz mehrerer Kompromisse (so 1904 und 1910) ein Bruch im Episkopat. Noch am 11. Januar 1914 griff Kopp in ungewöhnlich scharfer Form die gemäßigte Haltung der Kölner an, obwohl diese inzwischen von Papst Pius X. bestätigt wurde. Der Grundsatzstreit unter den Katholiken zur Gewerkschaftsfrage verliert mit dem Tod von Kardinal Kopp am 4. März 1914 an Brisanz.

Verfassungsstreit König – Parlament

10. Februar. In Stockholm tritt die liberale schwedische Regierung unter Ministerpräsident Karl Albert Staaff zurück. Den Anlaß der Demission bildet ein verfassungsrechtlicher Konflikt mit König Gustav V. über die Wehrfrage.
Am 6. Februar hatte eine Erklärung von Gustav V. zugunsten einer bedeutenden militärischen Aufrüstung neben heftigen öffentlichen Protesten zu Kontroversen mit der Regierung geführt. Diese setzte sich entsprechend den Vorschlägen einer Parlamentskommission für eine schrittweise militärische Verstärkung ein.
Nach dem als verfassungsrechtlicher Machtkampf zwischen König und Parlament interpretierten Streit wird am 17. Februar der Konservative Hjalmar Hammarskjöld neuer Ministerpräsident.

Kokowzew von den Rechten gestürzt

11. Februar. In Petersburg (heute Leningrad) wird der russische Ministerpräsident Wladimir N. Kokowzew gestürzt und der 75jährige Politiker Iwan L. Goremykin zu seinem Nachfolger ernannt.
Im Hintergrund des Führungswechsels im Zarenreich stehen politische Intrigen konservativ-nationalistischer Kreise, u. a. des russischen Agrarministers und Interessenvertreters des Großgrundbesitzes, Alexander W. Kriwoschein. Kokowzew, der sein Amt am 11. September 1911 angetreten hatte, gilt als politisch gemäßigt, konnte sich aber in den politisch maßgeblichen Kreisen nicht durchsetzen.
Der neue Ministerpräsident Goremykin ist Anhänger der zaristischen Autokratie und vertritt die politischen Interessen nationalistischer Gruppen.

Sozialdemokratin R. Luxemburg (r.)

Ein Jahr Gefängnis für Rosa Luxemburg

20. Februar. In Frankfurt am Main wird die sozialdemokratische Politikerin Rosa Luxemburg zu einer Gefängnisstrafe von einem Jahr wegen Widerstandes gegen die Staatsgewalt verurteilt. Nach der Anklageschrift soll Rosa Luxemburg u. a. zur Befehlsverweigerung unter Soldaten aufgerufen haben.
Die Frankfurter Staatsanwaltschaft begründet ihre Anklage mit zwei Reden, die Rosa Luxemburg am 25. September 1913 im Frankfurter Vorort Fechenheim sowie am 26. September 1913 in Frankfurt am Main gehalten hatte. Dabei berichtete sie über Fälle von Soldatenmißhandlungen und sprach sich für eine allgemeine Volksbewaffnung aus. Außerdem erklärte sie: »Wenn uns zugemutet werden sollte, die Mordwaffe gegen unsere französischen oder anderen ausländischen Brüder zu erheben, dann rufen wir: ›Wir tun das nicht!‹«.
Die sozialdemokratische Politikerin und Frauenrechtskämpferin bekräftigt auf mehreren Protestversammlungen gegen das »Terrorurteil« nach Ende des Prozesses ihren antimilitaristischen Standpunkt.
Ein weiterer, am 29. Juni beginnender Prozeß gegen Rosa Luxemburg wird wegen der drohenden öffentlichen Kritik an den Zuständen in der deutschen Armee wieder eingestellt. Am 22. Oktober 1914 bestätigt ein Berufungsgericht das im Frankfurter Verfahren gefällte Urteil; am 18. Februar 1915 wird Rosa Luxemburg festgenommen.

Februar 1914

Werbung 1914:
Kinder als neue Zielgruppe

1914 rücken Kinder als Zielgruppe der Werbung in den Mittelpunkt des Interesses. Verkaufsstrategisch wird der gezielte Vergleich von Konkurrenzprodukten als erfolgreiches Mittel gepriesen.

Nachdem im 19. Jahrhundert erstmals besondere Produkte für Kinder wie Kleidung und Spielzeug populär geworden waren, spricht die Werbung in der Zeit vor dem Weltkrieg Kinder bereits gezielt an. Daher finden sich in den Tageszeitungen und Zeitschriften zunehmend auf das kindliche Wahrnehmungsvermögen abgestellte, z. T. farbig aufgemachte Darstellungen. Außerdem dominieren in der Werbung weiterhin Zeitungs- und Zeitschriftenanzeigen von frivolem und komischem Charakter.

Neben dem Zielgruppenproblem wird 1914 auch über die Methoden der Werbung debattiert. So wird in der Berliner »Vossischen Zeitung« vom 27. Mai für einen gezielten, für den Werbenden vorteilhaften Vergleich mit Konkurrenzprodukten plädiert. Im einzelnen heißt es: »Es fragt sich also: Ist es klug, konkurrierende Ware überhaupt zu erwähnen? Und die Antwort lautet entschieden: Ja! Und zwar aus dem Grunde, weil der Käufer ja doch die Ware vergleichen wird, namentlich wenn es sich um einen großen Posten und um teuere Sachen handelt. Wenn also der Kaufmann oder Verkäufer für den Käufer das Vergleichen selbst besorgen kann, dann sind die Zweifel des Käufers bald abgetan. Der Kunde empfindet, daß der Kaufmann ein intelligenter, moderner Mensch ist, der vor den Vergleichen mit den Erzeugnissen seiner Konkurrenz keine Angst hat.« In dem von einem US-amerikanischen Werbefachmann verfaßten Beitrag wird allerdings vor einer bloßen Herabsetzung der Konkurrenzware aus Werbegründen ausdrücklich gewarnt.

Nach Ausbruch des Krieges wird kommerzielle Reklame staatlich kontrolliert. Am 21. Dezember konstituiert sich ein sog. Reklame-Ausschuß der Berliner Handelsvereinigung Aeltesten der Kaufmannschaft, dem neben Vertretern aus Handel und Gewerbe auch Verwaltungsbeamte sowie der Maler Max Liebermann angehören. Der Ausschuß will die Interessen der Wirtschaft bei der Festlegung von Werbebedingungen während des Krieges vertreten.

Komische Elemente in der Werbung: Reklame für Zahnpasta von A. Terzi

Urlaubsassoziationen: Schokoladenreklame

Kinder in der Werbung (britische Seifenreklame)

Kind im Clownskostüm (Reifenwerbung)

Februar 1914

Bei dieser Sektreklame wird auf frivole Umgangsformen angespielt

Werbung 1914 zielt auch darauf ab, ein bestimmtes Ambiente herauszustellen. So entstehen Werbeplakate, die das angepriesene Produkt in einem entsprechenden Rahmen präsentieren. Das oben abgebildete Reklameplakat zeigt eine bekannte Sektmarke mit Symbolen bürgerlicher Kultiviertheit

Kindgerechte Werbung für Kinderspielzeug (Stofftiere und -puppen)

Stofftiere für Kinder werden in häuslicher Umgebung dargestellt

Februar 1914

Faschingstreiben auf dem Höhepunkt

23. Februar. Mit dem Rosenmontag gelangt die diesjährige Faschingszeit zu ihrem Höhepunkt. In München geben besondere Künstlerfeste der Narrenzeit ihr Gepräge. Wie die dortige Polizei bedauernd feststellt, finden »unsittliche« Tänze wie der Tango weiter Anklang.
Wie in München stammt auch das Publikum der Berliner Fastnachtsbälle im Admiralspalast und Eispalast vor allem aus bürgerlichen und kleinbürgerlichen Kreisen.
In der Kölner Region kommt es in der Karnevalszeit zu schweren Ausschreitungen; u. a. wird ein junger Mann von Karnevalsbesuchern zu Tode mißhandelt.

Berliner erzielt Dauerflugrekord

3. Februar. Der 21jährige Berliner Pilot Bruno Langer stellt einen Weltrekord im Dauerflug ohne Passagier auf. Mit 14:07 h überbietet er die alte, aus dem Jahr 1912 stammende Bestmarke um 44 Minuten. Gleichzeitig verbessert er den deutschen Rekord um vier Stunden und 37 Minuten. Langer benutzt bei seinem Dauerkreisen über dem Berliner Flugplatz Johannisthal einen Stahl-Pfeildoppeldecker.
Langers am 20. Februar vom Deutschen Luftfahrerverband auch offiziell anerkannter Rekord wird bereits am 26. April von dem Franzosen Poulet auf 16:28:57 h verbessert.

Explosionsunglück in Rüstungsbetrieb

26. Februar. Bei einem Explosionsunglück im Fabrikgebäude der Gesellschaft für Anilinfabrikation in Rummelsburg (bei Berlin) kommen elf Menschen ums Leben.
Das Unglück ereignet sich während Reparaturarbeiten an einem Kessel. Durch die Explosion wird die gesamte Nitrobenzolfabrik zerstört. Die Rettungsaktionen für die zahlreichen Verletzten werden durch giftige Dämpfe behindert. Über die Ursache wird nichts bekannt.
Die Nitrobenzolfabrik arbeitete als Zulieferbetrieb für die Agfa Berlin, einem der für die Rüstungsproduktion wichtigsten deutschen Chemieunternehmen.

Zeichnung von einem Faschingsball in München; das anzügliche Verhalten steht im Gegensatz zur prüden Moral der wilhelminischen Gesellschaft

Der 21jährige Weltrekordflieger Bruno Langer aus Berlin arbeitet bei der Luftfahrzeugs-Gesellschaft

Der deutsche Pilot Karl Ingold stellt am 7. Februar mit 16:20 h einen Weltrekord im Überlandflug auf

Lösch- und Bergungsarbeiten nach dem Explosionsunglück in der Rummelsburger Nitrobenzolfabrik; das Ausmaß der Zerstörungen ist verheerend

Koran-Übersetzung in das Osmanische

17. Februar. In Konstantinopel (heute Istanbul) erscheint erstmals eine Übersetzung des Koran ins Osmanische. Bisher galt die Übertragung des heiligen islamischen Buches in die Volkssprache als Verletzung religiösen Empfindens.
Nach Angaben des Übersetzers, Ibrahim Hilmi Bey, soll die osmanische Ausgabe das Verständnis für die Lehren des Islam vertiefen und sie breiteren Kreisen zugänglich machen. In der Vergangenheit wurden selbst die osmanischen Kommentare zum Koran in einer dem Volk unverständlichen Sprache geschrieben. Dadurch verfügten auch die sog. Hafis – Ehrentitel derjeniger, die den Koran auswendig lernen – nur über unzureichende Kenntnisse zu dessen Inhalt.
Als ältestes arabisches Prosawerk enthält das in 114 Suren unterteilte heilige Buch des Islam die zwischen 608 und 632 verkündeten Offenbarungen des Propheten Mohammed. Seine vollendete Sprache gilt als Zeichen der Gnade.

Staatsgelder für Olympische Spiele

17. Februar. Der deutsche Reichstag in Berlin bewilligt zur Vorbereitung der Olympischen Spiele in Berlin 1916 eine erste Rate in Höhe von 46 000 Mark. Um den staatlichen Zuschuß hatte es heftige öffentliche Diskussionen gegeben, nachdem fünf Wochen zuvor die Budgetkommission des Reichstages eine Bewilligung abgelehnt hatte.
Die Rate ist Teil eines auf drei Jahre verteilten Zuschusses in Höhe von insgesamt 200 000 Mark an den von Viktor von Podbielski geleiteten Reichsausschuß für die Olympischen Spiele. Diese Summe soll einer umfassenden sportlichen Vorbereitung der deutschen Aktiven auf die Spiele dienen. Insbesondere sollen qualifizierte Trainer verpflichtet werden.
Am 15. Januar hatte die Budgetkommission des Reichstages u. a. mit den Stimmen von Zentrum und Sozialdemokraten den Zuschuß abgelehnt. Die sozialdemokratische Fraktion kritisierte in diesem Zusammenhang die politische Unterdrückung der Arbeiterturnvereine im Deutschen Reich.

Komödie »Der Snob« von Carl Sternheim

2. Februar. In den Kammerspielen des Deutschen Theaters Berlin wird »Der Snob«, eine Komödie in drei Akten von Carl Sternheim, uraufgeführt. Die Hauptrolle des Christian Maske spielt Albert Bassermann.

In der von den Zuschauern zwiespältig aufgenommenen Inszenierung ragt neben dem 46jährigen, zum Max-Reinhardt-Ensemble zählenden Bassermann Viktor Arnold heraus. Überzeugend spielt er die Rolle des Theobald Maske, eines gediegen-originellen Charakters.

In ihrer Premierenkritik urteilt die Berliner »Vossische Zeitung« über den Autor Sternheim: »Seine Komödie ›Der Snob‹ ... bezeugt sein Talent [ebenso] wie die Verirrung seiner Darstellungsweise.«

Der am 1. April 1878 in Leipzig geborene deutsche Dramatiker Carl Sternheim karikiert in seinen sozialkritischen Stücken das philisterhafte Bürgertum der wilhelminischen Gesellschaft. Sein Werk wird von Publikum und Theaterkritik allerdings erst nach dem Ende des Kaiserreiches 1918 akzeptiert.

Albert Bassermann (l., als Christian Maske) zählt zu den bekanntesten deutschen Schauspielern vor dem Weltkrieg. Geboren am 7. September 1867 in Mannheim, kam er 1895 nach Berlin. Von 1900 bis 1909 spielte er unter Otto Brahm am Deutschen Theater und am Lessingtheater, danach an dem inzwischen von Max Reinhardt übernommenen Deutschen Theater. Leopoldine Konstantin (r.) spielt die Braut

Beschlagnahme von Künstlerpostkarten

13. Februar. Die Allgemeine Deutsche Kunstgenossenschaft protestiert in einer dem preußischen Justizminister Hans von Beseler in Berlin überreichten Petition gegen die Beschlagnahme von Künstlerpostkarten. Zuvor hatten preußische Gerichte bestimmte Reproduktionen für »unsittlich« erklärt.

Die Kunstgenossenschaft befürchtet, daß die Beschlagnahme lediglich der Beginn einer gegen Freizügigkeit der Kunst insgesamt gerichteten restaurativen Bewegung sei. Sie wirft dem Gericht dabei eine »falsche und unnatürliche Sittlichkeit« vor, die – so der Verband – etwas Normalem den Reiz des Geheimnisvollen verleihe.

Am 18. Februar kritisiert auch die Fortschrittliche Volkspartei während einer Reichstagsdebatte in Berlin die »sinnlose Sittlichkeitsschnüffelei«. In einer Revisionsverhandlung von grundsätzlicher Bedeutung verwirft das Berliner Landgericht am 30. April ein früheres Beschlagnahmungsurteil.

Mathisen und Kachler dominieren im Eislauf der Herren

8. Februar. Im europäischen Eislauf fallen wichtige Entscheidungen. Dabei bestätigen der Norweger Oscar Mathisen im Eisschnellaufen und der Österreicher Fritz Kachler im Eiskunstlaufen ihre derzeit überragende Stellung in den Herrenkonkurrenzen.

Die vom Berliner Eislaufverein organisierten Europameisterschaften im Eisschnellaufen der Herren erweisen sich als Domäne von Oscar Mathisen aus Christiania (heute Oslo). Er sichert sich seinen Gesamtsieg im Vierkampf bereits vorzeitig durch erste Plätze in den 500-m-, 1500-m- und 5000-m-Rennen. Lediglich auf der am 9. Februar gelaufenen 10 000-m-Strecke muß er sich dem Russen Wladimir Ippolitow geschlagen geben. Ippolitow erregt durch seinen eleganten Laufstil Aufsehen und wird in der Gesamtwertung Zweiter. Der deutsche Teilnehmer Hans Kretzer belegt nach Abschluß der Einzelrennen den fünften und damit letzten Platz. Auf der 500-m-Strecke verbessert er den seit 1909 gültigen deutschen Rekord um zwei Zehntelsekunden auf 50,8 sec. Auch bei den am 15. Februar in Christiania ausgetragenen Weltmeisterschaften dominiert Oscar Mathisen. Vor 15 000 Zuschauern erringt er trotz eines dritten Platzes über 10 000 m aufgrund seiner Erfolge in den übrigen Konkurrenzen zum fünften Mal den Titel im Vierkampf. Zweiter wird wiederum Ippolitow.

Bei den am 8. Februar in Wien ausgetragenen Europameisterschaften im Eiskunstlauf der Herren siegt der favorisierte Fritz Kachler. Der 26jährige Wiener gilt als einer der besten Eiskunstläufer vor dem Weltkrieg; 1912 und 1913 hatte er bereits den Titel bei den Weltmeisterschaften gewonnen.

Auf dem Halensee bei Berlin: Oscar Mathisen im Ziel des 5000-m-Laufes

Europameister Fritz Kachler

März 1914

Mo	Di	Mi	Do	Fr	Sa	So
						1
2	3	4	5	6	7	8
9	10	11	12	13	14	15
16	17	18	19	20	21	22
23	24	25	26	27	28	29
30	31					

1. März, Sonntag

Auf einer Versammlung in Prag erklären die deutschen Abgeordneten im böhmischen Landtag das Scheitern der deutsch-tschechischen Ausgleichsverhandlungen zur Nationalitätenfrage. Meinungsverschiedenheiten unter den deutschen Parteien machen weitere Verhandlungen unmöglich (→ 16. 3. / S. 49).

In Berlin beschließen Vertreter von Industrie-, Handels- und kolonialpolitischen Verbänden unter dem Vorsitz von Generalfeldmarschall Colmar Freiherr von der Goltz die Gründung eines deutschen China-Instituts. Es soll durch Vermehrung des wissenschaftlich-technischen, kulturellen und wirtschaftlichen Einflusses die kolonialpolitische Macht des Deutschen Reiches in China stärken.

Epirus (Südalbanien) erklärt sich mit griechischer Unterstützung für unabhängig. Seit der Unabhängigkeit Albaniens (1913) versucht Griechenland in diesem an seiner Nordgrenze gelegenen Gebiet Einfluß zu gewinnen (→ 7. 3. / S. 49; 3. 4. / S. 64).

Die diesjährige Leichtathletiksaison beginnt in Berlin mit der Austragung verschiedener Laufwettbewerbe. → S. 55

2. März, Montag

In einem auf regierungsamtliche Weisung geschriebenen Artikel in der »Kölnischen Zeitung« werden alarmierende Meldungen über russische Kriegsvorbereitungen verbreitet. Der Beitrag wird in der ausländischen Öffentlichkeit mit großer Besorgnis aufgenommen, da er offensichtlich die Meinung hoher deutscher Politiker widerspiegelt und damit einen drohenden deutsch-russischen Krieg ankündigt. → S. 48

Der Erste Lord der Admiralität, Winston Churchill, bringt im britischen Unterhaus in London den Nachtragsetat für die Marine ein. Er umfaßt 2,5 Millionen britische Pfund (51 Millionen Mark); damit wächst der Flottenhaushalt auf 48,8 Millionen Pfund (995,5 Millionen Mark). Der am folgenden Tag vom Unterhaus gebilligte Nachtragsetat wird u. a. mit vorgezogenen Schiffsneubauten und gestiegenen Lohn- und Materialkosten begründet (→ 1. 1. / S. 25).

Der deutsche Soziologe und Philosoph Georg Simmel hält in Berlin seine Abschiedsvorlesung. Simmel, einer der wichtigsten zeitgenössischen Geisteswissenschaftler, wechselt nach Straßburg. → S. 55

3. März, Dienstag

In Kiew protestiert der Verband russischer Getreideexporteure gegen eine Verlängerung des deutsch-russischen Handelsvertrages. Nach seiner Ansicht handelt es sich dabei um einen Knebelungsvertrag. Die deutsche Regierung verfolgt im Interesse der preußischen Großagrarier eine Schutzzollpolitik für landwirtschaftliche Produkte (→ 20. 1. / S. 20; 9. 4. / S. 68).

Nach einer in der britischen Presse veröffentlichten Erklärung wollen prominente Anhänger der nordirischen Unionisten – u. a. der britische Schriftsteller Rudyard Kipling – das geplante Home-Rule-Gesetz für die britische Provinz Irland mit allen Mitteln verhindern. Home-Rule sieht eine begrenzte Selbstverwaltung für Irland vor (→ 9. 3. / S. 50).

In Marmarosch-Sziget (Ungarn) werden 32 Angeklagte – Mitglieder der ruthenischen Kirche – zu Gefängnisstrafen zwischen sechs Monaten und viereinhalb Jahren verurteilt. Ihnen wird Aufwiegelung gegen Religion und Staat vorgeworfen. Der Prozeß spiegelt die Nationalitätenprobleme in Österreich-Ungarn wider (→ 16. 3. / S. 49).

Beim neuerbauten Rhein-Herne-Kanal wird – in Anwesenheit von Vertretern der Kanalbau-Direktion Essen und des Kanalbau-Amtes Herne – mit der Füllung des Kanalbeckens begonnen. Das Wasser gelangt über ein Hebewerk aus dem Dortmund-Ems-Kanal in den 45,6 km langen Schiffahrtsweg. Die offizielle Eröffnung des vom Ruhrorter Hafen zum Dortmund-Ems-Kanal und damit zur Nordsee führenden Kanals findet am 1. Dezember 1914 statt.

4. März, Mittwoch

Ein dreitägiger Besuch des deutschen Reichskanzlers Theobald von Bethmann Hollweg in Hamburg endet mit einem Empfang im Rathaus. Bei einem Festessen weist der Gast aus Berlin auf die Bedeutung der in Hamburg gebauten deutschen Großdampfer, darunter »Vaterland« (1913) und »Imperator« (1912), für das internationale Ansehen des Deutschen Reiches hin.

In Petersburg (heute Leningrad) streiken 15 000 Mitarbeiter der russischen Rüstungsfirma Putilow. Anlaß ist ein durch die Regierung erlassenes Verbot, den Gedenktag zur Befreiung der Bauern zu feiern (→ 3. 4. / S. 64).

Die Medizinische Gesellschaft in Berlin diskutiert über Todesfälle, die offensichtlich in Zusammenhang mit dem Anti-Syphilis-Mittel Salvarsan der Farbwerke Hoechst AG stehen. → S. 54

5. März, Donnerstag

Das russische Finanzministerium in Petersburg (heute Leningrad) dementiert einen Bericht der »Kölnischen Zeitung« vom 2. März über angebliche russische Kriegsvorbereitungen. Nach Bekanntwerden des Artikels war es an der Pariser und an der Petersburger Börse zu starken Kursverlusten russischer Werte gekommen (→ 2. 3. / S. 48).

In Washington fordert US-Präsident Woodrow Wilson den Kongreß auf, die 1912 von seinem Vorgänger William Howard Taft durchgesetzte Gebührenbefreiung für US-Schiffe im Panamakanal im Interesse eines freien Wettbewerbs aufzuheben (→ 15. 8. / S. 154).

Der schwedische König Gustav V. löst in Stockholm den Reichstag auf und schreibt Neuwahlen aus. Die linken Fraktionen hatten sich am 18. Februar gegen die von der neuen Regierung geplante Erhöhung des Militäretats ausgesprochen und damit eine Verabschiedung verhindert (→ 10. 2. / S. 39).

In Paris billigt das französische Abgeordnetenhaus einen Gesetzentwurf zum Schutz des Wahlgeheimnisses, der Freiheit des Wählers und der objektiven Stimmenauszählung.

6. März, Freitag

Das württembergische Parlament in Stuttgart billigt ein neues Kinogesetz. Mit schärferen Filmkontrollen soll den »Schutz der Jugend und der öffentlichen Sittlichkeit vor Verrohung« künftig gewährleisten.

7. März, Sonnabend

Der deutsche Prinz Wilhelm zu Wied tritt in Durazzo (heute Durrës) offiziell sein Amt als Fürst Wilhelm I. von Albanien an. → S. 49

8. März, Sonntag

Am internationalen Frauentag fordern in Berlin sozialdemokratische Frauenrechtlerinnen die Einführung des Frauenwahlrechts. Sie weisen dabei auf den Widerspruch zwischen der Gleichstellung bei Arbeit und Steuerzahlungen und der Diskriminierung als Staatsbürgerinnen hin (→ 18. 3. / S. 54).

Im Rahmen einer sog. Roten Woche finden in Berlin zahlreiche sozialdemokratische Informationsveranstaltungen statt. → S. 51

9. März, Montag

Bei Metalka (Bosnien) kommt es zu einem Schußwechsel zwischen österreichisch-ungarischen und montenegrinischen Grenzsoldaten. Die Regierung Montenegros entschuldigt sich in Wien für den Zwischenfall.

Mit Beginn der dritten Lesung der Home-Rule-Vorlage schlägt der britische Premierminister Herbert Henry Asquith einen Kompromiß für den umstrittenen Gesetzentwurf zur begrenzten Unabhängigkeit Irlands vor. Die Unionisten lehnen das Angebot ab. → S. 50

Unter Einsatz brutaler Methoden verhaftet die britische Polizei in Glasgow die Frauenrechtlerin Emmeline Pankhurst wegen »Agitation«. → S. 54

Aus Protest gegen eine Neuregelung der kommunalen Krankenpflege kommt es in der italienischen Hauptstadt Rom zu einem zweitägigen Generalstreik.

10. März, Dienstag

In Berlin fordert der deutsche Außenminister Gottlieb von Jagow anläßlich eines Treffens mit Josef Maria Baernreither, Delegierter der österreichisch-ungarischen Regierung und früherer Handelsminister, eine stärkere Anbindung Rumäniens an den Dreibund zwischen dem Deutschen Reich, Österreich-Ungarn und Italien.

Die italienische Regierung unter Ministerpräsident Giovanni Giolitti tritt zurück, nachdem die Radikale Partei ihre Minister zurückgezogen hat. → S. 50

11. März, Mittwoch

In einem Zeitungsinterview äußert sich der seit 1910 amtierende russische Außenminister Sergej D. Sasonow positiv über das Verhältnis seines Landes zum Deutschen Reich und Österreich-Ungarn. Die wachsende russische Rüstung bezeichnet er als Reaktion auf entsprechende Maßnahmen im Deutschen Reich und eine Konsequenz aus dem Bevölkerungswachstum (→ 2. 3. / S. 48).

12. März, Donnerstag

Mit 415 gegen 105 Stimmen billigt das französische Parlament in Paris außerordentliche militärische Ausgaben in Höhe von 1,41 Milliarden Francs (1,13 Milliarden Mark) zur Erhöhung der Friedenspräsenzstärke des Heeres und der Modernisierung des Rüstungsmaterials. Damit reagiert Frankreich auf die am 30. Juni im Deutschen Reich beschlossene Heeresvermehrung.

Im deutschen Reichstag wird ein neues Postscheckgesetz verabschiedet. Es führt bei seinem Inkrafttreten am 1. Juli zu Erleichterungen im bargeldlosen und halbbaren Zahlungsverkehr. → S. 54

Der Deutsch-Amerikanische Wirtschaftsverband hält in Berlin seine erste Mitgliederversammlung ab. Nach Wunsch seines Initiators, des Hamburger Reedereri-Vorsitzenden Albert Ballin, soll er die Exportchancen der deutschen Wirtschaft verbessern. → S. 51

13. März, Freitag

Als Antwort auf die antirussische Kampagne deutscher Zeitungen (→ 2. 3. / S. 48) erscheinen in Rußland zwei offiziöse Artikel. Sie geben die unterschiedliche Einschätzung der deutsch-russischen Beziehungen durch Außen- und Kriegsministerium wieder. → S. 48

Die deutsche Gesellschaft für Telegraphie meldet einen technischen Erfolg: Ein von ihrer Station Nauen (bei Berlin) abgesandter Funkspruch wurde von der Station Windhuk (Deutsch-Südwestafrika, heute Namibia) empfangen.

In Hamburg gründen 51 deutsche Kanuten den Deutschen Kanu-Verband. Zum ersten Vorsitzenden wird Alfred Korn gewählt. → S. 55

14. März, Sonnabend

In Konstantinopel (heute Istanbul) unterzeichnen das Osmanische Reich und Serbien rund sieben Monate nach dem Ende der beiden Balkankriege 1912/13 einen endgültigen bilateralen Friedensvertrag. → S. 49

Sportkostüm – Modetip des »Bazar« (16. 3. 1914)

März 1914

15. März, Sonntag

In einer katholischen Kirche im Berliner Stadtteil Moabit kommt es zu Protesten polnischer Bürger. Sie fordern die Abhaltung der Kommunion für ihre Kinder in polnischer Sprache. Der Klerus will sie dagegen in die deutschen Kommunion einbeziehen. → S. 51

16. März, Montag

Die Frau des radikalsozialistischen französischen Finanzministers Joseph Caillaux erschießt in Paris den Chefredakteur der französischen Tageszeitung »Figaro«, Gaston Calmette. Hintergrund des Attentates ist eine vom »Figaro« gegen Caillaux geführte Pressekampagne. → S. 50

Wegen der Obstruktionspolitik der tschechischen Vertreter im österreichisch-ungarischen Reichsrat beschließt die Regierung in Wien, künftig mit kaiserlichen Notverordnungen gemäß § 14 der Verfassung zu regieren. Die tschechischen Abgeordneten protestieren mit ihrer Haltung gegen das Verhalten deutscher Parlamentarier in der Doppelmonarchie. → S. 49

In Petersburg (heute Leningrad) beschließen der Finanz- und der Agrarausschuß des russischen Reichstages (Duma) zum Schutz der Landwirtschaft die Einführung eines Einfuhrzolls für eine Reihe von Agrarprodukten (→ 9. 4. / S. 68).

17. März, Dienstag

Der britische Marineminister Winston Churchill bringt im Unterhaus in London den Flottenetat 1914/15 ein. Er sieht ein Flottenneubauprogramm im Wert von insgesamt rund 18,4 Millionen Pfund vor (375,4 Millionen Mark). Die Ausgaben für Neubauten übersteigen damit den Vorjahreswert um insgesamt rund 2,4 Millionen Pfund (49 Millionen Mark) (→ 1. 1. / S. 25).

18. März, Mittwoch

Nach dem Attentat auf den französischen Journalisten Gaston Calmette (→ 16. 3. / S. 50) nimmt der französische Ministerrat in Paris das Rücktrittsgesuch des französischen Finanzministers Joseph Caillaux an. Sein Nachfolger wird der bisherige radikalsozialistische Innenminister René Renoult, während Handelsminister Louis Malvy ins Innenministerium wechselt.

Ein Antrag auf Einführung des Frauenstimmrechts erhält im US-amerikanischen Senat in Washington nur eine Mehrheit von einer Stimme. Mit diesem Antrag für eine Verfassungsänderung wäre eine Zwei-Drittel-Mehrheit erforderlich gewesen. → S. 54

In Peking tritt die aus 50 Mitgliedern bestehende sog. Verfassungskonferenz zusammen. Die Zusammensetzung war von dem diktatorisch regierenden chinesischen Präsidenten Yüan Shi-k'ai bestimmt worden. Sie soll einen neuen Verfassungsentwurf ausarbeiten, der dem Präsidenten mehr Rechte einräumt (→ 30. 4. / S. 64).

19. März, Donnerstag

In Berlin erläßt der deutsche Kaiser Wilhelm II. eine Dienstvorschrift, die dem preußischen Militär das eigenmächtige Einschreiten in die Kompetenz ziviler Behörden untersagt. Die gesetzlich nicht bindende Vorschrift ist eine Konsequenz aus der sog. Zabernaffäre vom November 1913 (→ 10. 1. / S. 16).

Höhepunkt des Deutschen Handelstages in Berlin ist die Rede des preußischen Handelsministers Reinhold von Sydow. Er weist darin auf die hohe Bedeutung von Handel und Gewerbe für die Aufbringung der Kosten bei der 1913 beschlossenen Wehrvorlage hin. Gleichzeitig würdigt er die internationale Expansion des deutschen Handels.

In einem bilateralen Vertrag teilen das Deutsche Reich und Großbritannien die Konzessionen für die mesopotamischen Erdölfelder im Osmanischen Reich in einer noch zu gründenden Gesellschaft unter sich auf. Deutsche Banken halten 25% und britische Banken 75% Anteil am Investitionskapital. Die Ölfelder gelten im Zusammenhang mit dem Bau der Bagdadbahn – unter Führung deutscher Banken – als profitables Wirtschaftsobjekt.

20. März, Freitag

Im deutschen Bundesrat in Berlin wird ein neues Wettgesetz für Pferderennen beraten. Es soll im deutschen Reich grassierende illegale Buchmacherei eindämmen und dem Staat weitere Steuereinnahmen verschaffen.

Mit der Reise des britischen Politikers Edward Henry Baron Carson of Duncairn in die nordirische Stadt Belfast spitzt sich der Konflikt um die irische Home-Rule-Frage zu. Der Konservative Carson zählt zu den Führern der militanten protestantischen Unionisten, die eine Selbstverwaltung Irlands ablehnen (→ 9. 3. / S. 54).

Der sog. Rochette-Ausschuß des französischen Parlaments beginnt mit zwölftägigen Beratungen. Er untersucht, inwieweit französische Minister – u. a. der zurückgetretene Finanzminister Joseph Caillaux – widerrechtlich in einen Finanzschwindlerprozeß eingegriffen haben. Die Arbeit des Ausschusses sorgt im Zusammenhang mit dem Mord an dem Journalisten Gaston Calmette in Frankreich für großes öffentliches Aufsehen (→ 16. 3. / S. 50).

21. März, Sonnabend

Nach dem Rücktritt des italienischen Ministerpräsidenten Giovanni Giolitti am 10. März bildet der rechtsliberale Antonio Salandra ein neues Kabinett. Außenminister bleibt nach wie vor Antonio Paternò-Castello Marchese di San Giuliano. Der als Gegner Giolittis geltende Salandra hatte seit 1899 mehrere Ministerämter in der italienischen Regierung übernommen (→ 10. 3. / S. 50).

In Montevideo stimmt die Militär- und Marinekommission des Parlaments von Uruguay der Berufung einer französischen Militärmission zu.

22. März, Sonntag

In Gegenwart des deutschen Kaisers Wilhelm II. findet in Berlin die Schlußsteinlegung und feierliche Einweihung des neuen Gebäudes für die Königliche Akademie der Wissenschaften und die Königliche preußische Bibliothek statt. → S. 55

23. März, Montag

Auf dem Weg zu der Insel Korfu (Griechenland) trifft der deutsche Kaiser Wilhelm II. zu einen zweitägigen Besuch Österreich-Ungarns in Wien ein. Bei seinen Konsultationen mit dem österreichisch-ungarischen Kaiser Franz Joseph I. und Thronfolger Erzherzog Franz Ferdinand geht es um Fragen des Dreibundes und der gesamteuropäischen Konstellation. → S. 49

Die osmanische und die russische Regierung gründen ein gemeinsames Komitee zur Verbesserung der gegenseitigen Handelsbeziehungen. Die Gründung gilt auch als Zeichen einer wachsenden politischen Annäherung zwischen Rußland und dem bisher vor allem vom Deutschen Reich unterstützten Osmanischen Reich (→ 11. 5. / S. 78).

24. März, Dienstag

Im französischen Senat verteidigt Unterrichtsminister René Viviani das Gesetz zum Schutz der Laienschule gegen Angriffe des französischen Klerus. Dabei erklärt er die politische Errungenschaft der republikanischen Verfassung als unvereinbar mit einer Herrschaft des christlichen Glaubens.

25. März, Mittwoch

Der deutsche Kaiser Wilhelm II. trifft in Venedig mit dem italienischen König Viktor Emanuel III. zusammen. Angesichts deutscher und österreichisch-ungarischer Zweifel an der Bündnistreue Italiens im Dreibund versichern sich beide Monarchen ihrer gegenseitigen Solidarität (→ 11. 2. / S. 34).

Im britischen Unterhaus erstattet Kriegsminister John Seely Bericht über Befehlswidersetzungen von Offizieren in Ulster (Nordirland). Sie hatten sich am 20. in Belfast geweigert, die gegen unionistische Gewalttätigkeiten gerichteten Maßnahmen mitzutragen. Ein daraufhin von Seely eingereichtes Rücktrittsgesuch war am 24. März von Premierminister Herbert Henry Asquith abgelehnt worden (→ 9. 3. / S. 50).

26. März, Donnerstag

Nach einem vom deutschen Reichstag in Berlin verabschiedeten Gesetzentwurf wird künftig das mutwillige Provozieren eines Duells mit Gefängnisstrafe und der Aberkennung bürgerlicher Ehrenrechte geahndet. Das Duellwesen ist im deutschen Heer nach wie vor lebendig und hat zum Tod zahlreicher Offiziere geführt. → S. 51

In der russischen Hauptstadt Petersburg (heute Leningrad) kommt es zu proletarischen Massendemonstrationen. Die von den Sozialdemokraten organisierten Protestmärsche richten sich gegen eine von der russischen Regierung angeordnete Zensur sozialistischer Zeitungen (→ 3. 4. / S. 64).

Mit 164 gegen 39 Stimmen billigt das Parlament des US-Bundesstaates Massachusetts eine Änderung des Wahlrechts zugunsten von Frauen. Demnach entfällt künftig der Begriff »männlich« in den Bestimmungen über den Kreis der Wahlberechtigten (→ 18. 3. / S. 54).

Eine vom preußischen Abgeordnetenhaus verabschiedete Novelle zum Fürsorgeerziehungsgesetz von 1900 vergrößert den Kreis potentieller Fürsorgezöglinge. Sie legt fest, daß auch sog. gefährdete Kinder und Jugendliche in Fürsorgeheime eingewiesen werden können. → S. 51

27. März, Freitag

Das britische Pferd Sunlock unter Jockei W. E. Smith siegt im Grand National Steeplechase, dem berühmtesten Hindernisrennen der Welt, auf der Galopprennbahn von Aintree (bei Liverpool). Sein Vorsprung bei dem mit 20 Pferden besetzten und mit umgerechnet 80 000 Mark dotierten Rennen beträgt im Ziel acht Längen.

28. März, Sonnabend

Im traditionellen Ruderwettkampf zwischen den Achtern der Universitäten Cambridge und Oxford siegt in London nach fünf Jahren erstmals wieder die Mannschaft aus Cambridge. → S. 55

29. März, Sonntag

Auf Initiative des osmanischen Kriegsministers Enwer Pascha werden die Befugnisse der deutschen Militärmission im Osmanischen Reich eingeschränkt. Anlaß für das Eingreifen sind häufige eigenmächtige Aktionen der deutschen Offiziere (→ 13. 1. / S. 12).

30. März, Montag

Nach tagelangen Auseinandersetzungen über die Disziplin innerhalb der britischen Armee während eines Einsatzes gegen Ulster-Unionisten erklärt der britische Kriegsminister John Seely in London seinen Rücktritt (→ 9. 3. / S. 54).

31. März, Dienstag

Das US-Repräsentantenhaus in Washington billigt nach heftigen Debatten mit 248 gegen 162 Stimmen die von Präsident Woodrow Wilson geforderte Annullierung der Gebührenbefreiung für US-amerikanische Schiffe im Panamakanal (→ 27. 1. / S. 25; 15. 8. / S. 154).

Das Wetter im Monat März

Station	Mittlere Lufttemperatur (°C)	Niederschlag (mm)	Sonnenscheindauer (Std.)
Aachen	6,1 (5,5)	111 (49)	– (125)
Berlin	5,8 (3,9)	76 (31)	– (151)
Bremen	5,6 (4,0)	124 (42)	– (117)
München	5,5 (3,3)	112 (46)	– (142)
Wien	– (4,9)	–	– (135)
Zürich	5,5 (4,2)	163 (69)	96 (149)

( ) Langjähriger Mittelwert für diesen Monat
– Wert nicht ermittelt

Werbeplakat für das Frauenwahlrecht zum internationalen Frauentag am 8. März 1914

März 1914

Antirussischer Pressefeldzug beunruhigt das Ausland

2. März. In einem aufsehenerregenden offiziösen Artikel mit dem Titel »Rußland und Deutschland« wirft die »Kölnische Zeitung« der russischen Regierung gezielte Kriegsvorbereitungen gegen das Deutsche Reich vor. Der als Teil einer antirussischen Pressekampagne konzipierte Beitrag ruft internationale Besorgnis über die Politik der deutschen Regierung hervor.

Zwar wird in dem Artikel eine unmittelbare militärische Bedrohung des Deutschen Reiches durch Rußland ausgeschlossen, aber es heißt dann weiter: »Ganz anders wird jedoch die politische Bewertung der russischen Heeresmacht in drei bis vier Jahren ausfallen ... Gegen wen wird die russische Politik die Waffe, über die sie in wenigen Jahren verfügt, am ehesten zu kehren geneigt sein? Ohne zunächst in politische Erörterungen näher einzugehen, weist der rein geographische Aufmarsch dieser Rüstungen nach ... Deutschland.« Zum Schluß des Artikels wird die vermeintliche Bedrohung des Deutschen Reiches noch einmal grundsätzlich bekräftigt: Das »Gebaren der amtlichen russischen Politik sollte aber endlich einmal die Legende von der geschichtlichen deutsch-russischen Freundschaft zerstören ... [Frühere gute Beziehungen] ohne sachlichen Grund auf die heutigen Verhältnisse zu übertragen, ist ohne jede innere und äußere Berechtigung.«

Die polemische Aussage des Artikels wird in diplomatischen Kreisen als regierungsoffizielle Meinung interpretiert. Die »Kölnische Zeitung« verfügt über enge Beziehungen zum Auswärtigen Amt und war schon in der Vergangenheit häufig als Sprachrohr der deutschen Regierung aufgetreten.

Wilhelm Freiherr von Schoen, seit 1910 deutscher Botschafter in Paris

Der russische Kriegsminister Wladimir S. Suchomlinow (seit 1909)

Die russische Presse reagiert zwiespältig: Ein mäßigender Artikel gibt die Meinung von Außenminister Sergei D. Sasonow wieder, eine scharfe Antwort dagegen spiegelt den Standpunkt des russischen Kriegsministers Wladimir A. Suchomlinow wider (→ 13. 3. / S. 48). Nach Angaben des deutschen Botschafters in Paris, Wilhelm Freiherr von Schoen, führt die französische Regierung den Propaganda-Artikel auf den wachsenden Einfluß des Militärs im Deutschen Reich zurück.

Sergei D. Sasonow, seit 1910 Außenminister des Zarenreiches

In London äußert der britische Außenminister Sir Edward Grey ebenfalls wachsende Besorgnis über die deutsche Politik.

Die antirussische Pressekampagne – in anderen Blättern am 2. und 3. März fortgesetzt – findet einen weiteren Höhepunkt in einer Veröffentlichung des als liberal geltenden, international angesehenen »Berliner Tageblatts« am 9. März. In diesem Beitrag wird auch die Möglichkeit eines deutschen Präventivkrieges gegen Rußland in Betracht gezogen.

Reaktionen in Petersburg zwischen gemäßigt und aggressiv

13. März. Als Reaktion auf die antirussischen Presseartikel im Deutschen Reich (→ 2. 3. / S. 48) erscheinen in Rußland zwei offiziöse Beiträge, die unterschiedliche Standpunkte repräsentieren. Der im folgenden ausschnittweise dokumentierte Artikel aus der Zeitung »Rossija« gibt die Meinung von Außenminister Sergei D. Sasonow wieder:

»Worin bestehen denn die aggressiven Absichten Rußlands Deutschland gegenüber? Wir sind beim besten Willen außerstande, darauf zu antworten. Uns dient dabei als Trost, daß auch in deutschen Zeitungsartikeln in dieser Hinsicht keine bestimmten Hinweisungen zu finden sind. Wenn Rußland um die Entwicklung seiner Kriegsmacht bemüht ist, so tut auch Deutschland dasselbe, ohne dadurch seitens der russischen Presse Beschuldigungen hervorzurufen. Können denn die deutschen Zeitungen auch nur eine Großmacht nennen, welche erklärt hätte, daß sie ihre Kriegsmacht bis zur äußersten Grenze gebracht habe und keine weiteren Anstrengungen in dieser Richtung machen wolle? Die deutsche Presse selbst ... weist aufs energischste die Zulässigkeit einer Verringerung des deutschen Flottenbauprogramms zurück, wenn ein solcher Antrag von liberaler englischer Seite ausgehen sollte. Wäre es nicht besser, wenn die deutsche Presse, anstatt verwickelte Voraussetzungen über die Beweggründe aufzustellen, von denen die russische Regierung sich leiten läßt, indem sie an der Vermehrung und Vervollkommnung ihrer Kriegsmacht arbeitet, sich bemühen würde, Reibungen und Mißverständnisse glücklich zu beseitigen, welche immer zwischen Nachbarstaaten, ob sie auch durch lange währende Freundschaftsbande vereinigt sind, entstehen können?«

Am selben Tag veröffentlicht die »Petersburger Börsenzeitung« einen vom russischen Kriegsminister Wladimir A. Suchomlinow initiierten Artikel:

»Wir können stolz behaupten, die Zeiten der Drohungen sind vorüber! Rußland braucht ... keine Drohungen mehr zu fürchten. Die russische öffentliche Meinung hat keinen Grund mehr, sich zu beunruhigen. Wir stellen im vollen Bewußtsein der Macht unseres von der ausländischen Presse beleidigten Vaterlandes fest, daß das Hauptziel der Landesverteidigung erreicht ist. Bisher hatte der russische Operationsplan einen defensiven Charakter, heute wissen wir, daß die russische Armee im Gegenteil eine aktive Rolle spielen wird ... Wir können daher hoffen, daß, wenn die Umstände es erheischen, unsere russische Armee nicht nur Stärke besitzt, sondern auch gut unterrichtet, wohl bewaffnet, mit allen Neuerungen versehen ist. Unsere Armee, die bisher in Feindesland zu kämpfen pflegte, wird die Grundsätze unseres Verteidigungssystems nicht vergessen. Unsere Armee ist durch die Stärke ihrer Kavallerie und die Güte ihrer Ausrüstung an die erste Stelle gerückt. Es ist richtig, daß die russische öffentliche Meinung sich bewußt ist, daß das Vaterland für jede Möglichkeit gefaßt ist, aber die militärische Macht eines Landes, dessen Herrscher auf der Friedenskonferenz im Haag [Den Haag] die Initiative ergriffen hat, kann nur den Staaten unangenehm sein, die aggressive Absichten haben. Niemand darf es gelüsten nach Teilen des russischen Reiches. Mit seinem Herrscher wünscht Rußland den Frieden, aber im Bedarfsfall sind wir gut gerüstet.«

Situation auf dem Balkan stabilisiert

14. März. In Konstantinopel (heute Istanbul) unterzeichnen das Osmanische Reich und Serbien einen Friedensvertrag, der die Ergebnisse des sog. Londoner Präliminarfriedens vom 30. Mai 1913 formell bestätigt. Der Abschluß des Vertrages bedeutet einen wichtigen Schritt zur Konsolidierung der politischen Beziehungen in Südosteuropa nach Beendigung der beiden Balkankriege von 1912/13.

Das Abkommen regelt die gegenseitigen Ansprüche der Vertragspartner in zwölf Artikeln. Die einzelnen Punkte betreffen u.a. den Austausch von Kriegsgefangenen, Probleme der Staatsangehörigkeit und des Grundeigentums sowie wirtschaftliche Fragen.

Im Ersten Balkankrieg (8. 10. 1912–30. 5. 1913) war Serbien als Mitglied des Balkanbundes Gegner des Osmanischen Reiches, im Zweiten Balkankrieg (29. 6.–10. 8. 1913) dessen Verbündeter. Die Kriege drohten – auch aufgrund politischer Interessen der europäischen Großmächte in der Region – zeitweise zu einem gesamteuropäischen Konflikt zu werden. Insbesondere Österreich-Ungarn suchte den serbischen Einfluß einzuschränken.

Wilhelm zu Wied Fürst von Albanien

7. März. Mit seinem feierlichen Einzug in die albanische Hauptstadt Durazzo (heute Durrës) tritt der deutsche Prinz Wilhelm zu Wied als Wilhelm I. offiziell sein Amt als Fürst von Albanien an.

Der neue albanische Herrscher wird bei seiner Ankunft auf einem österreichischen Kriegsschiff u. a. von Delegierten einer internationalen Kontrollkommission empfangen. Vor seiner Inthronisierung hatte Wilhelm zwischen dem 10. und 19. Februar die Regierungen der europäischen Großmächte konsultiert. Mit dem Einzug des Fürsten erwarten die Großmächte, zu deren Spielball der Balkanstaat geworden ist, eine Stabilisierung der innenpolitischen Situation des Landes.

Wilhelm I. setzt am 17. März Turkhan Pascha als Ministerpräsident und Essad Pascha Toptani als Innen- und Kriegsminister ein. Nach kurzer Zeit entwickeln sich jedoch Machtkämpfe zwischen Wilhelm und Essad Pascha, die am 19. Mai zur Ausweisung des auf den moslemischen Bevölkerungsteil gestützten einflußreichen albanischen Politikers und Generals führen.

Durazzo wird im Mai von einem mittelalbanischen Bauernaufstand bedroht. Zugleich halten die Unruhen im südalbanischen Epirus an, das bereits am 1. März seine Unabhängigkeit erklärt hatte. Diese Umstände zeigen, daß die dem Land durch die Großmächte aufgezwungene politische Lösung nicht dauerhaft ist (→ 3. 4. / S. 64).

Parlament aufgelöst

16. März. In Wien beschließt der österreichische Kaiser Franz Joseph I. die Auflösung des Parlaments. Die Doppelmonarchie wird künftig per kaiserlicher Notverordnung auf Grundlage von § 14 der Verfassung regiert.

Hintergrund der Maßnahme ist der deutsch-tschechische Nationalitätenstreit in Böhmen. Dieser Konflikt hatte aufgrund der Verzögerungstaktik der deutschen Abgeordneten im böhmischen Landtag zu dessen Auflösung am 28. Juli 1913 geführt. Aus Protest verweigerten tschechische Parlamentarier die Mitarbeit im österreichischen Reichsrat (Volksvertretung mit Herren- und Abgeordnetenhaus). Das endgültige Scheitern aller Verständigungsversuche am 16. März 1914 führt zur Parlamentsauflösung. Der Notverordnungsparagraph gestattet die Abwicklung der Regierungsgeschäfte auch ohne Zustimmung des Parlaments. Der österreichische Ministerpräsident Karl Graf Stürgkh nutzt die Auflösung des Parlaments dabei auch zur ungehinderten Durchsetzung umstrittener Gesetzesvorhaben.

Der Streit zwischen Tschechen und Deutschen geht ursprünglich auf die Sprachenverordnungen für Böhmen vom 5. April 1897 zurück. Die Erlasse schrieben die Doppelsprachigkeit für alle Gerichts- und Verwaltungsbehörden vor. Obwohl zahlenmäßig in der Minderheit, forderten die Abgeordneten der deutschen Bevölkerung seitdem eine Aufhebung dieser Maßnahmen und griffen dabei im Landtag wiederholt zu Mitteln der Verzögerung (Dauerreden und Lärmszenen).

Führt ein autokratisches Regime: Der 83jährige Franz Joseph I.

Franz Joseph I. (l.) und Wilhelm II. bei ihrem Treffen in Schönbrunn

Wilhelm II. besucht Österreich-Ungarn

23. März. Der deutsche Kaiser Wilhelm II. dringt im Verlauf seiner bis zum 24. März dauernden Konsultationen in Österreich-Ungarn mit Kaiser Franz Joseph I. und Außenminister Leopold Graf Berchtold auf eine Festigung des Dreibundes (→ 11. 2. / S. 34). Zugleich fordert er eine Ausweitung des Einflusses beider Staaten in Südosteuropa.

Vor der Amtsübernahme: Prinz Wilhelm zu Wied mit seiner Frau (in der Bildmitte l. und M.) und Essad Pascha Toptani (in der Bildmitte r.)

Eine Marionette der Großmächte

Nach der Proklamation seiner Unabhängigkeit am 28. November 1911 durchlief Albanien als jüngster Balkanstaat eine stürmische Entwicklung: Auf der einen Seite beanspruchten Nachbarstaaten wie Serbien und Griechenland Teile des albanischen Territoriums für sich; andererseits wurde der Staat zur politischen Marionette der europäischen Großmächte. Vor allem Italien und Österreich-Ungarn sehen Albanien als Pufferstaat gegen Serbien. Nachdem sich die Großmächte am 2. Dezember 1913 auf den deutschen Prinzen Wilhelm zu Wied als Fürsten von Albanien geeinigt hatten, löste am 22. Januar 1914 eine internationale Kontrollkommission die bisherige provisorische Regierung ab.

Attentat auf Chefredakteur des »Figaro«

16. März. Der Chefredakteur der französischen Tageszeitung »Figaro«, Gaston Calmette, wird in seinem Pariser Büro erschossen. Täterin ist die Frau des französischen Finanzministers Joseph Caillaux. Das Attentat ereignet sich vor dem Hintergrund anhaltender politischer Auseinandersetzungen um den Finanzminister.

Am 8. Januar 1914 hatte der »Figaro« eine Kampagne gegen Joseph Caillaux gestartet, der dem französischen Parlament seit 1898 als Abgeordneter der Radikalen Partei angehört und inzwischen zum vierten Mal das Finanzministerium leitet. Durch einen am 13. März abgedruckten Brief von Caillaux an seine erste, inzwischen geschiedene Frau, in dem er u. a. seine politische Taktik offenbart, gerät die private und politische Integrität von Joseph Caillaux in Zweifel. Da sich auch die jetzige Frau des Finanzministers durch die Veröffentlichung kompromittiert fühlt, rächt sie sich an »Figaro«-Chefredakteur Calmette.

Frau Caillaux feuert unmittelbar nach Betreten des Zimmers von Calmette fünf Revolverschüsse auf den Journalisten ab, der seinen schweren Verletzungen später im Krankenhaus erliegt.

Minister J. Caillaux — *Redakteur G. Calmette* — *Staatsanwalt V. Fabre*

Frau Caillaux; sie wird unmittelbar nach dem Attentat verhaftet

Die Attentäterin wird am 28. Juli von einem Pariser Gericht von der Mordanklage freigesprochen.

Am 17. März wird im Parlament ein weiteres Dokument bekannt, das die Integrität von Caillaux belastet. Danach soll er 1911 als Finanzminister betrügerische Machenschaften gedeckt haben. Als ein parlamentarischer Untersuchungsausschuß diese Vorwürfe bestätigt, Caillaux aber lediglich eine Rüge erhält, kommt es zu heftigen öffentlichen Protesten und grundsätzlicher Kritik an den skandalösen Praktiken französischer Politiker.

Caillaux selbst – er war 1911/12 auch Ministerpräsident – tritt am 18. März zurück; Nachfolger wird René Renoult, bisher Innenminister.

Rücktritt Giolittis als Regierungschef

10. März. Nach einer 45minütigen Sitzung des italienischen Ministerrates in Rom tritt Ministerpräsident Giovanni Giolitti zurück. Damit endet in Italien die seit 1903 anhaltende sog. Ära Giolitti.

Der offizielle Anlaß für den Rücktritt Giolittis ist eine Erklärung der mitregierenden Radikalen, ihre Minister aus dem Kabinett zurückzuziehen. Tatsächlich beabsichtigte der bisherige italienische Ministerpräsident – er gilt als kluger Taktiker – aber seit längerem seine Demission, um auf nicht-öffentlicher Ebene weiter politisch zu agieren.

Giovanni Giolitti war von 1903 bis 1905 erstmals Ministerpräsident (ebenso 1906–1909 und 1911–1914) und prägte seitdem die italienische Politik (Ära Giolitti). Nach seiner Überzeugung sind demokratische Reformen unerläßlich für das Fortbestehen des bürgerlichen Systems. So förderte er die Arbeits- und Sozialgesetzgebung und erweiterte das Wahlrecht. Außerdem setzte er sich nachdrücklich für ein gerechteres Steuersystem ein.

Am 21. März bildet der rechtsliberale Antonio Salandra ein neues italienisches Kabinett. Er gilt als politischer Gegner von Giolitti.

Irische Unabhängigkeit in London weiter umstritten

9. März. Der britische Premierminister Herbert Henry Asquith schlägt im britischen Unterhaus in London einen Kompromiß in der geplanten Home-Rule-Regelung für Irland vor. Nach Ablehnung des Kompromisses durch Unionistenführer verschärfen sich die Unruhen im nordirischen Landesteil Ulster.

Der Vorschlag von Asquith sieht im wesentlichen einen auf sechs Jahre befristeten Ausschluß der mehrheitlich von Protestanten bewohnten Provinz Ulster von dem Home-Rule-Gesetz vor. Anschließend soll die Bevölkerung über die Zukunft der Provinz abstimmen.

Die Unionistenführer und konservativen Politiker Edward Henry Baron Carson of Duncairn und Andrew Bonar Law – sie bekämpfen jeglichen Unabhängigkeitsstatus für Irland – fordern die Ablehnung des Gesetzentwurfes durch das Unterhaus. Am 20. März reist Carson als Organisator des militanten protestantischen Widerstandes nach Belfast. Im April erhält die »Ulster Volunteer Force« beträchtliche Waffenlieferungen aus dem Deutschen Reich. Zugleich verschärft die britische Regierung ihre militärische Präsenz in Ulster.

Die Regierung Asquith hatte das Home-Rule-Gesetz erstmals am 11. April 1912 im Parlament eingebracht. Im selben Jahr wurde die protestantische Ulster Volunteer Force als unionistische Kampforganisation gegen die Unabhängigkeit Irlands gegründet (→ 21. 7. / S. 118).

Der 60jährige E. Carson, seit 1910 Unionistenführer im Unterhaus — *Herbert H. Asquith, seit 1908 britischer Premierminister* — *Andrew Bonar Law, Gegner der irischen Unabhängigkeitsbestrebung*

März 1914

SPD veranstaltet eine »Rote Woche«

8. März. Mit 50 Informationsveranstaltungen leitet die Sozialdemokratische Partei Deutschlands (SPD) in Berlin eine sog. Rote Woche ein. Sie dient der politischen Selbstdarstellung und der Mitgliederwerbung. Hauptthemen von Reden und Diskussionen sind polizeiliche Zensurmaßnahmen – z. B. gegen Plakatierungsaktionen zum Frauenstimmrecht (→ 18. 3. / S. 54) – und die Verurteilung der Sozialdemokratin Rosa Luxemburg (→ 20. 2. / S. 39). Mit der Roten Woche beabsichtigt die SPD eine öffentliche Demonstration ihrer politischen Stärke.

Seit den Reichstagswahlen vom 12. Januar 1912 mit 34,8% der Stimmen und 110 Mandaten stärkste Fraktion, wird die Partei auf Reichs- und Landesebene in der Regel durch Absprachen der bürgerlichen Parteien von einer Regierungsbeteiligung abgehalten. In Preußen behindert zusätzlich das Dreiklassenwahlrecht ihre politischen Aktivitäten. Dennoch steigert die SPD ihre Mitgliederzahl zwischen 1910 und 1914 von 720 038 auf 1 085 905. Seit dem Tod von August Bebel am 13. August 1913 leiten Hugo Haase und Friedrich Ebert gemeinsam die deutsche Sozialdemokratie.

Export in die USA soll größer werden

12. März. Der Deutsch-Amerikanische Wirtschaftsverband hält in Berlin unter Beteiligung von 100 Delegierten seine erste Mitgliederversammlung ab. Der Organisation gehören Vertreter von 300 deutschen Unternehmen an.

Der Verband war am 2. März 1914 auf Initiative von Albert Ballin, dem Vorsitzenden der Reederei Hamburg-Amerikanische Packetfahrt-Actien-Gesellschaft (Hapag), gegründet worden. Er zielt auf eine Intensivierung der wirtschaftlichen Beziehungen zwischen dem Deutschen Reich und den USA. Deutsche Industrielle beklagen im Frühjahr 1914 erschwerte Exportbedingungen und fordern dabei auch eine aggressivere außenpolitische Linie der Regierung in Berlin. Am 2. April beschließt die Leitung des Deutsch-Amerikanischen Wirtschaftsverbandes die Einrichtung einer Geschäftsstelle in New York.

Fürsorgeerziehung wird neu geregelt

26. März. Das preußische Abgeordnetenhaus in Berlin verabschiedet eine Novelle zum Gesetz über die Fürsorgeerziehung Minderjähriger vom 2. Juli 1900. Danach wird dem Staat künftig der Zugriff auf sog. gefährdete Kinder erleichtert.

Die bisherige Fassung des Gesetzes bestimmte, daß vor allem die als »verwahrlost« bezeichneten Kinder und Jugendlichen in Fürsorgeheimen untergebracht werden konnten. Die jetzt gebilligte Novelle sieht dagegen auch die Berücksichtigung von »Gefährdeten« vor.

Im Deutschen Reich verfügt grundsätzlich die Familie über das Sorgerecht für Minderjährige. Dennoch gibt das seit dem 1. Januar 1900 geltende Bürgerliche Gesetzbuch (BGB) dem Staat die Möglichkeit zu weitreichenden Eingriffen in das Erziehungsrecht der Eltern, wenn diese schuldhaft ihre Rechte mißbrauchen und ihre Pflichten nachweisbar vernachlässigen.

Kritiker der Fürsorgeerziehung werfen den staatlichen Stellen vor allem vor, die Heimzöglinge als billige Arbeitskräfte zu mißbrauchen. Der sozialdemokratische Politiker Karl Liebknecht forderte daher bereits im Jahr 1910 auf einem Parteitag des preußischen Landesverbandes seiner Partei: »In freie Arbeitsverhältnisse dürfen die Zöglinge nur aus pädagogischen Gründen und nur unter der anständigen Lohnklausel und bei ständiger Kontrolle durch die sozialpolitische Deputation untergebracht werden. Die Fürsorganstalten sind ausschließlich nach pädagogischen Gesichtspunkten zu verwalten.«

Die Kosten für die Fürsorgeerziehung betrugen für den preußischen Staat 1912 rund 9,2 Millionen Mark. Hinzu kommen rund 4,7 Millionen Mark von seiten der Kommunen.

Heimzöglinge gratulieren Kaiser Wilhelm II. zum Geburtstag

Für Kommunion in polnischer Sprache

15. März. 2000 polnische Bürger demonstrieren in der katholischen St.-Paulus-Kirche in Berlin-Moabit für die Durchführung der Kommunionsfeier in polnischer Sprache. Die Kundgebung wird von der Polizei gewaltsam aufgelöst.

Nachdem die Polen in Feierkleidung um 8 Uhr morgens zum Gottesdienst an der Kirche angekommen sind, fordern sie die Kommunion ihrer Kinder in der Heimatsprache. Als der Geistliche, Pater Jakobus Höckesfeld, das Ansinnen ablehnt, stimmen die Demonstranten polnische Lieder an. Daraufhin läßt der Pater das Gebäude von der herbeigeholten Polizei räumen.

Am 19. März kommt es vor dem deutschen Konsulat in Warschau zu Protesten gegen das Vorgehen der deutschen Polizei.

Nach kirchlichen Plänen sollten die polnischen Kinder an der für den 25. März vorgesehenen deutschen Kommunion teilnehmen.

Im Berliner Stadtteil Moabit leben rund 8000 Polen, die fast ausschließlich römisch-katholischer Konfession sind. Gleichzeitig bestehen zwei religiöse polnische Vereine. Von den rund 80 000 Polen in Berlin sprechen 35% nur polnisch.

Deutscher Reichstag beschließt eine harte Bestrafung von Duellanten

26. März. *Der deutsche Reichstag in Berlin billigt in erster und zweiter Lesung einen Gesetzentwurf zum Duellwesen. Die neue Regelung sieht die Einführung von Gefängnisstrafen und die Aberkennung der bürgerlichen Ehrenrechte bei »freventlich verschuldeten« Zweikämpfen vor. Mit dem am 19. Mai 1914 endgültig verabschiedeten Entwurf verschärft der Staat die Sanktionen gegen das Duellwesen. Diese Form des Zweikampfes mit tödlichen Waffen ist als Relikt feudaler Verhältnisse innerhalb der deutschen Armee weiterhin lebendig. Dabei gilt sie vor allem dem deutschen Adel als Zeichen von gesellschaftlicher Besonderheit gegenüber bürgerlichen Schichten. Beim Duell stehen sich ein in seiner Ehre gekränkter Herausforderer und ein Geforderter gegenüber. Über zwei Sekundanten werden Ort, Zeit und Wahl der Waffen vereinbart (Abb.: Unblutiges Duell in Frankreich; die Duellanten schießen in die Luft bzw. in den Boden).*

März 1914

Mode 1914:
Tangomode wird bei Kriegsbeginn als »undeutsch« verworfen

Zu Beginn des Jahres 1914 steht die Modewelt noch ganz im Zeichen der sog. Tangomode. Die Eigentümlichkeit dieser Mode besteht darin, daß der um die Hüften breite, zum Saum hin jedoch extrem enge Rock so gewickelt ist, daß er vorn in der Taille übereinanderliegt und unterhalb der Knie zu einem »Tangoschlitz« aufspringt, um so die notwendige Bewegungsfreiheit – zumal für den »Ausfallschritt« bei diesem südamerikanischen Paartanz zu gewährleisten.

Um den Schlitz – ein zusätzlicher Schlitz kann seitlich oder hinten angebracht sein – nicht zu hoch aufgehen zu lassen, bietet sich folgende Gangart an: Die Dame setzt nicht mehr den Fuß in gerader Linie nach vorwärts, sondern führt das rechte Bein ein wenig nach links, das linke nach rechts. Die Fußspitzen bleiben dabei nach außen gerichtet.

Als Alternative zum Schlitz ist ein Rock mit zwei oder mehreren nach unten enger werdenden Überröcken in Mode. Das Oberteil ist leicht blusig gehalten und hat ein tiefes, spitzes Dekolleté. Für Gesellschaftskleider werden generell dünne, zarte Stoffe bevorzugt.

Bei den Jacken gibt es ebenfalls zwei Modelinien: Entweder ein taillenkurzes Bolero oder eine die Hüften bedeckende und vorn unterhalb der Taille zurückgeschnittene sog. Cut-Jacke.

Als extravagant gelten weiterhin die Modelle des französischen Modeschöpfers Paul Poiret. Seine kurzen Reifröckchen, die über einem knöchellangen, engen Rock liegen, werden auf der ganzen Welt ohne sein Wissen kopiert. Dies veranlaßt Poiret 1914 zur Gründung des »Syndicat de Défense de la Grande Couture Française«, dem sich dann auch die meisten französischen Couturiers anschließen.

Die katholische Kirche und manche Frauenverbände verurteilen die herrschende »unsittliche« Mode. Die Pariser Schneider verteidigen sich mit dem Argument, sie könnten »nicht gegen den Strom schwimmen, und an der Unsittlichkeit der heutigen Mode sind hauptsächlich die Amerikanerinnen schuld, denen nichts extravagant genug sein kann«. Ein Pariser Korrespondent aber stellt fest, daß »in den feinsten Pariser Restaurants die Hälfte der halbnackten Damen ehrbare Ehefrauen sind«.

Am 15. Mai 1914 wird in Köln die Deutsche Werkbund-Ausstellung eröffnet, in der ästhetische und sittlich »wertvolle« Kleidung gezeigt wird. Es sind dies Kleider, die eine Mischung aus Reformkleid und aktueller Mode darstellen, die in keiner Weise die Bewegungen des weiblichen Körpers einengen und dennoch in ihrem Aussehen fraulich und elegant wirken.

Die Vorliebe der Damen für exotische Hutfedern liefert Stoff für Diskussionen um ein Vogelschutz-Abkommen, das in den Vereinigten Staaten zu einem Einfuhrverbot von Aigretten, Seeadlerfedern und Vogelbälgen führt. Vorläufig aber verzichten die Damen nicht auf den abendlichen Kopfputz einer senkrecht stehenden Reiherfeder (Aigrette), die beim Tangotanzen mitwippen soll.

Jedes Mode- und Schneiderblatt berücksichtigt nunmehr die »Backfischkleidung«. Im Schnitt unterscheidet sich jedoch die »Kleidung für die junge Dame unter Zwanzig« nicht wesentlich von der Mode für die reife Frau; das jugendliche Kleid ist nur einfacher, im Material billiger und meist mit kindlicherem Aufputz wie Matrosenkragen, weißer Leinenkrawatte oder Umlegekragen versehen.

Auch findet man stets Nähanleitungen für Sportkleidung, beispielsweise für Badekleider mit einer darunterliegenden Hose aus Taft oder Satin, für entsprechende Gymnastikanzüge und für knöchellange Tennisröcke, ergänzt durch eine einfache Bluse.

Mit Ausbruch des Krieges kommt es in allen Staaten zu einer nationalistisch motivierten Rückbesinnung auf die eigene Schaffenskraft. Im Deutschen Reich wird deshalb bereits Ende August der »Reichsausschuß für deutsche Form« gegründet, der später in »Ausschuß für Mode-Industrie« umbenannt wird. Hauptaufgabe des Ausschusses ist es, eine »deutsche Mode voll Würde, Sitte und Anmut hervorzubringen« und sich von der »dekadenten französischen Mode« zu befreien. Die Berliner Konfektionäre betonen, daß Künstler nur selten – »als moralische Hilfsfaktoren« – hinzuzuziehen seien, da eine tragbare Mode nur von einem Konfektionär herausgebracht werden könne. Die Firma Kersten & Tuteur fügt hinzu, daß eindringlichst vor einer deutschen Mode zu warnen sei, die unter Einwirkung von Künstlern entstehe, da diese für korsettlose und abgebundene Scherze Neigung haben. Das Organ des »Deutschen Verbandes für Neue Frauenkleidung und Frauenkultur« schlägt deshalb »mäßig weite Kleiderröcke aus guten, warmen, einfarbigen deutschen Cheviots, Kammgarnen und Tuchen mit passenden, nicht zu kurzen Jacken« vor, die »in diesen ernsten Zeiten der gegebene Straßenanzug für den Winter sein werden. Schoßblusen mit angeschnittenen Ärmeln aus Münchner und Wiener Seide geben diesem Anzug eine freundliche Belebung. Für Winterhüte wollen wir mittelgroße, weiche, gute Filzformen, die einen festen Sitz haben, befürworten.«

Die gesamte Presse schließt sich nach Ausbruch des Weltkrieges diesen nationalistisch verbrämten Tendenzen an und die Überschriften lauten: »Geburt der deutschen Mode« oder »Wir haben nicht nachgedacht, nur nachgeäfft«.

Die beliebten Hutfedern regen zu Karikaturen an, hier in der französischen Zeitschrift »L'Illustration«

Auch in dieser Zeichnung wird das Exzentrische der französischen Mode vor dem Weltkrieg hervorgehoben

März 1914

Sommerkleider aus elfenbeinfarbigem Krepon (l.) bzw. aus Glasbatist mit Spitzenausputz (r.)

Mode auf dem Pferderennplatz: Damenstraßenkleid aus einem neuen buntstreifigen Seidenstoff

Auch Frauen tragen bei warmen Wetter ihren Hut gern in der Hand (Berlin, Friedrichstraße)

Cape mit abstechendem Futter und großem Kragen

Praktisches Sportkleid für Jagd und Bergtouren

Poiret nachempfundenes Abendkleid mit Schoßrock

Straßenmode aus Paris: Fliederfarbenes sog. Libertykleid

Nachmittagskleid aus Tüll mit Blumengirlanden

Mädchenmode: Mantel mit kariertem Besatz (M.), Serge-Mantel mit Knopfverzierung (r.)

Sommerkleid mit Samtgarnitur und Spitzenbesatz (l.), Freizeitkleid aus blauem Kaschmir (r.)

Chiffonkleid (l.), einfaches Hauskleid für junge Damen (M.) sowie Kleid mit Stickereibesatz (r.)

Brutaler Polizeieinsatz gegen Suffragetten

9. März. Die britische Polizei verhaftet in Glasgow Emmeline Pankhurst, Führerin der britischen Suffragetten. Die Maßnahme wird offiziell mit Emmeline Pankhursts öffentlicher Agitation für die Einführung des Frauenwahlrechtes begründet.

Bei der in einem Veranstaltungssaal durchgeführten Verhaftung greift die Polizei zu brutalen Mitteln, da die versammelten Zuhörer die Frauenrechtlerin zu schützen versuchen. Nach einem Schlagstockeinsatz der Polizei kommt es zu tumultartigen Szenen; dabei werden 20 Frauen verletzt.

Am 10. März wird Emmeline Pankhurst in ein Londoner Gefängnis gebracht, wo sie aus Protest gegen die unmenschliche Behandlung in einen Hungerstreik tritt. Am 14. März wird sie wegen akuter Gesundheitsgefahren aus dem Gefängnis entlassen.

Emmeline Pankhurst hatte zusammen mit ihrer ältesten Tochter Christabel 1903 die Women's Social and Political Union als militanten Flügel der britischen Frauenstimmrechtsbewegung gegründet. Insbesondere seit der Zurückziehung des Frauenwahlrechtsentwurfs durch die britische Regierung am 27. Januar 1913 sorgen die Suffragetten mit vielfältigen Protestaktionen für Aufsehen.

Die britischen Suffragetten arbeiten mit vielfältigen Aktionsformen. Dazu zählen öffentliche Agitationen für das Frauenstimmrecht, aber auch gewaltsame Aktionen zur Aufrüttelung der Verantwortlichen. Nach den Erfahrungen der Suffragetten bewirken offizielle Petitionen nur wenig

Medikament gegen Syphilis umstritten

4. März. Unter Leitung ihres Vorsitzenden, des deutschen Pathologen Johannes Orth, diskutiert die Medizinische Gesellschaft in Berlin über das Anti-Syphilis-Mittel Salvarsan. Kritiker machen das Medikament für Todesfälle verantwortlich.

Nach den der Medizinischen Gesellschaft vorliegenden Erkenntnissen waren allein im Jahr 1913 87 Todesfälle direkt, weitere 187 indirekt auf das von den Farbwerken Hoechst AG vertriebene Präparat zurückzuführen. Außerdem waren durch das Medikament hervorgerufene Gehirnschäden feststellbar. Allerdings werden auch beschwichtigende Stimmen laut: Demnach soll eine unangemessene Anwendung für die Todesfälle verantwortlich sein.

Am 6. März erklärt sich die deutsche Regierung nach einer entsprechenden Parlamentsanfrage zur Überprüfung der Schutzvorschriften für Salvarsan bereit.

Das 1909 von dem deutschen Chemiker Paul Ehrlich in die Chemotherapie eingeführte Medikament wird bei Syphilis und anderen Infektionskrankheiten eingesetzt.

Kein Stimmrecht für Frauen in USA

18. März. Im US-amerikanischen Senat in Washington scheitert ein Antrag auf Einführung des Frauenstimmrechts, obwohl sich die Senatoren mit knapper Mehrheit dafür aussprechen. Zu der entsprechenden Verfassungsänderung wäre allerdings eine Zweidrittelmehrheit notwendig gewesen.

Länder mit Frauenstimmrecht
Australien (seit 1906)
Finnland (seit 1906)
Norwegen (eingeschränkt seit 1907, allgemein seit 1913)

Während sich die Republikaner für das Frauenstimmrecht aussprechen, verhindert die Demokratische Partei von US-Präsident Woodrow Wilson mit ihrer ablehnenden Haltung dessen Einführung. Auf bundesstaatlicher Ebene existiert das Wahlrecht für Frauen bereits in zehn Staaten der USA, beispielsweise seit 1869 in Wyoming.

Postscheck – »Bank des kleinen Mannes«

12. März. Der deutsche Reichstag in Berlin verabschiedet in dritter Lesung ein neues Postscheckgesetz. Aufgrund niedriger Mindesteinlagen gilt das Postscheckwesen seit seiner Einführung am 1. Januar 1909 im Deutschen Reich als »Bank des kleinen Mannes«.

Das Gesetz bringt im – bisher per Verordnungen geregelten – Postscheckwesen beträchtliche Erleichterungen und Verbilligungen. Wichtigste Neuerung ist die Herabsetzung der Mindesteinlage von 100 Mark auf 25 Mark. Durch die Einrichtung gestempelter Scheck- und Überweisungsformulare vereinfacht sich die Art der Verrechnung. Außerdem entfällt die bisher für Buchungen erhobene Zuschlagsgebühr.

Der Ausbau des Postscheckverkehrs – eines bargeldlosen und halbbaren Zahlungsverkehrs – wird von Wirtschaft und Regierung gefördert, weil dadurch eine bedeutende Zahl von kleineren Einzelbeträgen dem Finanzmarkt zugänglich gemacht wird. Sie bilden ein neues Geldreservoir für Staat und Wirtschaftsunternehmen.

Umsätze im Postscheckverkehr
1909:	9 821 Millionen Mark
1910:	18 452 Millionen Mark
1912:	30 347 Millionen Mark
1913:	35 906 Millionen Mark

Am 31. März 1914 beträgt die Zahl der Kontoinhaber im Reichspostgebiet 89 673 (Zuwachs gegenüber 28. Februar 1914: 1140), das Gesamtguthaben im März durchschnittlich 201,2 Millionen Mark (Februar: 196,6 Millionen Mark). Führend auf dem Gebiet des Postscheckwesens ist Österreich-Ungarn, das 1883 ein Postsparkassengesetz erlassen und den Postscheckverkehr eingeführt hatte.

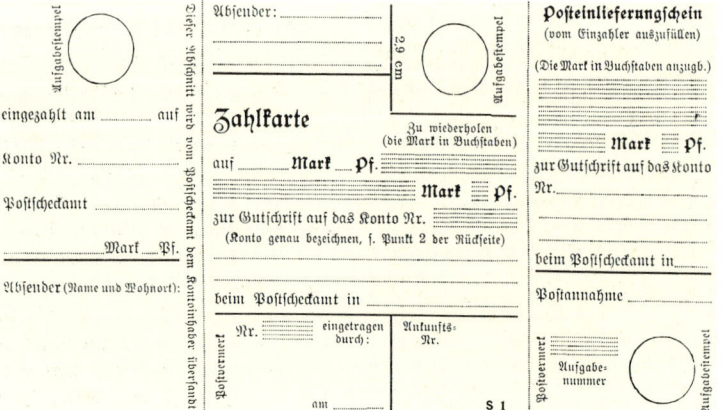

1914 werden diese Zahlkarten im Postscheckverkehr eingeführt

März 1914

Verschiedene Lauf- und Gehwettbewerbe in Berlin läuten die diesjährige Leichtathletiksaison ein

1. März. Zu Beginn der diesjährigen Leichtathletiksaison im Deutschen Reich veranstaltet der Berliner Sportklub »Comet« im Grunewald einen Crosslauf (Abb.: Die zahlreichen Teilnehmer beim Start des Laufes). Gleichzeitig organisiert der Berliner Athletikklub mehrere Straßenwettbewerbe in verschiedenen Disziplinen. So finden – bei frühlingshaftem Wetter – in der Reichshauptstadt ein Straßenlauf über 7,5 km mit 19 Aktiven und ein Wettgehen über 20 km statt, das ebenfalls 19 Teilnehmer zählt.

Auch die Funktionäre sind bereits aktiv geworden: Auf der 17. Hauptversammlung der Deutschen Sportbehörde für Athletik am 28. Februar in Nürnberg beschloß der Vorstand eine Genehmigungspflicht für jeden Auslandsstart deutscher Athleten, um mögliche Abwerbeversuche zu kontrollieren. In der letzten Zeit waren ausländische Vereine wiederholt an deutsche Spitzenathleten mit dem Ziel herangetreten, diese zum Beitritt und gleichzeitig zur Übersiedlung zu bewegen.

Soziologe Simmel verläßt Uni Berlin

2. März. Georg Simmel, einer der bekanntesten deutschen Soziologen und Philosophen, hält in Berlin seine Abschiedsvorlesung. Der 56jährige Wissenschaftler wechselt an die Universität Straßburg. Simmel beendet seine Berliner Zeit – er

Der am 1. März 1858 in Berlin geborene Georg Simmel zählt zu den Wegbereitern wichtiger Ansätze der modernen Soziologie. U. a. beschäftigte er sich mit dem Struktur- und dem Rollenbegriff

ist dort seit 1901 Professor – mit einem Kolleg über die Geschichte der Philosophie. Anschließend stellt er in einem persönlichen Abschiedswort an seine Hörer heraus, daß er mit seiner Lehre stets auf eine Abkehr von streng schulwissenschaftlichen Methoden gezielt habe.
In seinem wissenschaftlichen Werk befaßt sich Simmel auf philosophischem Gebiet u. a. mit Formproblemen bei kreativen Prozessen des menschlichen Individuums. Im Bereich der Soziologie beschäftigt er sich mit den wesentlichen gesellschaftlichen Beziehungsformen.

Königliche Bibliothek Berlin

22. März. In Anwesenheit hochrangiger Persönlichkeiten aus Wissenschaft, Politik und Gesellschaft wird in Berlin der Neubau der Königlichen Bibliothek (heute getrennt in Preußische und Deutsche Staatsbibliothek) feierlich eingeweiht.
Höhepunkt der Zeremonie ist eine Ansprache des deutschen Kaisers Wilhelm II. Unter den Gästen befinden sich auch der preußische Kultusminister August von Trott zu Solz und der evangelische Theologe Adolf von Harnack, Generaldirektor der Königlichen Bibliothek.
Der Unter den Linden gelegene, von dem deutschen Architekten Ernst von Ihne geschaffene Neubau beherbergt außer wertvollen Handschriften rund 1,25 Millionen Druckerzeugnisse. In der Mitte des riesigen Gebäudes – es nimmt eine Fläche von rund 20 000 m² ein – liegt ein 34 m hoher Kuppelsaal mit insgesamt 390 Arbeitsplätzen.
Die 1661 vom brandenburgischen Kurfürsten Friedrich Wilhelm gegründete Einrichtung zählte bereits Ende des 19. Jahrhunderts zu den führenden deutschen Bibliotheken.

Kanuten gründen eigenen Verband

13. März. 51 Kanuten gründen in Hamburg den Deutschen Kanu-Verband. Vorsitzender wird der Hamburger Alfred Korn, u. a. Verfasser eines 1913 erschienenen Lehrbuches mit dem Titel »Kanuführer«.
Nachdem bereits um 1850 in Deutschland Kanus zum Flußwandern benutzt worden waren, entstanden die ersten Kanuklubs 1885 in Bonn und Dortmund. Der Wettkampfsport mit Kanus – ursprünglich Indianerboote aus Holz oder Tierhäuten – begann 1907.

Traditionsrennen Oxford-Cambridge

28. März. *Nach fünf Jahren siegt erstmals wieder die Crew aus Cambridge im Achterrennen auf der Londoner Themse zwischen den Universitätsmannschaften von Oxford und Cambridge. Ihr Vorsprung bei dem seit 1829 ausgetragenen, über 6740 m führenden Rennen beträgt rund zweieinhalb Längen. Während des Wettbewerbs kommt es zu einem schweren Unfall, als ein mit Zuschauern dicht besetztes Boot kentert. 14 Menschen werden verletzt (Abb.: Zuschauer auf Booten).*

April 1914

Mo	Di	Mi	Do	Fr	Sa	So
		1	2	3	4	5
6	7	8	9	10	11	12
13	14	15	16	17	18	19
20	21	22	23	24	25	26
27	28	29	30			

1. April, Mittwoch

Der vom französischen Parlament eingesetzte sog. Rochette-Untersuchungsausschuß beendet seine am 20. März begonnene Tätigkeit. Eine Mehrheit der 19 Mitglieder hält es für erwiesen, daß der französische Finanzminister Joseph Caillaux als Regierungsmitglied 1911 rechtswidrig in einen Finanzschwindlerprozeß eingegriffen hat, um den Angeklagten zu decken (→ 16. 3. / S. 50).

Der 35jährige deutsche Physiker Albert Einstein nimmt in Berlin seine Tätigkeit als Mitglied der Preußischen Akademie der Wissenschaften auf. Gleichzeitig wird er Direktor des Berliner Kaiser-Wilhelm-Instituts für Physik. → S. 68

Die romantische Oper »Notre Dame« des österreichischen Komponisten Franz Schmidt wird in Wien uraufgeführt. Der stilistisch in der Nachfolge Anton Bruckners stehende Komponist gilt als großes musikalisches Talent. → S. 70

2. April, Donnerstag

Der seit dem 21. März amtierende konservative italienische Ministerpräsident Antonio Salandra stellt im Parlament in Rom sein Regierungsprogramm vor. Dabei weist er vor allem auf die durch den Libyenfeldzug 1911/12 entstandene schwierige Lage der italienischen Staatsfinanzen hin (→ 10. 3. / S. 50).

In Rußland beginnt eine Probemobilmachung der Landwehrtruppen. Bis zum 15. April werden in allen größeren Garnisonsstädten bis auf Petersburg (heute Leningrad) insgesamt 510 000 Landwehrsoldaten aus dem europäischen Teil Rußlands für zwei- bis vierwöchige Manöver eingezogen.

Nach elftägigen blutigen Kämpfen erobern Aufständische in Mexiko unter dem Rebellenführer Francisco »Pancho« Villa die nordmexikanische Stadt Torreón (→ 21. 4. / S. 61).

In Korea wird die politische Selbstverwaltung der Fremdenkolonien aufgelöst. Seit dem russisch-japanischen Krieg 1904/05 wird das Land von Japan mit polizeistaatlichen Methoden beherrscht; seit 1910 ist es auch offiziell – als Generalgouvernement Chosen – dem japanischen Kaiserreich einverleibt.

Erstmals fährt ein Zug durch den sog. Diestelrasentunnel in der Nähe des hessischen Ortes Schlüchtern. Der neue Tunnel verkürzt die Bahnlinie Berlin–Frankfurt. → S. 69

3. April, Freitag

Zum Nachfolger des am 30. März wegen der Ulster-Unruhen (→ 9. 3. / S. 50) zurückgetretenen britischen Generalstabschefs, Feldmarschall John Denton Pinkstone French, wird der bisherige Generalinspekteur der Heimattruppen, Charles Douglas, ernannt. Zuvor hatte bereits der britische Premierminister Herbert Henry Asquith nach dem ebenfalls am 30. März vollzogenen Rücktritt von Kriegsminister John Seely dessen Ressort mit übernommen.

Die am 26. März begonnenen Arbeitskämpfe in Rußland setzen sich fort: Nachdem bereits am 1. April in Petersburg (heute Leningrad) rund 60 000 Arbeiter in den Streik traten, sperren die Schwerindustrieunternehmen in der russischen Hauptstadt rund 70 000 Arbeiter aus. → S. 64

Die albanische Regierung ordnet in Durazzo (heute Durës) eine allgemeine Mobilmachung an. Sie will damit einen im südalbanischen Epirus ausgebrochenen, von Griechenland unterstützten Aufstand bekämpfen. → S. 64

4. April, Sonnabend

Nach zweitägiger Beratung der am 1. April vorgelegten Ergebnisse des sog. Rochette-Untersuchungsausschusses tadelt das französische Parlament einstimmig die Einmischung der Politik in die Arbeit der Justiz und fordert gesetzgeberische Konsequenzen. Weitergehende Anträge – u. a. auf strafrechtliche Verfolgung der betroffenen Regierungsmitglieder – werden mit deutlicher Mehrheit abgelehnt. Die französische Presse kritisiert daraufhin den Parlamentsbeschluß in scharfer Form als »jämmerliches Versteckspielen vor der Verantwortlichkeit« (→ 16. 3. / S. 50).

Nach einer von der Berliner »Vossischen Zeitung« veröffentlichten Statistik liegen neun von zehn Städten mit dem weltweit dichtesten Telefonnetz in den USA. In Europa verfügt die schwedische Hauptstadt Stockholm über die beste Telefonversorgung: 20 bis 25% aller Einwohner verfügen über ein Telefon. Im Deutschen Reich kommt durchschnittlich auf 56 Personen ein Anschluß.

5. April, Sonntag

In Dublin wird die irische Frauenorganisation Cumann na Bann gegründet, die im irischen Unabhängigkeitskampf eine wichtige Rolle spielt.

In einem Fußball-Länderspiel in Amsterdam trennen sich die Niederlande und das Deutsche Reich 4:4.

6. April, Montag

Die US-amerikanische Regierung erklärt sich in einem Vertrag mit Kolumbien bereit, 25 Millionen US-Dollar (106,3 Millionen Mark) Entschädigung wegen des Verlustes von Panama zu zahlen. Die ehemalige kolumbianische Provinz war 1903 im Zusammenhang mit dem Bau des Panamakanals auf Betreiben der US-amerikanischen Regierung von Kolumbien abgefallen (→ 27. 1. / S. 25).

7. April, Dienstag

Die Zweite Kammer des Landtages von Elsaß-Lothringen verurteilt in einem mehrheitlich gebilligten Antrag den Sprachenerlaß der Regierung für höhere Schulen. Dieser schreibt die Benutzung der deutschen Sprache, d. h. ein Verbot des Französischen und der Dialekte auf dem Schulgelände vor.

8. April, Mittwoch

Ein Gericht im russisch beherrschten Warschau (heute zu Polen) verurteilt den deutschen Flugzeugtechniker Bernhard Mischewski aus Leipzig zu drei Monaten Gefängnis. Mischewski war mit einem Eindecker am 2. Februar auf russisches Hoheitsgebiet geflogen und anschließend zur Landung in der Nähe von Pultusk (Gouvernement Warschau) gezwungen worden.

9. April, Donnerstag

US-amerikanische Matrosen werden bei einem Landgang in der mexikanischen Stadt Tampico vorübergehend festgenommen. Die Verhaftung führt zu einer diplomatischen Krise, die nach der Invasion US-amerikanischer Truppen in Veracruz Llave in kriegerische Auseinandersetzungen zwischen den beiden Staaten mündet (→ 21. 4. / S. 60).

In Petersburg (heute Leningrad) beschließt das russische Parlament (Duma) die Einführung eines Zolls auf Agrarprodukte in Höhe von umgerechnet 3,96 Mark pro Doppelzentner. Der einem Einfuhrverbot gleichkommende, von Zar Nikolaus II. am 12. Juni unterzeichnete Beschluß richtet sich gegen deutsche Agrarimporte und die restriktive Zollpolitik der deutschen Regierung. → S. 68

In Paris unterzeichnen der französische Ministerpräsident Gaston Doumergue und der osmanische Finanzminister Dschawid Bei ein Abkommen, das eine von Frankreich gewährte Anleihe in Höhe von insgesamt 800 Millionen Francs (640 Millionen Mark) vorsieht. Die Mittel dienen der Schuldentilgung und dem Bau von Eisenbahnstrecken. Im Gegenzug erteilt das Osmanische Reich französischen Unternehmen lukrative Bahnkonzessionen.

10. April, Karfreitag

Der russische Reichstag bewilligt in Petersburg (heute Leningrad) Kredite in Höhe von rund 88 Million Rubel (190 Millionen Mark) für Arbeiten zum weiteren Ausbau und zur Modernisierung der russischen Flotte.

11. April, Sonnabend

In einem in Athen unterzeichneten Abkommen erklärt sich Griechenland bereit, Serbien im Freihafengebiet von Saloniki Grundstücke zur Anlage von Lagerhäusern abzutreten, dem serbischen Binnenhandel Steuer- und Abgabenfreiheit sowie verbilligte Bahntarife in Griechenland zu gewähren. Das ehemals osmanische Saloniki war während des Ersten Balkankrieges 1912 von dem mit Serbien verbündeten Griechenland erobert worden.

Höhepunkt der in Berlin eröffneten Ausstellung der Berliner Freien Sezession ist das bisher im Deutschen Reich noch nicht gezeigte, im Besitz der Hamburger Kunsthalle befindliche Werk »Spazierritt« des französischen Impressionisten Auguste Renoir. → S. 71

12. April, Ostersonntag

Die Forderung nach einem Verbot der Sonntagsarbeit steht im Mittelpunkt der Jahresversammlung des Allgemeinen Verbandes der deutschen Bankbeamten. Zugleich besteht die Interessenvertretung der Angestellten im Bankwesen auf einem Ausbau des Koalitionsrechts (→ 13. 1. / S. 17) und der Einführung einer Reichsarbeitslosenversicherung. Der zweite Verbandstag der erst im Jahr 1912 gegründeten Organisation endet am Ostermontag.

Unter 16 gestarteten Pferden gewinnt Aveyron unter dem Jockei F. Williams auf der Galopprennbahn von Paris – Auteuil den mit 50 000 Francs (40 000 Mark) dotierten und über eine Strecke von 4500 m führenden »Prix du Président de la République«, eines der bedeutendsten französischen Pferderennen.

13. April, Ostermontag

Auf seinem am Vortag begonnenen Bundestag billigen die dem Wandervogel e. V. angeschlossenen Gruppen der deutschen Jugendbewegung eine Resolution, nach der ein Ausschluß jüdischer Mitglieder möglich ist. Bereits zuvor waren innerhalb des deutschen Wandervogel antisemitische Tendenzen deutlich geworden. → S. 69

Gegen die Einrichtung von Schulzahnkliniken spricht sich der Wirtschaftliche Verband der deutschen Zahnärzte auf seiner Jahreshauptversammlung in Berlin aus. Nach Ansicht der Delegierten schaden Schulzahnkliniken trotz ihrer unbestreitbaren gesundheitspolitischen Vorteile den wirtschaftlichen Interessen der Zahnärzte. Der Verband repräsentiert rund 3500 Zahnärzte im gesamten Deutschen Reich.

14. April, Dienstag

In einem aufsehenerregenden Artikel im Berliner »Lokalanzeiger« spricht sich der Hamburger Reeder Albert Ballin, einer der bekanntesten deutschen Wirtschaftsführer, für eine stärkere Unterstützung der wirtschaftlichen Expansion deutscher Unternehmer durch die Reichsregierung aus (→ 12. 3. / S. 51).

Nach der vorübergehenden Festnahme US-amerikanischer Matrosen in der mexikanischen Stadt Tampico am 9. April gibt US-Präsident Woodrow Wilson Teilen der Flotte der Vereinigten Staaten den Befehl zum Auslaufen in die Bucht von Tampico (→ 21. 4. / S. 60).

15. April, Mittwoch

Vor dem Hintergrund einer Bestechungsaffäre in der Regierungspartei (sog. Marinepartei) bildet Schigenobu Okuma nach dem Rücktritt des japanischen Ministerpräsidenten Gombei Jamamoto am 24. März ein neues Kabinett. Er war bereits im Jahr 1898 japanischer Ministerpräsident.

Luis Terrazas jr., Geisel des mexikanischen Rebellenführers »Pancho« Villa; Titelseite der »Illustrated London News« vom 18. April 1914

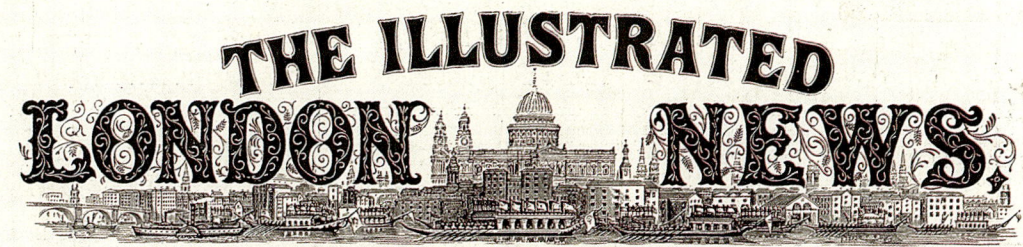

No. 3913.—VOL. CXLIV.   SATURDAY, APRIL 18, 1914.   With Ladies' Supplement for April / SIXPENCE.

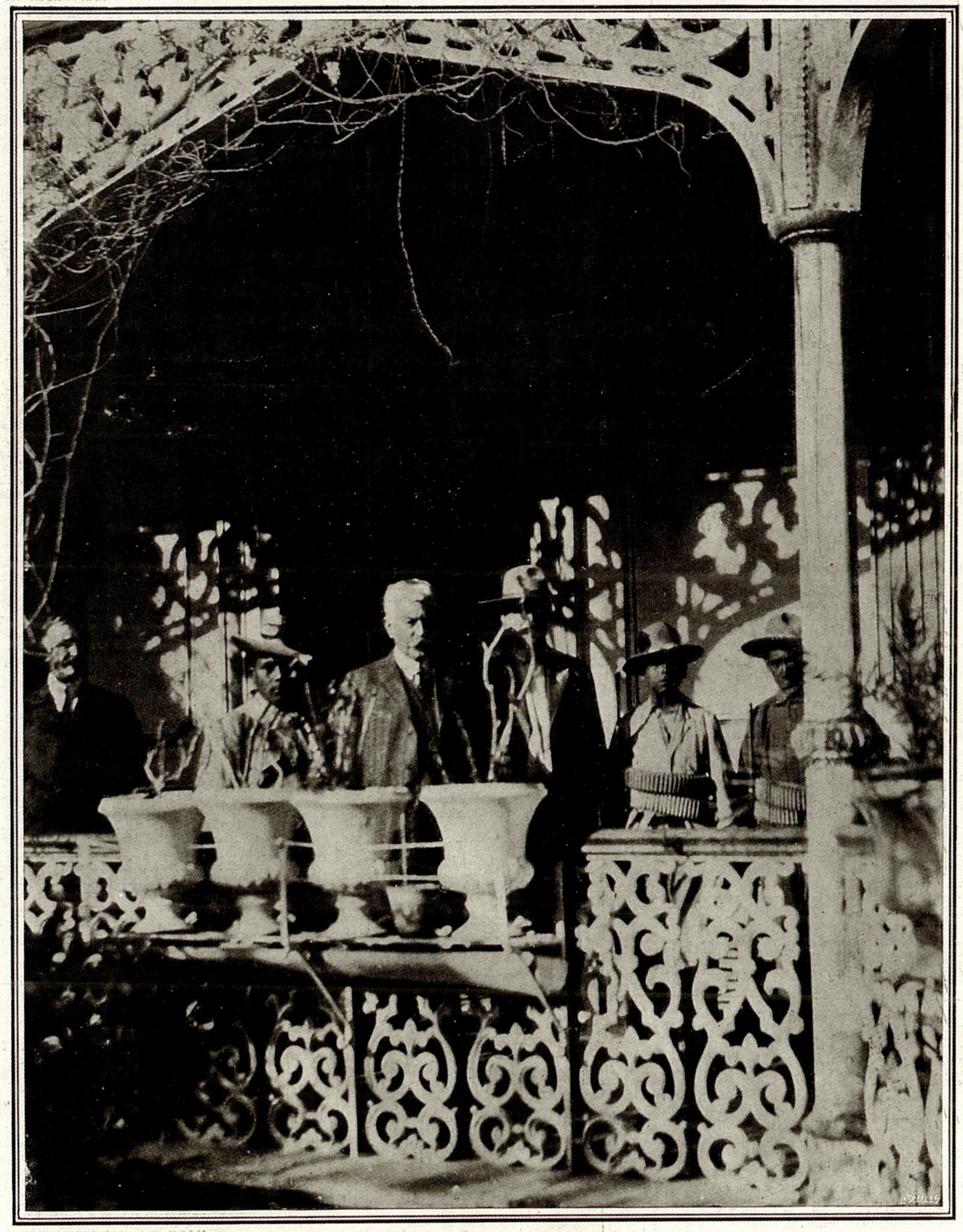

GENERAL VILLA'S "500,000 DOLLAR PRISONER": SEÑOR LUIS TERRAZAS, JNR., UNDER GUARD IN HIS OWN "MARBLE PALACE."

Señor Luis Terrazas, jnr., son of the octogenarian General Luis Terrazas, was captured by General Villa, of the Mexican rebels, who demanded a ransom of half-a-million dollars to be paid before March 7. This sum the elder Terrazas stated he could not pay, and, appealing to Mr. Letcher, the United States Consul at Chihuahua, said: "Neither life nor money is much to me. My son has thirteen children who need him. I will gladly go to Chihuahua and allow General Villa to kill me instead of my son." Meanwhile, the younger Terrazas remained a prisoner in his "marble palace" at Chihuahua. Then came news of a "reprieve" granted him by General Villa as a sequel to urgent representations made by Mr. Bryan, the United States Secretary of State. Later still, early this month in point of fact, a report from New Orleans, sent to the "Daily Mail" by way of New York, said that Señor Luis Terrazas, jnr., had escaped during the confusion after the fighting at Torreon, aided by an old servant, who, although a follower of General Villa, disguised his master and got away with him.

PHOTOGRAPH BY BAIN.

April 1914

In Venedig beginnt die elfte Internationale Kunstausstellung. Der zu den wichtigsten Ereignissen im italienischen Kunstleben zählenden Schau wird von Kunstkritikern allerdings mangelnde Qualität vorgeworfen. → S. 70

16. April, Donnerstag
Anläßlich des zehnjährigen Bestehens des Bündnisses zwischen Großbritannien und Frankreich wird in der Presse beider Länder die Bedeutung dieser sog. Entente cordiale erörtert. Londoner Zeitungen machen darauf aufmerksam, daß die britische Öffentlichkeit gegen jede militärische Aktion in Europa eingestellt ist (→ 21. 4. / S. 62).

In Bremen werden die Behring-Werke GmbH gegründet. Sie dienen insbesondere der Vermarktung von Entdeckungen des deutschen Bakteriologen und Nobelpreisträgers Emil von Behring, der u. a. Seren gegen Diphtherie und Tetanus mitentwickelt hat. → S. 68

17. April, Freitag
In Berlin beginnt die dreitägige sechste Konferenz für Trinkerfürsorge. Das vom deutschen Verein gegen den Mißbrauch geistiger Getränke durchgeführte Treffen befaßt sich schwerpunktmäßig mit der Frage einer Entmündigung von Alkoholikern. → S. 68

18. April, Sonnabend
Als Konsequenz aus der sog. Zabern-Affäre (→ 10. 1. / S. 16) tritt der deutsche Statthalter in Elsaß-Lothringen, Karl Graf von Wedel zurück. Nachfolger wird der bisherige preußische Innenminister Johann von Dallwitz. → S. 65

Zum 50. Jahrestag der Erstürmung der Düppeler Schanzen werden in Preußen nationalistische Feiern abgehalten. Preußische Truppen hatten die dänische Befestigung in Nordschleswig während des Deutsch-Dänischen Krieges 1864 erobert. → S. 65

Wie eine in der britischen Zeitschrift »The Illustrated London News« veröffentlichte Aufnahme zeigt, erregen spektakuläre Automobilunfälle auch 28 Jahre nach den ersten öffentlichen Probefahrt eines vom deutschen Automobilpionier Carl Benz konstruierten sog. Motorwagens noch das Interesse einer breiten Öffentlichkeit. → S. 71

19. April, Sonntag
Der konservative Alldeutsche Verband fordert auf seiner Jahrestagung in Stuttgart eine offensive deutsche Militärstrategie vor allem gegenüber Rußland und Frankreich. → S. 65

Im italienischen Seebad Abbazia (heute Opatija, Jugoslawien) beginnen fünftägige Konsultationen zwischen dem italienischen Außenminister Antonio Marchese di San Giuliano und seinem österreichisch-ungarischen Kollegen Leopold Graf Berchtold. Dabei weist San Giuliano ausdrücklich auf eine dreibundfeindliche öffentliche Meinung in Italien wegen bestehender bilateraler Konflikte hin (→ 12. 5. / S. 78; 12. 7. / S. 118).

Das Mailänder Opernhaus Scala wird zum Abschluß der Spielzeit 1913/14 wegen seiner Programmgestaltung zum Ziel heftiger Kritik. → S. 70

20. April, Montag
In einer an den Kongreß in Washington gerichteten Botschaft ersucht US-Präsident Woodrow Wilson die Abgeordneten erfolgreich um Vollmachten zu militärischen Maßnahmen gegen Mexiko. Nach seinen Aussagen richten sich etwaige Aktionen nicht gegen die mexikanische Bevölkerung, sondern gegen das Regime von Präsident Victoriano Huerta (→ 21. 4. / S. 60).

In der Bergarbeiterkolonie Ludlow bei Trinidad (US-Bundesstaat Colorado) gehen staatliche Milizen und Militär mit Waffengewalt gegen streikende Bergarbeiter vor. → S. 64

Auf der Jahresversammlung des Vereins zur Abwehr des Antisemitismus in Posen wird auf die wachsende politische Bedeutung antijüdischer Propaganda vor allem in konservativen Kreisen hingewiesen. → S. 65

21. April, Dienstag
Zum zehnjährigen Jubiläum des Bündnisses zwischen Frankreich und Großbritannien (sog. Entente cordiale) beginnt ein viertägiger Staatsbesuch des britischen Königs Georg V. in der französischen Hauptstadt Paris. → S. 62

Im Zuge eskalierender Auseinandersetzungen zwischen den USA und Mexiko nach der Verhaftung US-amerikanischer Soldaten in Tampico (Mexiko) am 9. April ordnet US-Präsident Woodrow Wilson die Besetzung der mexikanischen Stadt Veracruz Llave an. → S. 60

Dem mit Waffen für die mexikanische Regierung beladenen deutschen Frachter »Ypiranga« wird von US-amerikanischen Truppen die Einfahrt in den Hafen von Veracruz Llave verwehrt. Nach einer Intervention der US-amerikanischen Regierung entschuldigt sich der zuständige Kommandant; der Frachter begibt sich freiwillig unter die Kontrolle der Besatzungstruppen. → S. 60

Im Berliner Versammlungslokal »Neue Welt« findet eine zentrale Frauenkundgebung statt, die vor der drohenden Kriegsgefahr warnt.

22. April, Mittwoch
Im Rahmen des Frankreich-Aufenthaltes des britischen Königs Georg V. kommen der britische Außenminister Sir Edward Grey und der französische Ministerpräsident Gaston Doumergue zu zweitägigen Konsultationen zusammen. Spekulationen über eine Ausweitung des bestehenden Bündnisses unter militärischen Aspekten erweisen sich jedoch als verfehlt (→ 21. 4. / S. 62).

23. April, Donnerstag
Die diplomatischen Beziehungen zwischen den Vereinigten Staaten und Mexiko werden abgebrochen. Der US-amerikanische Geschäftsträger Nelson O'Shaughnessy reist nach Washington zurück (→ 21. 4. / S. 60).

In den russischen Städten Petersburg (heute Leningrad), Riga und Moskau treten rund 100 000 Arbeiter in den Streik. Anlaß ist der Ausschluß sozialistischer Abgeordneter aus dem russischen Parlament am 22. April wegen angeblicher Störversuche (→ 3. 4. / S. 64).

Das US-amerikanische Repräsentantenhaus in Washington billigt den Militärhaushalt 1914. Er hat ein Volumen von 100 Millionen US-Dollar (420 Millionen Mark). Der ursprüngliche Haushaltsansatz war vom Senat um sechs Millionen Dollar (25,2 Millionen Mark) erhöht worden.

Ein in der norditalienischen Stadt Mailand durchgeführtes Futuristenkonzert führt zu teilweise handgreiflichen Reaktionen im Publikum. → S. 70

24. April, Freitag
Auf einer Konferenz der preußischen Gesellschaft für innere Kolonisation in Berlin sprechen sich die Teilnehmer gegen die von der preußischen Regierung geplante Ausdehnung des Fideikommisses aus. Nach ihrer Ansicht kommt er nur einer kleinen Schicht Adliger zugute. Dem im Mittelalter entstandenen Fideikommiß zufolge darf ein Besitz erbrechtlich nicht zersplittert werden.

25. April, Sonnabend
In seiner sog. Kaiserrede vor Essener Arbeitern bezeichnet der deutsche Industrielle Alfred Hugenberg, Vorsitzender des Direktoriums der Rüstungsfirma Krupp, den von ihm prophezeiten kommenden Krieg als eine »befreiende Kraftprobe« für das Deutsche Reich.

Angesichts der Konfrontation zwischen den USA und Mexiko nach der Besetzung der mexikanischen Stadt Veracruz Llave durch US-Truppen am → 21. April (S. 60) unterbreiten die Staaten Argentinien, Brasilien und Chile einen Vermittlungsvorschlag (→ 20. 5. / S. 78).

Die für einen vollständigen Verbleib Irlands unter britischer Kontrolle kämpfenden Ulster-Unionisten landen im Hafen von Larne (Provinz Ulster) rund 5000 Gewehre und 40 t Munition an. Nach inoffiziellen Meldungen stammen die Waffen aus dem Deutschem Reich (→ 9. 3. / S. 50; 21. 7. / S. 118).

Auf der Hauptversammlung des Bergbaulichen Vereins und des Zechenverbandes in Essen fordert der Aufsichtsratsvorsitzende des Rheinisch-Westfälischen Kohlensyndikats, Emil Kirdorf, eine Einschränkung der Unfallverhütungsvorschriften im Bergbau. Nach seiner Ansicht behindern sie die Wettbewerbsfähigkeit der deutschen Industrie.

In London besiegt der FC Burnley im Endspiel des englischen Fußballpokals den FC Liverpool 1:0. → S. 71

26. April, Sonntag
In Helsinki fordert der finnische Landtag in einer Petition von der russischen Regierung u. a. die Wahrung der finnischen Sprache im Amtsverkehr und der Rechte auf Vereins- und Versammlungsfreiheit. → S. 69

Die Berliner »Vossische Zeitung« veröffentlicht in einem Vorabdruck die Übersetzung von Maxim Gorkis Roman »Meine Kindheit«. → S. 71

27. April, Montag
Im Rahmen ihrer dritten Jahrestagung weist die Wissenschaftliche Gesellschaft für Luftfahrt in Dresden darauf hin, daß im vergangenen Jahr 1500 flugtechnische Erfindungen geprüft worden sind. Allerdings erwiesen sich davon rund 95% als unbrauchbar.

28. April, Dienstag
Der französische Generalstab führt eine Besichtigung der Befestigungsanlagen im Gebiet zwischen Paris und der belgischen Grenze durch. Bei einem etwaigen Krieg wird dort eine Konfrontation mit deutschen Truppen erwartet. An der Exkursion nehmen 25 Generäle und 230 Offiziere aller Waffengattungen teil.

29. April, Mittwoch
Auf Anordnung von US-Präsident Woodrow Wilson wird in der von US-amerikanischen Truppen besetzten mexikanischen Stadt Veracruz Llave eine Zivilregierung unter Leitung von Robert J. Kerr eingesetzt. Gleichzeitig landen weitere 5000 Soldaten der US-Armee in Veracruz Llave (→ 21. 4. / S. 60).

Nach dem Abgeordnetenhaus billigt auch der bayerische Reichsrat einstimmig einen Antrag an die Landesregierung zur Bekämpfung der Unsittlichkeit. Danach soll die Landesregierung u. a. gegen anstößige Schaufenstergestaltung, Reklame für empfängnisverhütende Mittel und Animierkneipen vorgehen (→ 13. 2. / S. 43).

Mehrere jüdische Verbände protestieren in Berlin gegen die antisemitischen Tendenzen in der deutschen Jugendbewegung (→ 13. 4. / S. 69).

Die in Leipzig beendete Abnahmefahrt des neuen Militärluftschiffes Schütte-Lanz II dokumentiert die wachsende Bedeutung von Zeppelinen im deutschen Militär. → S. 69

30. April, Donnerstag
Die in Peking bekanntgewordene neue chinesische Verfassung sieht unbegrenzte Vollmachten für den diktatorisch regierenden Präsidenten Yüan Shih-k'ai vor. Yüan amtiert offiziell seit dem 6. Oktober 1913. → S. 65

Das Wetter im Monat April

Station	Mittlere Lufttemperatur (°C)	Niederschlag (mm)	Sonnenscheindauer (Std.)
Aachen	11,0 (8,8)	34 (63)	– (178)
Berlin	11,2 (8,3)	33 (41)	– (193)
Bremen	10,3 (8,2)	39 (50)	– (185)
München	10,9 (8,0)	64 (59)	– (173)
Wien	– (9,0)	– (54)	– (173)
Zürich	10,9 (8,0)	63 (88)	211 (173)

( ) Langjähriger Mittelwert für diesen Monat
– Wert nicht ermittelt

Der »Simplicissimus« vom 6. April 1914 karikiert auf seiner Titelseite die innenpolitische Situation in Großbritannien

April 1914

US-Truppen besetzen mexikanisches Veracruz Llave

21. April. US-amerikanische Marineeinheiten besetzen auf Anweisung von US-Präsident Woodrow Wilson die mexikanische Hafenstadt Veracruz Llave. Damit erreichen die anhaltenden Spannungen zwischen beiden Staaten einen neuen Höhepunkt.

Nach einem kurzen, heftigen Gefecht nehmen die Invasoren zunächst das Zollhaus ein. Später kontrollieren sie das gesamte, strategisch wichtige Hafenviertel einschließlich des Bahnhofs. Am 22. April – nach der Landung weiterer Einheiten – übernehmen die US-Truppen die Macht in der ganzen Stadt. Bei den Kämpfen kommen nach offiziellen Angaben rund 200 mexikanische und vier US-amerikanische Soldaten ums Leben.

Unmittelbar nach der Besetzung fordert der mexikanische Präsident Victoriano Huerta unter Androhung militärischer Vergeltungsschläge die US-Regierung auf, ihre Truppen wieder abzuziehen. Am 21. und 22. April verlassen die Geschäftsträger Mexikos in Washington bzw. der USA in Mexiko-Stadt ihre Posten und kehren in ihre Heimatländer zurück. Nach weiteren kriegerischen Auseinandersetzungen beginnen am → 20. Mai (S. 78) Friedensverhandlungen (sog. Konferenz von Niagara Falls).

Offizieller Vorwand der Vereinigten Staaten für die Besetzung von Veracruz Llave ist ein Zwischenfall in der mexikanischen Stadt Tampico vom 9. April: Ein mexikanischer Offizier hatte acht US-Soldaten verhaften lassen, als sie mit gehißter Flagge per Boot in den Hafen einliefen. Trotz formeller mexikanischer Entschuldigung und Bestrafung der Verantwortlichen forderte die US-Regierung Genugtuung.

Vor der Besetzung von Veracruz Llave: US-Truppen werden eingeschifft; die US-Atlantikflotte steht unter dem Kommando von Admiral Badger

US-Interesse an Erdöl in Mexiko

Seit seinem Amtsantritt am 4. März 1913 übt US-Präsident Woodrow Wilson massiven Druck auf den mit diktatorischen Vollmachten regierenden mexikanischen Präsidenten Victoriano Huerta aus. Hintergrund der Aktivitäten gegen den US-feindlichen Huerta ist das Interesse der Vereinigten Staaten an mexikanischen Ölfeldern.

In einer Grundsatzerklärung vor dem US-amerikanischen Kongreß in Washington am 27. August 1913 hatte Wilson die politische Legitimität der mexikanischen Regierung bestritten; Huerta war am 19. Februar 1913 durch einen Militärputsch an die Macht gekommen. Der US-Präsident begründete damit die Notwendigkeit eines Eingreifens seines Landes. Hinter dieser moralisch gefärbten Erklärung steht allerdings die wirtschaftliche Bedeutung der mexikanischen Erdölvorkommen. US-amerikanische Unternehmen sind – in scharfer Konkurrenz zu britischen Firmen – an der Ausbeutung der ertragreichen Ölquellen interessiert. Die Fördermenge betrug 1912 rund 2,2 Millionen t.

Die US-Regierung nutzte die brutalen Herrschaftsmethoden des Huerta-Regimes als Vorwand für ständig wachsenden politischen und finanziellen Druck. Dabei kam Wilson insbesondere die desolate Finanzlage des mittelamerikanischen Landes zustatten. Per Dekret mußte der mexikanische Präsident am 12. Januar 1914 die staatliche Tilgung der Schuldzinsen auf sechs Monate suspendieren. Finanzminister Adolfo de la Lama trat wegen akuter Deckungslücken zurück.

Am 3. Februar hob Wilson ein Waffenembargo gegen Mexiko auf und ermöglichte eine Unterstützung der verschiedenen mexikanischen Rebellengruppen in der Hoffnung, den Sturz Huertas zu beschleunigen.

April 1914

Kampf für Sozialreformen

21. April. Nach der Besetzung der mexikanischen Hafenstadt Veracruz Llave durch die USA fordert der mexikanische General und Politiker Venustiano Carranza, Führer einer Aufstandsbewegung im Norden des Landes, den Abzug der US-Truppen. Venustiano Carranza bekämpft ebenso wie die anderen Revolutionsführer Francisco »Pancho« Villa und Emiliano Zapata das diktatorische Regime von Präsident Victoriano Huerta.

Venustiano Carranza und seine sog. Konstitutionalistische Armee – der auch »Pancho« Villa angehört – beherrschen weite Gebiete im Norden Mexikos. Nach dem Militärputsch im Februar 1913, der Huerta zur Macht verhalf, hatte sich Carranza am 31. März 1913 zum Gegenpräsidenten erklärt. Er setzt sich für demokratische Verhältnisse in dem Mittelamerikastaat ein.

Auch der im Süden des Landes agierende Revolutionsführer Emiliano Zapata erkennt die Präsidentschaft von Huerta nicht an. Er vertritt die Interessen der indianischen Landarbeiter und hatte 1911 ein landreformerisches Programm entworfen. Die sozialen und politischen Kämpfe haben ihre Wurzel in einer extrem ungerechten Einkommens- und Landverteilung in Mexiko. In der Zeit des sog. Porfiriats unterdrückten die Milizen des seit November 1876 autokratisch regierenden Präsidenten Porfirio Díaz dabei jeden inneren Widerstand. Unter diesen Umständen entwickelten sich im Süden und Norden des Landes revolutionäre Bewegungen. Eine gemäßigte Fraktion sammelte sich ab 1908 um Francisco Indalecio Madero, der nach einem vorläufigen Sieg der Aufständischen am 6. November 1911 Präsident wurde. Am 23. Februar 1913 ermordeten Huerta-Anhänger im Verlauf eines blutigen Militärputsches Präsident Madero und errichteten eine Diktatur (→ 16. 8. / S. 152).

Die Flagge der Vereinigten Staaten über der mexikanischen Hafenstadt Veracruz Llave; die USA stellen demonstrativ ihre Machtposition heraus

General Venustiano Carranza, geboren 1859 in Cuatro Ciénegas

Straßenkämpfe in Veracruz Llave: Mexikanische Soldaten liegen in Stellung; Gebäude, in denen sich Scharfschützen befinden, werden von US-amerikanischen Kriegsschiffen von See aus in Brand geschossen

US-amerikanische Invasionstruppen beschießen die Verteidiger von einem Zaun nahe des Bahnhofes aus; am 27. April verkünden die US-Besatzer in Veracruz Llave das Kriegsrecht; in der Folgezeit landen weitere Truppen

April 1914

Bündnis Großbritannien-Frankreich besteht zehn Jahre

21. April. Anläßlich des zehnjährigen Bestehens der sog. Entente cordiale, dem Bündnis zwischen Frankreich und Großbritannien, trifft der britische König Georg V. in Begleitung von Außenminister Sir Edward Grey zu einem viertägigen Besuch in Paris ein. Die Reise ist auch für das Verhältnis beider Staaten zu Rußland von großer politischer Bedeutung.

Bei einem Festmahl im Elysée-Palast hebt der französische Präsident Raymond Poincaré die politische Bedeutung der langjährigen britisch-französischen Freundschaft hervor. Gleichzeitig betont er seinen Wunsch nach einem künftigen weiteren Ausbau der Beziehungen zwischen beiden Ländern.

Neben dem repräsentativen Rahmen bestimmen auch politische Diskussionen das Treffen. Dabei dominieren die von der deutschen Führung mit Argwohn betrachteten Überlegungen, sowohl die britisch-französischen Beziehungen als auch die sog. Tripelentente zwischen Großbritannien, Frankreich und Rußland formell enger zu gestalten. Insbesondere die russische Regierung hatte Frankreich zu entsprechendem politischen Druck auf Großbritannien gedrängt.

König Georg V. (l.) auf der Fahrt durch Paris gemeinsam mit Präsident Raymond Poincaré (2. v. l.)

Trotz grundsätzlicher Skepsis von seiten der Regierung in London erreicht der französische Ministerpräsident Gaston Doumergue in einer Unterredung mit dem britischen Außenminister Grey am 23. April die Zusage, bilaterale Flottengespräche mit Rußland zu führen. Weitergehende Zugeständnisse erzielt er jedoch nicht, so daß die »Kölnische Zeitung« erleichtert resümiert: »Es war uns ... bekannt, daß die Londoner Regierung jeder Bindung auszuweichen trachtet, die weiter geht, als der oberste Grundsatz der britischen Staatskunst, die denkbar größte Bewegungsfreiheit, ratsam erscheinen läßt.«

▷ *Tausende warten am Triumphbogen auf den Vorbeimarsch*

Entente cordiale – Abkommen von weltpolitischer Bedeutung

Am 8. April 1904 unterzeichneten Großbritannien und Frankreich einen Vertrag, der ihre internationalen Interessensphären gegenseitig abgrenzte. Das unter der Bezeichnung »Entente cordiale« (»herzliches Einvernehmen«) in die Geschichte eingegangene Abkommen veränderte die weltpolitische Situation zu Beginn des 20. Jahrhunderts wesentlich.

Beide Staaten beendeten mit der Entente cordiale ihre seit der britischen Besetzung Ägyptens 1882 anhaltende imperialistische Rivalität. Wichtigster Punkt des Vertrages war dabei die Bereinigung der britisch-französischen Gegensätze in Afrika: Frankreich erkannte die britische Herrschaft über Ägypten an; umgekehrt billigte Großbritannien die Vormachtstellung Frankreichs in Marokko. Die Abmachung wurde durch weitere Konventionen über andere Territorien ergänzt (u. a. Newfoundland, Neue Hebriden).

Bei der vor allem von dem damaligen französischen Außenminister Théophile Delcassé in die Wege geleiteten Entente cordiale handelt es sich allerdings um kein formelles Bündnis. Erst nach der sog. Zweiten Marokkokrise 1911 wurden die Beziehungen intensiviert, als französische und britische Militärs am 20. Juli 1911 für bestimmte Fälle eine gemeinsame militärische Strategie vereinbarten (Einsatz eines britischen Expeditionskorps in Frankreich). Anläßlich der Balkankriege 1912/13 entschloß sich die britische Regierung zu einer militärischen Unterstützung von Frankreich (Briefwechsel zwischen Außenminister Edward Grey und dem französischen Botschafter in London, Paul Cambon, vom 22./23. 6. 1912). Im Verlauf ihrer Entwicklung zu einem bündnisähnlichen Verhältnis zwischen Großbritannien und Frankreich bildet die Entente cordiale zugleich einen Eckpfeiler der sog. Tripelentente (→ 11. 2. / S. 34). Damit bestimmt sie entscheidend die Mächtekonstellation in Europa vor dem Weltkrieg.

Architekten des Vertrages: Botschafter Cambon (Frankreich), Außenminister Lansdowne (Großbritannien) und Delcassé (Frankreich) (v. l. n. r.)

April 1914

Der Palast von Yüan Shih-k'ai in der chinesischen Hauptstadt

Neue Verfassung für Yüan-Diktatur

30. April. In Peking wird der Inhalt einer seit dem 18. März von der sog. Verfassungskonferenz erarbeiteten neuen chinesischen Verfassung bekannt. Das auf Druck des diktatorisch regierenden Präsidenten

Der am 20. September 1859 in Siangcheng (Provinz Honan) geborene Yüan Shih-k'ai wurde 1911 letzter kaiserlicher Premierminister, einigte sich kurz darauf aber mit den Revolutionären auf die Ausrufung der Republik

Yüan Shih-k'ai zustandegekommene Werk gibt diesem eine autokratische Stellung.
Nach der Verfassung, die allerdings noch provisorischen Charakter hat, erhält Yüan Shih k'ai das alleinige Recht, Beamte und Offiziere zu ernennen, über Krieg und Frieden zu beschließen sowie über Heer und Marine zu verfügen. Das Parlament – seit dem 12. Januar 1914 aufgelöst – erhält nur mehr das Recht zur Akklamation (beistimmender Zuruf ohne Einzelabstimmung).
Unter massiver Manipulation am 6. Oktober 1913 zum Präsidenten gewählt, geht Yüan Shih k'ai seither mit finanzieller Unterstützung der Großmächte unter Einsatz diktatorischer Mittel gegen oppositionelle Bewegungen wie die republikanische Kuomintang-Partei vor.

Streikwelle in Rußland

3. April. Die Unternehmen der Schwerindustrie in der russischen Hauptstadt Petersburg (heute Leningrad) sperren rund 70 000 Arbeiter aus. Infolge der wachsenden Streikbewegung verschärft sich die innenpolitische Lage in Rußland.
Die Aussperrungen sind Höhepunkt einer neuen Streikbewegung, die sich gegen die schlechte wirtschaftliche und soziale Absicherung der Arbeiter, aber auch gegen regierungsoffizielle Zensurmaßnahmen zur Unterdrückung der sozialistischen Presse richtet. Nachdem es bereits am 26. März zu proletarischen Massenkundgebungen und Streiks gekommen war, traten am 1. April rund 60 000 Petersburger Arbeiter in den Ausstand.
Neben den Zensurmaßnahmen verschärft die russische Regierung auch im Parlament (Duma) ihre Repressionspolitik. Sie betreibt u. a. die gerichtliche Verurteilung eines mißliebigen sozialistischen Abgeordneten und schließt am 5. Mai 16 sozialistische Abgeordnete von den weiteren Duma-Beratungen aus.
Seit dem Frühjahr 1912 ist die Zahl der Ausständischen auf über eine Million angewachsen. Im Hintergrund steht eine unzureichende Sozialgesetzgebung: So wurden erst 1912 Gesetze zum Schutz von Frauen- und Kinderarbeit sowie eine Krankenversicherung eingeführt.

Auch Ziel der Arbeiterproteste: Ministerpräsident Iwan L. Goremykin

Südalbanien bleibt weiter umstritten

3. April. Die albanische Regierung unter Ministerpräsident Turkhan Pascha ordnet die allgemeine Mobilmachung an. Damit reagiert sie auf die anhaltenden, von Griechenland mitbeeinflußten Unruhen im südalbanischen Epirus-Gebiet.
Der Epirus hatte sich am 1. März 1914 für unabhängig erklärt, nachdem die dort seit dem Ende der Balkankriege 1912/13 stationierten griechischen Truppen abgezogen waren. Allerdings versuchte Griechenland gleichzeitig durch Unterstützung eines Aufstandes, die von einer internationalen Kommission vorgesehene Anbindung des Epirus an Albanien zu verhindern. Der nach wie vor bestehende Einfluß Griechenlands zeigt sich u. a. in der personellen Zusammensetzung der provisorischen epirotischen Regierung. Aufgrund der Unruhen bleibt die Situation in Südalbanien weiterhin unübersichtlich, obwohl der dortige Grenzverlauf bereits am 17. Dezember 1913 von den europäischen Großmächten festgelegt worden war (→ 7. 3. / S. 49).

Einsatz von US-Militär gegen Arbeiter

20. April. In der Bergarbeiterkolonie Ludlow bei Trinidad (US-Bundesstaat Colorado) kommt es zu 14stündigen Kämpfen zwischen streikenden Bergarbeitern und staatlichen Milizen, in deren Verlauf elf Arbeiter sterben. Auch in den Tagen nach der Schlacht führen Militäreinsätze zu weiteren Auseinandersetzungen, die zu den schwersten in der Geschichte der US-Arbeiterbewegung zählen.
Nachdem sich die Milizen zunächst zurückziehen müssen, greifen sie in den folgenden Tagen mit Maschinengewehren die von den Arbeitern errichteten Zeltlager an, ohne die Streikenden auflösen zu können. Angesichts der zahlreichen Opfer fordern am 27. April 5000 Bürger aus dem Bergbaugebiet – sie gehören nicht zu den Streikenden – die Bestrafung von Offizieren für deren rücksichtslosen Schußwaffengebrauch. Trotz der Proteste treffen am 29. April noch zusätzlich reguläre US-amerikanische Militäreinheiten ein. Angesichts ihrer Übermacht kapitulieren die Streikenden.
Der Ausstand soll der Forderung nach Anerkennung von Gewerkschaften durch die zu der Rockefeller-Dynastie zählende Grubengesellschaft Colorado Fuel and Iron Company Nachdruck verleihen. In zahlreichen öffentlichen Solidaritätsbekundungen finden die Streikenden Unterstützung. Die u. a. vom US-amerikanischen Schriftsteller Upton Sinclair geleiteten Aktionen richten sich auch gegen die unnachgiebige persönliche Haltung des Grubenbesitzers John Davison Rockefeller jr.

US-Milizen greifen die streikenden Bergarbeiter an; Ende April befinden sich rund 1100 Angehörige regulärer US-Truppen in dem Streikgebiet

Karl Graf von Wedel (im Portal, M.) verläßt zusammen mit seiner Frau das Statthalterpalais von Straßburg

Späte Konsequenz aus der Zabern-Affäre

18. April. Der deutsche Kaiser Wilhelm II. genehmigt das Abschiedsgesuch des deutschen Statthalters in Elsaß-Lothringen, Karl Graf von Wedel. Die Demission ist eine Folge der sog. Zabern-Affäre vom November 1913 (→ 10. 1. / S. 16).

Beide Kammern des elsaß-lothringischen Parlaments hatten Wedel mangelnde Durchsetzungsfähigkeit gegenüber den Militärbehörden des Landes vorgeworfen. Der seit dem 1. November 1907 amtierende Statthalter hatte bereits am 29. Januar 1914 seinen Rücktritt angeboten; dies lehnte Kaiser Wilhelm II. jedoch seinerzeit noch ab. Nachfolger von Wedel wird mit Wirkung vom 1. Mai 1914 der Jurist Johann von Dallwitz, der bisher als preußischer Innenminister amtierte.

In Teilen der deutschen Öffentlichkeit wird nach der Demission Wedels die Tatsache kritisiert, daß die Zabern-Affäre zwar zu Konsequenzen im zivilen, nicht aber im militärischen Bereich führt. So ist der für die Gewaltherrschaft deutscher Truppen im elsässischen Zabern mitverantwortliche Kommandant des XV. Armeekorps in Straßburg, Berthold von Deimling, weiterhin im Amt verbleiben.

Auch die von der liberalen Öffentlichkeit geforderte gesetzliche Regelung des Verhältnisses zwischen Zivil- und Militärgewalt bei inneren Unruhen bleibt aus. Lediglich in einer nicht amtlich verkündeten Dienstvorschrift vom 19. März 1914 werden entsprechende Richtlinien für die Truppen aufgestellt.

Nationalistische Kriegsgedenkfeiern

18. April. In Preußen finden zahlreiche nationalistisch geprägte Gedenkfeiern zum 50. Jahrestag der Erstürmung der Düppeler Schanzen, einer dänischen Befestigung in Nordschleswig, durch preußische Truppen im Deutsch-Dänischen Krieg 1864 statt. In einem Erlaß bezeichnet der deutsche Kaiser Wilhelm II. den damaligen Sieg als ein »Werk von weltgeschichtlicher Bedeutung«. Nach dem Krieg mußte Dänemark u. a. Schleswig und Holstein an Preußen abtreten.

Die dänische Kultur und Sprache wird seit diesem Zeitpunkt zunehmend durch eine schikanöse preußische Politik unterdrückt.

Ehemalige preußische Teilnehmer des Kampfes um die Düppeler Schanzen versammeln sich anläßlich des 50. Jahrestages zum militärischen Appell

Verein zur Abwehr des Antisemitismus

20. April. Mit dem Problem wachsender antijüdischer Vorurteile und Propagandakampagnen beschäftigt sich der Verein zur Abwehr des Antisemitismus auf seiner Jahresversammlung in Posen (heute Poznań). In seiner Eröffnungsansprache weist der Vorsitzende Georg Gothein – er ist gleichzeitig Reichstagsabgeordneter der Fortschrittlichen Volkspartei – auf die politische Bedeutung des Anitsemitismus vor allem in politisch rechtsstehenden Kreisen hin. Wörtlich meint er: »Es hieße den Kopf in den Sand stecken und Vogelstraußpolitik treiben, wollten wir uns verhehlen, daß der Antisemitismus als wirksamstes Agitationsmittel der Konservativen auf dem Land verwendet wird.« Weiter heißt es in der Rede von Gothein zu diesem Problem: »Das Recht, das unseren jüdischen Bürgern in der Verfassung gewährleistet ist, steht nur auf dem Papier.«

Der vor 24 Jahren gegründete Verein befaßt sich auch mit antisemitischen Tendenzen in der deutschen Jugendbewegung (→ 13. 4. / S. 69).

Alldeutsches Votum für Angriffskrieg

19. April. Der Alldeutsche Verband fordert auf seiner Jahrestagung in Stuttgart eine offensive deutsche Militärstrategie. Die Alldeutschen zählen zu den einflußreichsten Gruppen im Deutschen Reich.

Eine vom Verbandsvorstand gebilligte Resolution stellt – analog zur antirussischen Pressekampagne vom März dieses Jahres (→ 2. 3. / S. 48) – Rußland und Frankreich als vermeintliche Aggressoren gegenüber dem Deutschen Reich dar. Deshalb werden von der deutschen Regierung größtmögliche Rüstungsanstrengungen verlangt. Zugleich rufen die Alldeutschen alle »blutsverwandten germanischen Völker« zur Unterstützung der Kriegspläne auf. Bereits zwei Monate zuvor hatte Heinrich Claß als Vorsitzender der Alldeutschen einen deutschen Angriffskrieg gefordert.

Der 1894 gegründete und sich aus dem gehobenen Bürgertum rekrutierende Alldeutsche Verband strebt politisch eine weltweite deutsche Vormachtstellung unter völkischen Zielsetzungen an.

Auto 1914:
Autos bieten mehr Komfort

Etwa drei Achtel aller im Deutschen Reich zugelassenen Kraftfahrzeuge dienen Sport- und Vergnügungszwecken. Daher bieten die Autohersteller zahlreiche dem Komfort dienende Neuerungen an. Von den 83 333 am 1. Januar zugelassenen Autos ist der Großteil entweder in Handel und Gewerbe oder auf dem privaten Sektor in Betrieb. Bei letzterem fällt insbesondere der hohe Anteil PS-starker Wagen auf: Ein knappes Drittel von ihnen verfügt über mehr als 16 PS; und davon haben wiederum rund 12% mehr als 40 PS.

Verwendung der Kraftfahrzeuge
Angaben: Deutsches Reich (Stand: 1. 1. 1914)

Öffentlicher Dienst:	1 508
Öffentlicher Nahverkehr (Droschken):	7 451
Öffentlicher Nahverkehr (Omnibusse):	927
Handel und Gewerbe:	32 436
Land- und Forstwirtschaft:	973
Andere Berufszwecke:	9 639
Vergnügung und Sport:	30 399
Gesamtbestand:	83 333

Der Markt für Privatautos zeigt sich ausbaufähig und verspricht hohe Umsätze; allein in den USA gibt es rund zwei Millionen Autobesitzer. Diese Tatsache regt die Hersteller zu technischen Innovationen – auch im Detail – an. So entwickelt der britische Ingenieur Malcolm Lockheed eine gebrauchsfertige hydraulische Bremse. Die 1906 gegründeten italienischen Lancia-Werke stellen erstmals in Europa ein Auto mit serienmäßiger Elektrik vor. Im Deutschen Reich tritt das reine Nützlichkeitsdenken beim Autofahren gegenüber luxuriösem Komfort immer mehr in den Hintergrund. So werden autogerechte Koffer für Reiseutensilien entwickelt. Deutsche Autos verfügen z. T. über kleine, mit Glühbirnen beleuchtete Innenspiegel.

Vor dem Weltkrieg gilt das Auto – bei einem durchschnittlichen Anschaffungspreis im Deutschen Reich von rund 10 000 Mark – allgemein als privilegiertes Statussymbol. Kennzeichnend dafür sind die Objekte auf dem Importsalon der am 3. Januar eröffneten 14. US-amerikanischen Automobilausstellung in New York. Hersteller aus Europa wie die deutschen Firmen Benz und Mercedes oder die französischen Peugeot-Werke zeigen ausschließlich Luxusmodelle. Wie die Herstellung von Feuerzeugen in Form eines Autokühlers im Deutschen Reich zeigt, strahlt die Faszination des Autos bereits in den Alltag aus. Gleichzeitig wird das motorisierte Gefährt mit Vorliebe als repräsentative Staatskarosse benutzt. Aber auch der Bau von bescheideneren Wagen wird vorangetrieben: Die Brandenburger Firma Brennabor bietet beispielsweise mit ihrem M 3 einen 1,4-Liter-Vierzylinder mit 2 100 Umdrehungen pro Minute an.

Immer größere Bedeutung erlangen die zahlreichen auf das Auto bezogenen Accessoires. Sie reichen von autogerechten, zusammenfaltbaren Schirmen bis hin zu einer autospezifischen Hutmode.

Mit Ausbruch des Weltkrieges ändert sich der Status des Autos in der Gesellschaft: Ab August 1914 wird es vor allem zum kriegstechnisch verwertbaren Vehikel.

Wagen mit offenem Verdeck erfreuen sich einer zunehmenden Beliebtheit; hier ein sog. Austro-Daimler (bekannt als »Prinz-Heinrich«-Typ)

Das mit verändertem Chassis als Rennwagen erfolgreiche Peugeot Coupé mit 30 PS ist bei vermögenden Damen als Statussymbol sehr begehrt

Im Besitz eines indischen Maharadschas: Ein 30 PS starker Cadillac, dessen Scheiben zum Schutz vor der heißen Sonne Indiens violett getönt sind

Diese Aufnahme eines Armstrong-Whitworth-Touringautos entstand in der malerischen Küstenlandschaft der nordenglischen Region Northumberland

April 1914

Ein zeitgenössisches Reklameplakat der Adlerwerke in Frankfurt am Main (Entwurf: August Hajduk). Deutlich wird der sportliche Charakter des Autofahrens betont. Hatte sich die Karosserie zu Beginn des 20. Jahrhunderts durch die Einführung von Windschutzscheibe und Verdeck entscheidend verändert, so überläßt das rückklappbare Verdeck die Wahl des »offenen« Fahrens den Insassen. Ursprünglich entstand das Auto aus einem Kutschgestell, in das Gottlieb Daimler einen 1883 patentierten Benzinmotor einbaute. 1887 erzielte er mit dem in einen vierrädrigen Kutschwagen eingebauten Motor auf der Strecke Stuttgart – Cannstatt eine Geschwindigkeit von 18 km/h. Die 1880 gegründeten Adlerwerke (vormals Heinrich Kleyer AG) bauten zunächst nacheinander Fahrräder und Schreibmaschinen, bevor sie sich der Produktion von Motorrädern und Kraftwagen zuwandten

Windschutzscheibe für Motorräder (Erfinder: Der Brite M. Taylor)

Autos im Weltkrieg: Ein gepanzerter Wagen der britischen Armee

Auch an die Taxis werden immer höhere Anforderungen gestellt; stand bislang das Erlebnis einer »motorisierten Mietdroschke« im Vordergrund, so fordern die Taxi-Kunden nun Bequemlichkeit und Komfort

Der Name »Mercedes« steht seit 1902 für einen der führenden deutschen Automobilhersteller – die 1890 gegründete Daimler-Motoren-Gesellschaft; er leitet sich aus dem Vornamen der Tochter eines Mitarbeiters ab

April 1914

Physiker Einstein geht nach Berlin

1. April. Der 35jährige deutsche Physiker Albert Einstein beginnt in Berlin seine Tätigkeit als hauptamtliches Mitglied der Preußischen Akademie der Wissenschaften. Zugleich wird er Direktor des Kaiser-Wilhelm-Instituts für Physik.

Die Mitgliedschaft in der physikalisch-mathematischen Klasse der Akademie erlaubt es Einstein, bei voller Besoldung nach seinen Plänen Forschung zu betreiben. Gleichzeitig erhält er das Recht zu Vorlesungen an der Universität.

Geboren am 14. März 1879 in Ulm, arbeitete Albert Einstein von 1902 bis 1909 am Patentamt in Bern und war danach Professor für theoretische Physik in Zürich und Prag.

1905 entwickelte Einstein, ausgehend von einer Kritik der Raum- und Zeitmessung, seine spezielle Relativitätstheorie. Daraus entstand das Gesetz von der Trägheit der Energie, das er 1907 zum Gesetz von der allgemeinen Äquivalenz von Masse und Energie erweiterte. Seitdem arbeitet er an der Verallgemeinerung des Relativitätsprinzips.

Agrarzölle in Rußland

9. April. Das russische Parlament beschließt in Petersburg (heute Leningrad) mit überwältigender Mehrheit die Einführung eines Zolls auf Getreide, Erbsen und Bohnen. Der Beschluß wird in der deutschen Öffentlichkeit als Beginn eines deutsch-russischen Wirtschaftskrieges gewertet.

Die Einfuhrabgabe in Höhe von 30 Kopeken per Pud (3,96 Mark per Doppelzentner) läuft vor allem den Interessen der deutschen Großgrundbesitzer zuwider, die in Rußland aufgrund eines seit 1. März 1906 geltenden Handelsvertrages einen Hauptabnehmer finden.

Im Zarenreich wird dieser Vertrag zunehmend als erniedrigende wirtschaftliche Abhängigkeit empfunden, da die Regierung in Berlin die deutschen Gutsbesitzer ihrerseits mit hohen Zöllen vor ausländischer Konkurrenz schützt (→ 20. 1. / S. 20). Die am 12. Juni 1914 in Kraft tretenden Zölle tragen zu einer Verschärfung der deutsch-russischen Spannungen bei (→ 2. 3. / S. 48).

»Wie stellt sich Ihre Korporation zur Abstinenz?« »Na, wir können ja heute abend mal drauf trinken.«

Bessere Betreuung für Alkoholiker

17. April. In Berlin wird die sechste Konferenz für Trinkerfürsorge eröffnet; sie dauert bis zum 19. April. Die vom Deutschen Verein gegen den Mißbrauch geistiger Getränke organisierte Veranstaltung beschäftigt sich u. a. mit dem Problem der Entmündigung von Alkoholikern. Im Hauptreferat der Tagung wird darauf hingewiesen, daß die häufig praktizierte Entmündigung von Alkoholikern allein keineswegs zu einer Heilung beiträgt. Um in entsprechenden Fällen die überforderten Vormundschaftsgerichte zu entlasten, will der Anti-Alkoholismus-Verein einen Kreis von Abstinenzlern als Betreuer für entmündigte Trinker zur Verfügung stellen.

Die weiteren Beiträge betreffen praktische Fragen: So wird ein Kriterienkatalog zur Überprüfung von Trunksucht vorgestellt und über die Bekämpfung des Trunksuchtmittelschwindels berichtet.

Nach der Konferenz eröffnet der Verein eine bis zum 26. April dauernde Ausstellung über Alkoholismus.

Der Deutsche Verein gegen den Mißbrauch geistiger Getränke war im Rahmen der im 19. Jahrhundert entstandenen Alkoholikerfürsorge-Bewegung ins Leben gerufen worden. 1877 gründete der Pfarrer Louis Lucien Rochat in der Schweiz das Blaue Kreuz und 1896 die deutsche katholische Kirche den Kreuzbund. Bereits seit 1852 existiert in den USA der Guttemplerorden. 1914 gibt es im Deutschen Reich 208 Trinkerfürsorgestellen.

Behring vermarktet seine Forschungen

16. April. Mit einem Stammkapital von 675 000 Mark werden in Bremen die Behring-Werke GmbH gegründet. Die Firma dient der Herstellung therapeutischer Präparate, wobei insbesondere die Entdeckungen des deutschen Bakteriologen Emil von Behring vermarktet werden sollen. Behring, der 1901 den ersten Nobelpreis für Medizin erhalten hatte, überläßt dem Betrieb seine Marburger Laboratorien und Tierversuchseinrichtungen; die Behring-Werke unterhalten in Marburg eine Zweigstelle. Das Unternehmen erhält außerdem das Recht, ab 1. Juli 1914 den von Behring entdeckten Diphtherie-Schutzimpfstoff zu vertreiben.

Emil von Behring, geboren am 15. März 1854 im westpreußischen Hansdorf, gilt als Begründer der Serumheilkunde und Mitbegründer der Immunitätslehre. Zusammen mit dem japanischen Bakteriologen Schibasaburo Kitasato entdeckte er 1890 die Fähigkeit des Organismus, Antikörper gegen die Erreger von Infektionskrankheiten zu bilden. Dadurch konnten Seren gegen Diphtherie und Tetanus entwickelt werden, für deren industrielle Herstellung u. a. auch Behring die Voraussetzungen schuf.

Emil von Behring (r.), dessen 60. Geburtstag am 15. März in deutschen Zeitungen ausführlich gewürdigt wurde

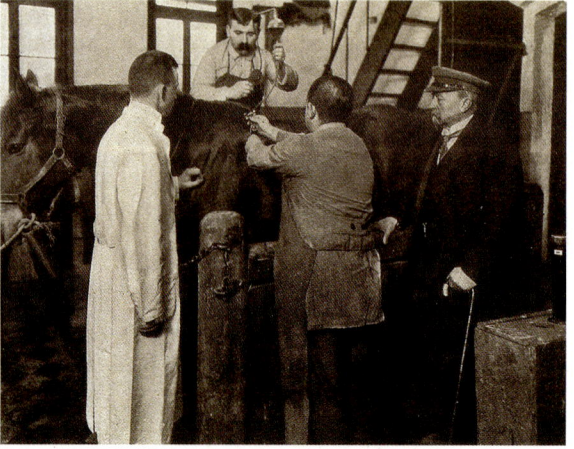

Diese Aufnahme zeigt den Bakteriologen Behring (r.) in seinem Marburger Institut bei der Impfung eines Pferdes

Finnland fordert größere Autonomie

26. April. Der finnische Landtag in Helsinki verabschiedet eine Petition, in der er von der russischen Regierung mehr politische und kulturelle Rechte für Finnland fordert. In den letzten Jahren hatte das zaristische Regime in Rußland die Autonomie des Großfürstentums immer stärker eingeschränkt.
In der 40 Druckseiten umfassenden Bittschrift beanspruchen die Abgeordneten vor allem die Wahrung des Rechtes auf Vereins- und Versammlungsfreiheit, auf freie Meinungsäußerung und auf eine Neuregelung der Amtssprache.
Finnland war 1809 als autonomes Großfürstentum unter russische Herrschaft gestellt worden. Zar Nikolaus II. beseitigte die Autonomie Finnlands 1899 im Zuge der Russifizierungspolitik u. a. im Militär-, Justiz- und Postwesen. Russisch wurde als Amtssprache eingeführt. Die Finnen leisten gegen die Unterdrückung ihrer Kultur vor allem passiven Widerstand, z. B. durch die Nichtbeachtung sprachlicher Russifizierungsvorschriften.

Antisemitismus im Wandervogel

13. April. In Frankfurt an der Oder endet ein zweitägiger Bundestag der dem Wandervogel e. V. angeschlossenen Gruppen der deutschen Jugendbewegung. Dabei werden antisemitische Tendenzen unter den Delegierten deutlich.
Im Mittelpunkt der Veranstaltung steht die Frage nach der Aufnahme jüdischer Mitglieder. Die rund 2000 Anwesenden verabschieden zu diesem Punkt eine Resolution, in der es u. a. heißt: »[Die Bundesleitung will nicht] da eingreifen, wo eine Ortsgruppe von Fall zu Fall durch Mehrheitsbeschluß die Aufnahme von Juden ablehnt, etwa weil besonders ausgeprägte Rasseneigentümlichkeiten mit der Art des Wandervogels ... unverträglich erscheint.«
Durch diese Resolution finden die bereits zuvor vereinzelt in der liberalen Öffentlichkeit aufgefallenen antisemitischen Tendenzen auch offiziell Ausdruck. Der Verfasser des Textes, der 39jährige Berliner Pädagoge und Wandervogel-Bundesvorsitzende Edmund Neuendorff, gilt als extrem nationalistisch.

Eisenbahntunnel verkürzt Strecke

2. April. In der Nähe des hessischen Ortes Schlüchtern durchfährt der erste Zug den sog. Diestelrasentunnel (Abb.). Der neue, 3575 m lange Tunnel verkürzt die vielbefahrene Strecke Berlin–Frankfurt am Main erheblich.
Das nach sechsjährigen Arbeiten fertiggestellte Bauwerk hat rund 10 Millionen Mark gekostet. Mit diesem zweitgrößten deutschen Tunnel wird auf der Bahnstrecke zwischen Berlin und Frankfurt eine bei der Station Elm bisher notwendige zeitraubende Schleife ersetzt. Am 1. April hatten Vertreter der hessischen Landesregierung den Bau besichtigt.
Der neue Tunnel trägt der nach wie vor wachsenden Bedeutung des Eisenbahnverkehrs im Deutschen Reich Rechnung. Allein auf den 24 Gleisen im Frankfurter Hauptbahnhof verkehren ab 1. Mai 1914 täglich 770 D-, Eil- und Nahverkehrszüge, d. h., es fährt durchschnittlich alle zwei Minuten ein Zug ein oder aus.

Militärs testen neues Luftschiff

29. April. Das neue Militärluftschiff Schütte-Lanz II beendet seine 20stündige Abnahmefahrt über Nord- und Mitteldeutschland. Es erreicht dabei eine Geschwindigkeit von rund 80 km/h. Nach seinem Start in Rheinau am 28. April überfliegt das Luftschiff (Abb.) Bremen, Helgoland, Hamburg und Berlin, um schließlich in Leipzig zu landen. An Bord befinden sich 17 Personen, unter ihnen die militärische Abnahmekommission. Mit der stellenweise erreichten Fluggeschwindigkeit von rund 80 km/h übertrifft die Schütte-Lanz II vergleichbare Luftschiffe der konkurrierenden Luftschiffbau Zeppelin GmbH in Friedrichshafen.
Vor dem Weltkrieg werden Luftschiffe im Deutschen Reich immer stärker in die militärischen Planungen als Aufklärungs-, aber auch als Kampfmittel einbezogen. Allein 15 der 25 vor Beginn des Krieges von den Zeppelin-Werken gelieferten Luftschiffe gehen an Heer und Marine des Deutschen Reiches.

Venedig ohne neue Impulse für Kunst

15. April. *In Venedig beginnt die bis zum 28. Oktober dauernde elfte Internationale Kunstausstellung (Abb.: Ausstellungsplakat). Besondere Aufmerksamkeit erregt der belgische Pavillon, in dem u. a. Werke des Malers Theo van Rijsselberghe gezeigt werden. Der belgische Pavillon ist einer von sieben europäischen Pavillons auf dem Ausstellungsgelände. Beachtung finden dort die Frauenakte des seit 1898 in Paris lebenden Rijsselberghe. Der 42jährige Künstler, ein Vertreter des Pointillismus (Maltechnik, bei der ungemischte Farben punktförmig nebeneinandergesetzt werden), gilt auch als Vorkämpfer des Jugendstils in Belgien.*
Enttäuschend dagegen ist die im Hauptgebäude plazierte italienische Abteilung. Viele Bilder werden als Kitsch kritisiert. An der deutschen Abteilung – u. a. mit Werken von Hans Thoma – wird die fehlende Konzeption bemängelt.
Die alle zwei Jahre stattfindende Schau soll das Spektrum zeitgenössischer Kunst repräsentieren und zählt zu den wichtigsten Ausstellungen in Italien.

Großer Beifall für Operndebütanten

1. April. An der Wiener Hofoper wird »Notre Dame«, eine romantische Oper in zwei Akten des österreichischen Komponisten Franz Schmidt, uraufgeführt.
Das erste Musikdrama des am 22. Dezember 1874 in Preßburg geborenen Schmidt greift aus dem Roman »Der Glöckner von Notre Dame« des französischen Schriftstellers Victor Hugo fünf Motive heraus. Obwohl die Kenntnis der literarischen Vorlage zum Verständnis der Oper notwendig ist, findet »Notre Dame« beim Publikum großen Anklang. Musikkritiker bezeichnen den Komponisten als eine der »stärksten musikalischen Begabungen des gegenwärtigen Österreich«. Schmidt besuchte ab 1890/91 das Wiener Konservatorium und wirkte nach seiner Reifeprüfung zwischen 1896 und 1911 als Violoncellist am Wiener Hofopernorchester. Zugleich arbeitet er als Musiklehrer.

Kritik an Wiederholungen

19. April. Nach Abschluß der Opern-Spielzeit 1913/14 kommt es in Italien zu heftiger Kritik am Programm des Mailänder Opernhauses Scala. Im Mittelpunkt der Angriffe steht die häufige Wiederholung einzelner Aufführungen. Der italienische Dirigent Tullio Serafin, künstlerischer Leiter der Scala seit 1909, verteidigt diese Praxis mit dem Hinweis auf kommerzielle Zwänge, nach denen sich die staatlich nicht subventionierte Mailänder Opernbühne richten müsse.

Eine der Uraufführungen in der Opernsaison 1913/14 an der Scala: »La Parisina« des Komponisten Pietro Mascagni (Szene aus dem dritten Akt)

Futuristenmusik führt zu Skandal

23. April. Bei einer Konzertveranstaltung in Mailand, die von dem italienischen Schriftsteller und Mitbegründer des Futurismus, Filippo Tommaso Marinetti, organisiert worden ist, kommt es zu einem Skandal. Die Aufführung basiert auf der sog. Theorie der Geräusche, die der futuristische Maler Luigi Russolo 1913 verkündet und durch den Bau entsprechender Instrumente gefördert hatte. Das Mailänder Konzert, dessen Besetzung u. a. aus drei Knatterern, einem Gurgler und einem Raschler besteht, ist die erste öffentliche Aufführung dieser Geräuschmusik. Das Publikum reagiert auf die ungewohnten Töne mit wüsten Beschimpfungen. Die Musiker werden mit Gegenständen beworfen, es kommt zu Tätlichkeiten. Der musikalische Futurismus versteht sich als ästhetische Verherrlichung der modernen Technik und später auch des Krieges.

Renoir-Werk krönt Kunstausstellung

11. April. Der deutsche Maler Max Beckmann eröffnet in Berlin mit einer kurzen Ansprache die erste Ausstellung der Berliner Freien Sezession. Höhepunkt der Gemäldeschau ist das bisher im Deutschen Reich noch nicht gezeigte Bild »Spa-

Max Beckmann; er nimmt 1914/15 als Sanitätssoldat am Ersten Weltkrieg teil; in dieser Zeit beginnt er, sich mit den künstlerischen Mitteln des Expressionismus und mit Themen wie Gewalt und Zerstörung auseinanderzusetzen

zierritt« des französischen Impressionisten Auguste Renoir. Neben diesem von der Hamburger Kunsthalle geliehenen Werk zeigt die Sezessions-Ausstellung neuere Bilder und Plastiken verschiedener deutscher Künstler, darunter Max Liebermann und Ernst Barlach. Der Kunstkritiker Karl Scheffler urteilt über die Ausstellung zusammenfassend: »Überall spürt man's: Es schwankt der Boden, worauf die Künstler stehen. Und doch treibt es sie rastlos weiter...«

»Vossische« druckt Gorki-Roman ab

26. April. Die Berliner »Vossische Zeitung« beginnt mit dem Vorabdruck der Übersetzung von Maxim Gorkis autobiographischem Roman »Detstvo« (»Meine Kindheit«). Damit würdigt das Blatt Leben und Werk des nach siebenjährigem Exil in seine russische Heimat zurückgekehrten Schriftstellers.
Gorkis 1913 erschienener Roman behandelt seine Kinder- und Jugendjahre im ärmlichen Haus seiner Großeltern in Nischni Nowgorod (heute Gorki). 1914 wird »Unter Menschen« als zweiter Teil der Autobiographie veröffentlicht.
Der am 28. März 1868 geborene Gorki mußte wegen seiner Kritik am zaristischen Regime in Rußland nach 1906 im westeuropäischen Exil leben. Erst 1913 erhielt er die Erlaubnis zur Rückkehr. Gorki steht den russischen Sozialisten nahe und ist mit dem im Exil lebenden Wladimir I. Lenin befreundet.

Spektakulärer Unfall bei einem Autorennen auf dem Santa-Monica-Kurs

18. April. Die britische Zeitschrift »The Illustrated London News« veröffentlicht ein aufsehenerregendes Foto eines Automobilunfalles. In der sog. Todeskurve des Grand-Prix-Kurses von Santa Monica (US-Bundesstaat Kalifornien) verliert der US-Rennfahrer Eddie Pullen ein Rad seines Mercer-Rennautos (Abb.). Obwohl sich der Wagen überschlägt und gegen einen Zaun prallt, wird niemand verletzt. Nur zwei Tage nach dem Unfall stellt Eddie Pullen bei einem Rennen in Santa Monica mit einer Durchschnittsgeschwindigkeit von 124,2 km/h einen neuen Streckenrekord für den 12,9 km langen Rundkurs auf. Am 28. Juli gewinnt er auf dem Santa-Monica-Kurs den Großen Preis der Vereinigten Staaten.

Burnley gewinnt erstmals den Cup

25. April. *Vor 100 000 Zuschauern im Londoner Crystal-Palace-Stadion gewinnt der FC Burnley durch ein 1:0 über den FC Liverpool das 42. englische Pokalfinale. In der ersten Halbzeit gestalten beide Mannschaften das Spiel ausgeglichen. Danach wird Burnley offensiver und erzielt in der 69. Minute durch Freeman den entscheidenden Treffer (Abb.). Zwar gerät die Mannschaft aus Lancashire gegen Ende des Spiels noch in Bedrängnis, kann aber – vor allem dank einer ausgezeichneten Leistung ihres Torwarts – einen Gegentreffer verhindern.
Der FC Burnley gewinnt damit zum ersten Mal den seit 1872 ausgespielten englischen Pokal, der als bedeutendster europäischer Fußballwettbewerb gilt. Unter den Zuschauern befindet sich auch der britische König Georg V.*

Mai 1914

Mo	Di	Mi	Do	Fr	Sa	So
				1	2	3
4	5	6	7	8	9	10
11	12	13	14	15	16	17
18	19	20	21	22	23	24
25	26	27	28	29	30	31

1. Mai, Freitag
In der österreichisch-ungarischen Stadt Triest, der Hauptstadt des Kronlandes Küstenland, kommt es zu schweren Auseinandersetzungen zwischen Slowenen und Italienern. Die Anhänger der italienischen Unabhängigkeitsbewegung (sog. Irredentisten) fordern den Anschluß Triests an Italien (→ 12. 5. / S. 78).

In Peking wird die neue, unter Druck von Präsident Yüan Shih-k'ai ausgearbeitete chinesische Verfassung veröffentlicht. Sie gibt dem Präsidenten diktatorische Vollmachten (→ 30. 4. / S. 64).

Rund 150 000 Arbeiter treten in Rußland in einen Streik. Sie protestieren damit gegen die Unterdrückungsmaßnahmen der Regierung in Petersburg (heute Leningrad) gegenüber sozialistischen Reichstagsabgeordneten (→ 3. 4. / S. 67).

Arbeitslosigkeit ist das dominierende Thema der sich zum 25. Mal jährenden Maifeiern der sozialistischen Arbeiterbewegung im Deutschen Reich. → S. 77

Der deutsche Volkskundler und Germanist John Meier gründet in Freiburg im Breisgau das Deutsche Volksliedarchiv. Es wird in der Folgezeit zur bedeutendsten Sammlung seiner Art im deutschsprachigen Raum. → S. 83

Die bis zum 30. September dauernde Große Berliner Kunstausstellung wird eröffnet. Zu sehen sind u. a. Werke der französischen Künstler Odilon Redon und Edgar Degas.

2. Mai, Sonnabend
Im kalifornischen Berkeley erzielt der US-Amerikaner Edward Beeson mit 2,02 m einen Weltrekord im Hochsprung. Er verbessert damit die alte Marke seines Landsmannes George Horine vom 18. Mai 1912 um einen Zentimeter.

3. Mai, Sonntag
Das russische Parlament in Petersburg (heute Leningrad) beschließt eine Erhöhung des Militärbudgets um 5%. Zuvor waren alle sozialistischen Abgeordneten von der Sitzung ausgeschlossen worden.

Von Cuxhaven aus startet die »Vaterland«, mit 54 282 Bruttoregistertonnen größtes Schiff der Welt, zu einer eintägigen Probefahrt. Bei einer offiziellen Feier an Bord kommt es zum Eklat, als der deutsche Innenminister Clemens Delbrück kritisiert, daß bei den Feierlichkeiten keine offizielle Rede eines Regierungsvertreters vorgesehen sei.

4. Mai, Montag
Die Studenten der privaten Berliner Handelshochschule veranstalten einen sechstägigen Vorlesungsboykott. Grund ist die Kündigung des Dozenten und liberalen deutschen Nationalökonomen Ignaz Jastrow durch den Trägerverband der Hochschule. → S. 79

In Hamburg vereinbaren die beiden größten deutschen Reedereien, Norddeutscher Lloyd (Bremen) und Hapag (Hamburg), eine Abstimmung ihrer Handelsschiffahrt im Nordamerika- und Asiengeschäft. Im Vorjahr war es zwischen den Reedereien zu einem heftigen Konkurrenzstreit auf der Nordamerika-Linie gekommen.

5. Mai, Dienstag
Im deutschen Reichstag in Berlin beginnt die zweite Lesung des Militärhaushalts (bis 12. 5.) und des Kultusetats (bis 13. 5.). Der preußische Kriegsminister Erich von Falkenhayn weist darauf hin, daß beim kommenden Haushaltsplan die Umsetzung der am 30. Juni 1913 beschlossenen militärischen Aufrüstung im Vordergrund stehe (→ 14. 5. / S. 76; 20. 5. / S. 76).

6. Mai, Mittwoch
In London lehnt das britische Oberhaus die Einführung des Frauenstimmrechts für Parlamentswahlen mit einer Mehrheit von 140 gegen 60 Stimmen ab. Frauen verfügen in Großbritannien bisher lediglich über das kommunale Wahlrecht (→ 9. 3. / S. 54; 18. 3. / S. 54).

Der britische Außenminister Sir Edward Grey erläutert vor dem Unterhaus in London in einer programmatischen Rede die Flottenpolitik der Regierung. Nach seiner Ansicht gibt die Haltung der anderen europäischen Großmächte – insbesondere die des Deutschen Reiches – keinerlei Anlaß zu einer Verminderung der Aufrüstung. Grey besteht außerdem auf dem strategischen Recht Großbritanniens zur Seeblockade (→ 1. 1. / S. 25).

In Leipzig wird die Weltausstellung für Buchgewerbe und Graphik (Bugra) eröffnet. Sie zählt zu den bedeutendsten Ausstellungen des Jahres im Deutschen Reich. → S. 81

7. Mai, Donnerstag
Auf einer in Venedig abgehaltenen Kundgebung fordern Anhänger der italienischen Unabhängigkeitsbewegung (sog. Irredentisten) die Einverleibung der österreichisch-ungarischen Stadt Triest nach Italien (→ 12. 5. / S. 78).

8. Mai, Freitag
In Brüssel verabschiedet die belgische Abgeordnetenkammer ein Altersrenten- und Invalidenversicherungsgesetz. Danach erhält jeder Beschäftigte nach Vollendung des 65. Lebensjahres eine Rente von maximal 290 Francs (232 Mark) jährlich. Bei Arbeitsunfähigkeit besteht für drei Monate ein Anspruch auf täglich einen Francs (0,80 Mark); danach tritt die Rentenversicherung ein.

9. Mai, Sonnabend
Der seit 1912 amtierende dänische König Christian X. trifft zu einer siebentägigen Staatsbesuch in der britischen Hauptstadt London ein. Dänemark vertritt zwischen den europäischen Bündnissystemen politisch eine strikt neutrale Position.

10. Mai, Sonntag
Der nationalistisch orientierte Deutsche Wehrverein veranstaltet in Posen seine dritte Hauptversammlung. Er ruft zur Stärkung der militaristischen Gesinnung im Deutschen Reich auf. → S. 77

Sieger bei den französischen Parlamentswahlen sind nach dem zweiten und entscheidenden Wahlgang die Sozialisten. Bei einem Zuwachs von 29 Mandaten erhalten sie 102 Sitze. Hauptthemen des Wahlkampfes waren die dreijährige Wehrdienstzeit und die progressive Einkommensteuer. → S. 78

In dem traditionellen, mit 26 000 Mark dotierten Henckel-Rennen auf der Galopprennbahn in Berlin-Hoppegarten siegt das Pferd Terminus unter Jockei Archibald. Die klassische Dreijährigenprüfung wird zur Erinnerung an Hugo Graf Henckel von Donnersmarck seit 1871 in Berlin ausgetragen.

Beim TSV 1860 München wird eine selbständige Damen-Leichtathletikabteilung eingerichtet. Sie ist die erste ihrer Art im Deutschen Reich.

11. Mai, Montag
Der sozialdemokratische Abgeordnete Karl Liebknecht kritisiert im deutschen Reichstag in Berlin die Kriegsvorbereitungen der deutschen Regierung. In diesem Zusammenhang weist er auf die treibende Rolle der Rüstungsindustrie hin (→ 14. 5. / S. 76). Der 42jährige Liebknecht, Sohn des bedeutenden Sozialdemokraten Wilhelm Liebknecht, zählt zum linken Flügel seiner Partei.

Auf dem Sommersitz des russischen Zaren Nikolaus II. in Liwadia (Krim) beginnt die zweitägige Visite einer Sondergesandtschaft des Osmanischen Reiches. Das Treffen, an dem u. a. der russische Außenminister Sergei D. Sasonow und der osmanische Innenminister Talaat Bey teilnehmen, ist ein vorläufiger Höhepunkt in der sich abzeichnenden, von der deutschen Regierung beargwöhnten Annäherung beider Staaten (→ 13. 1. / 5. 12.). → S. 78

12. Mai, Dienstag
Anläßlich der dreitägigen Beratung des Kolonialetats im deutschen Reichstag in Berlin wird eine Protestschrift von Einwohnern aus Kamerun vorgelegt. Darin wird die rigide Enteignungspolitik der deutschen Kolonialverwaltung kritisiert. Die deutsche Regierung lehnt jedoch eine Änderung ihrer Kolonialpolitik ab (→ 2. 2. / S. 38).

Der ungarische Ministerpräsident István Graf Tisza sichert in Budapest der österreichisch-ungarischen Regierung eine loyale Haltung Ungarns zum Dreibund zu. In letzter Zeit hatten ungarische Oppositionspolitiker das Bündnis mit dem Deutschen Reich und Italien infrage gestellt.

Nach Demonstrationen am 1. Mai in Triest und am 7. Mai in Venedig kommt es auch in Rom zu Kundgebungen der italienischen Unabhängigkeitsbewegung (sog. Irredentisten). Der italienische Ministerpräsident Antonio Salandra kritisiert die gegen den Bündnispartner Österreich-Ungarn gerichteten Aktionen. → S. 78

13. Mai, Mittwoch
Der russische Reichsrat bewilligt zehn Millionen Rubel (21,6 Millionen Mark) für die Bekämpfung der Trunksucht im Volk. Außerdem soll der Ausschank alkoholischer Getränke in öffentlichen Einrichtungen des Zarenreiches untersagt werden.

14. Mai, Donnerstag
In einer programmatischen Rede vor dem deutschen Reichstag in Berlin verteidigt der deutsche Außenminister Gottlieb von Jagow die Anfang März begonnene anti-russische Agitation in Teilen der deutschen Öffentlichkeit (→ 2. 3. / S. 48). → S. 76

Der deutsche Generalstabschef Helmuth von Moltke fordert in einer an den deutschen Innenminister Clemens Delbrück gerichteten Denkschrift Maßnahmen zur Förderung der wirtschaftlichen Kriegsbereitschaft im Deutschen Reich. Dabei verlangt Moltke absolute Priorität für die Interessen des Generalstabs gegenüber den Belangen der Wirtschaft (→ 20. 5. / S. 76; 25. 5. / S. 77).

In Konstantinopel (heute Istanbul) tritt erstmals seit dem 4. August 1912 wieder das osmanische Parlament zusammen, in dem die für eine radikale Trennung von Kirche und Staat eintretende jungtürkische Bewegung über eine Mehrheit verfügt. Die osmanische Regierung legt insgesamt 542 Gesetzentwürfe zur Beschlußfassung vor, u. a. dringende Verwaltungs- und Militärgesetze.

Als letztes großes Ballettereignis vor Ausbruch des Ersten Weltkriegs wird in Paris das Ballett »Josephslegende« des deutschen Komponisten Richard Strauss vom Ballets Russes des russischen Impresarios Sergei Diaghilew uraufgeführt. Der Komponist selbst dirigiert; die Choreographie besorgte Diaghilews Landsmann Michail M. Fokin.

15. Mai, Freitag
In Köln wird eine bis zum 15. Oktober dauernde Ausstellung des Deutschen Werkbundes eröffnet. Es werden Arbeiten aus den Bereichen Kunsthandwerk und Design sowie architektonische Entwürfe u. a. von Walter Gropius und Bruno Taut gezeigt. Die Ausstellung gilt als Meilenstein in der Geschichte des Deutschen Werkbundes. → S. 81

An der im schwedischen Malmö eröffneten Baltischen Ausstellung beteiligen sich von den Ostseeanrainerstaaten u. a. das Deutsche Reich, Rußland und Dänemark. Für Aufsehen sorgen Bauten des schwedischen Architekten Ferdinand Boberg. Parallel zur Ausstellung finden internationale Sportwettbewerbe statt (sog. Baltische Spiele).

Die öffentlichen Auftritte des deutschen Hochadels sind immer eine Titelseite wert (»Berliner Illustrirte Zeitung« vom 17. 5. 1914)

Taufe in Braunschweig.
Die Kaiserin, Herzogin Viktoria Luise, Herzog Ernst August, der Kaiser.

Mai 1914

Anläßlich der Eröffnungszeremonien bei der dritten schweizerischen Landesausstellung in Bern – sie bietet ein Spektrum des nationalen Wirtschafts- und Kulturlebens – betont der schweizerische Bundespräsident Arthur Hoffmann das Interesse seines Landes, politische Neutralität zu wahren.

16. Mai, Sonnabend
Nach seiner einwöchigen Visite in Großbritannien reist der dänische König Christian X. zu einem dreitägigen Staatsbesuch nach Frankreich. Bei einem Galadiner weist der französische Präsident Raymond Poincaré auf die guten Beziehungen zwischen Frankreich und Dänemark hin.

17. Mai, Sonntag
In Norwegen feiert die Bevölkerung mit zahlreichen Veranstaltungen den 100. Jahrestag der nationalen Selbständigkeit (Beschluß der Verfassung).

Nach Konsultationen zwischen der britischen und der italienischen Regierung in Rom akzeptiert Großbritannien die italienischen Besitzansprüche für die libyschen Kufraoasen. Der ehemals osmanische Besitz war während des Libyen-Feldzugs 1911/12 an Italien gefallen, berührt aber britische Interessensphären in Nordafrika.

18. Mai, Montag
Auf der griechischen Insel Korfu wird ein Friedensabkommen zwischen der albanischen Regierung und den Aufständischen in Epirus unterzeichnet, nachdem am 6. Mai eine internationale Kommission mit Vermittlungsbemühungen begonnen hatte. Der Vertrag sieht eine Amnestie für alle Aufständischen, die Festschreibung des Griechischen als Umgangs- und Verwaltungssprache und die Gewährung kirchlicher Freiheit in Epirus vor. Im Gegenzug sichern die Epiroten der albanischen Regierung ihre politische Loyalität zu (→ 3. 4. / S. 64).

Jacob Rießer, Präsident des Hansabundes, eines der wichtigsten deutschen Wirtschaftsverbände, spricht sich in Hannover gegen die sog. Blockpolitik konservativer Gruppen im Deutschen Reich aus. → S. 77

19. Mai, Dienstag
Mit aktiver Unterstützung der österreichisch-ungarischen Regierung wird in Durazzo (heute Durrës) mit dem albanischen Kriegsminister Essad Pascha der einflußreichste Politiker des Landes gestürzt. Er gilt als Gegenspieler Österreich-Ungarns in Südosteuropa. → S. 78

Das britische Unterhaus in London verabschiedet mit 328 gegen 251 Stimmen ein Gesetz über die Trennung von Kirche und Staat in Wales. Bereits seit dem 19. Jahrhundert kämpft die mehrheitlich protestantisch-nonkonformistische Bevölkerung von Wales um die Lösung vom britischen Anglikanismus. → S. 79

Großbritannien und Italien vereinbaren in London ein gemeinsames Eisenbahnprojekt im Osmanischen Reich. Die britische Smyrna-Aidin-Bahngesellschaft soll mit einem Konsortium italienischer Firmen Kleinasien durch eine Bahnstrecke erschließen.

20. Mai, Mittwoch
In einer privaten Unterredung erläutert der deutsche Generalstabschef Helmuth von Moltke dem deutschen Außenminister Gottlieb von Jagow seine Ansicht von der Notwendigkeit eines Angriffskrieges gegen Rußland. → S. 76

Im deutschen Reichstag in Berlin enden die am 17. Januar begonnenen Debatten über den Reichshaushalt mit der Verabschiedung des Etats für 1914/15. Als die sozialdemokratischen Abgeordneten beim traditionellen »Kaiserhoch« zum Schluß der Tagung sitzenbleiben, kommt es zum Eklat. Trotz stürmischer Proteste verweigern die Sozialdemokraten die Monarchenhuldigung.

Nach der Besetzung der mexikanischen Hafenstadt Veracruz Llave durch US-amerikanische Truppen am → 21. April (S. 60) beginnt im kanadischen Niagara Falls eine auf Initiative dreier südamerikanischer Länder zustandegekommene Vermittlungskonferenz. → S. 78

In Stuttgart wird der erste allgemeine Kongreß des Jungdeutschlandbundes veranstaltet. Der 1910 gegründete, halbstaatliche Dachverband für Jugendorganisationen – sein Initiator und Vorsitzender ist Colmar Freiherr von der Goltz (→ 9. 6. / S. 94) – gilt als ein Wegbereiter des Militarismus im Deutschen Reich.

21. Mai, Himmelfahrt
Nach dem Ausscheiden des bisherigen Ministerpräsidenten und Kriegsministers, General Max Clemens Lothar Freiherr von Hausen, aus der sächsischen Landesregierung übernimmt Heinrich Beck die Regierungsleitung und General Adolf von Carlowitz das Kriegsministerium. Hausen wird im August Befehlshaber der 3. deutschen Armee.

22. Mai, Freitag
In Dahlem (heute zu Berlin) wird in Anwesenheit des preußischen Kultusministers August von Trott zu Solz und des Universitätsrektors Max Planck das pflanzenphysiologische Institut der Universität Berlin eingeweiht. Dessen Gründungsdirektor, der österreichische Botaniker Gottlieb Haberlandt, zählt zu den Pionieren der Erforschung pflanzlicher Hormone.

Emanuel Lasker, deutscher Schachgroßmeister und amtierender Weltmeister, gewinnt in Petersburg (heute Leningrad) ein internationales Schachturnier vor dem Kubaner José Raúl Capablanca y Graupera. → S. 83

23. Mai, Sonnabend
In einer außenpolitischen Grundsatzrede vor dem russischen Reichstag (Duma) in Petersburg (heute Leningrad) erklärt der russische Außenminister Sergei D. Sasonow, es bestehe kein Anlaß zu engeren militärischen Absprachen innerhalb der sog. Tripelentente (Rußland, Frankreich, Großbritannien). Zugleich fordert Sasonow eine Beruhigung innerhalb der seit Anfang März erneut gestörten russisch-deutschen Beziehungen (→ 14. 5. / S. 76; 26. 5. / S. 78).

24. Mai, Sonntag
Im Mittelpunkt des 49. Tonkünstlerfestes in Essen steht die Aufführung der »Natur-Symphonie« des österreichischen Komponisten Siegmund von Hausegger, der auch selbst dirigiert. Das vom Allgemeinen Deutschen Musikverein alljährlich veranstaltete Fest endet am Abend mit einem feierlichen Bankett im Krupp-Saal.

Die Berliner »Vossische Zeitung« berichtet über eine Entdeckung zur Entstehungsgeschichte des seit seiner Uraufführung am 8. November 1913 vieldiskutierten Dramas »Woyzeck« von Georg Büchner. Demnach beruht der Stoff zu dem Stück auf einem Zeitschriftenartikel von 1821 über den Mord eines Christian Woyzeck an seiner Geliebten.

25. Mai, Montag
Auf einer zweitägigen Sitzung in Berlin befaßt sich der dem deutschen Innenministerium zugeordnete Wirtschaftliche Ausschuß detailliert mit Fragen der wirtschaftlichen Mobilmachung im Kriegsfall. → S. 77

Mit einer Mehrheit von 351 gegen 271 Stimmen billigt das britische Unterhaus in dritter Lesung das Home-Rule-Gesetz über eine begrenzte Selbstverwaltung in Irland. Damit kann der Gesetzentwurf durch das Oberhaus nicht länger blockiert werden. Er wird u. a. von protestantischen Ulster-Unionisten – unterstützt durch konservative Politiker – auch mit militanten Mitteln bekämpft (→ 9. 3. / S. 50; 21. 7. / S. 118).

26. Mai, Dienstag
In Groß-Berlin finden insgesamt 17 Versammlungen zur Einführung des allgemeinen Wahlrechts in Preußen statt. In diesem größten deutschen Bundesstaat wird bisher nach dem Dreiklassenwahlrecht gewählt, das vor allem die Sozialdemokratie diskriminiert.

Die Abgeordneten im politisch stark rechtsorientierten preußischen Herrenhaus fordern mehrheitlich rigorosere Maßnahmen zur Durchsetzung deutscher Sprache und Kultur im preußischen Nordschleswig. In dem ehemals zu Dänemark zählenden Gebiet gibt es unter der Bevölkerung eine starke dänische Tradition (→ 18. 4. / S. 65).

In Petersburg (heute Leningrad) legt der russische Admiralstab seine Ziele für die angestrebte Marinekonvention mit Großbritannien fest. → S. 78

Die Uraufführung von »Le Rossignol«, einem lyrischen Märchen in drei Akten des russischen Komponisten Igor Strawinski, findet beim Publikum kaum Resonanz. Im Vorjahr, am 29. Mai 1913, hatte Strawinskis mit der Uraufführung von »Le sacre du printemps« für einen der größten Bühnenskandale des 20. Jahrhunderts gesorgt. → S. 83

27. Mai, Mittwoch
Als Nachfolger des am 4. März 1914 verstorbenen Georg von Kopp wird der 55jährige Adolf Johannes Bertram zum neuen Fürstbischof von Breslau gewählt. → S. 77

28. Mai, Donnerstag
In Budapest wird Mihály Graf Károlyi von Nagykárolyi zum Vorsitzenden der oppositionellen Unabhängigkeitspartei wiedergewählt. Der 39jährige Politiker gilt als entschiedener Gegner von Ministerpräsident István Graf Tisza und befürwortet eine stärkere Selbständigkeit Ungarns gegenüber Österreich.

29. Mai, Freitag
In Rom unterzeichnen Italien und Frankreich ein Abkommen über die rechtliche Stellung der Staatsangehörigen beider Länder im französischen Tunis und im italienischen Libyen. Das Abkommen wird als bedeutender Fortschritt in den bilateralen Beziehungen gewertet. Frankreich und Italien gehören unterschiedlichen europäischen Bündnissystemen an (→ S. 35).

Der Führer der aufständischen Konstitutionalisten in Mexiko, Venustiano Carranza, protestiert in einer Botschaft an die Teilnehmer der Vermittlungskonferenz von Niagara Falls (→ 20. 5. / S. 118) gegen die Nichtberücksichtigung der Rebellen bei den Verhandlungen. Nach seiner Ansicht kann ein Friedensabkommen nicht ohne ihre Beteiligung abgeschlossen werden (→ 15. 7. / S. 118).

Über 700 Menschen kommen ums Leben, als auf dem St.-Lorenz-Strom im Osten Kanadas der norwegische Frachter »Storstad« mit dem britischen Passagierdampfer »Empress of Ireland« (1032 Fahrgäste) zusammenstößt. → S. 79

30. Mai, Sonnabend
Im schweizerischen Basel treffen sich deutsche und französische Parlamentarier, um über Möglichkeiten zur internationalen Friedenssicherung und zur Verbesserung des deutsch-französischen Verhältnisses zu diskutieren. Die entsprechenden Kontakte werden insbesondere von den sozialistischen Fraktionen gepflegt; Abgeordnete aus beiden Staaten hatten sich bereits am 11. Mai 1913 in Bern (Schweiz) getroffen.

31. Mai, Pfingstsonntag
Beim Endspiel um die deutsche Fußballmeisterschaft in Magdeburg besiegt vor 4000 Zuschauern die SpVgg Fürth Titelverteidiger VfB Leipzig 3:2 nach Verlängerung. → S. 83

Das Wetter im Monat Mai

Station	Mittlere Lufttemperatur (°C)	Niederschlag (mm)	Sonnenscheindauer (Std.)
Aachen	11,0 (12,8)	94 (67)	– (205)
Berlin	12,8 (13,7)	88 (46)	– (239)
Bremen	11,6 (12,8)	61 (56)	– (231)
München	11,4 (12,5)	150 (103)	– (217)
Wien	– (14,6)	– (71)	– (173)
Zürich	10,8 (12,5)	191 (107)	100 (207)

( ) Langjähriger Mittelwert für diesen Monat – Wert nicht ermittelt

Mai 1914

Das französische Satirejournal »Le Rire« (Gelächter) nimmt auf dem Titelblatt seiner Ausgabe vom 9. Mai 1914 unter der Überschrift »Ballottage« (Stichwahl) die Entscheidungsschwierigkeiten des zeitgenössischen Wählers aufs Korn

Mai 1914

Zunehmende Kriegsbereitschaft im Deutschen Reich

14. Mai. Regierung und Militärführung im Deutschen Reich zeigen eine wachsende Kriegsbereitschaft. Während für Außenministerium und Generalstab ein deutscher Angriff auf Rußland immer konkreter wird, warnt der sozialdemokratische Politiker Karl Liebknecht vor Macht und Einfluß der internationalen Rüstungsindustrie.

In einer außenpolitischen Grundsatzrede vor dem deutschen Reichstag in Berlin am 14. Mai konstatiert der deutsche Außenminister Gottlieb von Jagow eine Verschärfung der deutsch-russischen Spannungen seit Beginn der gegenseitigen Pressefehde am → 2. März (S. 48). Dabei verteidigt er die seitdem immer aggressiver gewordene Haltung eines Teils der deutschen Presse gegenüber Rußland.

Am 20. Mai plädiert der preußische Generalstabschef Helmuth von Moltke in einer privaten Unterredung mit Jagow für einen Angriff auf Rußland. Nach Moltkes Ansicht ist die militärstrategische Situation für das Deutsche Reich im Sommer 1914 besonders günstig. Bereits am 13. März hatte er in einem Schreiben an den österreichisch-ungarischen Generalstabschef Franz Freiherr Conrad von Hötzendorf auf gravierende Unzulänglichkeiten sowohl im russischen als auch im französischen Heer hingewiesen.

Generalstabschef Helmuth von Moltke (r.), geboren 1848, Neffe des Generalfeldmarschalls Helmuth Graf von Moltke (1800–1891), im Gespräch mit Wilhelm II.

Der seit 1906 amtierende preußische Generalstabschef Helmuth von Moltke (vorn) und Kaiser Wilhelm II. (l. daneben) bei einer Manöverbeobachtung

Angesichts der immer deutlicheren Kriegsbereitschaft von Generalstab und Regierung warnt der sozialdemokratische Politiker Karl Liebknecht in einer Reichstagsrede am 11. Mai vor den Folgen der internationalen Aufrüstungsmaßnahmen. Dabei weist er auf die treibende Rolle der Kriegsindustrie in den einzelnen Staaten hin. Wörtlich meint er: »Die Rüstungsindustriellen pflücken goldene Äpfel..., während die Völker allenthalben im Elend dahinleben, bedrängt von Kriegsgefahren.«

Generalstabschef verlangt Vorbereitungen zum Angriff

20. Mai. Während einer gemeinsamen Autofahrt von Potsdam nach Berlin erläutert der preußische Generalstabschef Helmuth von Moltke dem deutschen Außenminister Gottlieb von Jagow seine Überzeugung von der Notwendigkeit eines Krieges gegen Rußland. Moltkes Vorstellungen gehen aus den Aufzeichnungen von Jagow ebenso hervor wie die differenziertere, aber nicht grundsätzlich ablehnende Haltung des Außenministers:

»Unterwegs entwickelte mir Moltke seine Auffassung unserer militärischen Lage. Die Aussichten in die Zukunft bedrückten ihn schwer. In 2–3 Jahren würde Rußland seine Rüstungen beendet haben. Die militärische Übermacht unserer Feinde wäre dann so groß, daß er nicht wüßte, wie wir ihrer Herr werden könnten. Jetzt wären wir ihnen noch einigermaßen gewachsen. Es bleibe seiner Ansicht nach nichts übrig, als einen Präventivkrieg zu führen, um den Gegner zu schlagen, solange wir den Kampf noch einigermaßen bestehen können. Der Generalstabschef stellte mir demgemäß anheim, unsere Politik auf die baldige Herbeiführung eines Krieges

Gottlieb von Jagow (M.), Reichskanzler Bethmann Hollweg (l.)

einzustellen. Ich entgegnete ihm, daß ich mich nicht dazu verstehen könnte, einen Präventivkrieg heraufzubeschwören, und erinnerte an das Bismarcksche Wort, man könne der Vorsehung nicht in die Karten sehen. Den Ernst unserer Lage verhehlte ich mir zwar nicht. Ich habe auch nie den Gedanken eines Präventivkrieges prinzipiell und a limine [von vornherein] verurteilt...

Erscheint ein Krieg unvermeidlich, soll man sich den Moment nicht von dem Feind diktieren lassen, sondern ihn selbst bestimmen. Auch der fanatischste Friedensfreund wird, wenn er nicht ein ganz hirnverbrannter Doktrinär ist, diese Regel anerkennen...

Aber abgesehen davon, daß der geeignete Moment vielleicht schon verpaßt war (bei dem Zusammenschluß der Tripelentente [Frankreich, Großbritannien, Rußland] und 1908/09, wo Rußland notorisch noch nicht wieder kampffähig war), hoffte ich noch, unser Verhältnis zu England würde sich soweit bessern lassen, daß ein allgemeiner Krieg ziemlich ausgeschlossen oder doch weniger gefährlich sein würde. Denn wenn mit Englands Teilnahme nicht mehr zu rechnen war, würden die Russen und Franzosen ohne diese Rücklehnung kaum versucht sein, einen Waffengang mit uns zu provozieren. Deutschland aber würde bei friedlicher Weiterentwicklung seiner wirtschaftlichen Stellung automatisch immer stärker und schwerer besiegbar. Schließlich war ich hinsichtlich eines Krieges auch aus internen Gründen nicht frei von Sorge: wegen... des Obersten Kriegsherren [der deutsche Kaiser Wilhelm II.].«

Mai 1914

»Hauptfeind ist die Friedensbewegung«

10. Mai. Bei der dritten Hauptversammlung des rechtsorientierten Deutschen Wehrvereins in Posen spricht sich dessen Gründer und Vorsitzender, Generalmajor a. D. August Keim, für eine Verstärkung des »kriegerischen Geistes« im Deutschen Reich aus.

Wörtlich sagt Keim u. a.: »Der Hauptfeind des Deutschen Wehrvereins ist die Friedensbewegung, weil sie in dem Volke eine Kriegsscheu erwecken will.« In einer Resolution fordern die Delegierten drastische Aufrüstungsmaßnahmen.

Der am 28. Januar 1912 in Berlin gegründete Deutsche Wehrverein vertritt eine aggressive deutsche Großmachtpolitik. Er ist mit anderen konservativen Lobbygruppen, z. B. dem Alldeutschen Verband (→ 19. 4. / S. 65), sowie mit Schwerindustrie und nationalistischer Presse eng verflochten. 1913 zählte der Verein 78 000 Einzel- und über 200 000 körperschaftliche Mitglieder.

Neuer Fürstbischof gilt als gemäßigt

27. Mai. Zum Nachfolger des am 4. März verstorbenen Fürstbischofs von Breslau, Georg von Kopp, wird Adolf Johannes Bertram gewählt. Der bisherige Bischof von Hildesheim gilt als Vertreter der gemäßigten Richtung innerhalb des katholischen Klerus (→ 13. 2. / S. 39). Mit seiner Wahl verschieben sich die Machtverhältnisse zuungunsten

Fürstbischof Adolf Johannes Bertram absolvierte eine ungewöhnlich intensive wissenschaftliche Ausbildung. In Würzburg promovierte er in Theologie und anschließend in Rom in Kirchenrecht

der dogmatischen Berliner Richtung (sog. Integralisten), zu deren Wortführern Kopp zählte.

Geboren am 14. März 1859 in Hildesheim, wurde Bertram 1893 Domvikar und bereits 1896 Generalvikariatsrat, bevor er am 26. April 1906 sein Amt als Bischof von Hildesheim antrat. Er gilt auch als versierter Kunsthistoriker.

Arbeitslosigkeit bestimmt den 25. Maifeiertag

1. Mai. *Im Mittelpunkt der 25. internationalen Maifeiern der sozialistischen Arbeiterbewegung steht im Deutschen Reich das Arbeitslosenproblem. Allein im Großraum Berlin finden insgesamt 54 Veranstaltungen statt. Da der 1. Mai als Arbeitstag gilt, müssen die Teilnehmer in den kommenden Tagen Aussperrungen befürchten. Die Maifeiern waren erstmals 1890, z. T. als Generalstreik für den Achtstundentag, begangen worden (Abb.: 1.-Mai-Demonstration in Leipzig).*

Hansabund gegen rechtes Monopol

18. Mai. Auf einer Veranstaltung anläßlich des fünfjährigen Bestehens des Hansabundes für Gewerbe, Handel und Industrie wendet sich dessen Präsident, Jacob Rießer, in Hannover gegen die sog. Blockpolitik konservativer Verbände im Deutschen Reich.

In seiner Rede meint Rießer, 1888 bis 1905 Direktoriumsmitglied der Darmstädter Bank, die von konservativer Seite betriebene Blockpolitik diene lediglich zur Erhaltung eines rechten Machtmonopols (→ 20. 1. / S. 20). Demgegenüber spricht er sich für einen machtpolitischen Pluralismus aller bürgerlichen Gruppierungen aus. Durch sozialpolitische Maßnahmen soll der Einfluß der SPD gebremst werden.

Der 1909 gegründete Hansabund zählt zu den wichtigsten Wirtschaftsverbänden im Deutschen Reich und versteht sich als Vertreter einer antimonopolistischen Wirtschaftspolitik.

Bei einer Seeblockade werden auch große Hoffnungen auf die U-Boot-Flotte gesetzt (hier im Kieler Hafen)

Flugzeuge (hier in der Leipziger Luftschiffhalle) spielen für Fragen des Transports eine wichtige Rolle

Ausschuß berät Mobilmachungsfragen

25. Mai. Auf einer zweitägigen Sitzung berät der dem deutschen Innenministerium zugeordnete Wirtschaftliche Auschuß in Berlin etwaige Probleme bei einer militärischen Mobilmachung. An den Besprechungen nehmen u. a. der deutsche Innenminister Clemens Delbrück, der Industriellenfunktionär und Vorsitzende der Phoenix AG Wilhelm Beukendorf sowie Conrad Freiherr von Wangenheim (Bund der Landwirte) teil.

Im Mittelpunkt der Sitzung stehen folgende Fragen:
▷ Folgen der Mobilmachung für die Arbeiter in Industrie und Landwirtschaft
▷ Probleme des Transports
▷ Absatzmöglichkeiten des Handels bei Blockade deutscher Häfen

Der Rittergutsbesitzer Wangenheim schlägt für den Kriegsfall vor, »daß wir sofort unsere Grenzen gegen jede Getreideeinfuhr sperren und im Inlande große Vorräte von menschlichen und tierischen Nahrungsmitteln ansammeln«.

Der Wirtschaftliche Ausschuß hatte erstmals 1897 getagt. Aufgrund seiner Zusammensetzung – liberale Wirtschaftsverbände und Gewerkschaften bleiben von dem Gremium ausgeschlossen – gilt er als Interessenorgan nationalistischer, für eine expansive Außenpolitik eintretender Wirtschaftsverbände (→ 20. 1. / S. 20; 16. 2. / S. 39).

Mai 1914

Wahlsieg für die Sozialisten in Frankreich

10. Mai. Nach Abschluß des zweiten Wahlgangs gehen die Sozialisten als Sieger aus den französischen Parlamentswahlen hervor. Hauptthemen des Wahlkampfes waren die 1913 beschlossene Einführung der dreijährigen Wehrdienstzeit und die Einkommenssteuer.

Im einzelnen ergibt das Ergebnis der Parlamentswahlen – der erste Wahlgang fand am 26. April statt – für die sozialistische SFIO (Section Francaise de l'Internationale Ouvrière) einen Mandatszuwachs von 29 auf 102. Stärkste Gruppierung bleiben allerdings trotz eines Rückgangs um 13 Mandate die antiklerikal-republikanisch ausgerichteten Radikalen mit 136 Abgeordneten. Damit erhält Frankreich ein mehrheitlich linksorientiertes Parlament. Als Verlierer gelten die konservativen und nationalistischen Fraktionen. Aufgrund der in Frankreich nur schwach entwickelten Parteienlandschaft – viele Abgeordnete stehen einer politischen Gruppierung zwar nahe, gehören ihr aber offiziell nicht an – bilden die Fraktionen allerdings nur z. T. dauerhafte politische Blöcke.

Während des Wahlkampfes hatten Radikale und Sozialisten gemeinsam die Abschaffung der am 7. August 1913 beschlossenen dreijährigen Wehrdienstzeit sowie eine progressive Einkommenssteuer gefordert. Darüberhinaus kritisierten sie Präsident Raymond Poincaré und seine Anhänger als nationalistisch und militaristisch.

Wahlplakate in Paris für die französischen Parlamentswahlen; im Gegensatz zu früher dominieren inzwischen farbige Bilddarstellungen

Irredentisten für Anschluß Triests

12. Mai. In Rom fordern Studenten der örtlichen Universität auf einer Kundgebung den Anschluß der österreichisch-ungarischen Stadt Triest an Italien. Sie zählen zur einflußreichen sog. irredentistischen Bewegung, die mit ihren Zielen die Zugehörigkeit Italiens zum Dreibund (Deutsches Reich, Österreich-Ungarn, Italien) in Frage stellt.

Anlaß der Demonstrationen sind schwere Auseinandersetzungen, zu denen es am 1. Mai in Triest zwischen italienischen und slowenischen Studenten gekommen war. Sechs Tage später forderten Irredentisten in Venedig – als Reaktion auf die Zusammenstöße – erneut den Anschluß Triests an Italien.

Der Irredentismus ist eine nach 1866 in Italien entstandene Bewegung zur Gewinnung der italienischsprachigen Gebiete in Österreich-Ungarn (»terre irredente« = unerlöste Gebiete). Formell zählen sowohl Italien als auch Österreich-Ungarn zum gleichen Bündnissystem, dem Dreibund (→ 11. 2. / S. 34).

USA und Mexiko am Konferenztisch

20. Mai. In Niagara Falls in der kanadischen Provinz Ontario beginnt eine Vermittlungskonferenz im Konflikt zwischen den USA und Mexiko, in deren Verlauf sich der mexikanische Präsident Victoriano Huerta zum Rücktritt bereit erklärt.

Die Vermittlungskonferenz geht auf eine Initiative der südamerikanischen Staaten Argentinien, Brasilien und Chile vom 25. April zurück, welche die Unabhängigkeit des Kontinents durch die US-amerikanische Besetzung der mexikanischen Hafenstadt Veracruz Llave (→ 21. 4. / S. 60) gefährdet sehen.

Die Konferenz endet am 1. Juli mit einer diplomatischen Niederlage Huertas. Er erklärt sich zum Rücktritt und zur Anerkennung einer provisorischen Regierung bereit, deren Zusammensetzung zwischen ihm und den aufständischen Konstitutionalisten unter Venustiano Carranza – sie waren an der Konferenz nicht beteiligt – ausgehandelt werden soll (→ 15. 7. / S. 118). Allerdings ordnen die Vereinigten Staaten erst am 15. September 1914 den Rückzug ihrer Truppen an.

Essad verbannt

19. Mai. *Der albanische Fürst Wilhelm I. (→ 7. 3. / S. 49) ordnet die Ausweisung von Kriegsminister Essad Pascha Toptani (Abb.) an. Essad, albanischer General und Politiker, gilt als politischer Gegenspieler von Wilhelm I. Seine Anhängerschaft rekrutiert sich aus der moslemischen Bevölkerung (→ 12. 10. / S. 176).*

Rußland forciert Flottenabsprache

26. Mai. Der russische Admiralstab berät in Petersburg (heute Leningrad) über die Marschroute für die britisch-russischen Verhandlungen über eine Marinekonvention, die am 7. Juni beginnen sollen. Die Flottenbesprechungen sind von großer Bedeutung für die militärstrategische Situation auf den europäischen Gewässern.

Wichtigstes Ergebnis der Petersburger Konferenz ist die Forderung an Großbritannien, der russischen Flotte Militärbasen im östlichen Mittelmeer zu überlassen. Dadurch soll die maritime Vormachtstellung gegenüber dem Dreibund (Deutsches Reich, Österreich-Ungarn, Italien) gesichert werden.

Großbritannien verzögert die geplanten Besprechungen über eine Marinekonvention bis zum Ausbruch des Weltkrieges, um sich außenpolitische Handlungsfreiheit zu erhalten. Erfolglos drängen sowohl der russische Marineattaché in London, Gawril A. Wolkow, wie auch das verbündete Frankreich (→ 21. 4. / S. 62) die britische Regierung zu einer engeren Zusammenarbeit.

Osmanen suchen Kontakt zu Rußland

11. Mai. Auf dem Sommersitz des russischen Zaren Nikolaus II. in Liwadia (Krim) beginnen zweitägige Konsultationen zwischen Rußland und dem Osmanischen Reich. Sie

Für den russischen Zar Nikolaus II. ist das Osmanische Reich wegen der Meerengenfrage von besonderer Bedeutung; auf dem Seeweg über den Bosporus werden rund 37% des russischen Außenhandels abgewickelt

sind Höhepunkt einer gegenseitigen politischen Annäherung.

Bei der Begegnung bringt der osmanische Innenminister Talaat Bey gegenüber dem russischen Außenminister Sergei D. Sasonow seinen Wunsch nach engeren Beziehungen zwischen beiden Ländern zum Ausdruck. Bereits am 23. März war ein osmanisch-russisches Handelskomitee gegründet worden. Damit verschlechterten sich die deutschosmanischen Beziehungen.

Privathochschule kündigt Liberalen

4. Mai. An der Berliner Handelshochschule beginnt ein sechstägiger Vorlesungsboykott der Studenten. Anlaß ist die durch den privaten Trägerverband Berliner Aeltesten der Kaufmannschaft (Vorläufer der Handelskammer) ausgesprochene Kündigung des Dozenten und liberalen deutschen Nationalökonomen Ignaz Jastrow.

Ebenso wie die Studenten sehen auch die übrigen Dozenten sowie die liberale Presse in der Kündigung einen Eingriff in die Lehrfreiheit. Sie fordern – entsprechend der Praxis an staatlichen Hochschulen – die Unkündbarkeit des Lehrkörpers, um Sanktionen gegen politisch mißliebige Dozenten vorzubeugen. Am 9. Mai wird der Konflikt offiziell beigelegt, nachdem der Trägerverband der Forderung nach lebenslanger Anstellung aller Dozenten zugestimmt hat.

Dennoch beendet Jastrow, Mitbegründer der Handelshochschule 1906 und ihr erster Rektor, seine Lehrtätigkeit am 31. Juli 1914.

Der norwegische Frachter »Storstad« – hier der beschädigte Bug – rettet nach dem Unglück zahlreiche Passagiere der »Empress of Ireland«

Schiffskatastrophe im St.-Lorenz-Strom

29. Mai. Bei einer Schiffskatastrophe auf dem kanadischen St.-Lorenz-Strom kommen über 700 Menschen ums Leben.

Auf der Fahrt von Quebec nach Liverpool stößt der britische Dampfer »Empress of Ireland« in den frühen Morgenstunden bei dichtem Nebel mit dem norwegischem Frachter »Storstad« zusammen. Während der 14 000 Bruttoregistertonnen große Dampfer nach dem Zusammenstoß innerhalb weniger Minuten sinkt, wird das norwegische Schiff nur leicht beschädigt. Für das erstaunlich rasche Sinken der »Empress of Ireland« wird das Fehlen wasserdichter Schotten verantwortlich gemacht.

Das Unglück ereignet sich rund 30 sm (56 km) östlich von Father Point im Mündungsgebiet des St.-Lorenz-Stromes. Die dort auftretenden Frühjahrsnebel sind auf das Zusammentreffen des von Norden kommenden kalten Polarstroms mit dem warmen atlantischen Golfstrom zurückzuführen.

Politischer Einfluß der Kirchen in Europa stark umkämpft

19. Mai. Das britische Unterhaus in London billigt in dritter Lesung einen Gesetzentwurf zur Trennung von Staat und Kirche in Wales. Wie auch vergleichbare Gesetzesvorlagen in Belgien und Italien dokumentiert dies die 1914 anhaltenden Machtkämpfe zwischen Klerus und Staat in Europa.

Die mit 328 gegen 251 Stimmen vom Unterhaus verabschiedete sog. Welsh Disestablishment Bill schafft in Wales die anglikanische Rechtsprechung ab und sieht vor, daß die kirchlichen Vorschriften künftig nur für Anglikaner gültig sind. Außerdem werden die vier walisischen Diözesen selbständig; die walisischen Bischöfe scheiden aus dem Oberhaus in London aus. Mit diesem erstmals am 12. April 1912 eingebrachten, aber erst 1919 inkraft tretenden Gesetz endet die seit 1534 während Herrschaft des Anglikanismus als englischer Staatskirche (sog. established church) in Wales. Bereits im 19. Jahrhundert hatte es hier dank der Entstehung protestantisch- nonkonformistischer Kirchen, die einen Bevölkerungsanteil von rund 74% stellen, eine konfessionelle Sonderentwicklung gegeben. Auch in anderen europäischen Staaten kommt es 1914 zu politischen Auseinandersetzungen um den Einfluß der Kirche: Ein am 3. Februar von der italienischen Regierung in Rom unter heftigem Protest des katholischen Klerus vorgelegtes Gesetz bestimmt den Vorrang der bürgerlich-zivilen Eheschließung vor dem Standesamt bei der kirchlichen Trauung. Dagegen wird in Belgien am 22. Mai ein den Interessen der katholischen Kirche entsprechendes Schulgesetz verabschiedet. Ende des 19. Jahrhunderts hatte ein Gesetz über die staatliche Kontrolle belgischer Schulen zu schweren Auseinandersetzungen zwischen Kirche und Staat geführt.

Protest gegen Ziviltrauungsgesetz in Italien: Papst Pius X.

Beendete Schulstreit: A. Beernaert, Belgiens Regierungschef 1884 – 94

Vertritt walisische Interessen: Schatzkanzler Lloyd George (r.)

Mai 1914

Bildungswesen 1914:
Kritik am Schematismus in den Universitäten und Schulen

Nachlassender Studentenandrang und Kritik an den Lehrplänen bringen die deutschen Hochschulen in den Brennpunkt öffentlicher Diskussionen im Bildungswesen. Im Bereich der Kindererziehung findet die Pädagogik der italienischen Ärztin Maria Montessori starke Beachtung.

Studentenzuwachs rückgängig

(Zuwachszahlen jeweils im Vergleich zum Wintersemester des Vorjahres)

Wintersemester 1909/10:	3677
Wintersemester 1910/11:	2415
Wintersemester 1911/12:	2593
Wintersemester 1912/13:	1506
Wintersemester 1913/14:	680

Im Wintersemester 1913/14 beträgt der Zuwachs an Studenten gegenüber dem Vergleichssemester im Vorjahr lediglich noch 680. Bei Berücksichtigung der inzwischen verlängerten Studiendauer vieler Studenten gibt es nach Schätzungen von Experten sogar erstmals seit 20 Jahren wieder einen Rückgang der Immatrikulationen.
Auch zwischen den einzelnen Studienfächern entstehen gravierende Verschiebungen. Während die Zahl der Medizinstudenten nach wie vor stark ansteigt (Anteil an der Gesamtzahl 1914: 25,3%; 1909: 17,6%), sinkt erstmals seit 15 Jahren die Zahl der Naturwissenschaftler und Mathematiker. Die philologischen Lehramtsstudiengänge verzeichnen ebenfalls rückläufige Belegungen.
Gleichzeitig wird Kritik an der Gestaltung der Vorlesungen und Seminare laut. So äußert sich ein Kommentator der bürgerlich-liberalen »Vossischen Zeitung« zu den Vorlesungsverzeichnissen deutscher Universitäten im Sommer 1914 u. a. wie folgt: »Vor allem fällt es auf, wie gleichförmig und schematisch der wissenschaftliche Unterricht an unseren vornehmsten Bildungsstätten gestaltet ist. Unsere Zeit scheint dem Individualismus und den Individualitäten auf allen Gebieten wenig günstig ... [Die] Tendenz zur Uniformierung scheint den Wissenschaftsbetrieb und das Bildungswesen an unseren Hochschulen zu beherrschen: offenbar zum großen Teil eine Wirkung des herrschenden Militarismus (und Bureaukratismus) ... Die allgemeinen Bildungsbedürfnisse der Studierenden und die geistigen Interessen unserer Zeit [werden dabei] viel zu wenig berücksichtigt.«
Ähnliche Kritik wird auch angesichts der Situation an deutschen Schulen laut; insbesondere wird der »Schematismus des Unterrichts« und das Spezialistentum in der Lehrerschaft angegriffen. Da das bestehende Schulsystem zunehmend als unzulänglich gilt, werden alternative Erziehungsmethoden immer populärer. So erlebt die aus Italien stammende Idee der sog. Montessori-Schulen vor dem Weltkrieg einen großen Aufschwung. Sie basiert auf dem Programm der Pädagogin und Ärztin Maria Montessori, die mit ihrem Erziehungsprogramm von der »Selbsttätigkeit« des Kindes ausgeht. In ihrem Konzept erlaubt sie jedem Kind sein eigenes Lerntempo und will durch entsprechende didaktische Vorbereitungen das Kind zu Konzentration und individueller Selbstentfaltung anregen. Sie hat ihre Methode bereits unter Kindern einer Arbeitersiedlung in Rom erprobt. Nachdem 1909 ihr Buch »Selbsttätige Erziehung im frühen Kindesalter« erstmals erschienen ist (deutsche Ausgabe 1913), wirbt Maria Montessori seit 1912 auf internationalen Vortragsreisen für ihre Ideen.
Die Einweihung des ersten deutschen Arbeiterjugendheimes in Steglitz (heute zu Berlin) am 8. Februar dokumentiert die Ablehnung des bürgerlichen Bildungssystems durch die sozialdemokratische Arbeiterbewegung. Die ihr verbundenen zahlreichen Vereine verknüpfen seit ihrer Gründung – erstmals um 1844, dann wieder ab 1860 – ihre politische Tätigkeit mit Bildungsaktivitäten, die seit 1890 in der sog. Arbeiterkulturbewegung münden. Verbände wie der Arbeiteresperantobund zeigen dabei, daß innerhalb der deutschen Arbeiterbewegung eigenständige Wege der Bildung beschritten werden. Seit 1910 arbeitet der deutsche Politiker Wilhelm Pieck – er übernimmt u. a. auch die Einweihung des Steglitzer Arbeiterjugendheims – in Berlin offiziell als Bildungssekretär der deutschen Sozialdemokratie.

Szenen aus einer Montessori-Schule in Großbritannien; spezielle Materialien, Aufgaben und Anregungen erleichtern kindliches Lernen

Neue Methoden im Bildungswesen: Im US-Bundesstaat Washington versorgt dieses Bibliotheksautomobil 30 000 Personen mit Lektüre

Das offizielle Ausstellungsplakat der Bugra in Leipzig

Weltausstellung für Druckerzeugnisse

6. Mai. In Anwesenheit zahlreicher Prominenter – u. a. König Friedrich August III. von Sachsen und der preußische Innenminister Clemens Delbrück – wird in Leipzig die Weltausstellung für Buchgewerbe und Graphik (Bugra) eröffnet. Sie zählt zu den bedeutendsten Ausstellungen des Jahres im Deutschen Reich. Anlaß der Schau ist das 150jährige Jubiläum der Leipziger Akademie für Buchgewerbe und Graphik, der auf ihrem Gebiet führenden deutschen Hochschule. Sowohl deren Präsident Ludwig Volkmann als auch der Berliner Grafiker Paul Herrmann (Arbeitsausschuß der Allgemeinen Deutschen Künstlergenossenschaft) würdigen in kurzen Festansprachen die Bugra als ein »Dokument der geistigen Kultur aller Völker«.

Die bis zum 18. Oktober dauernde Ausstellung zeigt historische und zeitgenössische Objekte u. a. aus den Bereichen Grafik, Buchdruck, Kunstdruck und Verlagswesen, aber auch Gemälde und Fotografien. Im Mittelpunkt steht ein dem Buchgewerbe vorbehaltener, 20 000 m² großer Gebäudekomplex. Er dokumentiert Technik und Produkte deutscher Verlage, Druckereien und verwandter Gewerbe. Zu den Höhepunkten zählt auch eine auf 28 Säle verteilte internationale Sonderabteilung »Zeitgenössische Graphik« (→ 7. 10. / S. 183).

Ausstellungsplakat zur Werkbundausstellung; trotz herausragender Arbeiten gibt es keinen eindeutigen Trend

Das Glashaus von Bruno Taut wird als Musterbeispiel für expressionistische Glasarchitektur betrachtet

Meilenstein in der Werkbund-Geschichte

15. Mai. In Köln wird eine bis zum 15. Oktober dauernde Werkbund-Ausstellung eröffnet. Sie zählt zu den bedeutendsten Ereignissen in der Geschichte des Deutschen Werkbundes. Die Ausstellungsbauten stammen u. a. von den deutschen Architekten Walter Gropius und Bruno Taut. Besondere Beachtung finden auch Arbeiten des Innenarchitekten August Endell.

Bei der vom Deutschen Werkbund, einer am 6. Oktober 1907 in München gegründeten Vereinigung u. a. von Architekten, Designern und Vertretern aus Industrie und Handwerk, veranstalteten Eröffnungsfeier betonen die Redner, daß die Ausstellung die Bedeutung künstlerischer Tätigkeit für gewerbliche Gegenstände dokumentieren soll. Architektonisch ragt das »Gläserne Haus« des 34jährigen Architekten Bruno Taut heraus. Der vollständig aus Glas und Eisenbetonrippen erstellte Pavillon beherbergt Produkte der Glasindustrie. Mit dem »Gläsernen Haus« wird Taut erstmals einer breiteren Öffentlichkeit bekannt. Viel Lob erhält auch ein von dem Architekten Walter Gropius errichtetes Fabrik- und Bürohaus. Gropius verwendete neben Eisen und Glas Kunstziegelsteine aus der Eifel. Als vorbildliche innenarchitektonische Leistung bewerten Kritiker die für eine Sonderausstellung der Linoleum- und Tapetenfirmen geschaffenen Räume von August Endell. Sie gewinnen ihre Besonderheit durch Nischen und apsisähnliche, mit Ornamenten versehene Ausbuchtungen. Neben den positiven sind auch skeptische Stimmen zu hören (→ 3. 9. / S. 125).

Seitenansicht der Modellfabrik von Walter Gropius und Adolf Meyer; dieser funktionale Bau besticht durch die Klarheit der Linien und die bevorzugte Verwendung von Stahl und Glas auch an tragenden Teilen

Mai 1914

Der italienische Historienfilm »Cabiria« (G. Pastrone/G. D'Annunzio) wartet mit ungewöhnlichen Kamerafahrten und neuer Lichtdramaturgie auf

Charlie Chaplin – hier links in einer seiner 14 Keystone-Komödien 1914 – spielt Gegensätze aus: Zu enge Jacken, zu große Schuhe und Hosen

Film 1914:
Charlie Chaplin feiert in den USA seine Leinwandpremiere

Die deutsche Filmindustrie kann ihre Bedeutung im internationalen Bereich weiter ausbauen; der Weltkrieg führt sie allerdings in eine gewisse Isolation. Die USA erleben die Uraufführung des ersten Films mit Charlie Chaplin.

Zwar wird im Deutschen Reich mit 276 Filmen die bislang größte Jahresproduktion von 1913 (353 Filme; dagegen 1912: 269; 1911: 173; 1910: 35) nicht erreicht, aber der deutsche Film setzt seine im Vorjahr begonnene positive künstlerische Entwicklung fort. Unbestrittener Höhepunkt ist Urban Gads am 3. Januar uraufgeführter Streifen »Engelein« mit Asta Nielsen in der Hauptrolle (→ 3. 1. / S. 27).

Mit den ersten Folgen der sog. Stuart-Webbs-Serie beginnt gleichzeitig eine Detektivfilm-Welle. Die von Joe May als Regisseur sowie Drehbuchautor und Hauptdarsteller Ernst Reicher gestaltete Serie ist britischen Detektivgeschichten nachempfunden (u. a. den Sherlock-Holmes-Geschichten von Sir Arthur Conan Doyle).

Ebenfalls eine britische Vorlage verwendet der deutsche Regisseur Max Mack in seiner Verfilmung von Robert Louis Stevensons Geschichte »Dr. Jekyll und Mr. Hyde« unter dem Titel »Ein seltsamer Fall« (Buch: Richard Oswald, Hauptrolle: Alwin Neuss). Mack hatte mit seinem am 13. Februar 1913 uraufgeführten Film »Der Andere« wesentlich zur künstlerischen Emanzipation des deutschen Films beigetragen.

In der deutschen Produktionsbranche kommt es zu einer bedeutenden Fusion: Die in Berlin-Weissensee ansässige Vitaskop-Produktion wird von der Projektions-AG Union übernommen. Der Filmhandel wird mit Preiskämpfen konfrontiert: Im Juli kündigt die Kopenhagener Nordisk Films Kompagni – eine der wichtigsten europäischen Verleihfirmen – Preissenkungen von bis zu 50% für die knapp 3000 deutschen Kinos an.

International bedeutendstes Filmland bleiben die Vereinigten Staaten; sie stellen die Hälfte der Weltproduktion. Am 2. Februar wird der erste Film mit dem Schauspieler und späteren Regisseur und Produzenten Charlie Chaplin in der Hauptrolle uraufgeführt. Er spielt in der Einakter-Komödie »Making a Living« (»Man schlägt sich durch«) die Rolle eines als englischer Dandy verkleideten Hochstaplers. Der Film wird von der Keystone Film Company des US-amerikanischen Produzenten Mack Sennett hergestellt, die in der expandierenden US-Filmindustrie als bedeutendstes Unternehmen für Komödienfilme gilt. Chaplin arbeitet – nach vorherigem Engagement als Komiker bei einem Tourneetheater – seit dem 30. November 1913 für Keystone. Filmhistorisch aufschlußreich sind die Betrachtungen des US-Regisseurs J. Searle Dawley über das Wesen des Films vor dem Weltkrieg. Er sieht ihn als neue, aufstrebende Kunstgattung: »Das stumme Drama ist ein Gefühl, das mit Hilfe der Kunst der Bewegung ausgedrückt wird und Elemente der drei grundlegenden Künste enthält: Der Bildhauerei, der Malerei und des Dramas. Der Regisseur verfügt nur über zwei Farben auf seiner Palette: weiß und schwarz ... Er muß die Gestalten mit Hilfe der Lichtstrahlen formen. Ohne den Zauber der Farben, der marmornen Gewölbe und der Musik der Töne hat er eine sehr schwierige Aufgabe. Das Aneinanderreihen der Bewegungen und die Folge der Szenen stellt die Essenz dieser neuen Kunst dar.« In dieser Aussage wird die dem Regisseur zugedachte schöpferische Funktion deutlich. Dagegen bleibt die Rolle des Filmautors noch unbestimmt. Mit Kriegsausbruch wird das Deutsche Reich von der Versorgung mit Filmen aus den USA, Frankreich und Großbritannien abgeschnitten. Dafür entstehen zahlreiche chauvinistische Propagandafilme mit Titeln wie »Das Vaterland ruft« und »Auf dem Feld der Ehre« (→ 3. 10. / S. 183).

Ein großer Star des europäischen Films: Die Dänin Asta Nielsen

Mai 1914

John Meier gründet ein Volksliedarchiv

1. Mai. Der deutsche Volkskundler und Germanist John Meier gründet in Freiburg im Breisgau das Deutsche Volksliedarchiv (DVA). Es wird zum zentralen Institut für die Sammlung und Erforschung des deutschsprachigen Volksliedes.
Die Gründung basiert auf einem Auftrag des Verbandes deutscher Vereine für Volkskunde, dessen Leiter Meier seit 1911 ist. In einem Aufruf heißt es dazu: »Die deutschen Volkslieder in umfassender Weise zu sammeln und diese ihre Sammlung nicht länger hinauszuschieben ist eine unabweisbare und heilige Pflicht, denn von Tag zu Tage sinkt wieder alles ... ererbte Volksgut in Vergessenheit.«
John Meier hatte mit seinem Werk »Kunstlieder im Volksmund« (1906) einen wesentlichen Beitrag zur Volksliedforschung geleistet. Er vertritt dort die These, daß Volkslieder individuelle Produkte sind, die vom Volk übernommen werden und erst dadurch ihren Volksliedcharakter erhalten.

Kaum Resonanz für Strawinski-Werk

26. Mai. In Paris wird das lyrische Märchen »Le Rossignol« (»Die Nachtigall«) des russischen Komponisten Igor Strawinski unter der Regie von Boris Romanow uraufgeführt. Die musikalische Leitung hat der französische Dirigent Pierre Monteux, das Bühnenbild gestaltete Alexandr N. Benua.
Strawinskis Werk wird von dem Opernensemble des russischen Impresarios Sergei Diaghilew auf die Bühne gebracht. Es stößt beim Publikum nur auf geringe Resonanz. Im Rückblick urteilt der Komponist über die Uraufführung: »Die Premiere war nur insofern kein Erfolg, als sie keinen Skandal hervorrief ... Was die Szenerie betrifft, war dies dank Alexandre Benois [Alexandr N. Benua], der die Bühnenbilder und Kostüme entworfen und sich dem Werk mit Leidenschaft gewidmet hatte, die schönste Ausstattung von allen meinen früheren Werken bei Diaghilew.«
Nach der Pariser Uraufführung wird das Werk unter Leitung des britischen Dirigenten Thomas Beecham in London gezeigt.

Nach dem bisher längsten Finale wird Fürth deutscher Fußballmeister

31. Mai. Vor 4000 Zuschauern gewinnt in Magdeburg der süddeutsche Meister SpVgg Fürth durch ein 3:2 nach zweimaliger Verlängerung über den Titelverteidiger VfB Leipzig zum ersten Mal das Endspiel um die deutsche Fußballmeisterschaft.
Im längsten Finale des seit elf Jahren ausgetragenen Wettbewerbs steht es nach Abschluß der regulären Spielzeit 1:1. Da es nach Ablauf der zweimal 15minütigen Verlängerung 2:2, d. h. weiterhin unentschieden steht, wird das Spiel bis zur Entscheidung durch einen Treffer des süddeutschen Meisters in der 153. Minute fortgesetzt. Die Mannschaft aus Fürth fällt durch eine harte, teilweise ruppige Spielweise auf. Bereits in der ersten Halbzeit muß ein Leipziger Spieler verletzt den Platz verlassen. Kurz vor Schluß wird ein Fürther des Feldes verwiesen. (Die Abbildung zeigt eine Spielszene vor dem Tor der SpVgg Fürth nach einem Eckball der Leipziger.)
Für die SpVgg Fürth ist es der erste Meistertitel. Dagegen hatte der VfB Leipzig bereits das erste Endspiel um die deutsche Meisterschaft 1903 sowie die Titel der Jahre 1906 und 1913 gewonnen.

Lasker Turniersieger vor Capablanca

22. Mai. Der amtierende Schachweltmeister, der Deutsche Emanuel Lasker, gewinnt ein seit dem 20. April in Petersburg (heute Leningrad) ausgetragenes internationales Turnier der Schachgroßmeister. Zweiter bei dem hochkarätigen Wettbewerb wird der Kubaner José Raúl Capablanca y Graupera.
Die Entscheidung über den Gesamtsieg fällt erst in der letzten Runde, als Lasker mit einem Ergebnis von 13,5 Punkten seinen Vorsprung von einem halben Punkt vor Capablanca verteidigen kann. Die übrigen Spieler können in den spannenden Zweikampf nicht eingreifen; dritter wird der Russe Alexandr A. Aljochin (10 Punkte) vor dem Deutschen Siegfried Tarrasch (8,5 Punkte). Die Siegessumme für Lasker beträgt 1200 Rubel (rund 2600 Mark). Capablanca und Tarrasch erhalten einen sog. Schönheitspreis.
Im Verlauf des Turniers blieb Emanuel Lasker in den Begegnungen der vier Erstplazierten untereinander als Einziger ohne Niederlage. Dabei errang er neben zwei Remis auch einen Sieg über José Capablanca. Der 45jährige Lasker – seit 1902 Doktor der Mathematik – amtiert seit 1894 als Schachweltmeister und gilt als einer der bedeutendsten Spieler aller Zeiten.

Der Kubaner José Capablanca (l.) und der Deutsche Emanuel Lasker sind die herausragenden Spieler in Petersburg; der in Havanna geborene Capablanca zählt mit seinen 25 Jahren bereits zur Weltelite im Schach

Juni 1914

Mo	Di	Mi	Do	Fr	Sa	So
1	2	3	4	5	6	7
8	9	10	11	12	13	14
15	16	17	18	19	20	21
22	23	24	25	26	27	28
29	30	31				

1. Juni, Pfingstmontag

Das am → 10. Mai (S. 78) neugewählte französische Parlament tritt in Paris erstmals zusammen. Gleichzeitig kündigt Ministerpräsident Gaston Doumergue seinen Rücktritt für den 4. Juni an und löst damit eine bis zum → 16. Juni (S. 92) anhaltende Regierungskrise in Frankreich aus.

Die US-amerikanischen Besatzungstruppen in Mexiko (→ 21. 4./S. 60) beschlagnahmen ein deutsches Schiff, das Waffen für die mexikanischen Regierungstruppen geladen hat. Die zunächst wegen illegaler Anlandung verhängte Geldbuße von zwei Millionen Mark wird nach längeren Verhandlungen aufgehoben und das Schiff freigegeben. Die Waffen stammen aus US-Rüstungsfirmen.

Infolge der unsicheren politischen Lage in Europa kommt es an der Börse von Petersburg (heute Leningrad) zu einem Kurssturz. Betroffen sind vor allem Bank- und Erdölaktien. Die russische Regierung stellt 100 000 Rubel (216 000 Mark) für den Ankauf sog. notleidender Werte bereit.

2. Juni, Dienstag

In Mexiko-Stadt kündigt der mexikanische Präsident Victoriano Huerta entsprechend dem Ergebnis der Konferenz von Niagara Falls (→ 20. 5./S. 78) seinen Rücktritt an. Zur Voraussetzung macht er jedoch eine »Normalisierung« der innenpolitischen Situation (→ 15. 7./S. 118).

3. Juni, Mittwoch

Im Deutschen Reich wird ein Gesetz gegen den Verrat militärischer Geheimnisse erlassen. Die als Reichsgesetzblatt Nr. 195 veröffentlichte Regelung sieht erweiterte und verschärfte Strafbestimmungen bei Geheimnisverrat vor.

Im britischen Oxford verleiht die dortige Universität dem deutschen Botschafter in Großbritannien, Karl Max Fürst von Lichnowsky, den Titel eines Ehrendoktors der bürgerlichen Rechte. Lichnowsky tritt für eine deutsch-britische Verständigung ein. → S. 93

In Den Haag beschließt die Zweite Kammer des niederländischen Parlaments die Einführung einer allgemeinen Einkommenssteuer sowie einer ergänzenden Vermögensabgabe.

Die russische Heeresverwaltung verbietet ab sofort Ausländern das Überfliegen der russischen Westgrenze in ihrer gesamten Ausdehnung. Zuvor hatten deutsche Piloten wiederholt den russischen Luftraum verletzt.

Die erste ungekürzte Auslandsaufführung der Oper »Parsifal« von Richard Wagner in deutscher Sprache findet im Pariser Théâtre des Champs Élysées unter der Leitung des österreichischen Dirigenten Felix von Weingartner statt. Sie wird vom Publikum enthusiastisch gefeiert (→ 1. 1./S. 26).

Die russische Tänzerin Anna P. Pawlowa beginnt ein achttägiges Berlin-Gastspiel. Die Auftritte der berühmten Ballettkünstlerin finden in der Öffentlichkeit starke Beachtung. → S. 98

4. Juni, Donnerstag

Durch den Zusammenschluß der britischen Transportarbeiter-, Kohlenarbeiter- und Eisenbahnergewerkschaften entsteht eine einheitliche gewerkschaftliche Interessenvertretung für insgesamt rund zwei Millionen Werktätige in Großbritannien.

5. Juni, Freitag

Der Partei- und Reichstagsfraktionsvorsitzende der Nationalliberalen Partei, Ernst Bassermann, stellt in einem Schreiben an seinen Fraktionskollegen Eugen Schiffer fest: »Wir treiben dem Weltkrieg zu.« Die Nationalliberalen unterstützen – als drittstärkste Kraft im deutschen Reichstag – die Regierungspolitik von Reichskanzler Theobald von Bethmann Hollweg.

Die Delegierten der Deutschen Kolonialgesellschaft verständigen sich auf ihrer Hauptversammlung in Berlin auf den Bau neuer Eisenbahnlinien in den deutschen Kolonialgebieten (→ 2. 2./S. 38). Die 1887 gegründete Gesellschaft will den deutschen Kolonialismus auf privater Ebene ausbauen.

In einer diplomatischen Note verkündet die mongolische Regierung in Urga (heute Ulan Bator) den Gesandtschaften der Großmächte in der chinesischen Hauptstadt Peking offiziell die Unabhängigkeit der Äußeren Mongolei. Die Mongolen hatten sich bereits im Jahr 1911 von China gelöst.

Prinz Friedrich Karl von Preußen, Sohn des deutschen Kaisers Wilhelm II., siegt bei einem zur Vorbereitung auf die Olympischen Spiele 1916 dienenden zweitägigen Offizierswettbewerb im Degenfechten. → S. 99

6. Juni, Sonnabend

Bei seinem ersten Versuch einer Regierungsbildung in Frankreich scheitert der Sozialist René Viviani, weil die sozialistischen Abgeordneten im französischen Parlament eine Zusage zur Abschaffung der dreijährigen Wehrdienstzeit verweigert (→ 16. 6./S. 92).

Das Bild »Windsbraut« des österreichischen Malers Oskar Kokoschka ist Höhepunkt einer Ausstellung der Neuen Münchener Sezession. → S. 98

7. Juni, Sonntag

Die Erschießung von zwei Teilnehmern einer antimilitaristischen Demonstration in Ancona durch die italienische Polizei führt zu Protestkundgebungen und einem Generalstreik. → S. 93

8. Juni, Montag

In Paris beauftragt der französische Präsident Raymond Poincaré den als politisch rechtsliberal geltenden Senator Pascal Ribot mit der Kabinettsbildung. Die Regierungskrise hält jedoch an: Ribot wird bereits am 12. Juni durch ein Mißtrauensvotum von der Parlamentsmehrheit gestürzt (→ 16. 6./S. 92).

Als erster Dampfer durchquert die 4000 Bruttoregistertonnen große »Alliance« der Panama Railroad Company den Panamakanal. Der mittelamerikanische Schiffahrtsweg zwischen Atlantischem und Pazifischem Ozean wird am → 15. August (S. 154) offiziell eingeweiht.

9. Juni, Dienstag

In der Berliner »Vossischen Zeitung« erscheinen unter dem Titel »Die Utopie des ewigen Friedens« Auszüge aus einem Buch des preußischen Generalfeldmarschalls Colmar Freiherr von der Goltz. Sie sind ein aufschlußreiches Dokument für die militaristische Gesinnung konservativer Kreise im Deutschen Reich. → S. 94

In Bremen endet der 55. deutsche Ingenieurstag. Im Mittelpunkt der drei Tage dauernden Beratungen steht die Vereinheitlichung der Normen in der Maschinenindustrie. → S. 95

10. Juni, Mittwoch

Zwischen der Schweiz und Großbritannien wird in Bern ein Schiedsgerichtsabkommen unterzeichnet. Es sieht die Schlichtung von Streitfragen zwischen beiden Ländern vor dem Internationalen Schiedsgerichtshof im niederländischen Den Haag vor.

In Hannover wird die in gut zweijähriger Bauzeit fertiggestellte neue Stadthalle eingeweiht. → S. 95

11. Juni, Donnerstag

Der deutsche Kaiser Wilhelm II. reist zu einem sechstägigen Besuch beim österreichischen Thronfolger Erzherzog Franz Ferdinand auf das böhmische Landgut Konopištĕ. Er wird dabei vom Chef des Reichsmarineamts, Großadmiral Alfred von Tirpitz begleitet. Dem Besuch kommt hohe politische Bedeutung zu, da sich Tirpitz – im Gegensatz zu Franz Ferdinand – für eine militärische Lösung der politischen Probleme Österreich-Ungarns in Südosteuropa ausspricht (→ 28. 6./S. 88).

Vor dem britischen Unterhaus in London leugnet Außenminister Sir Edward Grey den Beginn von Verhandlungen über ein britisch-russisches Flottenabkommen. Obwohl über die sog. Tripelentente mit dem zaristischen Rußland verbündet, bestehen bisher keine militärischen Absprachen zwischen beiden Staaten (→ 26. 5./S. 78).

In der französischen Stadt Lyon beschließt der Internationale Leichtathletikverband die Normung aller Maße und Geräte sowie offizielle Kriterien für die Anerkennung von Weltrekorden. Dadurch wird u. a. die deutsche 4 × 100-m-Staffel nachträglich als Weltrekordhalter bestätigt; sie war im Rahmen der Olympischen Spiele am 8. Juli 1912 in Stockholm eine Zeit von 42,3 sec gelaufen. → S. 99

12. Juni, Freitag

Die Spannungen zwischen Griechenland und dem Osmanischen Reich verschärfen sich, als Griechenland mit Chios und Lesbos zwei der vom Osmanischen Reich beanspruchten Ägäischen Inseln besetzt. Die Gefahr eines Krieges wird allerdings durch das Einlenken der osmanischen Regierung gebannt. Zugleich fordert die griechische Regierung in Athen das Osmanische Reich auf, alle Repressionen gegen die griechische Minderheit auf osmanischem Boden einzustellen.

13. Juni, Sonnabend

Bei einer Debatte im preußischen Abgeordnetenhaus in Berlin lehnt die Mehrheit der Parlamentarier die sozialdemokratische Forderung nach Aussetzung der laufenden Strafverfahren gegen ihre Abgeordneten, darunter Rosa Luxemburg, ab (→ 20. 2./S. 39).

In Paris bildet der Sozialist und frühere Unterrichtsminister René Viviani ein neues Kabinett. Die russische Regierung äußert sich in Petersburg (heute Leningrad) besorgt über die innenpolitische Entwicklung im verbündeten Frankreich. Angesichts sozialistischer Forderungen nach Abschaffung der dreijährigen Wehrdienstzeit sieht sie die Kriegsbereitschaft des Bündnispartners gefährdet (→ 16. 6./S. 92).

14. Juni, Sonntag

Im rumänischen Konstanza trifft der russische Zar Nikolaus II. in Begleitung von Außenminister Sergei D. Sasonow zu einem offiziellen Besuch ein. Die politischen Gespräche zwischen der russischen und rumänischen Regierung gelten als Annäherung Rumäniens an die Staaten der sog. Tripelentente (Rußland, Großbritannien, Frankreich). → S. 93

Das Internationale Olympische Komitee (IOC) kommt in Paris zu seiner 16. Session zusammen. Zu Beginn der Beratungen wird erstmals offiziell die Olympiafahne gehißt. Entworfen von dem IOC-Initiator und -Präsidenten Pierre Baron de Coubertin, wird sie mit ihren fünf Ringen zum Symbol der olympischen Bewegung. → S. 99

In einem Freundschaftsspiel unterliegt der deutsche Fußballmeister SpVgg Fürth dem österreichischen Spitzenklub Rapid Wien 1:2.

15. Juni

Zwischen dem Deutschen Reich und Großbritannien wird ein Abkommen über den Bau der sog. Bagdadbahn geschlossen. Damit zieht die britische Regierung ihre Bedenken gegen das Eisenbahnprojekt im Osmanischen Reich zurück. Die vor allem von deutschen Kapitalgebern finanzierte Bahnlinie soll auch innerhalb britischer Herrschaftsbereiche verlaufen.

Das Attentat auf das österreichisch-ungarische Thronfolgerpaar in Sarajevo am 28. Juni 1914 ist am folgenden Tag der Aufmacher aller großen Tageszeitungen (hier der Düsseldorfer »General-Anzeiger«)

Düsseldorfer General-Anzeiger

Fernsprech-Anschlüsse 8750 8751 8752 8753 8754 8755

Für Anzeigen-Aufnahme an bestimmten Tagen und bestimmter Stelle wird keine Gewähr übernommen.

mit „Düsseldorfer Handelsblatt“, „Düsseldorfer Sport-Zeitung“ und der illustr. Wochenschrift „Rhein und Düssel“

General-Anzeiger für Düsseldorf und Umgegend — Düsseldorfer Neueste Nachrichten

Amtliches Kreisblatt für den Landkreis Düsseldorf

Telegramme: „Generalanzeiger Düsseldorf“

Berliner Redaktions-Bureau: Berlin, Unter den Linden 59a. Telephon: Amt Zentrum Nr. 10429

Erscheint täglich morgens. — Bezugspreis mit der illustrierten Wochenschrift „Rhein u. Düssel“ durch die Boten: 70 Pfg. für den Monat, durch die Post: Mk. 2,40 für das Vierteljahr. Haupt-Geschäftsstelle: Grabenstraße 25. Zweig-Geschäftsstelle: Nordstraße 34.

Einrückungsgebühr für die einspaltige Zeile: Lokale Anzeigen 25 Pfg., auswärtige 35 Pfg., für Stellengesuche 15 Pfg. Letzte Seite und nach Sonn- u. Feiertagen erhöhte Preise. Die Expedition ist nur an Wochentagen von 8–6 Uhr geöffnet.

Annahme-Schluß: Größere Anzeigen, Wohnungs- u. Grundstücks-Anzeigen 11 Uhr vorm., kleinere bis 4 Uhr nachm. — Für Sonntag-Nummer: Größ. Anzeigen bis Freitag-Abend 6 Uhr, Wohnungs- u. Grundstücksanzeigen Samstag-Vorm. 11 Uhr, alle and. Anzeigen bis Samstag-Mittag 1 Uhr.

Nr. 178 — 39. Jahrgang | Montag, den 29. Juni 1914 | Ueber 90000 Abonnenten

Ermordung des österreichischen Thronfolgers und seiner Gemahlin.

Erzherzog Franz Ferdinand und die Herzogin Hohenberg erschossen.

Durch einen Bombenwurf wurden sechs Personen schwer und einige andere leicht verletzt.

Ein fluchwürdiges Verbrechen wurde am gestrigen Sonntag in der bosnischen Hauptstadt Sarajewo verübt. Dort wurde das österreichische Thronfolgerpaar von einem 19jährigen Burschen erschossen, nachdem zuvor durch einen Bombenwurf eine Anzahl von Personen mehr oder weniger schwer verletzt worden ist. Die furchtbare Tat, die wir in den frühen Abendstunden des Sonntags durch Extrablätter bekannt gaben, wurde zunächst in folgendem Privattelegramm gemeldet:

(Von unserem -ss-Korrespondenten.)

Sarajewo, 28. Juni.

Als heute Vormittag 11 Uhr der Erzherzog-Thronfolger Franz Ferdinand von Oesterreich mit seiner Gemahlin, der Fürstin Sophie von Hohenberg, in das Rathaus in Sarajewo fuhr, wurde unterwegs eine Bombe geworfen, die den Wagen zwar nicht traf, jedoch sechs Personen schwer verletzte. Als später das erzherzogliche Paar vom Rathaus nach dem Spital fahren wollte, um die Verwundeten zu besuchen, wurden aus einem Hinterhalt oder einem Hause mehrere Revolverschüsse abgegeben, durch die der Erzherzog und seine Gemahlin getroffen wurden. Beide verschieden alsbald. Der Bombenwerfer ist ein aus Bosnieen ausgewiesener Serbe.

* * *

Einzelheiten zu dem Attentat.

(Privat-Telegramm.)

Wien, 28. Juni.

Das Attentat erfolgte, als das Thronfolgerpaar im Automobil des Landeschefs zwischen dem von dem Militär gebildeten Spalier fuhr. Der Erzherzog erhielt einen Schuß ins Gesicht, die Herzogin von Hohenberg einen Schuß in den Unterleib. Beide verloren sofort das Bewußtsein und wurden in den Konak, den Sitz des Regierungschefs, gebracht. Der Leibarzt und der Leiter des Spitals waren sofort zur Stelle, doch erwies sich ärztliche Hilfe als erfolglos. Dem Thronfolgerpaar waren bei der Fahrt noch große Ovationen gebracht worden. Sowohl der Bombenwerfer, als auch der Mörder wurden von der Bevölkerung beinahe totgeschlagen und von den Sicherheitsorganen mit Mühe befreit. Sofort wurden umfassende Vorkehrungen getroffen, um eventuelle Mitschuldige zu ermitteln. Es bestehen Anzeichen dafür, daß

ein Komplott

bestand, dessen Fäden bis nach Belgrad reichen. Die Reise des Erzherzogs war eine rein militärische Unternehmung und wurde den Zivilbehörden offiziell gar nicht mitgeteilt, so daß umfassende Sicherheitsvorkehrungen nicht getroffen wurden wie beim Besuch des Kaisers. Die Fahrt in das Rathaus erfolgte auf besonderen Wunsch des Thronfolgers, der der Bevölkerung näher treten wollte. Die Dispositionen wegen der Überführung der Leichen werden morgen mittag nach Ankunft des Kaisers getroffen.

Der Attentäter Princip

ist 19 Jahre alt. Er gab bei seinem Verhör an, schon lange die Absicht gehabt zu haben, irgend eine hohe Person aus nationalistischen Motiven zu töten. Er habe einen Moment gezögert, da sich auch die Herzogin im Automobil befand, dann aber rasch gefeuert. Er leugnet, Komplizen zu haben. Der 21 Jahre alte Typograph Cabrinowic, der die Bombe geworfen hat, zeigte bei seinem Verhör ein sehr zynisches Wesen. Auch er erklärte, keine Komplizen zu haben. Cabrinowic war nach dem Attentat in den Fluß gesprungen, wurde jedoch von nachspringenden Wachleuten und Personen des Publikums verhaftet. Wenige Schritte von dem Schauplatz des zweiten Attentats wurde eine unwirksam gebliebene Bombe aufgefunden. Sie dürfte von einem dritten Attentäter geworfen sein. Cabrinowic erklärte, die Bombe von einem Anarchisten in Belgrad, dessen Namen er nicht kenne, erhalten zu haben.

* * *

In den stillen Sonntagsfrieden kam die Nachricht von einer Schreckenstat, die überall Abscheu und Entsetzen hervorruft, die Nachricht von der Ermordung des Thronfolgers von Österreich-Ungarn, des Erzherzogs Franz Ferdinand, und seiner Gemahlin, Herzogin von Hohenberg, geborenen Gräfin Sophie Chotek. In tiefer Erschütterung steht die zivilisierte Welt vor der grauenhaften Tat, die allem Anschein nach ein verabscheuungswürdiger Ausfluß nationalistischen Hasses ist. Nach den bisher vorliegenden Nachrichten muß es sich um eine wohlüberlegte Verschwörung handeln. Nachdem ein Bombenanschlag gegen den Thronfolger mißglückt war, griff ein Mitverschwörer zum Revolver und vollführte die schreckliche Tat, indem er auf das Trittbrett des Wagens sprang und aus nächster Nähe die tödlichen Schüsse auf den Thronfolger und seine Lebensgefährtin abgab, die nun auch seine Gefährtin im Tode geworden ist. Die Täter sind junge Menschen, der Bombenwerfer ein 21jähriger Typograph und der Revolverattentäter ein 19 Jahre alter Gymnasiast.

Herzliches, tiefes Mitgefühl ist es, das sich jedermann bei dem schweren Geschick aufdrängt, von dem das Deutschland befreundete und mit ihm verbündete Österreich-Ungarn und sein Herrscherhaus jetzt wieder heimgesucht wird. Der hochbetagte Kaiser Franz Joseph, der in diesem Sommer 84 Jahre alt wird, äußerte, als ihm Mitteilung von der Katastrophe gemacht wurde: „Mir wird nichts erspart.“ In der Tat beleuchtet dieses Wort, das schon ein rein menschliches Empfinden auslöst, wie mit einem Blitzlicht die tragische Situation. Dem greisen Herrscher auf dem Habsburgischen Throne ist nichts erspart geblieben. Sein unglücklicher Bruder Max, der Kaiser von Mexiko, wurde 1867 erschossen, sein hoffnungsreicher Sohn, der Kronprinz Rudolf, starb 1889 eines gewaltsamen Todes, und im September 1898 wurde die Gemahlin des Herrschers, die Kaiserin Elisabeth, in Genf von einem italienischen Anarchisten ermordet. Wenn man sich dieser erschütternden Ereignisse erinnert, wenn man nun die neue Botschaft des Entsetzens hört, und wenn man sich weiter die vielen politischen Kämpfe vor Augen hält, die das Leben und Wirken des österreichisch-ungarischen Staates manchmal bis in die Wurzeln trafen, muß man sagen, daß der greise Kaiser manchen bitteren Kelch hat leeren müssen.

In dem Thronfolger Erzherzog Franz Ferdinand ist eine ritterliche Gestalt dahingeschieden, ein Mann, von dem Österreich-Ungarn vieles und hohes erwarten durfte. Freilich, sein Charakterbild schwankte hier und dort in der Darstellung der Zeitgenossen. Das Eine aber, das Wichtigste für Deutschland blieb fest, nämlich, daß er ein treuer Bundesgenosse des deutschen Kaisers war und daß er zum deutschen Kaiser, der vor wenigen Tagen noch Gast des Thronfolgers in Konopischt war, in innigster Freundschaft stand. Ein edles Herz, das für die verantwortungsvollen Aufgaben an der Spitze eines Staates wie geschaffen schien, fiel einem Mordbuben zum Opfer, noch bevor es seine glänzenden und starken Kräfte ganz entfalten konnte.

Österreich-Ungarn scheint nun wieder tiefgehenden Erschütterungen ausgesetzt. Wann wird die Doppelmonarchie an der Donau einigermaßen Ruhe finden? Kann sie überhaupt Ruhe finden? Das sind schicksalsschwere Fragen, die schon oft aufgestellt wurden und jetzt von neuem in die Erscheinung treten. Ihre Beantwortung ist noch im Schoße der Zeiten verborgen. Wir wollen hoffen, daß die neuen Prüfungen, so gewaltig ihr Druck auch auf dem befreundeten Staate und seinem Herrscherhause lastet, doch ein mannhaftes und starkes Geschlecht antreffen, das sich in seinen Pflichten einig fühlt.

* * *

Eine offiziöse Darstellung der Mordtat.

// **Berlin**, 28. Juni.

Aus Kreisen der bosnischen Landesregierung wird folgende Darstellung des Attentates gegeben: Als der Erzherzog und die Herzogin von Hohenberg um 10 Uhr vormittags vom Militärlager nach der Stadt zurückkehrten, schleuderte auf dem Wege nach dem Rathause der Typograph Cabrinowic eine Bombe gegen das Auto des Thronfolgers. Sie fiel gegen die rückwärtige Lehne, prallte ab und explodierte unter dem nachfolgenden Automobil, in dem mehrere Offiziere saßen, darunter der Flügeladjutant von Meritzki, der am Hals verwundet wurde. Der Erzherzog ließ sein Auto halten und erkundigte sich, um was es sich handele. Darauf fuhr er nach dem Rathaus, wo ihn der Gemeinderat mit dem Bürgermeister an der Spitze erwartete. Der Bürgermeister wollte eine Ansprache halten, aber der Erzherzog unterbrach ihn mit den Worten: „Herr Bürgermeister, ich komme hierher, um Sarajewo zu besuchen und

man wirft mit Bomben auf mich,

Das ist empörend!“ Nach einer Pause sagte der Erzherzog: „So, jetzt können Sie Ihre Ansprache halten.“ Inzwischen hatte die Bevölkerung von dem Attentat gehört und brach vor dem Rathause in begeisterte Zivio-Rufe aus, auch als der Erzherzog das Auto wieder bestieg, um nach dem Garnisonhospital zu fahren, wo er sich nach dem Befinden des verwundeten Adjutanten erkundigen wollte. An der Ecke des Franz-Joseph- und Rudolf-Gartens feuerte der serbische Gymnasiast Gavro Princip auf ihn zwei Pistolenschüsse ab. Der erste Schuß traf den Erzherzog in die rechte Seite, der zweite durchschlug die Halsader der Herzogin von Hohenberg. Die Herzogin sank bewußtlos dem Thronfolger auf die Knie. Der Erzherzog verlor nach wenigen Minuten die Besinnung. Die Verwundeten wurden in den Konak gebracht und starben bald darauf. Der erste Attentäter war nach dem Bombenwurf in den Fluß gesprungen. Mehrere Personen sprangen ihm nach und brachten ihn zur Polizei. Dort wurde festgestellt, daß er Serbe und der Sohn eines Gastwirts ist. Er ist als arbeitsunlustig bekannt und gehörte früher einer anarchistischen Gruppe an. Der zweite Attentäter wurde von Offizieren und Polizisten festgenommen. Die Menge schlug ihn blutig und brachte ihm schwere Verletzungen bei.

Wie der „Berl. Lok.-Anz.“ in einem Extrablatt weiter aus Sarajewo meldet, ließen in der letzten Zeit mancherlei Anzeichen darauf schließen, daß in Bosnien wieder eine

großserbische Verschwörung

im Werke war, die ihre Zweige sehr weit über die verschiedensten Bevölkerungsschichten erstreckte. Schon vor vier Wochen wurden von serbischen Gymnasiasten in Mostar Mittelschulprofessoren attackiert und bedroht. Im dortigen Theater wurden von serbischen Mittelschülern großserbische Kundgebungen veranstaltet, wobei sogar österreichische Offiziere in Uniform insultiert worden wären, wenn man nicht rechtzeitig eingeschritten wäre. In der vorigen Woche sind neuerlich Mittelschulprofessoren von Schülern beschimpft und tätlich mißhandelt worden, worauf das Professorenkollegium sich ernstlich an die Landesregierung mit der Bitte um Schutz gewendet hat. Man trug sich in der letzten Zeit schon mit dem Gedanken, die Mittelschulen in Sarajewo und Mostar zu schließen. Auch mehrten sich die Überfälle auf österreichische Beamte in Sarajewo. Die Behörden waren einem Komplott bereits auf der Spur und hatten eine Reihe von Verhaftungen vorgenommen.

Aus Wien wird weiter gemeldet, daß der serbische Gesandte Jwanowitsch in der vorigen Woche im Auswärtigen Amte erschienen ist und im Auftrage seiner Regierung

vor der Reise des Thronfolgers nach Bosnien gewarnt

hat, da die serbische Staatspolizei von ausgebreiteten Attentatsplänen Kenntnis erlangt hätte. Der Thronfolger bestand jedoch auf seinem Plan, weil die Vorbereitungen schon zu weit gediehen waren, und er die Korpsmanöver persönlich leiten wollte. Ein großer Teil der Stadt Sarajewo ist gestern mit serbischen Trikoloren beflaggt worden. Die Fahnen sind jedoch auf Veranlassung der Behörden entfernt worden. Die Polizei hatte die strengsten Schutzmaßnahmen getroffen. Vorgestern sind bereits 37 Verdächtige in Haft genommen worden. Die Sicherheitsmaßnahmen gingen so weit, daß es verboten war, hinter dem Militärspalier Aufstellung zu nehmen. Ebenso war es strengstens verboten, daß die Fenster während der Vorbeifahrt des erzherzoglichen Paares besetzt wurden. Der Blumenschmuck auf den Balkonen und an Fenstern mußte entfernt werden. 1000 Mann Gendarmerie waren aus dem Innern des Landes zusammengezogen, um den Sicherheitsdienst in der Stadt zu verstärken. Dem Polizeidirektor von Sarajewo werden schon jetzt die heftigsten Vorwürfe gemacht, daß er trotz des ersten Bombenattentats die zweite Fahrt des Thronfolgers durch die Stadt nicht verhindert hat.

Die Erregung in Wien

ist kaum zu schildern. Die Stadt war in den Mittagsstunden zuerst wie ausgestorben, da infolge des schönen Wetters die meisten Bewohner ins Freie geeilt waren. Als die Nachricht von dem Attentat in der Umgebung bekannt wurde, sind die Züge der Straßenbahn und der Stadtbahn gestürmt worden. Alle eilten ins Innere, um dort Näheres zu erfahren. Die Extrablätter wurden den Austrägern aus den Händen gerissen.

Von anderer Seite wird noch über das Attentat gemeldet: Vormittags zehn Uhr traf das erzherzogliche Paar aus Ilisze in Sarajewo ein, wo ein großartiger Empfang vorbereitet war. Unweit vom Bahnhofe wurde eine Bombe geworfen, von der der Thronfolger und seine Gemahlin noch verschont blieben, durch welche aber elf Personen aus dem Publikum, davon sechs schwer, fünf leicht verletzt wurden. Zwei Offiziere des Gefolges sollen schwer verletzt worden sein. Trotzdem fuhr das Erzherzogspaar nach dem Rathause weiter. Am Hauptplatz von Sarajewo sprang plötzlich ein junger, gut gekleideter Mann aus dem Publikum hervor und gab auf das erzherzogliche Paar zwei Schüsse ab, von denen einer den Erzherzog-Thronfolger nahe der Schläfe, der andere die Herzogin von Hohenberg in den Unterleib traf. Das Automobil setzte die Fahrt nach dem Konak in beschleunigtem Tempo fort. Hier waren sofort Ärzte zur Stelle; doch war jegliche Hilfeleistung unmöglich: gleich nach dem Eintreffen im Konak verschieden der Erzherzog-Thronfolger und seine Gemahlin.

Niederschmetternder Eindruck auf Kaiser Franz Josef.

V **Ischl**, 28. Juni.

Kaiser Franz Joseph, der gestern hier eingetroffen war, erhielt um 12 Uhr in Ischl die Meldung von der Katastrophe. Er weinte und sagte: „Entsetzlich, entsetzlich! Das ist ja schrecklich. Mir bleibt doch nichts erspart!“ Die erste Meldung überbrachte Generaladjutant Graf Paar. Der Kaiser reist morgen 6 Uhr früh nach Wien ab. Die Einholung der Leichen wird mit allem höfischem Pomp erfolgen. Der Kaiser kehrt am 12. Juli nach Ischl zurück. Als erster kondolierte der Herzog von Cumberland, der auf die Meldung sofort nach Ischl eilte und eine Viertelstunde bei dem Kaiser weilte. Kaiser Wilhelm war von Ischl aus sofort verständigt worden und richtete nachmittags ein herzliches Beileidstelegramm an den Kaiser. Er wird zur Trauerfeier nach Wien kommen. Fürst Fürstenberg erfuhr auf dem Rennplatz in Karlsbad die Kunde von der Schreckensnachricht und eilte sofort auf den Grafen Wutenau, den Schwager der Herzogin von Hohenberg, zu. Die Kinder des erzherzoglichen Paares weilen auf Schloß Clumetz in Böhmen.

Trauer in Wien.

V **Wien**, 28. Juni.

In den ersten Nachmittagsstunden verbreiteten sich Gerüchte von dem in Sarajewo erfolgten Attentat auf den Erzherzog Thronfolger Franz Ferdinand und Gemahlin, welche gegen drei Uhr nachmittags die amtliche Bestätigung fanden. Überall, wo Festlichkeiten stattfanden, wurden sie sofort abgebrochen. Allge-

Juni 1914

Attentat auf Thronfolger Franz Ferdinand in Sarajevo

28. Juni. In Sarajevo wird der österreichisch-ungarische Thronfolger Erzherzog Franz Ferdinand von dem bosnischen Nationalisten Gawrilo Princip ermordet. Vor dem Hintergrund politischer Spannungen unter den europäischen Großmächten wird das Ereignis zum Auslöser des Weltkrieges (→ 28. 7./S. 111).

Franz Ferdinand hält sich zusammen mit seiner Frau, Herzogin Sophie von Hohenberg, zu einem eintägigen Besuch in der Hauptstadt des 1908 von Österreich-Ungarn annektierten Bosnien auf. Bereits auf der Fahrt zum Rathaus von Sarajevo schleudert der 19jährige bosnische Nationalist Nedeljko Cabrinovic eine Bombe gegen das Auto des Thronfolgers. Sie verfehlt zwar ihr Ziel, verletzt jedoch zwei Begleiter von Erzherzog Franz Ferdinand sowie sechs Schaulustige. Trotz des Zwischenfalls setzt Franz Ferdinand seine Fahrt zum Rathaus fort. Nach den dortigen Empfangszeremonien beginnt Franz Ferdinand in seinem Wagen eine Stadtrundfahrt. Auf einer Brücke unweit des Regierungsgebäudes löst sich der 19jährige Gymnasiast Gawrilo Princip aus einer Zuschauermenge und feuert aus kürzester Entfernung zwei Schüsse auf das Thronfolgerpaar ab. In einem nahen Krankenhaus wird der Tod von Erzherzog Franz Ferdinand und Herzogin Sophie von Hohenberg festgestellt.

Ebenso wie Nedeljko Cabrinovic zählt Gawrilo Princip, der unmittelbar nach dem Attentat festgenommen wird, zu der nationalistischen Bewegung Mlada Bosna (Junges Bosnien). Er sieht seine Tat als Racheakt für die Unterdrückung der serbischen Bevölkerung in Bosnien.

Das Attentat erhält seine politische Brisanz durch die Verbindungen bosnischer Nationalisten zur panslawistischen Bewegung im benachbarten Serbien, u. a. zu der am 9. Mai 1911 gegründeten Organisation Crna ruka (Schwarze Hand). Angesichts des seit den Balkankriegen 1912/13 eskalierenden Kampfes um den politischen Einfluß in Südosteuropa will die österreichisch-ungarische Regierung jeden Machtzuwachs Serbiens unterbinden. Von schweren Nationalitätenproblemen bedroht (→ 16. 3./S. 49), fürchtet Österreich-Ungarn die Attraktivität eines großserbischen Staates für die slawischen Bevölkerungsgruppen im südöstlichen Teil der Donaumonarchie.

Gleichzeitig birgt der Konflikt zwischen Österreich-Ungarn und Serbien ein enormes gesamteuropäisches Konfliktpotential in sich. Einflußreiche Kreise im Deutschen Reich bereiten seit langem eine Ausweitung der deutschen Machtstellung in Europa auch unter Inkaufnahme eines Krieges vor (→ 20. 5. / S. 76). Auf der anderen Seite unterstützt das mit Großbritannien und Frankreich zum gegnerischen Bündnissystem zählende Rußland die serbische Politik in Südosteuropa. Daher entfalten die europäischen Großmächte nach dem Attentat hektische diplomatische Aktivitäten (→ 2. 7. / S. 104).

Der Augenblick des Attentates, gezeichnet nach der Skizze eines Augenzeugen: Gawrilo Princip (l., mit Pistole) schießt auf das österreichisch-ungarische Thronfolgerpaar (im Fond des Wagens: l. Sophie von Hohenberg, r. Franz Ferdinand)

Unter fremder Herrschaft

Der Ort des Attentats, die bosnische Hauptstadt Sarajevo, ist Mittelpunkt eines seit Jahrhunderten unter fremder Herrschaft stehenden Landes. Seit 1463 zählte Bosnien mit seiner zu einem großen Teil serbischen Bevölkerung zum Osmanischen Reich. 1875 wurde es unter österreichisch-ungarische Verwaltung gestellt. Bereits vorhandene nationalistische Bestrebungen verschärften sich, als Österreich-Ungarn 1908 Bosnien formell annektierte. Dieses Vorgehen löste bereits damals eine gesamteuropäische Krise aus. Im Vorfeld des Besuches von Erzherzog Franz Ferdinand in Sarajevo am 28. Juni hatten Vertreter serbischer Bevölkerungsgruppen eine Teilnahme an den Feierlichkeiten abgelehnt, da sie die Visite als politische Provokation empfinden (Abb.: Schauplatz des Attentates vom 28. Juni an der Ecke Franz-Josef-Straße/Appelquai in Sarajevo).

Nationalistischer Attentäter

Der 19jährige Gymnasiast Gawrilo Princip gehört der nationalistischen, u. a. von Schülern gebildeten Bewegung Mlada Bosna (Junges Bosnien) an. Ohne festgefügte Organisation repräsentiert sie ein breites Spektrum politischer Vorstellungen vom Monarchismus bis zum Republikanismus. In ihrem gemeinsamen Ziel, dem Sturz der österreichisch-ungarischen Herrschaft in Bosnien, werden sie von serbischen Panslawisten unterstützt.

Bereits am 12. Februar 1912 hatten in Sarajevo bosnische Schüler gegen die repressive Politik des österreichisch-ungarischen Statthalters Slavko Cuvaj demonstriert. Nach weiteren Protestaktionen im März desselben Jahres, an denen auch Gawrilo Prinicp führend beteiligt war, kam es zu Massenverhaftungen bosnischer Nationalisten (Abb.: Gawrilo Princip, r., im Mai 1914; l. der ebenfalls am Attentat beteiligte Trifko Grabež).

Interessen galten der Armee

Der am 18. Dezember 1863 in Graz geborene österreichisch-ungarische Erzherzog Franz Ferdinand wurde als Neffe von Kaiser Franz Joseph I. nach dem Selbstmord von Kronprinz Rudolf am 30. Januar 1889 Thronfolger. Seit 1899 General der Kavallerie, wurde er 1913 zum Inspekteur der gesamten bewaffneten Macht ernannt. Sein Ziel bestand in Ausbau und Modernisierung der österreichischen Land- und Seestreitkräfte.

Franz Ferdinands Ideen einer mehr föderalistisch orientierten Staatsverfassung blieben in der Donaumonarchie ohne Chance auf Verwirklichung. Der Thronfolger war ein politischer Förderer des österreichisch-ungarischen Generalstabschefs Franz Freiherr Conrad von Hötzendorf, der außenpolitisch eine aggressive Militärstrategie befürwortet (Abb.: Franz Ferdinand mit seiner Frau, Herzogin Sophie von Hohenberg).

Juni 1914

Kurz vor dem ersten Attentat: An dieser Stelle schleudert Nedeljko Cabrinovic gegen 10 Uhr eine Bombe auf das Auto von Franz Ferdinand. Dem Thronfolger gelingt es aber, die Bombe wieder wegzuwerfen; bei ihrer Explosion verletzt sie Insassen des nachfolgenden Wagens sowie Passanten

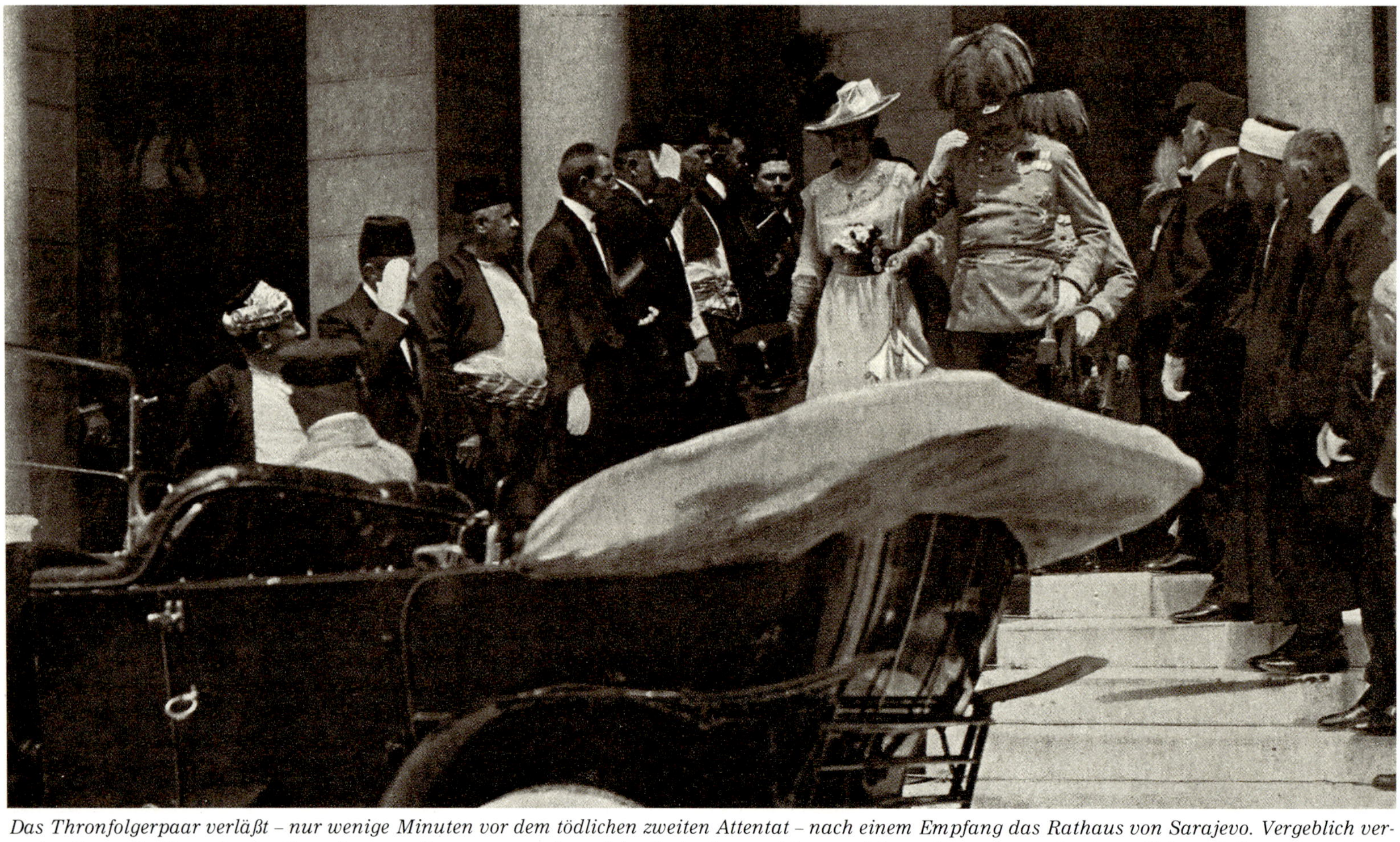

Das Thronfolgerpaar verläßt – nur wenige Minuten vor dem tödlichen zweiten Attentat – nach einem Empfang das Rathaus von Sarajevo. Vergeblich versuchte Franz Ferdinand, seine Frau davon zu überzeugen, aufgrund der Ereignisse am Morgen nicht an der geplanten Stadtrundfahrt mit ihm teilzunehmen

Juni 1914

Die Festnahme von Nedeljko Cabrinovic unmittelbar nach seinem Bombenanschlag; der 19jährige, aus der Herzegowina stammende Schriftsteller versuchte zunächst, sich mit einem Sprung über die Uferbrüstung in einen nahegelegenen Fluß zu retten; nach kurzer Verfolgung wird er jedoch überwältigt

Österreichisch-ungarische Polizisten führen Gawrilo Princip nach seinen tödlichen Schüssen auf das Thronfolgerpaar ab; bei seiner Vernehmung erklärt Princip anschließend: »In dem Erzherzog habe ich die Verkörperung des österreichischen Imperialismus ... gesehen. Deshalb habe ich das Attentat verübt.«

Juni 1914

René Viviani (r.) auf der Abgeordnetenbank

A. Ribot (vorn r.) scheitert bei Regierungsbildung

Außenminister im Kabinett Ribot: L. Bourgeois (l.)

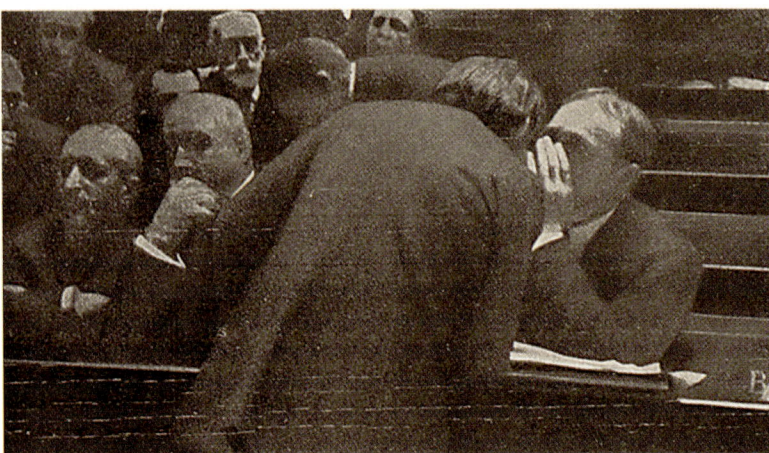
Viviani (r.) im Gespräch mit Aristide Briand (früherer Ministerpräsident)

Ministerpräsident Viviani (sitzend) und das neue Kabinett (5. v. r.: Malvy)

Regierungskrise in Frankreich beendet

16. Juni. Die französische Abgeordnetenkammer in Paris spricht der vom bisherigen Unterrichtsminister René Viviani (Unabhängige Sozialisten) am 13. Juni gebildeten Regierung ihr Vertrauen aus. Damit endet in Frankreich eine zwölftägige, seit dem Rücktritt des bisherigen Ministerpräsidenten Gaston Doumergue am 4. Juni anhaltende Regierungskrise.

Viviani hatte bereits nach der Demission von Doumergue die Kabinettsbildung übernommen, war aber am 6. Juni an der Frage einer Beibehaltung der umstrittenen dreijährigen Wehrdienstzeit gescheitert. Zwei Tage später beauftragte Präsident Raymond Poincaré den Rechtsliberalen Alexandre Ribot mit der Regierungsbildung. Dieser stellte sein Kabinett – u. a. mit Léon Bourgeois als Außenminister – am 9. Juni vor. Nach seiner Regierungserklärung am 12. Juni verweigerten ihm jedoch die Abgeordneten ihr Vertrauen. Schließlich stellte Viviani am 13. Juni erneut ein Kabinett zusammen, das drei Tage später im Parlament bestätigt wird. Viviani übernimmt dabei auch das Außenministerium. Innenminister wird Louis Malvy.

Ursache der Regierungskrise in Frankreich sind – neben dem Ausgang der Parlamentswahlen vom 26. April und → 10. Mai (S. 78) – die zentralen innenpolitischen Streitfragen: Beibehaltung der dreijährigen Wehrdienstzeit und Einführung der progressiven Einkommenssteuer. Neben ihrer tagespolitischen Bedeutung zeigen sie die grundsätzlichen politischen Gegensätze im Frankreich der Vorkriegszeit. Im Wahlkampf hatten sich Sozialisten und republikanisch-antiklerikal orientierte Radikale gemeinsam für die Abschaffung der am 7. August 1913 beschlossenen dreijährigen Wehrdienstzeit sowie für die Einführung einer progressiven Einkommenssteuer ausgesprochen. Sie stellten sich damit gegen die Politik von Präsident Raymond Poincaré, der sich aus Rücksicht auf Frankreichs Bündnispartner Rußland und Großbritannien entschieden für die Beibehaltung der dreijährigen Wehrdienstzeit einsetzt.

Gegen den ausdrücklichen Willen der Parlamentsmehrheit spricht sich Ministerpräsident Viviani bei seiner Regierungserklärung am 16. Juni unter Hinweis auf die Bündnisverpflichtungen für die bestehende Wehrdienstregelung aus. Aufgrund seiner gleichzeitigen Ankündigung von sozialen und Wahlrechtsreformen erhält er im Parlament dennoch – gegen die Stimmen der Sozialisten – eine Mehrheit. Poincaré wiederum stimmt zusammen mit konservativen Fraktionen im Gegenzug der Einführung einer progressiven Einkommenssteuer zu. Insgesamt behauptet der französische Präsident damit seine Dominanz bei der Außenpolitik.

Zuvor hatten sich sowohl die russische wie auch konservative Teile der britischen Presse besorgt über die pazifistischen Tendenzen im französischen Parlament geäußert.

Viviani bleibt bei langem Wehrdienst

Der neue französische Ministerpräsident René Viviani geht bei seiner Regierungserklärung am 16. Juni u. a. auf die außenpolitischen Verpflichtungen Frankreichs und auf das Problem der dreijährigen Wehrdienstzeit ein:

»Die Regierung wird es als eine ihrer höchsten Pflichten betrachten, in der von der Republik seit so vielen Jahren verfolgten äußeren Politik zu beharren. Wir werden das Bündnis [sog. Entente cordiale mit Großbritannien, vereinbart 1904] fördern, das fruchtbar ist an glücklichen Erfolgen, erprobt und gefestigt durch die Zeit . . . Frankreich schöpft nicht nur aus diesem Bündnis . . . seine Kraft, es schöpft sie aus sich selbst. Das Parlament hat das Gesetz vom 7. August 1913 über die Verlängerung der militärischen Wehrdienstzeit angenommen. Die Beratung desselben war eine heftige und lange. Aber das Gesetz ist angenommen.«

Streikende fordern Republik in Italien

7. Juni. Nach der Erschießung von zwei Teilnehmern einer antimilitaristischen Kundgebung in Ancona durch die italienische Polizei kommt es in zahlreichen italienischen Städten zu heftigen Protestkundgebungen, die sich in der Folge zum Generalstreik ausweiten.

Nach vielfältigen öffentlichen Protesten gegen das gewaltsame Vorgehen der Polizei wird am 9. Juni in mehreren italienischen Städten der Generalstreik ausgerufen. Die italienische Regierung setzt u. a. in Florenz und Turin Militär gegen die Streikenden ein. Dabei werden vier Demonstranten erschossen.

Der vor allem von sozialistischen und anarchistischen Arbeitern getragene Ausstand, mit dem sich am 12. Juni auch süditalienische Bauern solidarisieren, richtet sich gegen das monarchistische System in Italien. In mehreren Städten wird die Republik ausgerufen und eine drastische Senkung der Preise für lebenswichtige Güter verkündet. Daraufhin läßt die Regierung ganze Streikgebiete von Militärverbänden besetzen, so daß die Aktionen beendet werden müssen.

Zar Nikolaus II. besucht Rumänien

14. Juni. In der rumänischen Schwarzmeerstadt Konstanza treffen der russische Zar Nikolaus II. und König Karl I. von Rumänien zu politischen Besprechungen zusammen. Die Gespräche sind Ausdruck der Annäherung Rumäniens an die sog. Tripelentente (Rußland, Frankreich, Großbritannien).

Bei dem mit großem zeremoniellem Aufwand gestalteten Besuch wird Nikolaus II. u. a. von Außenminister Sergei D. Sasonow begleitet. Am Nachmittag konferiert Sasonow mit König Karl I., während der russische Zar den rumänischen Ministerpräsidenten Ion C. Brătianu empfängt. Brătianu gilt politisch als Freund der Tripelentente.

Der österreichisch-ungarische Gesandte in Bukarest, Ottokar Theobald Graf Czernin von und zu Chudenitz, berichtet am 22. Juni: »Die seit einem Jahr erwartete Schwenkung Rumäniens zur Tripelentente ist in den Augen der Öffentlichkeit ... vollzogen worden.«

Regierung in London will Frieden wahren

3. Juni. Die renommierte Universität der britischen Stadt Oxford verleiht dem deutschen Botschafter in London, Karl Max Fürst von Lichnowsky, den Titel eines Ehrendoktors der bürgerlichen Rechte. Sie würdigt damit sein Bemühen um eine internationale Verständigung. In seinen 1927 unter dem Titel »Auf dem Wege zum Abgrund« veröffentlichten Erinnerungen und Briefen zeichnet Lichnowsky – er gilt als Gegner deutscher Kriegspolitik – rückblickend ein aufschlußreiches Bild sowohl des deutsch-britischen Verhältnisses als auch der politischen Stimmung in Großbritannien kurz vor Ausbruch des Ersten Weltkrieges (Auszüge):

»Die heikelste aller Fragen war und blieb die Flottenfrage. Sie wird nicht immer ganz richtig beurteilt. Die Schaffung einer mächtigen Flotte am anderen Ufer der Nordsee [gemeint ist das im Deutschen Reich vor allem von Großadmiral Alfred von Tirpitz seit 1898 vorangetriebene Programm zum Ausbau der Flotte], die gleichzeitige Entwicklung der bedeutendsten Militärmacht des Festlandes zur bedeutendsten Seemacht desselben, mußte in England zum mindesten als Unbequemlichkeit empfunden werden. Hierüber kann billigerweise kein Zweifel bestehen. Um den nötigen Vorsprung zu behalten und nicht in Abhängigkeit zu geraten und die Herrschaft der Meere zu sichern, die Britannien benötigt, um nicht zu verhungern, mußte es zu Rüstungen und Ausgaben schreiten, die schwer auf dem Steuerzahler lasteten. Eine Bedrohung der britischen Weltstellung ergab sich jedoch, wenn unsere Politik die Möglichkeit kriegerischer Verwicklungen gewärtigen ließ ... Mit unserer Flotte nach den bestehenden Festlegungen hatte man sich abgefunden. Sie war den Briten gewiß nicht willkommen und bildete einen der Gründe, aber nicht den einzigen, für den Anschluß Englands an Frankreich und Rußland, aber wegen der Flotte allein hätte England ebensowenig zum Schwerte gegriffen, wie etwa wegen unseres Handels, der angeblich den Neid und schließlich den Krieg gezeitigt hat. Ich vertrat von Anfang an den Standpunkt, daß es trotz der Flotte möglich sei, zu freundschaftlicher Verständigung und Annäherung zu gelangen, wenn wir ... eine zweifelsfreie Friedenspolitik betreiben ... Der Handelsneid, von dem so viel bei uns die Rede ist, beruht auf unrichtiger Beurteilung der Verhältnisse. Gewiß bedrohte das Emporkommen Deutschlands als Handelsmacht nach dem siebziger Kriege [gemeint ist der Deutsch-Französische Krieg 1870/71] und in den folgenden Dezennien die Interessen der britischen Handelskreise, die mit ihrer Industrie und mit ihren Exporthäusern eine Art Monopolstellung besaßen. Der zunehmende Warenaustausch mit Deutschland aber, das an der Spitze aller britischen Exportländer in Europa stand, eine Tatsache, auf die ich in meinen öffentlichen Reden immer hinwies, hatte den Wunsch, mit dem besten Kunden und Geschäftsfreund in guten Beziehungen zu bleiben, gezeitigt und alle anderen Erwägungen allmählich zurückgedrängt ...

Ich hatte bald nach meiner Ankunft die Überzeugung gewonnen, daß wir unter keinen Umständen einen englischen Angriff oder eine englische Unterstützung eines fremden Angriffs zu befürchten hätten, daß aber unter allen Umständen England die Franzosen schützen würde, falls wir sie angriffen ... Ich wies immer wieder darauf hin, daß England als Handelsstaat bei jedem Kriege zwischen europäischen Großmächten außerordentlich leiden, ihn daher mit allen Mitteln verhindern würde, andererseits aber eine Schwächung oder Vernichtung Frankreichs im Interesse des europäischen Gleichgewichts und um eine deutsche Übermacht zu verhindern, niemals dulden könne ...

[Nach dem Attentat auf den österreichisch-ungarischen Thronfolger Erzherzog Franz Ferdinand am 28. Juni] bekam ich Weisung, hinzuwirken, daß die englische Presse eine freundliche Haltung einnähme, wenn Österreich der

Botschafter in Großbritannien
Der deutsche Diplomat Karl Max Fürst von Lichnowsky (Abb.) wurde am 8. März 1860 in Kreuzenort bei Ratibor geboren. Er ist seit 1899 im diplomatischen Dienst tätig, seit 1912 als deutscher Botschafter in Großbritannien. Lichnowsky strebt eine deutsch-britische Verständigung an. Sein Wirken wird allerdings von politischen Gegnern seiner Position innerhalb des deutschen Auswärtigen Amtes unterminiert. Insbesondere Wihelm von Stumm, seit 1911 in einflußreicher Stellung in der Politischen Abteilung des Auswärtigen Amtes, verhindert diplomatische Initiativen des Botschafters.

großserbischen Bewegung den ›Todesstoß‹ versetze, und durch meinen Einfluß möglichst zu verhindern, daß die öffentliche Meinung gegen Österreich Stellung nähme. Die Erinnerungen an die Haltung Englands während der Annexionskrise [Annexion Bosniens durch Österreich-Ungarn 1908], wo die öffentliche Meinung für die serbischen Rechte auf Bosnien sympathisierte, [sprach allerdings gegen eine solche Wendung in der britischen Öffentlichkeit] ... Zunächst war die Haltung der englischen Presse ruhig und den Österreichern freundlich, da man den Mord verurteilte. Allmählich aber wurden immer mehr Stimmen laut, welche betonten, daß, so sehr eine Ahndung des Verbrechens nötig sei, eine Ausbeutung desselben zu politischen Zwecken nicht zu rechtfertigen wäre. Österreich wurde eindringlich zur Mäßigung aufgefordert.«

Spitzbergen bleibt politisch umstritten

16. Juni. In der norwegischen Hauptstadt Christiania (heute Oslo) beginnt eine internationale Spitzbergen-Konferenz. Sie soll den Streit um die staatliche Zugehörigkeit der im Nordpolarmeer gelegenen Inselgruppe klären.

An der Konferenz nehmen Vertreter aus Dänemark, dem Deutschen Reich, Frankreich, Großbritannien, den Niederlanden, Norwegen, Rußland, Schweden und den USA teil.

Die Verhandlungen werden von dem scharfen politischen Gegensatz zwischen dem Deutschen Reich und Rußland bestimmt. Aufgrund wirtschaftlicher Interessen, beispielsweise von seiten der im Skandinaviengeschäft führenden deutschen Reedereien Hapag (Hamburg) und Norddeutscher Lloyd (Bremen), fordert die deutsche Regierung eine Beteiligung an der geplanten Kontrollkommission. Rußland dagegen beharrt auf dem bereits 1912 ausgehandelten Vorschlag einer Dreierkommission aus Norwegen, Rußland und Schweden.

Die Arbeit der Spitzbergenkonferenz wird mit Beginn des Ersten Weltkrieges unterbrochen. Am 9. Februar 1920 werden die Inseln Norwegen zugesprochen; ihre Eingliederung erfolgt 1925.

Neben der bereits 1758 begonnenen wissenschaftlichen Erforschung begründen vor allem die reichhaltigen Kohlevorkommen das internationale Interesse an Spitzbergen.

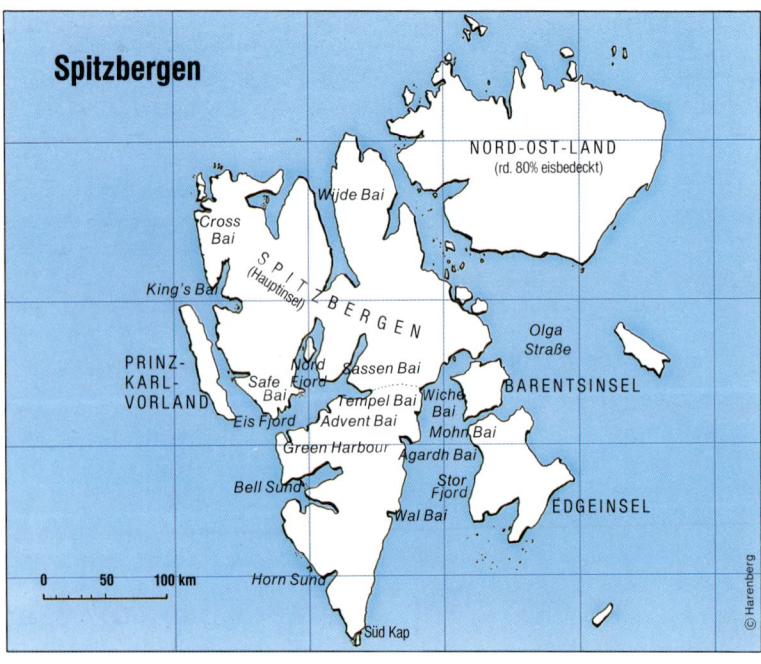

C. Freiherr von der Goltz, Vorsitzender des Jungdeutschlandbundes

Goltz propagiert Kriegserziehung

9. Juni. In einem Vorabdruck veröffentlicht die Berliner »Vossische Zeitung« unter dem Titel »Die Utopie des ewigen Friedens« Auszüge aus einem Buch des preußischen Generalfeldmarschalls Colmar Freiherr von der Goltz. Sie sind ein aufschlußreiches Dokument für die militaristische Gesinnung konservativer Kreise im Deutschen Reich vor Ausbruch des Weltkrieges.

Es heißt darin u. a.: »Wir sind überschnell reich geworden und haben angefangen, für unseren Besitz zu fürchten. Genußsucht und Verwöhnung greifen um sich. Die gedankenlose Lehre vom Recht der Persönlichkeit, die sich ein jeder nach seinem Behagen auslegt, hat diesen Prozeß beschleunigt ... Mit dem Glauben, daß man befugt ist, es sich gut gehen zu lassen, kommt allgemach die Verweichlichung ... Schon ist das Wort kriegerisch in einen ganz unverdienten Mißkredit gekommen ... [Doch] durch die junge Generation weht ein frischer, kräftiger Zug, der auf Ertüchtigung gerichtet ist. Sie will sich kräftigen in dem Bewußtsein, daß es ihre Pflicht ist, Deutschlands Zukunft auf starken Schultern zu tragen und die Stürme siegreich zu bestehen, die nicht ausbleiben werden ... Darum erziehen wir sie jetzt zu einem tatkräftigen, harten und unerschrockenen Geschlecht, das ... die Gefahren niemals scheuen wird, unter denen wir ehedem groß geworden sind.«

Sozialpolitischer Stillstand angeprangert

22. Juni. In München beginnt der neunte Jahreskongreß der freien deutschen Gewerkschaften. Die sechstägige Versammlung gilt vor allem sozialen Problemen und Organisationsfragen.

In einer Eröffnungsansprache weist Karl Legien, 1890 Mitgründer und seitdem Vorsitzender der Generalkommission der Gewerkschaften Deutschlands, auf das Recht der Arbeitervertreter hin, neben den wirtschaftlichen auch politische Fragen anzusprechen.

Am zweiten Kongreßtag kritisiert der sozialdemokratische Reichstagsabgeordnete Robert Schmidt in seinem Hauptreferat die Passivität der deutschen Regierung auf sozialpolitischem Gebiet. Dabei weist er auf den innenpolitischen Einfluß von Unternehmerverbänden wie dem sog. Leipziger Kartell (→ 20. 1. / S. 20) hin.

In der Frage gegenseitiger Unterstützungen bei Streiks und Aussperrungen plädiert die Mehrheit der 450 Delegierten für eine Umlage bei aktuellem Anlaß. Dagegen wird die Bildung eines zentralen Streikfonds abgelehnt.

Am Schlußtag beschäftigen sich die Delegierten mit der materiellen Lage der Arbeiter, die sich durch Lebensmittelteuerung zunehmend verschlechtert. In einer entsprechenden Resolution heißt es u. a.: »Der Kongreß fordert die organisierte Arbeiterschaft auf, rechtzeitig und geschlossen sich an jeder Abwehrbewegung gegen ihre Lebenshaltung verteuernde Bestrebungen entschieden zu beteiligen ... Von den Gemeinden muß verlangt werden, daß sie Veranstaltungen zur Übernahme der Produktion und des Verkehrs mit Nahrungsmitteln zunächst in einem solchen Umfang treffen, der eine Beeinflussung der Preisbildung durch die Gemeinden sichert.« Außerdem wird in der Resolution zur Beteiligung an nicht profitorientierten Konsumgenossenschaften aufgerufen.

Die 46 Zentralverbände der freien deutschen Gewerkschaften verfügen 1914 über 2 483 661 Mitglieder, darunter 215 777 Frauen. Neben dieser sozialdemokratisch orientierten Arbeiterorganisation gibt es im Deutschen Reich noch kleinere liberale und konfessionelle Verbände sowie die sog. Unternehmergewerkschaften.

Gewerkschaftsführer Karl Legien

Pressetag will eine nationale Agentur

21. Juni. Der Reichsverband der deutschen Presse fordert auf seiner Delegiertenversammlung in Leipzig (sog. Pressetag) die Bildung eines deutschen Nachrichtendienstes für die Auslandsberichterstattung. Im Mittelpunkt der zweitägigen Diskussionen stehen angebliche antideutsche Tendenzen bei ausländischen Nachrichtenagenturen wie der britischen Reuters Telegram Company (heute Reuters Ltd.). Nach Beendigung der Debatte beschließen die Delegierten: »Der Reichsverband der deutschen Presse erachtet den Ausbau des ausländischen Nachrichtendienstes durch eine selbständige, rein deutsche Organisation für eine dringende Notwendigkeit.«

Bisher ist das am 27. November 1849 gegründete Wolffs Telegraphenbureau (WTB) die wichtigste deutsche Nachrichtenagentur. Sie hatte 1870 mit ausländischen Agenturen Kartellverträge sowohl über Nachrichtenaustausch als auch Einzugsgebiete geschlossen.

Ingenieure fordern Industrienormen

9. Juni. Die Vereinheitlichung der Normen in der deutschen Maschinenbauindustrie war eines der wichtigsten Themen auf der in Bremen endenden 55. Hauptversammlung des Vereins deutscher Ingenieure (bekannt als Ingenieurtag). Während der zurückliegenden dreitägigen Beratungen forderten die Ingenieure einheitliche Normen für Bleche, Röhren und Walzeisen sowie für Leistungsversuche an einzelnen Maschinen in der deutschen Maschinenbauindustrie. Ferner sprachen sie sich für eine Vereinheitlichung des Gewindesystems aus. Durch die Einführung von Normen wird nach Ansicht des Ingenieurverbandes – er repräsentiert rund 25 000 Mitglieder – die Leistungsfähigkeit und somit die Rentabilität der Unternehmen erhöht.

Den Forderungen des Ingenieurtages wird allerdings erst 1917 mit Gründung des sog. Normalienausschusses für den allgemeinen Maschinenbau Rechnung getragen. Dieses Gremium wird Ende 1917 umbenannt in Normenausschuß der Deutschen Industrie.

Die mit Bleiplatten abgedichtete Überführung des Hohenzollernkanals am Schnittpunkt mit der Eisenbahnlinie Berlin – Stettin bei Eberswalde

Deutsches Militärluftschiff und britische Kriegsschiffe in Kiel anläßlich der Eröffnungsfeierlichkeiten für den erweiterten Kaiser-Wilhelm-Kanal

Innenansicht der Stadthalle von Hannover: Der Kuppelsaal für Tagungen und Konzerte; die Orientierung an Stilelementen der Antike wird deutlich

Wasserstraße von Berlin zur Ostsee

17. Juni. An der Schleusenanlage bei Niederfinow wird der Hohenzollernkanal (heute Oder-Havel-Kanal) feierlich eingeweiht. Als Teil des Großschiffahrtsweges Berlin – Stettin verbindet er die deutsche Hauptstadt mit der Ostsee.

Der 83 km lange und 33 m breite Kanal wurde nach sechsjähriger Bauzeit fertiggestellt. Die Gesamtkosten belaufen sich auf rund 49 Millionen Mark. Künftig werden Schiffe bis zu einer Größe von 600 Bruttoregistertonnen die Wasserstraße befahren können. Bei Niederfinow überwindet der Kanal mit Hilfe einer Schleusentreppe den 36 m hohen Abstieg in das Odertal.

Wichtiger Kanal für die Kriegsmarine

24. Juni. Nach fünfjährigen Arbeiten wird der Erweiterungsbau des Kaiser-Wilhelm-Kanals (heute Nord-Ostsee-Kanal) in Holtenau bei Kiel seiner Bestimmung übergeben. An der östlichen Mündung in die Kieler Förde sind die neuen Holtenauer Schleusen entstanden; sie haben eine Breite von 45 m, eine Länge von 330 m und eine Wassertiefe von 14 m. Für den Neubau der 42 m hohen Rendsburger Eisenbahnbrücke waren zwei je fünf Kilometer lange Anfahrtsrampen notwendig. Neben seiner wirtschaftlichen Bedeutung spielt der Kanal auch eine wichtige militärstrategische Rolle.

Hannover erhält neue Stadthalle

10. Juni. An der Eilenriede wird die Stadthalle von Hannover eingeweiht. Der von den Stuttgarter Architekten Paul Bonatz und Friedrich Scholer entworfene Bau kostete rund 3,5 Millionen Mark.

Nach ersten Planungen 1909 begannen am 1. Februar 1912 die Bauarbeiten zu dem 45 m hohen Rundbau, der einen Durchmesser von 80 m hat. Mittelpunkt der Stadthalle ist ein Kuppelsaal mit Sitzreihen, die in Form eines Amphitheaters angeordnet sind. Zusammen mit einer 9 m tiefen, auf Säulen ruhenden Galerie bestimmen sie das Ambiente dieses zentralen Veranstaltungsraumes.

Juni 1914

Auf Seen beliebt ist der neue Sport des Wassergleitens: Ein Motorboot schleppt einen kleinen Schlitten, auf dem sogar mehrere Leute Platz finden

Seit Ende des 19. Jahrhunderts ist das aus Zentralasien stammende Polospiel in den höheren Schichten beliebt (Ölgemälde von Ludwig Hohlwein)

Urlaub im Gebirge gilt als gesellschaftliches Statuszeichen; besonders populär sind in vornehmen Kreisen nach wie vor die Schweizer Alpen

Urlaub und Freizeit 1914:
Autotouristen und Jugendwanderer suchen Nähe zur Natur

Zwei entgegengesetzte Formen des Reisens kennzeichnen die Urlaubssaison 1914: Zum einen entwickelt sich die sog. Automobiltouristik zu einer Modeerscheinung, andererseits wird die rasche Zunahme des Jugendwanderns innerhalb des sommerlichen Ferienbetriebs immer augenfälliger. Deutlicher Beleg dafür ist der anhaltende Aufschwung des Herbergswesens für Schüler und Studenten.

Auch wenn die Bahn mit Abstand wichtigstes Urlaubstransportmittel bleibt, frönen Privilegierte in den Ferien immer mehr dem Auto. In Großbritannien besteht mit dem Caravan Club bereits eine Vereinigung, die sich das Reisen mit Wohnwagen oder -zelten zum Ziel gesetzt hat. Ein Teil der mobilen Heime wird noch mit Pferden oder Motorrädern transportiert, aber auf einem Treffen des britischen Caravan Clubs im Juni können auch Wohnautos besichtigt werden. Sie verfügen über Schlafkojen, Elektrizität und teilweise – bei laufendem Motor – über eine Warmwasserversorgung. Das Gewicht eines dieser luxuriösen Wohnautos beträgt rund 1600 kg bei einem Benzinverbrauch von 37 l auf 100 km.

Angesichts des geringen Automobilisierungsgrades gilt das sog. Autowandern im Deutschen Reich als individualistisches Vergnügen. Die besonderen Merkmale dieses touristischen Privilegs kommen in einem Essay mit dem Titel »Die Vorzüge der Automobiltouristik« zum Ausdruck, der in der Reisebeilage der Berliner »Vossischen Zeitung« am 17. Juni erscheint: »Trotz des krassen Realismus unserer in atemloser Hast vorwärtsstrebenden Zeit blüht uns doch noch im verborgenen die Blume der Reiseromantik ... Wer die intimen Reize der sachkundig betriebenen Automobiltouristik kennt, weiß auch von dem eigenartigen Zauber zu erzählen, den eine solche Fahrt in sich birgt ... Das Reisen mit der Eisenbahn hat arge Schattenseiten. Wie froh ist man oft, wenn die Eisenbahnfahrt zu Ende ist und man heraus kann aus dem engen Käfig der Eisenbahnwagen! Anstatt fröhlich und gekräftigt, fühlt man sich müde und abgespannt. Selbst der luxuriös eingerichtete Expreßzug bietet keine wahren Reisegenüsse. Im Fluge saust die Landschaft vorbei, und man muß sich damit begnügen, sie flüchtig durchs Fenster anzuschauen. Ihre Reize und Schönheiten lernt man

Der zunehmende Tourismus erfordert verstärkt Werbeaktionen: Ein künstlerisch ansprechend gestaltetes Plakat eines bayerischen Verkehrsverbandes

Zeltstadt am Berliner Müggelsee (er entstand durch die Spree-Erweiterung); viele Camper kehren abends in ihre Stadtwohnung zurück

Auch auf dem deutschen Luxusdampfer »Imperator« gibt es Gelegenheiten zum Baden

Attraktiv wegen langer Sandstrände: Deutsche Ostseebäder (hier Promenade in Brunshaupten)

Männerschwimmhalle in der neuen, 1,8 Millionen Mark teuren Badeanstalt in Berlin-Neukölln

natürlich nicht kennen... Man ist an den Fahrplan gebunden, den Vorschriften der Verwaltung unterworfen, man kann nicht halten und aussteigen, wo man will, sondern muß warten, bis der Zug hält. ... Wie ganz anders das Reisen im Automobil! Die Gemütlichkeit der alten Postkutsche lebt wieder auf ... Jede Wegbiegung offenbart dem Autotouristen neue Eindrücke und Naturgenüsse. Das gesamte Leben und Weben in der Natur kann er mit Ruhe und Genuß betrachten ... Wie gemütlich ist die Rast auf blumiger Heide am Waldesrand, wenn der Picknickkorb seine Schätze freigebig austeilt ... So kommt der Autotourist wieder in innige Berührung mit der Natur, allerdings nur derjenige, der kein kilometerfressender Sportler ist, sondern Auge und Herz offenhält und im aufgeschlagenen Buch der Natur zu lesen versteht.«

Als naturverbunden versteht sich allerdings auch die wachsende Zahl von Schülern und Studenten, die in ihren Ferien die Möglichkeit zum Wandern haben und dabei in billigen Herbergen übernachten. Angeregt u. a. von den Idealen der Wandervogelbewegung, streben sie das Naturerlebnis abseits des touristischen Massenbetriebes an. Verschiedene Wandervereine stellen Schülerherbergen und Wanderheime als preiswerte Unterkünfte zur Verfügung. Der Preis pro Nacht für Jugendliche beträgt rund 20 Pfennig. Allein der Riesengebirgs-Verein verzeichnete im Vorjahr eine Steigerung um 10 090 auf 79 498 Übernachtungen gegenüber 1912. Während es Ferienherbergen bereits seit 1883 gibt, entstand 1912 auf der Burg Altena (Sauerland) die erste deutsche Jugendherberge.

Zu den beliebtesten konventionellen Urlaubszielen zählen im Sommer 1914 die bayerischen und schweizerischen Seen. Wie auch zu den Ostseebädern, werden nach München, Lindau und Basel im Sommer von Berlin aus Sonderzüge eingesetzt. Als attraktivster hochalpiner Urlaubsort gilt nach wie vor Sankt Moritz im Engadin. Die dortigen Quellen sind bereits seit dem 16. Jahrhundert bekannt. Das Berliner Badeleben an Müggel- und Wannsee – bereits 1913 ergänzt durch die Aufhebung des Badeverbots an den zahlreichen Wasserstraßen der deutschen Hauptstadt – wird durch zahlreiche Camper belebt. Dabei entstehen kleine Zeltstädte, in denen sich die Familien während der Badesaison aufhalten. Viele kehren allerdings abends zum Übernachten in ihre bequemere Stadtwohnung zurück.

»Windsbraut« von Oskar Kokoschka

6. Juni. *Im Vordergrund einer neueröffneten Ausstellung der Neuen Münchener Sezession steht das Gemälde »Windsbraut« (Abb.) des österreichischen Malers, Grafikers und Dichters Oskar Kokoschka. Das Werk zählt zu den bedeutendsten Arbeiten der frühen Moderne.*

Anregungen zu seinem Gemälde erhielt der jetzt 28jährige Expressionist Kokoschka auf einer Neapel-Reise, die er mit seiner Geliebten Alma Maria Mahler im März und April 1913 unternahm. Kokoschka begann die Arbeit an der »Windsbraut« bereits im folgenden Monat, meinte damals aber noch zu Alma Mahler: »Die angefangene Arbeit ist zu schwer, als daß ich sagen könnte, daß sie fortschreite.«

In der »Windsbraut« verbindet er das Naturerlebnis eines Sturmes in der Bucht von Neapel mit seiner Liebe zu Alma Mahler. Der Titel entstammt einem Gedicht von Georg Trakl. Anfang 1915 trennen sich Oskar Kokoschka und Alma Mahler.

Ovationen für Anna Pawlowa in Berlin

3. Juni. Im Berliner Theater des Westens beginnt ein achttägiges Gastspiel der russischen Tänzerin Anna P. Pawlowa. Sie führt verschiedene Ballette und Tänze zu musikalischen Werken u. a. von Frédéric Chopin und Richard Strauss auf. Das Publikum feiert die Tänzerin mit Ovationen.

Die Kritik hebt besonders die künstlerische Ausstrahlung von Anna P. Pawlowa hervor. Zwar wird die oft mangelnde Qualität vieler Vorlagen wie auch einzelner Ensemble-Mitglieder bemängelt; insgesamt urteilt aber z. B. die »Vossische Zeitung«: »Am Ende ist es unwesentlich, was sie tanzt. In dieser Frau ist die höchste Technik ein Naturschauspiel geworden.«

Künstlerischer Höhepunkt des Pawlowa-Gastspiels sind die jeweils als »Divertissement« zusammengefaßten kleineren Tanzstücke sowie »Der sterbende Schwan« nach der Musik des französischen Komponisten Camille Saint-Saëns.

◁◁ *Der russische Ballettstar (r.) bei einer Probe; bereits zu Lebzeiten ist die Pawlowa eine legendäre Größe*

◁ *Anna P. Pawlowa (r., auf dem Stuhl) ist vor allem wegen ihrer einmaligen Leichtigkeit, Grazie und Gestaltungskraft berühmt*

Anna P. Pawlowa (l.), geboren am 12. Februar 1881 in Petersburg (heute Leningrad), besuchte ab 1891 die Kaiserliche Ballettschule in ihrer Heimatstadt. 1899 ging sie zum Marientheater (ab 1906 als Primaballerina). Von 1909 bis 1911 arbeitete sie im »Ballets Russes« des russischen Choreographen Sergei Diaghilew (u. a. mit Waslaw Nijinski) und seitdem mit eigenen Ensembles

Olympiafahne erstmals offiziell gehißt

14. Juni. Zu Beginn der bis zum 23. Juni dauernden 16. Session des Internationalen Olympischen Komitees (IOC) in Paris wird die von IOC-Präsident Pierre Baron de Coubertin entworfene Olympische Fahne erstmals offiziell gehißt. Die darauf abgebildeten fünf Ringe werden

An den Feierlichkeiten zum 20jährigen Bestehen des IOC in der Pariser Sorbonne nimmt u. a. auch der französische Präsident Poincaré teil

Der französische Pädagoge Pierre Baron de Coubertin beschäftigte sich nach seinem Studium der Politik, Geschichte und Pädagogik vor allem mit der Leibeserziehung in den USA und Großbritannien

zum offiziellen Emblem des IOC und weltweit Symbol der olympischen Bewegung.

Die Fahne besteht aus weißem Tuch, auf dem fünf ineinander verschlungene Ringe abgebildet sind. Sie symbolisieren die fünf Kontinente. Die verwendeten sechs Farben – blau, gelb, schwarz, grün und rot sowie weiß – sind Pierre de Coubertin zufolge in allen Nationalflaggen wiederzufinden.

Pierre Baron de Coubertin hatte von der bereits 1913 entworfenen Fahne in einem Pariser Kaufhaus 500 Exemplare anfertigen lassen. Bei Olympischen Spielen wird sie ab 1920 offiziell verwendet.

Bei der diesjährigen Tagung feiert das IOC auch sein 20jähriges Jubiläum. Es wurde am 23. Juni 1894 auf Initiative des damals 31jährigen französischen Pädagogen Coubertin auf dem Internationalen Leibeserzieherischen Kongreß, einer Versammlung von 88 internationalen Sportführern und Pädagogen, in Paris gegründet. Das IOC initiierte die ersten Olympischen Spiele der Neuzeit 1896 in Athen und ist höchste Instanz der olympischen Bewegung. Die von ihm organisierten sog. Olympischen Kongresse fanden bisher 1897 in Le Havre, 1905 in Brüssel, 1906 in Paris und 1913 in Lausanne statt.

Weltrekorde nur bei Wettbewerben

11. Juni. Im französischen Lyon endet ein zweitägiger Kongreß der Fédération Internationale des Sports Athlétiques (Internationaler Leichtathletikverband). Wichtigstes Ergebnis des Treffens von Delegationen aus 16 Staaten ist die Vereinheitlichung des Leichtathletik-Reglements sowie die Normung von Sportgeräten und -material.

Der Internationale Leichtathletikverband erkennt Weltrekorde künftig nur noch an, wenn sie im Rahmen eines offiziellen Wettbewerbs erzielt werden. Dabei muß die Zeitmessung mit drei Uhren durchgeführt werden. Innerhalb des üblicherweise amtierenden Schiedsgerichtes muß ein Hauptschiedsrichter ernannt werden. Die Einnahme von Dopingmitteln wird ebenso untersagt wie die Verabreichung von Erfrischungen an die Athleten während des Wettkampfes.

Zugleich legen die Delegierten die Normung der Geräte für Leichtathletikkonkurrenzen fest. Die Vereinheitlichung basiert auf Mustern der US-amerikanischen Sportindustrie; lediglich der Speer wird nach finnischem Vorschlag genormt.

Galopp-Derby der Rekorde in Hamburg-Horn

28. Juni. *In der Rekordzeit von 2:33,6 min gewinnt Gestüt Oppenheims Ariel auf der 2400 m langen Pferderennbahn in Hamburg-Horn das Deutsche Derby. Im Ziel des mit 125 000 Mark dotierten, seit 1869 ausgetragenen Rennens hat der dreijährige Hengst eineinhalb Längen Vorsprung. Die Wettschalter verzeichnen mit 1 239 665 Mark den höchsten Umsatz, der je auf einer deutschen Bahn erzielt wurde. (Die Abbildung zeigt das Feld der Pferde vor der Haupttribüne: An der Spitze – halb verdeckt – Ariel, vorn im Bild Gestüt Graditz' Cyanit.)*

Sporterfolg für Kaisersohn Prinz Friedrich Karl

5. Juni. *Aus den in der Militärturnanstalt Berlin zur Vorbereitung auf die Olympischen Spiele 1916 abgehaltenen zweitägigen Offizierswettkämpfe im Degenfechten geht Prinz Friedrich Karl von Preußen, Sohn von Kaiser Wilhelm II., als Sieger hervor. Der Oberleutnant war in der Vergangenheit u. a. auch als Leichtathlet für den Sportclub Charlottenburg in Laufwettbewerben in Erscheinung getreten (Abb: Szene aus dem Fechtturnier, l. im weißen Trikot Prinz Friedrich Karl; neben Fechten umfassen die Vorbereitungen u. a. Reiten und Langlauf).*

Juli 1914

Mo	Di	Mi	Do	Fr	Sa	So
		1	2	3	4	5
6	7	8	9	10	11	12
13	14	15	16	17	18	19
20	21	22	23	24	25	26
27	28	29	30	31		

1. Juli, Mittwoch

Die am → 20. Mai (S. 78) begonnene Konferenz von Niagara Falls (Kanada) wird offiziell beendet. Im Schlußprotokoll vereinbaren die USA und Mexiko die Wahl eines provisorischen Nachfolgers für den mexikanischen Präsidenten Victoriano Huerta (→ 15. 7. / S. 118). Im Gegenzug verzichtet die US-Regierung auf eine ursprünglich geforderte Genugtuung für die Verhaftung von US-Soldaten am 9. April in Tampico (sog. Zwischenfall von Tampico; → 21. 4. / S. 60).

In Christiania (heute Oslo) werden erste Informationen über die Golfstrom-Expedition des norwegischen Meereskundlers und Polarforschers Fridtjof Nansen bekannt. → S. 121

2. Juli, Donnerstag

Das französische Abgeordnetenhaus in Paris nimmt mit 544 gegen 16 Stimmen einen Antrag der Sozialisten zur Einführung des Verhältniswahlrechts an. Bisher gilt bei Parlamentswahlen in Frankreich das Mehrheitswahlrecht.

3. Juli, Freitag

In einem halbamtlichen Bericht wendet sich die in Petersburg (heute Leningrad) erscheinende Zeitung »Nowoje Wremja« gegen die Ausbeutung persischer Erdölvorkommen durch Großbritannien. Das Vorhaben greift nach Ansicht der Zeitung in unannehmbarer Weise in russische Interessensphären ein und wird somit zum Prüfstein der beiderseitigen politischen Beziehungen.

Zwischen den US-amerikanischen Städten New York und San Francisco wird erstmals die Fernsprechleitung in Betrieb genommen. Sie überbrückt eine Entfernung von 4500 km.

In Köln beginnt die zweitägige siebte Jahreshauptversammlung des Deutschen Werkbundes. Sie wird bestimmt von einer Auseinandersetzung zwischen dem deutschen Architekten und Kunstschriftsteller Hermann Muthesius und dem belgischen Kunstgewerbler Henry van de Velde über die Typisierung von Formen. Muthesius plädiert dabei für standardisiertes Industriedesign, van de Velde dagegen weiterhin für individuelle Formen. → S. 125

4. Juli, Sonnabend

Das seit dem 22. Juni in Kiel zu Besuch weilende Geschwader der britischen Kriegsflotte unter Kommandant George Warrender tritt seine Rückreise an. Es hatte anläßlich der Kieler Woche in dem deutschen Marinestützpunkt angelegt.

Norman Brookes (Australien) besiegt im Endspiel der offenen englischen Tennismeisterschaften in Wimbledon den neuseeländischen Titelverteidiger Anthony F. Wilding in drei Sätzen. Siegerin im Dameneinzel wird die Britin Dorothea Lambert-Chambers. → S. 125

In Lyon gewinnt der deutsche Automobilrennfahrer Christian Lautenschläger auf Mercedes-Benz den Großen Preis von Frankreich. → S. 125

5. Juli, Sonntag

Die österreichisch-ungarische Regierung übersendet dem deutschen Kaiser Wilhelm II. im Rahmen der sog. Hoyos-Mission ein Memorandum zur Balkanpolitik sowie ein Handschreiben des österreichisch-ungarischen Kaisers Franz Joseph I. In den Dokumenten wird die Ausschaltung Serbiens als politischer Machtfaktor in Südosteuropa nach dem Attentat von Sarajevo (→ 28. 6. / S. 88) gefordert. → S. 104–106

In der bulgarischen Hauptstadt Sofia unterzeichnen ein deutsches Bankenkonsortium unter Führung der Berliner Großbank Deutsche Disconto-Gesellschaft und das bulgarische Finanzministerium einen Vertrag mit einer Anleihe in Höhe von 500 Millionen Francs (400 Millionen Mark). Bulgarien verpflichtet sich dabei, deutschen Unternehmen u. a. Vorrechte beim Bau von Eisenbahnlinien einzuräumen. Politisches Ziel der Anleihe ist eine Verminderung des Einflusses von französischem Kapital in Bulgarien. → S. 119

6. Juli, Montag

In Potsdam enden zweitägige, durch die am 5. Juli begonnene sog. Hoyos-Mission ausgelöste Besprechungen der politischen und militärischen Führung des Deutschen Reiches. Ihr Ergebnis, ein »Blankoscheck« für das verbündete Österreich-Ungarn bei seinen Aktionen gegen Serbien, trägt entscheidend zu Entstehung und Verlauf der sog. Julikrise sowie zum Ausbruch des Weltkrieges bei. → S. 104–106.

In Simla (Vorderhimalaya; heute zu Indien) werden auf der Tibetkonferenz Teile des östlichen Tibets China zugesprochen, während der größte Teil des Landes unabhängig bleibt. Tibet hatte sich – ebenso wie die Äußere Mongolei – während der chinesischen Revolutionswirren 1911 von China gelöst und die chinesische Administration aus dem Land vertrieben.

7. Juli, Dienstag

Auf einer unter Leitung des österreichisch-ungarischen Ministerpräsidenten Karl Graf Stürgkh in Wien abgehaltenen Ministerkonferenz werden schärfere Kontrollen panslawistischer Gruppen im südöstlichen Landesteil Bosnien beschlossen. Nach Auffassung der österreichisch-ungarischen Regierung stehen Anhänger des Panslawismus hinter dem Attentat an den österreichisch-ungarischen Thronfolger Erzherzog Franz Ferdinand in Sarajevo vom → 28. Juni (S. 88). → S. 104–106

Im französischen Abgeordnetenhaus in Paris verweigern sozialistische Abgeordnete ihre Zustimmung zu einem Kredit von 400 000 Francs (320 000 Mark) für eine Reise von Präsident Raymond Poincaré nach Rußland. Der Sozialistenführer Jean Jaurès spricht sich bei der Debatte gegen eine zu starke politische Bindung Frankreichs an Rußland aus.

8. Juli, Mittwoch

Nach dem Abgeordnetenhaus nimmt auch der französische Senat das zur Deckung der Heeresausgaben geplante neue Einkommensteuergesetz an. Besteuert werden nur Jahreseinkommen über 5000 Francs (4000 Mark); der Ertrag wird auf rund 60 Millionen Francs (48 Millionen Mark) veranschlagt. Die Steuerfrage hatte sowohl im französischen Wahlkampf als auch bei der Regierungsbildung eine entscheidende Rolle gespielt (→ 10. 5. / S. 78; 16. 6. / S. 92).

Die deutsche Regierung drängt über ihren Wiener Botschafter Heinrich von Tschirschky und Boegendorff den österreichisch-ungarischen Außenminister Leopold Graf Berchtold zu einer Aktion gegen Serbien. → S. 104–106

9. Donnerstag

Angesichts des zunehmenden deutschen Drucks spricht sich der österreichisch-ungarische Kaiser Franz Joseph I. in Wien für ein rigides Durchgreifen gegenüber Serbien aus. → S. 104–106

Das Leipziger Reichsgericht verurteilt den elsässischen Karikaturisten Johann Jakob Waltz wegen »Aufreizung zum Klassenhaß in Verbindung mit öffentlicher Beleidigung« zu einer Gefängnisstrafe von einem Jahr. Waltz hatte in seinem Buch »Mon village« (»Mein Dorf«) gegen die deutsche Besetzung von Elsaß-Lothringen protestiert.

Auf dem neuerbauten Rhein-Herne-Kanal findet erstmals eine Probefahrt statt. Der 38 km lange Wasserweg verbindet Duisburg, den größten Binnenhafen der Welt, und den Rhein über den Dortmund-Ems-Kanal mit der Nordsee.

10. Juli, Freitag

Der seit Ende Mai anhaltende Arbeitskampf in der Niederlausitzer Tuchindustrie erreicht mit der Kündigung aller Streikenden durch die Tuchfabrikanten einen vorläufigen Höhepunkt (→ 18. 7. / S. 119).

Der Führer der nordirischen Ulster-Unionisten und konservative britische Politiker Edward Henry Baron Carson of Duncairn beruft in Belfast erstmals eine Versammlung der provisorischen Ulsterregierung ein. Die Delegierten fordern zum Kampf gegen die Home-Rule-Politik der britischen Regierung auf (→ 21. 7. / S. 118).

In Rom wird Generalleutnant Luigi Cadorna als Nachfolger des am 1. Juli verstorbenen Alberto Pollio zum Chef des italienischen Generalstabes ernannt. Cadorna wird – ebenso wie sein Vorgänger – eine freundliche Haltung gegenüber dem Dreibund (Deutsches Reich, Österreich-Ungarn, Italien) nachgesagt (→ 22. 9. / S. 167).

11. Juli, Sonnabend

Zwischen der französischen, österreichisch-ungarischen und deutschen Regierung wird in Paris ein Abkommen über den Telefonverkehr zwischen Paris und Wien unterzeichnet. Die entsprechenden Leitungen führen auch über deutsches Gebiet.

Der französische Schriftsteller und Politiker Maurice Barrès wird in Paris als Nachfolger von Paul Déroulède Vorsitzender der sog. Patriotenliga. Bei der Amtsübernahme warnt Barrès vor angeblich einflußreichen Kräften, die Frankreich aus dem Bündnis mit Großbritannien und Rußland (sog. Tripelentente) lösen und an das Deutsche Reich binden wollen. Die Patriotenliga ist ein Verband der konservativen Opposition in Frankreich.

12. Juli, Sonntag

Der italienische König Viktor Emanuel III. verfügt die Einberufung des Reservistenjahrgangs 1891. Zugleich konzentriert Italien seine Kriegsflotte in der Adria. Die italienische Regierung demonstriert damit vor allem gegenüber dem Bündnispartner Österreich-Ungarn den Willen zu einer eigenständigen Machtpolitik in Albanien. → S. 118

13. Juli, Montag

In Paris weist ein Bericht der vom Parlament eingesetzten Heereskommission auf die mangelhafte französische Militärausrüstung im Vergleich zum Deutschen Reich hin. Außerdem wird das Fehlen von Offizieren beklagt. Der aufsehenerregende Bericht wird im Rahmen von Parlamentsberatungen über militärische Sonderausgaben bekannt.

Anläßlich des Jahrestages der Schlacht von Boyne agitieren in Belfast Anhänger der protestantischen Ulster-Unionisten gegen die geplante Teilautonomie (Home Rule) Irlands. In der historischen Schlacht am 13. Juli 1690 war der englische König Jakob II., ein Verfechter des Katholizismus, von seinem protestantischen Widersacher Wilhelm III. von Oranien geschlagen worden. Damit wurde die Niederlage der Katholiken in England und Irland endgültig besiegelt (→ 21. 7. / S. 118).

14. Juli, Dienstag

Die politische Führung von Österreich-Ungarn legt in Wien grundsätzlich fest, Serbien mit Berufung auf das Attentat von Sarajevo (→ 28. 6. / S. 88) mit einem unannehmbaren Ultimatum zu konfrontieren. Ziel der österreichisch-ungarischen Politik ist die Zerschlagung Serbiens (→ 23. 7. / S. 108).

15. Juli, Mittwoch

Der im Februar 1913 durch einen Putsch an die Macht gekommene mexikanische Präsident General Victoriano Huerta tritt zurück. Nach seiner diplomatischen Niederlage bei der Konferenz von Niagara Falls (→ 20. 5 / S. 78) führen u. a. auch finanzielle Probleme zur Demission des von Rebellen bekämpften Diktators. → S. 118

Karikatur auf der Titelseite des »Simplicissimus« vom 13. Juli 1914 zur eigenmächtigen Außenpolitik des französischen Staatspräsidenten Raymond Poincaré; dieser vertritt trotz des Wahlsiegs der weitgehend pazifistisch eingestellten französischen Sozialisten mit Ministerpräsident und Außenminister René Viviani an der Spitze eine eng an Rußland angelehnte, dem Deutschen Reich feindlich gegenüberstehende Linie

Juli 1914

16. Juli, Donnerstag

Der französische Sozialistenkongreß, eine Vereinigung linker Gruppen, tritt in Paris zusammen. In einer u. a. vom Sozialistenführer Jean Jaurès ausgearbeiteten Resolution zur drohenden Kriegsgefahr heißt es: »Der Kongreß sieht unter allen Mitteln, die einen Krieg verhindern ... sollen, einen gleichzeitigen internationalen Generalstreik ... als besonders wirksam an« (→ 2. 8. / S. 152)

Der 20jährige Schwergewichts-Europameister Georges Carpentier (Frankreich) wird in London »weißer Boxweltmeister aller Klassen«; offizieller, aber ungeliebter Champion ist der Farbige Jack Johnson. Carpentiers Gegner »Gunboat« Smith (USA) wird in London wegen seines unsauberen Stils und seiner unsportlichen Attacken mehrmals verwarnt und in der sechsten Runde disqualifiziert.

17. Juli, Freitag

Bei einer Nachwahl zum deutschen Reichstag im Wahlkreis Coburg (Bayern) siegt die Fortschrittliche Volkspartei (FVP) in der Stichwahl mit 9180 Stimmen vor den Sozialdemokraten mit 5791 Stimmen. Bei der ersten Abstimmung am 10. Juli lag die SPD noch knapp vor der FVP und der Nationalliberalen Partei.

18. Juli, Sonnabend

Die Unternehmen der Niederlausitzer Tuchindustrie sperren rund 30 000 streikende Arbeiter aus. Der seit Ende Mai anhaltende Streik wird vom Verband der Textilarbeiter unterstützt. Bei dem Arbeitskampf geht es um eine Erhöhung des Mindestwochenlohnes. → S. 119

19. Juli, Sonntag

Der Gemeinsame Ministerrat in Wien einigt sich auf den Wortlaut des österreichisch-ungarischen Ultimatums an Serbien. Die Übergabe der bewußt unannehmbar formulierten Forderungen in Belgrad wird auf den 23. Juli festgelegt. Mit dieser Verzögerung will die österreichisch-ungarische Regierung die Abreise des französischen Staatspräsidenten Raymond Poincaré aus Petersburg (heute Leningrad) abwarten, dessen viertägiger Staatsbesuch in Rußland am 23. Juli endet. (→ 23. 7. / S. 108)

20. Juli, Montag

Der französische Staatspräsident Raymond Poincaré reist in Begleitung seines Ministerpräsidenten René Viviani zu einem viertägigen Besuch in die russische Hauptstadt Petersburg (Leningrad). Bei den Gesprächen mit der russischen Regierung versichern sich beide Staaten ihrer Bündnistreue. → S. 104–106

21. Juli, Dienstag

Der Wortlaut des österreichisch-ungarischen Ultimatums an Serbien wird in der Nacht vom 21. zum 22. Juli der Regierung des Deutschen Reiches offiziell mitgeteilt (→ 23. 7. / S. 108).

Auf Initiative des britischen Königs Georg V. wird im Londoner Buckingham-Palast wegen der anhaltenden Unruhen in der britischen Provinz Ulster (Irland) eine Konferenz einberufen. An ihr nehmen – neben dem König – u. a. der britische Premierminister Herbert Henry Asquith und die Unionistenführer Andrew Bonar Law und Edward Henry Baron Carson of Duncairn teil. Die Konferenz wird am 24. Juli ergebnislos abgebrochen. → S. 118

22. Juli, Mittwoch

In Bayreuth beginnen die Richard-Wagner-Festspiele mit einer Aufführung der Oper »Der fliegende Holländer«. Unter Musikkritikern stoßen die diesjährigen Aufführungen auf ein geteiltes Echo. Die mit Beginn des Weltkrieges abgebrochenen Festspiele werden außerdem zu einem finanziellen Mißerfolg. → S. 124

23. Juli, Donnerstag

Um 18 Uhr überreicht der österreichisch-ungarische Gesandte in Belgrad, Wladimir Freiherr Giesl von Gieslingen, der serbischen Regierung ein auf 48 Stunden befristetes Ultimatum. Mit diesem diplomatischen Schritt leitet Österreich-Ungarn den Krieg gegen Serbien ein; das Ultimatum enthält bewußt unannehmbare Forderungen. → S. 108

Nach dem Neubau des Hamburger Institutes für Schiffs- und Tropenkrankheiten (heute Bernhard-Nocht-Institut) stehen dem Forschungs- und Lehrpersonal erweiterte Kapazitäten für das gesamte Spektrum der Tropenmedizin zur Verfügung. → S. 121

24. Juli, Freitag

Der Inhalt des am Vortag in Belgrad übergebenen österreichisch-ungarischen Ultimatums an Serbien stößt in den Hauptstädten der europäischen Großmächte größtenteils auf Unverständnis. Der britische Außenminister Sir Edward Grey spricht vom »furchtbarsten Dokument«, das je ein Staat an einen anderen gestellt habe. In der französischen Presse wird das Ultimatum als »demütigend« und als diplomatische Herausforderung für Serbien bezeichnet. → S. 108

25. Juli, Sonnabend

Nach Übergabe der serbischen Antwort auf das österreichisch-ungarische Ultimatum vom → 23. Juli (S. 108) bricht die Regierung in Wien die Beziehungen zu dem südosteuropäischen Nachbarstaat ab. Die serbische Regierung entspricht allerdings in ihrer Antwort weitgehend den von Österreich-Ungarn gestellten ultimativen Forderungen. → S. 109

In Petersburg (heute Leningrad) erklärt die russische Regierung im Hinblick auf das österreichisch-ungarische Ultimatum an Serbien (→ 23. 7. / S. 108), daß sie keine Verletzung der serbischen Souveränität tolerieren werde. Zugleich beschließt Rußland als Schutzmacht Serbiens, die sog. Kriegsvorbereitungsperiode (Vormobilmachung) einzuleiten. Dadurch kann die Mobilmachung im Fall einer weiteren Zuspitzung der Krise beschleunigt werden. → S. 109

Die deutsche Regierung drängt Österreich-Ungarn zu einer möglichst raschen Kriegserklärung an Serbien. Damit sollen die Vermittlungsbemühungen anderer europäischer Mächte unterlaufen werden. (→ 22. 7. / S. 111)

26. Juli, Sonntag

Um den drohenden Krieg in Europa zu verhindern, schlägt der britische Außenminister Sir Edward Grey eine Botschafterkonferenz der vier nicht unmittelbar an dem Konflikt beteiligten europäischen Großmächte Großbritannien, Frankreich, Deutsches Reich und Italien in London vor. Die deutsche Regierung lehnt dies am 27. Juli ab. → S. 110

In Paris gewinnt der Belgier Philippe Thys die vierwöchige, über 15 Etappen führende Tour de France in einer Gesamtzeit von 200:28:48 h. Von 146 Teilnehmern erreichen 54 das Ziel. → S. 125

27. Juli, Montag

Um 15 Uhr trifft der deutsche Kaiser Wilhelm II. nach Abbruch seiner Nordlandreise in Berlin ein. Bei Besprechungen mit der politischen und militärischen Führung werden die deutschen Kriegsvorbereitungen forciert. → S. 111

In Berlin häufen sich die Protestkundgebungen gegen den drohenden Krieg. Insbesondere die deutsche Sozialdemokratie veranstaltet zahlreiche Antikriegsversammlungen. Gleichzeitig fordern chauvinistische Gruppen einen Krieg gegen Serbien und Rußland. → S. 110

In Mülheim an der Ruhr wird in Anwesenheit zahlreicher Vertreter der deutschen Industrie das Gebäude des Kaiser-Wilhelm-Instituts für Kohleforschung eingeweiht. → S. 121

28. Juli, Dienstag

Um 11 Uhr erklärt die österreichisch-ungarische Regierung Serbien den Krieg. Gleichzeitig scheitert ein neuer Vermittlungsversuch von seiten Großbritanniens an der ablehnenden Haltung des Deutschen Reiches und Österreich-Ungarns. → S. 111/112

Die Gattin des französischen Finanzministers Joseph Caillaux wird in Paris nach einem achttägigen Prozeß von dem Vorwurf des Mordes freigesprochen. Sie hatte am → 16. März (S. 50) den Chefredakteur der französischen Tageszeitung »Figaro«, Gaston Calmette, erschossen. Nach Ansicht des Gerichts lag ihrer Tat kein Vorsatz zugrunde.

29. Juli, Mittwoch

Kurz nach Mitternacht beginnen österreichisch-ungarische Truppen mit der Beschießung Belgrads. → S. 113

In Berlin trifft der deutsche Reichskanzler Theobald von Bethmann Hollweg mit den sozialdemokratischen Reichstagsabgeordneten Albert Südekum zu Gesprächen über die Haltung der Sozialdemokratischen Partei Deutschlands im Falle eines Krieges zusammen. Die SPD-Führung erklärt sich zu politischem Wohlverhalten bereit. → S. 119

Sowohl die Einstellung des sog. Ultimohandels als auch ein Run auf die Sparkassen in der deutschen Hauptstadt zeugen von wirtschaftlicher Unsicherheit angesichts der Kriegsgefahr. → S. 119

30. Juli, Donnerstag

Am frühen Morgen wird die deutsche Regierung in Berlin über die ablehnende britische Haltung zur vom Deutschen Reich gewünschten Neutralitätszusage für den Kriegsfall informiert. Der britische Standpunkt bewirkt einen vorübergehenden Kurswechsel in der Taktik der deutschen Regierung. → S. 115

Die seit fünf Tagen anhaltenden öffentlichen Proteste sozialdemokratischer Arbeiter in Berlin münden in einer Großdemonstration im Berliner Stadtzentrum (→ 27. 7. / S. 110).

Die politische und militärische Führung Österreich-Ungarns legt in Wien die Generalmobilmachung für den 1. August fest. Sie verfolgt damit – trotz taktisch motivierter Einwände der deutschen Regierung – ihren Kriegskurs mit unverminderter Härte weiter. → S. 116

Um 15 Uhr billigt der russische Zar Nikolaus II. die Generalmobilmachung in Rußland. Am Abend des Vortages hatte er bereits eine Teilmobilmachung angeordnet. → S. 114

31. Juli, Freitag

Im Deutschen Reich wird um 13 Uhr der »Zustand der drohenden Kriegsgefahr« verkündet. Er beinhaltet Einschränkungen des öffentlichen Lebens und zieht die Mobilmachung der Streitkräfte nach sich. → S. 116/119

Um 15 Uhr billigt der deutsche Kaiser Wilhelm II. ein deutsches Ultimatum an Rußland. Es enthält die Aufforderung, innerhalb von zwölf Stunden alle Kriegsvorbereitungen einzustellen. Zugleich richtet die deutsche Regierung an Frankreich eine sog. Anfrage, in der das Land unter unannehmbaren Bedingungen zur Wahrung strikter Neutralität bei einem deutsch-russischen Krieg aufgefordert wird. → S. 116

Die deutsche Regierung beginnt mit letzten diplomatischen Vorbereitungen für den unmittelbar bevorstehenden Kriegsausbruch. Sie versucht u. a., weitere Verbündete zu gewinnen. → S. 117

In Paris wird der französische Sozialistenführer und bekannte Pazifist Jean Jaurès von dem Rechtsradikalen Raoul Villain ermordet. Jaurès hatte 1905 den Zusammenschluß der französischen Sozialisten gefördert. → S. 118

Das Wetter im Monat Juli

Station	Mittlere Lufttemperatur (°C)	Niederschlag (mm)	Sonnenscheindauer (Std.)
Aachen	17,4 (17,5)	69 (75)	– (190)
Berlin	20,6 (18,3)	112 (70)	– (242)
Bremen	19,2 (17,4)	91 (92)	– (207)
München	17,2 (17,5)	129 (137)	– (226)
Wien	– (19,5)	– (84)	– (265)
Zürich	16,5 (17,2)	107 (139)	191 (238)

( ) Langjähriger Mittelwert für diesen Monat
– Wert nicht ermittelt

Während sich die europäische Diplomatie fieberhaft um eine Beilegung der sog. Julikrise bemüht, genießt die Bevölkerung die sommerlichen Badefreuden (Titelseite der »Münchner Illustrierten Zeitung« vom 26. 7. 1914)

Lustiges Treiben im Familienbad Steinebach am Wörthsee, dem beliebtesten in der Umgebung Münchens

Berlin und Wien wollen das Attentat von Sarajevo zu

Das Attentat auf den österreichisch-ungarischen Thronfolger Erzherzog Franz Ferdinand am → 28. Juni (S. 88) in Sarajevo löst in den Hauptstädten der europäischen Großmächte einen Schock aus, ohne daß aber – ausgenommen in Österreich-Ungarn – zunächst eine unmittelbare Kriegsgefahr gesehen wird. Zugleich jedoch treten die bisher latenten politischen, wirtschaftlichen und militärischen Gegensätze zwischen den europäischen Großmächten an die Oberfläche. Vor allem das Deutsche Reich und Österreich-Ungarn machen die serbische Regierung für das Attentat verantwortlich. Sie wollen den Vorfall zu langersehnten machtpolitischen Veränderungen in Europa nutzen, wie sich bereits in den ersten Julitagen zeigt.

Hoyos-Mission nach Berlin

Der österreichisch-ungarische Botschafter in Berlin, Laszlo Graf Szögyény-Marich, überreicht am 5. Juli dem deutschen Kaiser Wilhelm II. im Potsdamer Neuen Palais ein Memorandum der Wiener Regierung zur Balkanpolitik sowie ein Handschreiben des österreichisch-ungarischen Kaisers Franz Joseph I. mit Datum vom 2. Juli. In den vom Sondergesandten Alexander Graf von Hoyos nach Berlin gebrachten Dokumenten (sog. Hoyos-Mission) wird die endgültige Zerschlagung Serbiens verlangt.

In der vom österreichisch-ungarischen Außenminister Leopold Graf Berchtold bereits vor dem Attentat von Sarajevo verfaßten politischen Denkschrift heißt es zusammenfassend: »Um so gebieterischer tritt an die Monarchie [Österreich-Ungarn] die Notwendigkeit heran, mit entschlossener Hand die Fäden zu zerreißen, die ihre Gegner zu einem Netze über ihrem Haupt verdichten wollen.«

Unter Hinweis auf die vermeintliche Schuld Serbiens an dem Attentat auf den österreichisch-ungarischen Thronfolger konkretisiert Kaiser Franz Joseph I. in einem beigefügten Handschreiben die Ziele seiner Regierung wie folgt: »Dies [die Eindämmung des serbischen Panslawismus] wird aber nur dann möglich sein, wenn Serbien, welches gegenwärtig den Angelpunkt der panslawistischen Politik bildet, als politischer Machtfaktor am Balkan ausgeschaltet wird.«

Deutscher »Blankoscheck«

Noch am Nachmittag des 5. Juli treffen Kaiser Wilhelm II. und Reichskanzler Theobald von Bethmann Hollweg mit den führenden politischen und militärischen Beratern der deutschen Regierung in Potsdam zusammen; unter den Anwesenden befinden sich der stellvertretende Außenminister Arthur Zimmermann und der Chef des kaiserlichen Militärkabinetts, Moritz Freiherr von Lyncker. Sie vereinbaren, Österreich-Ungarn bei allen Aktionen gegen Serbien vorbehaltlos zu unterstützen (sog. Blankoscheck). Die politische und die militärische Führung des Deutschen Reiches erhoffen sich von einer – gegebenenfalls militärischen – Lösung des Serbien-Konflikts die Eindämmung des russischen Einflusses in Gesamteuropa.

Am folgenden Tag überzeugt sich Wilhelm II. in gesonderten Besprechungen mit Vertretern aus Marine und Armee von der Kriegsbereitschaft der deutschen Streitkräfte. Der deutsche Generalstabschef Helmuth von Moltke wird in seinem Kurort Karlsbad von der Potsdamer Entscheidung unterrichtet. Moltke, ohnehin Verfechter eines militärischen Vorgehens gegen Rußland (→ 20. 5./S. 76), billigt die Regierungsposition bedingungslos.

Die Entscheidungen der deutschen Regierung gelten als politischer Auslöser der sog. Julikrise und des daraus sich entwickelnden Weltkrieges. Um aber vor der politischen Öffentlichkeit in Europa die Zuspitzung der Lage zu verschleiern, verläßt Reichskanzler Bethmann Hollweg nach den Beratungen von Potsdam Berlin; auch Kaiser Wilhelm II. verläßt die deutsche Hauptstadt und tritt seine traditionelle Nordlandfahrt an. Bethmann Hollweg bleibt auf seinem Landsitz Hohenfinow über eine ständige Telegrafenleitung mit Berlin verbunden. General Georg Graf von Waldersee, nach Helmuth von Moltke zweitwichtigste Person im deutschen Generalstab, geht auf Wunsch des Reichskanzlers bis zum 23. Juli in Urlaub. Am 6. Juli übermittelt die deutsche Regierung dem Bündnispartner in Wien durch den Sondergesandten Alexander Graf von Hoyos offiziell den für das weitere Vorgehen historisch bedeutsamen »Blankoscheck«. Auch der erläuternde, von Botschafter Szögyény-Marich für Außenminister Berchtold abgefaßte Bericht über die Haltung der deutschen Regierung belegt einwandfrei das Drängen von Wilhelm II. und Bethmann Hollweg auf eine gewaltsame Lösung des Serbien-Konflikts durch Österreich-Ungarn:

»Unser Verhältnis zu Serbien betreffend stehe deutsche Regierung auf dem Standpunkt, daß wir beurteilen müßten, was zu geschehen hätte, um dieses Verhältnis zu klären; wir könnten hiebei – wie auch immer unsere Entscheidung ausfallen möge – mit Sicherheit darauf rechnen, daß Deutschland als Bundesgenosse und Freund der Monarchie hinter ihr stehe. Im weiteren Verlauf der Konversation habe ich festgestellt, daß auch Reichskanzler [Theobald von Bethmann Hollweg], ebenso wie sein kaiserlicher Herr [gemeint: Wilhelm II.] ein sofortiges Einschreiten unsererseits gegen Serbien als radikalste und beste Lösung unserer Schwierigkeiten am Balkan ansieht. Vom internationalen Standpunkt aus hält er den jetzigen Augenblick für günstiger als einen späteren.«

Ministerkonferenz in Wien

Der am 7. Juli in Wien tagende österreichisch-ungarische Ministerrat spricht sich angesichts der deutschen Position gegen eine diplomatische Lösung und für einen Krieg mit Serbien aus; er nimmt damit eine Konfrontation mit Rußland in Kauf. Wörtlich heißt es im Sitzungsprotokoll: »Dagegen sind alle Anwesenden mit Ausnahme des königl. ungar. Ministerpräsidenten [István Graf Tisza] der Ansicht, daß ein rein diplomatischer Erfolg, wenn er auch mit einer eklatanten Demütigung Serbiens enden würde, wertlos wäre und daß daher solche weitgehenden Forderungen an Serbien gestellt werden müßten, die eine Ablehnung voraussehen ließen, damit eine radikale Lösung im Wege militärischen Eingreifens angebahnt würde.«

Petersburg und London

Auch in den Hauptstädten der anderen europäischen Großmächte herrscht in den Tagen nach dem Attentat von Sarajevo erkennbare politische Unruhe. Am 7. Juli rät der russische Außenminister Sergei D. Sasonow dem serbischen Ministerpräsidenten Nikola Pašić zu Zurückhaltung gegenüber der österreichisch-ungarischen Regierung: »Die letzten Ereignisse in Österreich, die zu einer so großen Verschärfung der serbenfeindlichen Stimmung geführt haben, veranlassen uns, der serbischen Regierung zu raten, äußerste Vorsicht in bezug auf die Fragen walten zu lassen, die geeignet sind, diese Stimmung noch mehr zu verstärken und eine gefährliche Situation zu schaffen.«

Bereits einen Tag zuvor hatte der britische Außenminister Sir Edward Grey gegenüber der britischen Botschaft in Berlin seine Beunruhigung über die »serbenfeindliche Stimmung« in Wien ausgedrückt. Großbritannien spielt eine Schlüsselrolle innerhalb der europäischen Diplomatie. Nach Ansicht des deutschen Reichskanzlers Bethmann Hollweg wird sich die britische Regierung – im Gegensatz zu Frankreich – im Fall des erwarteten Konflikts zwischen dem Deutschen Reich und Österreich-Ungarn einerseits und Rußland andererseits neutral verhalten.

Taktik der deutschen Führung

Seit längerem verfolgt die politische und militärische Führung des Deutschen Reiches den Plan einer »Entscheidungsschlacht« gegen den östlichen Nachbarn Rußland. Bereits am 15. und 21. Dezember 1912 hatten Wilhelm II. und Generalstabschef Moltke einen Krieg gegen Rußland ins Auge gefaßt. Anläßlich eines Besuchs in Österreich-Ungarn vom 23. bis 26. Oktober 1913 sprach der deutsche Kaiser gegenüber Außenminister Berchtold von einem auf die Dauer unvermeidlichen Krieg gegen die slawischen Staaten. Auch Reichskanzler Bethmann Hollweg berief sich bei der ersten Lesung der deutschen Wehrvorlage am 7. und 8. April 1913 in Berlin auf die »europäische Konflagration [Feuersbrunst], die Slawen und Germanen gegenüberstellt«.

Diese am 30. Juni 1913 vom deutschen Reichstag in Berlin verabschiedete Wehrvorlage bildete die umfangreichste Aufrüstungsmaßnahme in der Geschichte des deutschen Kaiserreiches. Neben politischen und militärischen Faktoren

Juli 1914

machtpolitischen Veränderungen in Europa ausnutzen

Die Leichname von Erzherzog Franz Ferdinand und seiner Frau Sophie von Hohenberg wurden zunächst nach Triest überführt, wo sie von Bischof Karlin eingesegnet wurden; mit der Bahn wird das verstorbene Thronfolgerpaar am 1. Juli nach Wien gebracht; die Beisetzung der beiden Attentatsopfer findet in Schloß Artstetten statt

Der österreichisch-ungarische Erzherzog Karl Franz Joseph (l., mit seiner Frau, Erzherzogin Zita) wird nach dem Tod von Franz Ferdinand als Großneffe von Kaiser Franz Joseph I. neuer Thronfolger. Geboren am 17. August 1887 im niederösterreichischen Persenbeug, amtiert er ab 1916 als Kaiser Karl I.

(→ 20. 5. / S. 76) spielen wirtschaftliche Gründe eine entscheidende Rolle für das deutsche Hegemonialstreben in Europa. Die drohenden Absatzschwierigkeiten der deutschen Industrie und Landwirtschaft (→ 9. 4./S. 60; 12. 3./S. 51) ließen maßgebliche deutsche Wirtschaftsführer wie den Hamburger Reeder Albert Ballin bereits im April nach agressiverer Unterstützung der wirtschaftlichen Expansion des Deutschen Reiches rufen (→ 9. 9. / S. 162). Inzwischen verschärfen immer deutlicher werdende rezessive Tendenzen die Lage der deutschen Wirtschaft.

Einschätzung der Lage in Wien

Österreich-Ungarn sieht in dem Attentat von Sarajevo eine Gelegenheit, die inneren Auflösungserscheinungen der Donaumonarchie in den Griff zu bekommen. Insbesondere die Politik von Außenminister Berchtold zielt darauf, den Einfluß der nationalrevolutionären südslawischen Bewegung einzuschränken. Gleichzeitig will er durch einen Präventivkrieg gegen Serbien den Bemühungen der russischen Diplomatie zuvorkommen, die slawischen Balkanstaaten unter politischer Führung des Zarenreiches zu einigen.

Haltung des zaristischen Regimes

Aber nicht allein Österreich-Ungarn und das Deutsche Reich versprechen sich Vorteile von einem europäischen Krieg. Vor allem das zaristische Regime in Rußland benötigt aufgrund seiner labilen politischen und sozialen Situation langfristig außenpolitische Erfolge. Angesichts zunehmender revolutionärer Aktivitäten stützt sich Zar Nikolaus II. bereits in der Vorkriegszeit verstärkt auf polizeistaatliche Methoden. Außenpolitisch strebt das Zarenregime die Kontrolle der osmanischen Meerengen an Bosporus und Dardanellen (→ 13. 1./S. 12) sowie politischen Einfluß auf die slawische Bevölkerung in Südosteuropa an. Im Gegensatz zur österreichisch-ungarischen besteht für die russische Monarchie jedoch derzeit kein akuter außenpolitischer Handlungsbedarf. Hinzu kommt, daß die russischen Streitkräfte unter personellem, militärischem und logistischem Aspekt im Vergleich zu den Armeen anderer europäischer Großmächte noch nicht zu voller Stärke entwickelt sind.

Frankreichs Bündnispflicht

Die Politik der französischen Regierung zeichnet sich in der Vorkriegszeit durch eine defensive Haltung aus; dennoch bleiben grundsätzliche Gegensätze zum Deutschen Reich bestehen. Frankreich ist vor allem besorgt wegen der deutschen Aufrüstungspolitik (Wehrvorlage 1913) und das immer deutlicher werdende deutsche Hegemonialstreben in Europa. Politisch und militärisch bedeutsam ist allerdings Frankreichs enge vertragliche Bindung an Rußland. Der französische Präsident Raymond Poincaré hatte die französischen Bündnisverpflichtungen bereits im Herbst 1912 auch auf alle die Balkanpolitik betreffenden Fragen ausgedehnt.

Britische Gleichgewichtspolitik

Großbritannien zielt mit seiner Politik vor allem auf eine Erhaltung des Machtgleichgewichts. Die Regierung in London hatte sich allerdings nach der als Herausforderung verstandenen deutschen Flottenaufrüstung politisch seit 1904 sowohl Frankreich als auch – in geringerem Umfang – Rußland angenähert (→ 21. 4./S. 64; 26. 5./S. 78). Erklärtermaßen stellt sich Großbritannien jedem Versuch einer politisch-militärischen Schwächung oder Vernichtung Frankreichs entgegen. Im Verhältnis zum Deutschen Reich bleibt die Flottenfrage trotz mehrerer Ausgleichsversuche (zuletzt sog. Haldane-Mission 1912) ein Hauptgegensatz.

Deutscher Druck auf Österreich

Am 8. Juli erklärt der deutsche Botschafter in Wien, Heinrich von Tschirschky und Boegendorff, dem österreichisch-ungarischen Außenminister Leopold Graf Berchtold

Fortsetzung Seite 106

Juli 1914

Fortsetzung von Seite 105

nachdrücklich, »daß man in Berlin eine Aktion gegen Serbien erwarte«. Auch Laszlo Graf Szögyény-Marich, österreichisch-ungarischer Botschafter in Berlin, berichtet am 8. Juli dem Wiener Außenministerium vom anhaltenden Drängen der deutschen Regierung auf ein energisches Vorgehen gegen Serbien. Gleichzeitig formuliert der ungarische Ministerpräsident István Graf Tisza in einem Schreiben an den österreichisch-ungarischen Kaiser Franz Joseph I. vom 8. Juli seine Bedenken zu den geplanten militärischen Aktionen gegen Serbien: »Ein derartiger Angriff auf Serbien würde nach jeder menschlichen Voraussicht die Intervention Rußlands und somit den Weltkrieg heraufbeschwören, wobei ich – trotz allem Optimismus in Berlin – die Neutralität Rumäniens für wenigstens sehr fraglich halten müßte.« Tisza weist damit auf ein militärstrategisch wichtiges Problem hin: Das dem Dreibund seit 1883 angegliederte Rumänien hatte sich seit den Balkankriegen 1912/13 politisch verstärkt Serbien und Rußland zugewandt (→ 14. 6./S. 93). So erscheint die rumänische Haltung im Fall eines Krieges ebenso ungewiß wie die Italiens, das sich dem Dreibund zunehmend entfremdet (→ 11. 2./S. 34; 12. 7./S. 118). Ersatzweise bemüht sich Österreich-Ungarn seit 1913 um eine Annäherung an Bulgarien; gleichzeitig engagiert sich die deutsche Regierung für einen Ausbau der Beziehungen zum Osmanischen Reich (→ 13. 1./S. 12).

Angesichts dieser Situation setzt sich der ungarische Ministerpräsident gegenüber Franz Joseph I. für eine bessere diplomatische Vorbereitung eines Krieges ein (u. a. Neutralitätsgarantie von Rumänien, Bulgarien und Griechenland).

Votum für energische Aktion

Trotz der Bedenken Tiszas spricht sich Kaiser Franz Joseph I. bereits am 9. Juli für eine energische Aktion gegen Serbien aus – nicht zuletzt wegen des fortdauernden deutschen Drucks: Fast täglich wirken in Wien der deutsche Botschafter Tschirschky und Wilhelm Prinz zu Stolberg-Wernigerode als Botschaftsrat im Sinne der Führung in Berlin auf die österreichisch-ungarische Regierung ein.

Am 14. Juli verständigt sich schließlich die politische Führung in Wien – der österreichische Ministerpräsident Karl Graf Stürgkh, Außenminister Berchtold sowie der ungarische Ministerpräsident Tisza – auf ein mit unannehmbaren Forderungen versehenes Ultimatum an Serbien. Tisza revidiert dabei seine ursprünglichen Bedenken, wendet sich aber gegen eine Annexion serbischer Gebiete. Die Übergabe des Ultimatums wird bis zum Ende eines Besuchs des französischen Präsidenten Raymond Poincaré in Rußland vom 20. bis 23. Juli verschoben, um allzu rasche französisch-russische Konsultationen nach Bekanntwerden der Forderungen zu verhindern. Diese würden Wiens militärische Ausgangslage verschlechtern.

Grey sieht Krieg näher rücken

Frühzeitig bemerkt der britische Außenminister Sir Edward Grey die sich verdichtenden Anzeichen eines drohenden Krieges. In einer Unterredung am 8. Juli teilt er dem russischen Botschafter in London, Alexandr K. Graf Benckendorf, seine Befürchtungen mit und spricht sich für eine gemäßigte Haltung Rußlands aus. Benckendorf gibt das Ergebnis der Unterredung in einem Brief an den russischen Außenminister Sergei D. Sasonow wie folgt wider: »Alles in allem, fragte ich Grey, finden Sie die Situation also ernst? Grey antwortete mir, der Gedanke, daß dieses schreckliche Verbrechen unerwartet einen allgemeinen Krieg mit allen seinen Katastrophen hervorrufen könne, nachdem es im letzten Jahre mit soviel Mühe gelungen war, ihn zu vermeiden, . . . ›ließe einem die Haare zu Berge stehen‹. Aber die Situation gibt mir zu denken, das wollte ich Sie wissen lassen. So zu handeln, daß Deutschland sich beruhigt, scheint Grey heute das Wichtigste zu sein.« Am folgenden Tag – dem 8. Juli – teilt Grey seine Besorgnis dem deutschen Botschafter in London, Karl Max Fürst von Lichnowsky, mit (→ 3. 6./S. 93). Dabei macht er ihn auf mögliche Gefahren einer unnachgiebigen Haltung Wiens gegenüber Serbien aufmerksam; vor allem weist der britische Außenminister auf die Protektion Serbiens durch Rußland hin. Gleichzeitig deutet Grey an, daß er zu jedem Vermittlungsversuch bereit sei.

Der deutsche Außenminister Gottlieb von Jagow lehnt jedoch Greys Angebot ab. Am 15. Juli übermittelt er dem – als Kriegsgegner geltenden – Lichnowsky den Standpunkt der deutschen Regierung wie folgt: »Es handelt sich jetzt um eine eminent politische Frage, um die vielleicht letzte Gelegenheit, dem Großserbentum unter verhältnismäßig günstigen Begleitumständen den Todesstoß zu versetzen. Versäumt Österreich diese Gelegenheit, so ist es um sein Ansehen geschehen, und es wird auch für unsere Gruppe [gemeint ist der Dreibund zwischen dem Deutschen Reich, Österreich-Ungarn und Italien] ein noch schwächerer Faktor. Da bei den Ew. [Ehrenwerten] Durchl. [Durchlaucht] [Kaiser Wilhelm II.] bekannten intimen Beziehungen Englands zu Rußland eine andere Orientierung unserer Politik zur Zeit ausgeschlossen erscheint, ist es für uns vitales Interesse, die Weltstellung des österreichischen Bundesgenossen zu erhalten.«

Ultimatum an Serbien formuliert

Am 19. Juli beschließt der sog. Gemeinsame Ministerrat in Wien endgültig den Wortlaut des österreichisch-ungarischen Ultimatums an Serbien. Die Übergabe der auf 48 Stunden befristeten Note wird auf den 23. Juli, 17 Uhr, festgelegt. Außenminister Berchtold spricht sich auf der Sitzung »aus diplomatischen Gründen entschieden gegen eine weitere Verschiebung aus . . ., da man schon jetzt beginne, in Berlin nervös zu werden«. Am 20. Juli erhält der Gesandte Wiens in Belgrad, Wladimir Freiherr Giesl von Gieslingen, strikte Anweisungen, mit der serbischen Regierung keine Verhandlungen über Inhalt und Frist des Ultimatums zu führen, sondern bei nicht vollständiger Annahme sofort nach Ablauf der Frist aus Belgrad abzureisen und nach Wien zurückzukehren.

In der Nacht vom 21. zum 22. Juli wird der Inhalt des Ultimatums dem deutschen Auswärtigen Amt übermittelt. Alle Ressorts in Berlin hatten bereits am 18. Juli Vorbereitungen für den Mobilmachungsfall eingeleitet. Zwei Tage später ordnete der deutsche Innenminister Clemens Delbrück eine Sitzung über weitere »Mobilmachungsvorarbeiten« für den 24. Juli an. In einer Instruktion an die deutschen Botschaften in Petersburg (heute Leningrad), Paris und London vom 21. Juli spricht die deutsche Regierung aus Gründen der politischen Taktik offiziell noch von einer möglichen »Lokalisierung« des bevorstehenden Krieges.

Rußland verdeutlicht Folgen

In Kenntnis der Vorbereitung des österreichisch-ungarischen Ultimatums an Serbien erklärt ein Vertreter des russischen Außenministeriums bereits am 16. Juli gegenüber italienischen Diplomaten in Petersburg, daß Rußland eine Beeinträchtigung der serbischen Unabhängigkeit und Integrität nicht dulden werde. Zwei Tage später drückt der russische Außenminister Sergei D. Sasonow gegenüber dem britischen Botschafter in Petersburg, George William Buchanan, das Unbehagen des Zarenreiches über mögliche Aktionen Österreich-Ungarns aus. Buchanan zufolge sagt Sasonow u. a., »daß eine Art österreichisches Ultimatum in Belgrad Rußland nicht gleichgültig lassen könne und es möglicherweise zwingen würde, einige militärische Vorsichtsmaßregeln zu ergreifen«.

Von zentraler Bedeutung für den Ablauf der österreichisch-ungarischen Kriegsvorbereitungen ist der am 20. Juli beginnende, viertägige Besuch des französischen Präsidenten Poincaré in Rußland. Die diplomatischen Kontakte in Petersburg werden von der sich immer mehr zuspitzenden Situation in Europa geprägt. Bereits zu Beginn des Besuches deutet der französische Botschafter in Rußland, Maurice Paléologue, gegenüber Zar Nikolaus II. seine Kriegsfurcht an. Der russische Herrscher antwortet ihm: »Umso wichtiger ist es, daß wir im Falle einer Krise auf die Engländer rechnen können. Wenn Deutschland nicht vollständig den Verstand verloren hat, wird es nie wagen, das vereinte Rußland, Frankreich und England anzugreifen.« Noch am 21. Juli warnt Raymond Poincaré bei einem Empfang in Petersburg österreichisch-ungarische Diplomaten davor, einen bloßen Vorwand für einen militärischen Überfall auf Serbien zu suchen.

Doch zu diesem Zeitpunkt sind in Wien und Berlin bereits alle notwendigen Vorbereitungen für ein aggressives Vorgehen gegenüber dem Balkanstaat getroffen. Allerdings ordnet der österreichisch-ungarische Außenminister Berchtold am Spätnachmittag des 22. Juli noch eine Verschiebung des Übergabetermins für das Ultimatum an Serbien um eine Stunde auf 18 Uhr an, um eine Information Poincarés vor seiner Abreise aus Petersburg unter allen Umständen zu verhindern (→ 23. 7./S. 108).

Diplomaten spielen bedeutende Rolle

Bei den vor Beginn des Weltkrieges einsetzenden hektischen diplomatischen Aktivitäten stehen – neben den politischen und militärischen Führern der beteiligten Staaten – die Botschafter und Gesandten der europäischen Großmächte im Mittelpunkt des Geschehens.

Der 1876 geborene österreichisch-ungarische Legationsrat Alexander Graf von Hoyos amtiert seit 1912 als Kabinettschef im Wiener Außenministerium. Betont serbenfeindlich, zählt der Diplomat zu den stärksten Kriegstreibern im Auswärtigen Amt der österreichisch-ungarischen Doppelmonarchie.

Seit 1907 arbeitet der Diplomat Heinrich von Tschirschky und Boegendorff, Jahrgang 1858, als deutscher Botschafter im verbündeten Österreich-Ungarn.

Laszlo Graf Szögyény-Marich, österreichisch-ungarischer Politiker, ist seit 1892 Botschafter seines Landes in der deutschen Hauptstadt Berlin. Er wurde 1841 geboren.

Der deutsche Botschafter in Petersburg (heute Leningrad), Friedrich Graf von Pourtalés, gilt als Gegner der antirussischen Agitation im Deutschen Reich (→ 2. 3./S. 48; 14. 5./S. 76). Geboren 1853, übernahm der preußische Diplomat im Jahr 1907 seinen derzeitigen Posten in der russischen Hauptstadt.

Sein französischer Kollege Maurice Paléologue trat hingegen erst am 12. Januar 1914 – als Nachfolger des früheren Außen- und Marineministers Théophile Delcassé – das Botschafteramt in der Hauptstadt des Zarenreichs an. Zuvor war er Gesandter in Sofia (1909 – 1912) sowie Direktor für politische und Handelsangelegenheiten im französischen Außenministerium in Paris.

Ebenso wie Hoyos und der österreichisch-ungarische Außenminister Leopold Graf Berchtold gilt der Gesandte Wiens in der serbischen Hauptstadt Belgrad, Wladimir Freiherr Giesl von Gieslingen, als Verfechter eines harten Kurses gegenüber Serbien. Er steht bei der Übergabe des österreichisch-ungarischen Ultimatums im Brennpunkt der Ereignisse (→ 23. 7./S. 108).

Dagegen zählt der deutsche Botschafter in London, Karl Max Fürst von Lichnowsky, zu den Befürwortern einer Verhandlungslösung (→ 3. 6./S. 93).

Wilhelm Freiherr von Schoen, deutscher Botschafter in Paris seit 1910; zuvor arbeitete er fast drei Jahre als Außenminister im Kabinett Bülow

Verhandelte bereits 1909 über ein Flottenabkommen mit dem Deutschen Reich: William Edward Goschen, britischer Botschafter in Berlin

Albrecht Graf von Mensdorff-Pouilly-Dietrichstein ist seit zehn Jahren österreichisch-ungarischer Botschafter in London

Vor seiner Tätigkeit als deutscher Botschafter in Wien war Heinrich von Tschirschky und Boegendorff deutscher Außenminister

Übergibt in Belgrad das österreichisch-ungarische Ultimatum an die serbische Regierung: Gesandter Wladimir Freiherr Giesl von Gieslingen

Der deutsche Botschafter in Rußland, Pourtalés, wies bereits 1913 auf die gefährlichen Folgen eines russischen Prestigeverlusts auf dem Balkan hin

Frankreichs Botschafter in Petersburg, Maurice Paléologue, warnte im Juni auf Betreiben Rußlands in Paris vor einer Wiederabschaffung der dreijährigen Wehrdienstzeit

Einer der dienstältesten Diplomaten in der deutschen Reichshauptstadt Berlin: Der seit 1892 amtierende österreichisch-ungarische Botschafter Laszlo Graf Szögyény-Marich

Karl Max Fürst von Lichnowsky, seit 1899 im diplomatischen Dienst des Deutschen Reiches (ab 1912 in London), bemüht sich um ein gutes deutsch-britisches Verhältnis

Juli 1914

Der österreichisch-ungarische Gesandte Freiherr Giesl von Gieslingen übergibt der Regierung in Belgrad das in Wien formulierte Ultimatum

23. Juli:

Wien stellt Serbien unerfüllbares Ultimatum

Um 18 Uhr übergibt der österreichisch-ungarische Gesandte in Belgrad, Wladimir Freiherr Giesl von Gieslingen, dem stellvertretenden serbischen Ministerpräsidenten Pacu, das am 19. Juli vom Ministerrat in Wien formulierte Ultimatum. Gleichzeitig erklärt er, daß die Antwort bis zum 25. Juli, 18 Uhr, befristet sei und fügt hinzu: »... zu welchem Zeitpunkt ich, wenn keine oder ungenügende Antwort eintreffe, mit dem Personal der Gesandtschaft Belgrad verlassen werde.«

In dem Ultimatum beschuldigt die österreichisch-ungarische Regierung serbische Beamte und Offiziere, als Mitglieder einer nationalrevolutionären Bewegung das Attentat auf Thronfolger Erzherzog Franz Ferdinand vom → 28. Juni (S. 88) in Sarajevo vorbereitet zu haben. Nach Angaben Wiens haben sie von Belgrad aus Waffen sowie weitere logistische Unterstützung für die als Attentäter verhafteten bosnischen Nationalisten geliefert. Ultimativ verlangt Österreich-Ungarn von der serbischen Regierung eine bis zum 26. Juli zu veröffentlichende offizielle Stellungnahme. Darin soll sich Serbien verpflichten, jegliche Unterstützung von nationalrevolutionären, gegen den Bestand der Donaumonarchie gerichteten Bewegungen aufzugeben sowie die Unterdrückung jeder entsprechenden Agitation zuzusagen. Überdies fordert die Wiener Regierung in zehn Punkten von Serbien einschneidende innenpolitische Maßnahmen zur Unterdrückung von Österreichfeindlichen Bestrebungen. U. a. soll sich die Regierung in Belgrad verpflichten:

▷ »... 2. sofort mit der Auflösung des [nationalrevolutionären] Vereines ›Narodna Odbrana‹ vorzugehen, dessen gesamte Propagandamittel zu beschlagnahmen und in derselben Weise gegen die anderen ... Vereinigungen in Serbien einzuschreiten, die sich mit der Propaganda gegen Österreich-Ungarn beschäftigen ...

▷ 4. aus dem Militärdienst und der Verwaltung ... alle Offiziere und Beamten zu entfernen, die der Propaganda gegen Österreich-Ungarn schuldig sind ...

▷ 5. einzuwilligen, daß in Serbien Organe der k. und k. Regierung [Österreich-Ungarns] bei der Unterdrückung der gegen die territoriale Integrität der Monarchie gerichteten subversiven Bewegungen mitwirken

▷ 6. eine gerichtliche Untersuchung gegen jene Teilnehmer des Komplotts vom 28. Juni einzuleiten, die sich auf serbischem Territorium befinden, von der k. und k. Regierung hierzu delegierte Organe werden an den ... Erhebungen teilnehmen ...«

Zusätzlich besteht Wien auf der Verhaftung zweier namentlich genannter serbischer Beamter. Abschließend wird von Serbien eine unverzügliche Unterrichtung nach Verwirklichung der ultimativen Forderungen verlangt.

24. Juli:

Empörung in Rußland und Großbritannien

Der am frühen Morgen in den europäischen Hauptstädten bekanntgewordene Inhalt des österreichisch-ungarischen Ultimatums an Serbien schlägt wie eine Bombe ein. Nachdem inzwischen knapp vier Wochen seit dem Attentat von Sarajevo auf Erzherzog Franz Ferdinand (→ 28. 6./S. 88) vergangen sind, stoßen die krassen Forderungen weitgehend auf Unverständnis.

Der von Außenminister Sergei D. Sasonow unterrichtete russische Zar Nikolaus II. kommentiert das Ultimatum mit den Worten: »Das ist empörend!« Auf einer um 15 Uhr beginnenden Sitzung beschließt der russische Ministerrat in Petersburg (heute Leningrad) auf Vorschlag Sasonows, »erstens gemeinsam mit den anderen Großmächten Österreich zu bitten, die von ihm bestimmte Frist für die Antwort Serbiens zu verlängern, um den Mächten Zeit zu geben, sich ... mit den Ergebnissen der gerichtlichen Untersuchung des Mordes von Sarajevo bekannt zu machen, und zweitens Serbien den Rat zu erteilen, den Kampf mit den österreichisch-ungarischen Truppen nicht aufzunehmen, sondern seine Streitkräfte zurückzuziehen und an die Mächte die Bitte zu richten, den entstandenen Streit zu schlichten«. Zugleich ordnet der Ministerrat als Reaktion auf das österreichisch-ungarische Vorgehen die Mobilmachung in vier Militärbezirken sowie der Flotte an. Gleichzeitig telegrafiert der britische Botschafter George Williams Buchanan aus Petersburg seiner Regierung in London, daß Rußland und Frankreich ein gemeinsames, notfalls auch militärisches Vorgehen bei österreichischen Aktionen gegen Serbien vereinbart haben.

In der britischen Hauptstadt London bezeichnet Außenminister Sir Edward Grey gegenüber dem österreichisch-ungarischen Botschafter Albert Graf von Mensdorff-Pouilly-Dietrichstein das Ultimatum als »das furchtbarste Dokument ..., das ich je einen Staat an einen andern unabhängigen Staat habe richten sehen, ... und mit [der] Erhaltung unabhängiger Souveränität Serbiens kaum vereinbar.«

Der russische Generalstabschef Nikolas Januszkewitsch

Mit Empörung reagiert Zar Nikolaus II. (M., bei einem Manöver) auf das mit unannehmbaren Forderungen versehene Ultimatum an Serbien

25. Juli:

Österreich-Ungarn bricht mit Serbien

Die serbische Regierung übergibt kurz vor 18 Uhr der österreichisch-ungarischen Gesandtschaft in Belgrad die Antwortnote auf das Ultimatum vom → 23. Juli (S. 108). Die gewünschte Fristverlängerung war zuvor von Österreich-Ungarn verweigert worden.

Die Antwort enthält weitgehende Zugeständnisse. Die von Ministerpräsident Nikola Pašić geführte serbische Regierung willigt u. a. in die geforderte Unterdrückung anti-österreichischer Agitation ein. Sie gesteht auch – trotz grundsätzlicher rechtlicher Bedenken – die Mitwirkung österreichisch-ungarischer Organe bei etwaigen Strafverfolgungsmaßnahmen zu. Abschließend schlägt sie eine internationale Vermittlung vor, falls der Konflikt nicht in beiderseitigen Verhandlungen gelöst werden kann.

Obwohl Serbien bis auf wenige Vorbehalte den gestellten Forderungen entspricht, bricht der österreichisch-ungarische Gesandte in Belgrad, Wladimir Freiherr Giesl von Gieslingen, nach Übergabe der Antwort die diplomatischen Beziehungen ab und verläßt die serbische Hauptstadt. Am Abend beginnt Österreich-Ungarn mit den Vorbereitungen zur Mobilmachung. Bereits um 15 Uhr hatte Serbien vorsorglich die allgemeine Mobilmachung angeordnet.

Beleg für den Willen der Wiener Regierung zum Krieg sind u. a. die Aufzeichnungen des österreichischen Historikers Josef Redlich über seine Gespräche mit dem Kabinettschef im österreichisch-ungarischen Außenministerium, Alexander Graf von Hoyos: »Die Note ... läßt eine Annahme Serbiens eigentlich überhaupt nicht zu: Sie ist ein 48stündiges Ultimatum, und dann beginnt der Krieg: Daß Rußland mit Serbien geht, ist so gut wie sicher anzunehmen.«

Die deutsche Regierung drängt zu einer sofortigen Kriegserklärung. Einem nach Wien gesandten Telegramm des österreichisch-ungarischen Botschafters in Berlin, Laszlo Graf Szögyény-Marich, zufolge sieht das deutsche Auswärtige Amt »in jeder Verzögerung des Beginnes der kriegerischen Operationen große Gefahr betreffs der Einmischung anderer Mächte«.

Im Belgrader Kriegsministerium werden Vorbereitungen für den erwarteten Angriff Österreich-Ungarns getroffen

Aufmacher der Zeitung »B. Z. am Mittag« zur Haltung der österreichisch-ungarischen Regierung nach der Übergabe des Ultimatums an Serbien

25. Juli:

Rußland beschließt Vormobilmachung

Um 11 Uhr tagt in Petersburg (heute Leningrad) der russische Kronrat, um Reaktionen auf das scharfe österreichisch-ungarische Ultimatum an Serbien (→ 23. 7./S. 108) zu erörtern. Die russische Führung beschließt, die sog. Kriegsvorbereitungsperiode (Vormobilmachung) einzuleiten, und bestätigt damit die Beschlüsse einer Ministerratssitzung vom 24. Juli.

Im Sonderjournal über die Sitzung des Kronrates heißt es u. a.: »Entsprechend der gegenwärtigen Wendung der diplomatischen Verhandlungen und damit alle Ressorts die erforderlichen Maßnahmen für die Vorbereitung und die Sicherung einer erfolgreichen Mobilmachung der Armee, der Flotte und der Festungen ... ergreifen, hält es der Ministerrat nunmehr für gegeben, vom 26. Juli ... an auf dem ganzen Reichsgebiet die Verordnung über die Kriegsvorbereitungsperiode ... in Kraft zu setzen.«

Durch diesen Regierungsbeschluß kann die Mobilmachung der Streitkräfte bei einer Zuspitzung der Lage beschleunigt werden.

Juli 1914

Edward Grey (l.) und die Botschafter der europäischen Großmächte im Auswärtigen Amt in London (3. v. l.: Der russische Botschafter Benckendorff)

26. Juli:
Grey schlägt eine Viermächte-Konferenz vor

Der britische Außenminister Sir Edward Grey bemüht sich von London aus um eine diplomatische Lösung der internationalen Krise.
Nachdem Grey von der serbischen Antwortnote auf das österreichisch-ungarische Ultimatum (→ 25. 7./S. 109) Kenntnis erhalten hat, macht er der Regierung in Wien zunächst den Vorschlag, sich mit ihr als diplomatischem Erfolg zufrieden zu geben. Diese lehnt jedoch ab. Daraufhin unterbreitet Grey seinen sog. Viermächte-Vorschlag, der eine Botschafterkonferenz der vier an dem Konflikt nicht unmittelbar beteiligten Großmächte Großbritannien, Frankreich, Deutsches Reich und Italien in London vorsieht. Grey führt seine Idee in einem um 15 Uhr abgesandten, gleichlautenden Schreiben an die britischen Botschaften in den betroffenen Staaten folgendermaßen aus: »Der ... Charakter der österreichischen Demarche [gemeint ist das Ultimatum] macht es fast unvermeidlich, daß Österreich und Rußland in kurzem gegeneinander mobilisiert haben werden. In diesem Fall scheint mir die einzige Friedensmöglichkeit darin zu liegen, daß die anderen vier Mächte gemeinsam Österreich und Rußland auffordern, Grenzen nicht zu überschreiten und den vier in Wien und St. Petersburg tätigen Mächten Zeit zu lassen, eine Beilegung der Sache zu versuchen.« Bedingung für die Verwirklichung sei, so Grey, daß weder Österreich-Ungarn noch Rußland und Serbien bis dahin militärische Operationen vornähmen.
Das Deutsche Reich lehnt den Vorschlag jedoch am folgenden Tag unter dem Hinweis ab, es könne Österreich-Ungarn nicht vor ein internationales Tribunal stellen. In einer Unterredung mit dem deutschen Botschafter in London, Karl Max Fürst von Lichnowsky, äußert Grey daraufhin erstmals den Verdacht, die deutsche Regierung sei an einer Verständigung gar nicht interessiert. Nach einem von Lichnowsky am 27. Juli übermittelten Bericht an den deutschen Außenminister Gottlieb von Jagow ist London davon überzeugt, »daß der Schlüssel der Lage in Berlin liegt«.
Um nicht in der Weltöffentlichkeit als »eigentliche Kriegstreiber« (Reichskanzler Theobald von Bethmann Hollweg) dazustehen, reicht die deutsche Regierung am 27. Juli schließlich doch noch den britischen Vermittlungsvorschlag nach Wien weiter. Gleichzeitig jedoch läßt Außenminister Jagow den österreichisch-ungarischen Botschafter in Berlin, Laszlo Graf Szögyény-Marich, wissen, daß sie den Kompromißversuch ablehnt. Der russische Außenminister Sergei D. Sasonow dagegen stimmt den Vorschlägen von Grey zu, sofern direkte Kontakte zwischen Rußland und Österreich-Ungarn ergebnislos verlaufen sollten. Letztere enden ohne Erfolg am 28. Juli, nachdem Wien ein russisches Angebot zur Verständigung abgelehnt hatte.

27. Juli:
Erregung auf den Straßen von Berlin steigt

Verschiedene chauvinistisch geprägte Gruppierungen, darunter Vertreter des Jungdeutschlandbundes und des Handlungsgehilfenverbandes sowie deutschnationale Studenten, treffen sich an diesem wie auch schon an den vorangegangenen Abenden auf der Friedrichstraße und Unter den Linden in Berlin. Auf ihren Demonstrationen fordern sie die Unterstützung Österreich-Ungarns und einen Krieg gegen Serbien und Rußland.
Gleichzeitig mehren sich in der deutschen Bevölkerung aber auch die Stimmen vor allem aus dem sozialdemokratischen Lager, die öffentlich vor dem drohenden Krieg warnen. In den letzten Julitagen finden in Berlin zahlreiche sozialdemokratische Protestveranstaltungen gegen den Krieg statt. Allein am 27. Juli kündigt die SPD-Zeitung »Vorwärts« 27 Antikriegskundgebungen an. Trotz eines Verbots öffentlicher Kundgebungen durch den Berliner Polizeipräsidenten Traugott von Jagow versammeln sich SPD-Anhänger im Straßenzug Unter den Linden und fordern »Nieder mit den Kriegshetzern«. Berittene Polizei löst die sozialdemokratischen Kundgebungen auf.
In seiner Ausgabe vom 26. Juli gibt der »Vorwärts« einen Eindruck von der sorgenvollen Stimmung unter der Berliner Bevölkerung wenige Tage vor Beginn des Krieges: »Selten hat die Reichshauptstadt ein solches Bild gesehen wie am gestrigen Abend. Tausende und Abertausende harrten auf den Straßen und Plätzen ... der neuesten Mitteilungen von dem österreichisch-serbischen Konflikt. Die Luft war geschwängert von den wildesten Gerüchten. Von Mund zu Mund pflanzte sich die bange Frage: Ist der Krieg schon erklärt? Werden die Würfel fallen? Den Extrablattverkäufern wurden die Blätter einfach aus den Händen gerissen, über manch ein Blatt beugten sich fünf, sechs und mehr Gesichter, alle gierig den dürftigen Text verschlingend ... Krieg oder nicht? Diese Frage wurde erregt diskutiert, in den Cafés, auf der Straße, wo Menschen zusammenkamen.«

Antirussische Demonstration im Lustgarten in Berlin am 26. Juli

In der deutschen Hauptstadt Berlin setzt sich der französische Sozialistenführer Jaurès (vorne, 2. v. l.) gemeinsam mit SPD-Politikern für Frieden ein

27. Juli:

Rückkehr von Kaiser Wilhelm II. nach Berlin

Nach Abbruch seiner am 6. Juli begonnenen Nordlandreise trifft der deutsche Kaiser Wilhelm II. um 15 Uhr in Berlin ein. Seine Ankunft dokumentiert den Beginn fieberhafter Kriegsvorbereitungen, nachdem bereits am Vortag u. a. der deutsche Generalstabschef Helmuth von Moltke und der Leiter des Reichsmarineamtes, Großadmiral Alfred von Tirpitz, in die deutsche Hauptstadt zurückgekehrt waren. Seit den Gesprächen der deutschen Spitzenpolitiker und -militärs in Potsdam am 5./6. Juli (→ S. 104 – 106) waren sie zur Verschleierung der Lage Berlin ferngeblieben.

Wilhelm II. trifft zunächst zu politischen Konsultationen mit dem deutschen Reichskanzler Theobald von Bethmann Hollweg und Generalstabschef Moltke zusammen. Moltke hatte bereits am Vortag dem Auswärtigen Amt den Entwurf eines deutschen Ultimatums an Belgien zugeleitet; die aktuellen deutschen Aufmarschpläne für die Westfront (sog. Schlieffenplan; → 4. 8./S. 140) sehen einen Einmarsch in Belgien vor. Gleichzeitig wurden die Mobilmachungsordern für die Zivilbehörden zur Unterzeichnung durch Wilhelm II. vorbereitet.

Die Rückkehr von Wilhelm II. wird von der übrigen politischen und militärischen Führung zwiespältig beurteilt, da der deutsche Kaiser aufgrund seiner unberechenbaren Persönlichkeit als Risikofaktor für die Kriegsvorbereitungen gilt. Tatsächlich meint er am Morgen des 28. Juli nach Kenntnisnahme der serbischen Antwortnote: »Durch sie entfällt jeder Grund zum Krieg.« Wilhelm II. kann sich mit seiner Ansicht jedoch nicht durchsetzen. Auch ein von ihm vorgeschlagener Kompromiß – Österreich-Ungarn solle serbische Gebiete als »Faustpfand« für ein Wohlverhalten besetzen – wird von Bethmann Hollweg verspätet und nur mit Modifikationen nach Wien übermittelt.

Der Chef des kaiserlichen Marinekabinetts, Admiral Georg Alexander von Müller, faßt seine Eindrücke von der Haltung der deutschen Regierung am 27. Juli zusammen: »Tendenz unserer Politik: Ruhige Haltung, Rußland sich ins Unrecht setzen lassen – dann aber den Krieg nicht scheuen.«

Im Brennpunkt des Geschehens: Das von Alexander von Krobatin geleitete österreichisch-ungarische Kriegsministerium in Wien; Krobatin amtiert seit 1912 als Kriegsminister, er zählt zu den Befürwortern eines Krieges gegen Serbien

28. Juli:

Österreichisch-ungarische Regierung erklärt Serbien um 11 Uhr den Krieg

Um 11 Uhr teilt der österreichisch-ungarische Außenminister Leopold Graf Berchtold in einem Telegramm der Regierung in Belgrad die Kriegserklärung Österreich-Ungarns an Serbien mit.

Am 29. Juli wird das am Vortag vom österreichisch-ungarischen Kaiser Franz Joseph I. erlassene Kriegsmanifest – es trägt den Titel »An meine Völker« (Text → S. 112) – von der Presse in der Donaumonarchie auf Anordnung von Ministerpräsident Karl Graf Stürgkh veröffentlicht; eine vergleichbare Erklärung des serbischen Prinzregenten Alexander wird ebenfalls am 29. Juli bekannt

Zusammen mit der Kriegserklärung beginnt die Mobilisierung der österreichisch-ungarischen Armee für den sog. Krieg B (teilweise Mobilmachung; sie umfaßt zwei Fünftel des mobilisierbaren Heeres). Unter rein militärischen Gesichtspunkten ist die frühe Kriegserklärung an Serbien allerdings sinnlos, da die nach Süden gerichtete Mobilmachung insgesamt 15 Tage in Anspruch nimmt. Dagegen entspricht sie den politischen Zielen der Regierungen in Wien und Berlin. So meint am 28. Juli der deutsche Botschafter in Wien, Heinrich von Tschirschky und Boegendorff, die Kriegserklärung erfolge »hauptsächlich, um jedem Interventionsversuch den Boden zu entziehen«. Österreich-Ungarn unterminiert so weitere Vermittlungsversuche.

Noch am Abend des 28. Juli übermittelt der britische Außenminister Sir Edward Grey seinem Botschafter in Berlin, William Edward Goschen, einen neuen Vermittlungsvorschlag (→ 26. 7./S. 110). Um Mitternacht informiert Goschen London über die erneute Ablehnung durch die deutsche Regierung.

Kriegsmanifeste beschwören die »vaterländische Einigkeit«

Der österreichisch-ungarische Kaiser Franz Joseph I. beauftragt seinen Außenminister Leopold Graf Berchtold am 28. Juli mit der Formulierung der Kriegserklärung an Serbien, die der serbischen Regierung in französischer Sprache übermittelt wird (→ 28. 7. / S. 111). Gleichzeitig befiehlt er die Veröffentlichung seines Kriegsmanifestes »An meine Völker!« Sie erfolgt am 29. Juli. Auf serbischer Seite erläßt Prinzregent Alexander – er vertritt seit dem 24. Juni den erkrankten König Peter I. Karadordević – am 29. Juli sein an das serbische Volk gerichtetes sog. Kriegsmanifest.

Kriegserklärung an Serbien

»Da die Königlich Serbische Regierung die Note, welche ihr vom österreichisch-ungarischen Gesandten in Belgrad am 23. Juli 1914 übergeben worden war, nicht in befriedigender Weise beantwortet hat, so sieht sich die k.[aiserlich] u.[nd] k.[önigliche] Regierung [Österreich-Ungarns] in die Notwendigkeit versetzt, selbst für die Wahrung ihrer Rechte und Interessen Sorge zu tragen und zu diesem Ende an die Gewalt der Waffen zu appellieren. Österreich-Ungarn betrachtet sich daher von diesem Augenblicke an als im Kriegszustande mit Serbien befindlich.
Der österreichisch-ungarische Minister des Aeußern [Leopold] Graf Berchtold«

Manifest von Franz Joseph I.

»Es war Mein sehnlichster Wunsch, die Jahre, die Mir durch Gottes Gnade noch beschieden sind, Werken des Friedens zu weihen und Meine Völker vor den schweren Opfern und Lasten des Krieges zu bewahren. Im Rat der Vorsehung ward es anders beschlossen. Die Umtriebe eines haßerfüllten Gegners zwingen Mich, zur Wahrung der Ehre Meiner Monarchie, zum Schutz ihres Ansehens und ihrer Machtstellung, zur Sicherung ihres Besitzstandes nach langen Jahren des Friedens zum Schwert zu greifen. Mit rasch vergessendem Undank hat das Königreich Serbien, das von seinen ersten Anfängen seiner staatlichen Selbständigkeit bis in die neueste Zeit von Meinen Vorfahren und Mir gestützt und gefördert worden war, schon vor Jahren den Weg offener Feindseligkeit gegen Österreich-Ungarn betreten . . . Dieser Haltung hatte Serbien in erster Linie die Erreichung des Kriegszweckes zu verdanken. Die Hoffnung, daß das serbische Königreich die Langmut und Friedensliebe Meiner Regierung würdigen und sein Wort einlösen würde, hat sich nicht erfüllt. Ein verbrecherisches Treiben greift über die Grenze, um im Südosten der Monarchie die Grundlagen staatlicher Ordnung zu untergraben, das Volk, dem Ich in landesväterlicher Liebe meine volle Fürsorge zuwende, in seiner Treue zum Herrscherhaus und zum Vaterland wankend zu machen, die heranwachsende Jugend irrezuleiten und zu frevelhaften Taten des Wahnwitzes und des Hochverrats aufzureizen. Eine Reihe von Mordanschlägen . . . bildet die weithin sichtbare blutige Spur jener geheimen Machenschaften . . . Diesem unerträglichen Treiben muß Einhalt geboten, den unaufhörlichen Herausforderungen Serbiens ein Ende bereitet werden, soll die Ehre und Würde Meiner Monarchie unverletzt erhalten und ihre staatliche, wirtschaftliche und militärische Entwicklung vor beständigen Erschütterungen bewahrt bleiben. Vergebens hat Meine Regierung noch einen letzten Versuch unternommen, dieses Ziel mit friedlichen Mitteln zu erreichen, Serbien durch eine ernste Mahnung zur Umkehr zu bewegen. Serbien hat die maßvollen und gerechten Forderungen meiner Regierung zurückgewiesen und es abgelehnt, jenen Pflichten nachzukommen, deren Erfüllung im Leben der Völker und Staaten die natürliche und notwendige Grundlage des Friedens bildet. So muß Ich denn daran schreiten, mit Waffengewalt die unerläßlichen Bürgschaften zu schaffen, die Meinen Staaten die Ruhe im Innern und den dauernden Frieden nach außen sichern sollen. In dieser ernsten Stunde bin Ich Mir der ganzen Tragweite Meines Entschlusses und Meiner Verantwortung vor dem Allmächtigen voll bewußt. Ich habe alles geprüft und erwogen. Mit ruhigem Gewissen betrete Ich den Weg, den die Pflicht Mir weist. Ich vertraue auf Meine Völker, die sich in allen Stürmen stets in Einigkeit und Treue um Meinen Thron geschart haben und für Ehre, Größe und Macht des Vaterlandes zu schwersten Opfern immer bereit waren. Ich vertraue auf Österreich-Ungarns tapfere und von hingebungsvoller Begeisterung erfüllte Wehrmacht, und Ich vertraue auf den Allmächtigen, daß er meinen Waffen den Sieg verleihen möge.
[Kaiser] Franz Joseph [I.]
[Ministerpräsident Karl Graf] Stürgkh«

Serbisches Kriegsmanifest

»Ich bringe meinen teuren und tapferen Serben das große Unglück zur Kenntnis, das Serbien getroffen: Österreich-Ungarn hat uns den Krieg erklärt. Es ist notwendig, daß wir jetzt alle einig sind, daß wir zeigen, daß, so oft Wien daran ein Interesse hatte, es den Serben feierlich versprach, sie gerecht zu behandeln, daß es aber nie seine Versprechungen einhielt. Es war vergebens, daß an den Grenzen Serbiens und Kroatiens so viele serbische Helden für den Ruhm Europas und die Interessen des Wiener Hofes ihr Blut ließen. Vergebens waren die Opfer, die Serbien während der Regierung meines Großvaters [Alexander Karadordević] brachte, um den Thron der Cäsaren vor der Wut der Nationen, die sich gegen ihn erhoben hatten, zu retten. Vergebens trachtete Serbien, in Frieden mit der Nachbarmonarchie zu leben. Verlorene Mühe! Die Serben wurden als Staat und als Volk verdächtigt und folglich vor den anderen Nationen erniedrigt. Jahre sind es her, daß Österreich die serbischen Gebiete von Bosnien und der Herzegowina okkupierte; vor sechs Jahren hat es diese Gebiete an sich gebracht, ohne ein Recht gehabt zu haben, ihnen ihre verfassungsmäßige Freiheit zu entziehen. All dies erweckte im Volke eine tiefe Unzufriedenheit, insbesondere in der feurigen Jugend, und der Widerstand zeugte endlich das Verbrechen von Sarajevo. Serbien hat dieses Attentat innig bedauert und verurteilt. Es hat sich bereit erklärt, alle Mitschuldigen des Mörders vor Gericht zu stellen; aber bald sah Serbien mit Erstaunen, daß die Österreicher die Verantwortung für das Verbrechen nicht der schlechten Verwaltung oder einzelnen Schuldigen zuschoben, sondern auf das Königreich selbst. Obwohl dieses Verbrechen durch einen einzigen Menschen, einen österreichischen Untertanen, unter den Augen der österreichischen Behörden erfolgte, hat Österreich serbische Offiziere, die serbische Regierung und das ganze Königreich Serbien beschuldigt. Eine derartige Anklage gegen einen unabhängigen Staat, dem man einen durch einen fremden Untertanen begangenen Mord zur Last legt, ist ohnegleichen in der Geschichte Europas. Österreich hat uns den Krieg erklärt, ohne die ungeheuren Folgen einer Verwicklung zu bedenken, die es herbeiführen könnte, obwohl es die Schwierigkeiten und Gefahren kannte; und das in einem Augenblick, wo Serbien nach zwei Kriegen die Früchte seiner Anstrengungen ernten wollte. Ich bin genötigt, meine tapferen und guten Serben unter die dreifarbige serbische Fahne zu rufen. Ich bin überzeugt, daß sie sich, wie in den früheren Jahren, würdig ihrer ruhmreichen Vorfahren zeigen werden, voll Vertrauen in Gott und in den schließlichen Sieg unserer gerechten Sache! Gestützt auf die Sympathien der ganzen zivilisierten Welt und auf die Hilfe unserer großen Verwandten und Freunde rechnend, nehmen wir mit unseren kühnen Brüdern aus Montenegro den Kampf auf, der uns in so zorniger Weise aufgezwungen wird. In unserer ruhmvollen alten und neueren Geschichte zeigen viele Vorfälle, daß, wenn die Serben einig waren, sie selbst die mächtigsten Feinde besiegt haben. Zeigen wir noch einmal, daß wir uns für das Vaterland zu opfern wissen und daß diese Opfer unser Vaterland vor einem frechen und starken Feind retten werden. Serben, verteidigt mit all Euer Kraft Eure Herde und die serbische Nation!
[Prinzregent Alexander]«

Kanonenboot der österreichischen Donauflotte; Schiffe wie dieses patrouillieren u. a. bei Belgrad auf der Donau längs der österreichisch-serbischen Grenze

29. Juli:

In der Nacht fallen erste Schüsse auf Belgrad

In der Nacht vom 28. zum 29. Juli beginnen österreichische Kriegsschiffe (Donauflotte) sowie Artillerie mit der Beschießung der serbischen Hauptstadt Belgrad. Die serbische Kriegsleitung läßt daraufhin die Eisenbahnbrücke über den Grenzfluß Save sprengen.

Dem um 1 Uhr von Semlin sowie der Donau aus durchgeführten Beschuß folgen um 3.30 Uhr Granatenangriffe auf die Belgrader Festungsanlagen. Auf den einstündigen Angriff reagieren die serbischen Streitkräfte mit Gewehrfeuer.

Aufgrund der Eskalation der Ereignisse bemüht sich der britische Außenminister Sir Edward Grey erneut um einen Kompromiß (→ 26. 7./S. 110). Wie er dem deutschen Botschafter in London, Karl Max Fürst von Lichnowsky, mitteilt, erwartet Rußland als Schutzmacht Serbiens die Einstellung der Kriegshandlungen vor Beginn der bereits vorgeschlagenen, vom Deutschen Reich bisher aber abgelehnten Viermächte-Konferenz. Nach Angaben Lichnowskys sieht es Außenminister Grey als »eine geeignete Grundlage für die Vermittlung, daß Österreich etwa nach Besetzung von Belgrad oder anderer Plätze seine Bedingungen kundgäbe«.

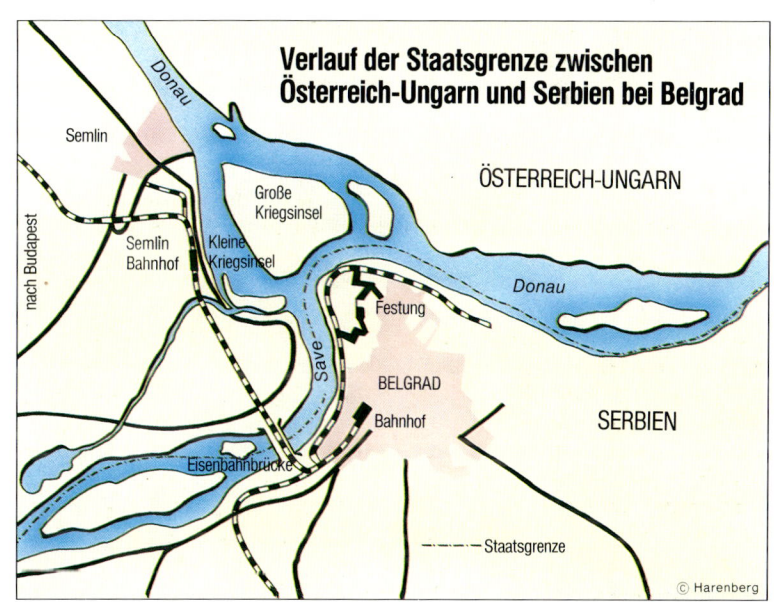

△ *Die Karte vom Verlauf der Grenze zwischen Österreich-Ungarn und Serbien zeigt die militärstrategisch gefährdete Lage von Belgrad; die serbische Regierung und der Königshof waren bereits am 25. Juli nach Kragujevac und Nisch umgesiedelt*

◁◁ *Die Eisenbahnbrücke über die Save stellt die einzige direkte Verbindung zwischen dem österreichisch-ungarischen und dem serbischen Donauufer bei Belgrad dar; um Truppeneinfälle zu verhindern, wird sie von Serben nach Kriegsbeginn gesprengt*

◁ *Österreichische Soldaten auf Patrouille am Ufer der Save; zunächst ereignen sich sämtliche Schießgefechte entlang des Verlaufes von Donau und Save*

Juli 1914

Soldaten der russischen Infanterie; die russische Armee verfügt über eine Friedenspräsenzstärke von rund 1,4 Millionen Mann; sie ist gegliedert in 37 Armeekorps und 70 Divisionen, hinzu kommen 24 Kavallerie-Divisionen

Nicht alle russischen Soldaten (hier bei einem Manöver) sind für einen Krieg in Europa einsetzbar; so fallen z. B. die sibirischen und turkestanischen Korps ebenso aus wie Truppen, die polizeiliche Funktionen ausüben

30. Juli:

Zar Nikolaus II. billigt die Generalmobilmachung

Um 15 Uhr erhält der russische Außenminister Sergei D. Sasonow in Petersburg von Zar Nikolaus II. die Einwilligung zur Generalmobilmachung in Rußland.

Ursprünglich hatte der russische Herrscher bereits am Vortag die vollständige Mobilmachung gebilligt. Er änderte allerdings seinen Entschluß um 23 Uhr in eine Teilmobilmachung um, nachdem er um 21.40 Uhr aus Berlin ein in versöhnlichem Ton gehaltenes Telegramm des deutschen Kaisers Wilhelm II. erhalten hatte.

Über die für die Generalmobilmachung entscheidende Besprechung zwischen Sasonow und Nikolaus II. am 30. Juli in der Zeit von 14 Uhr bis 15 Uhr berichtet die Tagesaufzeichnung des Außenministeriums in Petersburg (heute Leningrad) wie folgt: »Fast eine Stunde lang suchte der Minister nachzuweisen, daß der Krieg unvermeidlich geworden sei, da man aus allem ersehe, daß Deutschland entschlossen sei, die Dinge zu einem Konflikt kommen zu lassen; sonst hätte es nicht alle friedlichen Vorschläge, die gemacht worden seien, zurückgewiesen ... Bei dieser Sachlage bleibe nichts anderes übrig, als alles zu tun, was nötig sei, um dem Krieg völlig gerüstet und in der für uns günstigsten Position gegenüberzustehen. Ohne davor zurückzuscheuen, daß wir durch unsere Vorbereitungen den Krieg herausforderten, sei es daher besser, wenn wir uns sorgfältig mit diesen Vorbereitungen befaßten, anstatt aus Furcht, einen Vorwand zum Kriege zu geben, unvorbereitet von ihm überrascht zu werden.« Ebenfalls am 30. Juli bittet die französische Regierung Sasonow, nicht durch herausfordernde Maßnahmen die Krise zu verschärfen. Die entsprechenden Telegramme werden allerdings erst nach Beginn der Generalmobilmachung bekannt.

Erste Informationen über die russische Generalmobilmachung treffen im Deutschen Reich um 23 Uhr ein. Allerdings hatte die deutsche Regierung bereits um 21 Uhr die Verkündung des »Zustandes der drohenden Kriegsgefahr« für den → 31. Juli (S. 116) beschlossen.

Russische Truppen – hier Militärführer – unterstehen nicht direkt dem Kriegsministerium, sondern dem Kommando von zwölf Militärbezirken

Die Feldartillerie der russischen Armee (hier beim Manöver) verfügt über 7,62-cm-Geschütze (Reichweite: 6400 m) sowie über leichte Feldhaubitzen der deutschen Rüstungsfirma Krupp mit einer Reichweite von 7600 m

Juli 1914

Ein russischer Sikorsky-Doppeldecker; er ist für eine achtköpfige Besatzung ausgerichtet und erreicht eine Geschwindigkeit von 80 km/h; die Spannweite des Militärflugzeuges mißt rund 27 m, das Gewicht beträgt über 3500 kg

Eine russische Signalvorrichtung während eines Manövereinsatzes; die Anlage wird vor allem bei den Artillerieeinheiten verwendet

Uniformen der russischen Armee (v. l. n. r.): Infanterie-Offizier (ohne und mit Mantel), Infanterie (Rück- und Vorderansicht), Infanterie-Unteroffizier

30. Juli:

Großbritannien lehnt eine Neutralitätsgarantie ab

In den frühen Morgenstunden erhält die deutsche Regierung in Berlin von ihrem Botschafter in London, Karl Max Fürst von Lichnowsky, die Mitteilung, daß Großbritannien zu keiner Neutralitätsgarantie im Fall eines Krieges mit Beteiligung Rußlands und Frankreichs bereit ist.

Ergänzend zu dieser Information erläutert der britische Außenminister Sir Edward Grey am Nachmittag über die britische Botschaft in Berlin der deutschen Regierung seinen Standpunkt. Nach seinen Aussagen kann Großbritannien keinen »Handel mit Deutschland auf Kosten Frankreichs« unternehmen, ohne seine internationale Zuverlässigkeit aufs Spiel zu setzen. Gleichzeitig betont Grey, daß sich Großbritannien seine bestehenden Verpflichtungen und Interessen hinsichtlich der belgischen Neutralität nicht abhandeln lasse.

Damit muß die deutsche Regierung ihre Hoffnungen auf eine britische Neutralität endgültig aufgeben. Noch am 29. Juli hatte der deutsche Reichskanzler Theobald von Bethmann Hollweg dem britischen Botschafter in Berlin, William Edward Goschen, ein sog. Garantieangebot im Fall einer Neutralitätszusage übergeben. Dabei versprach er die Achtung der niederländischen Integrität im Kriegsfall und versicherte, keinen Gebietserwerb auf Kosten Frankreichs anzustreben. Gleichzeitig bestand er allerdings auf den deutschen Einmarschplänen in Belgien. Zum Schluß stellte der deutsche Reichskanzler Großbritannien ein »allgemeines Neutralitätsabkommen« in Aussicht.

Parallel zur Absage an das Deutsche Reich lehnt das britische Kabinett unter Premierminister Herbert Henry Asquith am 30. Juli ebenso eine bedingungslose Unterstützungsgarantie für Rußland und Frankreich ab, um beide Staaten nicht zum Krieg zu ermuntern.

Auf deutscher Seite führt der britische Standpunkt zu einer vorübergehenden Verunsicherung und neuen Taktik (→ 30. 7./S. 116).

Deutscher Botschafter in London: Karl Max Fürst von Lichnowsky

Wehrt sich gegen eine politische Vereinnahmung Großbritanniens: Der britische Außenminister Edward Grey (stehend, hier im Unterhaus)

Juli 1914

30. Juli:

Kompromißloser Kriegskurs der Führung in Wien

Die österreichisch-ungarische Führungsspitze beschließt in Wien die Generalmobilmachung für den 1. August. Damit verfolgt sie – trotz deutscher Warnungen vor den politisch negativen Auswirkungen einer zu schroffen diplomatischen Haltung – ihre Kriegspläne mit unvermindertem Tempo weiter.

An der entscheidenden Besprechung nehmen Kaiser Franz Joseph I., Außenminister Leopold Graf Berchtold, Kriegsminister Alexander Ritter von Krobatin und Generalstabschef Franz Freiherr Conrad von Hötzendorf teil. Ihre Beschlüsse zielen auf eine Fortführung des am → 28. Juli (S. 111; 29. 7./S. 113) begonnenen Krieges gegen Serbien bei Generalmobilmachung am 1. August sowie auf eine hinhaltende Taktik gegenüber weiteren Vermittlungsbemühungen.

Noch unmittelbar vor dieser Besprechung hatte der deutsche Reichskanzler Theobald von Bethmann Hollweg angesichts der britischen Erklärung zur Neutralitätsfrage (→ 30. 7./S. 115) die Wiener Regierung gedrängt, nicht schroff alle Vermittlungsversuche abzulehnen. Vor allem wies er den Bündnispartner auf die Möglichkeit von Verhandlungen zwischen Rußland und Österreich-Ungarn hin. Wörtlich meinte der Reichskanzler: »Wir stehen somit, falls Österreich jede Vermittlung ablehnt, vor einer Konflagration [Feuersbrunst], bei der England gegen uns, Italien und Rumänien nach allen Anzeichen nicht mit uns gehen würden und wir zwei gegen vier Großmächte stünden.«

Hinter dem deutschen Druck auf die Wiener Regierung steht der Wunsch, Rußland als den Schuldigen am Ausbruch des Krieges hinzustellen. Parallel zu der nach außen gezeigten, unvermittelten Verhandlungsbereitschaft wartet die deutsche Führung taktisch geschickt die russische Generalmobilmachung vom 30. Juli, 15 Uhr, ab (→ 30. 7./S. 114). Sie gibt der deutschen Regierung den Anschein einer Legitimation zur Fortführung der eigenen Kriegspläne.

Österreichisch-ungarische Truppen werden an die Grenze transportiert

Erzherzog und Thronfolger Karl Franz Joseph (Mitte r., auf Schultern sitzend) bei abfahrbereiten ungarischen Truppen am Bahnhof von Budapest

31. Juli:

Wilhelm II.: »Zustand der drohenden Kriegsgefahr«

Im Deutschen Reich wird um 13 Uhr durch Kaiser Wilhelm II. der »Zustand der drohenden Kriegsgefahr« proklamiert. Damit beginnen letzte, generalstabsmäßig geplante Aktivitäten zur Vorbereitung des Krieges. Nachdem am Vorabend um 23 Uhr die russische Generalmobilmachung bekanntgeworden war (→ 30. 7./S. 114), läßt Reichskanzler Theobald von Bethmann Hollweg in der Nacht zum 31. Juli sämtliche diplomatischen Warnungen an Österreich-Ungarn stoppen (→ 30. 7./S. 116). Um 13 Uhr erklärt der deutsche Kaiser Wilhelm II. nach Artikel 68 der Reichsverfassung im Reichsgebiet den »Zustand der drohenden Kriegsgefahr« (svw. Belagerungszustand). Er sieht u. a. militärische Grenzschutzmaßnahmen, bestimmte Beschränkungen des Post-, Telegrafen- und Eisenbahnverkehrs sowie im Pressewesen vor (→ 31. 7. / S. 119) und zieht die Generalmobilmachung nach sich.

Damit sinkt der Verhandlungsspielraum auf ein Minimum. Das System

Verkündung des »Zustands der Kriegsgefahr« (hier in Berlin)

von Bündnisverpflichtungen und Mobilmachungsplänen führt dazu, daß der Ausbruch eines Krieges zwischen den europäischen Großmächten unmittelbar bevorsteht.

31. Juli:

Ultimaten aus Berlin an Rußland und Frankreich

Um 15 Uhr billigt der deutsche Kaiser Wilhelm II. ein deutsches Ultimatum an Rußland sowie eine »Anfrage« an die französische Regierung zu deren Haltung bei einem deutsch-russischen Krieg.

In dem um 24 Uhr in Petersburg (heute Leningrad) übergebenen Ultimatum teilt die deutsche Regierung Rußland mit – so die halbamtliche »Norddeutsche Allgemeine Zeitung« –, »daß die deutsche Mobilmachung in Aussicht steht, falls Rußland nicht binnen zwölf Stunden seine Kriegsvorbereitungen einstellt und hierüber eine bestimmte Erklärung abgibt«. Außerdem verlangt die deutsche Regierung von Frankreich in einer bereits um 19 Uhr überreichten, auf 18 Stunden befristeten sog. Anfrage eine Erklärung über die französische Haltung. Als Faustpfand bei einer eventuellen Neutralitätszusage fordert sie die Übergabe der Festung Verdun und Toul.

Beide ultimativen Anfragen sind für die Adressaten unannehmbar. Rußland kann sich angesichts des österreichisch-ungarischen Vorgehens gegen Serbien wegen seiner sehr zeitaufwendigen Mobilmachungspläne keine weitere Verzögerung erlauben. Frankreich ist als Bündnispartner im Falle eines Krieges zur Unterstützung Rußlands verpflichtet.

Seit 1907 als französischer Botschafter in Berlin: Jules Cambon

31. Juli:

Am Vorabend des Weltkrieges – das Deutsche Reich auf der Suche nach Verbündeten

In einem um 16.40 Uhr abgesandten Telegramm fordert der deutsche Kaiser Wihelm II. den österreichisch-ungarischen Kaiser Franz Joseph I. zur Unterstützung des Deutschen Reiches in einem Krieg gegen Rußland auf. Gleichzeitig macht er seinem Bündnispartner deutlich, daß der Konflikt mit Serbien angesichts des bevorstehenden europäischen Krieges nebensächlich geworden sei.

Auch der weitere Verlauf des 31. Juli ist von diplomatischen Vorstößen der deutschen Regierung zur Gewinnung von Kriegsverbündeten bestimmt. Um 17 Uhr sendet Wilhelm II. ein Telegramm an den griechischen König Konstantin I., in dem er um die militärische Hilfe Griechenlands wirbt.

Der deutsche Außenminister Gottlieb von Jagow sichert in einem um 18 Uhr aufgegebenen Telegramm Rumänien »als Entgelt für die Erfüllung [seiner] Bundespflichten [Rumänien ist dem Dreibund zwischen dem Deutschen Reich, Österreich-Ungarn und Italien assoziiert] und aktive Beteiligung am Kriege auf unserer Seite« die Erweiterung des rumänischen Territoriums um das seit 1878 zu Rußland gehörende Bessarabien zu. Bereits am Vormittag hatte Kaiser Wilhelm II. die Unterstützung des rumänischen Königs Karl I. angemahnt.

Um 18.45 Uhr wird der deutsche Botschafter in Konstantinopel (heute Istanbul), Hans Freiherr von Wangenheim, von der Regierung in Berlin zum sofortigen Abschluß eines deutsch-osmanischen Bündnisvertrages ermächtigt. Voraussetzung für Berlin ist allerdings, daß die osmanische Regierung »im jetzigen Kriege auch nennenswerte Aktionen gegen Rußland unternehmen kann und wird. Im verneinenden Falle würde Bündnis selbstverständlich wertlos sein und wäre nicht zu zeichnen« (→ 29. 10./S. 176).

Gegen 19 Uhr kündigt Außenminister Gottlieb von Jagow der italienischen Regierung in Rom – Bündnispartner des Deutschen Reiches und Österreich-Ungarns – die Ankunft eines Gesandten zu militärischen Besprechungen mit dem Generalstab an, nachdem er am Nachmittag seiner Hoffnung auf italienische Unterstützung Ausdruck verliehen hatte (→ 3. 8. / S. 152).

In den Tagen der sich zuspitzenden internationalen Krise werden den Zeitungsverkäufern die oft mehrmals täglich erscheinenden Blätter geradezu aus der Hand gerissen (Abb.: »Münchner Neueste Nachrichten«)

Juli 1914

Sozialistenführer Jean Jaurès ermordet

31. Juli. Am Abend wird der französische Sozialistenführer Jean Jaurès in einem Pariser Café von dem 29jährigen Nationalisten Raoul Villain erschossen. Linke Politiker führen die Tat auf die durch nationalistische Presseorgane in Frankreich geschürte Kriegsstimmung zurück. Jaurès war einer der populärsten Pazifisten in Europa.

Der auch als Philosoph bekannte Jaurès sitzt mit Freunden in der abgetrennten Nische eines Cafés, als Villain den Winkel betritt und zwei Pistolenschüsse abfeuert. Am Kopf getroffen, stirbt Jaurès noch am Ort des Attentats. Im Anschluß kommt es in Paris zu antinationalistischen Kundgebungen.

Geboren am 3. September 1859 in Castres (Département Tarn), war Jaurès 1883 bis 1885 Professor in Toulouse, bevor er ins Parlament einzog. Bis 1889 vertrat er die Linksrepublikaner, später die Sozialisten (1893 – 98 sowie seit 1902), deren Zusammenschluß zur Section Francaise de l'Internationale Ouvrière (SFIO, gegründet 1905) er förderte. Als bekannter Pazifist trat er für eine deutsch-französische Verständigung ein. Er galt auch als hervorragender Journalist.

Der Attentäter wird 1919 – nach einem politischen Rechtsrutsch in Frankreich – von einem Schwurgericht freigesprochen.

Der französische Sozialistenführer Jean Jaurès verfügte neben seinen intellektuellen Fähigkeiten auch über ein ausgeprägtes rhetorisches Talent

Härterer Kurs in der Albanienfrage

12. Juli. Aufgrund der politisch und militärisch unübersichtlichen Lage in Albanien ordnet der italienische König Viktor Emanuel III. die Einziehung des Reservistenjahrgangs 1891 an. Zugleich demonstriert die Regierung in Rom damit ihren eigenständigen Kurs innerhalb des Dreibundes (Deutsches Reich, Österreich-Ungarn, Italien).

Darüber hinaus konzentriert Italien seine Kriegsflotte in der Adria. Es deutet damit angesichts der ungeklärten Machtverhältnisse in Albanien (→ 3. 4./S. 64) an, daß es seinen politischen Einfluß in Südosteuropa notfalls auch mit militärischer Gewalt sichern will. Neben der strittigen Frage der Staatszugehörigkeit von Triest (→ 12. 5./S. 78) stellt der Konflikt um Albanien eine weitere Belastung des Verhältnisses zu Österreich-Ungarn dar. Italien unterstützt den albanischen Politiker und Widersacher von Fürst Wilhelm I., Essad Pascha Toptani, und beschuldigt die Regierung in Wien, zu dessen Sturz am → 19. Mai (S. 78) beigetragen zu haben (→ 7. 3./S. 49). Die Beziehungen zwischen Rom und Wien verschlechterten sich weiter, nachdem die österreichisch-ungarische Regierung am 27. Juni mit der Anwerbung von Legionären zur Unterstützung von Fürst Wilhelm I. begonnen hatte.

Mexiko: Rücktritt Huertas

15. Juli. In Mexiko-Stadt tritt der mexikanische Präsident Victoriano Huerta zurück. Nachfolger des von Aufständischen als Diktator bekämpften Huerta wird der kurz zuvor zum Außenminister ernannte Francisco Carbajal, ehemaliger Huerta-Gesandter in Großbritannien. Huerta hatte nach seiner diplomatischen Niederlage gegenüber den USA bei der Konferenz von Niagara Falls (→ 20. 5./S. 78) am 1. Juli die Zahlungsunfähigkeit seiner Regierung eingestehen müssen. Der Amtswechsel ändert allerdings nichts an dem Ziel der Aufständischen um Venustiano Carranza, Francisco »Pancho« Villa und Emiliano Zapata, das Huertisten-Regime zugunsten demokratischer Verhältnisse zu stürzen. Bereits am → 16. August (S. 152) erobert Carranza die mexikanische Hauptstadt.

Seit Februar 1913 durch einen Putsch an der Macht: Huerta (l.)

Ulster bleibt umstritten

21. Juli. In London beginnt die sog. Home-Rule-Konferenz. Sie soll zur Beilegung der nach Verabschiedung des Home-Rule-Gesetzes (→ 9. 3./S. 50) entstandenen, z. T. gewalttätigen Konflikte in der britischen Provinz Ulster (Irland) beitragen.

An der Konferenz nehmen u. a. der britische Premierminister Herbert Henry Asquith, die Unionistenführer Edward Henry Baron Carson of Duncairn und Andrew Bonar Law sowie John Edward Redmond als Repräsentant der irischen Nationalisten teil. Die Konsultationen werden nach drei Tagen wegen unvereinbarer Gegensätze abgebrochen.

Nach der Verabschiedung des Home-Rule-Gesetzes in dritter Lesung im britischen Parlament am 25. Mai hatten Carson und Law öffentlich zum Kampf gegen jegliche irische Autonomiebestrebungen aufgerufen. Bereits im April hatte die protestantische Kampforganisation Ulster Volunteer Force beträchtliche Waffenlieferungen aus dem Deutschen Reich erhalten.

Im Juli kommt es zu blutigen Zusammenstößen zwischen Unionisten und britischen Truppen. Am 10. Juli tagte in Belfast erstmals die von Carson einberufene provisorische Ulsterregierung. Die dort versammelten Unionisten drohen mit der allgemeinen Mobilisierung.

Nach Ausbruch des Weltkrieges wird das Home-Rule-Gesetz vom britischen König Georg V. zwar unterzeichnet, aber sofort wieder suspendiert; es tritt daher nie in Kraft. Auch nach der Trennung des Freistaats Irland von Großbritannien am 8. Januar 1922 bleibt die – wirtschaftlich relativ reiche – Provinz Ulster in britischer Hand.

Krisenstimmung an der Berliner Börse

29. Juli. Angesichts der stetig wachsenden Kriegsgefahr beschließt der Vorstand der Berliner Börse, den sog. Ultimohandel einzustellen. Ultimogeschäfte sind Börsentermingeschäfte, die am Monatsende abzuwickeln sind. In den vorangegangenen Tagen war es bereits zu einem heftigen Ansturm auf die städtischen Sparkassen in der deutschen Hauptstadt gekommen.

In dem offiziell um 13 Uhr vom Börsenvorstand verkündeten und von Johannes Kaempf, Bankier und Präsident der Korporation der Berliner Kaufmannschaft, unterzeichneten Beschluß heißt es wörtlich: »Eine Notierung von Terminkursen in Wertpapieren findet bis auf weiteres nicht statt.« Mit seiner Entscheidung will der Börsenvorstand den wegen der Kriegsgefahr drohenden Panikverkäufen und damit verbundenen Kurseinbrüchen vorbeugen. Bereits in den letzten Tagen lagen hohe Verkaufsaufträge – auch aus dem Ausland – vor.

Am Vortag hatten lange Menschenschlangen vor den Berliner Sparkassen gestanden. Insbesondere kleine Sparer hoben aufgrund der internationalen Krise ihre Guthaben ab; allein am 27. Juli betrug die Summe der abgehobenen Gelder 935 000 Mark, die der Einzahlungen dagegen nur 48 000 Mark. Am 29. Juli fordert der Berliner Oberbürgermeister Adolf Wermuth die beunruhigten Sparer auf, »aus Patriotismus« den Run auf die Geldinstitute einzustellen.

Dichtes Gedränge vor den Berliner Sparkassen; die drohende Kriegsgefahr läßt bei deutschen Sparern die Sorge um ihre Guthaben anwachsen

SPD-Vorstand auf Regierungslinie

29. Juli. Bei einem Gespräch zwischen dem deutschen Reichskanzler Theobald von Bethmann Hollweg und dem sozialdemokratischen Reichstagsabgeordneten Albert Südekum in Berlin signalisiert der Vorstand der Sozialdemokratischen Partei Deutschlands (SPD) erstmals grundsätzliche Zustimmung zur Kriegspolitik der Regierung.

Nach der Unterredung trifft der zum rechten Parteiflügel zählende Südekum mit dem SPD-Vorsitzenden Friedrich Ebert und anderen Vorstandsmitgliedern zusammen, die seine Haltung billigen. Die SPD-Politiker gehen dabei von einem »Verteidigungskrieg« gegen das zaristische Rußland aus.

Von linken Parteiangehörigen wird die Haltung des Parteivorstands als Verrat an den pazifistischen Zielen der Arbeiterbewegung gewertet. Die regierungstreue Linie der SPD in der Kriegspolitik führt in den kommenden Monaten zu heftigen innerparteilichen Richtungskämpfen (→ 4. 8./S. 137; 10. 9./S. 163).

Einschränkungen im öffentlichen Leben

31. Juli. Nach der Verkündung des »Zustandes drohender Kriegsgefahr« (→ 31. 7./S. 116) erlassen die deutschen Behörden eine Reihe von Verordnungen, die das öffentliche Leben im Deutschen Reich teilweise einschränken.

So wird mit Wirkung vom 31. Juli bis auf weiteres die Paßpflicht eingeführt. Dadurch ist – so Paragraph 1 der entsprechenden Anordnung – »jeder, der aus dem Ausland im Reichsgebiet eintrifft, verpflichtet, sich durch Paß oder Paßkarte über seine Person auszuweisen«.

Das deutsche Reichspostamt untersagt die Beförderung von verschlossenen Privatbriefen und -paketen in die Gebiete an der französischen Grenze. Zugleich sperrt die Stadt Hamburg die Elbe für alle auslaufenden Schiffe.

Mehrmals weisen deutsche Tageszeitungen auf eine Verordnung über Brieftauben hin, in der u. a. heißt: »Die Verwendung von Tauben zur Beförderung von Nachrichten ohne Genehmigung der Militärbehörde wird mit Gefängnis bis zu drei Monaten bestraft.«

Deutsche Anleihe für Sofia

5. Juli. In Sofia wird ein deutsch-bulgarischer Vertrag über eine Anleihe in Höhe von 500 Millionen Francs (400 Millionen Mark) abgeschlossen. Mit diesem Schritt will die deutsche Regierung den traditionell starken Einfluß französischen Kapitals in dem südosteuropäischen Staat zurückdrängen.

Zusammen mit der Anleihe wird der Regierung in Sofia ein Sofort-Darlehen gewährt, mit dem laufende Verbindlichkeiten insbesondere gegenüber französischen und russischen Banken beglichen werden sollen. Die finanziellen Mittel werden von einem deutschen Bankenkonsortium zur Verfügung gestellt, an dem u. a. die Berliner Großbank Deutsche Disconto-Gesellschaft und die Dresdner Bank zu je 15% beteiligt sind.

Seit Ende des 19. Jahrhunderts dominiert bei bulgarischen Staatsanleihen und im bulgarischen Rüstungsgeschäft französisches Kapital. Die Finanznot Sofias nach dem Ende der Balkankriege 1912/13 und der politische Wunsch Österreich-Ungarns, Bulgarien als Verbündeten zu gewinnen, begründeten die jetzt trotz wachsender deutscher Kapitalknappheit abgeschlossene Anleihe. Neben dem politischen Ziel dient die Anleihe auch der Finanzierung von Aufträgen an deutsche Firmen, u. a. zum Ausbau des bulgarischen Eisenbahnnetzes.

Auch bei Auslandsanleihen engagiert: K. Helfferich (Deutsche Bank)

Arbeitskampf in der Tuchindustrie

18. Juli. Die 350 Unternehmen der Niederlausitzer Tuchindustrie sperren rund 30 000 Arbeiter aus. Die Textilarbeiter streiken seit Ende Mai für höhere Löhne und Bezahlung der Überstunden.

Zunächst hatten die Arbeiter auf einer Erhöhung des Mindestwochenlohnes von 21,20 Mark auf 25 Mark und einer Bezahlung der Überstunden mit 0,60 Mark bestanden. Nach Ablehnung der Forderungen beanspruchen sie nur noch eine Erhöhung des Mindestwochenlohnes auf 23 Mark. Erst als auch diese Forderung abgelehnt wurde, traten die Textilarbeiter in den Streik. Auf einer am 17. Juli in Forst abgehaltenen Versammlung sicherte der Verband der Textilarbeiter den Streikenden volle Unterstützung zu. Gewerkschaftsmitglieder erhalten dabei auch finanzielle Hilfen.

Allein rund 11 000 der Ausgesperrten entfallen auf die 120 Tuchfabriken in der 36 000-Einwohner-Stadt Forst. In den 50 Cottbusser Fabriken sind rund 5500 Arbeiter ausgesperrt. Der Arbeitskampf endet angesichts des drohenden Krieges.

Legen von Konfektionsware; Beschäftigte der Textilindustrie sind von Arbeitslosigkeit bedroht

Ersetzt die Arbeit von sechs Personen: Dieser Stickapparat kann Stickmuster maschinell übertragen

Frühe Anfänge von Arbeitsschutzmaßnahmen: Metallarbeiter in Schutzkleidung

Frauen erobern sich neue Berufsfelder (hier eine Briefträgerin)

Vor allem im Krieg arbeiten Frauen in sog. Männerberufen (Schaffnerin)

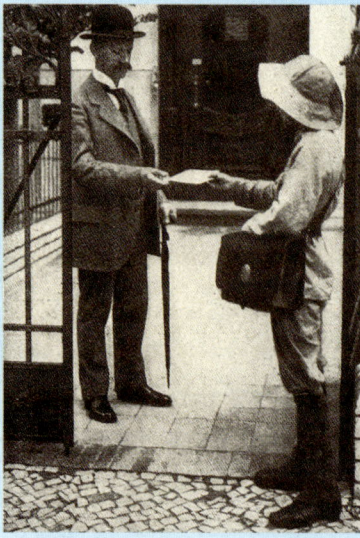
Auch Pfadfinder leisten im Krieg Hilfstätigkeiten (hier im Postdienst)

Noch immer außergewöhnlich: Frauen fungieren als Nachtwächter

Arbeit und Soziales 1914:

Arbeitsbedingungen im Bergbau im Kreuzfeuer der Kritik

Angesichts schwerer Unglücksfälle (→ 30. 1. / S. 20) reißen die Diskussionen um die Sicherheit im Bergbau nicht ab. Auch in anderen Produktionsbereichen werden die Auswirkungen der Arbeitsbedingungen auf die menschliche Gesundheit untersucht.

Am 14. März kommt es im preußischen Abgeordnetenhaus in Berlin zu einer Diskussion über die Arbeitsbedingungen im Bergbau, dem beschäftigungsintensivsten deutschen Industriezweig; im Vorjahr waren im gesamten Bergbau (mit Hütten- und Salinenwesen) 1 196 786 Menschen beschäftigt. Bei der Debatte kritisiert der sozialdemokratische Abgeordnete und Führer des Berg- und Hüttenarbeiterverbandes, Otto Hué, die unzulänglichen Sicherheitsvorkehrungen in den Bergwerken. Außerdem fördert nach seiner Ansicht die zunehmende Frauen- und Kinderarbeit zusätzlich die Unfallquote. Andere Abgeordnete beklagen die negativen Auswirkungen sowohl des Akkordsystems wie auch des mangelnden Sicherheitsbewußtseins bei Grubenunternehmen auf die Arbeitsbedingungen im Bergbau. 1914 entfallen von insgesamt rund 705 000 Verletztenmeldungen in der Unfallversicherung allein rund 123 000 auf die Berufsgenossenschaft der Bergarbeiter.

Neben den schlechten Arbeitsbedingungen kämpfen die Bergarbeiter mit sinkenden Löhnen. So verringert sich der Vierteljahreslohn im Oberbergamtsbezirk Dortmund – er umfaßt mit dem Ruhrgebiet die wichtigste Bergbauregion im Deutschen Reich – bereits im ersten Vierteljahr 1914 von 424 Mark auf 402 Mark, um später noch weiter abzusinken. Diese Tendenz überträgt sich im weiteren Verlauf des Jahres auch auf andere Bergbaugebiete wie Ober- und Niederschlesien, die zu Jahresbeginn steigende Löhne verzeichnen.

Jahreslöhne von Bergarbeitern (in Mark)

	1913	1914
Oberschlesien	1134	1086
Niederschlesien	1098	1094
Oberbergamtsbezirk Dortmund	1755	1619
Linker Niederrhein (Steinkohle)	1751	1621
Saarland	1381	1328
Oberbergamtsbezirk Halle	1175	1159

Diese Zeichnung aus dem Altenburger Braunkohlerevier (Sachsen) verdeutlicht die auszehrende Arbeit im Bergbau (hier Tagebau mit Bagger)

Auf sozialpolitischem Gebiet ist 1914 u. a. die Publikation zweier Untersuchungen über das Lebensalter deutscher Industriearbeiter erwähnenswert. Erstmals zeigen sie auf statistischer Grundlage die unterschiedliche Altersverteilung der Beschäftigten in den verschiedenen Produktionszweigen. Am ungünstigsten schneiden die Unternehmen der Schwerindustrie ab. Der Anteil der Beschäftigten im Alter von über 40 Jahren liegt z. B. in der Großeisenindustrie (21,7%) wie auch in der Maschinenindustrie (20,5%) weit unter dem Durchschnitt; in der Textilindustrie liegt die Quote bei 35,3%. Das 40. Lebensjahr stellt nach Ansicht der Forscher »den entscheidenden Knick des Berufsschicksals der Industriearbeiter« dar. Für die unterschiedliche Altersverteilung machen sie die vor allem in der großindustriellen Produktion zunehmende Arbeitsintensität verantwortlich.

In den Monaten Januar und Februar 1914 zeigt die Winterarbeitslosigkeit im Deutschen Reich den höchsten Stand seit 1910. Auf 100 bei den Arbeitsnachweisen gemeldete offene Stellen entfallen im Januar 234 männliche und 105 weibliche Arbeitsuchende (1913: 191 bzw. 98). Damit setzt sich der bereits im Vorjahr einsetzende Trend einer steigenden Arbeitslosigkeit weiter fort. Nach einer zwischenzeitlichen Abschwächung übertrifft sie im ersten Kriegsmonat August sogar die Zahlen vom Winter (→ 25. 8. / S. 149).

Golfstrom erkundet

1. Juli. In der norwegischen Hauptstadt Christiania (heute Oslo) werden erste Informationen über den Verlauf einer neuen Forschungsreise des norwegischen Meereskundlers Fridtjof Nansen bekannt. Im Rahmen seiner Golfstrom-Untersuchungen nimmt Nansen im Sommer 1914 zahlreiche Messungen im Nordatlantik vor.

Die Forschungsreise von Nansen, die er zusammen mit dem norwegischen Meereskundler Björn Helland-Hansen unternimmt, gilt dem Verlauf des Golfstromes vor den europäischen Küsten. Auf ihrer mit dem 50 Bruttoregistertonnen großen und 20 m langen Forschungsschiff »Armauer Hansen« durchgeführten und vom britischen Plymouth aus gestarteten Reise fahren sie zunächst in südwestliche Richtung bis etwa zum 17. Grad westlicher Länge, um anschließend nach Lissabon zurückzukehren. Auf 24 Zwischenstationen nehmen sie zahlreiche Messungen vor, u. a. Strömungsbestimmungen bis zu einer Tiefe von 2000 m.

Der 53jährige Nansen begründete seinen Ruhm als Meeresforscher durch die Untersuchung des innerarktischen Tiefseebeckens Ende des 19. Jahrhunderts. Seit 1897 ist er Professor für Zoologie und Meeresforschung in Christiania. Nansen ist auch als Diplomat bekannt (u. a. 1906 – 1908 Gesandter in London).

Tropeninstitut erweitert

23. Juli. Die in Berlin erscheinende »Illustrirte Zeitung« berichtet in einem ausführlichen Artikel über die Bedeutung der Tropenmedizin im Deutschen Reich. Anlaß ist der Neubau des Hamburger Instituts für Schiffs- und Tropenkrankheiten (heute Bernhard-Nocht-Institut).

Die Tropenmedizin entwickelte sich im 19. Jahrhundert in engem Zusammenhang mit dem Kolonialismus der europäischen Großmächte. Die 1897 entdeckten Mechanismen der Malariaübertragung wurden dabei zum Ausgangspunkt der modernen Tropenmedizin. In rascher Folge entstanden entsprechende Institute in den Städten London, Liverpool und Hamburg.

Der Neubau des 1900 gegründeten Instituts für Schiffs- und Tropenkrankheiten in Hamburg beherbergt neben Verwaltungs- und Vortragsräumen vor allem wissenschaftliche Laboratorien. In sieben Abteilungen ist ein Stab von 14 Forschern tätig, die das gesamte Spektrum der Tropenmedizin abdecken. Große Arbeits- und Hörsäle dienen dem Lehrbetrieb am Tropeninstitut sowie der Ausbildung von Ärzten. Das Institut wird von seinem Gründer, dem deutschen Tropenpathologen Bernhard Nocht, geleitet.

Institut erforscht Kohle

27. Juli. In Anwesenheit zahlreicher hochrangiger Vertreter der deutschen Industrie wird in Mülheim an der Ruhr das Gebäude des Kaiser-Wilhelm-Instituts für Kohleforschung (heute Max-Planck-Institut) seiner Bestimmung übergeben. Es dient der Erforschung des Rohstoffes Kohle als Energieträger.

In einer Festansprache weist der Präsident der 1911 gegründeten Kaiser-Wilhelm-Gesellschaft zur Förderung der Wissenschaften (heute Max-Planck-Gesellschaft zur Förderung der Wissenschaften e. V.), Adolf von Harnack, auf verschiedene Verwertungsmöglichkeiten von Kohle hin. Die Teilnahme zahlreicher deutscher Industrieller an der Feier – unter ihnen Hugo Stinnes und August Thyssen – dokumentiert das Interesse der Großindustrie an der neuen wissenschaftlichen Einrichtung.

Leiter dieses ersten Kaiser-Wilhelm-Instituts außerhalb von Berlin-Dahlem wird der deutsche Chemiker Franz Fischer, bislang Professor für Elektrochemie an der Technischen Hochschule Berlin. Ihm zugeordnet ist ein Kuratorium, bestehend aus Vertretern der westdeutschen Großindustrie.

In dem jetzt neu errichteten Gebäude des auf eine Idee des deutschen Chemikers und Nobelpreisträgers Emil Fischer zurückgehenden Instituts ist u. a. ein sog. Hochdruckkompressor zur Veredelung von Kohle installiert.

Juli 1914

»Hutladen« von dem 26jährigen August Macke, der bei Paris-Aufenthalten seit 1907 u. a. von Paul Cézanne und Robert Delaunay beeinflußt wurde

»Blaue Artisten« von Ernst Ludwig Kirchner; der Maler und Grafiker gehört zu den Mitbegründern der Künstlervereinigung »Die Brücke« (1905)

Gipsskulptur »Pferd« von R. Duchamp-Villon, der vor dem Weltkrieg die Dimension der Bewegung in seine kubistischen Skulpturen integriert

»Pferd + Reiter + Häuser« von Umberto Boccioni; der italienische Maler, Zeichner und Bildhauer gilt als Haupttheoretiker des Futurismus

Juli 1914

Kunst 1914:
Objektwelt prägt den Kunstbegriff

Der rasante Fortschritt von Technik und Naturwissenschaften sowie die unübersehbare Kommerzialisierung von Gebrauchsgegenständen beeinflussen die Entwicklung der Kunst im Jahr 1914. Zu den spektakulärsten Werken zählen die vom französischen Maler, Objekt- und Konzeptkünstler Marcel Duchamp in Paris präsentierten sog. Ready-mades.
Duchamp, der noch auf der Armory Show in New York vom 15. Februar bis zum 15. März 1913 mit seinem Gemälde »Akt, eine Treppe herabsteigend« für heftige Kontroversen gesorgt hatte, die Malerei aber inzwischen aufgegeben hat, schafft eine neue Wirklichkeit der Objekte. Er bezeichnet die Gegenstände seiner Objektkunst als »Ready-mades« (svw. Konfektionsware). Dabei teilt er dem Künstler eine neue Funktion zu: »Er hat ein gewöhnliches Element unserer Existenz genommen und es so hergerichtet, daß seine Zweckbestimmung hinter dem neuen Titel und dem neuen Gesichtspunkt verschwindet ...«
Gleichzeitig führt Duchamp vor, wie nach seiner Ansicht künstlerische Tätigkeit künftig aussieht. Beispielsweise erwirbt er in einem Pariser Kaufhaus einen Flaschentrockner aus galvanisiertem Eisen und kennzeichnet ihn mit einer Inschrift, um ihn anschließend zum Kunstwerk zu erklären. Alltägliche Gegenstände werden aus ihrem gewohnten Zusammenhang gerissen und in den Bereich der Kunst erhoben – ein Vorgehen, das ohne die anschwellende Überflutung der menschlichen Wahrnehmungen mit den kommerziellen Produkten des Industriezeitalters undenkbar wäre. Damit wird der traditionelle, auf die schöpferische Tätigkeit abzielende Kunstbegriff ersetzt durch eine bloße Nachstellung der Realität.
Ebenfalls auf die Wahrnehmung technisch-industrieller Bewegungsabläufe zurückzuführen ist die Bronzeskulptur »Großes Pferd« des französischen Bildhauers Raymond Duchamp-Villon, eines Bruders von Marcel Duchamp. Sie gilt als herausragende Leistung innerhalb der französischen kubistischen Skulptur. Wesentliches Merkmal der Skulptur ist die Abstraktion der Natur unter Verwendung von Elementen der maschinellen Technik (u. a. Pleuelstangen).
Duchamp-Villons Arbeit zielt auf die Utopie einer Vermittlung zwischen Technik und Natur. Auf konventionellere Weise verarbeiten die deutschen Maler Paul Klee und August Macke (→ 3. 11. / S. 192) sowie der Schweizer Louis Moilliet das Naturerlebnis. Sie setzen die während ihrer gemeinsamen Tunesienreise im April 1914 gewonnenen Landschaftseindrücke in leuchtende Farbschöpfungen um.
Die Realität des Krieges verändert jedoch bei vielen Künstlern das Verhältnis zur Umwelt. Der deutsche Maler und Grafiker Ernst Ludwig Kirchner z. B. wird nach seiner Einberufung als Freiwilliger von psychoseartigen Zuständen ergriffen.
Dagegen wird der Berliner Kunstbetrieb im Herbst in den Dienst der deutschen Kriegspropaganda gestellt. Das »Künstlerhaus« etwa veranstaltet eine sog. Kriegsausstellung, vorwiegend mit historischen Schlachtenbildern nationalistischer Prägung.

◁ *Wassily Kandinsky: »Unbenannte Improvisation«*

Juli 1914

Beifall und Kritik für berühmte Wagner-Sängerinnen

22. Juli. Mit einer Aufführung von Richard Wagners Oper »Der Fliegende Holländer« beginnen die diesjährigen Bayreuther Festspiele. Bis zum 1. August folgen mit »Parsifal« und »Ring des Nibelungen« weitere Bühnenwerke des am 13. Februar 1883 in Venedig gestorbenen deutschen Komponisten.

Wagners Frühwerk »Der Fliegende Holländer« leitet als Eröffnungsinszenierung erstmals seit zwölf Jahren wieder die traditionellen Festspiele ein und erhält gute Kritiken. So urteilt die »Vossische Zeitung« über die Inszenierung der 1839 bis 1841 entstandenen Oper unter der musikalischen Leitung des 45jährigen deutschen Dirigenten und Sohns des Komponisten, Siegfried Wagner: »[Die Musik] zeichnete sich durch auffallende rhythmische Straffheit aus, die in allem geschmeidigem Nachgeben und fühlsamen Mitschwingen eines großen Temperaments wohltuend spürbar blieb; also keine Sentimentalität, sondern fortreißende Kraft.«

Im Anschluß an den »Fliegenden Holländer« folgt eine Aufführung des Bühnenweihfestspiels »Parsifal« (→ 1.1./S. 26). Seit 1901 zeichnet der deutsche Dirigent Carl Muck – derzeit beim Boston Symphony Orchestra unter Vertrag – für die musikalische Leitung des Werkes verantwortlich. In seiner stilgetreuen Wiedergabe ragt unter den Darstellern die Wiener Sopranistin Anna Bahr-Mildenburg in der Rolle der Kundry heraus. Geboren am 29. November 1872, zählt sie durch ihre Auftritte an der Wiener Hofoper und in Bayreuth zu den bekanntesten der zeitgenössischen Wagner-Interpretinnen.

Als Enttäuschung wird dagegen der diesjährige Auftritt der schwedischen Sopranistin Ellen Gulbranson im Wagner-Zyklus »Ring des Nibelungen« gewertet. Die seit 1896 bei den Festspielen mitwirkende Wagner-Sängerin zeigt in ihrem letzten Bayreuth-Jahr, daß sie den Höhepunkt ihres Könnens bereits überschritten hat.

Nach einer »Parsifal«-Vorstellung am 1. August müssen die Bayreuther Festspiele wegen des Kriegsausbruchs abgebrochen werden. Finanziell werden sie zu einem Mißerfolg. Verantwortlich für die rückläufige Resonanz sind u. a. interne Streitigkeiten der Familie Wagner.

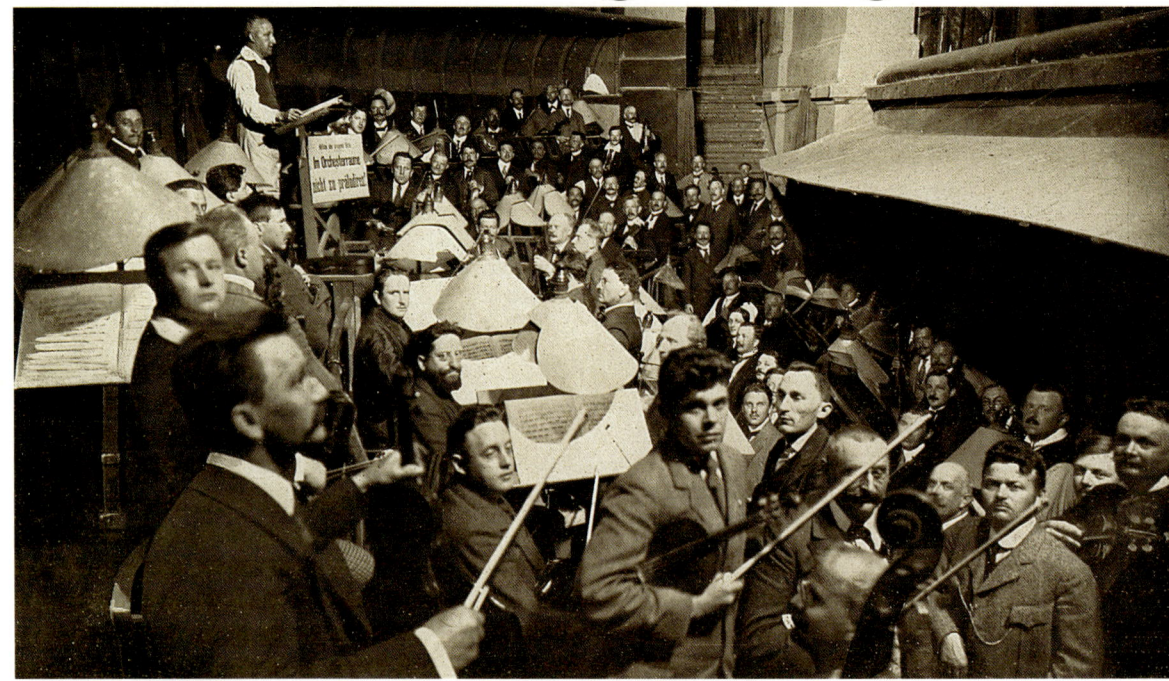

△ Siegfried Wagner (hinten l., stehend) bei einer Probe für den »Fliegenden Holländer«. Der deutsche Dirigent, Komponist und Regisseur studierte nach einer Architekturausbildung bei Engelbert Humperdinck. Seit 1894 arbeitet der am 6. Juni 1869 in Tribschen bei Luzern geborene Siegfried Wagner als Hilfs-, seit 1896 als Mitdirigent sowie als Regisseur bei den Bayreuther Festspielen. 1908 übernahm der Sohn von Richard Wagner die Gesamtleitung der Festspiele. Bisher komponierte er Opern mit betont volkstümlichen Elementen, zu denen er auch die Texte verfaßte. Zu bekanntesten ist dabei ein im Jahr 1899 unter dem Titel »Der Bärenhäuter« entstandenes Werk

◁ Einige Hauptdarsteller bei den diesjährigen Bayreuther Festspielen: Die 1863 in Stockholm geborene Ellen Gulbranson (unten r.) zählt darunter zu den großen Enttäuschungen. Die berühmte Wagner-Sängerin feierte zwischen 1896 und 1914 als dramatische Sopranistin zahlreiche Erfolge. Sie spielte u. a. in der Rolle der Brünnhilde (»Ring des Nibelungen«) und der Kundry (»Parsifal«). Die 1872 von Richard Wagner gegründeten Bayreuther Festspiele wurden nach dem Tod des Komponisten von dessen Witwe Cosima geleitet (bis 1906). Sie dienen ausschließlich der Aufführung seiner Musikdramen

Werkbund: Richtungsstreit

Werkbund-Objekte 1914: Das Theater der Werkbund-Ausstellung wurde von Henry van de Velde entworfen, der Brunnen von Hermann Obrist

3. Juli. In Köln beginnt die zweitägige siebte Jahresversammlung des Deutschen Werkbundes. Sie ist gekennzeichnet von einem Richtungsstreit über die ästhetischen Kriterien kunstgewerblicher Arbeit, ausgetragen vor allem zwischen dem deutschen Architekten und Kunstschriftsteller Hermann Muthesius und dem belgischen Kunstgewerbler Henry van de Velde.

Die Protagonisten stellen am Eröffnungstag ihre Positionen vor. Dabei geht der 53jährige Muthesius in seinem Vortrag über »Die Werkbundarbeit der Zukunft« von folgenden Leitsätzen aus: »1. Die Architektur und mit ihr das ganze Werkbundschaffensgebiet drängt nach Typisierung und kann nur durch sie diejenige allgemeine Bedeutung wiedererlangen, die ihr in Zeiten harmonischer Kultur eigen war. 2. Nur mit der Typisierung, die als das Ergebnis einer heilsamen Konzentration aufzufassen ist, kann wieder ein allgemein geltender, sicherer Geschmack Eingang finden ...« In den weiteren von Muthesius vorgetragenen Punkten wird deutlich, daß für ihn die internationale Konkurrenzfähigkeit deutscher Produkte im Vordergrund steht. Kunstgewerbliche Kreativität soll dabei der Steigerung der wirtschaftlichen Exportfähigkeit dienen.

Anschließend trägt der in Antwerpen geborene, jetzt in Weimar tätige 51jährige Henry van de Velde seine Gegenleitsätze vor. Er meint u. a.: »Solange es noch Künstler im Werkbunde geben wird und solange diese noch einen Einfluß auf dessen Geschicke haben werden, werden sie gegen jeden Vorschlag eines Canons oder einer Typisierung protestieren. Der Künstler ist seiner innersten Essenz nach glühender Individualist, freier und spontaner Schöpfer ... Die Anstrengungen des Werkbundes sollten dahin abzielen, gerade diese Gaben sowie die Gaben der individuellen Handfertigkeit, die Freude und den Glauben an die Schönheit einer möglichst differenzierten Ausführung zu pflegen und sie nicht durch eine Typisierung zu hemmen.«

Nach Ansicht der sog. Individualisten – zu denen u. a. auch Bruno Taut und Walter Gropius zählen – sagt sich Hermann Muthesius mit seinen Thesen von dem bisher gültigen Werkbund-Ideal einer gleichberechtigten Zusammenarbeit zwischen Künstlern und Industrie los und ordnet die Kunst durch Typisierung dem Profitstreben der deutschen Industrie unter.

Aufgrund der heftigen Diskussionen zieht Muthesius – einer der Mitbegründer des Deutschen Werkbundes – schließlich seine Thesen zurück. Dadurch wird die drohende Spaltung des Werkbundes verhindert (→ 15. 5. / S. 81).

Erneuter Tour-Sieg für Thys

26. Juli. *Nach vierwöchiger Dauer und 15 Etappen endet die Tour de France wie im Vorjahr mit einem Sieg des Belgiers Philippe Thys (Abb.). Der 23jährige Radrennfahrer benötigt für die 5414 km lange Strecke eine Zeit von 200:28:48 h. Damit liegt er 1:40 min vor dem Franzosen Henri Pélissier. Dritter wird dessen Landsmann Jean Alavoine (Rückstand: 36:53 min). Von 145 gestarteten Fahrern erreichen nur 54 das Ziel.*

Erfolg für Lautenschläger

4. Juli. *In Lyon endet der Große Preis von Frankreich mit dem Sieg des deutschen Automobilrennfahrers Christian Lautenschläger (Abb.). Mit seinem Mercedes-Benz erreicht er nach einer Gesamtfahrzeit von 7:18:18,4 h eine Durchschnittsgeschwindigkeit von 105,431 km/h. Auch auf den beiden nächsten Plätzen liegen Mercedes-Benz-Rennwagen. Lautenschläger hatte bereits 1908 in Dieppe den Großen Preis von Frankreich gewonnen.*

Brookes stoppt Wilding-Serie

4. Juli. *Im Endspiel um die offenen englischen Tennismeisterschaften im Londoner Vorort Wimbledon besiegt der Australier Norman Brookes (l.) den Wimbledon-Sieger der Jahre 1910 bis 1913, Anthony F. Wilding (Neuseeland), in drei Sätzen mit 6:4, 6:4, 7:5. In der vorangegangenen Runde hatte Brookes den Deutschen Otto Froitzheim ausgeschaltet. Bei den Damen gewinnt die Britin Dorothea Lambert-Chambers wie im Vorjahr den Titel.*

August 1914

Mo	Di	Mi	Do	Fr	Sa	So
					1	2
3	4	5	6	7	8	9
10	11	12	13	14	15	16
17	18	19	20	21	22	23
24	25	26	27	28	29	30
31						

1. August, Sonnabend
Um 17 Uhr verfügt der deutsche Kaiser Wilhelm II. die Generalmobilmachung im Deutschen Reich. Zwei Stunden später erfolgt in Petersburg (heute Leningrad) die deutsche Kriegserklärung an Rußland. → S. 132

Kriegserklärung und Generalmobilmachung lösen im Deutschen Reich eine Welle nationalistischer Hysterie aus. Der deutsche Kaiser Wilhelm II. erklärt von seinem Berliner Schloß aus der aufgepuschten Menge: »In dem jetzt bevorstehenden Kampfe kenne Ich in Meinem Volke keine Parteien mehr. Es gibt unter uns nur noch Deutsche.« → S. 132

Um 16 Uhr wird in Frankreich unter dem Druck einer ultimativen »Anfrage« der deutschen Regierung vom Vortag (→ 31. 7. / S. 116) die Generalmobilmachung angeordnet (→ 3. 8. / S. 138).

Der italienische Ministerrat beschließt in Rom die Neutralität des mit dem Deutschen Reich und Österreich-Ungarn zum Dreibund gehörenden Italiens im Krieg zwischen den Großmächten. Nach einer am 3. August veröffentlichten offiziellen Erklärung ist für Italien der Bündnisfall nicht gegeben, da seiner Ansicht nach Österreich-Ungarn einen Angriffskrieg führt (→ 3. 8. / S. 152).

2. August, Sonntag
Deutsche Truppen besetzen das seit 1867 neutrale Großherzogtum Luxemburg. Damit wird die auf dem sog. Schlieffenplan basierende deutsche Westoffensive vorbereitet (→ 3. 8. / S. 138; 4. 8. / S. 140).

In einem Bündnisvertrag mit der deutschen und österreichisch-ungarischen Regierung erklärt sich das Osmanische Reich zur Unterstützung der sog. Mittelmächte bei einem Krieg gegen Rußland bereit (→ 29. 10. / S. 176).

Der britische Außenminister Sir Edward Grey versichert in London zum wiederholten Mal, daß Großbritannien – gemäß einer 1912 vereinbarten Konvention – die französische Nordküste schützen werde. Am Vortag war die britische Flotte vollständig mobilisiert worden.

Die britischen Sozialisten rufen in London zum Generalstreik auf. In einem Manifest wird dem Militarismus der Kampf angesagt. → S. 152

3. August, Montag
Um 18 Uhr erklärt die deutsche Regierung Frankreich den Krieg. Zuvor hatte die belgische Regierung die vom Deutschen Reich geforderte Erlaubnis zum Truppendurchmarsch unter Hinweis auf seine Neutralität abgelehnt. → S. 138

In einer offiziellen Erklärung gibt die italienische Regierung in Rom ihre Neutralität im Kriegsfall bekannt. Sie wirft ihren Bündnispartnern Deutsches Reich und Österreich-Ungarn ein »abgekartetes Spiel« vor. → S. 152

Die sozialdemokratische Reichstagsfraktion beschließt in Berlin, den von der deutschen Regierung geforderten Kriegskrediten in Höhe von fünf Milliarden Mark auf der Reichstagssitzung am 4. August (S. 136) zuzustimmen. Eine Minderheit der Abgeordneten um Karl Liebknecht spricht sich allerdings gegen eine Unterstützung der deutschen Kriegspolitik aus. → S. 137

Auf einer Vorstandskonferenz in Berlin vereinbaren die deutschen Gewerkschaften eine Unterstützung der Reichsregierung u. a. bei der bevorstehenden Mobilmachung und bei einem eventuellen kriegsbedingten Lohnstopp.

In Berlin gründet der Bund deutscher Frauenvereine einen sog. Nationalen Frauendienst. → S. 148

4. August, Dienstag
Der deutsche Reichstag billigt einstimmig die von der deutschen Regierung unter Reichskanzler Theobald von Bethmann Hollweg geforderten Kriegsgesetze. Sie beinhalten u. a. Kredite für Kriegszwecke in Höhe von fünf Milliarden Mark. Damit gilt die innenpolitische »Burgfriedenspolitik« der deutschen Regierung als vorläufig gesichert. → S. 136

Deutsche Truppen marschieren in Belgien ein und beginnen mit dem Angriff auf Lüttich. Dabei leistet die belgische Armee heftigen Widerstand. Mit dem Einfall in Belgien beginnt die auf dem Schlieffenplan basierende deutsche Westoffensive. → S. 140

Großbritannien bricht die diplomatischen Beziehungen zum Deutschen Reich ab. Der Schritt ist gleichbedeutend mit einer Kriegserklärung. Zuvor hatte die britische Regierung – Garant der Neutralität Belgiens – das Deutsche Reich ultimativ aufgefordert, die belgischen Grenzen zu respektieren.

US-Präsident Woodrow Wilson erklärt, daß die Vereinigten Staaten in dem ausbrechenden Krieg neutral bleiben und bietet seine Dienste für eine Friedensvermittlung an.

5. August, Mittwoch
Der deutsche Kaiser Wilhelm II. erneuert den preußischen Orden des Eisernen Kreuzes. → S. 149

Der 24jährige britische Sprinter William Applegarth stellt in Kopenhagen den Weltrekord im 100-m-Lauf mit 10,6 sec ein. Die Zeit war erstmals von dem US-Amerikaner Donald Lippincott am 6. Juli 1912 in Stockholm erzielt. Trotz des Krieges werden in Kopenhagen noch Leichtathletikwettkämpfe ausgetragen, da Dänemark politisch neutral ist.

6. August, Donnerstag
Die österreichisch-ungarische Regierung erklärt Rußland den Krieg. Gleichzeitig erfolgt die Kriegserklärung Serbiens an das Deutsche Reich.

Der 64jährige britische Feldmarschall Horatio Herbert Kitchener, Earl Kitchener of Karthoum and of Broome, wird zum britischen Kriegsminister ernannt. Er war seit 1911 Generalkonsul in Ägypten. Nach dem Rücktritt des bisherigen Amtsinhabers John Seely am 30. März hatte Premierminister Herbert Henry Asquith das Ressort verwaltet.

Jósef Klemens Pilsudski, Führer der Revolutionären Fraktion in der Sozialistischen Partei Polens (PPS), läßt Kompanien seiner als »Schützen« bezeichneten antirussischen Befreiungsorganisation die russische Grenze nördlich bei Krakau überschreiten. Sie besetzen den zu Rußland zählenden Ort Kielce.

Im Deutschen Reich sind Frauen nach den kriegsbedingten Einberufungen zunehmend in bisher von Männern dominierten Berufen tätig. → S. 148

7. August, Freitag
Nach heftigem Widerstand der belgischen Verteidiger besetzen deutsche Truppen die strategisch wichtige Stadt Lüttich (→ 4. 8. / S. 140).

Im Deutschen Reich werden die Vorbereitungen für die Olympischen Spiele 1916 – als Austragungsort war Berlin vorgesehen – eingestellt. Eine offizielle Rückgabe des Auftrages zur Abhaltung der Wettkämpfe erfolgt jedoch nicht (→ 17. 2. / S. 42).

8. August, Sonnabend
In einer sog. Kriegssitzung des russischen Reichstages (Duma) in Petersburg (heute Leningrad) billigt die Mehrheit der Abgeordneten die russische Kriegspolitik und stimmt Preis- und Steuererhöhungen sowie der Ausgabe von Schatzanweisungen zur Finanzierung des Krieges zu. Lediglich die Sozialisten wenden sich scharf gegen den Krieg und werfen allen beteiligten Staaten vor, ihn als Mittel imperialistischer Eroberungspolitik zu benutzen.

Der sog. Kriegsausschuß der deutschen Industrie fordert in Berlin eine enge Zusammenarbeit von Staat und Unternehmen bei der Organisation der deutschen Kriegswirtschaft. → S. 148

9. August, Sonntag
Österreichisch-ungarische Truppen beginnen ihren Einmarsch in die von Rußland beherrschten Gebiete Polens (→ 11. 9. / S. 167).

Der Wirtschaftsverband bildender Künstler ruft als Dachorganisation der Kunstschaffenden in Berlin die deutschen Künstler und Künstlerinnen zur Teilnahme an der Erntearbeit auf. Der Verband will damit ausdrücklich die deutsche Kriegspolitik unterstützen.

10. August, Montag
Deutsche Truppen besiegen nahe Mühlhausen ein französisches Korps, das die zu den sog. Reichslanden Elsaß-Lothringen zählende Stadt zuvor besetzt hatte.

Der schwedische Reichstag in Stockholm bewilligt 50 Millionen Kronen (56,25 Millionen Mark) zur Verbesserung der Landesverteidigung. Die Verwendung der Mittel wird von einem zwölfköpfigen Geheimausschuß kontrolliert, dem Mitglieder aller im Parlament vertretenen Parteien angehören.

11. August, Dienstag
Frankreich erklärt Österreich-Ungarn den Krieg; Großbritannien folgt mit einer Kriegserklärung am 12. August.

12. August, Mittwoch
Serbische Truppen wehren eine erste Offensive der österreichisch-ungarischen Armee an der Drina, einem Nebenfluß der Save (heute zu Jugoslawien), ab (→ 15. 12. / S. 205).

13. August, Donnerstag
Auf Initiative u. a. des deutschen Industriellen und AEG-Vorstandsmitglieds Walther Rathenau wird im Deutschen Reich eine sog. Kriegsrohstoffabteilung eingerichtet. Als Monopolgesellschaft soll sie die Versorgung der Industrie mit Rohstoffen sicherstellen. → S. 149

Der Vorabdruck des Romans »Der Untertan« von Heinrich Mann in der Münchner Zeitschrift »Zeit im Bild« wird eingestellt. Nach Ansicht der Redaktion ist die Veröffentlichung des gesellschaftskritischen Werkes im Deutschen Reich nicht angebracht. → S. 155

14. August, Freitag
Aufgrund einer Anordnung des Berliner Polizeipräsidenten Traugott von Jagow werden alle Rummelplätze der Stadt geschlossen. Nach seiner Ansicht steht das Treiben auf den Vergnügungsstätten angesichts des Krieges nicht in Einklang mit der Stimmung in der Bevölkerung.

15. August, Sonnabend
Die deutsche Regierung ordnet die Einziehung des gesamten Landsturmes an. Zum Landsturm zählen alle Wehrpflichtigen vom 17. bis 45. Lebensjahr, die nicht im aktiven Dienst stehen. In den deutschen Grenzbezirken war der Landsturm bereits zu Beginn des Krieges aufgerufen worden.

Der russische sog. Höchstkommandierende Großfürst Nikolaj Nikolajew sagt in einem Manifest der polnischen Bevölkerung die Wiedervereinigung unter dem russischen Zaren, Wahrung ihres Glaubens und ihrer Sprache sowie Selbstverwaltung zu. Damit sollen die Polen zur Rebellion gegen die deutsche Herrschaft aufgefordert werden.

In Zentralamerika wird nach jahrelangen technischen und politischen Problemen der 81,6 km lange Panamakanal offiziell eröffnet. Die unter Hoheit der USA stehende, als »Jahrhundertbauwerk« geltende künstliche Wasserstraße verbindet den Atlantischen mit dem Pazifischen Ozean. → S. 154

August 1914

»Zeitbilder«, die Beilage der Berliner »Vossischen Zeitung« vom 9. August 1914, widmet sich, wie fast alle Zeitungen und Zeitschriften im Deutschen Reich, vor allem einem Thema – dem Weltkrieg

In den Krieg!
Ausziehende Kavallerie.

August 1914

An der Berliner Universität endet das diesjährige Sommersemester. Bis zum letzten Tag werden sog. Notprüfungen vorgenommen, um einberufenen Soldaten einen Abschluß zu ermöglichen.

16. August, Sonntag
Die deutsche Führung errichtet ihr sog. Großes Hauptquartier in Koblenz nahe der Westfront. Neben dem deutschen Kaiser Wilhelm II. halten sich dort die Vertreter zahlreicher militärischer Dienststellen auf. → S. 148

In Mexiko übernimmt Rebellenführer Venustiano Carranza mit seiner sog. Konstitutionalistischen Armee nach dem Einzug in die Hauptstadt Mexiko-Stadt die Regierungsgewalt. Der seit dem 15. Juli amtierende Präsident Francisco Carbajal war vier Tage zuvor geflüchtet. → S. 152

17. August, Montag
In allen Berliner Schulen findet wieder regulärer Schulunterricht statt, nachdem am Vortag bereits der Sonntagsunterricht wieder aufgenommen wurde. Nach Ausbruch des Krieges hatten die Behörden den Schulunterricht zunächst unterbrochen.

Angesichts vermehrter Einquartierungen von Soldaten in Berlin verfügt Polizeipräsident Traugott von Jagow einen Erlaß zur verschärften Kontrolle unsittlichen Verhaltens. Danach werden Frauen, die sich durch »herausforderndes Benehmen« der Prostitution verdächtig machen, verhaftet und unter sittenpolizeiliche Aufsicht gestellt.

18. August, Dienstag
In Sofia trifft der osmanische Innenminister Talaat Bey zu dreitägigen Gesprächen mit der bulgarischen Regierung ein. Bei dem Besuch wird u. a. die Frage eines neuen, gegen Rußland gerichteten Balkanbundes erörtert. Beide Länder werden bisher vom Deutschen Reich politisch unterstützt (→ 5. 7. / S. 119).

Die italienische Regierung in Rom trifft Vorkehrungen, um die Heimkehr der im Ausland befindlichen Italiener zu beschleunigen. Die Maßnahmen dienen vorsorglich der Sicherung des Armeemannschaftsbestandes (→ 3. 8. / S. 152).

19. August, Mittwoch
Die österreichisch-ungarische Armee bricht ihre am 12. August begonnene Offensive gegen Serbien an der unteren Drina und an der Save (heute zu Jugoslawien) ab. Die Heeresleitung benötigt inzwischen zusätzliche Truppen für den Krieg gegen Rußland an der Ostfront (→ 11. 9. / S. 167).

In Jena veröffentlichen die deutschen Philosophen Ernst Haeckel und Rudolf Eucken eine Erklärung gegen den Kriegseintritt Großbritanniens. Darin heißt es u. a.: »England kämpft zugunsten einer halbasiatischen Macht [Rußland] gegen das Germanentum, es kämpft auf der Seite nicht nur der Barbarei, sondern auch des moralischen Unrechts«. Das Pamphlet ist ein Dokument der unter dem deutschen Bildungsbürgertum weitverbreiteten chauvinistischen und militaristischen Grundeinstellung (→ 4. 10. / S. 182).

20. August, Donnerstag
Die dreitägige sog. Schlacht von Lothringen beginnt; in ihrem Verlauf drängen deutsche Truppen die Südgruppe der französischen Armee zurück, ohne allerdings einen entscheidenden Sieg zu erzielen. → S. 143

Beim ostpreußischen Gumbinnen endet die erste bedeutende Schlacht an der deutsch-russischen Grenze zwischen der vorrückenden 1. russischen Armee und der 8. deutschen Armee (sog. Schlacht von Gumbinnen). Um einer Einkesselung zu entgehen, bricht der Oberbefehlshaber der 8. Armee, Generaloberst Max von Prittwitz und Gaffron, am Vortag eröffnete Schlacht ab und befiehlt den Rückzug der deutschen Truppen hinter die Weichsel. → S. 144

Papst Pius X. stirbt im Alter von 79 Jahren in Rom. Das seit 1903 amtierende Oberhaupt der katholischen Kirche galt als autoritärer Gegner reformerischer Strömungen. → S. 153

21. August, Freitag
Der deutsche Industrielle August Thyssen setzt sich in einer dem Reichskanzler Theobald von Bethmann Hollweg zugeleiteten Denkschrift für eine Annexion des französischen Erzbeckens Longwy-Briey ein. Thyssen wünscht eine Verbreiterung der deutschen Rohstoffbasis, um die Importabhängigkeit der deutschen Schwerindustrie zu verringern (→ 28. 8. / S. 149; 9. 9. / S. 162; 31. 10. / S. 180).

In weiten Teilen Europas ist eine totale Sonnenfinsternis zu beobachten. In der deutschen Hauptstadt Berlin kann am frühen Nachmittag für rund zweieinhalb Stunden eine Teilfinsternis verfolgt werden. → S. 155

22. August, Sonnabend
Aufgrund seines Rückzugsbefehls im Verlauf der Schlacht von Gumbinnen (→ 20. 8. / S. 144) entläßt die deutsche Oberste Heeresleitung den Oberbefehlshaber der 8. deutschen Armee, Generaloberst Max von Prittwitz und Gaffron. Sein Nachfolger wird der reaktivierte 67jährige Paul von Beneckendorff und von Hindenburg. Neuer Generalstabschef bei der 8. Armee wird der 49jährige Generalmajor Erich Ludendorff. Die Berufung der beiden wird weitreichende politische und militärstrategische Folgen (→ 1. 11. / S. 190). → S. 145

In Berlin treffen die ersten Transporte mit an der Front verwundeten deutschen Soldaten ein. Die Verletzten werden in Lazarette eingeliefert, die u. a. in der Universität, im Luna-Park und im Freibad am Müggelsee eingerichtet worden sind. → S. 149

23. August, Sonntag
Japan erklärt dem Deutschen Reich den Krieg. Zuvor hatte die deutsche Regierung ein Ultimatum Japans vom 17. August unbeantwortet gelassen. Darin wurde der Abzug aller deutschen Flottenverbände aus japanischen und chinesischen Gewässern sowie die Aufgabe der seit 1898 währenden deutschen Kolonialherrschaft im chinesischen Kiautschou gefordert. → S. 152

24. August, Montag
Trotz einzelner Siege gegen alliierte Truppen an der Westfront zwischen dem 22. und 24. August bei Dinant, Neufchâteau und Longwy sowie an der Sambre gelingt den deutschen Streitkräften kein entscheidender Durchbruch. Der Übergang an der Sambre wird nur unter schweren, verlustreichen Kämpfen, die erwartete Umfassung des Gegners gar nicht erreicht. Damit droht die gesamte Westoffensive zu scheitern (→ S. 140).

25. August, Dienstag
Weltweite Empörung wird durch das rücksichtslose Vorgehen deutscher Besatzungstruppen gegen die Zivilbevölkerung der belgischen Stadt Löwen ausgelöst. Im Verlauf der viertägigen Terrorherrschaft werden insgesamt 209 Einwohner ermordet. Zugleich zerstören die deutschen Besatzer zahlreiche wertvolle Kulturdenkmäler in der historischen Altstadt von Löwen. Die Ereignisse gehen als »Fall Löwen« in die Geschichte ein. → S. 142

Der deutsche Generalfeldmarschall Colmar Freiherr von der Goltz (→ 9. 6. / S. 94) wird zum Generalgouverneur der besetzten Teile Belgiens ernannt. Die Zivilverwaltung der besetzten Gebiete wird gleichzeitig dem Regierungspräsidenten von Aachen unterstellt.

Nach einem Bericht der sozialdemokratischen Zeitung »Vorwärts« beträgt die Zahl der arbeitslosen Gewerkschaftsmitglieder in Berlin derzeit 57 188 Personen. Das bedeutet eine geschätzte Gesamtarbeitslosenzahl von über 100 000. Seit Kriegsbeginn haben u. a. die Kündigung von Aufträgen und Krediten, die Schließung kleiner und mittlerer Betriebe sowie die Umrüstung zahlreicher Großbetriebe auf Heeresproduktion zu Massenentlassungen geführt. → S. 149

26. August, Mittwoch
Die 1. deutsche Armee (nördlicher Umfassungsflügel) unter Befehl von Generaloberst Alexander von Kluck besiegt bei Le Cateau (Belgien) sechs Divisionen des britischen Expeditionskorps. Der drohenden Einkesselung können sich die britischen Truppen anschließend jedoch entziehen.

27. August, Donnerstag
In Frankreich wird ein sog. Kabinett der nationalen Einheit gebildet. Zuvor war der sozialistische Ministerpräsident René Viviani zurückgetreten; Präsident Raymond Poincaré beauftragte ihn jedoch erneut mit der Regierungsbildung. Die neue Ministerliste umfaßt auch konservative Politiker; Außenminister wird der frühere Botschafter in Rußland, Théophile Delcassé, Justizminister wird Aristide Briand (→ 2. 9. / S. 164).

Die von dem Nationalrevolutionär Józef Klemens Pilsudski geführten sog. Schützen-Verbände einer militärischen Befreiungsorganisation – werden dem österreichisch-ungarischen Heer eingegliedert. Die umstrittene Eidesleistung für den österreichisch-ungarischen Kaiser Franz Joseph I. führt aber im September zu ihrer organisatorischen Auflösung.

28. August, Freitag
Auf seiner ersten Kriegstagung fordert der Geschäftsführende Ausschuß des Alldeutschen Verbands in Berlin eine expansionsorientierte deutsche Kriegszielpolitik. Der politisch einflußreiche Verband verlangt u. a. weitgehende Annexionen im Westen, zusätzliches Siedlungsland im Osten sowie die Bildung eines großen Kolonialreiches in Mittelafrika. Das Kriegszielprogramm des Alldeutschen Verbandes repräsentiert die Interessen von Schwerindustrie und Landwirtschaft. → S. 149

29. August, Sonnabend
Der politisch rechtsorientierte Reichsverband gegen die Sozialdemokratie teilt mit, daß er seine agitatorische Tätigkeit angesichts der positiven Haltung der Sozialdemokraten zum Krieg einstellen werde. Dabei drückt er die Hoffnung aus, daß künftig eine Bekämpfung der Sozialdemokratie aus politischen Gründen nicht mehr notwendig sein werde.

30. August, Sonntag
Die vorrückende 2. deutsche Armee unter Befehl von Generaloberst Karl von Bülow wehrt nur mit Mühe eine Gegenoffensive der Franzosen in der Nähe der nordfranzösischen Stadt Saint-Quentin ab.

31. August, Montag
In der am 26. August begonnenen sog. Schlacht von Tannenberg (westliches Masuren) besiegt die 8. deutsche Armee unter Generaloberst Paul von Beneckendorff und von Hindenburg (→ 22. 8. / S. 145) die 2. russische Armee unter General Alexander W. Samsonow. Die Schlacht wird von der deutschen Kriegspropaganda zur Glorifizierung Hindenburgs ausgenutzt. → S. 146

Nachdem bereits die 3. und 4. deutsche Armee unter Generaloberst Max Freiherr von Hausen bzw. Generalfeldmarschall Herzog Albrecht von Württemberg die Maas überschritten haben, erreicht auch die 5. Armee unter dem Oberbefehl des deutschen Kronprinzen Wilhelm von Preußen nach verlustreichen Kämpfen das westliche Maasufer. Die französischen Truppen ziehen sich ohne große Verluste zurück.

Das Wetter im Monat August

Station	Mittlere Lufttemperatur (°C)	Niederschlag (mm)	Sonnenscheindauer (Std.)
Aachen	17,6 (17,2)	76 (82)	– (188)
Berlin	19,2 (17,2)	21 (68)	– (212)
Bremen	18,1 (17,1)	59 (79)	– (182)
München	18,1 (16,6)	54 (96)	– (211)
Wien	– (18,6)	– (68)	– (242)
Zürich	17,0 (16,6)	139 (132)	227 (219)

( ) Langjähriger Mittelwert für diesen Monat
– Wert nicht ermittelt

August 1914

Auch die traditionsreiche »Wiener Mode« hat sich auf den Krieg eingestellt: Kleid für eine Lazarettschwester

Ich bestimme hiermit: Das Deutsche Heer und die Kaiserliche Marine sind nach Maßgabe des Mobilmachungsplans für das Deutsche Heer und die Kaiserliche Marine kriegsbereit aufzustellen.

Der 2. August 1914 wird als erster Mobilmachungstag festgesetzt. - Berlin, den 1. August 1914

Wilhelm
I. R.

Bethmann Hollweg

An den Reichskanzler (Reichs-Marineamt) und den Kriegsminister.

August 1914

Deutsche Kriegserklärungen an Rußland und Frankreich

Die dramatischen Ereignisse der sog. Julikrise (→ S. 104–117) weiten sich in den ersten Augusttagen 1914 zum Weltkrieg aus. Nach der Kriegserklärung Österreich-Ungarns an Serbien am → 28. Juli (S. 111/112) bewirken die deutschen Kriegserklärungen an Rußland am 1. August und Frankreich am 3. August eine Kette weiterer gegenseitiger Kriegserklärungen. Ein aufschlußreicher Beleg für die Einstellung der deutschen Regierung zu dem Scheitern aller diplomatischen Vermittlungsbemühungen (→ 26. 7. / S. 110) ist die Aussage von Georg Alexander von Müller, Chef des Marinekabinetts von Kaiser Wilhelm II.: »Stimmung glänzend. Die Regierung hat eine glückliche Hand gehabt, uns als die Angegriffenen hinzustellen.«

1. August. Um 19 Uhr übergibt Botschafter Friedrich Graf von Pourtalès im russischen Außenministerium in Petersburg (heute Leningrad) die deutsche Kriegserklärung an Rußland. Bereits zwei Stunden zuvor war im Deutschen Reich der Befehl zur Generalmobilmachung der Truppen ergangen.

Nach der Verkündung des »Zustands der drohenden Kriegsgefahr« und den diplomatischen Aktivitäten am → 31. Juli (S. 116) setzte die deutsche Regierung ihre Kriegsbesprechungen am Morgen des 1. August fort. Um 10 Uhr ließ der deutsche Reichskanzler Theobald von Bethmann Hollweg den Text der deutschen Kriegserklärungen an Rußland und Frankreich vom deutschen Kaiser Wihelm II. billigen. Zwei Stunden später informierte er den Bundesrat über die Politik der deutschen Regierung und holte dessen Zustimmung ein. Währenddessen – kurz vor 13 Uhr – übermittelte der deutsche Außenminister Gottlieb von Jagow der deutschen Botschaft in Petersburg den Text der Kriegserklärung an Rußland. Gleichzeitig wurde Botschafter Pourtalès ermächtigt, die Note zu überreichen, falls Rußland »keine befriedigende Antwort« auf das deutsche Ultimatum vom → 31. Juli (S. 116) erteilte.

Um 17 Uhr billigte Wilhelm II. im Berliner Schloß die deutsche Generalmobilmachung; sie wurde unverzüglich proklamiert. Zwei Stunden später übergibt Pourtalès nach der – erwarteten – Ablehnung des Ultimatums in Petersburg die Kriegserklärung an Rußland.

In ihrer offiziellen Sprachregelung stellt die deutsche Regierung unter geschickter Ausnutzung der russischen Mobilmachung vom → 30. Juli (S. 114) Rußland als Auslöser des Weltkrieges hin. Die deutsche Kriegserklärung macht außerdem den letzten Vermittlungsversuch des britischen Außenministers Sir Edward Grey vom Nachmittag des 1. August zunichte (→ 26. 7. / S. 110). In seinen Erinnerungen kennzeichnet der deutsche Generalstabschef Helmuth von Moltke die Atmosphäre innerhalb der politischen und militärischen Führung des Deutschen Reiches mit den Worten: »Es herrschte ... eine freudige Stimmung.«

Die Euphorie innerhalb der deutschen Führungsspitze wird zeitweilig durch zwei Telegramme des deutschen Botschafters in London, Karl Max Fürst von Lichnowsky, gesteigert. Lichnowsky erweckt aufgrund einer Fehlinterpretation von Aussagen des britischen Außenministers Grey unerwartet neue Hoffnungen auf eine britische Neutralität im Kriegsfall (→ 30. 7. / S. 115). Erst am Abend erweisen sich Lichnowskys Informationen als Mißverständnis.

Gleichzeitig mit der deutschen Generalmobilmachung verkündet Frankreich – Bündnispartner Rußlands – die Mobilisierung seiner Truppen. Am 3. August erklärt das Deutsche Reich auch dem westlichen Nachbarn den Krieg; zuvor lehnt die Regierung in Paris erwartungsgemäß das deutsche Ultimatum vom → 31. Juli (S. 116) ab. Damit beginnt der lange befüchtete militärische Kampf der europäischen Großmächte um die Machtverteilung in Europa und in den Kolonien (→ 3. 8. / S. 138).

»Ich kenne keine Parteien mehr, nur noch Deutsche!«

1. August. Die um 19 Uhr erfolgende deutsche Kriegserklärung an Rußland und die Generalmobilmachung zwei Stunden zuvor lösen im Deutschen Reich eine von der politischen Führung geschürte nationalistische Massenhysterie aus. Nachdem Rußland aufgrund seiner Mobilmachung am → 30. Juli (S. 114) in der regierungsoffiziellen deutschen Propaganda als Angreifer dargestellt worden war, versammeln sich in den Straßen von Berlin Tausende von Kriegsbegeisterten. Gleichzeitig setzt eine Hetzjagd auf alle Menschen ein, die der Zugehörigkeit zu einer verfeindeten Nation auch nur verdächtigt werden.

Vor dem Hintergrund dieser chauvinistischen Stimmung erklärt der deutsche Kaiser Wilhelm II. gegen 20 Uhr dem vor dem Schloß in Berlin wartenden Menge: »Aus tiefem Herzen danke Ich Euch für den Ausdruck Eurer Liebe, Eurer Treue. In dem jetzt bevorstehenden Kampfe kenne Ich in Meinem Volke keine Parteien mehr. Es gibt unter uns nur noch Deutsche. Und welche von den Parteien auch im Laufe des Meinungskampfes sich gegen Mich gewandt haben sollten, Ich verzeihe Ihnen allen. Es handelt sich jetzt nur darum, daß alle wie Brüder zusammenstehen, und dann wird dem deutschen Volke Gott zum Siege verhelfen.«

Wilhelm II. greift sein berühmtes Wort, er kenne keine Parteien mehr, sondern nur noch Deutsche, erneut in einer Reichstagssitzung am 4. August in Berlin auf, als die Abgeordneten über die Bewilligung der ersten Kriegskredite abstimmen (→ 4. 8. / S. 136). In seiner Thronrede nutzt er die chauvinistische Atmosphäre, um die Mitglieder des deutschen Reichstages auf die sog. Burgfriedenspolitik einzustimmen: »Geehrte Herren! In schicksalsschwerer Stunde habe Ich die gewählten Vertreter des deutschen Volkes um Mich versammelt. Fast ein halbes Jahrhundert lang konnten wir auf dem Weg des Friedens verharren. Versuche, Deutschland kriegerische Neigungen anzudichten und seine Stellung in der Welt einzuengen, haben unseres Volkes Geduld oft auf harte Proben gestellt. In unbeirrbarer Redlichkeit hat Meine Regierung auch unter herausfordernden Umständen die Entwicklung aller sittlichen, geistigen und wirtschaftlichen Kräfte als höchstes Ziel verfolgt. Die Welt ist Zeuge gewesen, wie unermüdlich wir in dem Drang und den Wirren der letzten Jahre in erster Reihe standen, um den Völkern Europas einen Krieg zwischen Großmächten zu ersparen ... Da tat sich mit der Ermordung Meines Freundes, des Erzherzogs Franz Ferdinand, ein Abgrund auf ...

An die Seite Österreich-Ungarns ruft uns nicht nur unsere Bündnispflicht. Uns fällt zugleich die gewaltige Aufgabe zu, mit der alten Kulturgemeinschaft der beiden Reiche unsere eigene Stellung gegen den Ansturm feindlicher Kräfte zu schirmen ...

Die Feindseligkeit, die im Osten und im Westen seit langer Zeit um sich gegriffen hat, ist nun zu hellen Flammen aufgelodert. Die gegenwärtige Lage ging nicht aus vorübergehenden Interessenkonflikten oder diplomatischen Konstellationen hervor, sie ist das Ergebnis eines seit langen Jahren tätigen Übelwollens gegen Macht und Gedeihen des Deutschen Reiches ... In aufgedrungener Notwehr mit reinem Gewissen und reiner Hand ergreifen wir das Schwert. An die Völker und Stämme des Deutschen Reichs ergeht Mein Ruf, mit gesamter Kraft, in brüderlichem Zusammenstehen mit unseren Bundesgenossen, zu verteidigen, was wir in friedlicher Arbeit geschaffen haben ...

Sie haben gelesen, meine Herren, was Ich zu Meinem Volke vom Balkon des Schlosses aus gesagt habe. Ich wiederhole, Ich kenne keine Parteien mehr, Ich kenne nur noch Deutsche ..., und zum Zeugen dessen, daß Sie fest entschlossen sind, ohne Parteiunterschiede, ohne Standes- und Konfessionsunterschiede zusammenzuhalten mit Mir durch dick und dünn, durch Not und Tod, fordere Ich die Vorstände der Parteien auf, vorzutreten und Mir dies in die Hand zu geloben.«

Wilhelm II. spricht vom Balkon des kaiserlichen Schlosses in Berlin

Abb. S. 134/135: Ovationen für Kronprinz Wilhelm (auf dem Balkon im Kronprinzenpalais)

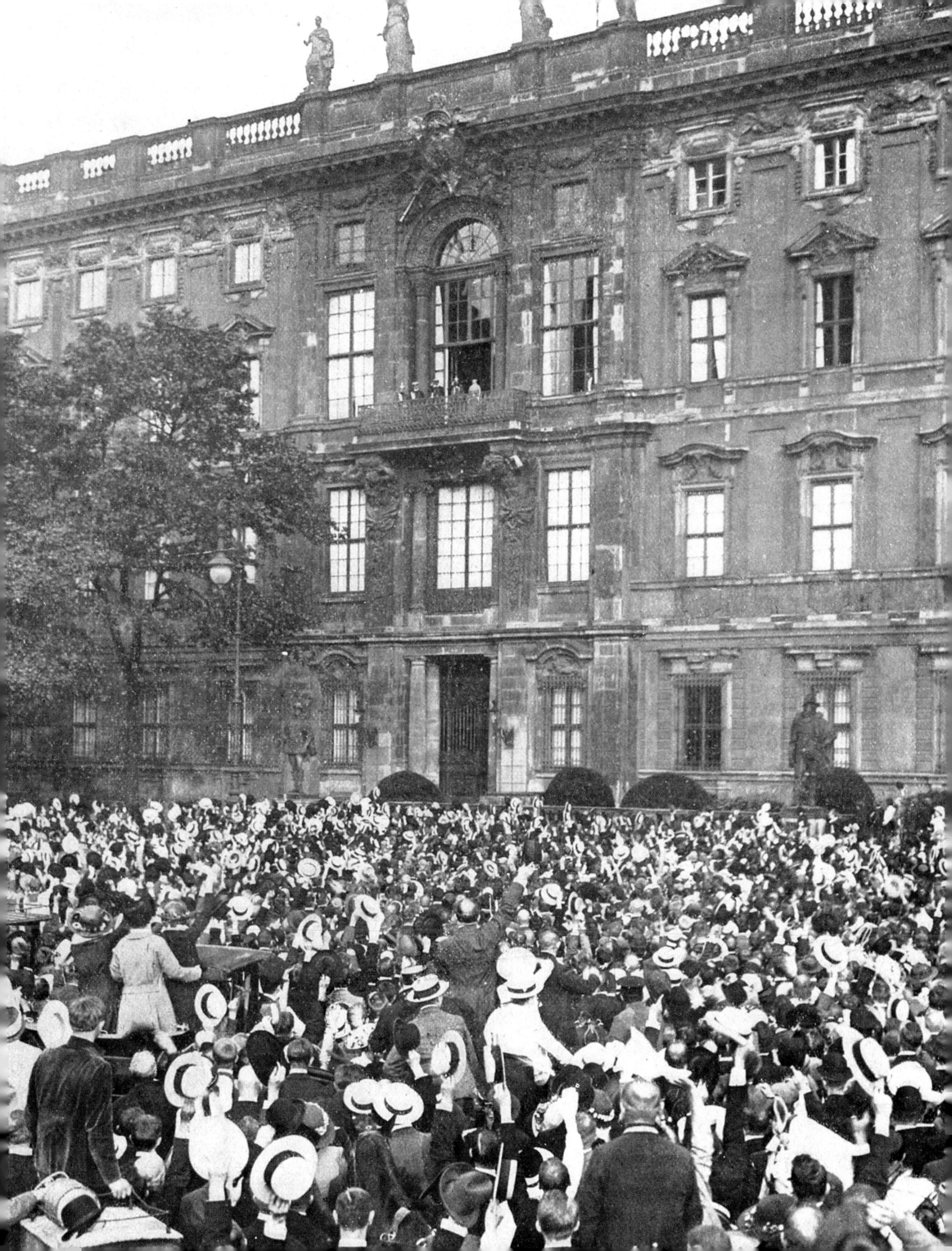

August 1914

Beginn des deutschen Aufmarsches an der Westfront

3. August. Die militärischen Kriegsvorbereitungen des Deutschen Reiches treten an der Westfront in eine entscheidende Phase, nachdem die belgische Regierung ein am Vorabend übergebenes und auf zwölf Stunden befristetes deutsches Ultimatum abgelehnt hat. Um 18 Uhr erfolgt die deutsche Kriegserklärung an Frankreich.

Am Morgen telegraphiert der deutsche Gesandte in Brüssel, Konrad von Below-Saleske, an Außenminister Gottlieb von Jagow in Berlin: »Belgische Regierung verhält sich unseren Vorschlägen gegenüber ablehnend und wird jeder Verletzung seiner Neutralität mit Gewalt entgegentreten.« In dem am Vorabend überreichten, aber bereits am 29. Juli in versiegeltem Umschlag der deutschen Gesandtschaft in Brüssel zugestellten Ultimatum hatte das Deutsche Reich die Erlaubnis gefordert, für den geplanten Angriff auf Frankreich belgisches Territorium als Aufmarschgebiet zu benutzen. Wahrheitswidrig unterstellte die deutsche Regierung dabei eine Verletzung der belgischen Grenze durch Frankreich, das die Respektierung der Neutralität Belgiens zuvor zugesagt hatte. Weiter heißt es in dem deutschen Ultimatum: »Sollte Belgien den deutschen Truppen feindlich entgegentreten, . . . so wird Deutschland zu seinem Bedauern gezwungen sein, das Königreich als Feind zu betrachten.«

Die um 18 Uhr in Paris übergebene deutsche Kriegerklärung an Frankreich erfolgt unter der falschen Anschuldigung, französische Truppen hätten zwischenzeitlich deutsches Gebiet angegriffen.

Bereits am 2. August hatten deutsche Truppen im Rahmen des der Westoffensive zugrundeliegenden Aufmarschplanes das neutrale Luxemburg besetzt. Der 1905 vom preußischen Generalfeldmarschall Alfred Graf von Schlieffen entworfene und nach ihm benannte deutsche Aufmarschplan sieht unter Annahme eines Zweifrontenkrieges im Westen eine rasche Niederwerfung Frankreichs vor, um anschließend im Osten Rußland angreifen zu können. In seiner 1913 durchgeführten Überarbeitung des Schlieffenplanes beabsichtigt der preußische Generalstabschef Helmuth von Moltke dabei einen zangenförmigen Angriff deutscher Truppen über Belgien gegen das nördliche Frankreich, um die starken französischen Verteidigungslinien am Rhein zu umgehen.

Nach der Mobilmachung am 1. August vollzieht sich der deutsche Aufmarsch planmäßig. Wichtigstes Transportmittel ist die Eisenbahn; in den ersten Mobilmachungstagen fahren täglich 550 Truppentransporte in das linksrheinische Gebiet. Die ersten militärischen Aufträge bestehen im Vormarsch der 1. und 2. Armee auf den Engpaß Brüssel – Namur und dem Vormarsch der 3. Armee gegen den Maasabschnitt Givet – Namur (→ 4. 8. / S. 140).

Die deutsche Regierung isoliert sich international mit ihrem Vorgehen zunehmend, nachdem bereits die Besetzung Luxemburgs im Ausland alarmierend gewirkt hatte. Großbritannien – Garantiemacht der belgischen Neutralität – beschließt am Abend des 3. August ein Ultimatum an das Deutsche Reich mit der Aufforderung, eine verbindliche Zusicherung über die Respektierung der belgischen Neutralität zu geben. Es wird am 4. August um 14 Uhr in Berlin überreicht. Nachdem der deutsche Reichskanzler Theobald von Bethmann Hollweg bis Mitternacht die gewünschte Zusicherung nicht gibt, erklärt der britische Botschafter in Berlin, William Edward Goschen, daß sich Großbritannien ab 24 Uhr mit dem Deutschen Reich im Kriegszustand befinde.

Auch andere potentielle Verbündete lösen sich vom Deutschen Reich (→ 31. 7. / S. 117). Der Dreibundpartner Italien erklärt am 3. August den Bündnisfall für nicht gegeben, da für die italienische Regierung weder Österreich-Ungarn noch das Deutsche Reich angegriffen worden sind (→ 3. 8. / S. 152; 22. 9. / S. 167). Am 1. August hatte bereits das dem Dreibund assoziierte Rumänien von einem durch Österreich-Ungarn provozierten Krieg gesprochen. Auch die erhoffte Unterstützung durch Griechenland und Bulgarien bleibt aus: Beide erklären sich für neutral.

Mannschaften und technisches Gerät der deutschen Armee werden mit der Bahn an die Front gebracht

Außer bei der Kavallerie spielen Pferde beim Transport von Geschützen einen große Rolle

Eisenbahnwaggon für Soldatentransporte vor der Abfahrt

August 1914

Seit Beginn des 20. Jahrhunderts ersetzen zunehmend weniger auffällige Farben die bis dahin farbenprächtigen Uniformen (Abb. zeigt verschiedene Felduniformen der sächsischen und preußischen Armee)

Grautöne prägen preußische Felduniformen

Uniformen für das Militär gibt es seit dem Beginn der Errichtung stehender Heere Ende des 17. Jahrhunderts. Unterschieden wird u. a. zwischen Uniformen der Fußtruppen und denen der Kavallerie.

Mit Wirkung vom 14. Februar 1907 traten bei den preußischen Fußtruppen an die Stelle der bis dahin üblichen bunten Monturen die beiden Einheitsfarben feldgrau und graugrün. Danach besteht der sog. Rock für Infanterie und Pioniere aus feldgrauem, für Jäger und Gardeschützen aus graugrünem Tuch. Der Schnitt für alle Fußtruppen ist gleich; ein Kragen zum Umklappen ersetzt den zuvor üblichen Stehkragen. Kragen, Ärmelaufschläge sowie deren sog. Patten (Umschläge) und Schulterklappen richten sich nach dem Grundstoff der Uniform. Sie sind mit Vorstößen versehen, wodurch einzelne Truppengattungen unterschieden werden.

Die Felduniform der Offiziere wurde am 23. Februar 1910 festgelegt und gleicht denen der Mannschaften. Aus militärtaktischen Gründen wird alles vermieden, was den Offizier aus der Entfernung als solchen kenntlich macht. Allerdings besteht die Hose der Offiziersuniform aus Trikotstoff; die Offiziersmütze hat einen Rand aus schwarzem Samt.

Die Feldbekleidung der preußischen Kavallerie ist ebenfalls seit dem 23. Februar 1910 geregelt. Im Gegensatz zu Fußtruppen und Artillerie ist die Uniform – bei gleichen Farben – durch einen Stehkragen gekennzeichnet. Der Reitbesatz der preußischen Kavallerie besteht aus Leder oder Tuch (in letzterem Fall mit Knieleder); Stiefel und alles Lederzeug werden in der Regel naturfarben getragen. Die 1842 von Preußen eingeführte sog. Pickel-

1 Wachtmeister der sächs. Karabiniers, 2 Sächs. Schützenregiment, 3 Pr. Dragoneroffizier, 4 Pr. Ulan, 5 Pr. Husarentrompeter, 6 Pr. Dragonerunteroffizier, 7 Pr. Kürassiere, 8 Pr. Generalstabsoffizier, 9 Pr. Linieninfanterie, 10 Offizier der pr. Feldartillerie, 11 Pr. General, 12 Offizier der pr. Jäger zu Pferde, 13 Pr. Husarenoffizier, 14 Pr. Linieninfanterie

haube, ein Lederhelm mit Metallspitzen und Beschlägen, wurde inzwischen vielerorts übernommen. Allerdings verwendet Frankreich aufgrund der Splitterwirkung von Artilleriegranaten bereits 1914 Stahlhelme.

August 1914

Nach der Besetzung von Lüttich: Deutsche Soldaten vor dem Hauptbahnhof der an der Maas gelegenen Festungsstadt

Einmarsch deutscher Truppen in Belgien

4. August. In den Morgenstunden marschieren deutsche Truppen in Belgien ein und rücken auf Lüttich vor. Der unter Verletzung der belgischen Neutralität vollzogene Einmarsch markiert den Beginn der deutschen Westoffensive.

Unter Befehl von General Otto von Emmich greifen sechs verstärkte Infanteriebrigaden Lüttich in einem Halbkreis an, um die Stadt und ihre Maas-Übergänge zu besetzen. Von der Eroberung Lüttichs hängt der rasche Vormarsch des nördlichen Umfassungsflügels auf Frankreich ab. Die Hoffnung auf einen schnellen Sieg erfüllt sich jedoch nicht, da die belgischen Truppen in den Gebieten südlich von Lüttich unerwartet heftigen Widerstand leisten. Unter hohen Verlusten und erst nach dem Abzug belgischer Truppen wird die Stadt am 7. August erobert. Am 20. August wird die belgische Hauptstadt Brüssel von deutschen Truppen besetzt; die belgische Armee zieht sich nach Antwerpen zurück. Am 25. August wird Belgien deutsches Generalgouvernement unter Leitung von Generalfeldmarschall Colmar Freiherr von der Goltz (→ 9. 6. / S. 94). Die belgische Bevölkerung leistet allerdings starken Widerstand, der von den deutschen Besatzern mit Gewalt unterdrückt wird (→ 25. 8. / S. 142).

Bei einem Bombenangriff des deutschen Zeppelins »Z IV« kommen zahlreiche Lütticher ums Leben ▷

Schwierigkeiten bei Westoffensive

Die deutsche Westoffensive beginnt gemäß Schlieffenplan (→ 3. 8. / S. 138) am 4. August mit dem Vorrücken der beiden strategischen Umfassungsflügel gegen Belgien und Frankreich. Mit Drehpunkt Metz–Diedenhofen bilden die 1. bis 5. Armee den nördlichen, die 6. und 7. Armee den südlichen Umfassungsflügel.

Unter Umgehung der starken französischen Befestigungen zwischen Verdun und Belfort formiert sich der nördliche Flügel auf der Linie Krefeld–Metz und der südliche zwischen Metz und der Schweizer Grenze. Parallel zu der sich schwieriger als erwartet gestaltenden Besetzung Belgiens finden heftige Kämpfe im Elsaß statt (Schlacht bei Mühlhausen am 9. August).

Am 20. August befindet sich der nördliche Flügel im Anmarsch auf die französisch-belgische Grenze. Vom 20. bis 25. August entwickeln sich auf einer Breite von 250 km zwischen Schelde und Vogesen Grenzschlachten, in denen die deutschen und französischen Hauptkräfte aufeinandertreffen. Für den nördlichen deutschen Flügel sind Kräfteverhältnis und operative Lage besonders günstig. Dennoch gelingt den deutschen Truppen – trotz einzelner Siege über französische und britische Verbände (britisches Expeditionskorps) bei Mons, Dinant und Namur – nicht die angestrebte Umfassung der alliierten Truppen. In der Mitte können dagegen die französischen Durchbruchsversuche in zwei Schlachten bei Neufchâteau und Longwy (22.–24. 8.) abgewehrt und die Offensive fortgesetzt werden. Der linke südliche Flügel drängt in der Schlacht von Lothringen (→ 20. 8. / S. 143) die vorstoßende französische Südgruppe zurück, ohne sie entscheidend zu besiegen. Somit verfehlt der deutsche Generalstab sein Hauptziel, die britischen und französischen Truppen zu zerschlagen (→ 9. 9. / S. 165).

August 1914

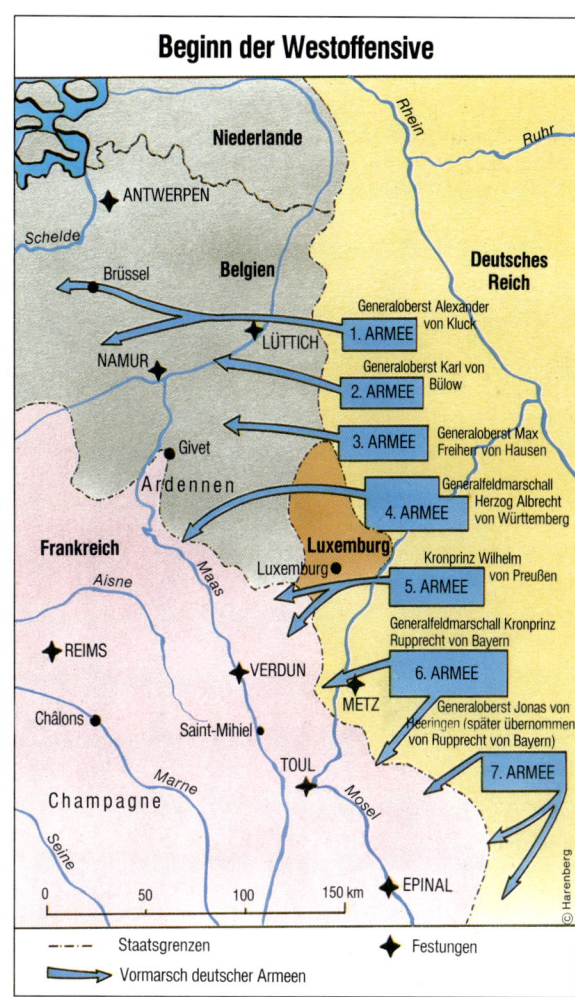

◁ △ *Deutsche Truppen im Zentrum von Brüssel. Nach der Besetzung verläßt der belgische Bürgermeister Adolph Max seinen Amtssitz und sucht in der US-amerikanischen Botschaft Zuflucht; Brüssel – wie auch der übrige besetzte Teil Belgiens – wird unter deutsche Verwaltung gestellt. Die Bevölkerung der belgischen Hauptstadt leidet bereits in den ersten Wochen der deutschen Besatzungsherrschaft unter einer besorgniserregenden Nahrungsmittelknappheit*

◁ *Der Einzug deutscher Regimenter in Brüssel wird von den Einheimischen mißtrauisch beobachtet. Die belgische Bevölkerung leistet den deutschen Besatzern unerwartet heftigen Widerstand. Zur Vergeltung zerstören deutschen Truppen zahlreiche Ortschaften. Nach dem deutschen Einmarsch war in Belgien neben der regulären Armee die sog. Bürgerwacht zur Verteidigung aufgerufen worden. Die mit besonderen Abzeichen gekennzeichnete Bürgerwacht umfaßt alle »wehrfähigen« Männer im Alter von 21 bis 40 Jahren, die nicht dienen*

August 1914

Deutsche Terrormaßnahmen in belgischer Stadt Löwen

25. August. In der belgischen Stadt Löwen beginnt eine viertägige Terrorherrschaft der deutschen Besatzungstruppen. Im Verlauf der zur Einschüchterung der Bevölkerung verübten Maßnahmen werden 209 Einwohner ermordet und rund 1100 Häuser im historischen Stadtkern sowie zahlreiche wertvolle Kunstdenkmäler zerstört. Die Ereignisse gehen als »Fall Löwen« in die Geschichte ein.

Anlaß der Aktion, die weltweit Empörung auslöst, ist die angebliche Erschießung deutscher Soldaten durch sog. Franktireurs (Freischärler). Offiziell werden die Terrormaßnahmen der deutschen Truppen – wie die standrechtliche Erschießung von Löwener Einwohnern – als Vergeltung für den angeblichen »völkerrechtswidrigen« Einsatz von Franktireurs und die Organisation eines sog. belgischen Volkskrieges gegen die deutschen Besatzer gerechtfertigt. Außer in Löwen gehen die deutschen Truppen auch in den Orten Dinant, Andenne und Aerschot gewaltsam gegen Zivilisten vor; insgesamt werden rund 6000 Personen ermordet.

Zeugnisse deutscher Zerstörungswut: Ruinen des »Hotel du Nord« und anderer Gebäude in der Universitätsstadt Löwen

Neben dem Tod zahlreicher Menschen sorgt auch die Zerstörung wertvoller Kunstdenkmäler in der historischen Altstadt von Löwen, darunter die 300 Jahre alte Löwener Universitätsbibliothek mit 300 000 Büchern und Handschriften, für internationale Proteste. Sie führt zu einer deutschfeindlichen Stimmung in vielen neutralen Staaten. Noch während des Krieges kommt es bei der Bewertung des Falles Löwen zu heftigen Konflikten. Das deutsche Auswärtige Amt versucht in einem sog. Weißbuch mit dem Titel »Die völkerrechtswidrige Führung des belgischen Volkskrieges« vom 10. Mai 1915 die Erschießung von belgischen Zivilisten zu rechtfertigen. In einem sog. Graubuch bezeichnet die belgische Regierung ein Jahr später die Ereignisse als »planmäßige Greueltaten« des deutschen Heeres. Eine sechsköpfige deutsch-belgische Historikergruppe betrachtet 1958 die Aussagen des deutschen Weißbuches von 1915 als widerlegt und interpretiert sie als deutsche Kriegspropaganda. Seitdem gilt als gesichert, daß der angebliche Franktireur-Krieg nur als Vorwand für Einschüchterungsmaßnahmen diente.

Gebäudetrümmer im Universitätsviertel von Löwen; die Universität wurde bereits 1425 gegründet (Neugründung 1834)

Kein entscheidender Sieg in Lothringen

20. August. In der bis zum 22. August dauernden Schlacht von Lothringen drängen die 6. und 7. deutsche Armee die vorrückende Südgruppe der französischen Streitkräfte über die Grenze nach Frankreich zurück. Einen entscheidenden Sieg erreichen die deutschen Truppen jedoch nicht.

Die vom deutschen Generalstabschef Helmuth von Moltke angeordnete ursprüngliche Taktik zielt auf einen Rückzug deutscher Truppen aus dem Oberelsaß, um die französischen Streitkräfte nach Lothringen zu locken und dort flankierend anzugreifen. Zu diesem Zweck befiehlt Moltke die Angliederung der letzten verfügbaren Heeresreserve – sechseinhalb Divisionen – an die 6. Armee. Diese wird zusätzlich dem 45jährigen Generalfeldmarschall und bayerischen Kronprinzen Rupprecht unterstellt, der bereits Befehlshaber der 7. Armee ist. Nach Moltkes Lagebeurteilung, die sich auch als zutreffend erweist, plant der französische Oberbefehlshaber Marschall Joseph Jacques Césaire Joffre mit der Südgruppe seiner Armee einen Angriff bei Saarburg.

Kräfteverhältnisse in Lothringen

	Deutsches Reich	Frankreich
Bataillone	328	420
Eskadrone	143	161
Geschütze	1746	1648

Die französischen Truppen folgen dem deutschen Rückzug jedoch nur zögernd. Rupprecht von Bayern setzt daraufhin – in Opposition zum zögernden deutschen Generalstabschef – einen raschen Angriff auf die 1. und 2. französische Armee durch. In den dreitägigen Kämpfen bei Saarburg und Mörchingen drängen die deutschen Truppen zwar den Gegner zurück, können aber keinen entscheidenden Erfolg erringen. Der vom bayerischen Kronprinzen angeordnete Vorstoß führt zu hohen deutschen Verlusten.

Nach ihrem Vorrücken in Lothringen erhalten die 6. und 7. deutsche Armee Befehl, die starke französische Festungsfront bei Toul-Nancy anzugreifen, um zusammen mit der 1. und 2. Armee eine doppelseitige Umfassung der gegnerischen Streitkräfte durchzuführen. Zuvor hat die Oberste Heeresleitung (OHL) am 27. August – in Überschätzung der eigenen Situation – eine große westliche Umfassung der französischen Hauptstadt Paris angeordnet. Das französische Oberkommando dagegen versucht, den deutschen Vormarsch auf der Linie Amiens – Laon – Verdun zu unterbinden. Ende August/Anfang September entwickeln sich an der gesamten Front heftige Kämpfe. Schließlich wird in der sog. Marneschlacht die deutsche Westoffensive vorläufig gestoppt (→ 9. 9. / S. 165).

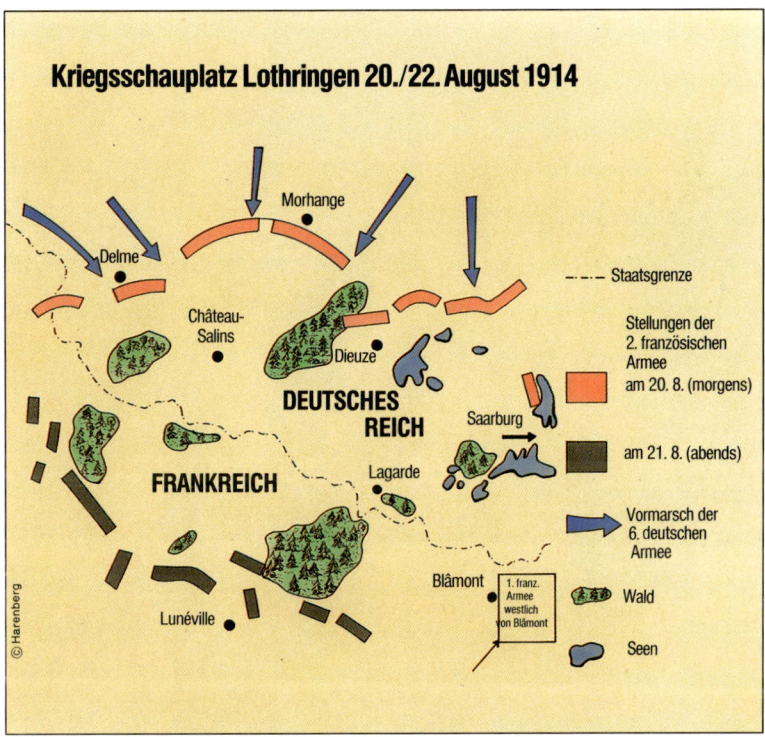

Frankreichs Heer kaum geschwächt

Trotz des Vorrückens deutscher Truppen an der Westfront wird bis Ende August der vom Generalstab erwartete rasche Sieg über Frankreich nicht erreicht. Damit wird frühzeitig der grundsätzliche Erfolg der Westoffensive (→ 3. 8. / S. 138) in Frage gestellt. Nach den Grenzschlachten ist der Überraschungseffekt, den sich die deutsche Oberste Heeresleitung von der weiten Ausdehnung des nördlichen Umfassungsflügels erhofft hatte, ebenso verlorengegangen wie die zahlenmäßige Überlegenheit; zwei Korps der 2. deutschen Armee werden bereits nach der Eroberung von Namur am 25. August nach Ostpreußen verlegt.

Von großer Bedeutung ist die Tatsache, daß den französischen Truppen ein Rückzug ohne entscheidenden Kampfkraftverlust gelingt. Dagegen sind die deutschen Soldaten von den langen Marschwegen in den heißen Augusttagen erschöpft; hinzu kommen wachsende Versorgungsprobleme.

Kronprinz Rupprecht von Bayern (Mitte, reitend) in der Schlacht von Lothringen (Gemälde von Anton Hoffmann)

August 1914

Deutsche Truppen an der Ostfront in der Defensive

20. August. Mit der zweitägigen Schlacht von Gumbinnen endet die erste große Auseinandersetzung an der deutschen Ostfront. Dabei fügt die 1. russische Armee der 8. deutschen Armee unter Generaloberst Max von Prittwitz und Gaffron in Ostpreußen hohe Verluste zu.

Auf Drängen des verbündeten Frankreich hatten die russischen Truppen an ihrer Nordwestfront mit einer Offensive begonnen, obwohl der Truppenaufmarsch noch nicht abgeschlossen war. Dabei rückt die 1. Armee (sog. Njemenarmee) nördlich und die 2. Armee (sog. Narewarmee) südlich der Masurischen Seen konzentrisch gegen die 8. deutsche Armee vor, um diese zu umfassen und zu zerschlagen. Angesichts hoher Verluste auf deutscher Seite und der drohenden Einkesselung durch die näherkommende Narewarmee unter General Alexandr W. Samsonow befiehlt der deutsche Oberbefehlshaber Prittwitz den Truppenrückzug hinter die Weichsel. Dieser in der deutschen Obersten Heeresleitung umstrittene Beschluß führt zur Ablösung des Generaloberst am → 22. August (S. 145).

Bereits vor der Schlacht von Gumbinnen war es innerhalb der deutschen Führung an der Ostfront zu Konflikten über das taktische Vorgehen gekommen. Während Prittwitz vor allem die Verteidigung der Weichsellinie mit ihrem Festungsgürtel anstrebt, will der Kommandierende General des I. Armeekorps, Hermann von François, die vorrückenden russischen Truppen bereits an der Grenze abfangen. Erst auf Anordnung des Oberbefehlshabers bricht er ein eigenmächtig inszeniertes Gefecht bei Stallupönen (heute Ebenrode/Nesterow) am 17. August ab.

Insgesamt bildet die Ostfront für die deutsche Oberste Heeresleitung im Rahmen der Zweifrontenstrategie (→ 3. 8. / S. 138) zunächst einen Nebenkriegsschauplatz. Vor der russischen Offensive in Ostpreußen gab es nur vereinzelte Gefechte.

Die deutsche Taktik an der Ostfront wird u. a. von – allerdings unpräzisen – Absprachen mit dem österreichisch-ungarischen Armeeoberkommando bestimmt. Diese sehen vor allem eine Entlastung der österreichischen Galizienfront vor (→ 22. 8. / S. 145; 11. 9. / S. 176).

△ *Deutsche Soldaten im Schützengraben. Schützengräben stellen die wichtigste Feldbefestigungsanlage im Bewegungs- und im Stellungskrieg dar. Sie entstehen entweder durch die planmäßige Anlage vor Beginn der Kämpfe oder durch die Verbindung einzelner »Schützenlöcher«. Letztere werden vom einzelnen Soldaten in den Boden gegraben und ermöglichen Schutz vor feindlichem Feuer und eigenen ungehinderten Waffengebrauch*

◁ *Angehörige des ostpreußischen Landsturmes betrachten russisches Heeresgut, das der 8. deutschen Armee während der Kämpfe an der Ostfront in die Hände fiel. Bei der Schlacht von Gumbinnen stehen Generaloberst Prittwitz u. a. drei Landwehrbrigaden zur Verfügung (rund 17 000 Mann). Bei der Landwehr handelt es sich um Reserveformationen des stehenden Heeres, die ausgebildete wie auch nichtausgebildete Militärdienstpflichtige umfaßt*

◁ *Zerstörung am Marktplatz des ostpreußischen Tapiau (heute Gwardeisk) nach Gefechten zwischen deutschen und russischen Truppen. Tapiau liegt strategisch an der westlichen Grenze des russischen Vormarsches. Russische Truppen setzen in den von ihnen beherrschten deutschen Gebieten Gebäude, teilweise sogar ganze Ortschaften in Brand. Außerdem kommt es auch zu willkürlichen Erschießungen von Einwohnern durch russische Soldaten*

Nach Rückzugsbefehl Führungswechsel

22. August. Der deutsche Generalstabschef Helmuth von Moltke entläßt den Oberbefehlshaber der an der Ostfront eingesetzten 8. deutschen Armee, Generaloberst Max von Prittwitz und Gaffron. Nachfolger von Prittwitz wird der seit 1911 im Ruhestand lebende ehemalige General des IV. Armeekorps, Paul von Beneckendorff und von Hindenburg. Grund des Führungswechsels ist der umstrittene Rückzugsbefehl von Prittwitz nach der zweitägigen Schlacht von Gumbinnen am → 20. August (S. 144).

Die deutsche Oberste Heeresleitung (OHL) unter Generalstabschef Moltke (→ 14. 9. / S. 166) mißbilligt den Abbruch der Schlacht von Gumbinnen, den Prittwitz angeordnet hatte. Angesichts des unerwartet zögernd verlaufenden Vormarsches deutscher Truppen an der Westfront (→ 20. 8. / S. 143) – er verhindert eine entscheidende Verstärkung des Heeres in Ostpreußen – verlangt die OHL von der 8. Armee eine höhere Risikobereitschaft. Neben militärstrategischen Erwägungen erfordern auch die materiellen Interessen ostelbischer Großgrundbesitzer eine offensive Taktik der OHL in Ostpreußen. Unterstützt wird diese Einstellung vom ersten Generalstabsoffizier der 8. Armee, Oberstleutnant Max Hoffmann. Er sieht in einer – angesichts der zahlenmäßigen russischen Überlegenheit riskanten Angriffstaktik die einzige Möglichkeit, das ostpreußische Territorium zu halten.

Der neue Oberbefehlshaber der 8. Armee, Paul von Beneckendorff und von Hindenburg, gilt militärstrategisch als Epigone des von 1857 bis 1888 amtierenden deutschen Generalstabschefs Helmuth Graf von Moltke. Neben der Reaktivierung von Hindenburg beruft die OHL den 49jährigen Generalmajor Erich Ludendorff zum Chef des Generalstabes der 8. Armee. Bei Ausbruch des Krieges als Oberquartiermeister bei der 2. deutschen Armee tätig, hatte er sich bei der Eroberung von Lüttich am 7. August (→ 4. 8. / S. 140) als Heerführer hervorgetan. Die am 22. August beginnende Zusammenarbeit von Hindenburg und Ludendorff wird zu einem historisch bedeutsamen Symbol für die anhaltende Ausstrahlungskraft militaristischen Denkens im Deutschen Reich (→ 31. 8. / S. 146).

Paul von Beneckendorff und von Hindenburg (3. v. l.) und sein Stab; u. a. sein 49jähriger Generalstabschef Erich Ludendorff (ganz l.) und Oberstleutnant Max Hoffmann (4. v. r.), der sich zuvor gegen Prittwitz gestellt hat

Generaloberst von Prittwitz

Generaloberst Max von Prittwitz und Gaffron (Abb.) – geboren am 27. November 1848 im schlesischen Bernstadt (heute Bierútow) – wurde 1897 Kommandant der 20. Infantriebrigade in Posen (Poznán) und stieg fünf Jahre später zum Divisonskommandanten in Halle auf. 1906 übernahm Prittwitz das 16. Armeekommando in Metz, bevor er 1913 zum Generaloberst der Armeeinspektion I ernannt wurde. Bei Kriegsbeginn erhielt er das Oberkommando über die 8. Armee mit dem Auftrag, Ostpreußen zu verteidigen.

Strategie im Osten bereitet Probleme

22. August. Die Ablösung des Oberbefehlshabers der 8. deutschen Armee, Generaloberst Max von Prittwitz und Gaffron, dokumentiert die militärstrategischen Probleme der deutschen Obersten Heeresleitung (OHL) an der Ostfront.

Der Grundgedanke des sog. Schlieffenplanes von 1905 als Basis der deutschen Kriegsführung ist Angriff und rasche Niederwerfung des Gegners unter allen Umständen (→ 3. 8. / S. 138). Dieses Vorhaben kann aufgrund der geographischen Verhältnisse nur an der Westfront durchgeführt werden. Im Osten ist allein angesichts des ausgedehnten russischen Territoriums und der damit verbundenen Rückzugsmöglichkeiten für die gegnerischen Verbände eine schnelle Entscheidung nicht zu erwarten.

Deutsche Truppen im Osten

8. Armee in Ost- und Westpreußen:	
Infanteriedivisionen*	6
Reservedivisionen	3
Landwehrbrigaden	4
Kavalleriedivisionen	1
Geschütze	774

* Eine Division umfaßt im Ersten Weltkrieg rund vier bis sechs Regimenter, ein Regiment rund 2800 Mann; eine Brigade entspricht zwei Regimentern.

Während der Angriffsplan ursprünglich eine relativ schutzlose Preisgabe von Ostpreußen vorsah, revidierte der seit 1906 amtierende deutsche Generalstabschef Helmuth von Moltke den Schlieffenplan insofern, als er eine Aufgabe Ostpreußens ablehnt. Nach seiner Vorstellung sollen schwache deutsche Truppen im Osten die Grenze verteidigen und möglichst viel russische Kräfte binden, um die Offensive des verbündeten österreichisch-ungarischen Heeres in Galizien zu stützen (→ 11. 9. / S. 167). Allerdings gibt es für die Ostfront weder einen gemeinsamen Feldzugsplan noch einen gemeinsamen Oberbefehl des deutschen Reiches und Österreich-Ungarns. Lediglich in einem aus dem Jahr 1909 stammenden Briefwechsel hatte Moltke dem österreichisch-ungarischen Generalstabschef Franz Freiherr Conrad von Hötzendorf einen offensiven Einsatz gegen die russische Armee mit zehn deutschen Divisionen zugesichert. Die mangelhafte Abstimmung führt später zu ernsten Konflikten unter den Verbündeten.

August 1914

Schlacht von Tannenberg endet mit deutschem Sieg

31. August. Die sechstägige sog. Schlacht von Tannenberg zwischen der 8. deutschen und der 2. russischen Armee (sog. Narewarmee) endet mit einer Niederlage der russischen Truppen. Der Ausgang der Schlacht begründet den historischen Ruhm des deutschen Oberbefehlshaber Paul von Beneckendorff und von Hindenburg sowie seines Generalstabschefs Erich Ludendorff (→ 31. 8. / S. 147).

Bei zahlenmäßiger Unterlegenheit – 153 000 deutschen stehen 191 000 russische Soldaten gegenüber – nutzt die deutsche Armeeführung die Überlegenheit ihrer schweren Artillerie und reibt die Narewarmee mit einem taktischen Umfassungsmanöver auf. Die deutschen Truppen nehmen 92 000 russische Soldaten und Offiziere gefangen und erbeuten 350 Geschütze.

Nach der Schlacht von Gumbinnen (→ 20. 8. / S. 144) hatte die 1. russische Armee (sog. Njemenarmee) die zurückweichenden deutschen Truppen nur zögernd verfolgt. Dabei schwenkte sie in nordwestlicher Richtung nach Königsberg (heute Kaliningrad) ab. So konnte die 8. deutsche Armee ihre gesamten Kräfte gegen die auf Allenstein (heute Olsztyn) marschierende Narewarmee konzentrieren. Bis zum 31. August werden dabei die russischen Truppen in dem Wald- und Seengebiet südlich von Allenstein eingekreist und besiegt.

Dem deutschen Oberbefehlshaber Hindenburg kommen vor allem Schwerfälligkeit und Unentschlossenheit der anrückenden Njemenarmee entgegen. Auf Drängen Frankreichs hatte das russische Heer seinen Vormarsch überhastet antreten müssen, so daß – vor dem Hintergrund langer Mobilmachungsfristen (→ 25. 7. / S. 109) – erhebliche Versorgungs- und Kommunikationsprobleme auftraten. Zusätzlich begünstigt wurde der deutsche Erfolg dadurch, daß der russische Funkverkehr entschlüsselt werden konnte und die Armeeführung somit über genaue Kenntnisse der gegnerischen Operationen verfügte. Vor diesem Hintergrund konnte sich Hindenburg während der Schlacht von Tannenberg das riskante Manöver erlauben, lediglich eine Kavalleriedivision gegen die herannahende Njemenarmee zu stellen.

△ Russische Truppen auf der Flucht nach ihrer Niederlage in der Schlacht von Tannenberg. Der langsame Vormarsch der russischen Njemenarmee hatte es der deutschen Heeresführung erlaubt, zwei zusätzliche Korps gegen die Narewarmee einzusetzen. In den Tagen der Schlacht steht der Njemenarmee lediglich eine Kavalleriedivision gegenüber. Bis zuletzt macht General Rennenkampf – Oberbefehlshaber der Njemenarmee – keinerlei Anstrengungen, den bedrohten russischen Truppen zu Hilfe zu kommen. Bei energischem Vormarsch hätte er die 8. deutsche Armee in eine ausweglose Situation bringen können

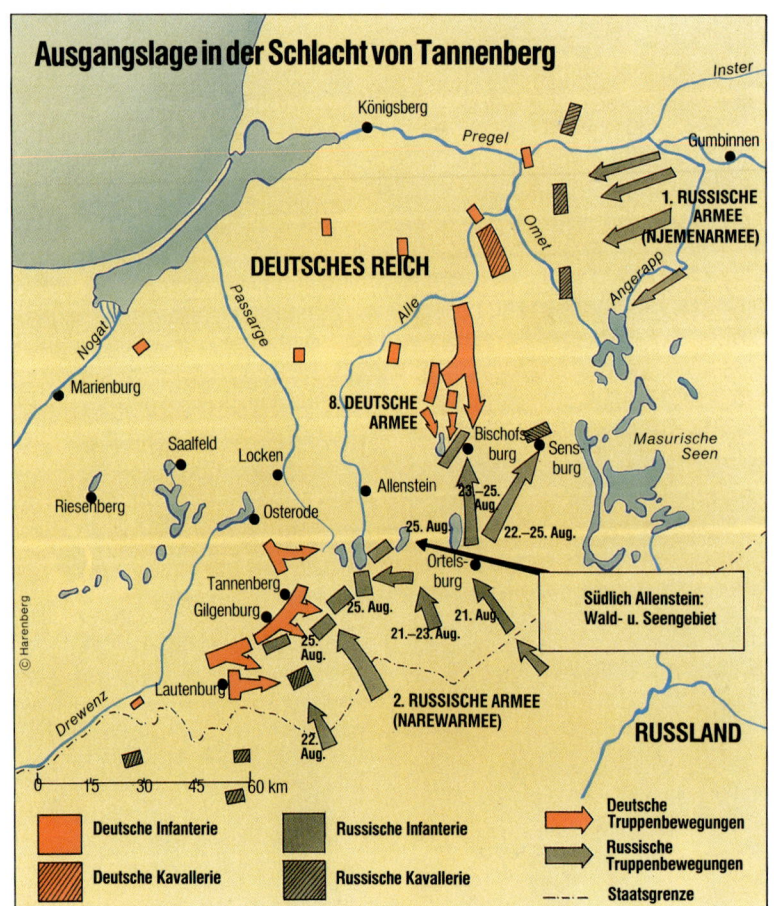

◁ Die Karte zeigt die Truppenbewegung und -positionen auf deutscher und russischer Seite. Die deutsche Armeeführung ging bei ihrer Taktik von einer nur kurzen Frist bis zur Ankunft der heranrückenden Njemenarmee aus. So mußten sich die für den Angriff miteingeplanten zusätzlichen zwei Armeekorps in Gewaltmärschen von der sie verfolgenden Njemenarmee absetzen, um den Angriff südlich von Allenstein auf einen Punkt zu konzentrieren

August 1914

Zahlreiche russische Soldaten geraten bei der Schlacht von Tannenberg in Kriegsgefangenschaft (hier in Tilsit)

Der Mythos Hindenburgs als »Russenschreck« (Abb.: Propagandakarte) beruht z. T. auf verbreiteten Überlegenheitsgefühlen Deutscher gegenüber dem russischen Volk

Mit diesem sentimental-kitschigen Porträt trägt die deutsche Zeitschrift »Jugend« zur Glorifizierung von Hindenburg im Anschluß an die Schlacht von Tannenberg bei

Chauvinistischer Hindenburg-Mythos

Die deutsche Kriegspropaganda verschafft dem Oberbefehlshaber der 8. Armee, Paul von Beneckendorff und von Hindenburg, nach dem Sieg in der Schlacht von Tannenberg (→ 31. 8. / S. 146) einen legendären, politisch auch nach dem Weltkrieg wirksamen Ruf.

Bereits die ersten Siegesmeldungen in der deutschen Tagespresse sind von einem chauvinistischen Ton geprägt. In der Berliner »Vossischen Zeitung« heißt es am Abend des 29. August: »Jubel erfüllt alle Herzen bei dieser Meldung ... Wie eine riesige Woge ergoß sich die russische Heeresmacht gegen und über die deutschen Grenzen, alles auf ihrer Bahn verwüstend und vernichtend, wo ihr nicht Widerstand geboten werden konnte ... Ehre den ruhmgekrönten Siegern! Ehre zumal ihrem bewährten Führer, dem Generaloberst v. Hindenburg.« Vor dem Hintergrund russenfeindlicher Ressentiments im Deutschen Reich wird Hindenburg – vor allem nach einem weiteren Sieg in der Schlacht bei den Masurischen Seen (→ 15. 9. / S. 167) – als »Retter Ostpreußens« und als »Russenschreck« glorifiziert. Eine Vielzahl kitschiger Konsumartikel mit Hindenburgs Porträt wird auf den Markt gebracht; nationalistische Gedichte und Lieder verherrlichen seine Person. Im Anschluß an die Schlacht von Tannenberg erhält Hindenburg vom deutschen Kaiser Wilhelm II. das Eiserne Kreuz erster Klasse verliehen (→ 5. 8. / S. 149).

Der am 2. Oktober 1847 auf dem westpreußischen Gut Neudeck bei Freystadt geborene Paul von Beneckendorff und von Hindenburg durchlief als Sohn einer preußischen Offiziers- und Gutsbesitzerfamilie das Kadettenkorps. Am Deutschen Krieg 1866 nahm er ebenso teil wie am Deutsch-Französischen Krieg 1870/71. Als Kommandierender General ging er 1911 in den Ruhestand (→ 22. 8. / S. 145).

August 1914

Nationaler Frauendienst erfüllt karitative Aufgaben

3. August. In einer auf Einladung des Bundes deutscher Frauenvereine im Berliner Rathaus abgehaltenen Versammlung werden die Probleme eines sog. Nationalen Frauendienstes im Krieg erörtert. Neben der bürgerlichen beteiligt sich auch die sozialdemokratische Frauenbewegung an den Aktionen.

Nach Ansicht von Gertrud Bäumer, Vorsitzende des 1894 gegründeten Bundes deutscher Frauenvereine, muß die bürgerliche Frauenbewegung auf die nach Kriegsausbruch entstandene soziale Not mit freiwilligen karitativen Diensten reagieren. Sie fordert eine Kooperation von Frauenorganisationen, Wohlfahrtsverbänden und dem Deutschen Roten Kreuz im sog. Nationalen Frauendienst. Dieser nimmt am 11. August offiziell seine Tätigkeit auf; er vertritt insgesamt rund 100 Organisationen.

Neben der bürgerlichen Frauenbewegung reihen sich auch Sozialdemokratinnen in den regierungsoffiziell geförderten Frauendienst ein. So spricht sich u. a. Luise Zietz, seit 1912 Sekretärin im SPD-Vorstand und verantwortlich für die Frauenarbeit ihrer Partei, für dessen Unterstützung aus. Ihre Haltung ist allerdings in der sozialdemokratischen Frauenbewegung umstritten.

Frauen des bayerischen Roten Kreuzes in der Münchener Residenz beim Anfertigen von Wäsche für Lazarette

Provisorische Lazarette (hier errichtet vom sog. Vaterländischen Frauenverein Berlin) ersetzen Krankenhäuser

Zu den karitativen Aufgaben der Frauenvereine zählt u. a. das Bereitstellen von Erfrischungen für die Soldaten wie hier auf einem Bahnhof

Eine Straßensammlung des Vaterländischen Frauenvereins in Berlin

Hauptquartier in Koblenz

16. August. In Koblenz nahe der deutschen Westgrenze wird das sog. Große Hauptquartier für die deutschen Streitkräfte errichtet. Es ist eine Ansammlung zahlreicher Dienststellen und Stäbe ohne einheitliche Führungsstruktur.

Nominell ist der deutsche Kaiser Wilhelm II. sog. Oberster Kriegsherr, praktisch allerdings obliegt dem deutschen Generalstabschef Helmuth von Moltke (→ 14. 9. / S. 166) die Führung der Landstreitkräfte. Erster Gehilfe des Generalstabschefs ist Generalquartiermeister Hermann von Stein.

Die Anwesenheit von Wilhelm II. mit seinem persönlichen Gefolge im Hauptquartier bewirkt, daß sich die Einrichtung zu einer Mischung aus militärischem Führungsstab und kaiserlichem Hof entwickelt. Im weiteren Verlauf des Krieges trägt die unklare Führungsstruktur – die Kriegsmarine ist ohnehin eigenständig – zu Machtkonflikten im Deutschen Reich bei (→ 1. 11. / S. 190). Das Große Hauptquartier wird später nach Luxemburg verlegt.

Generalmajor Eugen Zoellner, Stabschef des Generalquartiermeisters Hermann von Stein

Kriegsgeschäfte locken Industrie

8. August. Der am 5. August in Berlin gegründete sog. Kriegsausschuß der deutschen Industrie fordert in einem Aufruf die Konzentration aller Wirtschaftsanstrengungen auf die Kriegserfordernisse.

In dem u. a. von den deutschen Wirtschaftsführern Alfred Hugenberg (Fried. Krupp AG) und Ernst von Borsig (Borsig AG) unterzeichneten Pamphlet heißt es: »Die Zusammenfassung der gesamten geistigen und materiellen Mittel, welche die Industrie in sich vereinigt ... in Fühlung mit der Reichsverwaltung und der deutschen Finanzkraft, das ist die große Aufgabe, die wir lösen müssen.«

Der Kriegsausschuß gilt als Interessenorganisation der deutschen Unternehmerverbände Bund der Industriellen und Zentralverband Deutscher Industrieller, die den Krieg geschäftlich ausnutzen wollen.

Frauen füllen Lücken der Einberufungen

6. August. Der Direktor der Großen Berliner Straßenbahn, Friedrich Wussow, gibt bekannt, daß aufgrund der Einberufungen männlichen Personals zum Krieg künftig Frauen für den Schaffnerdienst eingestellt werden. Auch in zahlreichen anderen Sparten werden zunehmend Frauen beschäftigt.

Bereits kurz nach Beginn des Krieges fehlen allein der Großen Berliner Straßenbahn 4475 von 9000 Betriebsbediensteten; der Abzug von weiteren 2000 bis 3000 Beschäftigten folgt mit der Einberufung des Landsturms. Viele Linien können daher nicht mehr bedient werden.

Auch in weiteren bisher von Männern dominierten Berufen – z. B. Fahrstuhlführer, Schornsteinfeger sowie Müll- und Droschkenkutscher – ist die Einstellung von Frauen nach Kriegsbeginn nichts Ungewöhnliches mehr.

Alldeutsche wollen große Annexionen

28. August. Der Geschäftsführende Ausschuß des Alldeutschen Verbandes berät in Berlin über die deutsche Kriegszielpolitik. Der einflußreiche, politisch extrem rechts stehende Verband (→ 19. 4. / S. 65) zählt damit zu den Vorreitern einer deutschen Kriegszielprogrammatik (→ 9. 9. / S. 162).

Die Alldeutschen fordern im Westen u. a. die Annexion Belgiens, die Angliederung Frankreichs bis zur Mündung der Somme (einschließlich des Erzgebietes von Longwy-Briey; → 31. 10. / S. 180) und Gebietserwerbungen im Elsaß. Im Osten verlangen sie den Erwerb von Siedlungsland unter Vertreibung der einheimischen Bevölkerung. Von Rußland sollen das sog. kongreßpolnische Gebiet und die Ukraine abgetrennt werden. Zusätzlich wird ein großes Kolonialreich in Mittelafrika beansprucht.

Damit vertritt der Alldeutsche Verband vor allem die Interessen der Schwerindustrie. Auch der Bund der Landwirte unterstützt das Expansionsprogramm (→ 16. 2. / S. 39).

Zentrale Rohstoffplanung

13. August. Der deutsche Kriegsminister Erich von Falkenhayn ordnet in Berlin die Einrichtung einer sog. Kriegsrohstoffabteilung ein. An ihre Spitze beruft er den deutschen Industriellen Walther Rathenau und den deutschen Ingenieur Wichard von Möllendorff.

Seit 1899 AEG-Vorstandsmitglied: Der Industrielle Walther Rathenau

Die Kriegsrohstoffabteilung übernimmt in enger Zusammenarbeit von Militär, Unternehmern und Wissenschaftlern die zentrale Beschaffung und Verteilung der einzelnen Rohstoffarten. Zu diesem Zweck gründet sie verschiedene Kriegsrohstoffmonopole (Kriegschemikalien AG, Kriegsmetall AG u. a.). Bemerkenswert ist die enge wirtschaftliche Verflechtung von Unternehmern und staatlichen Stellen. Durch ihre Funktion in den einzelnen Gesellschaften haben Vertreter von Industrie und Banken entscheidenden Einfluß auf die Organisation der deutschen Kriegswirtschaft (→ 8. 8. / S. 148).

Auf wissenschaftlichem Sektor wird der durch die Darstellung der Ammoniaksynthese berühmte Chemiker Fritz Haber innerhalb der Kriegsmonopole zu einem kennzeichnenden Beispiel für die kriegsorientierte Haltung deutscher Forscher. Als Leiter der Kriegschemikalien AG trägt er durch Entwicklung der Stickstoffgewinnung wesentlich zur Munitionsherstellung bei (→ 26. 10. / S. 177).

Eisernes Kreuz

5. August. *Der deutsche Kaiser Wilhelm II. ordnet die Erneuerung des preußischen Ordens des Eisernen Kreuzes (Abb.: Zeichnung eines Eisernen Kreuzes) an. Der Orden war am 10. März 1813 anläßlich der sog. Befreiungskriege von König Friedrich Wilhelm III. gestiftet worden und wurde im Deutsch-Französischen Krieg 1870 erstmals erneuert.*

Erste Verwundete treffen in Berlin ein

22. August. In Berlin treffen die ersten Verwundetentransporte ein. Sie werden in zusätzlichen Lazaretten, die u. a. in der Universität, im Luna Park und im Freibad am Müggelsee eingerichtet worden sind, sowie in städtischen Krankenhäusern untergebracht.

Um die Kriegseuphorie der Berliner Bevölkerung nicht zu dämpfen, kommen die Züge mit den ersten Verwundeten von der Ostfront bereits in aller Frühe um 6 Uhr morgens in der deutschen Hauptstadt an. Anschließend werden die verletzten Soldaten, z. T. auf Tragbahren, in bereitstehende Sanitätswagen gebracht und in Krankenhäuser und Lazarette transportiert.

In der Berliner Presse wird mit schönfärberischen Phrasen vom Leiden der Kriegsopfer abgelenkt. So schreibt die »Vossische Zeitung« in ihrer Ausgabe vom 24. August über die Stimmung in den Lazaretten: »Gewehre, Säbel, Helme, manch erbeutete Siegestrophäe hängen in buntem Durcheinander, und die Verwundeten blicken fast zärtlich zu all diesen Gegenständen hinüber ... Manch kühnes Soldatenstück wird schmunzelnd berichtet ... Das Aussehen der Verwundeten ist durchweg ganz ausgezeichnet. Alles spricht dafür, daß sie glänzend verpflegt wurden.«

Auch mit dem Kriegstod wird die Berliner Bevölkerung bereits in den ersten Kriegswochen konfrontiert.

Am 18. August füllt die dritte offizielle Verlustliste bereits fast zwei Seiten der »Vossischen Zeitung«. Immer häufiger bringen die Briefträgerinnen Post der Angehörigen als unzustellbar zurück. In anderen Fällen wird in immer gleichen, lakonischen Redewendungen der »Heldentod fürs Vaterland« mitgeteilt.

Verlustlisten werden zu Beginn des Krieges noch öffentlich ausgehängt und in der Tagespresse abgedruckt; später stellen die Behörden dies aber ein, um die Siegeszuversicht in der Bevölkerung nicht zu beeinträchtigen

Arbeitslosigkeit als Folge des Krieges

25. August. Nach einer Berechnung der sozialdemokratischen Tageszeitung »Vorwärts« sind allein in der deutschen Hauptstadt Berlin nach Kriegsausbruch über 100 000 Menschen ohne Beschäftigung. Begründet liegt die Massenarbeitslosigkeit in der abbröckelnden Wirtschaftstätigkeit sowie in der Umrüstung der Großbetriebe auf Heeresaufträge. Nach Angaben des »Vorwärts« beträgt die Zahl der Arbeitslosen in den Berliner Freien Gewerkschaften 57 188. Hinzu kommen rund 50 000 Arbeitslose, die entweder zu den liberalen und konfessionellen Gewerkschaftsverbänden zählen oder unorganisiert sind.

Da es keine staatliche Arbeitslosenhilfe gibt, unterstützen die SPD-orientierten Freien Gewerkschaften ihre arbeitslosen Mitglieder bis Oktober 1914 mit insgesamt rund 12,5 Millionen Mark. Unorganisierte Arbeitslose müssen sich mit einer – angesichts gestiegener Lebenshaltungskosten viel zu niedrigen – Gemeindehilfe nach preußischem Armenrecht begnügen.

August 1914

Verkehr 1914:
Aufmarsch der Truppen mit der Eisenbahn

Die Eisenbahn behauptet vor Ausbruch des Weltkrieges ihre unumstrittene Spitzenposition unter den Verkehrsmitteln. Zugleich zeigt der reibungslos verlaufende Aufmarsch der deutschen Truppen an der Westfront, wie sehr die Bahn bereits lange vor Kriegsbeginn in militärstrategische Planungen einbezogen worden ist.

Das deutsche Eisenbahnnetz wird nach wie vor von den vereinigten preußischen und hessischen Eisenbahnen beherrscht. Sie verfügen über rund zwei Drittel des vorhandenen Netzes der regelspurigen Länderbahnen, das eine Gesamtlänge von 58 445 km aufweist. Hinzu kommen die fast ausschließlich lokalen Zwecken dienenden 110 Privatbahnen mit einer Streckenlänge von rund 3546 km sowie 331 Kleinbahnen (rund 10 887 km).

Eisenbahn erhöht Effektivität

	1880	1914
Nutzleistung je Triebfahrzeug (in km)	19 000	23 000
Bruttolast je Triebfahrzeug (in Tonnenkilometer)	245 000	372 000

Die betriebliche Effektivität der Eisenbahn hat sich seit dem Ende des 19. Jahrhunderts in wesentlichem Umfang erhöht. Eine größere Zugkraft der Triebwerke ermöglicht das Bilden längerer und schwererer Züge.

Während der deutsche Generalstab bei der Mobilmachung die Aushebung von Kraftfahrzeugen nur in begrenztem Umfang vorsieht, wurde die Eisenbahn frühzeitig und intensiv in die militärstrategischen Planungen einbezogen. Nach den Forderungen der Heeresverwaltung müssen auf allen wichtigen Strecken Militärzüge mit 110 Achsen und 600 t Zuggewicht in beide Richtungen gleichzeitig verkehren können. Schienenfreie Gleiskreuzungen sind ebenso vorgesehen wie besondere, für militärische Zwecke geeignete Verladerampen. Systematisch wurden die Verkehrswege entlang der Aufmarschgebiete an West- und Ostgrenze ausgebaut. Diesem Ziel dienten beispielsweise die Vermehrung der Rheinübergänge und eine Leistungsverbesserung des Bahnnetzes im linksrheinischen Gebiet der Eisenbahndirektion Köln.

Während der öffentliche Verkehr im Deutschen Reich von Eisen- bzw. Straßenbahnen und den ersten Kraftomnibussen (Bestand am 1. Januar 1914: 8378) beherrscht wird, weitet sich der Kampf um Passagiere und Frachten auf den internationalen Schiffahrtslinien immer mehr aus. Verantwortlich dafür sind die rasch wachsenden Welthandelsbeziehungen und internationalen Kapitalverflechtungen, aber auch die starke Auswandererbewegung in den Jahren vor dem Weltkrieg.

Der scharfe Wettbewerb begünstigt dabei die Bildung von Großreedereien. Besonders stark ist der Konzentrationsprozeß im Deutschen Reich: Fast 40% der rund 5,1 Millionen Bruttoregistertonnen umfassenden Handelsflotte entfallen 1914 auf die beiden mächtigsten Reedereien Hamburg-Amerika-Linie (Hapag; Hamburg) und Norddeutscher Lloyd (Bremen). Nach vorausgegangenen Streitigkeiten vereinbaren die beiden Großreedereien am 4. Mai eine Aufteilung des Nordamerika- und Ostasien-Geschäftes, um ihre internationale Stellung auszubauen. Anlaß für den Konflikt war, daß der Norddeutsche Lloyd am 17. Dezember 1913 einen Frachtdienst nach Ostasien (via Antwerpen) eröffnete. Zuvor hatte die Bremer Reederei auf der Ostasien-Linie im Gegensatz zur Hapag lediglich einen Reichspost-Dampferdienst unterhalten.

Trotz der rasanten Entwicklung der Dampfschiffahrt gestaltet sich die Ablösung der Segelschiffe auf den Weltmeeren zu einem langanhaltenden Prozeß. Noch 1914 sind über 50% aller deutschen Seeschiffe Segelschiffe; sie umfassen allerdings nur rund 10% der Tonnage. Erstmals waren Segelschiffe 1891 in der Tonnage von Dampfschiffen überholt worden.

Kurz vor Ausbruch des Krieges wird in Westende der Hafeneinfahrt gelegen,

Das Flugwesen spielt für das Verkehrswesen noch keine entscheidende Rolle; es ist allerdings geprägt von zahlreichen Flugsportveranstaltungen (Abb.: Leipziger Luftschiffhalle im Rahmen einer Flugzeugparade am 2. Juni)

August 1914

Cuxhaven die größte Schiffsladungsanlage der Welt in Betrieb genommen; am hat sie mit 400 m Länge auch Platz für die 52 117 BRT große »Imperator«

Auch im Sanitätswesen spielt die Eisenbahn während des Krieges eine wichtige Rolle; hier ein französischer Sanitätszug mit mehreren medizinischen Räumen (o. und u. l.), einer Küche (o. r.) und Lazarettbetten (u. r.)

Diese Aufnahme von der Fifth Avenue – einer Hauptverkehrsstraße in New York – dokumentiert die wachsende Präsenz des Autos im Straßenverkehr

Viadukt der Furkabahn (bei Grengiols), einer wichtigen Ost-West-Verbindung in der Schweiz, deren Teilstrecke Brig-Gletsch 1914 eröffnet wird

August 1914

Japan will kolonialen Besitz erweitern

23. August. Die Regierung des Kaiserreiches Japan unter Ministerpräsident Schigenobu Okuma erklärt dem Deutschen Reich den Krieg. Zuvor hatte die deutsche Regierung ein am 17. August überreichtes Ultimatum nicht beantwortet.
In seinem Ultimatum hatte Japan – politisch Großbritannien nahestehend – folgendes gefordert:
▷ »Erstens: Unverzüglich aus den japanischen und chinesischen Gewässern die deutschen Kriegsschiffe und bewaffneten Fahrzeuge jeder Art zurückzuziehen ...
▷ Zweitens: Bis spätestens 15. September 1914 das gesamte Pachtgebiet von Kiautschou [deutsche Kolonie in China] bedingungslos und ohne Entschädigung den Kaiserlich japanischen Behörden zu dem Zweck zu überantworten, es eventuell an China zurückzugeben.«
Das bis zum 23. August befristete Ultimatum läßt die deutsche Regierung unbeantwortet. Anschließend beruft sie ihren Geschäftsträger aus Tokio ab und stellt dem japanischen Geschäftsträger in Berlin die Pässe zu. Am 18. September landen japanische Truppen nördlich von Kiautschou, am 10. November wird die Kolonie von Japan erobert.
Mit seinen Forderungen hofft Japan, angesichts des ausgebrochenen Krieges seinen im Vergleich zu den europäischen Großmächten nur rudimentär ausgebildeten kolonialen Besitz zu erweitern. Es bemüht sich dabei um den Erwerb deutscher Kolonialgebiete im Pazifik. Trotz seiner imperialistischen Ziele spielt Japan im Weltkrieg eine Nebenrolle; sein Gebiet wird von Kampfhandlungen kaum berührt.

Blick auf das im deutschen Kolonialbesitz befindliche Tsingtau; bis 1891 war der Ort an der Bucht von Kiautschou nur ein unbedeutendes Fischerdorf

Carranza übernimmt Macht in Mexiko

16. August. Mit dem Einzug seiner Truppen in Mexiko-Stadt übernimmt der Rebellenführer Venustiano Carranza vorläufig die Regierungsgewalt in Mexiko. Damit endet der seit dem Vorjahr anhaltende Kampf der sog. Konstitutionalistischen Armee gegen das diktatorische Huertisten-Regime.
Der durch einen Militärputsch am 19. Februar 1913 an die Macht gekommene Präsident Victoriano Huerta war am → 15. Juli (S. 118) zurückgetreten. Sein Gefolgsmann und Amtsnachfolger Francisco Carbajal hatte Mexiko-Stadt angesichts vorrückender Carranza-Truppen am 12. August verlassen.
Seit März 1913 kämpften unter Führung des früheren Senators und Kriegsministers Venustiano Carranza verschiedene, in der sog. Konstitutionalistischen Armee vereinigte revolutionäre Kräfte in Nordmexiko gegen die Huerta-Diktatur. Mit Francisco (»Pancho«) Villa, Führer der 10 000 Mann starken sog. División del Norte, erkannte ein weiterer Rebellenführer die Führung Carranzas an. Im Süden des Landes agierten Aufständische unter Emiliano Zapata eigenständig gegen das Huertisten-Regime.
Nach der Machtübernahme von Carranza brechen die seit längerem bestehenden, latenten Widersprüche zwischen den Rebellenfraktionen in vollem Umfang aus. Im Anschluß an einen »Souveränen Konvent« der Revolutionsarmeen im Oktober in Aguascalientes vereinigen sich die für sozialrevolutionäre Ziele (u. a. Landreform) eintretenden Villa und Zapata gegen Carranza. Daraufhin beginnt im November in Mexiko erneut ein Bürgerkrieg (→ 4. 12. / S. 208).

V. Carranza (M., mit Bart), Führer der mexikanischen Konstitutionalisten; seine Machtübernahme beendet die revolutionären Kämpfe nicht

Italien bleibt im Weltkrieg neutral

3. August. Die italienische Regierung erklärt für den Kriegsfall ihre Neutralität. Italien bildet zusammen mit dem Deutschen Reich und Österreich-Ungarn den sog. Dreibund (→ 11. 2. / S. 34).
Zugleich informiert Italien die deutsche Regierung, daß es den Bündnisfall für nicht gegeben hält und daher die für den Fall eines französischen Angriffs vorgesehene Unterstützung ablehnt. Nach Ansicht Italiens ist die aggressive Politik der Regierungen in Berlin und Wien für den Krieg verantwortlich.
Der deutsche Botschafter in Rom, Hans von Flotow, telegrafiert über seine Konsultationen mit dem italienischen Außenminister Antonino Paternò-Castello Marchese di San Giuliano an die deutsche Regierung: »Er wirft uns vor, wir hätten das Spiel mit Österreich abgekartet, um Italien vor ein Fait accompli [vollendete Tatsache] zu stellen.« Italien war in die Kriegsvorbereitungen seiner Verbündeten nicht eingeweiht worden.

Sozialist Hardie für Generalstreik

2. August. Bei einer Massendemonstration auf dem Londoner Trafalgar Square rufen die britischen Sozialisten zum Generalstreik gegen den Krieg auf. Gleichzeitig wird ein sozialistisches Manifest zum Kampf gegen Militaristen und Rüstungsgewinnler veröffentlicht.
In dem u. a. von dem britischen Arbeiterführer James Keir Hardie unterzeichneten Manifest heißt es: »Arbeiter, ... steht zusammen für den Frieden! Vereinigt euch und besiegt den militaristischen Feind ... Nieder mit der Herrschaft der brutalen Gewalt!«
Bereits auf der Sitzung des Internationalen Sozialistischen Büros in Brüssel am 29./30. Juli hatte sich Hardie für einen internationalen Generalstreik gegen den drohenden Krieg eingesetzt. Am 3. August spricht er sich im britischen Unterhaus gegen eine Kriegsbeteiligung Großbritanniens aus. Als seine Bemühungen um einen Anti-Kriegs-Streik scheitern, zieht sich Hardie, 1893 Gründer der Independent Labour Party, enttäuscht aus dem politischen Leben zurück.

August 1914

Der Leichnam des verstorbenen Oberhaupts der katholischen Kirche, Papst Pius X. – bis zur Beisetzung aufgebahrt in einer Kapelle des Petersdomes in Rom

Katholiken trauern um Papst Pius X.

20. August. Kurz nach 1 Uhr stirbt in Rom Papst Pius X. Das 79jährige Oberhaupt der katholischen Kirche litt seit dem 8. August an einer schweren Bronchitis.

Über die Ereignisse in der Nacht vom 19. zum 20. August berichtet ein Korrespondent der Berliner »Vossischen Zeitung«: »Die ganze Nacht über war der Petersplatz von einer dichten Menschenmasse erfüllt. Alles sah in banger Erwartung zu den beleuchteten Fenstern des Papstgemachs hinauf ... Um 1 Uhr 20 Minuten flammte die berühmte Papstecke des Palastes plötzlich auf. Die Fenster wurden sperrangelweit aufgerissen [und der Tod des Papstes gemeldet].«

Am 21. August wird der mit den Pontifikalgewändern bekleidete Leichnam über die sog. Scala dei Morti (Totenstiege), die kein lebender Papst betreten darf, zur Aufbahrung in den Petersdom gebracht und einen Tag später in den sog. Vatikanischen Grotten beigesetzt.

Am 3. September wird der 59jährige italienische Kardinal Giacomo della Chiesa als Benedikt XV. Nachfolger des verstorbenen Papstes.

Pius X. (hier in seinem Arbeitszimmer) wurde 1858 zum Priester geweiht, nachdem er seine theologischen Studien im Seminar von Padua absolviert hatte

Verstorbener galt als rückschrittlich

20. August. Der am 20. August in Rom verstorbene Papst Pius X. amtierte seit dem 4. August 1903. Innerhalb der katholischen Kirche zählt er zu den Fortschrittsgegnern.

Geboren am 2. Juni 1835 im norditalienischen Riese (heute Riese Pio X, Provinz Treviso), stammt Pius X. (vorher Giuseppe Sarto) aus bäuerlichen Verhältnissen. 1884 wurde er Bischof von Mantua, 1893 Patriarch von Venedig und Kardinal. In seinem Wirken konzentrierte er sich auf eine religiöse Erneuerung bei Klerus und Volk. Sein Streben nach einer sog. reinen Lehre wandte sich gegen den um 1900 in der katholischen Theologie entstandenen Modernismus. 1910 schrieb der autoritär orientierte Papst den sog. Antimodernisteneid für katholische Geistliche vor. Die rückschrittliche Haltung von Pius X. führte zu schweren innerkirchlichen Konflikten.

August 1914

Die Schiffe werden mit Schienenfahrzeugen durch die z. T. über 300 m langen Schleusen des Panamakanals geschleppt

Kanaleröffnung ohne großes Zeremoniell

15. August. Mit der Durchfahrt des mit 200 Personen besetzten Paketbootes »Ancona« wird der Panamakanal offiziell seiner Bestimmung übergeben. Am Pier von Balboa (Pazifikküste) verfolgen rund 2000 Zuschauer die Ankunft des Schiffes. Aufgrund des Krieges in Europa hatte die US-Regierung zuvor die geplanten internationalen Eröffnungsfeierlichkeiten abgesagt.

Nach einer langen, konfliktreichen Vorgeschichte verbindet der künstliche zentralamerikanische Wasserweg den Atlantischen mit dem Pazifischen Ozean. Für die USA, seit 1902 Betreiber des Kanalprojektes, bietet der Schiffahrtsweg enorme wirtschaftliche, politische und militärische Vorteile. Er verkürzt u. a. den Seeweg von New York nach San Francisco um 14 581 km. Zugleich sichern sich die USA durch die Oberhoheit über die 16 km breite sog. Panamakanalzone politischen und militärischen Einfluß in Zentralamerika (→ 27. 1. / S. 25).

Einerseits die Verkörperung imperialistischer Machtpolitik, gilt der 81,6 km lange Panamakanal gleichzeitig als Jahrhundertbauwerk. Allein die drei Kammerschleusen bei Gatun (Atlantischer Ozean) überwinden einen Höhenunterschied von rund 26 m; die Doppelschleuse bei Miraflores – Übergang zum Pazifik – bewältigt 17 m.

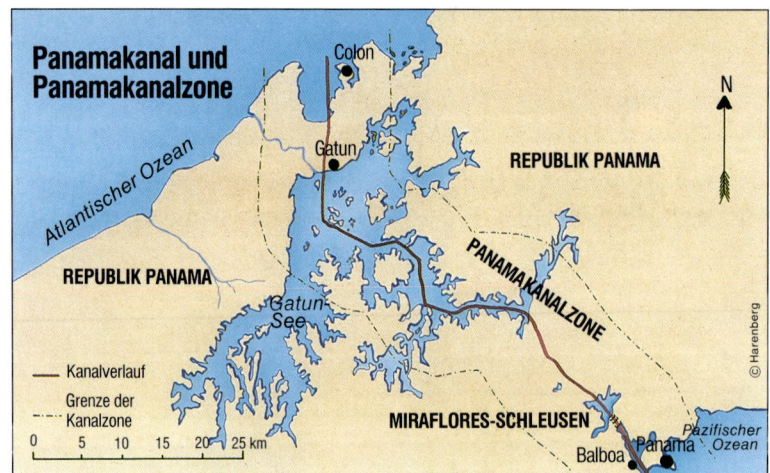

△ *Der Kartenausschnitt verdeutlicht die komplizierte Streckenführung des Panamakanals, der in den Kordilleren u. a. die bis zu 93 m hohe kontinentale Wasserscheide überwindet. Die Mindesttiefe des Fahrwassers beträgt ca. 12,5 m; die Breite schwankt zwischen 91,5 und 305 m*

◁ *Der US-amerikanische Offizier und Ingenieur George W. Goethals leitete die Bauarbeiten am Panamakanal nach der Übernahme des gefährdeten Projekts durch die Vereinigten Staaten. Er konnte die von französischer Seite geleisteten Vorarbeiten miteinbeziehen. Seit dem 27. Januar 1914 ist Goethals Gouverneur der Kanalzone*

Erstes Bauprojekt endete mit Skandal

Die USA hatten 1902 die Baukonzession für den Panamakanal erworben und betrieben gezielt die technische Durchführung des Projekts. 1906 entschloß sich der US-amerikanische Kongreß zum Bau eines Schleusenkanals und bestimmte den Offizier und Bauingenieur George W. Goethals zum Leiter des Projekts. Bis zuletzt behinderten äußerst schwierige klimatische und geologische Bedingungen die Bauarbeiten. Noch am 13. Mai 1913 verzögerte ein Erdrutsch bei Cucaracha das Projekt.

Mit der von US-Präsident Woodrow Wilson vollzogenen, ferngesteuerten Sprengung des Gamboa-Staudamms, der letzten Barriere im Kanalbett, am 10. Oktober 1913 erreichte die Geschichte des Kanalbaus einen spektakulären Höhepunkt. Damit war der erste Schiffahrtsweg zwischen dem Atlantischen und Pazifischen Ozean bis auf ausstehende Baggerarbeiten vollendet.

Bereits vor der Übernahme der Bauarbeiten durch die USA hatten die Betreiber des Projekts mit unüberwindbaren Hindernissen zu kämpfen. 1889 mußte die von dem französischen Ingenieur und Erbauer des Sueskanals, Ferdinand Marie Vicomte de Lesseps, gegründete Compagnie Universelle du Canal Interocéanique u. a. aufgrund des Todes zahlreicher Arbeitskräfte durch Gelbfieber und andere Krankheiten ihre seit 1879 laufenden Bauarbeiten abbrechen. Hinzu kamen technische und finanzielle Probleme, die schließlich das Scheitern des Projektes zum sog. Panamaskandal werden ließen. Lesseps wurde zunächst zu fünf Jahren Haft verurteilt, später aber rehabilitiert. Ab 1895 führte eine neugegründete Compagnie Nouvelle du Canal de Panama die Bauarbeiten provisorisch fort, bis die USA das Projekt übernahmen und unter Einsatz z. T. gewaltsamer Mittel gegen politische Proteste durchsetzten (→ 27. 1. / S. 25).

August 1914

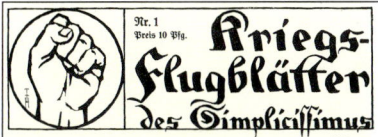   

Das erste Kriegsflugblatt des »Simplicissimus« | »Simplicissimus«-Verhöhnung britischer Truppen | Anspielung auf britische Kolonialherrschaft | »Simplicissimus« mit Poincaré und Nikolaus II.

Bürgerliche deutsche Presse schwimmt im Strom der allgemeinen Kriegsbegeisterung

Bereits vor Ausbruch des Ersten Weltkrieges reiht sich die gesamte bürgerliche Presse im Deutschen Reich ein in die von staatlicher Seite forcierte Kriegseuphorie (→ 1. 8. / S. 132). Bedeutende liberale Zeitungen wie das »Frankfurter Tageblatt« und die Berliner »Vossische Zeitung« unterwerfen sich der deutschen Kriegspropanda ebenso wie die bekannte Münchner Satirezeitschrift »Simplicissimus« mit ihren sog. Kriegsflugblättern. Vor den ersten militärischen Auseinandersetzungen schicken die deutschen Zeitungen bereits spezielle Kriegsberichterstatter an die erwarteten Kriegsschauplätze im gesamten europäischen Raum. Mit euphorischen Siegesmeldungen von der West- und Ostfront überspielt sie dabei die Tatsache, daß ein rascher deutscher Sieg über die alliierten Truppen immer unwahrscheinlicher wird. Über die Kriegsbegeisterung der bürgerlichen deutschen Presse urteilt die sozialdemokratische Tageszeitung »Vorwärts«: »Es ist der Krieg ein roh gewaltsam Handwerk, aber für die bürgerliche Presse hat er einen goldenen Boden. Jetzt wuchert sie mit falschen Gerüchten, übervorteilt die Leser mit aufgebauschten Lügengeweben, wirft ganze Ladungen sensationeller Alarmnachrichten auf den Markt und prägt die Phrasen, die den größten Absatz finden.«

Vorabdruck von »Der Untertan« gestoppt

13. August. Die Münchner Zeitschrift »Zeit im Bild« bricht den Vorabdruck von Heinrich Manns Roman »Der Untertan« ab. Sie fürchtet nach Ausbruch des Weltkrieges politische Probleme mit dem sozialkritischen Werk.
In einer entsprechenden Mitteilung der Redaktion an Heinrich Mann heißt es wörtlich: »Im gegenwärtigen Augenblick kann ein großes öffentliches Organ nicht in satirischer Form an deutschen Verhältnissen Kritik üben ... Ganz abgesehen davon dürften wir bei der geringsten direkten Anspielung politischer Natur, etwa auf die Person des Kaisers [Wilhelm II.], die ärgsten Zensurschwierigkeiten bekommen.«
Der 43jährige Heinrich Mann rechnet in seinem expressionistisch getönten Roman mit der wilhelminisch-bürgerlichen Gesellschaft des Deutschen Reiches ab. In der Figur des Fabrikbesitzers Diederich Heßling zeichnet er das zeittypische Porträt eines despotischen Strebers, der sich – Synonym für den deutschen Spießbürger – als würdeloser und feiger Charakter erweist.
Der Vorabdruck des Romans hatte in der Ausgabe vom 1. Januar 1914 begonnen. Die erste deutsche Buchausgabe erscheint 1918. »Der Untertan« gilt als bekanntester Roman Heinrich Manns.

Der deutsche Schriftsteller Heinrich Mann (l.; daneben sein jüngerer Bruder Thomas), geboren 1871 in Lübeck. Nach einer Buchhändlerlehre arbeitete H. Mann 1890 bis 1892 als Volontär im S. Fischer Verlag (Berlin) und studierte in Berlin und München. Trotz bürgerlicher Herkunft verstand sich H. Mann – im Gegensatz zu seinem Bruder Thomas – als politisch und sozial engagierter Schriftsteller. Neben zeitkritischen schuf er auch historische Romane.

Sonnenfinsternis

21. August. *Auf einem rund 200 km breiten, von Grönland über Skandinavien in Richtung Osmanisches Reich verlaufenden Streifen entsteht in Europa eine totale Sonnenfinsternis (Abb.: Zeichnung des Geschehens). In Berlin beobachten zahlreiche Menschen zwischen 12.12 Uhr und 14.36 Uhr eine teilweise Verfinsterung des Himmels.*

August 1914

Als Antwort auf die weit verbreitete Wohnungsnot im Deutschen Reich entwickelte sich das Genossenschaftsbauen (hier Hofgruppe in Britz bei Berlin)

Richard Riemerschmid: Haus Schwalten bei Füssen; der deutsche Architekt zählt zu den bedeutendsten Vertretern des sog. Münchener Jugendstils

Portal der neuen Universität Zürich; einzelne architektonische Elemente sowie der wuchtig wirkende Gesamtbau sind funktional orientiert

Albin Müller konzipierte im Zuge der Bebauung der Mathildenhöhe in Darmstadt diese Miethäusergruppe im Nordosten des Parkhügels

Von schnörkelloser Erscheinung ist die neue evangelische Apostelkirche in Essen-West; sie wurde von Ewald Wachenfeld (Hagen) entworfen

August 1914

Architektur 1914:
Herausforderung Industriebauten

Nach Entwürfen des barock-klassizistisch orientierten Architekten Wilhelm Kreis erbaut: Warenhaus Tietz in Köln

Antonio Sant'Elias Entwurf eines Elektrizitätswerkes; der am 30. April 1888 in Como geborene italienische Architekt gilt als Hauptvertreter des Futurismus. Seine Skizzen und Entwürfe einer »Stadt der Zukunft« – gedacht als Industrie-, Handels- und Wohnstadt – werden als Vorwegnahme moderner Architektur betrachtet

Ebenfalls von Antonio Sant'Elia stammt dieser »Entwurf für ein Gebäude«. 1914 nimmt Sant'Elia an einer Ausstellung der Gruppe »Nuove Tendenze« teil, in deren Katalog seine Entwürfe für eine zukünftige Stadt zusammengefaßt sind. Ihr Text wird am 11. Juli als »Manifest der futuristischen Architektur« in Italien veröffentlicht

1907 hatte sich die damalige deutsche Architekten-Avantgarde im Deutschen Werkbund zusammengeschlossen mit dem Ziel, »die gewerbliche Arbeit im Zusammenwirken von Kunst, Industrie und Handwerk zu veredeln« (Auszug aus der Gründungserklärung). Mit der am → 15. Mai (S. 81) in Köln eröffneten Ausstellung will man sich nach sieben Jahren Rechenschaft geben, ob das Ziel erreicht worden ist – ein mutiger Schritt nach vorn angesichts der ewigen Streitereien zwischen den Vorkämpfern für das moderne, industrielle Bauen um Hermann Muthesius und Peter Behrens auf der einen Seite und den kunsthandwerklich orientierten Architekten um Henry van de Velde auf der anderen.

Zu den wenigen zukunftsweisenden Bauten gehören Bruno Tauts »Glashaus« – ein Ausstellungspavillon der Glasindustrie – und die »Musterfabrik« von Walter Gropius und Adolf Meyer. Tauts zierliches Gebäude ist ein Demonstrationsobjekt für die vielfältigen Einsatzmöglichkeiten von farbigem Glas in der modernen Architektur. Das Spektrum reicht von Glas-Fußböden über Glas-Bausteine bis zur zwiebelförmigen Glas-Kuppel.

Zur selben Zeit sorgen in Italien die Turiner FIAT-Werke von Giacomo Matte-Trucco für Furore. Das derzeit größte europäische Fabrikgebäude gilt als Herausforderung an die US-amerikanische Automobilindustrie. Es ist Bauwerk und Straße zugleich, denn der 507 m lange, fünfgeschossige Betonskelettbau mit den in der Fassade liegenden verglasten Gefachen trägt auf seinem Dach eine etwa 1100 m lange Teststrecke.

Die rasante wirtschaftliche Entwicklung – gerade auch in Italien – reizt die Phantasie der Architekten. Antonio Sant'Elias Visionen einer Zukunftsmetropole – seine »futuristische Stadt« – sind virtuos gezeichnete plastische Architektur: Glattflächige Wolkenkratzer, sich vielfach überlagernde Transportsysteme, Industriekomplexe, Generatoren, Transformatoren, Elektrizität – »Denkmäler der Kräfte, die sie beherbergen«.

September 1914

Mo	Di	Mi	Do	Fr	Sa	So
	1	2	3	4	5	6
7	8	9	10	11	12	13
14	15	16	17	18	19	20
21	22	23	24	25	26	27
28	29	30				

1. September, Dienstag

Auf Anordnung von Zar Nikolaus II. wird die russische Hauptstadt Petersburg in Petrograd umbenannt (heute Leningrad). Mit der Russifizierung des Namens soll die Ablehnung alles Deutschen demonstriert werden.

Die Berliner »Vossische Zeitung« berichtet über ein von dem Barmener Fabrikanten Friedrich Reichmann entwickeltes Verfahren zur Ersetzung des Rohstoffs Jute. Es basiert auf der Aufschließung pflanzlicher Fasern. Jute, einer der wichtigsten pflanzlichen Rohstoffe, wird u. a. für Verpackungs- und Seilerwaren benötigt. Seit Beginn des Krieges ist der Jute-Import aus dem britischen Vizekönigreich Indien unterbrochen.

Deutsche Künstler, darunter die Maler Max Liebermann und Max Slevogt, beteiligen sich an der deutschen Kriegspropaganda durch die regelmäßige Herausgabe von illustrierten Flugblättern unter dem Titel »Kriegszeit!«. Der Erlös kommt dem Kriegsfonds des Wirtschaftlichen Verbandes bildender Künstler Berlins zu. Die erste Ausgabe enthält u. a. eine Darstellung der Kriegsrede des deutschen Kaisers Wilhelm II. vor dem Berliner Schloß (→ 1. 8. / S. 132) von Max Liebermann.

2. September, Mittwoch

Angesichts vorrückender deutscher Truppen verlegt die französische Regierung ihren Sitz von Paris vorübergehend nach Bordeaux im Südwesten des Landes. → S. 164

In einer Mitteilung an die deutsche Zivilverwaltung in Belgien weist der deutsche Reichskanzler Theobald von Bethmann Hollweg auf die Bedeutung der Flamenpolitik für eine erfolgreiche Bindung Belgiens an das Deutsche Reich hin. Zwischen belgischen Flamen und Wallonen gibt es seit langem Auseinandersetzungen.

Auf einem Treffen führender Vertreter aus Politik, Wirtschaft und Kultur in Berlin wendet sich der politisch einflußreiche Erste Direktor der Deutschen Bank, Arthur von Gwinner, gegen eine offen annexionistische Kriegszielpolitik der deutschen Regierung, insbesondere für eine deutsche Hegemonialstellung in Europa. Gwinners Vorstellungen beeinflußen das sog. September-Programm des deutschen Reichskanzlers Theobald von Bethmann Hollweg (→ 9. 9. / S. 162).

Im Osmanischen Reich wird die Generalmobilmachung angeordnet. Am 2. August hatte die osmanische Regierung ein Bündnis mit Österreich-Ungarn und dem Deutschen Reich abgeschlossen, tritt aber erst am → 29. Oktober (S. 176) in den Krieg ein.

3. September, Donnerstag

Der albanische Fürst Wilhelm I. verläßt die Landeshauptstadt Durazzo (heute Durrës) und schifft sich nach Venedig (Italien) ein. Der am → 7. März (S. 49) auf Betreiben der europäischen Großmächte eingesetzte Herrscher beugt sich damit dem Druck aufständischer Gruppen. Nach seiner Weiterreise ins Deutsche Reich tritt er in die deutsche Armee ein. → S. 166

In einem Appell fordert der französische Präsident Raymond Poincaré anläßlich der Übersiedlung der französischen Regierung nach Bordeaux (→ 2. 9. / S. 164) die Bevölkerung seines Landes zum Widerstand gegen die deutschen Invasionstruppen auf. → S. 164

Im Vatikan wird der 63jährige Kardinal Giacomo della Chiesa als Benedikt XV. zum Papst ernannt. Er ist Nachfolger des am → 20. August (S. 153) gestorbenen Pius X.

Die Königlich Preußische Bibliothek in Berlin nimmt ihren Ausleihbetrieb in beschränktem Umfang wieder auf. Künftig können Behörden, wissenschaftliche Institute sowie Personen mit dringenden wissenschaftlichen Aufgaben Bücher entleihen. Die bedeutendste deutsche Bibliothek hatte mit Kriegsbeginn ihren Betrieb eingestellt (→ 22. 3. / S. 55).

4. September, Freitag

Die britische Regierung kündigt in London an, künftig keine Handelsschiffe mehr US-amerikanische Häfen anlaufen zu lassen, sofern sie zu Verteidigungszwecken bewaffnet sind. Sie folgt damit einem Wunsch der US-Regierung, die eine Gefährdung der Glaubwürdigkeit ihrer Neutralitätspolitik befürchtete.

5. September, Sonnabend

Die französischen Truppen unter Oberbefehlshaber Joseph Jacques Césaire Joffre beginnen an der Marne in Nordfrankreich mit einer Offensive gegen die deutsche Armee (sog. Marneschlacht; → 9. 9. / S. 165).

In London unterzeichnen Großbritannien, Frankreich und Rußland einen Vertrag, in dem sie sich verpflichten, keinen Sonderfrieden abzuschließen (sog. Londoner Vertrag).

Der seit 1907 vorwiegend in Genf, Paris und Krakau in der Emigration lebende russische Sozialist Wladimir I. Lenin siedelt in das schweizerische Bern über. Er zählt zu den schärfsten Kritikern des Krieges in Europa.

6. September, Sonntag

In New York besiegt Australien im Endspiel des Daviscups den Titelverteidiger USA 3:2. Australien hatte den Pokal bereits in den Jahren zwischen 1907 und 1911 gewonnen.

7. September, Montag

Mit einem persönlichen Telegramm an den US-amerikanischen Präsidenten Woodrow Wilson versucht der deutsche Kaiser Wilhelm II., die bislang im Krieg neutrale US-Regierung in Washington zu einer deutschfreundlichen Haltung zu bewegen. Dabei weist Wilhelm II. auf angebliche Greueltaten französischer und britischer Soldaten sowie der belgischen Zivilbevölkerung hin.

Die russische Regierung in Petrograd (früher Petersburg, heute Leningrad) untersagt den Verkauf von Spirituosen im gesamten Land für die Dauer des Krieges. In der Vergangenheit kam es wiederholt zu Problemen mit angetrunkenen Soldaten und Zivilisten.

8. September, Dienstag

Der französische Ministerpräsident René Viviani erklärt in Bordeaux das französische Abgeordnetenhaus für geschlossen. Die Einberufung zahlreicher Abgeordneter sowie die angespannte Kriegslage nehmen nach seinen Worten dem Parlament die Möglichkeit des Zusammentretens (→ 2. 9. / S. 164).

9. September, Mittwoch

Der deutsche Reichskanzler Theobald von Bethmann Hollweg stellt in Berlin ein Kriegszielprogramm der deutschen Regierung vor. In diesem als sog. September-Programm bekanntem Memorandum fordert er neben wirtschaftlich und militärisch begründeten Annexionen eine deutsche Hegemonialstellung in Europa. Das Programm spiegelt den Einfluß deutscher Wirtschaftsführer wider. In einem Briefwechsel zwischen Bethmann Hollweg und dem deutschen Innenminister Clemens Delbrück werden zugleich Hintergründe und weitere Details der deutschen Kriegszielpolitik erörtert. → S. 162

In einer in Berlin veröffentlichten Erklärung protestiert der Vorstand der Sozialdemokratischen Partei Deutschlands gegen die Kritik des Internationalen Sozialistischen Bureaus (Brüssel) an Greueltaten deutscher Soldaten. Nach Ansicht der Sozialdemokraten ist dessen Darstellung einseitig von den französischen Sozialisten beeinflußt und berücksichtigt nicht die Grausamkeiten der anderen kriegführenden Nationen. Das Sozialistische Bureau ist eine 1900 entstandene informelle Kontaktstelle der sog. II. Sozialistischen Internationale.

Nach dem Ende der fünftägigen sog. Marneschlacht wird der Vormarsch deutscher Truppen an der Westfront von französischen und britischen Truppen vorläufig gestoppt. Die Marneschlacht gilt als einer der historischen Wendepunkte im Weltkrieg. → S. 165

10. September, Donnerstag

Mit einer an ausländische sozialistische Zeitungen versandten Erklärung dokumentierten vier bekannte deutsche Sozialdemokraten und -demokratinnen, darunter Karl Liebknecht und Rosa Luxemburg, ihre ablehnende Haltung zur Unterstützung der deutschen Kriegspolitik durch die Parteimehrheit. → S. 163

In Pretoria billigt das Parlament der Südafrikanischen Union (Dominion im British Commonwealth) auf Initiative von Ministerpräsident Louis Botha eine militärische Offensive gegen das deutsche Kolonialgebiet in Südwestafrika. In anderen afrikanischen Kolonialgebieten hatte es bereits kurz nach Kriegsausbruch Gefechte zwischen den Großmächten gegeben, so in Kamerun ab 6. und in Togo ab 8. August.

11. September, Freitag

Eine am 23. August begonnene Offensive österreichisch-ungarischer Truppen gegen Rußland in Galizien endet mit dem Rückzug hinter die Flußläufe von San und Dunajec. Zugleich kritisiert das österreichisch-ungarische Armeeoberkommando die deutsche Heeresführung wegen mangelnder Hilfe. → S. 167

In London wendet sich der Trade Union Congress als britischer Gewerkschaftsdachverband gegen eine Einführung der allgemeinen Wehrpflicht in Großbritannien. Diese wird angesichts des Krieges gegenwärtig in der britischen Öffentlichkeit diskutiert. Bisher verfügt Großbritannien über ein Berufsheer.

12. September, Sonnabend

In Baltimore (US-Bundesstaat Maryland) wird der 26jährige Avery Brundage aus Chicago US-amerikanischer Mehrkampfmeister. Die Wettbewerbe des vom olympischen Zehnkampf stark abweichenden Mehrkampfes müssen an einem Tag mit jeweils höchstens fünfminütigen Pausen absolviert werden.

13. September, Sonntag

Das Königlich Preußische Konsistorium (Zentralleitung der evangelischen Landeskirche) verkündet in Berlin, daß künftig feierliches Glockengeläute jede deutsche Siegesmeldung begleiten wird. Wörtlich heißt es in der Verfügung: »Es entspricht dem tiefsten Empfinden unserer Gemeinden, wenn auch von den Türmen unserer Kirchen die Kunde unserer Siege hinausgetragen wird durch den ehernen Klang unserer Glocken.«

14. September, Montag

Nach umstrittenen Entscheidungen in der sog. Marneschlacht (→ 9. 9. / S. 165) wird der deutsche Generalstabschef Helmuth von Moltke entlassen. Zu seinem Nachfolger ernennt der deutsche Kaiser Wilhelm II. Kriegsminister Erich von Falkenhayn. → S. 166

15. September, Dienstag

Die Offensive russischer Truppen in Ostpreußen scheitert nach einer Niederlage der 1. Armee (sog. Njemenarmee) gegen die 8. deutsche Armee unter Oberbefehlshaber Paul von Beneckendorff und von Hindenburg in der sog. Schlacht an den Masurischen Seen. → S. 167

Soldatenromantik auf der Titelseite der Leipziger »Illustrirten Zeitung« (Kriegsnummer 8)

September 1914

16. September, Mittwoch
Namhafte deutsche Künstler beteiligen sich an einem großen Wohltätigkeitskonzert im Kleinen Theater Berlin zugunsten von Kriegsopfern. Das Potpourri aus Instrumental- und Gesangsvorträgen sowie Rezitationen gestalten u. a. der Violoncellist Heinrich Grünfeld, die Sängerin Claire Dux und der Sänger Kurt Frederich.

17. September, Donnerstag
In London ermächtigt das britische Parlament die Regierung des britischen Vizekönigtums Indien zur Ausrüstung eines Expeditionskorps für die Unterstützung britischer Truppen im Weltkrieg. Gleichzeitig erteilen sie der indischen Regierung eine Deckungsvollmacht für sämtliche Militärausgaben.

In Washington empfängt der US-amerikanische Präsident Woodrow Wilson eine belgische Gesandtschaft, die gegen Greueltaten der deutschen Besatzungstruppen in Belgien protestiert. Wilson – als neutrale Instanz von den Kriegsgegnern anerkannt – sagt eine Prüfung der Vorwürfe zu (→ 25. 8. / S. 142).

18. September, Freitag
Japanische Truppen beginnen mit der Belagerung von Tsingtau. Die chinesische Hafenstadt (Provinz Schantung) war 1897 vom Deutschen Reich besetzt worden; seit 1898 ist sie offiziell deutscher Kolonialbesitz (→ 7. 11. / S. 194).

Unter Leitung von Karl Liebknecht findet in Stuttgart eine sog. Vertrauensleutekonferenz von SPD-Mitgliedern statt, die sich gegen die Kriegszielpolitik der Parteimehrheit richtet. Die innerparteiliche Opposition wird als sog. Gruppe Internationale bekannt (→ 10. 9. / S. 163).

Angesichts des Krieges beschließt die Generalversammlung der britisch-deutschen Freundschaftsgesellschaft in London ihre Selbstauflösung.

19. September, Sonnabend
Der deutsche Reichskanzler Theobald von Bethmann Hollweg erläutert Innenminister Clemens Delbrück seine Konzeption einer innenpolitischen Neuorientierung, die auch auf eine Integration der Sozialdemokratie in das monarchistische System. → S. 163

Die österreichisch-ungarische Regierung dementiert in Wien Berichte, denen zufolge innerhalb der Armee Konflikte mit Dienstpflichtigen aus nationalen Minderheiten entstanden seien. Vor Ausbruch des Krieges hatten die Nationalitätenprobleme zu heftigen innenpolitischen Auseinandersetzungen geführt (→ 16. 3. / S. 49).

20. September, Sonntag
Bei der Belagerung der französischen Stadt Reims wird die weltberühmte gotische Kathedrale durch deutsche Artillerie weitgehend zerstört. Die Beschießung der Kathedrale von Reims führt zu internationalen Protesten (u. a. sog. Genfer Protest). → S. 166

21. September, Montag
Vier österreichisch-ungarische Armeen (1.-4.) beenden ihren am → 11. September (S. 166) befohlenen Rückzug in Galizien. Lediglich die von russischen Truppen seit dem 15. September eingeschlossene Festung Przemyśl (westlich Lemberg) kann verteidigt werden.

22. September, Dienstag
Das von Kapitänleutnant Otto Weddigen kommandierte deutsche Unterseeboot »U 9« versenkt in der Nordsee vor Hoek van Holland die drei britischen Panzerkreuzer »Abonkir«, »Hogue« und »Cressy«. Der erfolgreiche Angriff führt innerhalb des deutschen Admiralstabes langfristig zu einer Überschätzung der U-Boot-Waffe.

Zwischen der deutschen und der französischen Regierung entsteht ein Streit über die Verwendung sog. Dumdum-Geschosse im Krieg. Der französische Außenminister Théophile Delcassé weist entsprechende Vorwürfe deutscher Zeitungen gegen Frankreich als Propagandaaktion zurück (→ 2. 10. / S. 177).

In Rom fordert der Vorstand der Sozialistischen Partei Italiens (PSI) eine Aufrechterhaltung der italienischen Neutralität im Weltkrieg. Im Gegensatz zu der pazifistisch eingestellten PSI fordern allerdings andere einflußreiche gesellschaftliche Gruppen den Kriegseintritt Italiens. → S. 167

23. September, Mittwoch
Rumänien und Italien schließen einen geheimen Neutralitätsvertrag. Beide Länder waren bis zum Ausbruch des Weltkrieges über den Dreibund mit Österreich-Ungarn und dem Deutschen Reich verbündet, Rumänien allerdings nur als assoziiertes Mitglied.

Nach dem Eindringen deutscher Truppen in den Argonnerwald im östlichen Pariser Becken zwischen Aisne- und Airetal und der Einnahme von Varennes beginnt dort ein langwieriger Stellungskrieg. Die Argonnen werden 1914/15 zu einem der am heftigsten umkämpften Gebiete an der Westfront.

Als Reaktion auf Berichte über Völkerrechtsverletzungen durch deutsche Truppen in den besetzten westfranzösischen Gebieten richtet die französische Regierung eine Untersuchungskommission zur Aufklärung der Vorwürfe ein.

24. September, Donnerstag
In einer Depesche an die Preußische Akademie der Künste in Berlin zeigt sich die italienische Schwesterakademie Accademia di San Luca (Rom) betroffen über die Zerstörung der Kathedrale von Reims durch deutsche Truppen am → 20. September (S. 166).

25. September, Freitag
Nach ausführlichen Beratungen entscheidet sich der rumänische Ministerrat unter Ministerpräsident Ion C. Brătianu für die Aufrechterhaltung der rumänischen Neutralität im Weltkrieg. Zu-

vor hatten das Deutsche Reich und Österreich-Ungarn vergeblich um Unterstützung ihrer Kriegsziele durch das dem Dreibund assoziierte südosteuropäische Land geworben (→ 31. 7. / S. 117).

26. September, Sonnabend
Nach einem Bericht der britischen Gesandtschaft in Den Haag an die niederländische Regierung kontrolliert die britische Flotte die gesamte Nordsee. Durch die Blockade der Elbmündung, so die Lagebeurteilung zum Seekrieg, schneide sie das Deutsche Reich vom internationalen Handel weitgehend ab.

Der US-amerikanische Kongreß verabschiedet in Washington den sog. Federal Trade Commission Act. Mit diesem Gesetz soll die Bekämpfung unfairer Praktiken im Binnenhandel ermöglicht werden. Es ist Bestandteil eines gegen die wirtschaftliche Macht von Konzernen gerichteten Programms des US-amerikanischen Präsidenten Woodrow Wilson (→ 20. 1. / S. 24). → S. 167

27. September, Sonntag
Ein britisch-französischer Flottenverband schließt einen Vorstoß in die osmanische Dardanellen-Meerenge unter Umgehung der Minensperren erfolgreich ab. Daraufhin werden die Dardanellen am 28. September vom Osmanischen Reich vollständig, d. h. auch für die Handelsschiffahrt, gesperrt. Das Osmanische Reich tritt am → 29. Oktober (S. 176) auf Seiten des Deutschen Reiches und Österreich-Ungarns in den Weltkrieg ein.

Nach einem vom französischen Präsidenten Raymond Poincaré in der provisorischen Hauptstadt Bordeaux (→ 2. 9. / S. 164) unterzeichneten wirtschaftspolitischen Erlaß dürfen Jahresgehälter und -löhne bis zu 2000 Francs (1600 Mark) künftig nicht mehr gepfändet werden. Damit will er der wachsenden wirtschaftlichen Not vor allem unter den französischen Arbeitern begegnen.

28. September, Montag
Bei einer nationalistischen Kundgebung deutscher Wirtschaftsverbände in der Berliner Philharmonie wird eine Resolution verabschiedet, in der sich die Delegierten zu »jedem weiteren Opfer« für einen deutschen Sieg bereit erklären. An der Versammlung nehmen Vertreter des Deutschen Handelstages – sein Präsident Johannes Kaempf führt den Vorsitz der Veranstaltung –, des Zentralverbandes deutscher Industrieller, des Deutschen Landwirtschaftsrates, des Deutschen Handwerks- und Gewerbekammertages sowie von Großbanken teil.

In Berlin beschließt eine Konferenz sozialdemokratischer Presseredakteure auf Initiative des Vorstandes ihrer Partei Leitsätze für die Haltung der Parteipresse zur Kriegszielpolitik der deutschen Regierung. Danach sollen »Hurra-Patriotismus«, Chauvinismus und Annexionspolitik bekämpft werden; außerdem verpflichten sich die Redakteure zu Objektivität bei Berichten über Kriegsgreuel.

Italienische Freimaurer fordern in einem Geheimerlaß zur Unterstützung

von Frankreich und Großbritannien im Krieg gegen das Deutsche Reich auf. Die Freimaurerlogen zählen in Italien mit zu den einflußreichsten gesellschaftlichen Gruppen (→ 22. 9. / S. 167).

29. September, Dienstag
In Berlin findet eine Sitzung des Zentralausschusses der deutschen Reichsbank statt. In einem Bericht über die wirtschaftliche Lage im Deutschen Reich zeichnet Rudolf Havenstein, Präsident des Reichsbankdirektoriums, ein schönfärberisches Bild der deutschen Wirtschaft nach Kriegsausbruch. Tatsächlich es ist zu einem abrupten Produktionsrückgang und gravierenden Versorgungsproblemen in Industrie und Landwirtschaft gekommen. → S. 163

Die Hafenbehörde der ostenglischen, an der Humbermündung gelegenen Stadt Grimsby untersagt fremden Fischereischiffen das Anlaufen von Häfen an der britischen Ostküste. Damit ist Fischerei für ausländische Boote nur noch an der Westküste möglich. Großbritannien will sich mit dieser Maßnahme gegen unter Tarnung durchgeführte deutsche Flottenoperationen schützen.

In einer Botschaft ersucht Großbritannien die US-amerikanische Regierung um die Überprüfung von Berichten über eine etwaige Versorgung deutscher Kreuzer mit Brennstoffen durch US-amerikanische Kohlenfrachter. Nach Ansicht der britischen Regierung verstößt dieses Verhalten gegen die von der US-Regierung verkündete Neutralität.

An der Marne (Nordfrankreich) fällt mit dem 25jährigen Langstreckenläufer Jean Bouin einer der populärsten Leichtathleten Europas. Er stellte in seiner Karriere drei Weltrekorde auf und wurde bei den Olympischen Spielen 1912 in Stockholm Silbermedaillengewinner im 5000-m-Lauf.

30. September, Mittwoch
Laut einer in Berlin erlassenen Verordnung des deutschen Bundesrates (Vertretung der Bundesstaaten) dürfen deutsche Schuldner künftig keine Zahlungen mehr an britische Gläubiger leisten. Diese als Teil des unter den europäischen Großmächten ausgebrochenen Wirtschaftskrieges (→ 20. 10. / S. 177) gedachte Maßnahme soll den Abfluß von Kapital aus dem Deutschen Reich verhindern.

Die französische Regierung verbietet per Erlaß jeglichen Handelsverkehr mit Angehörigen feindlicher Staaten oder dort lebenden Personen. Gleichzeitig erklärt sie alle bisherigen Geschäfte für ungültig (→ 20. 10. / S. 177).

Das Wetter im Monat September

Station	Mittlere Lufttemperatur (°C)	Niederschlag (mm)	Sonnenscheindauer (Std.)
Aachen	13,4 (14,5)	53 (68)	– (160)
Berlin	13,9 (13,8)	66 (46)	– (194)
Bremen	13,7 (14,0)	63 (60)	– (164)
München	13,1 (13,4)	70 (84)	– (176)
Wien	– (15,0)	– (56)	– (184)
Zürich	13,3 (13,5)	86 (101)	167 (166)

( ) Langjähriger Mittelwert für diesen Monat
– Wert nicht ermittelt

September 1914

Titelblatt der Septembernummer der Zeitschrift »Das Plakat«, einem Journal für grafische Gestaltung

September 1914

Deutsche Regierung will die Vorherrschaft in Europa

9. September. In einem Memorandum mit dem Titel »Vorläufige Richtlinien für unsere Politik beim Friedensschluß« präsentiert der deutsche Reichskanzler Theobald von Bethmann Hollweg ein erstes Kriegszielprogramm seiner Regierung (sog. September-Programm). Im Zentrum der Denkschrift steht das Streben nach einer deutschen Vormachtstellung in Europa. Sie soll durch den Aufbau eines ausgedehnten mitteleuropäischen Wirtschaftsraumes (Zollverband; → 6.1. / S. 25) unter deutscher Führung verwirklicht werden. Nach Bethmann Hollwegs Plänen umfaßt dieser Wirtschaftsraum Frankreich, Belgien, die Niederlande, Dänemark, Österreich-Ungarn und Polen sowie eventuell Italien, Schweden und Norwegen.

Zu den deutschen Kriegszielen gehören auch Gebietserweiterungen. Sie zielen u. a. auf das wegen seiner Rohstoffvorkommen begehrte französische Erzbecken Longwy-Briey (→ 31.10. / S. 180), Teile von Belgien und das Großherzogtum Luxemburg. Erwogen wird darüber hinaus die Einverleibung weiterer Gebiete im östlichen und nordwestlichen Frankreich (z. B. westliche Vogesen und ein Küstenstreifen am Kanal). Erläuternd heißt es in dem Programm von Reichskanzler Bethmann Hollweg u. a.: »[Die deutschen Ziele richten sich auf eine Regelung, die] Frankreich in wirtschaftliche Abhängigkeit von Deutschland bringt, es zu unserem Exportland macht und uns ermöglicht, den englischen Handel in Frankreich auszuschalten... Jedenfalls muß ganz Belgien, wenn es auch als Staat äußerlich bestehen bleibt, zu einem Vasallenstaat herabsinken, in etwa militärisch wichtigen Hafenplätzen [uns] ein Besatzungsrecht zugestehen, seine Küste militärisch zur Verfügung stellen, wirtschaftlich zu einer deutschen Provinz werden.«

Das September-Programm basiert vor allem auf den Wünschen von deutschen Wirtschaftsführern wie Walther Rathenau und Arthur von Gwinner, berücksichtigt aber auch Forderungen des Alldeutschen Verbandes bzw. der Schwerindustrie (→ 28.8. / S. 149). Die Kriegszielpolitik in Osteuropa soll nach Bethmann Hollweg einer späteren Ausarbeitung überlassen bleiben.

»Septemberprogramm« Deutsche Vorherrschaft in Europa

- Vasallenstaaten
- assoziierte Staaten des Deutschen Reiches
- ---- Staatsgrenzen

Reichskanzler Theobald von Bethmann Hollweg (hier in Uniform)

Wirtschaftsinteressen stehen an erster Stelle

9. September. In einem Briefwechsel zwischen dem deutschen Reichskanzler Theobald von Bethmann Hollweg sowie Innenminister und Vizekanzler Clemens Delbrück werden die Grundgedanken der deutschen Kriegsziele, des sog. September-Progamms, in einigen Punkten detailliert erörtert.

Am 9. September schreibt Bethmann Hollweg an den Innenminister über die Enteignung französischer Unternehmen: »Speziell der Gedanke, daß die französische Regierung bei der Abtretung des lothringischen Erzbeckens [Longwy-Briey; → 31.10. / S. 180] es auf sich nehmen muß, die dortigen Eisenwerke in deutschen Besitz überzuleiten, wäre erwägenswert.«

In einem Schreiben an den Reichskanzler vom 13. September über den Kampf um die Herrschaft auf dem Weltmarkt erläutert Delbrück die Folgen der deutschen Kriegszielpolitik. Er skizziert die künftige deutsche Stellung wie folgt: »Wir kämpfen nicht mehr um die Herrschaft auf dem inneren Markte, sondern um die Herrschaft auf dem Weltmarkt... Wir sollen Gott danken, daß der Krieg uns die Möglichkeit gibt, ein wirtschaftliches System zu verlassen, das den Höhepunkt seiner Erfolge zu überschreiten im Begriff steht.«

Opposition innerhalb der SPD wird lauter

10. September. Eine Erklärung von vier pazifistischen Sozialdemokraten macht die gravierenden Meinungsverschiedenheiten innerhalb der SPD zur Frage der deutschen Kriegspolitik erneut deutlich.

In der an die Redaktionen mehrerer sozialistischer Zeitungen in neutralen Staaten (Schweden, Italien, Schweiz) versandten und von Karl Liebknecht, Rosa Luxemburg, Franz Mehring sowie Clara Zetkin unterzeichneten Erklärung heißt es wörtlich: »Wir sehen uns ... gezwungen, den ausländischen Genossen zu versichern, daß wir und sicherlich viele andere deutsche Sozialdemokraten den Krieg, seine Ursachen, seinen Charakter sowie die Rolle der Sozialdemokratie in der gegenwärtigen Lage von einem Standpunkt betrachten, der demjenigen der Genossen [Albert] Südekum und [Richard] Fischer nicht entspricht. Der Belagerungszustand macht es uns vorläufig unmöglich, unsere Auffassung öffentlich zu vertreten.« Südekum und Fischer zählen zu den Vertretern

Auch als Frauenrechtskämpferin bekannt: Clara Zetkin (SPD)

des rechten SPD-Parteiflügels, die frühzeitig für eine Unterstützung der deutschen Kriegspolitik durch die SPD eintraten (→ 29. 7. / S. 119). Karl Liebknecht hatte bereits am 3. September in einem Brief an die sozialdemokratische »Bremer Bürgerzeitung« auf »diametral gegensätzliche Auffassungen« in der SPD zur Frage der Kriegskredite (→ 4. 8. / S. 136) hingewiesen. Der wegen der bestehenden Pressezensur nicht veröffentlichte Brief wurde in Parteikreisen weithin bekannt.

Seit August sammelt sich um den zum linken Parteiflügel zählenden Liebknecht, Sohn des deutschen Arbeiterführers Wilhelm Liebknecht, eine Gruppe pazifistischer Sozialdemokraten. Bekannt als sog. Gruppe Internationale, wendet sie sich gegen die von der Parteimehrheit betriebene Integrationspolitik gegenüber der deutschen Regierung (→ 21. 10. / S. 180). Im Zentrum ihrer Kritik an der offiziellen Parteilinie steht die Bewilligung der Kriegskredite durch die SPD, ohne daß die Regierung einen Verzicht auf jegliche Annexionspolitik – und damit auf einen Eroberungskrieg – zugesichert hat (→ 9. 9. / S. 162). Im weiteren Verlauf des Krieges nimmt der interne Widerstand gegen die Haltung der Parteimehrheit ständig zu (→ 2. 12. / S. 204).

Integration der Sozialdemokraten

19. September. In zwei Briefen vom 12. und 19. September an Innenminister Clemens Delbrück erläutert der deutsche Reichskanzler Theobald von Bethmann Hollweg die von ihm geplante Neuorientierung der Innenpolitik. Sie zielt darauf, die SPD

Als Innenminister und Vizekanzler unternimmt der 58jährige Clemens Delbrück zusammen mit seinem Stellvertreter Arnold Wahnschaffe den Versuch, in Besprechungen mit den Parteiführern das Programm der Neuorientierung durchzusetzen

im Sinne der sog. Burgfriedenspolitik (→ 4. 8. / S. 136) auf eine »nationale und monarchische Grundlage zu stellen«. Im Gegensatz zum linken Parteiflügel zeigen sich rechte Sozialdemokraten wie der Reichstagsabgeordnete Eduard Heinrich Rudolph David offen für eine Kooperation (→ 21. 10. / S. 180).

Reichsbankpräsident beschönigt die Wirtschaftslage

29. September. Auf einer Sitzung des Reichsbank-Zentralausschusses in Berlin hält Reichsbankpräsident Rudolf Havenstein eine Grundsatzrede über die wirtschaftliche und finanzielle Situation im Deutschen Reich nach Kriegsausbruch. Trotz teilweise katastrophaler Verhältnisse zeichnet Havenstein ein optimistisches Bild.

Wörtlich meint der Reichsbankdirektor u. a.: »Die Reichsbank selbst darf mit Genugtuung auf diese ersten Monate zurückblicken. Die seit langen Jahren von allen beteiligten Instanzen durchdachte und bis zur letzten Ausführung vorbereitete finanzielle Mobilmachung hat sich außerordentlich bewährt ... Der Verlauf dieser ersten beiden Monate des Krieges gibt nicht nur der Reichsbank, sondern unserm ganzen Volk Anlaß, mit Genugtuung auf sie zurückzublicken und mit starkem Vertrauen in die Zukunft zu schauen. Wir haben in wenigen Wochen eine starke Geldpanik und Zahlungsmittelnot überwunden.« Die allgemeine wirtschaftliche Lage bezeichnet der seit 1908 amtierende Havenstein als »hoffnungsvoll«, die Ernährung der Bevölkerung im Deutschen Reich sei durch die Ernteerträge sichergestellt.

In Wirklichkeit führt der Ausbruch des Krieges im Deutschen Reich zu schweren wirtschaftlichen Problemen. Die Ernte kann aufgrund fehlender Arbeitskräfte in der Landwirtschaft nicht eingebracht werden. Im Spätherbst und Winter kommt es zu einschneidenden Versorgungsproblemen, so daß am 25. Januar 1915 die sog. Brotkarte eingeführt werden muß.

Katastrophal wirkt sich der Krieg auch in einzelnen Industriebranchen aus. So ist die Produktion in der Eisen- und Kohlewirtschaft im August 1914 abrupt um rund 50% im Vergleich zur Friedensproduktion gefallen. Import- und Exportausfälle verschärfen die Krise.

Langfristig jedoch erweist sich der Krieg für die Großbetriebe u. a. der Stahl-, Elektro- und Chemieindustrie als profitables Geschäft. Die 16 wichtigsten deutschen Montanunternehmen etwa verzeichnen von 1914 bis 1917 einen Reingewinn von 285 Millionen Mark.

Siemens-Werke in Berlin-Spandau (vorn im Bau: sog. Wernerwerk M)

Juliusturm in Berlin-Spandau; hier wird der deutsche Reichskriegsschatz aufbewahrt, der insgesamt 120 Millionen Mark in gemünztem Gold umfaßt

Chemiefirmen (hier Verpackungsnäherinnen) arbeiten fürs Militär

September 1914

Französische Regierung siedelt nach Bordeaux über

2. September. Die französische Regierung verläßt Paris und verlegt ihren Sitz nach Bordeaux. Die französische Hauptstadt ist durch den Anmarsch deutscher Truppen bedroht. Am 8. September unterbricht das Parlament in Frankreich für drei Monate seine Arbeit.

Als deutsche Truppen Anfang September vorübergehend nur noch 100 km von Paris entfernt sind, entschließen sich der französische Staatspräsident Raymond Poincaré und das Kabinett von Ministerpräsident René Viviani zur Einrichtung eines provisorischen Regierungssitzes in der südwestfranzösischen Hafenstadt Bordeaux. Sie wollen damit die Weiterarbeit der einzelnen Ressorts sicherstellen. In einem öffentlichen Appell ruft Poincaré das französische Volk zum Widerstand gegen die deutschen Angreifer auf. Bordeaux bleibt bis zum 8. Dezember provisorischer Regierungssitz. Nach Abreise der Führungsspitze übt der Militärgouverneur von Paris, General René Gallieni, die politische Gewalt in der französischen Hauptstadt aus. Er richtet am 4. September folgenden Aufruf an die Pariser Bevölkerung und das Heer: »Die Regierung der Französischen Republik hat Paris verlassen, um der Landesverteidigung einen neuen Anstoß zu geben. Ich habe Befehl erhalten, Paris gegen den eindringenden Feind zu verteidigen. Diesen Auftrag werde ich bis zum Ende ausführen.«

Seit dem 26. August regiert in Frankreich ein sog. Kabinett der nationalen Einheit. Die von einer breiten parlamentarischen Mehrheit getragene Koalition umfaßt sowohl Mitglieder der Sozialisten als auch der rechten Mitte; von den Rechtskonservativen wird sie parlamentarisch gestützt. Als Außenminister amtiert der frühere französische Botschafter in Petersburg (heute Leningrad) und Mitinitiator der sog. Entente cordiale mit Großbritannien (→ 21. 4. / S. 62), Théophile Delcassé. Zum Justizminister und stellvertretenden Ministerpräsidenten wird Aristide Briand ernannt.

Die französische Führung unter Präsident Poincaré hatte nach Kriegsausbruch unter dem Begriff »Union Sacre« (Heilige Einheit) zur Vereinigung aller politischen Kräfte des Landes im Kampf gegen den deutschen Angriff aufgerufen.

Paris, Place de l'Opéra: Einwohner in Erwartung deutscher Flugzeuge, die in regelmäßigen Abständen Bomben über der Hauptstadt abwerfen

Mit Schanzgräben (hier bei Porte Maillot) rüstet sich die Pariser Bevölkerung gegen die drohende Belagerung durch deutsche Truppen

Präsident Raymond Poincaré (im Auto) vor seinem provisorischen Amtssitz in der französischen Hafenstadt Bordeaux, in der Tür seine Frau

Poincaré ruft zum Widerstand auf

3. September. Anläßlich der Übersiedlung der französischen Regierung nach Bordeaux erscheint ein von Präsident Raymond Poincaré und dem französischen Kabinett unterzeichneter Aufruf mit folgendem Wortlaut (Auszug):

»Widerstand und Kampf, das soll die Parole der verbündeten englischen, russischen, belgischen und französischen Heere sein, Widerstand und Kampf, während die Engländer uns zur See helfen, die Verbindungen unserer Feinde mit der Welt abzuschneiden, Widerstand und Kampf, während die russischen Armeen weiter vorrücken, um den entscheidenden Stoß in das Herz des Deutschen Reiches zu führen. Es ist die Aufgabe der republikanischen Regierung, diesen hartnäckigen Widerstand zu leiten. Überall werden sich zum Schutze der Unabhängigkeit Frankreichs die Länder erheben, um diesem furchtbaren Kampfe seine ganze Kraft und seine Wirksamkeit zu verleihen. Es ist unumgänglich notwendig, daß die Regierung freie Hand behält. Auf Wunsch der Militärbehörden verlegt die Regierung daher für den Augenblick ihren Aufenthalt nach einem Punkt Frankreichs, wo sie in ununterbrochener Verbindung mit der Gesamtheit des Landes bleiben kann. Sie fordert die Mitglieder des Parlaments auf, sich nicht fern von ihr zu halten, um gegenüber dem Feinde zusammen mit der Regierung und ihren Kollegen den Sammelpunkt der nationalen Einheit zu bilden. Die Regierung verläßt Paris erst, nachdem sie die Verteidigung der Stadt und des befestigten Lagers durch alle in ihrer Macht stehenden Mittel sichergestellt hat... Zeigen wir uns dieser tragischen Umstände würdig. Wir werden den endlichen Sieg erringen, wir werden ihn erringen durch den unermüdlichen Willen zum Widerstande und zu Beharrlichkeit. Eine Nation, die nicht untergehen will, ... ist sicher zu siegen.«

September 1914

Aufmarsch deutscher Truppen in der Marneschlacht am 8. September bei Fort Meaux (Zeichnung von Hugo L. Braune)

Westoffensive an der Marne gestoppt

9. September. Die fünftägige sog. Marneschlacht endet mit dem Rückzug der 1. und 2. deutschen Armee zur Aisne. Sie gilt als entscheidende militärische Wende im Krieg an der Westfront.

Angesichts vorrückender deutscher Truppen (→ 20. 8./S. 143) – sie standen inzwischen rund 40 km vor Paris – hatte sich das französische Oberkommando unter Marschall Joseph Jacques Césaire Joffre am 4. September zu einer für die deutsche Oberste Heeresleitung (OHL) überraschenden Gegenoffensive entschlossen. In der Teilschlacht am Ourcq vom 5. bis 9. September kann die 1. deutsche Armee nur mit Mühe den Angriff der 6. französischen Armee abwehren. Eine dabei entstehende rund 30 km breite Lücke in der deutschen Front nutzen starke britische und französische Verbände zu einem Vorstoß in den Rücken der 1. deutschen und die Flanke der 2. deutschen Armee. Nach dem Übergang der alliierten Truppen über die Marne müssen die 1. und 2. Armee die Schlacht am 9. September abbrechen und den Rückzug zur Aisne antreten. Erst nach dem 15. September entsteht auf der Linie Compiègne-Verdun wieder eine feste deutsche Abwehrfront.

Die Niederlage an der Marne läßt den deutschen Blitzkriegsplan im Westen scheitern und löst eine schwere Führungskrise in der Heeresführung aus (→ 14.9. / S. 166).

Unfall im Krieg: An der Brücke von Trilport (nahe Meaux, nordwestlich von Paris) stürzte ein mit deutschen Offizieren besetztes Auto in die Marne

Tote deutsche Soldaten in einem Schützengraben bei Soizy-aux-Bois, nachdem sie im Verlauf der Marneschlacht von einem Angriff überrascht wurden

Deutsche Strategie vor dem Scheitern

Nach einem Befehl der deutschen Obersten Heeresleitung (OHL), Paris militärisch zu umfassen, kommt es Anfang September an der ganzen Front zu schweren Kämpfen. Die 1. deutsche Armee hatte als Marschziel die untere Seine nordwestlich von Paris erhalten, die 2. Armee die französische Hauptstadt selbst. Deren zunächst erfolgreichem Vormarsch steht die ungünstigere Lage bei der 3., 4. und 5. Armee gegenüber, die den geplanten Maas-Übergang zwischen Sedan und Verdun aufgrund starker französischer Gegenwehr nur zögernd durchführen können.

Andererseits scheitert aber auch der Versuch französischer und britischer Truppen, die deutsche Offensive Anfang September zu stoppen. Durch ihren Rückzug in südliche und südöstliche Richtung können sie jedoch eine Umfassung verhindern. Am 2. September befiehlt die OHL, die französischen Hauptstreitkräfte von Paris zur schweizerischen Grenze hin abzudrängen. Dazu gehen die 1. und 2. Armee östlich an Paris vorbei und überschreiten am 3. und 4. September die Marne. Die 3. Armee besetzt am 3. September Reims und überwindet zwei Tage später ebenfalls die Marne.

Als Konsequenz aus ihrem Vorgehen muß die OHL den Gedanken einer westlichen Umfassung von Paris am 4. September aufgeben. Dadurch ändert sich die strategisch-operative Lage zugunsten der französisch-britischen Streitkräfte; der Vorstoß des nördlichen deutschen Umfassungsflügels hat sein Überraschungsmoment verloren. Im Gegenzug droht er in der Marneschlacht selbst umfaßt zu werden (→ 9. 9. / S. 165).

Nach der deutschen Niederlage an der Marne versuchen beide Seiten von Mitte September bis Anfang November, im »Wettlauf zum Meer« den drohenden Stellungskrieg zu verhindern (→ 20. 10. / S. 174).

Generalstabschef Moltke suspendiert

14. September. Der deutsche Generalstabschef Helmuth von Moltke wird nach der Niederlage in der sog. Marneschlacht (→ 9. 9. / S. 165) entlassen. Zu seinem Nachfolger beruft der deutsche Kaiser Wilhelm II. den preußischen Kriegsminister Erich von Falkenhayn.

Der Wechsel in der militärischen Führungsspitze wird von offizieller Seite bis Anfang November geheimgehalten, um das Eingeständnis der deutschen Niederlage an der Westfront zu vermeiden. Im Hintergrund der Entscheidung steht Moltkes am 9. September erlassener Rückzugsbefehl in der Marneschlacht, der in der Obersten Heeresleitung (OHL) umstritten ist. Der Generalstabschef hatte angesichts der für die OHL unübersichtlichen strategischen Lage an der Marne am 8. September den Chef der Nachrichtenabteilung, Richard Hentsch, aus dem inzwischen in Luxemburg stationierten deutschen Hauptquartier mit taktischen Vollmachten an die Front gesandt. Dessen pessimistische Lagebeurteilung führte zum Rückzug zur Aisne und besiegelte die Niederlage.

Neuer Chef des Generalstabs: Generalleutnant Erich von Falkenhayn

Nach der Niederlage in der Marneschlacht entlassen: H. von Moltke

Bereits zuvor war der körperlich und psychisch labile Moltke im deutschen Generalstab umstritten. Geboren am 25. Mai 1848 auf dem mecklenburgischen Gut Gersdorf, trat der Neffe des preußischen Generalfeldmarschalls Helmuth Graf von Moltke sein Amt 1906 als Nachfolger von Alfred Graf von Schlieffen an. Der neue Generalstabschef Erich von Falkenhayn hat dank der Protektion durch Kaiser Wilhelm II. eine steile Karriere hinter sich; er war am 4. Juli 1913 zum Kriegsminister berufen worden. Der 53jährige General gilt innerhalb des deutschen Generalstabes jedoch als Emporkömmling ohne praktische Erfahrung (→ 10. 11. / S. 191). Falkenhayn übernimmt sein neues Amt offiziell am 3. November und bleibt gleichzeitig Kriegsminister.

Fürst Wilhelm I. verläßt Albanien

3. September. Fürst Wilhelm I. von Albanien (früher Prinz zu Wied) verläßt per Schiff die Hauptstadt Durazzo (heute Durrës). Ohne formell auf den Thron zu verzichten, reagiert er damit auf die Bedrohung durch albanische Rebellen.

Neben dem aufständischen südalbanischen Epirus (→ 3. 4. / S. 64) hatte seit Mitte Mai vor allem ein mittelalbanischer Bauernaufstand die Macht des von den europäischen Großmächten eingesetzten Wilhelm I. (→ 7. 3. / S. 49) eingeschränkt. Die Aufständischen fordern einen islamischen Herrscher. Ohnehin blieb die Regierungsgewalt des Fürsten auf wenige Städte begrenzt. Die von ihm verlangten internationalen Verbände zur Bekämpfung des Aufstands werden von den Großmächten ebensowenig gewährt wie weitere Finanzmittel. Nach der Abreise von Wilhelm I. übernimmt zunächst eine internationale Kontrollkommission die Regierung. Im Verlauf des Weltkrieges wird Albanien u. a. von österreichischen und italienischen Truppen besetzt (→ 12. 10. / S. 176).

Deutsche Artillerie beschießt Kathedrale von Reims

20. September. Bei den Kämpfen an der Westfront wird die Kathedrale von Reims (Frankreich) durch deutsche Artillerie schwer beschädigt. Die Beschießung des berühmten gotischen Baudenkmals löst heftige internationale Vorwürfe aus.

Am 22. September protestiert die italienische Akademie der Künste in Rom in einem öffentlichen Schreiben gegen die Zerstörung des über 600 Jahre alten Gotteshauses. In einem u. a. von dem Maler Ferdinand Hodler unterschriebenen »Genfer Protest« heißt es: »Die unterzeichnenden Schweizer Bürger, heftig erregt durch das ungerechtfertigte Attentat auf die Kathedrale von Reims, das zu der ... willkürlichen Einäscherung der Schätze Löwens [→ 25. 8. / S. 142] hinzukommt, tadeln ... einen Akt der Barbarei, der die gesamte Menschheit in einem der vornehmsten Zeugen ihrer sittlichen und künstlerischen Größe trifft.« Die deutsche Oberste Heeresleitung rechtfertigt die Beschießung der Kathedrale mit militärischen Zwängen.

Die Kathedrale von Reims in Flammen (Blick auf die Nordseite); l. brennt ein Glockenturm des gotischen Bauwerks

Erneuter deutscher Sieg an der Ostfront

15. September. Nach ihrer Niederlage in der sog. Schlacht an den Masurischen Seen muß sich die 1. russische Armee (Njemenarmee) unter General Paul Edler von Rennenkampf aus Ostpreußen zurückziehen. Damit ist die dortige russische Offensive gescheitert.

Während und nach der sog. Schlacht von Tannenberg (→ 31. 8. / S. 146) war die Njemenarmee in breiter Linie ohne nennenswerten Widerstand weit nach Westen vorgedrungen, hatte sich allerdings nach der Auflösung der Narewarmee in eine Verteidigungsstellung nordwestlich der ostpreußischen Seen zurückgezogen. Nachdem die 8. deutsche Armee durch zwei von der Westfront abgezogene Korps verstärkt worden war, entschloß sich ihr Oberbefehlshaber General Paul von Beneckendorff und von Hindenburg, die Njemenarmee anzugreifen. Zu diesem Zweck zog er den rechten Flügel der 8. Armee südlich der russischen Stellungen durch das masurische Seengebiet vor. Angesichts der drohenden Umfassung tritt die Rennenkampf-Armee nach kurzem Widerstand den Rückzug an. 45 000 russische Soldaten geraten in Kriegsgefangenschaft.

Im Deutschen Reich werden Verlauf und Ausgang der Schlacht erneut zur Glorifizierung Hindenburgs und seines Generalstabschefs Erich Ludendorff ausgenutzt (→ 31. 8. / S. 147; 1. 11. / S. 190).

Schlacht an den Masurischen Seen: Die 8. deutsche Armee greift die Njemenarmee zugleich flankierend und frontal an (Zeichnung von Andreas Sailer)

Vor dem Kampf: Der Übergang bei einem der Masurischen Seen wurde von deutschen Truppen mit landwirtschaftlichen Geräten verbarrikadiert

Österreichs Heer auf dem Rückzug

11. September. Das österreichisch-ungarische Armeeoberkommando (AOK) ordnet an der Galizien-Front den allgemeinen Rückzug seiner Truppen hinter die Flußläufe von San und Dunajec an.

Das AOK hatte – in Erwartung baldiger deutscher Entlastungsangriffe – am 23. August mit einer Offensive gegen die noch im Aufmarsch befindlichen russischen Streitkräfte begonnen. Nach anfänglichen Erfolgen in den Schlachten bei Krasnik und Komarow wurde der Angriff der 1. und 4. Armee Ende August südlich von Lublin gestoppt. Am 30. August fiel mit Lemberg die Hauptstadt Galiziens in russische Hände. Trotz Verstärkung durch die inzwischen von der Serbien-Front abgezogene 2. Armee scheitert eine erneute österreichisch-ungarische Offensive an der Überanstrengung der Truppen. Nach verlustreichen Kämpfen – sie fordern zusammen rund 500 000 Tote – muß auch Rußland Mitte September den Vormarsch einstellen. Nach dem Rückzug üben der österreichisch-ungarische Oberbefehlshaber Erzherzog Friedrich von Österreich sowie Generalstabschef Franz Freiherr Conrad von Hötzendorf heftige Kritik an der deutschen Heeresführung. Sie hatte eine vereinbarte Unterstützung wegen der Lage an der Westfront (→ 9. 9. / S. 165) nicht bereitstellen können.

Kontrolle für Konzerne

26. September. In Washington verabschiedet der US-amerikanische Kongreß den sog. Federal Trade Commission Act. Er sieht die Einrichtung einer Bundeshandelskommission zur Überwachung unlauteren Wettbewerbs vor.

Die Bundeshandelskommission besteht aus Vertretern beider Parteien (Demokraten und Republikaner), die vom US-amerikanischen Präsidenten mit Zustimmung des Senats auf sieben Jahre ernannt werden. Das Gremium verfügt sowohl über das Recht, Untersuchungsverfahren gegen Konzerne durchzuführen als auch unlauteren Geschäftspraktiken per einstweiliger Verfügung Einhalt zu gebieten.

Zusammen mit dem am 15. Oktober 1914 vom Kongreß verabschiedeten sog. Clayton-Antitrustgesetz – es richtet sich gegen die Wettbewerbsverzerrung durch Konzerne – ist der Federal Trade Commission Act Bestandteil eines Wirtschaftsprogrammes von Präsident Woodrow Wilson zur Eindämmung der Konzernherrschaft in den Vereinigten Staaten (→ 20. 1. / S. 24).

Der US-amerikanische Präsident Woodrow Wilson – seit dem 4. März 1913 im Amt – hatte bereits in seinem 1912 erschienen Buch »The New Freedom« geschrieben, daß es »keine Verteidigung oder Duldung für Privatmonopole geben kann«

PSI gegen Kriegseintritt

22. September. Der Vorstand der Sozialistischen Partei Italiens (PSI) spricht sich in Rom für die Aufrechterhaltung der italienischen Neutralitätspolitik im Weltkrieg

Seit 1900 König von Italien, verfolgt Viktor Emanuel III. zusammen mit der italienischen Regierung zunächst einen neutralen Kurs. 1915 billigt der Sohn Humberts I. allerdings den Kriegseintritt Italiens auf seiten der Tripelentente

aus (→ 3. 8. / S. 152). Andere gesellschaftliche Kräfte sprechen sich dagegen für einen Kriegseintritt auf seiten Frankreichs aus.

Die italienischen Sozialisten gehören annähernd geschlossen zu den radikalen Kriegsgegnern. Lediglich der spätere faschistische Diktator Benito Mussolini, seit 1912 Chefredakteur des Parteiorgans »Avanti!«, fordert den Kriegseintritt Italiens an der Seite der Tripelentente. Seine Haltung führt im November zum Bruch mit der Partei.

Weitere linke Gruppen (Reformsozialisten, Radikale, Republikaner) kämpfen für den Kriegseintritt Italiens an der Seite des republikanischen Frankreich gegen die Monarchien Deutsches Reich und Österreich-Ungarn. Dagegen gilt ein Teil des italienischen Militärs, darunter Generalstabschef Luigi Graf Cadorna, noch als dreibundfreundlich (→ 11. 2. / S. 34).

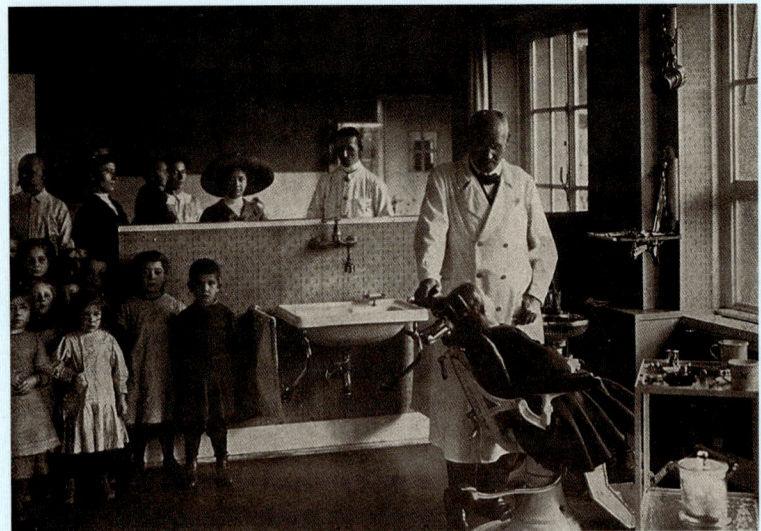
In Straßburg befindet sich eine von 213 deutschen Schulzahnkliniken; 1902 gegründet, leistete die Straßburger Einrichtung Pionierdienste

Haupthalle der Stuttgarter Ausstellung für Gesundheitspflege; die Schaubilder und -objekte veranschaulichen die Funktionen des Organismus

Angesichts des Platzmangels in Großstädten nutzen immer mehr Mediziner Dachgärten für ihre Zwecke (hier ein orthopädisches Institut in Berlin)

Gesundheit 1914:

Seuchengefahr durch Krieg

Vor Ausbruch des Ersten Weltkrieges stehen die Infektionskrankheiten im Mittelpunkt des Interesses der Mediziner. Vor allem die Tuberkulose bleibt bedrohlich: Allein in Berlin sind bis 1914 pro Jahr durchschnittlich rund 2000 erwachsene Männer an dieser Krankheit gestorben. Inzwischen stehen in der deutschen Hauptstadt 1500 Krankenhausbetten speziell für Tuberkuloseinfizierte zur Verfügung. Zwischen 1908 und 1912 sind insgesamt 18 000 Personen unter einem Kostenaufwand von nahezu zehn Millionen Mark in entsprechenden Heilstätten behandelt worden. Besonders stark gefährdet durch Tuberkulose bleiben weiterhin Kinder sowie Frauen im Alter zwischen 15 und 25 Jahren.

Die Forderungen nach einer sinnvollen Tuberkulosebekämpfung zielen einerseits auf den sozialen Bereich; dabei steht die Verbesserung der Wohn-, Arbeits- und Ernährungsbedingungen der breiten Bevölkerungsschicht im Vordergrund. Andererseits wird eine verbesserte Immunologie gefordert und die Wirkung geeigneter Heilstätten hervorgehoben. Allein die deutschen Kinderheilstätten an Nord- und Ostsee verzeichnen derzeit jährlich etwa 15 000 Kuren.

Unter den auch 1914 zahlreichen medizinischen Tagungen und Kongressen ragt der am 15. April in Berlin beginnende, fünftägige Chirurgenkongreß heraus. Die Sitzungen am zweiten Kongreßtag beschäftigen sich mit der Strahlenbehandlung in der Chirurgie. Die Verwendung radioaktiver Substanzen wie Radium und Mesothorium, vor allem bei inoperablen Krebsformen propagiert, ist nach wie vor umstritten. Trotz einiger Behandlungserfolge wird vor schweren Rückfällen gewarnt. Bei den Nebenwirkungen stehen Blutungen an oberster Stelle. Der Vorschlag eines Referenten, auch operable Geschwulste mit radioaktiver Bestrahlung zu behandeln, stößt unter den Delegierten auf heftigen Widerspruch. Die krebserzeugende Wirkung von radioaktiven Strahlen ist bereits bekannt.

Der Ausbruch des Krieges stellt das Gesundheitswesen vor völlig neue Probleme. Soldatenleben und Lazarettwesen bergen enorme Seuchengefahren; vor dem Hintergrund eines schlagartig zunehmenden Bedarfs an ärztlicher Versorgung fehlen Chirurgen.

Allein in Berlin existieren im Herbst 1914 fast 100 Reservelazarette, Vereinslazarette und Lagerstellen mit insgesamt etwa 25 000 Plätzen für Verwundete.

Zugleich entstehen Probleme im medikamentösen Bereich. Bereits am 29. August appelliert der deutsche Innenminister und Vizekanzler Clemens Delbrück an die Ärztekammer, Morphium nur noch in besonderen Fällen zu verschreiben. In der Begründung heißt es: »Infolge des plötzlich eingetretenen großen Bedarfs an Morphium hat nicht nur der Preis dieses wichtigen Arzneimittels eine außerordentliche Steigerung erfahren, sondern es fehlt auch an verschiedenen Stellen an genügenden Vorräten, so daß für Apotheken vielfach Schwierigkeiten bei der Deckung ihres Bedarfs entstehen. Da unter den obwaltenden Umständen auch auf weitere Zufuhren von Opium nicht gerechnet werden kann, so ist darauf Bedacht zu nehmen, die vorhandenen Vorräte an Morphium tunlichst zu schonen.«

Größte Aufmerksamkeit findet die Seuchenbekämpfung. Auf Isolierstationen und Seuchenlazaretten arbeiten die bakteriologischen Untersuchungsämter mit einer großen Zahl entsprechend geschulter Ärzte. Bei den im Krieg stehenden Truppenteilen befinden sich tragbare bakteriologische Laboratorien sowie qualifizierte Fachkräfte, die zur rechtzeitigen Seuchenerkennung beitragen sollen. Als eine der wichtigsten Vorbeugemaßnahmen werden fahrbare Trinkwasserbehälter mitgeführt, um eine Versorgung der Soldaten mit sauberem Wasser zu sichern.

Von der österreichisch-ungarischen Front kommen bereits im September erste Meldungen von Choleraepidemien. Mitte Dezember bricht im Kriegsgefangenenlager Cottbus eine Fleckfieberseuche aus, der bis zum 21. Dezember zehn von mehreren hundert Erkrankten zum Opfer fallen.

September 1914

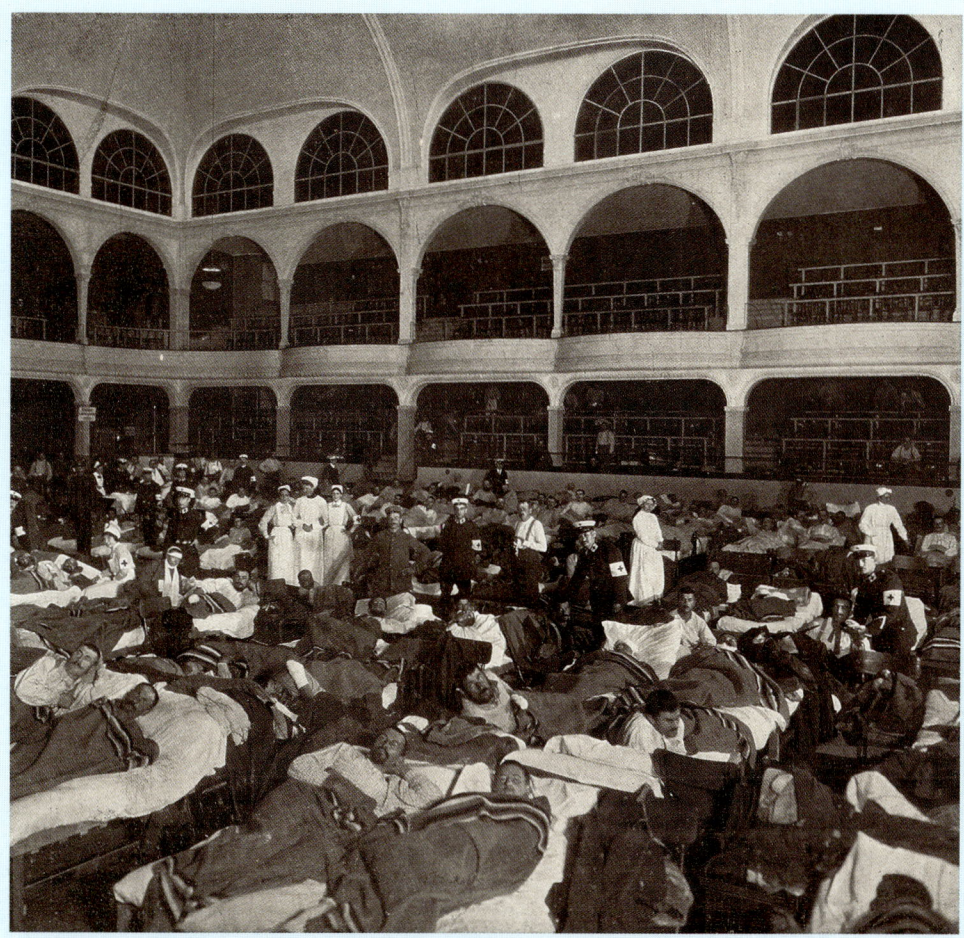

Wie zahlreiche weitere öffentliche Gebäude wurde auch das Hippodrom in Frankfurt am Main nach Kriegsausbruch zu einem Lazarett bzw. zum Nachtlager für Verwundete auf Durchreise

Angesichts der Seuchengefahr ist ein fahrbarer Wasserfilter unverzichtbar (hier: britische Armee)

Militärsanitäter demonstrieren die Möglichkeiten eines im Ersten Weltkrieg eingesetzten Sanitätsautomobils

Während des Krieges werden vor allem Frauen für zahlreiche Arbeiten im Gesundheitsbereich herangezogen (hier bei der Herstellung und Verpackung von Verbandrollen für die Armee). Zu ihren Aufgaben gehören außerdem u. a. das Füllen von Ampullen mit schmerzstillenden Mitteln, das Aufrollen von sog. Wundgaze (netzartiges Gewebe aus feinen Garnen) und die Herstellung von Verbandszeug im allgemeinen. Teilweise werden die Arbeiten in den Sanitätsdepots von Garnisonslazaretten geleistet, teilweise werden aber auch öffentliche und private Räume entsprechend umgewandelt. Diese von der Kriegspropaganda als »Wohltätigkeitsdienste« bezeichneten Tätigkeiten werden in der Regel zusätzlich und ohne Entgelt verrichtet.

Von großer Bedeutung für das Sanitätswesen im Krieg sind die Transportmöglichkeiten für Einrichtungen wie die Feldapotheke (hier eine Feldapotheke im Kriegslazarett der in den südlichen Ardennen nahe der französischen Grenze gelegenen belgischen Stadt Bouillon). Dabei können nur die nötigsten medizinischen Gegenstände nahe der Front zur Verfügung gehalten werden. Sowohl das in einem Lazarett tätige Personal als auch die dort versorgten Verwundeten genießen im Krieg gemäß der sog. Genfer Konvention zur Verbesserung des Loses der verwundeten Soldaten der Armee im Felde (erstmals vereinbart am 22. August 1864, später mehrmals revidiert und erweitert) einen besonderen Schutz vor gegnerischen Angriffen.

Oktober 1914

Mo	Di	Mi	Do	Fr	Sa	So
			1	2	3	4
5	6	7	8	9	10	11
12	13	14	15	16	17	18
19	20	21	22	23	24	25
26	27	28	29	30	31	

1. Oktober, Donnerstag

Der deutsche Außenminister Gottlieb von Jagow macht in einem von der dänischen Tageszeitung »Nationaltidende« veröffentlichten Gespräch die britische Regierung für den Ausbruch des Krieges verantwortlich. Nach seiner Ansicht hat sie Rußland und Frankreich zum Krieg gegen das Deutsche Reich ermutigt.

In Berlin erscheint das erste Heft der Zeitschrift »Der Deutsche Krieg«. Das Blatt ist Sprachrohr eines Kreises nationalliberaler Publizisten, Wirtschaftsführer und Politiker, die eine deutsche Hegemonialstellung in Europa anstreben und die Politik des deutschen Reichskanzlers Theobald von Bethmann Hollweg unterstützen. → S. 180

Der Spielplan der Berliner Theaterbühnen für den ersten Oktobertag beinhaltet fast ausschließlich nationalistisch gefärbte Stücke. Neben den Volkstheatern ordnen sich auch renommierte Bühnen der Kriegseuphorie unter. → S. 183

2. Oktober, Freitag

Im Verlauf des sog. Wettlaufs zum Meer (→ 20. 10. / S. 174) kommt es an der deutschen Westfront zur neuntägigen Schlacht von Arras. Dabei versucht die um starke 6 Kavalleriedivisionen verstärkte 6. deutsche Armee vergeblich, die französische Front zu umfassen.

In einer an sämtliche neutrale Staaten verteilten Verbalnote widerspricht die österreichisch-ungarische Regierung Berichten über eine angebliche Verwendung explosiver Geschosse (sog. Dumdum-Munition) im Krieg. → S. 177

In der finnischen Hauptstadt Helsinki wird das Schauspiel »Pohjalaisia« von Artturi Järviluoma aufgeführt. Es wird zu einem der populärsten Stücke des 20. Jahrhunderts in Finnland.

3. Oktober, Sonnabend

Gegner der italienischen Neutralitätspolitik entführen ein italienisches Unterseeboot aus dem Hafen der norditalienischen Stadt La Spezia und überführen es nach Frankreich. Am 23. Oktober wird das Boot wieder zurückgegeben.

Der deutsche Kinotechniker Oskar Meßter erhält von der Stadt Berlin die Genehmigung zur Aufführung von Kriegswochenschauen (sog. Meßter-Woche). Meßter zählt zu den Pionieren der Kinowochenschauen. → S. 183

4. Oktober, Sonntag

In einem von 56 deutschen Wissenschaftlern, Künstlern und Schriftstellern unterzeichneten, in Berlin veröffentlichten »Aufruf an die Kulturwelt« wird der Krieg als ein dem Deutschen Reich »aufgezwungener Daseinskampf« dargestellt. Das Pamphlet zählt zu den bekanntesten Dokumenten der militaristischen Einstellung weiter Kreise des deutschen Bildungsbürgertums. → S. 182

Der US-amerikanische Präsident Woodrow Wilson ordnet die Abhaltung von besonderen Gebetsstunden für den Frieden in den Kirchen aller Konfessionen auf dem Gebiet der Vereinigten Staaten an.

5. Oktober, Montag

Russische Truppen beginnen nördlich der oberen Weichsel mit einer Offensive. Zuvor hatte die russische Heeresführung die 2. und 4. Armee des Zarenreiches zusammengezogen. Die Offensive zielt auf einen Durchbruch auf deutsches Gebiet. → S. 176

In einer an ausländische Vertretungen gerichteten Zirkularnote gibt die osmanische Regierung in Konstantinopel (heute Istanbul) bekannt, daß sie ihre Hoheitszone in den Küstengewässern auf einen sechs Seemeilen (11,1 km) breiten Streifen ausdehnt. Das Marmarameer zählt nach Ansicht der Regierung vollständig zum osmanischen Hoheitsgebiet. Großbritannien protestiert gegen diese Maßnahme mit dem Hinweis, daß die eigene Hoheitszone nur drei Seemeilen (5,55 km) betrage (→ 29. 10. / S. 176).

Als Reaktion auf Verminungsaktionen der deutschen Flotte beginnt Großbritannien ebenfalls mit der Verminung bestimmter Gebiete in der Nordsee. Gleichzeitig veröffentlicht die britische Admiralität eine Warnung vor den Minen an alle neutralen Staaten (→ S. 207).

Nach einer Vereinbarung zwischen dem US-amerikanischen Außenminister William Jennings Bryan und der britischen Regierung werden künftig US-amerikanische Kupferfrachter nicht mehr von britischen Kriegsschiffen bei ihrer Fahrt behindert. Voraussetzung ist allerdings, daß die Exporte nur für im Krieg neutrale Staaten bestimmt sind. Die britische Regierung befürchtet eine Umgehung ihrer Handelsblockade gegenüber dem Deutschen Reich.

6. Oktober, Dienstag

Einem Bericht des österreichisch-ungarischen Botschafters in Berlin, Gottfried Prinz zu Hohenlohe-Schillingfürst, an seine Regierung in Wien zufolge hält die deutsche Regierung trotz der unbefriedigenden Situation an der Marne am Ziel einer völligen Unterwerfung aller Kriegsgegner fest. Hohenlohe-Schillingfürst weist zugleich darauf hin, daß die deutsche Öffentlichkeit die Rückschläge an der Marne aufgrund geschickter Propaganda bisher noch nicht in vollem Umfang zur Kenntnis genommen habe (→ 9. 9. / S. 165).

7. Oktober, Mittwoch

Angesichts der Bedrohung durch deutsche Truppen verlegt die belgische Regierung ihren Sitz von Antwerpen nach Ostende. Bei der Flucht wird der belgische König Albert I. leicht verwundet (→ 9. 10. / S. 174).

Eine sog. Kriegsausstellung im Rahmen der am → 6. Mai (S. 81) eröffneten Weltausstellung für Buchgewerbe und Graphik in Leipzig zeigt zahlreiche Militaria, eine Abteilung mit kriegsverherrlichenden Druckerzeugnissen. → S. 183

Das preußische Kriegsministerium in Berlin lehnt eine Initiative zur Einführung der Feuerbestattung auf Schlachtfeldern ab. Zuvor hatten deutsche Feuerbestattungsvereine angeregt, aus Gründen der Hygiene die Kriegstoten mittels transportabler Krematorien einzuäschern. → S. 182

8. Oktober, Donnerstag

In Rom tritt der italienische Kriegsminister Grandi nach öffentlicher Kritik an seiner unzulänglichen Rüstungspolitik zurück. Sein Nachfolger wird am 11. Oktober Vittorio Italico Zupelli.

9. Oktober, Freitag

Nach zwölftägiger Belagerung marschieren deutsche Belagerungstruppen (III. Reservekorps unter General Hans von Beseler) in Antwerpen ein, das bisher provisorischer Sitz der belgischen Regierung war. Zuvor hatte energischer Widerstand der belgischen Verteidiger – unterstützt von einer britischen Marinebrigade – die geplante rasche Eroberung verhindert. Die belgische Regierung war am 7. Oktober nach Ostende übergesiedelt. → S. 174

Im Rahmen der am 5. Oktober begonnenen Offensive russischer Truppen in Polen kommt es zur elftägigen Schlacht bei Iwangorod. Im Verlauf der Kämpfe überschreiten russische Verbände die Weichsel und zwingen die 9. deutsche Armee zum Rückzug nach Schlesien. Gleichzeitig wird die 1. österreichisch-ungarische Armee geschlagen (→ 5. 10. / S. 176).

10. Oktober, Sonnabend

Der seit 1881 amtierende, 75jährige rumänische König Karl I. stirbt in seiner Sommerresidenz Schloß Peles bei Sinaia (Südkarpaten). Nachfolger des Monarchen, der sich in seiner Amtszeit erfolgreich um eine Modernisierung Rumäniens bemühte, wird sein Adoptivsohn Ferdinand I. → S. 179

Wegen Nahrungsmittelknappheit wird die Abgabe von Weißbrot in bayerischen Gaststätten durch einen Erlaß des bayerischen Innenministeriums verboten. Vor allem kleinere Städte sind aufgrund des Krieges von Engpässen bedroht.

11. Oktober, Sonntag

Vor der Küste Rußlands wird der russische Panzerkreuzer »Pallada« von einem deutschen U-Boot versenkt; am 15. Oktober wird der britische Kreuzer »Hawke« von einem U-Boot getroffen.

12. Oktober, Montag

Nachdem sie am Vortag bereits die nordfranzösische Stadt Lille erobert haben, marschieren deutsche Truppen im Rahmen des sog. Wettlaufs zum Meer (→ 20. 10. / S. 174) in der flandrischen Hafen- und Industriestadt Gent ein.

In einem Brief an ihren Parteifreund Karl Liebknecht weist die zum linken Flügel der deutschen Sozialdemokratie zählende Politikerin Rosa Luxemburg auf den weiter wachsenden Widerstand unter den SPD-Mitgliedern gegenüber der kriegsfreundlichen Haltung der Partei- und Fraktionsspitze hin. Insbesondere rechte Sozialdemokraten stehen einer Integration der SPD in Staat und Gesellschaft des Deutschen Reiches positiv gegenüber (→ 10. 9. / S. 163; 21. 10. / S. 180).

In Sarajevo beginnt unter der Leitung des dalmatinischen Oberlandesgerichtsrates Alois von Curinaldi ein 17tägiger Prozeß wegen des Attentats auf den österreichisch-ungarischen Thronfolger Franz Ferdinand am → 28. Juni (S. 88). Die entsprechende Anklageschrift in der »Strafsache gegen Gawrilo Princip und Genossen wegen … Hochverrats« war am 24. September übergeben worden (→ 28. 10. / S. 179).

Mit Essad Pascha Toptani wird nach der Abreise von Fürst Wilhelm I. am → 3. September (S. 166) einer der einflußreichsten albanischen Politiker Staatspräsident des Landes. Zugleich übernimmt der politische Gegner Wilhelm I. das Oberkommando über die Regierungstruppen. Seine Ernennung bleibt jedoch aufgrund der unübersichtlichen Situation in Albanien ohne praktische Bedeutung. → S. 176

13. Oktober, Dienstag

Die russische Schwarzmeerflotte führt vor der rumänischen und bulgarischen Küste eine Flottendemonstration durch. Sie will die beiden neutralen südosteuropäischen Staaten damit vor einer Unterstützung des Deutschen Reiches und Österreich-Ungarns im Weltkrieg warnen (→ 29. 10. / S. 176).

14. Oktober, Mittwoch

In Wien gibt die österreichisch-ungarische Regierung die Sperrung aller Hochschulen des Landes für Studenten und andere Angehörige feindlicher Staaten bekannt.

15. Oktober, Donnerstag

Im Rahmen des sog. Wettlaufes zum Meer (→ 20. 10. / S. 174) erreichen deutsche Truppen bei Nieuwpoort die Kanalküste, nachdem sie am 14. Oktober die westflandrische Stadt Brügge besetzt hatten. Der Hafen von Zeebrugge wird zu einem deutschen U-Boot-Stützpunkt ausgebaut.

In Washington verabschiedet der US-amerikanische Kongreß das sog. Clayton-Antitrustgesetz. Es erweitert die Befugnisse der Regierung zum Kampf gegen Wettbewerbsverzerrungen durch Konzerne. Zusammen mit dem am 26. September (S. 167) gebilligten sog. Federal Trade Commission Act ist es Teil eines wirtschaftspolitischen Antitrust-Programmes des US-amerikanischen Präsidenten Woodrow Wilson.

Oktober 1914

Deutsche Kriegsziel-träume auf dem Titel der 12. Kriegs-nummer der »Lustigen Blätter«

Das Sprungbrett.

Oktober 1914

16. Oktober, Freitag

Eine in Berlin veröffentlichte, mit 3016 Unterschriften versehene »Erklärung der Hochschullehrer des Deutschen Reiches« ist neben dem »Aufruf an die Kulturwelt« (→ 4. 10. / S. 182) eines der bekanntesten Dokumente für die militaristische Einstellung deutscher Akademiker. In dem von dem Philologen Ulrich von Wilamowitz-Moellendorff verfaßten Aufruf heißt es u. a.: »Unser Glaube ist, daß für die ganze Kultur Europas das Heil an dem Siege hängt, den der deutsche ›Militarismus‹ erkämpfen wird, die Mannszucht, die Treue, der Opfermut des einträchtigen freien Volkes«.

In Paris fordern französische Katholiken eine stärkere Einbeziehung der Religion in die Politik, u. a. durch offizielle Gebete. Zuvor hatte der französische Ministerpräsident René Viviani auf eine entsprechende Petition hin erklärt, daß die Einmischung von Religionsgemeinschaften in offizielle Angelegenheiten auch während des Krieges untersagt bleibe. Seit 1898 zeichnet sich die französische Regierungspolitik durch einen betont antiklerikalen Kurs aus (sog. Radikale Republik).

In einem Brief an den belgischen Sozialistenführer Émile Vandervelde erklärt der Vorstand der russischen Sozialdemokratie seine Bereitschaft zur Fortsetzung des Klassenkampfes auch während des Krieges. Nach seiner Ansicht hat sich bisher an der Unterdrückungspolitik gegenüber russischen Arbeitern nichts geändert.

Erstmals wird ein drahtloser Nachrichtendienst zwischen der bulgarischen Hauptstadt Sofia und der ungarischen Hauptstadt Budapest eröffnet. Die Verbindung ist auch von politischer Bedeutung, da das im Weltkrieg bislang neutrale Bulgarien von der österreichisch-ungarischen und der deutschen Regierung umworben wird.

17. Oktober, Sonnabend

Unter Vorsitz des neuen rumänischen Königs Ferdinand I. (→ 10. 10. / S. 179) beschließt der Ministerrat des Landes in Bukarest die Aufrechterhaltung der Neutralität Rumäniens im Weltkrieg. Vor allem das Deutsche Reich und Österreich-Ungarn spekulieren auf eine militärische Unterstützung durch Rumänien, das dem Dreibund assoziiert ist.

Nach dem Tod des italienischen Außenministers Antonio Paternò-Castello Marchese di San Giuliano am 16. Oktober beauftragt der italienische König Viktor Emanuel III. in Rom den konservativen Ministerpräsidenten Antonio Salandra (→ 10. 3. / S. 50) vorläufig mit der Übernahme des Außenministeriums. Der von 1905 bis 1906 sowie 1910 bis 1914 amtierende San Giuliano hatte eine expansionistische Außenpolitik vertreten.

In Wien informiert der österreichisch-ungarische Außenminister Leopold Graf Berchtold über die Kriegsziele seiner Regierung. Danach soll Rußland durch die Loslösung der Ukraine und anderer Gebiete entscheidend geschwächt werden. Bulgarien ist an einer Eindämmung russischen Einflusses im südöstlichen Europa interessiert.

In der Ostsee sperrt die russische Regierung den Finnischen und den Rigaischen Meerbusen wegen Minengefahr für die gesamte Schiffahrt. Die russischen Minen sollen deutsche Unterseeboote abschrecken.

18. Oktober, Sonntag

Der deutsche Reichskanzler Theobald von Bethmann Hollweg beauftragt Innenminister Clemens Delbrück und den Unterstaatssekretär im Auswärtigen Amt, Arthur Zimmermann, den künftigen staatsrechtlichen Status des von deutschen Truppen besetzten Belgien auszuarbeiten. Nach seiner Ansicht soll Belgien zu einem militärisch und wirtschaftlich vom Deutschen Reich abhängigen Staat werden (→ 9. 9. / S. 162).

19. Oktober, Montag

In Konstantinopel (heute Istanbul) erklärt die osmanische Regierung den Einsatz deutscher Mannschaften auf Kriegsschiffen des Osmanischen Reiches zur inneren Angelegenheit des Landes. Zuvor hatte es in dieser Angelegenheit einen Protest der britischen Regierung gegeben (→ 29. 10. / S. 176).

20. Oktober, Dienstag

An der deutschen Westfront beginnt die sog. erste Flandernschlacht. Bis zum 3. November scheitert der deutsche Versuch, die alliierten Truppen zu umfassen. Im Verlauf der Schlacht setzt die deutsche Oberste Heeresleitung vier Reservekorps mit unzureichend ausgebildeten, zum großen Teil jungen Freiwilligen ein, von denen Tausende ums Leben kommen (sog. Kinderkreuzzug; → 20. 10. / S. 175). → S. 174

In Berlin untersagt der deutsche Bundesrat deutschen Schuldnern sämtliche Zahlungen an Gläubiger aus Frankreich Die Maßnahme ist Teil eines sich verschärfenden Wirtschaftskrieges in Europa. → S. 177

21. Oktober, Mittwoch

In einer in Berlin abgehaltenen Unterredung weist der deutsche Innenminister Clemens Delbrück die Führer der im preußischen Landtag vertretenen Parteien auf eine bevorstehende Umorientierung der deutschen Innenpolitik hin. Mit grundsätzlichen verfassungs-, sozial- und wirtschaftspolitischen Veränderungen zielt diese Wende auf eine Integration von Arbeiterbewegung und SPD in Staat und Gesellschaft. → S. 180

Der osmanische Kriegsminister Enwer Pascha wird in Konstantinopel (heute Istanbul) zum stellvertretenden Oberbefehlshaber von Heer und Flotte ernannt. Als Führer der jungtürkischen Bewegung zählt er zu den einflußreichsten Politikern des Landes (→ 29. 10. / S. 176).

22. Oktober, Donnerstag

Bei der ersten Kriegssitzung des preußischen Landtages in Berlin fordert die SPD die Aufhebung des Dreiklassenwahlrechtes. Seit 1849 wird der preußische Landtag nach einem Verfahren gewählt, wobei die Einteilung der Wähler eines Bezirkes in drei nach dem Steueraufkommen differenzierte Klassen vorsieht, wobei jede Klasse über Wahlmänner ein Drittel der Abgeordneten wählt. Dadurch werden vor allem Bürgertum und Landadel privilegiert; Besitzlose sind dagegen erheblich benachteiligt (→ 21. 10. / S. 180).

In Wien verfügt die österreichisch-ungarische Regierung eine Beschlagnahme der Guthaben von Angehörigen feindlicher Staaten und eine Überwachung entsprechender Geschäftstätigkeit. Zugleich wird der internationale Wirtschaftskrieg durch ein Zahlungsverbot an britische und französische Gläubiger verschärft (→ 20. 10. / S. 177).

Die britische Regierung ordnet die Verhaftung aller im Land befindlichen deutschen, österreichischen und ungarischen Staatsbürger im wehrpflichtigen Alter an. Damit will sie deren möglichen Einsatz im Krieg verhindern.

23. Oktober, Freitag

Frankreich setzt den internationalen Wirtschaftskrieg mit der Schließung von Firmen fort, die sich im Besitz deutscher oder österreichisch-ungarischer Staatsangehöriger befinden (20. 10. / S. 177).

24. Oktober, Sonnabend

In einer in London veröffentlichten Mitteilung erklärt die britische Admiralität die Zerstörung des deutschen Kreuzergeschwaders zu einem der wichtigsten Ziele. Der unter dem Kommando des deutschen Admirals Maximilian Reichsgraf von Spee operierende Verband hat bisher 39 britische Handelsschiffe aufgebracht (→ 8. 12. / S. 206).

25. Oktober, Sonntag

In Berlin spricht sich eine Konferenz der Sozialistischen Arbeiterjugend gegen die Beteiligung an militärischen Jugendkompanien aus. Gleichzeitig lehnt sie jede einseitige militärische Erziehung ab (→ 20. 10. / S. 175).

Das US-amerikanische Repräsentantenhaus in Washington setzt eine Kommission zur Untersuchung des Zustandes der Truppen der Vereinigten Staaten ein. Damit soll auch die Möglichkeit eines eventuellen Engagements der USA im Weltkrieg überprüft werden.

In Frankfurt am Main wird die neue Universität eingeweiht. → S. 182

Auf einer öffentlichen Veranstaltung im Berliner Künstlerhaus wird der Gebrauch von Soldatenliedern während des Krieges propagiert. → S. 183

26. Oktober, Montag

In Berlin wird im Rahmen der Kriegsrohstoffgesellschaften (→ 13. 8. / S. 149) die sog. Kriegschemikalien AG gegründet. Die dem Weisungsrecht von Kriegsminister Erich von Falkenhayn unterstehende Gesellschaft übernimmt die Bewirtschaftung chemischer Rohstoffe. Gleichzeitig verkörpert ihr Leiter, der Chemiker Fritz Haber, ein charakteristisches Beispiel für die militärischen Zielen dienenden Arbeit deutscher Forscher während des Welkrieges. → S. 177

27. Oktober, Dienstag

Die deutschen und österreichisch-ungarischen Truppen beenden ihren Rückzug in Polen. Nach der Schlacht von Iwangorod (9. – 20. 10.) und dem Übergang der 2. und 4. russischen Armee mußte sich die 9. deutsche Armee nach Schlesien zurückziehen (→ 5. 10. / S. 176).

28. Oktober, Mittwoch

Das Kreisgericht von Sarajevo verkündet im Prozeß wegen des Attentats auf den österreichisch-ungarischen Thronfolger Franz Ferdinand am → 28. Juni (S. 88) die Urteile. Der Hauptangeklagte Gawrilo Princip erhält als Minderjähriger eine 20jährige Kerkerstrafe; fünf Personen werden zum Tod verurteilt. Eine Mitverantwortung der serbischen Regierung an dem Attentat kann das Gericht nicht nachweisen. → S. 179

29. Oktober, Donnerstag

Die unter deutschem Kommando stehende und mit ehemals deutschen Kreuzern operierende osmanische Marine greift russische Schwarzmeerhäfen an. Damit tritt das Osmanische Reich nach heftigen innenpolitischen Auseinandersetzungen an der Seite des Deutschen Reiches und Österreich-Ungarns in den Weltkrieg ein. → S. 176

30. Oktober, Freitag

Mit einer in der schweizerischen Tageszeitung »Berner Tagwacht« erscheinenden Erklärung protestieren oppositionelle deutsche Sozialdemokraten gegen die kriegsfreundliche Politik der SPD-Führung. Zu den Unterzeichnern gehören u. a. Rosa Luxemburg, Karl Liebknecht, Franz Mehring und Clara Zetkin (→ 10. 9. / S. 163).

31. Oktober, Sonnabend

Das von deutschen Truppen besetzte lothringische Erzbecken von Longwy-Briey wird unter deutsche Verwaltung gestellt. Bereits im August hatten Wirtschaftsführer im Deutschen Reich die Annexion des bedeutenden Rohstoffgebietes gefordert. → S. 180

Nach dem Kriegseintritt des Osmanischen Reiches (→ 29. 10. / S. 176) lösen Großbritannien, Frankreich und Rußland ihre jeweiligen Botschaften in der osmanischen Hauptstadt Konstantinopel (heute Istanbul) auf.

Das Wetter im Monat Oktober

Station	Mittlere Lufttemperatur (°C)	Niederschlag (mm)	Sonnenscheindauer (Std.)
Aachen	9,6 (10,0)	58 (64)	– (123)
Berlin	8,8 (8,8)	48 (58)	– (123)
Bremen	9,6 (9,4)	45 (47)	– (104)
München	8,1 (7,9)	28 (62)	– (130)
Wien	– (9,6)	47 (50)	– (118)
Zürich	8,5 (8,4)	31 (80)	109 (108)

( ) Langjähriger Mittelwert für diesen Monat
– Wert nicht ermittelt

Oktober 1914

Titelblatt der Architekturzeitschrift »Der Baumeister« vom Oktober 1914 mit der Baugewerkschule an der Berliner Kurfürstenstraße

Oktober 1914

Marktplatz von Mecheln mit belgischen Soldaten, die bei der Besetzung von Antwerpen in Gefangenschaft gerieten

Deutsche Truppen besetzen Antwerpen

9. Oktober. Deutsche Truppen marschieren in Antwerpen ein, dem bisherigen provisorischen Sitz der belgischen Regierung. Der belgische König Albert I. war mit seinem Kabinett am 7. Oktober nach Ostende übergesiedelt.

Unter dem Befehl des preußischen Generals Hans von Beseler begann das III. deutsche Reservekorps am 28. September mit der Beschießung der belgischen Festung. Da Beseler über nur schwache Kräfte und geringe Munitionsreserven verfügte, entschloß er sich, den Fortgürtel an einem einzelnen Punkt anzugreifen. Energischer Widerstand der belgischen Verteidiger – sie wurden auf Initiative des britischen Marineministers Winston Churchill von einer britischen Marinebrigade unterstützt – verhinderte jedoch einen raschen Sieg. Erst nach einem anhaltenden Beschuß mit schwerer Artillerie leiteten die alliierten Verteidigungstruppen am 6. Oktober ihren Rückzug ein. Mit dem Einmarsch in Antwerpen fallen der deutschen Armee für sie wichtige Rohstoffvorräte in die Hände.

Bereits Mitte September hatte der neue deutsche Generalstabschef und Kriegsminister Erich von Falkenhayn (→ 14. 9. / S. 166) die Besetzung des nordbelgischen Antwerpen befohlen. Die befestigte Stadt war zu einer immer stärkeren Bedrohung im Rücken der deutschen Truppen geworden, als sich die Frontlinie weiter nach Norden verlagerte. Zusätzlich steigerten Informationen über weitere Landungen britischer Truppen im Raum Ostende/Zeebrugge die Unsicherheit der deutschen Truppen.

Nach ihrem Rückzug aus Antwerpen gelingt es den belgischen Truppen unter König Albert I., Anschluß an die inzwischen eingetroffenen britischen Truppen zu finden.

Deutsche Infanteriesoldaten in den Schützengräben vor Antwerpen; mit Maschinengewehren eröffnen sie das Feuer auf belgische Stellungen

Zahllose Opfer bei Flandernschlacht

20. Oktober. An der Westfront beginnt die sog. erste Flandernschlacht. Bis zum 3. November scheitern unter verheerenden Verlusten deutsche Umfassungs- und Durchbruchsversuche gegen die alliierten Streitkräfte in Westbelgien.

»Wettlauf zum Meer«

Nach der deutschen Niederlage in der Marneschlacht (→ 9. 9. / S. 165) versuchten beide Seiten, im sog. Wettlauf zum Meer durch die Umfassung der gegnerischen Nordflanke den drohenden Stellungskrieg zu vermeiden. In der Schlacht bei Arras vom 2. bis 10. Oktober scheitern die deutschen Umfassungsversuche. Allerdings gelingt die Eroberung von Gent (12. 10.) und Brügge (14. 10.) sowie von Antwerpen (→ 9. 10. / S. 174). Am 15. Oktober erreichen deutsche Truppen bei Nieuwpoort die Küste.

Nach dem Plan des deutschen Generalstabschefs Erich von Falkenhayn sollen deutsche Truppen unter Aufbietung aller Reserven nördlich von Lille nach Westen vorstoßen, um anschließend westlich von Saint-Omer nach Süden zu schwenken und die gegnerischen Streitkräfte in der Flanke anzugreifen. In einer umstrittenen Entscheidung bildet Falkenhayn für die nach dem Scheitern der Blitzkriegsstrategie aus Sicht des deutschen Militärs entscheidenden Flandernoffensive eine neue 4. Armee, bestehend u. a. aus vier nur unzureichend ausgebildeten, teilweise aus Minderjährigen bestehenden Reservekorps (sog. Kinderkreuzzug; → 20. 10. / S. 175). Den zahlenmäßig überlegenen deutschen Truppen – die 4. Armee wird durch die 6. unterstützt – steht nach Beginn der Angriffe auf der Linie Yser-Ypernkanal eine durchlaufende, allerdings nur schwach gesicherte alliierte Front zwischen Lille und Kanalküste gegenüber. Unter enormen Menschenverlusten gelingt zwar der Übergang über die Yser; die deutschen Angriffe verlaufen sich jedoch, als am 29. Oktober belgische Truppen die Seeschleusen von Nieuwpoort öffnen und das Gelände unter Wasser setzen. Am 3. November ist die Offensive gescheitert (→ 10. 11. / S. 191).

Oktober 1914

OHL schickt deutsche Jugendregimenter in den Tod

20. Oktober. Als sog. Kinderkreuzzug geht die unter Einsatz zahlreicher, nur unzureichend ausgebildeter Kinder und Jugendlichen begonnene erste Flandernoffensive (→ 20.10. / S. 174) als Beispiel für die Auswirkungen des deutschen Militarismus in die Geschichte ein. Nach Beginn der Kämpfe schickt die deutsche Oberste Heeresleitung (OHL) unter Generalstabschef Erich von Falkenhayn Tausende von Kindern und Jugendlichen in immer neue Angriffswellen gegen einzelne Ortschaften in dem dichtbesiedelten, von Gräben und Kanälen durchzogenen Gebiet. Allein Dixmuide wird zwischen dem 21. Oktober und 10. November fast ununterbrochen angegriffen. Dabei werden die Angreifer scharenweise von gegnerischen Maschinengewehren getötet. Einer der Beteiligten erinnert sich: »Das war die Hölle, gradezu. Man glaubte, die Luft kocht, ... so stark war das Infanterie-, Maschinengewehrfeuer. Und die Flachbahngeschütze – die hauten dazwischen ... Man war ja teilweise in schwarzen Qualm eingehüllt durch die krepierenden Granaten ... Wir hörten das Rufen nach dem Sanitäter und Schreien und Stöhnen und keiner konnte helfen – die lagen da und verbluteten.« Zum Symbol für die sinnlos in den Tod geführten Jugendregimenter wird der Angriff auf das Dorf Bixschote bei Langemark am 10. November. Im offiziellen Heeresbericht heißt es: »Westlich Langemark brachen junge Regimenter unter dem Gesange ›Deutschland, Deutschland über alles‹ gegen die erste Linie der feindlichen Stellungen vor.« Militärstrategisch sinnlos, wird die Besetzung des Ortes in militaristischen Kreisen zu einem hochstilisierten Symbol für die »Opferbereitschaft« deutscher Jugendlicher und von rechten Gruppen propagandistisch ausgebeutet.

Deutsche Patrouille in der Nähe von Ypern (Flandern), wo deutsche Jugendliche zu Tausenden sterben

Massensterben in Flandern; Überlebende berichten von grauenhaften Erlebnissen (Bild v. J. Simont)

Reservekorps trotz Warnungen zum Fronteinsatz befohlen

Die für die Flandernschlacht neu formierte 4. deutsche Armee rekrutiert sich größtenteils aus vier Reservekorps, deren Aufstellung der deutsche Generalstabschef Erich von Falkenhayn in seiner Eigenschaft als Kriegsminister am 15. August angeordnet hatte. Sie umfassen jeweils rund 30 000 Mann und nehmen die zahlreichen Freiwilligen auf, die sich im Zuge der nationalistischen Propaganda im Deutschen Reich seit Kriegsbeginn gemeldet haben. Daher sind in den neuformierten Reservekorps Nicht-Ausgebildete in der Mehrzahl – unter ihnen viele Kinder und Jugendliche. Als untere Einstellungsgrenze gilt das 16. Lebensjahr. Der Mangel an geeignetem Personal wie auch an Ausrüstungsgegenständen verhindert nach Aufstellung der Korps eine genügende Unterweisung. Obwohl noch am 10. Oktober der Ausbildungsstand der Reservekorps bei einer Inspektion kritisiert wurde, hielt Falkenhayn an seinem Entschluß fest, die vier Reservekorps mit ihren insgesamt rund 120 000 Mann bei der Flandernoffensive einzusetzen. Selbst Generaloberst Herzog Albrecht von Württemberg, Oberbefehlshaber der 4. Armee, wandte sich gegen den Einsatz aller vier Reservekorps. Nach dem Ende der Flandernschlacht (→ 20.10. / S. 175) sprechen offizielle Schätzungen von rund 90 000 Toten auf deutscher Seite.

Der Kriegsbegeisterung unter vielen, vor allem bürgerlichen Jugendlichen – im August hatten sich u. a. zahlreiche Anhänger der Wandervogelbewegung freiwillig zum Kriegsdienst gemeldet – war eine durchgreifende Militarisierung der deutschen Gesellschaft vor 1914 vorausgegangen. Insbesondere der 1911 gegründete, halbstaatliche Jungdeutschlandbund trug zur wachsenden Kriegsbegeisterung unter Kindern und Jugendlichen bei.

Deutsche Jugendliche in Berlin; die zunächst gezeigte Begeisterung verflüchtigt sich nach ersten Kriegseinsätzen

Oktober 1914

Trotz unzureichender Ausrüstung zum militärischen Einsatz abkommandiert: Osmanische Kavallerieeinheit

Osmanisches Reich greift Rußland an

29. Oktober. Mit einem Angriff auf russische Schwarzmeerhäfen tritt das Osmanische Reich in den Weltkrieg ein. Die unter deutschem Oberbefehl stehende osmanische Flotte wird dabei von den ehemals deutschen Kreuzern »Goeben« und »Breslau« unterstützt.

Gegen den Widerstand einer Kabinettsminderheit hatte der osmanische Kriegsminister Enwer Pascha am 22. Oktober in Konstantinopel (heute Istanbul) eine Entscheidung für den Kriegseintritt auf deutscher Seite durchgesetzt. Den notwendigen Vorwand für den Angriff verschaffte ihm die Aufbringung eines russischen Minenlegers in osmanischen Gewässern. Am 2. November erklärt Rußland der Regierung in Konstantinopel den Krieg.

Noch vor Ausbruch des Krieges deutete sich trotz starken deutschen Einflusses in Konstantinopel (→ 13. 1. / S. 12) eine diplomatische Annäherung zwischen Rußland und dem Osmanischen Reich an (→ 11. 5. / S. 78). Schließlich jedoch setzte sich der als deutschfreundlich geltende Enwer Pascha durch. Er übermittelte am 22. Juli dem deutschen Botschafter in Konstantinopel, Hans Freiherr von Wangenheim, den Wunsch seiner Regierung auf Anschluß an den Dreibund (Deutsches Reich, Österreich-Ungarn, Italien). Am 2. August wurde ein gegen Rußland gerichteter Geheimvertrag unterzeichnet. Nach Beginn des Krieges blieb das Osmanische Reich zunächst in bewaffneter Neutralität. Enwers innenpolitische Gegner verwiesen auf die bei der osmanischen Armee noch nicht überwundenen Folgen der Balkankriege 1912/13, die einen militärischen Einsatz sinnlos erscheinen ließen. Dann aber bewirkte u. a. der Einfluß der von General Otto Liman von Sanders geleiteten, seit dem 14. Dezember tätigen deutschen Militärmission im Osmanischen Reich den Kriegseintritt. Allerdings erweist sich die osmanische Armee in ihrer technischen Ausrüstung nun tatsächlich als nur sehr bedingt einsatzbereit.

Deutsche Kreuzer in Osmanenflotte

29. Oktober. Die beiden ehemals deutschen Kreuzer »Goeben« und »Breslau« – sie sind am Angriff des Osmanischen Reiches auf Rußland maßgeblich beteiligt – liefen am 10. August in den Hafen von Konstantinopel (heute Istanbul) ein und gingen formal in den Besitz des Osmanischen Reiches über. Die Übernahme kam auf deutschen Druck hin zustande. Der Kommandant des Kleinen Kreuzers »Breslau« und des Großen Kreuzers »Goeben«, Vizeadmiral Wilhelm Souchon, wird gleichzeitig Befehlshaber der osmanischen Flotte.

Der Kleine Kreuzer »Breslau« floh – ebenso wie die »Goeben« – nach Ausbruch des Krieges vor alliierten Einheiten nach Konstantinopel

Essad Pascha wird Staatspräsident

12. Oktober. Nachdem Fürst Wilhelm I. ins Exil gegangen ist (→ 3. 9. / S. 166), wird der albanische General und Politiker Essad Pascha Toptani neuer Staatspräsident von Albanien. Der einflußreiche, auf moslemische Bevölkerungsgrup-

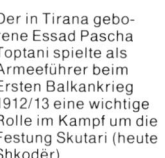

Der in Tirana geborene Essad Pascha Toptani spielte als Armeeführer beim Ersten Balkankrieg 1912/13 eine wichtige Rolle im Kampf um die Festung Skutari (heute Shkodër)

pen gestützte Essad gilt als politischer Gegenspieler von Wilhelm I. Praktisch bleibt seine Amtsübernahme aber ohne große Bedeutung; bereits im Oktober werden Teile Albaniens von Griechenland und Italien besetzt. Im Februar 1916 muß Essad wegen seiner serbenfreundlichen Haltung das Land verlassen.

Russischer Vorstoß über die Weichsel

5. Oktober. Die 2. und 4. russische Armee beginnen nördlich der oberen Weichsel mit einer Offensive gegen die in Südpolen operierenden deutsch-österreichisch-ungarischen Verbände. Im Verlauf der Schlacht bei Iwangorod (9. – 20. 10.) überschreiten sie die Weichsel und zwingen die 9. deutsche Armee zum Rückzug nach Schlesien.

Zur Vorbereitung der Offensive hatte die russische Heeresleitung ihre 4. Armee von Galizien (→ 11. 9. / S. 167) an die Weichsel verlegt und die Hauptkräfte der 2. Armee bei Warschau versammelt. Die russische Offensive zielt auf einen Durchbruch auf deutsches Territorium und führt – neben dem Rückzug deutscher Truppen – zu einer schweren Niederlage der 1. österreichisch-ungarischen Armee.

Der russische Vormarsch an der Ostfront verschlechtert die militärische Lage für das Deutsche Reich und Österreich-Ungarn erheblich und sorgt innerhalb der deutschen Heeresführung für Kontroversen über die Fortsetzung des Krieges (→ 1. 11. / S. 190).

Flugzeuge werden zur Aufklärung benutzt

Flugzeuge kamen erstmals 1911 beim italienischen Libyenfeldzug zum Einsatz. Zu Beginn des Weltkrieges liegt die Hauptaufgabe der Fliegertruppen in der operativen Fernaufklärung. Sie bleibt von Bedeutung, solange der Krieg als sog. Bewegungskrieg geführt wird. Mit Beginn des Stellungskrieges (→ 10. 11. / S. 191) erlangt die taktische Luftaufklärung (Nah- und Grabenerkundung) eine überragende Rolle. Nach dem Einbau geeigneter Funkgeräte übernehmen Militärflieger zunehmend auch die Lenkung der Artillerie, während ihr Einsatz als Bomber 1914 noch von untergeordneter Bedeutung ist. In Frankreich entstehen 1914/15 speziell für den Luftkampf konstruierte sog. Jagdeinsitzer, da die Flugabwehr vom Boden aus nur wenig erfolgreich ist. Allgemein zeigt sich Ende 1914 erstmals, wie groß der Einfluß der Luftherrschaft auf die Bodenkämpfe ist.

Gepanzerter französischer Eindecker mit zwei Mann Besatzung; auf dem Vordersitz der Schütze mit einem Schnellfeuergewehr; das französische Kriegsministerium plant 1914 den Bau weiterer gepanzerter Flugzeuge

Wirtschaftskrieg gewinnt an Härte

20. Oktober. Der deutsche Bundesrat in Berlin untersagt in einer Verordnung sämtliche Zahlungen deutscher Schuldner an Gläubiger aus Frankreich. Zusammen mit einem Zahlungsverbot an britische Gläubiger vom 30. September weist die Maßnahme auf die immer stärkeren Auswirkungen des Weltkrieges auf den internationalen Finanz- und Handelsverkehr hin.

Am 22. Oktober erläßt auch die österreichisch-ungarische Regierung ein Zahlungsverbot an britische und französische Gläubiger. Sie begründet diesen Schritt mit einem Erlaß des französischen Justizministers Aristide Briand, der die Beschlagnahme feindlichen Vermögens in Frankreich vorsieht.

Die einzelnen Maßnahmen sollen den Abfluß von Kapital zu den jeweiligen Kriegsgegnern verhindern. Im Deutschen Reich dienen außerdem finanzrechtliche Vorschriften, u. a. zum Aufschub von Zahlungspflichten, der Kapitalsicherung nach Kriegsausbruch.

Streit um verbotene Dumdum-Geschosse

2. Oktober. Die österreichisch-ungarische Regierung dementiert in einer an alle neutralen Staaten gerichteten Verbalnote die Verwendung sog. Dumdum-Geschosse in ihrer Armee. Die Stellungnahme der Regierung in Wien ist vorläufiger Höhepunkt in einem diplomatischen Streit um die völkerrechtlich verbotene Munition.

Serbien hatte Österreich-Ungarn die Verwendung von Munition vorgeworfen, die zu 20% Explosivpatronen enthält und beim Menschen unheilbare Wunden bewirkt. Bereits Anfang September hatte das Deutsche Reich – gedacht auch als Propagandaaktion gegenüber den neutralen Staaten – Frankreich sowie Großbritannien den Einsatz von Dumdum-Munition unterstellt. Beide Staaten verwahrten sich am 6. bzw. 22. September gegen diese Behauptungen.

Die nach ihrem ersten Herstellungsort, der indischen Stadt Dumdum, benannte Munition ist wegen ihrer sprenggeschoßartigen Wirkung seit dem Jahr 1868 völkerrechtlich verboten.

Chemiker fördern Waffenerzeugung

26. Oktober. Auf Initiative des deutschen Chemikers Fritz Haber wird in Berlin die sog. Kriegschemikalien AG gegründet. Sie ist ein charakteristisches Beispiel für die militärischen Interessen dienende Arbeit deutscher Wissenschaftler.

Die dem Weisungsrecht des preußischen Kriegsministeriums unterstellte Kriegschemikalien AG übernimmt als eines der sog. Kriegsmonopole (→ 13. 8. / S. 149) die zentrale Bewirtschaftung chemischer Rohstoffe im Krieg. Zugleich sichert der Staat den 20 angeschlossenen Unternehmen u. a. die Abnahme ihrer Produktion zu und finanziert Investitionen. Zusammen mit dem deutschen Chemiker Carl Bosch entwickelt Fritz Haber als Leiter der Kriegschemikalien AG ein Verfahren zur synthetischen Herstellung von Stickstoff. Es sichert dem deutschen Militär im Verlauf des Krieges die Versorgung mit Munition. Privatwirtschaftlichen Nutzen aus der Munitionsproduktion zieht u. a. das im Jahr 1916 errichtete Ammoniakwerk Merseburg GmbH (später Leunawerke).

Dumdum-Geschosse (r. ein Modell aus dem Jahr 1906, l. daneben drei im Weltkrieg verwendete Geschosse); Einkerbungen an der Spitze bewirken grausame Verwundungen (ganz l. eine Originalverpackung für Dumdum-Munition)

Oktober 1914

Feldtelefone dienen der raschen Übermittlung von Informationen; die deutsche Armee verzeichnet auf diesem Gebiet noch erhebliche Defizite

Deutsche Truppen verlegen auf einem Brückensteg bei Nieuwpoort Kabel für eine Telefonleitung, die zu einem Artillerie-Beobachtungsstand führt

Ein versenktes Luftschiff-Abwehrgeschütz, installiert auf dem Deck eines deutschen Torpedobootes

Nach Öffnen des Geschützschachtes ist das schwenkbare Luftschiff-Abwehrgeschütz zum Einsatz bereit

Verstärkt Artillerie für Festungskampf

Der Weltkrieg ist von Beginn an durch den Einsatz zahlreicher neuer technischer Kampfmittel gekennzeichnet. Damit erhält die Technik eine immer wichtigere Funktion für die Kriegsführung. Auffallend ist die im Vergleich zu früheren Kriegen erhöhte Feuerkraft von Infanterie und Artillerie. So gibt es zu Beginn des Krieges im deutschen Heer bereits 2400 Maschinengewehre; sie wurden – seit der Entwicklung erster brauchbarer Modelle 1883/84 – durch die Ausnutzung des Rückstoßes zum automatischen Laden und Feuern in ihrer Handhabung teilweise erheblich verbessert.

Neben den Automatikfeuerwaffen wird die Entwicklung schwerer Geschütze forciert. Ein neuer, von den Essener Kruppwerken entwickelter 42-cm-Mörser (»Dicke Bertha«, benannt nach Bertha Krupp von Bohlen und Halbach) bildet zusammen mit einem 38-cm-Mörser die schwere Belagerungsartillerie beim deutschen Angriff auf Lüttich (→ 4. 8. / S. 140). Für den Festungskampf in den ersten Kriegsmonaten aufgrund eines Geschoßgewichtes von 900 kg und einer Schußweite von rund 10 km noch geeignet, verliert die »Dicke Bertha« aber mit dem Ende der Festungskämpfe an Durchschlagskraft. Insgesamt verfügen das Deutsche Reich, Rußland, Frankreich und Großbritannien 1914 über rund 24 000 Geschütze.

Ein deutsches Motorboot startet zur Fahrt in den Ärmelkanal; das Boot ist nur mit einem Maschinengewehr bewaffnet; mit seiner Ausrüstung wird es vor allem zu Aufklärungszwecken in Küstenregionen eingesetzt

Attentats-Prozeß beendet

28. Oktober. Das Kreisgericht Sarajevo verkündet die Urteile im Prozeß wegen des Attentats auf den österreichisch-ungarischen Thronfolger Erzherzog Franz Ferdinand am → 28. Juni (S. 88).

Als Hauptattentäter wird der 19jährige Gymnasiast und bosnische Nationalist Gawrilo Princip zu 20 Jahren Kerker verurteilt. Wegen seines Alters ist die Verhängung der Todesstrafe dem Gericht nicht möglich. Zwei weitere bosnische Nationalisten, der 19jährige Schriftsetzer Nedeljko Cabrinovic und der 18jährige Schüler Trifko Grabez, erhalten die gleiche Strafe. Fünf Personen werden zum Tode verurteilt mit der Begründung, sie hätten als Kontaktpersonen mitgewirkt. Die übrigen der insgesamt 22 Angeklagten erhalten Freiheitsstrafen oder werden freigesprochen.

Der Prozeß unter Leitung des dalmatinischen Oberlandesgerichtsrates Alois von Curinaldi hatte am 12. Oktober begonnen. Nach Ansicht des Gerichtes verfügten die Angeklagten über Verbindungen zu serbischen Organisationen; die von der österreichisch-ungarischen Regierung behauptete Beteiligung der serbischen Regierung an dem Attentat bleibt jedoch unbewiesen. Zwei der zum Tode Verurteilten werden am 26. Januar 1915 begnadigt, die übrigen am 3. Februar 1915 hingerichtet.

Der Abwehr von Ballons dient diese auf einem Kfz angebrachte sog. Erhardtsche 7,5-cm-Kanone, die von deutschen Truppen verwendet wird

Das neue Kriegsluftschiff Schütte-Lanz II: Aus Mangel an Rohstoffen muß bei der Konstruktion des Gerüsts statt Aluminium Holz verwendet werden

Die Hauptangeklagten in der ersten Reihe: Gawrilo Princip (3. v. l.), l. daneben Cabrinovic und Trifko Grabez

Karl I. von Rumänien stirbt

10. Oktober. Auf Schloß Peles bei Sinaia (Südkarpaten) stirbt der rumänische König Karl I. im Alter von 75 Jahren. Sein 1889 adoptierter Neffe tritt als Ferdinand I. die Nachfolge des Monarchen an.

Als Todesursache wird auf Schloß Peles, der Sommerresidenz der rumänischen Könige, Herzversagen angegeben. In einem Nachruf des »Bukarester Tageblattes« heißt es u. a.: »Seine Klugheit und Festigkeit, seine durchdringende Einsicht, seine überwältigende persönliche Autorität waren Bürgschaft dafür, daß er das Land durch alle Klippen und Gefahren in den sicheren Hafen [geleitet hat]«.

Karl I. (eigtl. Karl Eitel Friedrich Zephyrin von Hohenzollern) wurde am 20. April 1839 in Sigmaringen geboren. Verheiratet mit Carmen Sylva (Dichtername der Königin Elisabeth von Rumänien) und seit 1866 bereits Fürst von Rumänien, bestieg er 1881 den Königsthron. Er setzte sich für die Modernisierung des Landes ein; außenpolitisch näherte er sich zunächst dem Dreibund (Assoziierung 1883), später der Tripelentente (→ 14. 6. / S. 93).

Sein 49jähriger Nachfolger Ferdinand I., Sohn Leopolds von Hohenzollern-Sigmaringen, wurde 1889 als Thronerbe von dem kinderlosen Karl I. adoptiert. 1913 führte er die rumänischen Armee in den Zweiten Balkankrieg.

Diese 15,2-cm-Geschütze gehören zu britischen Kanonenbooten, die zunächst für Brasilien gebaut, mit Kriegsbeginn aber übernommen wurden

Französisches Erz in deutschem Besitz

31. Oktober. Das von deutschen Truppen besetzte lothringische Erzbecken Longwy-Briey wird unter deutsche Verwaltung gestellt. Die Annexion der bedeutenden französischen Rohstoffvorkommen zählt zu den wichtigsten deutschen Kriegszielen im Westen.

Bereits im sog. September-Programm von Reichskanzler Theobald von Bethmann Hollweg (→ 9. 9. / S. 162) steht das seit August vom Deutschen Reich besetzte Erzbecken von Longwy-Briey im Zentrum der deutschen Kriegsziele. Schon am 26. August hatte Bethmann Hollweg den preußischen Innenminister Clemens Delbrück angewiesen, Informationen über die Ausdehnung der Erzlager im französischen Lothringen und den Umfang der deutschen Kapitalbeteiligung einzuholen. Der Eisen- und Stahlindustrielle August Thyssen hatte sich am 21. August in einer Eingabe an Bethmann Hollweg für eine Annexion von Longwy-Briey ausgesprochen, ebenso wie am 31. August Louis Röchling, der Vorsitzende des Stahlwerksverbandes. Bereits vor dem Krieg engagierte sich angesichts der Rohstoffvorkommen deutsches Bergbaukapital in großem Stil bei den französischen Unternehmen von Longwy-Briey.

Die Karte zeigt, wie dicht das Erzbecken von Longwy-Briey an der Grenze zu Belgien und Luxemburg liegt; Longwy ist das Zentrum der nördlichen lothringischen Eisenerzregion; es ist seit 1679 französisch. Briey, das 1680 zu Frankreich kam, liegt dagegen mehr am Rand des Beckens von Longwy-Briey

Die Verbreiterung der deutschen Rohstoffbasis durch die Einverleibung der westlich angrenzenden Erzgebiete ist ein Hauptanliegen der deutschen Schwerindustrie. Dabei spielt der Centralverband Deutscher Industrieller als Repräsentant der rheinischen Schwerindustrie eine führende Rolle. Ebenso wie Bethmann Hollweg sieht er darin eine Möglichkeit, die französische und belgische Industrie in ihrem Erzbezug vom Deutschen Reich abhängig zu machen und so in ihrer Konkurrenzfähigkeit erheblich zu beeinträchtigen. Im weiteren Verlauf des Krieges wird das der Obersten Heeresleitung unterstellte Erzbecken unter Federführung der Kriegsrohstoffgesellschaften (→ 13. 8. / S. 149) für Zwecke der deutschen Kriegswirtschaft ausgebeutet. Zwischen 1914 und 1917 beträgt die Gesamtmenge des geförderten Eisenerzes in Longwy-Briey rund 7,2 Millionen t.

Nationalliberale Flugschriftenreihe

1. Oktober. In Berlin erscheint die erste Nummer der politischen Zeitschrift »Der deutsche Krieg«. Die von dem deutschen Politikwissenschaftler Ernst Jäckh herausgegebene Flugschriftenreihe gilt als führendes Organ nationalliberaler Publizisten und vertritt eine Politik deutschen Weltmachtstrebens.

Das erste Heft der sich an eine breite Öffentlichkeit wendenden Reihe enthält einen programmatischen Beitrag des Publizisten Paul Rohrbach mit dem Titel »Warum es der deutsche Krieg ist«. Im Zentrum seiner Ausführungen steht der Gedanke, daß der gegenwärtige Krieg den Durchbruch des Deutschen Reiches zur Weltmacht bringen werde. Die Zeitschrift ist das Sprachrohr einer einflußreichen Gruppe nationalliberaler Politiker, Professoren und Wirtschaftsführer (u. a. Max Weber, Friedrich Naumann und Albert Ballin), die grundsätzlich die Politik des deutschen Reichskanzlers Theobald von Bethmann Hollweg unterstützen (→ 9. 9. / S. 162). In ihrer Verbindung von Intellekt, Wirtschaft und Regierungspolitik sind sie – im Vergleich zu den Alldeutschen (→ 28. 8. / S. 149) – charakteristisch für die moderne Form deutschen Machtstrebens.

Bethmann Hollweg konzipiert eine neue Innenpolitik

21. Oktober. Der deutsche Innenminister Clemens Delbrück informiert die im preußischen Abgeordnetenhaus vertretenen Parteien über eine bevorstehende Neuorientierung der deutschen Innenpolitik. Deren wichtigste Punkte sind die Integration von Arbeiterbewegung und Sozialdemokratie in Staat und Gesellschaft sowie eine Wahlrechtsänderung in Preußen.

Das von Reichskanzler Theobald von Bethmann Hollweg konzipierten »Programm der Neuorientierung« – so der Titel des Referentenentwurfes vom Oktober 1914 – zielt auf verfassungs-, sozial- und wirtschaftspolitische Veränderungen. Bethmann Hollweg strebt u. a. eine Reform des preußischen Dreiklassenwahlrechts durch Einführung des geheimen und unmittelbaren Wahlrechts an, ohne allerdings das Klassenwahlrecht grundsätzlich anzutasten. Das Programm der Neuorientierung sieht weiterhin die Öffnung der Beamtenlaufbahn für breitere Schichten, die Aufhebung der Ausnahmevorschriften gegen Katholiken (sog. Jesuitengesetz) und Polen (sog. Enteignungs- und Sprachenparagraph), den Ausbau der sog. Koalitionsfreiheit (→ 13. 1. / S. 17) u. a. m. vor.

Politisch zielt das Programm auf die Integration von SPD und Arbeiterbewegung in das monarchische System. Bereits im September hatte Bethmann Hollweg vorgeschlagen, den innenpolitischen »Burgfrieden« nach Beginn des Krieges (→ 4. 8. / S. 136) zur Konsolidierung von Staat und Gesellschaft auszunutzen (→ 19. 9. / S. 163).

Vor allem rechte SPD-Politiker wie Eduard Heinrich Rudolph David und Max Cohen-Reuß äußerten sich in ersten Kontakten mit Delbrück zur Frage der Umorientierungspolitik am 24. August und am

Theobald von Bethmann Hollweg ist seit 1909 Reichskanzler

2. Oktober positiv. Sie bestehen allerdings auf einer Abschaffung des die Sozialdemokraten diskriminierenden preußischen Dreiklassenwahlrechts. Bereits in der ersten Kriegssitzung des preußischen Abgeordnetenhauses in Berlin am 22. Oktober wirft der Sozialdemokrat Paul Hirsch der Regierung vor, noch keinen Entwurf zur Wahlrechtsreform eingebracht zu haben. Nachdem am 6. November auch die im deutschen Reichstag vertretenen Fraktionen von Delbrück über das Programm der Umorientierung informiert werden, erklärt sich der SPD-Vorstand mit Rücksicht auf den innenpolitischen Frieden zu einem vorläufigen Verzicht auf weitere öffentliche Diskussionen zu diesem Thema bereit.

Heftig bekämpft wird die Neuorientierungspolitik von den preußischen Konservativen. Trotz wirtschaftspolitischer Zugeständnisse im Agrarbereich (z. B. Getreidehandelsmonopol) beharren sie auf dem Dreiklassenwahlrecht, das damit ins Zentrum der künftigen Auseinandersetzungen um die neue Innenpolitik rückt.

Essen und Trinken 1914:
Lebensmittelknappheit im Krieg verschärft die soziale Not

Die durch den Krieg entstandenen Engpässe bei Nahrungsmitteln führen zu einer veränderten Einstellung in Ernährungsfragen. Die Not zwingt viele Menschen zu einer Beschränkung auf das Nötigste und zu Vorratswirtschaft. Zahlreiche Artikel in den deutschen Tageszeitungen greifen diese Situation auf und geben praktische Hinweise für den »kriegsgerechten« Umgang mit Lebensmitteln. Dabei wird insbesondere auf die Bedeutung der Vorratswirtschaft hingewiesen. So fordern Ernährungswissenschaftler beispielsweise ein verstärktes Konservieren von Obst und Gemüse für die kritische Winterzeit.

Der Speiseplan einer Kriegsküche
1. 10.: Kartoffelsuppe, Suppenkraut
2. 10.: Kartoffelsuppe mit Hering (zwei Stück)
3. 10.: Weißkohl (mit Talgeinbrenn)
4. 10.: Kartoffelpuffer
5. 10.: Zwei Pfund Mohrrüben (mit Talg)
6. 10.: Reissuppe, zwei Bouillonwürfel
7. 10.: Bratkartoffeln mit Würstchen
8. 10.: Mehlsuppe
9. 10.: Kartoffeln mit Hering
10. 10.: Kartoffeln mit Speckstippe
11. 10.: Kohlrüben (mit Talg)
12. 10.: Brotsuppe
13. 10.: Weißkohl (mit Talg-Einbrenn)
14. 10.: Milchreis, ein halber Liter Milch

Besonders spürbar ist die Verknappung der Grundnahrungsmittel bei Getreideprodukten. Daher verordnet der deutsche Bundesrat am 28. Oktober die Beimischung von Roggen- und Kartoffelmehl bei der Gebäckherstellung. Mehr Aufsehen in der Öffentlichkeit erregt der administrative Versuch, die Ausgabe von Brot als Beilage zu Mahlzeiten in Berliner Restaurationsbetrieben einzuschränken. Während der Verein Berliner Gastwirte insgesamt entsprechende Maßnahmen – u. a. die gesonderte Bezahlung des traditionell kostenlos gereichten Brotes – begrüßt, wenden sich einzelne Betriebe gegen diese Eingriffe in »alte Sitten«. Auch das Publikum reagiert mit Verärgerung auf die sog. Brotkorbverordnung. Die Schätzungen über die Einsparungen im Brotverbrauch schwanken Ende 1914 zwischen 5 und 20%. Zu Beginn des folgenden Jahres wird dann das sog. K-Brot (Kriegsbrot oder Kartoffelbrot) eingeführt.

In den Arbeitervierteln der Großstädte, wo bereits in der Vorkriegszeit ein Teil der Bevölkerung unter dem Existenzminimum lebte, nimmt die Lebensmittelnot weiter zu. Die sozialdemokratische Zeitung »Vorwärts« berichtet am 8. September über die Versorgung mit Fleisch in Berliner Arbeitergebieten: »Nicht nur in den versteckten Winkeln der Hinterhäuser grinst das Gespenst des Elends. Auch auf der Straße, in voller Öffentlichkeit machen sich bereits deutliche Zeichen eines drückenden Notstands bemerkbar. So herrscht zur Zeit eine außerordentlich starke Nachfrage nach dem minderwertigen Fleisch, welches zu verhältnismäßig billigen Preisen an der Freibank des städtischen Schlachthofes verkauft wird ... Wir sahen um die Mitternachtsstunde etwa hundert Personen der Eröffnung der Freibank harren. Die Ärmsten opfern ihre Nachtruhe, um ein Stück der hier feilgebotenen Ware zu erlangen, ... fröstelnd in der herbstlich kühlen Nachtluft ... Beim Einkauf spielen Glück und Gunst eine Rolle. Eine Auswahl haben die Käufer nicht. Was der Verkäufer gibt, muß man nehmen. Und trotzdem der ungeheure Andrang. Man opfert die Nachtruhe, um für 45 bis 55 Pfennig ein Pfund Fleisch zu kaufen, welches nur unter besonderen Vorsichtsmaßregeln zur menschlichen Nahrung geeignet ist. Und doch sind die Leute, die sich nach der Freibank drängen, noch nicht auf der tiefsten Stufe des Elends angelangt. Bei Tausenden reicht es nicht einmal zu minderwertigem Fleisch. Sie müssen unter dem Druck der Not auf jeden Fleischgenuß verzichten.«

Die Lebensmittelpreise steigen unmittelbar nach Kriegsausbruch rapide an. Bereits im August setzt der Berliner Magistrat eine Kommission zur Überwachung der Lebensmittelpreise ein. Obwohl diese am 24. August einen leichten Rückgang der hohen Preise feststellt, verschlechtern die Preissteigerungen die Versorgung der Bevölkerung mit Lebensmitteln während der Kriegszeit zusätzlich. Zwar beschweren sich zahlreiche Einwohner der Stadt über die emporschnellenden Preise, eine vollständige amtliche Preiskontrolle ist jedoch aufgrund des regen Schwarzmarkthandels nicht möglich. Auch die Androhung hoher Strafen kann diesen nicht unterbinden.

◁△ *Lager einer deutschen Feldbäckerei; Feldküche und Feldbäckerei gehören zu den ständigen Begleitern der an die Front geschickten Truppeneinheiten*

△ *Das Einkochen von Früchten – hier für ein Lazarett – hilft, die schlechte Versorgung mit Lebensmitteln im Deutschen Reich zumindest zeitweilig zu überbrücken*

◁ *Besonders in den deutschen Großstädten leidet die Bevölkerung unter der Lebensmittelkrise; daher werden in Berlin sog. Hilfsküchen für Notleidende eröffnet*

Oktober 1914

Unter der Überschrift »Die Stars am Opernhimmel« kündigt die »Illustrated London News« in ihrer Ausgabe vom 25. April die neue Opernsaison an

Londoner Covent Garden versammelt zahlreiche internationale Opernstars

Zahlreiche Stars der internationalen Opernszene treten während der vom 20. April bis zum 27. Juli dauernden Opernsaison im Londoner Covent Garden auf.
Für das größte Aufsehen sorgt der 41jährige italienische Tenor Enrico Caruso. Seit 1903 an der Metropolitan-Oper in New York engagiert, beweist der weltberühmte Caruso auf Gastspielreisen in Europa seine Stellung als führender Tenor seiner Zeit.
Die australische Sopranistin Dame Nellie Melba (eigtl. Helen Mitchell) singt seit 1913 an der Oper von Chicago.
Über eine ungewöhnlich breite Ausdrucksskala verfügt die in Prag geborene Sopranistin Emmy Destinn (eigtl. Emmy Kittl). Louise Kirkby-Lunn – eine britische Altistin – gab ursprünglich ihre Karriere zugunsten einer Heirat auf, bevor sie 1901 auf die Bühne zurückkehrte. Der italienische Tenor Giovanni Martinelli feierte bereits 1912 sensationelle Erfolge in London. In der britischen »Parsifal«-Premiere im Covent Garden (→ 1. 1. / S. 26) singt Eva von der Osten, Sopranistin wie die Kanadierin Marie-Louise Edvina, die Partie der »Kundry«.

M. Kusnezow als Potiphars Frau in Strauss' Ballett »Josephslegende«

Richard Strauss (r. seine Frau, früher bekannt als Pauline de Ahna)

Der berühmte russische Sänger F. J. Schaljapin tritt in London auf

Musik 1914:
Moderne auf dem Vormarsch

Musikhistorisch findet die Entwicklung der freien Tonalität 1914 einen vorläufigen Abschluß. Sie markiert einen ähnlichen Wendepunkt wie etwa die Stabilisierung des Dur-Moll-Schemas um 1600. Bedeutendster Gegenspieler der »neuen« Musik bleibt der deutsche Komponist Richard Strauss.

Als Vorkämpfer atonaler Musik gilt der Österreicher Arnold Schönberg. Seit 1909 löst er sich mit expressiven, knapp formulierten Kompositionen von der auf ein tonales Zentrum gerichteten Harmonik. Seine Schaffensperiode der sog. freien Atonalität – begonnen 1909 mit den »Drei Klavierstücken« op. 11 – wird bis zum Ausbruch des Weltkrieges mit einem Klavierstück (op. 19), dem bedeutsamen Melodram »Pierrot Lunaire« (op. 21) und vier Orchesterliedern (op. 22) abgerundet. Damit trägt der am 13. September 1874 in Wien geborene und seit 1911 am Sternschen Konservatorium in Berlin lehrende Schönberg – Inspirator der sog. Neuen Wiener Schule – entscheidend zur Entwicklung der Musik im 20. Jahrhundert bei.

Der Durchbruch der atonalen Musik verläuft im übrigen parallel zu vergleichbaren, stilgeschichtlich als Expressionismus gekennzeichneten Entwicklungen in Literatur und Malerei, deren herausragendes Merkmal die Auflösung konventioneller Formen ist.

Mit dem österreichischen Komponisten Alban Berg verfaßt einer der bedeutendsten Schönberg-Schüler im Sommer und Herbst 1914 sein symphonisches Hauptwerk »Drei Orchesterstücke« op. 6. Entstanden unter dem Eindruck politischer Krisen und militärischer Auseinandersetzungen, wirken sie als prophetische Untergangsvision. Noch während der Arbeit an diesem von synkopischen Rhythmen geprägten Werk entwickelt Alban Berg erste Pläne für seine 1921 vollendete Oper »Wozzeck« (Uraufführung 1925); das Werk basiert auf dem 1914 erstmals in Wien aufgeführten Dramenfragment »Woyzeck« von Georg Büchner.

Neben Berg zählt der 31jährige Anton von Webern – ebenfalls Österreicher – zu den bedeutendsten Schönberg-Schülern. 1914 endet seine erste Schaffensperiode (Werkgruppe op. 1 bis op. 11; begonnen 1907/08), in der Weberns Entwicklung vom spätromantischen zum atonalen Komponisten deutlich wird. Charakteristisch ist die aphoristische Kürze seiner Werke.

Zu den populärsten Erneuerern der Musik vor dem Weltkrieg zählt der Russe Igor Strawinski. Die am → 26. Mai (S. 83) uraufgeführte frühe Oper »Die Nachtigall« ist Bestandteil seines von der russischen Romantik beeinflußten expressiven Frühwerks. Kurz vor Ausbruch des Krieges betritt der am 17. Juni 1882 in Oranienbaum (Lomonossow) geborene Strawinski zum letzten Mal russischen Boden; den Krieg erlebt er in der neutralen Schweiz.

Stärker beeinflußt von der Erfahrung des Krieges werden die französischen Impressionisten Claude Debussy und Maurice Ravel. Debussy empfindet den Krieg als ein Ereignis von unfaßbarer Brutalität; die »kriegerischen« Rhythmen in den 1915 entstandenen Klavierstücken »Blanc et noir« zeugen davon. Sein Landsmann Maurice Ravel erlebt den Krieg als freiwilliger Soldat. Sein ernster zeremonieller Klavierzyklus »Le tombeau de Couperin« (1914–1917) ist ein Epitaph für die Toten des Krieges; die einzelnen Sätze sind Ravels gefallenen Freunden gewidmet.

Bedeutendster konservativer Gegenspieler der Neuerer in der Opern- und sinfonischen Musik ist der deutsche Komponist und Dirigent Richard Strauss, seit 1908 Generalmusikdirektor an der Berliner Oper. Seine am 14. Mai 1914 in Paris uraufgeführte »Josephslegende« ist das letzte große Ballettereignis vor dem Ausbruch des Krieges. Gilt es innerhalb des Schaffens von Strauss eher als Intermezzo, so zählt die 1914 begonnene, zusammen mit dem österreichischen Dichter Hugo von Hofmannsthal verfaßte Oper »Die Frau ohne Schatten« zu seinen bedeutendsten Werken (vollendet 1917).

Als ein Konservativer im musikhistorischen Sinn gilt auch der österreichische Komponist Franz Schmidt mit seiner Oper »Notre Dame« (→ 1. 4. / S. 70).

Szenenbild (zweiter Akt) aus der Uraufführung von Ermanno Wolf-Ferraris »Der Liebhaber als Arzt« im Königlichen Opernhaus Berlin

Felix von Weingartners Oper »Kain und Abel« wird in Darmstadt uraufgeführt (Szenenbild); der Österreicher ist vor allem als Dirigent bekannt

Erstaufführung einer Neuübersetzung von Mozarts Oper »Don Juan« in der Dresdener Oper (dritte Szene, erster Akt; 3. v. r.: Richard Tauber)

November 1914

Mo	Di	Mi	Do	Fr	Sa	So
						1
2	3	4	5	6	7	8
9	10	11	12	13	14	15
16	17	18	19	20	21	22
23	24	25	26	27	28	29
30						

1. November, Sonntag

Innerhalb der deutschen Heeresführung wird die neue Kommandostelle Oberbefehlshaber Ost (sog. Oberost) gebildet. Sie ist für einen Teil der Ostfront zuständig. Unter Leitung von Generaloberst Paul von Beneckendorff und von Hindenburg sowie dessen Generalstabschef Erich Ludendorff entwickelt sie sich zu einem wichtigen militärischen Machtzentrum. → S. 190

Der preußische Kriegsminister Erich von Falkenhayn konkretisiert in einem Schreiben an den deutschen Außenminister Gottlieb von Jagow Vorschläge für Sabotageakte gegen Ölquellen und -anlagen der britischen Anglo-Persian-Oil-Company in Abadan (Persien). Diese sollen mit Unterstützung osmanischer Truppen vom benachbarten Osmanischen Reich ausgeführt werden. Das Vorhaben scheitert, als deutsch-osmanische Truppen in Mesopotamien von britisch-indischen Verbänden beim Angriff auf Bagdad zurückgeschlagen werden.

Das deutsche Kreuzergeschwader unter Kommando von Admiral Maximilian Reichsgraf von Spee versenkt südlich von Coronel vor der chilenischen Küste zwei britische, von Konteradmiral Christopher George Cradock kommandierte Panzerkreuzer (→ 8. 12. / S. 206).

In einer amtlichen Statistik wird die Zahl der in den deutschen Lagern internierten Kriegsgefangenen bekanntgegeben. Danach befinden sich derzeit rund 192 000 Franzosen, 190 000 Russen, 34 000 Belgier und 16 000 Briten in deutscher Kriegsgefangenschaft.

Zwischen dem Osmanischen Reich und Rußland werden die diplomatischen Beziehungen abgebrochen. Beide Länder beschuldigen sich gegenseitig, für die am → 29. Oktober (S. 176) eröffneten kriegerischen Auseinandersetzungen verantwortlich zu sein. Gleichzeitig reisen der britische und der französische Botschafter aus der osmanischen Hauptstadt Konstantinopel (heute Istanbul) ab. Sie hatten zuvor vergeblich versucht, das Osmanische Reich zur Abberufung der in der osmanischen Armee tätigen deutschen Offiziere zu bewegen.

2. November, Montag

Die britische Regierung erklärt den gesamten Nordseeraum zum Kriegsgebiet. Gleichzeitig verhängt sie eine Wirtschaftsblockade gegen das Deutsche Reich (→ S. 207).

Serbien beruft sein Botschaftspersonal aus der osmanischen Hauptstadt Konstantinopel aufgrund des osmanischen Angriffs auf russische Schwarzmeerhäfen am → 29. Oktober (S. 176) ab.

Der bekannte deutsche Nationalökonom und Soziologe Werner Sombart diskriminiert in einem Artikel, der im »Berliner Tageblatt« veröffentlicht wird, die Bevölkerung von Serbien – Kriegsgegner des Deutschen Reiches – als »Mausefallenhändler«; Japaner sind nach Sombarts Worten »außerordentlich gelehrige Halbaffen«. Seine Haltung ist ein charakteristisches Beispiel für den im deutschen Bildungsbürgertum grassierenden Rassismus (→ 4. 10. / S. 182).

Die vereinigten preußisch-hessischen Eisenbahnen nehmen erstmals seit Kriegsausbruch wieder den fahrplanmäßigen Eisenbahnverkehr auf. → S. 197

3. November, Dienstag

Nachdem der seit 1892 amtierende ägyptische Vizekönig (Khedive) Abbas II. Hilmi unter Einfluß der osmanischen Regierung den Rückzug britischer Truppen gefordert hat, ernennt die britische Regierung dessen Onkel Husain Kamal zu seinem Nachfolger. Großbritannien beherrscht seit 1883 faktisch Ägypten, das formell jedoch zum Osmanischen Reich gehört (→ 19. 12. / S. 208).

Der österreichische Dichter Georg Trakl begeht in einem Krakauer Militärhospital Selbstmord. Während des Krieges war er im Sanitätsdienst tätig. → S. 192

4. November, Mittwoch

Bei den 64. US-amerikanischen Kongreßwahlen muß die Demokratische Partei von Präsident Woodrow Wilson einschneidende Mandatsverluste im Repräsentantenhaus hinnehmen. Im Senat dagegen kann sie ihre bestehende Mehrheit festigen. → S. 194

In einem auf Vermittlung Spaniens zustandegekommenen Abkommen zwischen der österreichisch-ungarischen und der russischen Regierung wird den Staatsangehörigen beider Länder, die sich im jeweils anderen Land aufhalten, die Rückkehr in die Heimat zugesichert. Ausgenommen von dieser Regelung bleiben Offiziere sowie Männer im Alter von 17 bis 45 Jahren.

Die in Berlin erscheinende sozialdemokratische Tageszeitung »Vorwärts« kritisiert den zunehmenden Handel mit sog. patriotischen Artikeln. → S. 196

5. November, Donnerstag

Nach dem Kriegseintritt des Osmanischen Reiches (→ 29. 10. / S. 176) annektiert Großbritannien Zypern. Allerdings verwaltete die britische Regierung bereits seit 1878 die Mittelmeerinsel, die formell osmanischer Oberhoheit untersteht. Gleichzeitig erklärt Großbritannien dem Osmanischen Reich den Krieg; Frankreich folgt am 6. November.

In Madrid billigt das spanische Abgeordnetenhaus die Neutralitätspolitik der Regierung unter Ministerpräsident Eduardo Dato Iradier. Der spanische Senat schließt sich dem Votum am 8. November an. → S. 193

In Petrograd (heute Leningrad) werden die bolschewistischen Mitglieder der sozialistischen Reichstags-(Duma-)Fraktion verhaftet und in einem Prozeß (10.–13. 2. 1915) nach Sibirien verbannt.

Nach einer Kabinettsumbildung in Italien wird Giorgio Sidney Baron Sonnino italienischer Außenminister. Der Nachfolger des am 16. Oktober verstorbenen Antonino di San Giuliano zählt zu den bedeutendsten rechtsliberalen Politikern Italiens. → S. 193

6. November, Freitag

Die deutsche Regierung beschließt die Verhaftung sämtlicher britischer Männer im Alter zwischen 17 und 55 Jahren, die sich im Deutschen Reich aufhalten. Sie werden im Lager Ruhleben bei Berlin unter militärischer Bewachung festgesetzt. Ausgenommen von der Regelung sind lediglich Geistliche und Ärzte.

In Berlin informiert der deutsche Innenminister Clemens Delbrück die Führer der Reichstagsfraktionen von einer bevorstehenden Neuorientierung der deutschen Politik. Nach der vertraulichen Unterredung verzichtet die SPD, aus deren Reihen Hugo Haase und Philipp Scheidemann an dem Treffen teilnehmen, auf weitere öffentliche Forderungen nach Reformen (→ 21. 10. / S. 180).

An der südosteuropäischen Front beginnt eine österreichisch-ungarische Großoffensive gegen das benachbarte Serbien (→ 15. 12. / S. 205).

Der Burengeneral Christiaan Rudolph Dewet ruft im sog. Oranjefreistaat die Unabhängigkeit aus. Der Aufstandsversuch – vorläufiger Höhepunkt des Kampfes gegen die britische Herrschaft – wird jedoch von südafrikanischen Regierungstruppen niedergeschlagen; Dewet wird wegen Hochverrates verurteilt, später aber begnadigt. → S. 193

7. November, Sonnabend

Japanische Truppen erobern in der chinesischen Provinz Schantung nach achttägiger Belagerung den deutschen Stützpunkt Tsingtau. Japan baut damit seine politische und militärische Machtbasis in Ostasien aus. → S. 194

Die in Berlin erscheinende »Metallarbeiter-Zeitung«, offizielles Organ der deutschen Metallarbeitergewerkschaft, veröffentlicht einen Artikel, in dem die Kriegszeit als »Beginn des Sozialismus« gefeiert wird. Der Beitrag ist Ausdruck der weitgehenden Anpassung deutscher Gewerkschaften an die sog. Burgfriedenspolitik der deutschen Reichsregierung (→ 4. 8. / S. 136).

8. November, Sonntag

In Tokio erklären Vertreter der japanischen Regierung, daß die am 7. November besetzte ehemals deutsche Kolonie Kiautschou (chinesische Provinz Schantung) vorläufig unter japanische Verwaltung gestellt wird (→ 7. 11. / S. 194).

9. November, Montag

Im Indischen Ozean wird der deutsche Kreuzer »Emden« von dem australischen Kreuzer »Sydney« versenkt. Zuvor hatte die »Emden« im Indischen Ozean u. a. 22 britische Handelsschiffe sowie mehrere wichtige Industrieanlagen zerstört. → S. 190

10. November, Dienstag

An der deutschen Westfront beginnen die 4. und 6. deutsche Armee mit der sog. zweiten Flandernoffensive. Am 18. November bricht die Oberste Heeresleitung (OHL) die Schlacht erfolglos ab. Sie erlangt u. a. durch den rücksichtslosen Einsatz von unzureichend vorbereiteten Jugendregimentern – z. B. bei Langemark – historische Bedeutung (→ 22. 10. / S. 175). → S. 191

Der österreichisch-ungarische Außenminister Leopold Graf Berchtold informiert die deutsche Reichsregierung von einem Vermittlungsvorschlag des US-amerikanischen Präsidenten Woodrow Wilson zur Beendigung des Krieges. Während Berchtold aus propagandistischen Gründen für ein scheinbares Eingehen auf den Vorschlag plädiert, lehnt der deutsche Außenminister Gottlieb von Jagow am 26. November jede Friedensvermittlung ab.

11. November, Mittwoch

In Konstantinopel (heute Istanbul) erklärt der osmanische Sultan Muhammad V. den Staaten der Tripelentente (Frankreich, Rußland, Großbritannien) offiziell den Krieg. Allerdings hatte die unter deutschem Einfluß stehende Flotte des Osmanischen Reichs bereits am → 29. Oktober (S. 176) russische Schwarzmeerhäfen angegriffen.

12. November, Donnerstag

Der Führer der britischen Labour Party und Gewerkschafter Arthur Henderson erklärt sich im britischen Unterhaus in London zur Unterstützung der Regierungspolitik für die Zeit des Krieges bereit. Henderson war erst kürzlich zum Labour-Vorsitzenden gewählt worden, nachdem der bisherige Führer James Ramsey MacDonald aus Protest gegen die kriegsfreundliche Haltung der Labour-Mehrheit von seinem Amt zurückgetreten war. → S. 193

13. November, Freitag

Die Regierung des Deutschen Reiches fordert die Bevölkerung auf, bei den Banken Goldmünzen gegen Papiergeld einzutauschen. Im Juli hatte ein Run auf das wertbeständige Edelmetall eingesetzt, obwohl die Regierung Gerüchte über eine vor dem Hintergrund der wachsenden Kriegsgefahr drohende Geldentwertung zurückgewiesen hatte.

14. November, Sonnabend

In Konstantinopel (heute Istanbul) wird der »Heilige Islamische Krieg« an der Seite des Deutschen Reiches proklamiert. Die auf Druck der deutschen Regierung durchgeführte Ausrufung des Glaubenskrieges soll islamische Aufstände u. a. gegen die britische und französische Kolonialherrschaft in Nordafrika auslösen. Allerdings bleibt die Proklamation in diesen Gebieten weitgehend wirkungslos. → S. 193

November 1914

Die französische Zeitschrift »L'Illustration« vom 28. November 1914 dokumentiert das Steckenbleiben der deutschen Westoffensive

LE CHAMP DE BATAILLE DES FLANDRES, ENTRE NIEUPORT ET DIXMUDE
Ce qui reste des colonnes d'infanterie et d'artillerie allemandes qui avaient entrepris de franchir l'Yser : des canons à demi noyés et des casques flottant sur la nappe de l'inondation.
Dessin de L. SABATTIER, d'après des photographies.

November 1914

15. November, Sonntag
Der italienische Ministerrat bewilligt in Rom außerordentliche Rüstungsausgaben in Höhe von 400 Millionen Lire (320 Millionen Mark). Damit soll die Armee kriegstauglich gemacht werden.

16. November, Montag
Im britischen Unterhaus in London beantragt der liberale Premierminister Herbert Henry Asquith Kriegskredite in Höhe von 225 Millionen britischer Pfund (4,6 Milliarden Mark) sowie die Anwerbung von rund einer Million Soldaten (Großbritannien kennt keine Wehrpflicht). Beide Forderungen werden am 17. November von den Parlamentsabgeordneten bewilligt.

Der US-amerikanische Präsident Woodrow Wilson erklärt in Washington die von den USA kontrollierte Panamakanalzone im Weltkrieg für neutral. Gleichzeitig untersagt er Schiffen der kriegführenden Staaten für vorläufig drei Monate die Fahrt durch den am 15. August (S. 154) eröffneten Schiffahrtsweg zwischen Atlantischem und Pazifischem Ozean (→ 27. 1. / S. 25).

In Mailand erscheint erstmals die sozialistische Zeitschrift »Popolo d'Italia«. Das von dem Mitglied der Sozialistischen Partei (PSI) und späteren Faschistenführer Benito Mussolini herausgegebene Blatt setzt sich für einen Kriegseintritt Italiens an der Seite Frankreichs ein. Mussolini war am 20. Oktober als Chefredakteur der Parteizeitung »Avanti!« zurückgetreten, nachdem sich die Sozialisten für die Neutralität Italiens im Weltkrieg ausgesprochen hatten (→ 22. 9. / S. 167). Er wird u. a. deshalb am 24. November aus der PSI ausgeschlossen.

17. November, Dienstag
Zusammen mit der Übersendung von statistischem Material über die Rohstoffvorkommen im lothringischen Erzbecken von Longwy und Briey übersendet der deutsche Reichskanzler Theobald von Bethmann Hollweg Innenminister Clemens Delbrück den Auftrag zur vorläufigen Ausarbeitung von Friedensbedingungen für Frankreich (→ 9. 9. / S. 162; 31. 10. / S. 180).

18. November, Buß- und Bettag
Nach erfolglosem Verlauf wird die sog. zweite Flandernoffensive auf Befehl des deutschen Generalstabschefs Erich von Falkenhayn abgebrochen. Nach ihrem Scheitern kommt es innerhalb der deutschen Generalität zu heftiger Kritik an der Kriegführung Falkenhayns (→ 10. 11. / S. 191).

Der einflußreiche italienische Landarbeiterverband spricht sich für eine Beibehaltung der Neutralität Italiens im Weltkrieg aus. Er setzt damit die in der Öffentlichkeit des Landes entstandenen Diskussionen über eine Kriegsteilnahme Italiens fort (→ 22. 9. / S. 167).

19. November, Donnerstag
Nach Berichten der norwegischen Gesandtschaft in London hat die britische Regierung die Kontrolle des Briefverkehrs mit Italien, den Niederlanden, Dänemark, Norwegen, Schweden und der Schweiz angeordnet. Sie will damit möglichen antibritischen Spionageaktivitäten entgegenwirken.

20. November, Freitag
Zwischen dem Deutschen Reich und Österreich-Ungarn wird der Postgiroverkehr wieder aufgenommen. Er war nach Beginn des Krieges unterbrochen worden (→ 12. 3. / S. 54).

21. November, Sonnabend
Die in Berlin erscheinende sozialdemokratische Tageszeitung »Vorwärts« kritisiert die mangelnde Unterstützung für Arbeitslose im Deutschen Reich. Nach ihren Untersuchungen erhalten Arbeitslose staatlicherseits im Rahmen des Armenrechts lediglich einen Betrag von einer Mark pro Woche ausgezahlt. Zum Vergleich: Ein Kilogramm Butter kostet 2,84 Mark, ein Kilogramm Kartoffeln 0,36 Mark (→ 25. 8. / S. 149).

In einer vom britischen Premierminister Herbert Henry Asquith sowie den früheren Regierungschefs Arthur James Balfour (Konservative) und Archibald Earl of Rosebery (Liberale) unterzeichneten Erklärung wird die britische Öffentlichkeit zu einmütigen Stellungnahmen gegen den deutschen Angriffskrieg aufgefordert. Zugleich weisen die Spitzenpolitiker auf die diplomatische Notwendigkeit hin, neutrale Staaten über die Ursachen des Weltkrieges aufzuklären (→ 12. 11. / S. 190).

22. November, Sonntag
Der deutsche Großadmiral und Leiter des Reichsmarineamtes, Alfred von Tirpitz, fordert in Berlin, deutsche Unterseeboote zur Zerstörung ausländischer Handelsschiffe einzusetzen. Nach überraschenden deutschen Erfolgen im Unterseebootkrieg hatte sich zuvor bereits der Chef des deutschen Admiralstabes, Hugo von Pohl, trotz völkerrechtlichen Verbots für Angriffe gegen Handelsschiffe eingesetzt.

In Rom beschließt der italienische Ministerrat die Bereitstellung von 200 Millionen Lire (160 Millionen Mark) zum beschleunigten Ausbau der Marine. Italien fürchtet angesichts der flottentechnischen Überlegenheit anderer Staaten um seine maritime Vormachtstellung im Mittelmeer.

In einem in Petrograd (früher Petersburg, heute Leningrad) veröffentlichten amtlichen Bericht werden zahlreiche subversive Aktionen russischer Sozialdemokraten seit Beginn des Krieges von der Regierung zugegeben. Die revolutionären Aktivitäten russischer Sozialdemokraten führten bereits am 5. November zur Verhaftung von Abgeordneten des Parlaments (Duma).

23. November, Montag
Die US-amerikanischen Besatzungstruppen ziehen sich aus der mexikanischen Stadt Veracruz Llave zurück. Sie waren dort nach der Verhaftung von US-Matrosen durch mexikanische Behörden am 21. April (S. 60) gelandet. Die Affäre hatte zu einem Konflikt zwischen beiden Ländern geführt (→ 20. 5. / S. 78).

In einem umstrittenen Prozeß verurteilt ein Pariser Kriegsgericht neun deutsche Militärärzte und Krankenpfleger zu langen Gefängnisstrafen wegen Plünderungen. Nach heftigen Protesten der französischen Öffentlichkeit und von diplomatischen Vertretern neutraler Staaten wird das Urteil am 10. Dezember jedoch wieder aufgehoben.

24. November, Dienstag
In der Schlacht um Lodz (seit 11. 11.) mißlingt der 9. deutschen Armee die Einkreisung russischer Truppen. Das deutsche Oberkommando an der Ostfront (Oberost; → 1. 11. / S. 190) hatte die Offensive als Reaktion auf den Vormarsch russischer Truppen gegen Posen angeordnet (→ 5. 10. / S. 176).

Gegenüber dem Auswärtigen Amt in Berlin lehnt der deutsche Reichskanzler Theobald von Bethmann Hollweg jede deutsche Friedensinitiative ab. Nach seiner Ansicht würde sie innen- wie außenpolitisch als Zeichen der Schwäche gedeutet. Er reagiert damit auf ein Angebot des dänischen Königs Christian X. zur Vermittlung zwischen den kriegführenden Staaten.

Die deutsche Regierung gibt in Berlin die Ausdehnung des Zahlungsverbotes auf Rußland bekannt. Danach ist den Deutschen die Begleichung ausstehender Schulden bei russischen Gläubigern untersagt (→ 20. 10. / S. 177).

Im deutschen Reichstag in Berlin beantragt Reichskanzler Theobald von Bethmann Hollweg in einer Ergänzung zum Staatshaushalt 1914 zur Bestreitung außerordentlicher Kriegsausgaben die Bereitstellung von fünf Milliarden Mark (→ 2. 12. / S. 204).

Nach einer von der britischen Admiralität in London veröffentlichten Verlustliste sind seit Ausbruch des Krieges 4107 britische Matrosen gefallen, 2492 als vermißt gelten. Innerhalb des Offizierskorps kamen 220 Personen ums Leben, 51 werden vermißt.

25. November, Mittwoch
In Warschau gründet der polnische Politiker Roman Dmowski das sog. Polnische Nationalkomitee (Komitet Narodowy Polski, KNP). Dmowski plädiert für die Vereinigung Polens mit dem russischen Zarenreich. → S. 193

Die britische Regierung sperrt die am Firth of Forth (Schottland) gelegenen Häfen Grangemouth, Boness und Alloa für den allgemeinen Schiffsverkehr. Mit dieser Maßnahme will sie sich gegen verdeckte Kriegsaktionen durch Handelsschiffe verteidigen.

Im Deutschen Reich wird die sog. Kriegsgetreidegesellschaft gegründet. Ihr Leiter ist der stellvertretende Staatssekretär im preußischen Finanzministerium und spätere Reichskanzler Georg Michaelis. → S. 197

Die Berliner »Vossische Zeitung« berichtet über die Einrichtung einer zentralen Büchersammelstelle für Soldaten in der Reichshauptstadt. → S. 197

26. November, Donnerstag
In Westgalizien und in den Karpaten scheitert eine russische Offensive gegen Österreich-Ungarn. Czernowitz wird von österreichisch-ungarischen Truppen besetzt (→ 17. 12. / S. 205).

27. November, Freitag
Der deutsche Heerführer Paul von Beneckendorff und von Hindenburg wird vom deutschen Kaiser Wilhelm II. zum Generalfeldmarschall ernannt. Der 67jährige Generaloberst gewann nach seiner Reaktivierung enorme Popularität (→ 31. 8. / S. 147) und wurde am 1. November (S. 190) Oberbefehlshaber an der Ostfront.

28. November, Sonnabend
Der bayerische König Ludwig III. beauftragt den bayerischen Ministerpräsidenten Georg Graf von Hertling, sich bei der deutschen Reichsregierung in Berlin trotz der ungünstigen militärischen Lage für maximale Kriegsziele einzusetzen. U. a. fordert er die Eingliederung Belgiens (→ 9. 9. / S. 162).

Als Nachfolger von Generalfeldmarschall Colmar Freiherr von der Goltz ernennt der deutsche Kaiser Wilhelm II. den 70jährigen preußischen General Moritz Ferdinand Freiherr von Bissing zum Generalgouverneur von Belgien. Während von der Goltz als kaiserlicher Gesandter ins Osmanische Reich geht, soll Bissing u. a. deutschfreundliche Propaganda unter der flämischen Minderheit in Belgien betreiben.

29. November, Sonntag
Mitglieder der SPD-Kreisorganisation Niederbarnim (Groß-Berlin) vereinbaren in Berlin mit dem zur innerparteilichen Minderheit der Kriegsgegner zählenden Franz Mehring die Verbreitung von Agitationsmaterial gegen die offizielle Burgfriedenspolitik der SPD-Führung. Die ersten Schriften dieser sog. Niederbarnimer Bildungsausschusses, einem künftigen Zentrum der innerparteilichen Opposition, erscheinen im Dezember 1914 (→ 10. 9. / S. 163; 21. 10. / S. 180).

30. November, Montag
Der britische König Georg V. reist zu einem fünftägigen Besuch der britischen Truppen auf den europäischen Kontinent. U. a. sucht er die Kriegsschauplätze in Westflandern und Nordfrankreich auf.

Das Wetter im Monat November

Station	Mittlere Lufttemperatur (°C)	Niederschlag (mm)	Sonnenscheindauer (Std.)
Aachen	5,0 (6,0)	42 (67)	– (62)
Berlin	4,2 (3,9)	15 (46)	– (50)
Bremen	4,9 (5,3)	45 (60)	– (50)
München	2,8 (3,0)	36 (53)	– (54)
Wien	– (4,5)	– (53)	– (58)
Zürich	3,1 (3,3)	47 (72)	53 (51)

( ) Langjähriger Mittelwert für diesen Monat
– Wert nicht ermittelt

Die Familienillustrierte »Daheim« – hier die Ausgabe vom 14. November 1914 – trägt die patriotische Begeisterung ins traute Heim

Daheim

51. Jahrg. Nr. 7.　　　　　　　　14. November 1914.

Um Ypern.

All die alten belgischen Städte, die seit langem, oft schon seit Jahrhunderten, in einen tiefen, weltentrückten Traum versunken waren, wachen in unsern Tagen unter dem Donner der Kanonen und dem Stampfen des Krieges wieder auf, und die Weltgeschichte schlägt mit Brausen an ihre Tore: Gent, Brügge, Turnhut und Ypern, das Städtchen an der Yperlee, das heute nur seine 16 000 Einwohner zählt und doch von Tagen weiß, als es deren mehr als 200 000 hatte und mit Wall und Graben mächtigen Feinden zu trotzen wagte. Das war im 14. Jahrhundert, als die Stadt unter Friedrich von Artevelde an dem Aufstand gegen Ludwig I. den Grafen von Flandern, sich beteiligte. Merkwürdig, wie die Geschichte spielt.

Artevelde, nach einem erfolgreichen Aufstand gegen Ludwig I. von seinen Genter Mitbürgern zum Hauptmann erwählt, bewog zunächst, um den Einfluß Gents zu stärken, Frankreich und England, zur Anerkennung der flandrischen Neutralität und Handelsfreiheit, brachte ein Bündnis mit Eduard III.

Deutsche Truppen auf den Weg zur belgisch-französischen Grenze. Vereinigte Foto-Bureaux, Amsterdam, phot.

Nachdruck verboten. — Gesetzliche Formel für den Schutz des Inhalts in den Vereinigten Staaten von Amerika: Copyright by Daheim-Expedition 1914.

November 1914

Oberost neue militärische Schaltstelle

1. November. Mit der Bildung einer neuen Kommandostelle an der deutschen Ostfront (Oberbefehlshaber Ost; »Oberost«) entsteht innerhalb der deutschen Militärführung ein weiteres Machtzentrum. Die Leitung von Oberost übernimmt Generaloberst Paul von Beneckendorff und von Hindenburg (→ 31. 8. / S. 147), sein Stabschef wird General Erich Ludendorff.

Die Zuständigkeit von Oberost umfaßt den Bereich der 8. und der – im September neugebildeten – 9. deutschen Armee. Formell ist die Kommandostelle der Obersten Heeresleitung (OHL) und damit Generalstabschef Erich von Falkenhayn unterstellt. Dennoch entwickelt sich Oberost innerhalb der ohnehin diffusen militärischen Führungsstruktur (→ 16. 8. / S. 148) zu einem neuen Machtzentrum neben Generalstab und Reichsmarineleitung. Hindenburg und Ludendorff – aufgrund militärischer Erfolge im Deutschen Reich populär (→ 31. 8. / S. 146) – erweisen sich dabei als Widersacher von Falkenhayn.

Im Zentrum einer Ende 1914 ausbrechenden Krise in der militärischen Führung steht die Frage nach der Priorität von West- oder Ostfront. Hindenburg und Ludendorff reagieren verärgert auf die von Falkenhayn am 4. November angeordnete zweite Flandernoffensive (→ 10. 11. / S. 191), da sie nach ihrer Ansicht ohne eventuelle Truppenverstärkung die Erfolgsaussichten einer gleichzeitig im Osten geplanten Offensive mindert. Militärstrategische Fragen verschärfen den Konflikt: Während Falkenhayn nach dem Scheitern der Flandernoffensive einen militärischen Sieg an beiden Fronten für unmöglich hält und eine politische Lösung mit Rußland anstrebt (Sonderfrieden), drängt Oberost auf eine Entscheidungsschlacht im Osten.

Neben den innermilitärischen Konflikten bewirkt die Einrichtung von Oberost eine zusätzliche Stärkung der militärischen gegenüber den politischen Führungsinstanzen.

Kriegspolitik von Labour gestützt

12. November. Im britischen Unterhaus sichert der Vorsitzende der oppositionellen Labour Party, Arthur Henderson, der Regierung unter dem liberalen Premierminister Herbert Henry Asquith Unterstützung für ihre Kriegspolitik zu.

In seiner Rede fordert Henderson die »Einmütigkeit aller Gesellschaftsklassen« während des Krieges. Die britischen Gewerkschaften hatten bereits kurz nach Ausbruch des Weltkrieges ihren Verzicht auf Streiks bekanntgegeben.

Der britische Politiker und Gewerkschafter Arthur Henderson übernahm die Führung der Labour Party erst kurz vor der Parlamentssitzung nach dem Rücktritt des Labour-Mitgründers James Ramsey MacDonald. Allerdings hatte Henderson die Partei bereits zwischen 1908 und 1911 geleitet.

Im Gegensatz zu Henderson sprach sich MacDonald – wie auch der britische Arbeiterführer James Keir Hardie (→ 2. 8. / S. 152) – gegen einen Kriegseintritt Großbritanniens aus. Seit September 1914 gilt er als führende Persönlichkeit der pazifistischen »Union of Democratic Control«, die allerdings nur wenig politischen Einfluß gewinnen kann.

Generaloberst Paul von Beneckendorff und von Hindenburg (l.) vor dem östlichen Hauptquartier; der jetzt 67jährige wird zum Rivalen von Falkenhayn

Deutscher Kreuzer »Emden« bei Sumatra versenkt

9. November. Bei den Kokosinseln (Indischer Ozean, südwestlich von Sumatra) wird der deutsche Kreuzer »Emden« von dem australischen Kreuzer »Sydney« versenkt. Seit Ausbruch des Krieges hatte die »Emden« 22 britische Handelsschiffe (insgesamt über 100 000 Bruttoregistertonnen) und mehrere Kriegsschiffe versenkt.

Der Angriff auf den deutschen Kreuzer erfolgt, als Besatzungsmitglieder das Schiff verlassen haben, um eine britische Funkstation zu zerstören. Der größte Teil der 361köpfigen Besatzung gerät in Kriegsgefangenschaft. 49 von ihnen gelingt mit einem gekaperten Boot die Flucht; sie landen am 15. Januar 1915 an der arabischen Küste.

Die »Emden« gehörte ursprünglich zum deutschen Kreuzergeschwader unter Admiral Maximilian Reichsgraf von Spee (→ 8. 12. / S. 206), führte dann aber selbständig Handelskrieg im Indischen Ozean.

Das zerschossene Wrack der »Emden« nach dem in den Mittagsstunden begonnenen Angriff des Kreuzers »Sydney«

Der Winter erschwert die Kampfbedingungen in den Schützengräben beider Seiten zusätzlich (hier französische Truppenangehörige im Pas-de-Calais)

Tote deutsche Soldaten in einem Stoppelfeld in Frankreich; bei der Flandernschlacht sterben 100 000 Soldaten der 4. und 6. deutschen Armee

Kritik an Falkenhayn nach zweiter Flandernoffensive

10. November. Die 4. und 6. deutsche Armee beginnen an der Westfront ihre zweite Flandernoffensive. Nach dem Scheitern aller Durchbruchsversuche bis zum 18. November entwickelt sich hier ein langwieriger Stellungskrieg.

Ungeachtet der deutschen Mißerfolge bei der ersten Flandernschlacht (→ 20. 10. / S. 174), hält die Oberste Heeresleitung (OHL) weiterhin an dem Gedanken eines Durchbruches zwischen Calais und Dünkirchen fest. Dazu verstärkt der deutsche Generalstabschef Erich von Falkenhayn die 4. und 6. Armee und befiehlt die Einnahme des flandrischen Ortes Ypern.

Trotz äußerster Anstrengungen – Falkenhayn hofft auf einen Erfolg durch zahlenmäßige Überlegenheit – scheitert die vorläufig letzte große Offensive der deutschen Truppen an der Westfront. Ein Angriff bei Langemark am 10. November geht wegen des rücksichtslosen Einsatzes von mangelhaft ausgebildeten und ausgerüsteten Kinder- und Jugendregimentern als Beispiel für den deutschen Militarismus in die Geschichte ein (→ 20. 10. / S. 174). Erschwert werden die deutschen Operationen durch Nachschubprobleme, die sowohl Verpflegung als auch Munition für die Artillerie betreffen. Ruhr- und Typhusepidemien bei den Truppen schaffen zusätzliche Schwierigkeiten.

Am 18. November muß die OHL die Schlacht abbrechen; Ypern kann nicht besetzt werden. Im Verlauf der Kämpfe sterben rund 100 000 deutsche Soldaten. Bei Ende der Schlacht verfügt jede Division (rund 11 000 – 12 000 Mann) nur noch über rund 2000 Gewehre.

Ende 1914 erstarrt die Westfront auf einer Länge von 700 km zwischen Schweizer Grenze und Meer zum Stellungskrieg. Dabei beträgt die Entfernung zwischen den Schützengräben im allgemeinen nur 100 bis 200 m. Ein am 25. November verfaßtes Grundsatzpapier bemerkt dazu jedoch, daß die deutsche OHL den Stellungskrieg nur als vorübergehende, zufällig entstandene Kampfform betrachtet. Falkenhayn plant weiterhin Durchbruchsversuche und ordnet daher den Ausbau der vordersten Linien an.

Das Scheitern der beiden Flandernoffensiven im Oktober und November 1914 führt allerdings zu heftiger Kritik an der Strategie von Generalstabschef Erich von Falkenhayn. Vor allem das hartnäckige Festhalten der OHL an einem raschen Sieg im Westen ist zunehmend umstritten (→ 1. 11. / S. 190). Teile der deutschen Generalität werfen Falkenhayn vor, die eigene Angriffsstärke über- und die des Gegners unterschätzt zu haben. Zudem wird die mangelhafte Versorgung der Truppen mit Artilleriemunition und anderer technischer Ausrüstung kritisiert. Damit schwächt der Ausgang der beiden Flandernschlachten zunehmend das aufgrund seines relativ raschen persönlichen Aufstieges ohnehin nicht sehr hohe Ansehen des deutschen Generalstabschefs bei führenden Militärs.

Ruhepause in einem westflandrischen Schützengraben

Briefeschreiben, obwohl der Gegner nur 80 m entfernt ist

Künstler sterben auf Schlachtfeldern

3. November. Durch den Selbstmord des österreichischen Dichters Georg Trakl in einem Lazarett im südpolnischen Krakau (heute Krakow) stirbt erneut ein bedeutender Künstler im Rahmen seines Kriegseinsatzes. Zuvor waren u. a. der elsässische Lyriker Ernst Stadler, der deutsche Maler August Macke, der deutsche Schriftsteller Hermann Löns und der französische Schriftsteller Alain-Fournier (eigentlich Henri-Alban Fournier) während der Kämpfe in Westeuropa gefallen.

Der aus einer patriotisch-kaisertreu eingestellten Familie stammende Georg Trakl war seiner Einberufung am 24. August ohne Zögern gefolgt und wurde einer Sanitätskolonne zugeteilt. Bereits Ende des Vorjahres hatte Trakl, der 1910/11 Freiwilliger im Sanitätsdienst war, seine Reaktivierung beim Militär betrieben, nachdem er in eine tiefe persönliche Krise geraten war. Vom Militärdienst erhoffte er sich die Flucht aus seiner als ausweglos empfundenen individuellen Situation.

Trakls persönlicher Hang zur Selbstzerstörung äußert sich auch in seinen Dichtungen, die zu den bedeutendsten Werken des Frühexpressionismus zählen. Die darin vielfach verwendeten Motive »Herbst«, »Dämmerung« und »Nacht« sind Ausdruck für eine Welt des Verfalls und Untergangs. Der Krieg jedoch bringt Trakl nicht die erhoffte Erlösung; erschütternde Erlebnisse mit Verwundeten verstärken seine Depressionen. Bereits im September unternimmt er einen Selbstmordversuch. Mitte Oktober schreibt er an einen Freund: »Ich war einige Tage krank, ich glaube vor unsäglicher Trauer.« Aus dieser von Militärärzten als psychische Krankheit eingestuften Niedergeschlagenheit kann er sich nicht mehr lösen und nimmt sich im Alter von 27 Jahren mit einer Überdosis Kokain das Leben.

Vier Tage vor Trakl stirbt der elsässische Lyriker Ernst Stadler bei Kämpfen in der Nähe des belgischen Ortes Zandvoorde (bei Ypern). Geboren am 11. August 1883 in Colmar, zählt er ebenfalls zu den bedeutenden Dichtern des Frühexpressionismus.

Der deutsche Maler August Macke (l.) stirbt im Alter von 27 Jahren in Perthes-les-Hurlus (Champagne)

Georg Trakl (r.) nimmt sich 27jährig in einem Lazarett in Krakau mit einer Überdosis Kokain das Leben

Heimatdichter Hermann Löns stirbt am 26. September bei Reims

Der Schriftsteller Alain-Fournier (gest. am 22. 9. bei Saint-Rémy)

Der Expressionist Ernst Stadler fällt in der Nähe von Zandvoorde

Parallel zu einer akademischen Karriere als Philologe hatte Stadler seit 1911 in seinen Gedichten den Aufbruch eines neuen, in metaphysischer Tiefe verankerten Lebensgefühls vermittelt; charakteristisch für seine Sichtweise ist der Titel seines 1914 erschienenen Gedichtbandes »Der Aufbruch«. Ernst Stadler fällt am 30. Oktober als deutscher Reserveoffizier.

Konnte Stadler den Krieg noch als konsequenten Ausdruck des von ihm geforderten »tiefen Erlebens« verstehen, so sieht ihn der deutsche Maler August Macke als tragisches, aber unausweichliches Ereignis. Wenige Wochen vor seinem Tod am 26. September in Perthes-les-Hurlus (Champagne) schreibt er: »Der Krieg ist von einer namenlosen Traurigkeit. Die Leute, die in Deutschland im Siegestaumel leben, ahnen nicht das Schreckliche des Krieges.« Als Macke – Führer einer Kompanie im Range eines Vizefeldwebels – am 20. September das Eiserne Kreuz erhält, berichtet er nach Hause: »Du siehst, ich mache als Malersmann auch im Felde das, was sich gehört.« Die fatalistische Haltung Mackes gegenüber dem Krieg steht im krassen Gegensatz zu den intensiven Erlebnissen seiner Tunesienreise im Frühjahr 1914. Die nordafrikanische Landschaft inspirierte Macke zu Aquarellen, in denen das Licht zum eigenständigen, durch rhythmische Strukturen und leuchtende Farben gekennzeichnetes Medium der Kunst wird.

Ebenfalls im extremen Kontrast zu seinem Werk steht der gewaltsame Kriegstod von Alain-Fournier am 22. September bei Saint-Rémy (Nordfrankreich). Sein symbolistischer, im Vorjahr erschienener Roman »Le grand Meaulnes« (»Der große Meaulnes«; auch übersetzt als »Der große Kamerad«) schildert mit märchenhafter Poesie die Geschichte einer romantischen Freundschaft. Darin beschreibt Alain-Fournier eine zerbrechliche Welt traumhafter Verzückung, in der naives Glücksempfinden mit Trauer um Abschied und Verlust einhergeht.

Als überzeugter Nationalist dagegen meldet sich der am 29. August 1866 in Culm bei Bromberg geborene deutsche Schriftsteller Hermann Löns nach Ausbruch des Krieges zum Freiwilligendienst. Noch 1911 hatte der wegen seiner volkstümlichen Romane populäre Heimatdichter geschrieben: »Wir müßten wieder einmal einen Krieg bekommen und gründliche Keile, das ist das einzige, was uns helfen kann.« Auch während der Kämpfe wird seine Kriegsbegeisterung deutlich; so notiert Löns noch am Tag vor seinem Tod am 26. September bei Reims: »Im Norden schießen unsere Schrapnells nach Fliegern . . . Erbsensuppe schmeckt wieder . . . Frohe Stimmung, es geht in die Linie.«

November 1914

Verkündung des »Heiligen Islamischen Krieges« unter deutschem Druck

14. November. In der osmanischen Hauptstadt Konstantinopel (heute Istanbul) proklamiert Sultan Muhammad V. unter deutschem Druck den »Heiligen Islamischen Krieg« (Abb.: Volksmenge vor Kriegsministerium). Bereits im September hatte der im deutschen Auswärtigen Amt tätige Orientexperte Max Freiherr von Oppenheim im Auftrag der Regierung entsprechende Vorschläge zur Einbeziehung der panislamischen Bewegung in den Krieg ausgearbeitet.

Sie zielen auf die Entfesselung von religiös motivierten Aufständen der rund 260 Millionen Mohammedaner gegen die britische, französische oder russische Kolonialherrschaft in ihren Heimatländern. Aus deutscher Sicht erweist sich die Proklamation des »Heiligen Krieges« jedoch als Fehlschlag. Die islamische Bevölkerung in Nordafrika und Asien zeigt sich unbeeindruckt; teilweise kommt es sogar zu anti-osmanischen Gegenbewegungen (→ 29. 10. / S. 176).

Giolitti-Gegner wird Außenminister

5. November. Im Rahmen einer Kabinettsneubildung in Italien übernimmt der 67jährige Giorgio Sidney Baron Sonnino das Außenministerium. Sein Amtsvorgänger Antonino Paternò-Castello Marchese di San Giuliano war am 16. Oktober im Alter von 61 Jahren in Rom gestorben. Italienischer Ministerpräsident bleibt Antonio Salandra.

Der am 11. März 1847 in Pisa geborene Giorgio Sidney Baron Sonnino beginnt als italienischer Außenminister bereits 1914 Geheimverhandlungen über einen Kriegseintritt Italiens auf der Seite Frankreichs und Großbritanniens

Der Jurist und Diplomat Sonnino verfügt seit 1880 über ein Parlamentsmandat. Er war bereits 1893/94 Finanz- sowie 1894 bis 1896 Schatzminister. 1906 und 1909/10 übernahm er die Ministerpräsidentschaft in Italien. In den Vorkriegsjahren galt Sonnino als bedeutendster liberalkonservativer Gegenspieler von Ministerpräsident Giovanni Giolitti (→ 10. 3. / S. 50).

Spanien bleibt im Weltkrieg neutral

5. November. In Madrid billigt die spanische Abgeordnetenkammer die bisherige Neutralitätspolitik des konservativen Ministerpräsidenten Eduardo Dato Iradier.

Zuvor hat der seit 1913 amtierende Dato in einer Rede vor den Abgeordneten versichert, daß er vor einer etwaigen Änderung seiner Neutralitätspolitik die Zustimmung des Parlaments einholen werde. Bis auf die Linksrepublikaner unter Alejandro Lerroux y Garcia unterstützen alle Fraktionen die Politik Datos, auch die von Pablo Iglesias Posse geführten Sozialisten.

Noch im Vorjahr hatte sich der spanische König Alfons XIII. im Rahmen spanisch-französischer Konsultationen in Paris vom 7. bis 9. Mai beim französischen Präsidenten Raymond Poincaré erfolglos um einen Anschluß seines Landes an die Tripelentente (Großbritannien, Frankreich, Rußland) bemüht.

Burengeneral gegen Botha

6. November. Der Burengeneral Christiaan Rudolph Dewet erklärt den sog. Oranjefreistaat (Südafrikanische Union) für unabhängig. Damit erreicht die Aufstandsbewegung gegen die britische Herrschaft einen vorläufigen Höhepunkt.

Am 29. Oktober hatte Christiaan Rudolph Dewet eine Rebellion gegen die von Großbritannien kontrollierte südafrikanische Regierung unter Ministerpräsident Louis Botha proklamiert. Nach anhaltenden, wechselvollen Kämpfen im November scheitert der Aufstand allerdings mit der Festnahme von Dewet durch Regierungstruppen am 1. Dezember. Der Burengeneral wird wegen Hochverrat verurteilt, später jedoch begnadigt.

Der 60jährige Dewet unterstützt seit drei Jahren die antibritische Sezessionsbewegung im Oranjefreistaat. Er hatte bereits im 1899 ausgebrochenen Burenkrieg gegen die Briten gekämpft. Das 1842 als Burenrepublik gegründete Oranjefreistaat wurde nach dem Ende des Burenkrieges 1902 zunächst britische Kolonie; seit 1910 zählt er zur Südafrikanischen Union.

Christiaan R. Dewet wurde am 7. Oktober 1854 in Leeuwkop geboren

Dmowski gründet Nationalkomitee

25. November. Der polnische Politiker Roman Dmowski gründet in Warschau das sog. Polnische Nationalkomitee (Komitet Narodowy Polski, KNP). In einem Manifest fordert er die Zerschlagung des Deutschen Reiches und die Vereinigung Polens unter russischer Herrschaft. Der 50jährige Dmowski hatte ab 1891/92 entscheidend zur Organisation der polnischen, von Bürgertum und Adel geprägten Nationaldemokratie beigetragen. Dabei verfolgt er eine Politik der Aussöhnung mit dem russischen Zarenreich.

Dagegen strebt der polnische Nationalrevolutionär Józef Klemens Piłsudski die Unabhängigkeit Polens durch eine Allianz mit dem Deutschen Reich und Österreich-Ungarn an. Seine antirussische Befreiungsorganisation (sog. Schützen) löste sich jedoch nach ihrer Eingliederung in die österreichische Armee am 27. August 1914 auf.

November 1914

Blühender Handel mit Kriegskitsch

4. November. Die sozialdemokratische Zeitung »Vorwärts« kritisiert die kommerzielle Ausschlachtung des Krieges durch sog. patriotische Massenartikel. In dem Beitrag des SPD-Blattes heißt es: »Kriegslieder

---

»Massenartikel der Jetztzeit«
»100 M.[ark] Tagesverdienst bringt Alleinverkauf, ges.[etzlich] gesch.[ützte] patriot.[ische] Massenartikel. Sehr leichter Verkauf. Einige auswärtige Bezirke noch frei...«
»Riesenverdienst an hochaktuellem patriot.[ischem] Schlager, billig, leichter Absatz, finden seriöse Herren...«
»Alleinvertrieb! für den ›Herkules von 1914‹ – zugkräftigster Massenartikel der Jetztzeit – noch nie dagewesener Erfolg! – haben wir noch für einzelne Städte zu vergeben. Viel Geld zu verdienen...«
(aus Zeitungsanzeigen Herbst 1914)

(→ 25. 10. / S. 183), Postkarten und allerhand Gegenstände, oft im Stil roher Silvesterscherze, werden massenhaft vertrieben. Man sieht Engländer, Franzosen und Russen,

Fast alle Propagandapostkarten kennzeichnet Verachtung für die Bevölkerung gegnerischer Staaten und zynischer Umgang mit dem Leben

Deutsche Soldaten werden in extremer Übersteigerung glorifiziert

die mit ausgereckter Zunge am Strick baumeln: 15 Pfennig das Stück. Oder schwarze Holzschwerter mit der blutigroten Aufschrift ›Jeder Stoß ein Franzos‹: einen Groschen das Stück.«
Populärste Erzeugnisse innerhalb der Kriegskitsch-Produktion sind die Postkarten. Mit trivialen Versen und bildlichen Darstellungen werden die Kriegsgegner Großbritannien, Rußland und Frankreich diffamiert, wobei zumeist ein kindlich-naiver Text zum Töten auffordert. Aber auch die zahlreichen Berliner Kolportage-Verlage nutzen den Krieg unter kommerziellen Gesichtspunkten aus. Bis Ende 1914 erscheinen mehr als ein Dutzend neuer Kriegshelden-Heftserien. Der Preis pro Heft beträgt zwischen 10 und 20 Pfennig. Ein Groschenheft-Antiquariat in Berlin kauft sogar gelesene Hefte für 3 Pfennig zurück, um sie anschließend wieder zu verkaufen, zwei Hefte für 15 Pfennig. Auffallend im Straßenbild der deutschen Hauptstadt ist auch die Umbenennung zahlreicher Betriebe (etwa Gaststätten und Restaurants mit ausländisch klingendem Namen); so wird u. a. aus dem »Café Windsor« das »Kaffee Winzer«. In den ersten Kriegsmonaten ändern rund 12 000 Berliner Firmen auf diese Weise ihre Namen.

Sorge um tägliches Überleben

Im Alltagsleben der deutschen Städte macht sich nach der Kriegsbegeisterung der Augustwochen zunehmend Ernüchterung und Resignation breit. Der Kriegsalltag erweist sich vor allem als Sorge um das tägliche Überleben.
Unmittelbar nach Ausbruch des Krieges lösen die Siegesmeldungen von der West- und Ostfront noch öffentliche Begeisterungsstürme aus. Einen vorläufigen Höhepunkt der nationalistischen Feiern bildet der sog. Sedanstag als Jahrestag der Kapitulation der französischen Hauptarmee im Deutsch-Französischen Krieg am 2. September 1870. In den ersten Septembertagen bestimmt der Schmuck für die überall veranstalteten Sedansfeiern das Straßenbild, wie eine Hamburger Einzelhändlerin in Briefen vom 2. und 3. September an ihren zur Armee eingezogenen Mann berichtet: »Heute müßtest Du mal den Flaggenschmuck und die Ausschmückung der Balkone und Gärten sehen. So was war noch nie da... Die Sedansfeier hier in Hamburg. So etwas von Begeisterung – das erhebt einen ordentlich. Dazu kamen gestern abend noch zwei Siegesdepeschen... So ein Trubel! In jedem Lokal patriotische Gesänge und Hurraschreien...«
Aber bereits in den ersten Kriegswochen wird das Straßenbild auch von den schweren wirtschaftlichen Problemen bestimmt (→ 29. 9. / S. 163). Zahlreiche kleine Läden müssen schließen, da die Arbeitslosigkeit (→ 25. 8. / S. 149) zu sinkender Massenkaufkraft führt. Viele Arbeitslose in Hamburg sind auf die sog. Kriegshilfe oder auf die öffentliche Armenpflege angewiesen. Ein Sozialdemokrat vermerkt am 16. August in seinem Tagebuch: »Wegen Einberufung der Genossen mußte ich Parteibeiträge kassieren – Wohnungselend, Kummer verlassener Frauen, Arbeitslosigkeit,

Der Krieg bewirkt ernste Probleme bei der Versorgung der Bevölkerung mit Lebensmitteln (Konservenverarbeitung bei der Frauenhilfe Dahlem)

Mutlosigkeit, vereinzelt gefaßte Menschen.« Die Obdachlosenzahl in Hamburg steigt im ersten Kriegsmonat auf 16 000 (Juli 1914: 7000). Als in der deutschen Hauptstadt Berlin für den 9. September um 9 Uhr die Vergabe von Textilarbeiten angekündigt wird, versammeln sich rund 7000 Frauen an der Sammelstelle. Viele Familien müssen ihren Hausrat verkaufen; für die Güter des täglichen Bedarfs ver-

November 1914

Einschränkungen beim Zugverkehr

2. November. Mit Beginn des Winterfahrplanes nehmen die vereinigten preußischen-hessischen Eisenbahnen erstmals seit dem Ausbruch des Krieges wieder einen geregelten Zugverkehr auf.

Dem neuen Fahrplan zufolge ist Berlin-Stadtbahn mit täglich 34 D-Zug-Paaren der meistfrequentierte Bahnhof in der deutschen Hauptstadt, gefolgt vom Anhalter Bahnhof mit 22 D-Zug-Paaren. Mit je zwölf D-Zug-Paaren pro Tag bestehen nach Breslau sowie nach Köln über Hannover die häufigsten Verbindungen. Die preußisch-hessischen Eisenbahnen besitzen insgesamt rund zwei Drittel des Streckennetzes im Deutschen Reich.

Wegen des Krieges verzeichnet das am 3. Dezember erscheinende Reichskursbuch allerdings insgesamt einen erheblichen Rückgang im Zugangebot. Fahrpläne der frontnahen Grenzbezirke fehlen fast vollständig; auch eine direkte Verbindung von Berlin in die neutrale Schweiz existiert nicht mehr. Nach Ausbruch des Weltkrieges diente die Eisenbahn hauptsächlich Truppentransporten (→ S. 150).

Zentrale Getreidestelle

25. November. In Berlin wird die sog. Kriegsgetreidegesellschaft gegründet. Ihren Vorsitz übernimmt der seit 1909 als stellvertretender Staatssekretär im preußischen Finanzministerium tätige Politiker Georg Michaelis.

Aufgabe der Organisation ist die Beschaffung von Brotgetreide; zu diesem Zweck erhält sie u. a. das Recht der Beschlagnahme. Zu den Gesellschaftern bei der juristisch als Gesellschaft mit beschränkter Haftung (GmbH) betriebenen Kriegsgetreidegesellschaft zählen zehn deutsche Bundesstaaten, 49 Großstädte und 13 industrielle Großunternehmen; der spätere Reichskanzler Georg Michaelis amtiert formal als Aufsichtsratsvorsitzender.

Am 25. Januar 1915 wird der Kriegsgetreidegesellschaft eine sog. Reichsverteilungsstelle zur Seite gestellt; beiden Institutionen wird mit Wirkung vom 4. März 1915 ein Reichskommissar übergeordnet.

Neben der Kriegsgetreidegesellschaft, die in einem der wichtigsten Wirtschaftsbereiche während des Weltkriegs tätig ist, gibt es zahlreiche weitere Kriegsgesellschaften auf dem Ernährungssektor. Als Zusammenschluß von öffentlich-rechtlichen Körperschaften (Länder, Gemeinden) und Privatunternehmen sind sie zuständig für zentrale Beschaffungs- und Verteilungsdienste. Bei ihrer Tätigkeit werden sie von sog. Reichsstellen beaufsichtigt (→ 13. 8. / S. 149; 29. 9. / S. 163; 26. 10. / S. 177).

Der 57jährige Jurist Georg Michaelis gilt als Verwaltungsfachmann

Bücherannahmestelle in Berlin sammelt Lesestoff für Verwundete

Sammelstelle für Bücher in Berlin

25. November. Die Berliner »Vossische Zeitung« berichtet über die Errichtung einer zentralen Büchersammelstelle in Berlin. Nach einem Aufruf von Karl Siegismund, dem Vorsitzenden des Börsenvereins der deutschen Buchhändler, hatten Verlage rund 250 000 Bücher für Soldaten gespendet. Sie werden von der Büchersammelstelle verteilt.

Barackenlager für ostpreußische Flüchtlinge in Berlin; Lager bestimmen in vielen Orten das Bild

Wie diese Degenverkäufer in Berlin benötigen viele Menschen jeden Verdienst zum Überleben

Die Landbevölkerung ist meist auf öffentliche Aushänge für Kriegsmeldungen angewiesen

schulden sie sich bei den Einzelhändlern. Angesichts des herannahenden Winters macht sich auch die Nahrungsmittelknappheit immer deutlicher bemerkbar. Spätestens ab Mitte September ist im Alltagsleben von Kriegsbegeisterung nur noch wenig zu spüren. »Die Stimmung ist so gedrückt, keine Fahnen, kein Extrablatt – man weiß nicht, was noch werden mag«, schreibt die Einzelhändlerin aus Hamburg am 5. Oktober an ihren Mann. Unter der Bevölkerung gewinnt die Erkenntnis an Boden, daß der Krieg nicht so rasch wie gedacht beendet sein wird. Ende Oktober berichtet die Briefeschreiberin über die verbreitete Friedenssehnsucht: »Wenn doch nur dieser schreckliche Krieg erst zu Ende wäre! Nichts wünschen die Menschen mehr herbei als das Ende dieses unseligen Krieges.«

November 1914

Wohnen und Design 1914:

Talsohle im Kunstgewerbe

Trotz bedeutender Ausstellungen zeichnet sich das deutsche Kunstgewerbe durch eine gewisse Orientierungslosigkeit aus.

Nach fruchtbaren Bemühungen um die Entwicklung einer Produkt- und Raumästhetik in den vergangenen Jahren drohen die kunstgewerblichen Diskussionen 1914 in eine Sackgasse zu geraten. Dabei stehen sich innerhalb des Deutschen Werkbundes zwei Positionen gegenüber: Die Forderung nach individuell-schöpferischer und nach normiert-typisierender Formengebung. Protagonisten des Streits, der auf der siebten Jahresversammlung des Werkbundes am → 3. und 4. Juli (S. 125) in Köln seinen Höhepunkt findet, sind der deutsche Architekt Hermann Muthesius und der belgische Kunstgewerbler Henry van de Velde. Parallel dazu liefert die große Werkbundausstellung (→ 15. 5. / S. 81) einen Überblick über das künstlerische Repertoire dieser bedeutendsten kunstgewerblichen Vereinigung im Deutschen Reich. Die verbreitete Skepsis angesichts der Entwicklung im Kunstgewerbe faßt der Werkbund-Mitgründer Muthesius bei der Ausstellung in folgenden Worten zusammen: »Die Gesamtstimmung ist die einer gewissen Ruhe und Unentschiedenheit, um nicht zu sagen Flauheit.«

Deutlich werden die Orientierungsprobleme auch auf der Darmstädter Kunstgewerbeausstellung, der zweiten bedeutenden Kunstgewerbeschau 1914 mit Arbeiten u. a. von dem 40jährigen deutschen Bildhauer und Architekten Bernhard Hoetger und dem deutschen Architekten Albin Müller (genannt Albinmüller). Am 1. April urteilt der Publizist Paul Fechter in seinem »Kunstgewerbekrisen« betitelten Aufsatz in der Berliner »Vossischen Zeitung« über die Ausstellung auf der Mathildenhöhe, dem Sitz der Darmstädter Künstlerkolonie: »Man trifft nicht Entwicklung, sondern Stillstehen, nicht Konsolidierung, sondern Auflösung, nicht Ziele, sondern Verwirrung.« Herausragendes Objekt der Darmstädter Kunstgewerbeausstellung ist ein von Albin Müller entworfenes Ensemble von Mietshäusern. Der 39jährige Architekt – Autor des 1909 erschienenen Werkes »Architektur und Raumkunst« – orientierte sich dabei streng an einer funktionalen Ausrichtung der Bauten.

Die intensive Beschäftigung deutscher Architekten mit neuen Formen des Wohnungsbaus ist eine Folge der wachsenden Wohnraumprobleme im Deutschen Reich, mit denen sich auch die Parlamente befassen. So findet am 17. Januar im preußischen Landtag in Berlin die erste Lesung des preußischen Wohnungsbaugesetzes statt. Nach vergeblichen Anläufen zwischen 1898 und 1907 sorgten reformorientierte Politiker im preußischen Innenministerium für eine neue Initiative zur Wohnungsbaureform. Vorausgegangen war 1910 ein Zusammenbruch des Baumarktes; danach forderten sowohl bürgerliche Wohnreformer als auch Sozialdemokraten staatliche Eingriffe auf dem Wohnungsmarkt. Hauptanliegen ist dabei die Förderung des gemeinnützigen Wohnungsbaus durch Baugenossenschaften vor allem bei Kleinwohnungen. Zusätzlich ließen wachsende Finanzierungsprobleme für die gemeinnützigen Baugenossenschaften den Ruf nach staatlicher Hilfe beim Grundstücksverkehr und bei der Kreditaufnahme laut werden. Am 25. Januar 1913 wurde der Gesetzentwurf veröffentlicht. Er sieht u. a. baupolizeiliche Vorschriften vor, die eine spekulative Ausnutzung von Grund und Boden einschränken sollen. Hinterhofbebauung und Errichtung von tiefen Flügelbauten sollen verhindert und das sog. Schlafgängerwesen (Schlafstelle ohne Wohnmöglichkeit, insbesondere für Schichtarbeiter) eingedämmt werden. Zudem schreibt es die Anlage von Grün- und Spielflächen vor.

Eine Lobby von Haus- und Grundstückseigentümern verhindert jedoch die rasche Verabschiedung des Gesetzes. Schließlich wird es erst 1918 – nach Erliegen privatwirtschaftlicher Bautätigkeit während des Krieges – parlamentarisch gebilligt. Allgemein gilt es als wichtiger Schritt zu einer gemeinnützigen Wohnungsversorgung.

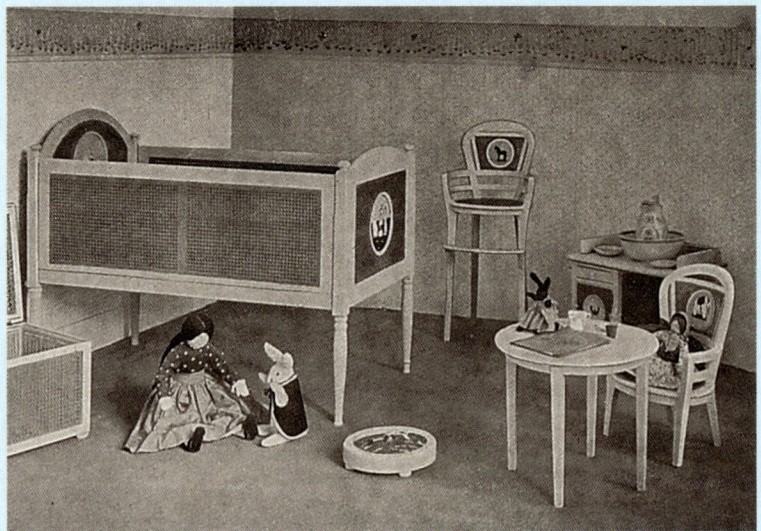

Möbeldesigner orientieren sich zunehmend an den Bedürfnissen von Kindern, wie dieses einfach und praktisch möblierte Zimmer zeigt

Verandaeinrichtung aus den in Köln angesiedelten Werkstätten für angewandte Kunst; charakteristisch dabei die Stühle aus Korbgeflecht

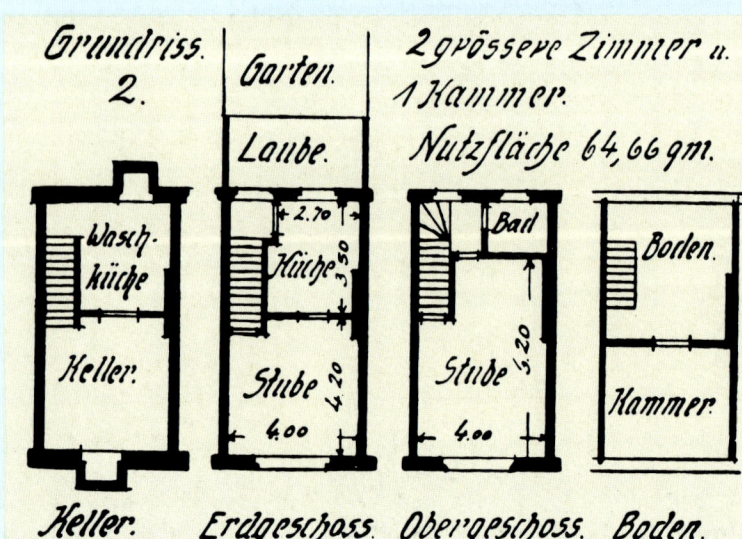

Grundriß eines Reihenhauses, wie es von Baugenossenschaften errichtet wird; gemeinnützige Baugenossenschaften gab es bereits im 19. Jahrhundert

November 1914

Herrschaftliches Wohnzimmer, gestaltet von dem Münchener Architekten Ernst Haiger. Im Gegensatz zu dem hier gezeigten Prunk wird vor dem Weltkrieg von modernen Innenarchitekten ein homogener, den Erfordernissen der industriellen Gesellschaft angepaßter Stil angestrebt. Der Wiener Architekt Adolf Loos etwa fordert streng sachlich und zweckmäßig gestaltete Möbel; seine Arbeiten sind in ihren Formen asketisch kühl

Eine Kanne des Designers Franz Böres, ausgeführt in getriebenen Silber

Kerzenhalter u. a. aus den Deutschen Werkstätten für Handwerkskunst

Eine Arbeit aus dem Münchener Kunstgewerbe: Schachfiguren

Ein von Felix Krüger entworfenes Mädchenzimmer (Werkstätten für angewandte Kunst, Köln); nach wie vor bestimmen die repräsentativen Ansprüche von Bürgertum und Adel in hohem Maß die Kreativität der Innenarchitekten; erst langsam rücken die Bedürfnisse unterer sozialer Schichten in das Blickfeld

Dekoratives Mädchenbad, installiert im Haus Feller im österreichisch-ungarischen Agram (heute Zagreb); Wandplatten und sämtliche Möbel sind in hellgelbem Farbton gehalten, dabei ist der Boden durch dunkelgelbe Gestaltung hervorgehoben; schlichte Funktionalität wird ansprechend mit gefälligem Design kombiniert

Emanuel Josef Margold: Kaffeekanne (getriebenes Silber mit Elfenbeingriffen)

Dezember 1914

Mo	Di	Mi	Do	Fr	Sa	So
	1	2	3	4	5	6
7	8	9	10	11	12	13
14	15	16	17	18	19	20
21	22	23	24	25	26	27
28	29	30	31			

1. Dezember, Dienstag

Die deutsche Regierung setzt in allen von deutschen Truppen besetzten französischen Départements (svw. Verwaltungskreis) von ihr kontrollierte Zivilverwaltungen ein. Zugleich beauftragt sie Experten mit der Ausarbeitung von Plänen für den künftigen Status der besetzten Gebiete (→ 9. 9. / S. 162).

In Großbritannien tritt die sog. Akte zur Verteidigung des Königreiches in Kraft. Dadurch erhalten Heeresleitung und Admiralität die uneingeschränkte Erlaubnis, Anordnungen im »Interesse der nationalen Sicherheit« zu treffen; das Privateigentum verliert seine Unantastbarkeit. Das Gesetz ist mit der Verhängung des Belagerungszustandes vergleichbar.

Der Burengeneral und Rebellenführer Christiaan Rudolph Dewet wird auf der Farm Waterburg, rund 160 km östlich von Mafeking, von Regierungstruppen verhaftet. Er hatte am → 6. November (S. 193) die Unabhängigkeit des Oranjefreistaates von der britisch beherrschten Südafrikanischen Union proklamiert. Dewet wird zunächst zum Tode verurteilt, später aber begnadigt.

Das ungarische Abgeordnetenhaus in Budapest billigt die Erhebung einer Sondersteuer zugunsten der Kriegshilfe. Von diesem Beschluß sind als Jahreseinkommen über 20 000 Kronen (17 000 Mark) betroffen.

Mit der Übergabe des letzten Teilstückes des Rhein-Herne-Kanals entsteht ein 45,6 km langer Wasserweg zwischen dem Duisburger Hafen Ruhrort und Herne. Der Kanal, der in den Dortmund-Ems-Kanal übergeht, dient vorwiegend Kohletransporten und verbindet das Ruhrgebiet mit der Nordsee.

2. Dezember, Mittwoch

Der deutsche Reichstag in Berlin bewilligt unter Zustimmung aller Parteien einen zweiten Kriegskredit in Höhe von fünf Milliarden Mark. Als einziger Abgeordneter lehnt der Sozialdemokrat Karl Liebknecht den Kriegskredit ab (→ 4. 8. / S. 136). → S. 204

In einer Unterredung mit dem Zentrumspolitiker und bayerischen Ministerpräsidenten Georg Graf von Hertling erläutert der deutsche Reichskanzler Theobald von Bethmann Hollweg seine Annexions- und Aussiedlungspläne für die besetzten Gebiete. Nach seinen Vorstellungen soll u. a. das polnische Gebiet jenseits der bisherigen deutschen Ostgrenze unter Vertreibung der einheimischen Bevölkerung von Deutschen besiedelt werden (→ 9. 9. / S. 162).

Österreichisch-ungarische Truppen besetzen die serbische Hauptstadt Belgrad. Nach einer am 3. Dezember begonnenen serbischen Gegenoffensive muß sich das Balkanheer der Donaumonarchie jedoch bis zum 15. Dezember wieder hinter die Grenze zurückziehen (→ 15. 12. / S. 205).

In Petrograd (heute Leningrad) untersagt der russische Zar Nikolaus II. jegliche Zahlungen von russischen Schuldnern an Angehörige der Kriegsgegnerstaaten Deutsches Reich, Österreich-Ungarn und Osmanisches Reich. Damit wird der nach Ausbruch des Weltkrieges begonnene Wirtschaftskrieg in Europa mit unverminderter Härte fortgesetzt (→ 20. 10. / S. 177).

In Österreich-Ungarn finden zahlreiche Feiern anläßlich des 66. Jahrestages der Thronbesteigung von Kaiser Franz Joseph I. statt. Der 84jährige Herrscher übernahm im Alter von 18 Jahren den Thron. Politisch vertritt er die Ideologie einer unbeschränkten Zentralgewalt, die das Überleben der österreichisch-ungarischen Doppelmonarchie sichern soll.

3. Dezember, Donnerstag

In Berlin erteilt der Vorstand der sozialdemokratischen Reichstagsfraktion dem zum pazifistischen Parteiflügel zählenden Karl Liebknecht wegen seines Abstimmungsverhaltens bei der Bewilligung der deutschen Kriegskredite am → 2. Dezember (S. 204) eine offizielle Rüge.

4. Dezember, Freitag

Der frühere deutsche Reichskanzler Bernhard Heinrich Martin Fürst von Bülow wird zum Leiter der deutschen Botschaft in Rom »in außerordentlicher Sendung« ernannt. Die Berufung erregt erhebliches internationales Aufsehen. Sie wird als Versuch der deutschen Regierung gewertet, Italien von einer Annäherung an die Tripelentente (Großbritannien, Frankreich, Rußland) abzuhalten (→ 25. 12. / S. 208).

Nach einer Verordnung des deutschen Kaisers Wilhelm II. wird der sog. Landsturm zweiten Aufgebots zur Meldung aufgerufen. Die Meldefrist läuft vom 16. bis 20. Dezember. Damit werden nach dem Aufruf des ersten Landsturmes am 15. August weitere Reservisten für den Kriegseinsatz mobilisiert.

Der mexikanische Rebellenführer Francisco »Pancho« Villa zieht mit seinen Truppen in die mexikanische Hauptstadt Mexiko-Stadt ein. Zuvor hatte es monatelange Auseinandersetzungen zwischen rivalisierenden Rebellengruppen in Mexiko gegeben. Villa und seine Anhänger vertreten sozialrevolutionäre Ziele. → S. 208

5. Dezember, Sonnabend

In Rom billigt das italienische Parlament den Entschluß der italienischen Regierung unter dem liberalkonservativen Ministerpräsidenten Antonio Salandra, im Weltkrieg vorläufig ihre Neutralitätspolitik beizubehalten. Formell bildet Italien seit 1882 zusammen mit Österreich-Ungarn und dem Deutschen Reich den sog. Dreibund, fühlt sich aber wegen der aggressiven, kriegsauslösenden Politik der Bündnispartner an entsprechende Vereinbarungen nicht mehr gebunden (→ 3. 8. / S. 152).

Die nach Üsküp (heute Skopje) umgesiedelte serbische Regierung wird unter Beteiligung aller Parteien zu einer Koalitionsregierung der nationalen Einheit umgebildet. Regierungschef bleibt der rußlandfreundliche Ministerpräsident Nikola Pašić (→ 15. 12. / S. 205).

6. Dezember, Sonntag

In Posen treffen der Oberkommandierende Ost, Generalfeldmarschall Paul von Beneckendorff und von Hindenburg und der deutsche Reichskanzler Theobald von Bethmann Hollweg zu eintägigen Besprechungen über das sog. Grenzstreifenprojekt zusammen. Als Ergebnis der Unterredung übergibt Hindenburg dem Reichskanzler am 11. Dezember konkrete Skizzen für eine mögliche Erweiterung des deutschen Territoriums im Osten.

7. Dezember, Montag

In Lissabon tritt die portugiesische Regierung von Ministerpräsident Bernardino Machado Guimarães zurück. Sie folgt damit einer Weisung von Präsident Manoel d'Arriaga, der die Bildung eines Kabinetts der nationalen Einheit bei einem bevorstehenden Kriegseintritt Portugals angeordnet hatte. Das portugiesische Parlament hatte am 24. November der Regierung Vollmachten zur Vorbereitung des Kriegseintritts an der Seite Großbritanniens gegeben. Neuer Ministerpräsident wird Vitor Hugo de Azevedo Coutinho.

8. Dezember, Dienstag

Das unter dem Kommando des deutschen Vizeadmirals Maximilian Reichsgraf von Spee stehende sog. deutsche Kreuzergeschwader wird vor den Falklandinseln vor der argentinischen Küste von einem britischen Flottenverband vernichtend geschlagen. → S. 206

Die im sog. Kriegsausschuß der deutschen Industrie (→ 8. 8. / S. 148) zusammengeschlossenen Unternehmer fordern eine expansive deutsche Kriegszielpolitik. In Unterredungen mit Reichskanzler Theobald von Bethmann Hollweg schlagen die Unternehmer die Annexion des lothringischen Erzbeckens sowie die Gründung eines zentralafrikanischen Kolonialreiches vor (→ 9. 9. / S. 162; 31. 10. / S. 180).

Die französische Regierung verlegt ihren Regierungssitz nach Paris zurück. Sie war am → 2. September (S. 164) angesichts des Vormarsches deutscher Truppen in die südwestfranzösische Hafenstadt Bordeaux umgesiedelt.

9. Dezember, Mittwoch

Truppen des Osmanischen Reiches stoppen den britischen Vormarsch in Mesopotamien und besetzen die befestigte Hafenstadt Akaba am Roten Meer (heute zu Jordanien).

Die italienische Regierung fordert von Österreich-Ungarn als territoriale Gegenleistung für die Neutralität des Landes im Weltkrieg die Abtretung Südtirols (→ 12. 5. / S. 78; 25. 12. / S. 208).

In Berlin richtet das preußische Kriegsministerium ein sog. Bekleidungsbeschaffungsamt als zentrale Ankaufstelle für Kriegskleidung und -ausrüstung ein.

10. Dezember, Donnerstag

In Stockholm werden die Nobelpreise verliehen: Die Auszeichnung für Medizin geht an den Österreicher Róbert Bárány, für Chemie an den US-Amerikaner Theodore William Richards und für Physik an den Deutschen Max von Laue. Der Friedensnobelpreis wird angesichts des Kriegsausbruches nicht verliehen, ebenso wie der Literaturnobelpreis.

11. Dezember, Freitag

In Washington veröffentlicht die US-Regierung eine Anordnung, wonach die Lieferung von Unterseebooten an einen der kriegführenden Staaten als Verletzung der US-amerikanischen Neutralität betrachtet wird. Dadurch wird US-Firmen der Verkauf von Unterseebooten in Kriegsländer untersagt.

12. Dezember, Sonnabend

In einer von 26 deutschen Völkerrechtslehrern und Historikern unterzeichneten und in Berlin veröffentlichten Erklärung wird gegen den Vorwurf von Historikern der Universität Oxford (Großbritannien) polemisiert, das Deutsche Reich habe den Krieg angefangen. Der traditionelle Konsens innerhalb des europäischen Wissenschaftsbetriebs ist seit Kriegsausbruch nicht mehr gültig.

13. Dezember, Sonntag

Das französische Kriegsministerium in Paris ordnet die Einberufung des für 1915 vorgesehenen Wehrpflichtjahrganges an. Gleichzeitig werden die Reservisten der Jahrgänge 1913 und 1914 einberufen. Die Gesamtzahl der zusätzlichen Soldaten beträgt 220 000.

14. Dezember, Montag

In Rom beginnt eine zweitägige Debatte im italienischen Senat über die Neutralitätserklärung der Regierung von Ministerpräsident Antonio Salandra. Einzelne Senatoren weisen auf die zu erwartenden Gebietsgewinne bei einem Kriegseintritt auf seiten der Tripelentente (Großbritannien, Frankreich, Rußland) hin. Dennoch billigt der Senat am 15. Dezember einstimmig die Neutralitätserklärung (→ 25. 12. / S. 208).

15. Dezember, Dienstag

Mit dem Rückzug hinter Donau und Save scheitert die am 6. November begonnene zweite österreichisch-ungarische Offensive gegen Serbien. → S. 205

In einem von der Berliner »Vossischen Zeitung« veröffentlichten Pamphlet trägt der deutsche Maler und Grafiker Franz Marc zur Verherrlichung des Krieges bei. Marcs Einstellung ist ein Beispiel für die unreflektierte Haltung vieler deutscher Künstler gegenüber dem Krieg. → S. 209

»Eiserne Weihnachten« – ein ordensgeschmückter Tannenbaum (»Jugend« Nr. 52/1914)

Dezember 1914

16. Dezember, Mittwoch

In einem Schreiben an den Generalgouverneur in Belgien, Moritz Freiherr von Bissing, stellt Reichskanzler Theobald von Bethmann Hollweg Richtsätze für die deutsche Politik in Belgien auf. Danach sollen – vor dem Hintergrund von Nationalitätskonflikten zwischen Flamen und Wallonen im westlichen Nachbarland – vor allem die Beziehungen zu den Flamen vertieft werden.

17. Dezember, Donnerstag

Nach dem Scheitern der russischen Offensive an der deutschen Ostfront (→ 21. 12. / S. 208) ernennt der deutsche Kaiser Wilhelm II. den Kommandanten der 9. deutschen Armee, August von Mackensen, zum Generaloberst. 1915 wird Mackensen Generalfeldmarschall.

In der Schlacht von Limanowa (5.–17. 12.) stoppen österreichisch-ungarische Truppen einen russischen Vormarsch auf Krakau (Südpolen), können jedoch keinen entscheidenden Sieg an der Ostfront erzielen. → S. 205

Ein Explosionsunglück im Kaiser-Wilhelm-Institut für physikalische Chemie und Elektrochemie in Dahlem (heute zu Berlin) fordert ein Todesopfer. Das von dem deutschen Chemiker Fritz Haber geleitete Institut befaßt sich u. a. mit der Entwicklung von Gaskampfstoffen für das deutsche Militär. → S. 209

18. Dezember, Freitag

Der US-amerikanische Außenminister William Jennings Bryan teilt der britischen Regierung mit, daß US-Präsident Woodrow Wilson kein völliges Waffenausfuhrverbot plant. Am 10. Dezember war im US-amerikanischen Kongreß eine entsprechende Gesetzesvorlage eingebracht worden; am folgenden Tag hatte die US-Regierung die Lieferung von Unterseebooten an die kriegführenden Staaten untersagt.

In Malmö beginnen zweitägige Besprechungen zwischen dem norwegischen König Håkon VII., dem dänischen König Christian X. und dem schwedischen König Gustav V. → S. 209

19. Dezember, Sonnabend

Ägypten wird zum britischen Protektorat erklärt. Das arabische Land stand bisher formell unter osmanischer Oberhoheit, wird aber bereits seit 1883 de facto von einem sog. britischen Residenten regiert. → S. 208

Abbas II. Hilmi, von der britischen Regierung am 3. November abgesetzter Khedive (osmanischer Vizekönig) von Ägypten, erörtert in Wien mit Vertretern der österreichisch-ungarischen Regierung Möglichkeiten eines Sturz der britischen Herrschaft in Ägypten. Auch das Osmanische Reich ist an einer Einflußnahme in Ägypten interessiert (→ 19. 12. / S. 208).

In Wien teilt der österreichisch-ungarische Außenminister Leopold Graf Berchtold Italien mit, daß seine Regierung italienische Gebietsansprüche in begrenztem Maß als Preis für dessen Neutralität im Weltkrieg akzeptiert. Vor dem Krieg sorgten italienische Forderungen nach Gebieten in Südtirol und Triest für anhaltenden Streit zwischen beiden Staaten (→ 12. 5. / S. 78; 25. 12. / S. 208).

20. Dezember, Sonntag

In zahlreichen italienischen Städten kommt es zu Kundgebungen irredentistischer Gruppen (→ 12. 5. / S. 78). Sie fordern die Angliederung von italienischsprachigen Regionen u. a. in Südtirol an Italien.

21. Dezember, Montag

Die Offensive der 9. deutschen Armee gegen russische Truppen in Westpolen endet im Gebiet der Bzura und Rawka ohne entscheidenden Erfolg. Ab Ende 1914 entwickeln sich auch die Kämpfe an der Ostfront zum Stellungskrieg (→ 17. 12. / S. 205). → S. 208

In einem Gespräch mit der Berliner Vertretung der US-amerikanischen Nachrichtenagentur United Press kritisiert der deutsche Großadmiral und Leiter des Reichsmarineamtes, Alfred von Tirpitz, die nach seiner Ansicht kritiklose Haltung der USA gegenüber der britischen Seeblockade. Gleichzeitig droht er mit einem Unterseebootkrieg gegen die internationale Handelsschiffahrt.

Der französische Ministerrat in Paris beschließt, künftig den Abschluß von Verträgen mit Angehörigen aus Kriegsgegnernationen mit Gefängnis zu bestrafen. Außerdem kann künftig die Einbürgerung von Staatsangehörigen gegnerischer Länder widerrufen werden.

22. Dezember, Dienstag

In Paris beginnt eine dreitägige Sitzung des französischen Parlaments. In einer programmatischen Rede verkündet Ministerpräsident René Viviani den »Kampf ohne Gnade bis zur endgültigen Befreiung Europas« von deutschen Besatzungstruppen als Ziel der französischen Kriegspolitik.

23. Dezember, Mittwoch

Die Deutsche Reichsbank in Berlin senkt den Diskontsatz um 1% auf 5% sowie den Lombardsatz ebenfalls um 1% auf 6%. Die deutsche Regierung bezeichnet den Beschluß, durch den das Kreditwesen neue Impulse erhalten soll, als Zeichen einer beginnenden Normalisierung der Wirtschaft (→ 29. 9. / S. 163).

Nach dem Scheitern der Serbien-Offensive wird der Oberbefehlshaber der Balkantruppen, Feldmarschall Oskar Potiorek, durch den 51jährigen Feldmarschall Erzherzog Eugen von Österreich ersetzt. In einer amtlichen Erklärung begründet die österreichisch-ungarische Regierung den Fehlschlag mit widrigen Wetterverhältnissen und einer Offensive des Gegners (→ 15. 12. / S. 205).

24. Dezember, Donnerstag

Viele Truppenangehörige müssen das Weihnachtsfest in Kriegsgefangenschaft verbringen. In deutschen Händen befinden sich insgesamt rund 578 000 alliierte Soldaten, während umgekehrt rund 135 000 deutsche Soldaten in russischer Kriegsgefangenschaft sind. In Genf sorgt die durch das Internationale Komitee vom Roten Kreuz eingerichtete Zentralauskunftsstelle für Kriegsgefangene für eine möglichst reibungslose Versendung der Weihnachtspost in die Kriegsgefangenenlager. → S. 209

Im Weihnachtsgeschäft bieten zahlreiche deutsche Geschäfte militaristische Geschenkartikel an (Nachbildungen von Kriegsschiffen, Kanonen, Festungen u. a.). In den Schaufenstern Berliner Geschäfte preisen lebensgroße, als feldgraue Weihnachtsmänner ausstaffierte Puppen Kriegsspielzeug an. Allerdings herrscht in der Bevölkerung im Gegensatz zur Kriegsbegeisterung im August eine resignative Stimmung.

25. Dezember, 1. Weihnachtstag

Italienische Marineeinheiten besetzen die albanische Stadt Valona (heute Vlorë). Italien ist an der Stadt wegen ihrer strategischen Bedeutung für die Vorherrschaft im Adriaraum interessiert. Valona war 1912 Sitz der provisorischen albanischen Regierung; die italienische Besetzung endet erst 1920. → S. 208

26. Dezember, 2. Weihnachtstag

In Tokio ordnet der japanische Kaiser Joschihito die Auflösung des japanischen Abgeordnetenhauses an. Zuvor hatte das Parlament eine Regierungsvorlage zur Vergrößerung des Heeres um zwei Divisionen mit 213 gegen 148 Stimmen abgelehnt. Japan befindet sich mit dem Deutschen Reich im Kriegszustand (→ 23. 8. / S. 152).

27. Dezember, Sonntag

In einer offiziösen, über die Petrograder Nachrichtenagentur verbreiteten Mitteilung tritt die russische Regierung Berichten über eine teilweise Abtretung der Insel Sachalin an Japan entgegen. Gerüchte besagten, daß die Abtretung ein Ausgleich für japanische Rüstungslieferungen sei.

28. Dezember, Montag

In verschiedenen Reden zum Jahresende plädiert das sozialdemokratische Vorstandsmitglied Philipp Scheidemann für einen annexionslosen Verständigungsfrieden im Weltkrieg. Scheidemann stellt sich damit gegen die bürgerlichen Reichstagsparteien und die deutsche Reichsregierung, die erhebliche territoriale Kompensationen von den Kriegsgegnern fordern (→ 9. 9. / S. 162). Innerhalb der SPD unterstützt Scheidemann die sog. Burgfriedenspolitik (→ 4. 8. / S. 136; 10. 9. / S. 163; 2. 12. / S. 204).

Die USA überreichen der britischen Regierung eine Protestnote, in der sie auf die Behinderung der Handelsschiffahrt auch neutraler Staaten durch die britische Flotte hinweisen. Großbritannien hatte am 2. November die gesamte Nordsee zum Kriegsgebiet erklärt. Britische Zeitungen werten die Note als Zeichen einer deutlichen Verstimmung zwischen beiden Staaten.

29. Dezember, Dienstag

Aus Protest gegen die deutsche Pressezensur stellen die belgischen Zeitungen ihr Erscheinen ein. Der Bischof von Brüssel, Kardinal Désiré Mercier, ruft die belgische Bevölkerung zum passiven Widerstand auf.

30. Dezember, Mittwoch

Der preußische General Helmuth von Moltke wird zum Chef des Stellvertretenden Generalstabes ernannt. Diese Behörde übernimmt sämtliche nicht von der Obersten Heeresleitung geleisteten Generalstabsaufgaben im Deutschen Reich. Bis zu seiner Entlassung am → 14. September (S. 166) amtierte Moltke als Generalstabschef.

In Peking verkündet der chinesische Staatsrat die Verlängerung der Präsidentschaft von Yüan Shih-k'ai auf Lebenszeit. Yüan hatte das Amt 1912 übernommen, dann aber mit diktatorischer Gewalt seine Gegner verfolgt, das Parlament aufgelöst und nach seinen Wünschen eine Verfassung ausarbeiten lassen (→ 30. 4. / S. 64).

Am Berliner Bülowplatz wird das Theater der Neuen Freien Volksbühne, einer proletarischen Theaterbesucherorganisation, eröffnet. → S. 209

31. Dezember, Donnerstag

In einem gemeinsam erarbeiteten Gutachten stellen der deutsche Innenminister Clemens Delbrück und der stellvertretende Außenminister Arthur Zimmermann in Berlin ein Programm zur militärischen und wirtschaftlichen Beherrschung des von deutschen Truppen besetzten Belgien vor. Gleichzeitig warnen sie vor den unübersehbaren politischen Konsequenzen einer Annexion Belgiens (→ 9. 9. / S. 162).

Die preußische Regierung beschließt in Berlin, sozialdemokratischen Parteimitgliedern im Fall ihrer Wahl in öffentliche Ämter die staatliche Bestätigung nicht mehr vorzuenthalten. Mit diesem vom preußischen Innenminister Friedrich Wilhelm von Loebell am 6. Januar 1915 verkündeten Erlaß rückt die Regierung von ihrer bisherigen Praxis ab, die als Staatsfeinde betrachteten Sozialdemokraten nicht im öffentlichen Dienst zu übernehmen. Die Regelung ist Teil einer Umorientierung der deutschen Innenpolitik (→ 21. 10. / S. 180).

In einem Feldpostbrief wird der Alltag der Soldaten in den Schützengräben an der Westfront geschildert. Viele Truppenangehörige müssen zu Weihnachten und zum Jahreswechsel auf ihren Urlaub verzichten. → S. 213

Das Wetter im Monat Dezember

Station	Mittlere Lufttemperatur (°C)	Niederschlag (mm)	Sonnenscheindauer (Std.)
Aachen	5,7 (3,1)	119 (62)	– (49)
Berlin	4,3 (0,7)	47 (41)	– (36)
Bremen	4,8 (2,2)	54 (54)	– (33)
München	3,3 (–0,7)	22 (44)	– (41)
Wien	– (0,9)	– (51)	– (41)
Zürich	3,1 (0,2)	57 (73)	68 (37)

( ) Langjähriger Mittelwert für diesen Monat
– Wert nicht ermittelt

Weihnachten 1914 – kein »Fest des Friedens« (Berliner Zeitschrift »Die Woche«)

Nummer 52.	DIE·WOCHE Bilder vom Tage	Seite 2081.

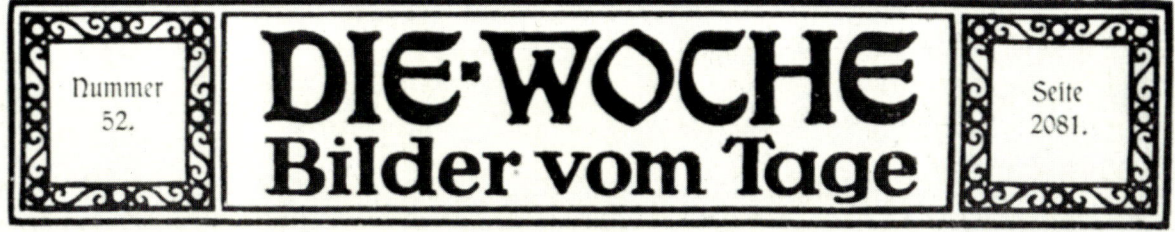

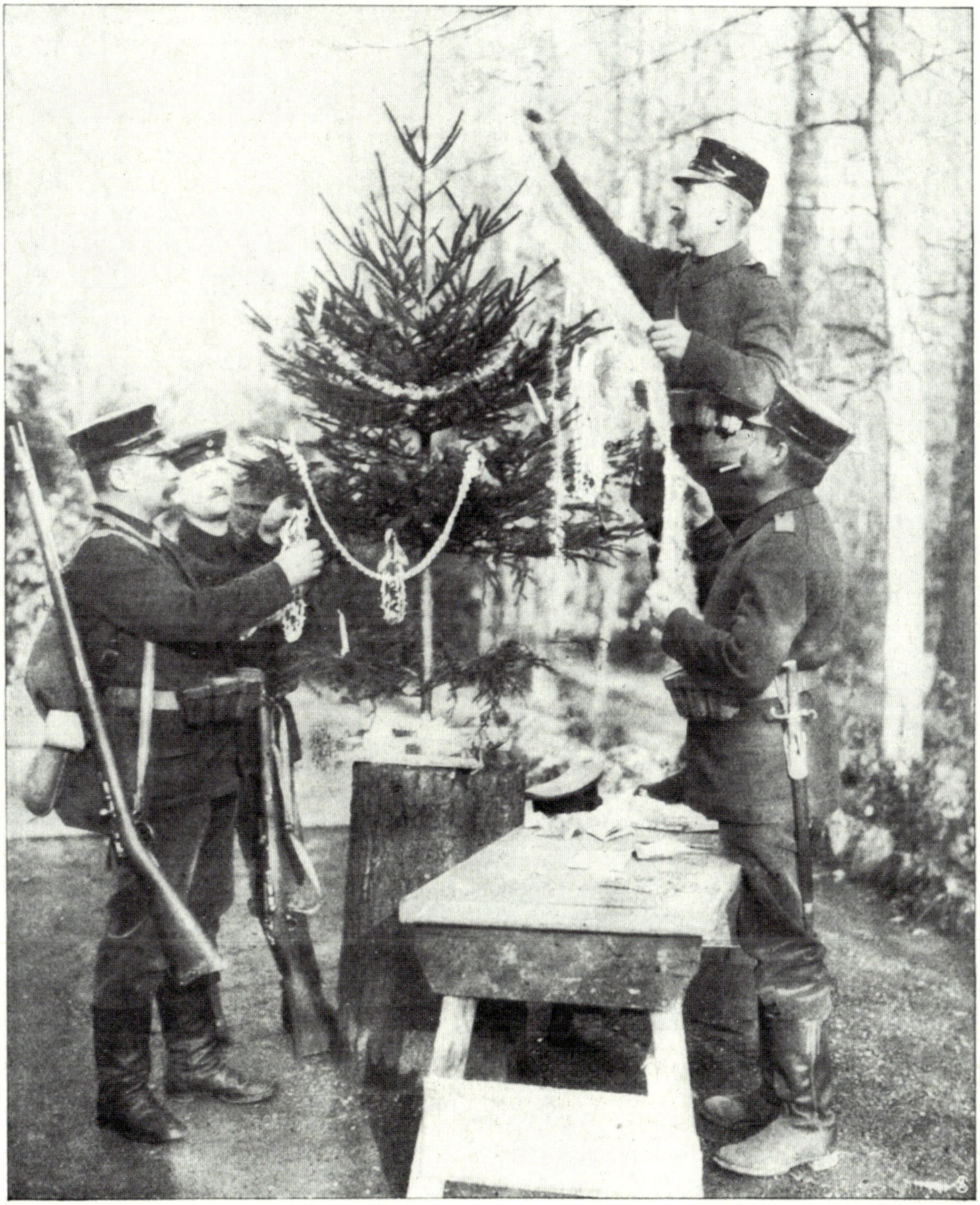

Unsere Tapferen beim Ausschmücken des Tannenbaums.

Weihnachten in Feindesland.

Dezember 1914

Nur Liebknecht stimmt gegen zweiten Kriegskredit

2. Dezember. Der deutsche Reichstag in Berlin bewilligt den zweiten von der deutschen Regierung geforderten Kriegskredit in Höhe von fünf Milliarden Mark. Bis auf den Sozialdemokraten Karl Liebknecht stimmen alle Abgeordneten der Vorlage zu. Liebknechts Abstimmungsverhalten verschärft den innerparteilichen Streit unter den Sozialdemokraten über die Haltung zur deutschen Kriegspolitik.
Nach der Sitzungseröffnung durch Reichstagspräsident Johannes Kaempf – der Reichstag tritt erstmals nach Verabschiedung der Kriegsgesetze am → 4. August (S. 136) wieder zusammen – begründet der deutsche Reichskanzler Theobald von Bethmann Hollweg die Kriegskreditforderung: »Wir halten durch, bis wir Sicherheit haben, daß keiner mehr wagen wird, unsern Frieden zu stören, einen Frieden, in dem wir deutsches Wesen und deutsche Kraft pflegen und erhalten wollen ...« Nach der Abstimmung vertagt sich der deutsche Reichstag bis zum 2. März 1915.
Durch den Widerstand Karl Liebknechts gegen die Regierungsvorlage werden in der SPD erneut Diskussionen über die Haltung der Partei zur Kriegspolitik der Regierung ausgelöst (→ 10. 9. / S. 163). In einer

Reichstagssitzung zum zweiten Kriegskredit am 2. Dezember; am Rednerpult Bethmann Hollweg (M., stehend)

fraktionsinternen Abstimmung hatten sich schon vor der Entscheidung im Reichstag 17 Abgeordnete gegen eine Bewilligung der Kriegskredite ausgesprochen; bis auf Liebknecht fügen sich aber alle bei der Plenarabstimmung der Fraktionsdisziplin. Am 3. Dezember wird Liebknecht vom Fraktionsvorstand offiziell für sein Verhalten gerügt. Trotz der Maßregelung wächst die Zahl der Kriegsgegner in der SPD; bei der fraktionsinternen Abstimmung zur dritten Kriegskreditsvorlage am 20. März 1915 gibt es bereits 23, zur vierten am 17. August 1915 36 und zur fünften am 15. Dezember 1915 38 Nein-Stimmen.

»Dies ist ein Krieg um die Beherrschung des Weltmarktes«

2. Dezember. Der zum pazifistischen Flügel der SPD zählende Reichstagsabgeordnete Karl Liebknecht verweigert als einziges Parlamentsmitglied die Zustimmung zu dem von der deutschen Reichsregierung geforderten zweiten Kriegskredit. Liebknecht begründet seine Ablehnung in einem Brief an Reichstagspräsident Johannes Kaempf wie folgt:

»Dieser Krieg, den keines der beteiligten Völker selbst gewollt hat, ist nicht für die Wohlfahrt des deutschen oder eines anderen Volkes entbrannt. Es handelt sich um einen imperialistischen Krieg, einen Krieg um die kapitalistische Beherrschung des Weltmarktes, um die politische Beherrschung wichtiger Siedlungsgebiete für das Industrie- und Bankkapital ... Die deutsche Parole ›Gegen den Zarismus‹ diente – ähnlich der jetzigen englischen und französischen Parole ›Gegen den Militarismus‹ – dem Zweck, die edelsten Instinkte, die revolutionären Überlieferun-

Der 43jährige Karl Liebknecht, Sohn von Wilhelm Liebknecht

gen und Hoffnungen des Volkes für den Völkerhaß zu mobilisieren. Deutschland, der Mitschuldige des Zarismus, das Muster politischer Rückständigkeit bis zum heutigen Tag, hat keinen Beruf zum Völkerbefreier. Die Befreiung des russischen wie des deutschen Volkes muß deren eigenes Werk sein. Der Krieg ist kein deutscher Verteidigungskrieg. Sein geschichtlicher Charakter und bisheriger Verlauf verbieten, einer kapitalistischen Regierung zu vertrauen, daß der Zweck, für den sie die Kredite fordert, die Verteidigung des Vaterlandes ist. Ein schleuniger, für keinen Teil demütigender Friede, ein Friede ohne Eroberungen, ist zu fordern; alle Bemühungen dafür sind zu begrüßen. Nur die gleichzeitige dauernde Stärkung der auf einen solchen Frieden gerichteten Strömungen in allen kriegführenden Staaten kann dem blutigen Gemetzel vor der völligen Erschöpfung aller beteiligten Völker Einhalt gebieten. Nur ein auf dem Boden der internationalen Solidarität der Arbeiterklasse und der Freiheit aller Völker erwachsener Friede kann ein gesicherter sein ... Unter Protest gegen den Krieg, seine Verantwortlichen und Regisseure, gegen die kapitalistische Politik, die ihn heraufbeschwor, gegen die kapitalistischen Ziele, die er verfolgt, gegen die Annexionspläne, gegen den Bruch der belgischen und luxemburgischen Neutralität, gegen die soziale und politische Pflichtvergessenheit, deren sich die Regierung und die herrschenden Klassen auch heute noch schuldig machen, lehne ich die geforderten Kriegskredite ab.«

Erneuter Fehlschlag gegen Serbien

15. Dezember. Die 5. und 6. österreichisch-ungarische Armee müssen sich an der serbischen Front hinter den Grenzfluß Donau zurückziehen. Damit scheitert auch die am 6. November begonnene zweite Offensive gegen das vom militärischen Potential her unterlegene Serbien. Zwar gelang den österreichisch-ungarischen Truppen am 2. Dezember die Besetzung der serbischen Hauptstadt Belgrad; im Verlauf eines bei Arangjelovac erfolgenden Gegenangriffs werden die österreichisch-ungarischen Armeen jedoch bis zum 15. Dezember hinter Donau und Save zurückgedrängt. Als Konsequenz wird am 23. Dezember der bisherige Oberbefehlshaber der Balkantruppen, Feldmarschall Oskar Potiorek, durch den 51jährigen Feldmarschall Erzherzog Eugen von Österreich ersetzt.

Bereits vom 12. bis 18. August war eine von Potiorek befohlene Offensive gegen das nur 170 000 Mann starke serbische Heer gescheitert. Insgesamt verlieren die österreichisch-ungarischen Balkantruppen in den Kämpfen gegen Serbien von ihren 450 000 Mann 227 000 an Gefallenen, Verwundeten, Gefangenen und Vermißten. Im Anschluß an diese Kämpfe kommt es an der Serbien-Front bis zum Herbst 1915 nur noch zu vereinzelten Stellungsgefechten. Die militärischen Fehlschläge erschüttern das Prestige Österreich-Ungarns erheblich.

△ *Soldaten der serbischen Armee vertreiben die österreichisch-ungarischen Truppen von ihrem Territorium; die serbischen Verluste sind niedriger als die Österreich-Ungarns; dennoch wurden insgesamt 22 000 serbische Soldaten getötet, 19 000 gerieten in Gefangenschaft, und 91 000 wurden verwundet.*

◁ *Offiziere der serbischen Armee; der Krieg gegen Österreich-Ungarn wird in Serbien als Krieg um die Unabhängigkeit des Landes gesehen; daher findet die serbische Armee bei ihrem Kampf gegen die Donaumonarchie wirksame Hilfe in den Reihen der Bevölkerung*

Eine sog. Fernsignalpatrouille der österreichisch-ungarischen Kavallerie bei Skarcyce; im Krieg gegen Serbien setzt die Donaumonarchie zwei Kavalleriedivisionen ein

Angehörige der österreichisch-ungarischen Armee im Schützengraben an der Galizienfront; seit Ende September stehen dort 29 Infanterie- und acht Kavalleriedivisionen

Stellungskämpfe auch an der Ostfront

17. Dezember. Auch nach Ende der zwölftägigen Schlacht von Limanowa (Südpolen) verzeichnen die verbündeten deutschen und österreichisch-ungarischen Truppen an der Ostfront keine entscheidenden Fortschritte. Die Kämpfe entwickeln sich ab Ende Dezember zum Stellungskrieg.

Die Mittelmächte können allerdings ihre im Oktober bedrohlich gewordene militärische Situation (→ 5. 10. / S. 176) verbessern. Neben der Zurückdrängung russischer Verbände in Westpolen durch die 9. deutsche Armee (→ 21. 12. / S. 206) stoppen österreichisch-ungarische Einheiten die auf Krakau vorrückenden russischen Truppen bei Limanowa (5.–17. 12.) und erreichen in Galizien den Dunajec. Ende Dezember besteht vom Kurischen Haff bis zu den Karpaten eine durchgehende Frontlinie. Der sich auch hier entwickelnde Stellungskrieg nimmt jedoch nicht solch ausgeprägte Formen wie im Westen an (→ 10. 11. / S. 191).

Obwohl die russischen Armeen zurückgeschlagen werden, scheitern deutsch-österreichisch-ungarische Pläne, den Gegner zu umfassen und damit entscheidende Erfolge zu erzielen. Neben der Unterschätzung des russischen Heeres machen sich das Fehlen eines gemeinsamen Oberbefehls und mangelnde operative Zusammenarbeit in den Führungsstäben negativ bemerkbar. Hinzu kommen militärstrategische Konflikte: So forderte u. a. der österreichisch-ungarische Generalstabschef Franz Freiherr Conrad von Hötzendorff von der deutschen Obersten Heeresleitung 30 zusätzliche Divisionen für eine Offensive gegen Rußland, von denen der deutsche Generalstabschef Erich von Falkenhayn bis Ende November lediglich acht zugestand. Allerdings wurde die als unbefriedigend empfundene deutsche Führungsstruktur im Osten neu geregelt (→ 1. 11. / S. 190).

Dezember 1914

Ende des sog. Kreuzergeschwaders bei Falklandinseln

8. Dezember. Das sog. deutsche Kreuzergeschwader (häufig auch als Ostasien-Geschwader bezeichnet) unter dem Kommando von Vizeadmiral Maximilian Reichsgraf von Spee (→ 8. 12. / S. 207) wird bei den Falklandinseln vor der argentinischen Küste von zwei britischen Schlachtkreuzern versenkt.

Nach der Schlacht bei Coronel vor der chilenischen Küste am 1. November hatte das Kreuzergeschwader, bestehend aus den Panzerkreuzern »Scharnhorst« und »Gneisenau« sowie den Kreuzern »Nürnberg«, »Dresden« und »Leipzig« (seit Herbst 1914), die Südspitze des amerikanischen Kontinents umrundet. Am 8. Dezember befiehlt Vizeadmiral Spee die Zerstörung britischer Telegrafenstationen in Port Stanley auf den Falklandinseln. Inzwischen allerdings hatte die britische Admiralität, beunruhigt durch den Verlust zweier Kreuzer in der Schlacht bei Coronel, zwei 17 000 t große Schlachtkreuzer der sog. Home Fleet zur Verfolgung des deutschen Kreuzergeschwaders abkommandiert. Am 7. Dezember vereinigten sich die unter dem Kommando von Vizeadmiral Frederick Charles Doveton Sturdee stehenden »Invincible« und »Inflexible« mit den in Port Stanley stationierten sechs britischen Kreuzern. Mit ihrer 30,5-cm-Artillerie sind sie den 21-cm-Geschützen des deutschen Kreuzergeschwaders überlegen.

Bei den Falklandinseln versenkt: Die Panzerkreuzer »Scharnhorst« (o.) und »Gneisenau« (u.), die Kreuzer »Leipzig« (M. l.) und »Nürnberg« (M. r.)

Am frühen Morgen des 8. Dezember schickt Spee die »Gneisenau« und die »Nürnberg« zur Beschießung der Telegrafenstation nach Port Stanley. Die im Hafen mit der Brennstoffverladung beschäftigten britischen Kriegsschiffe werden von deren Ankunft überrascht. Nachdem allerdings die Besatzung der »Gneisenau« die Stärke des britischen Verbandes identifiziert hat, gibt sie Alarm und zieht sich eilig zurück. Trotz eines Vorsprungs von rund 24 km kommen die 26,2 Knoten (48,5 km/h) schnellen britischen Schlachtkreuzer gegen Mittag bis auf Schußweite an das deutsche Geschwader heran. Bis um 15 Uhr gelingt es ihnen, die 11 600 t große und 23,5 Knoten (43,5 km/h) schnelle »Gneisenau« und ihr Schwesterschiff »Scharnhorst« entscheidend zu treffen. Beide Schiffe sinken im Verlauf des Nachmittags. Am Abend werden auch die Kreuzer »Nürnberg« und »Leipzig« versenkt, während die »Dresden« entkommen kann. Sie wird am 14. März 1915 westlich von Chile versenkt. Gegenüber geringen Verlusten auf britischer Seite überleben von der insgesamt rund 2100 Mann starken deutschen Besatzung nur 215.

Das deutsche Kreuzergeschwader war 1895 als wichtigste Waffe des deutschen Imperialismus auf Dauer gebildet worden und wurde in Ostasien eingesetzt. Es besetzte 1897 die chinesische Hafenstadt Tsingtau (→ 7. 11. / S. 194) und war 1900/01 an der Niederschlagung des antikolonialistischen Boxeraufstandes in China beteiligt. Nach Ausbruch des Weltkrieges hatte das Ostasiengeschwader den Auftrag, die Schiffahrt der Kriegsgegnerstaaten zu stören und feindliche Streitkräfte zu binden. Mit Ausnahme der zum Handelskrieg in den Indischen Ozean entsandten »Emden« (→ 9. 11. / S. 190) war es im Herbst gegen die südamerikanische Küste mit dem Ziel vorgestoßen, die Kriegführung im Atlantischen Ozean aufzunehmen. Im Falle einer Chance, die britische Seeblockade zu durchbrechen, sollte es die Heimathäfen an der deutschen Küste anstreben.

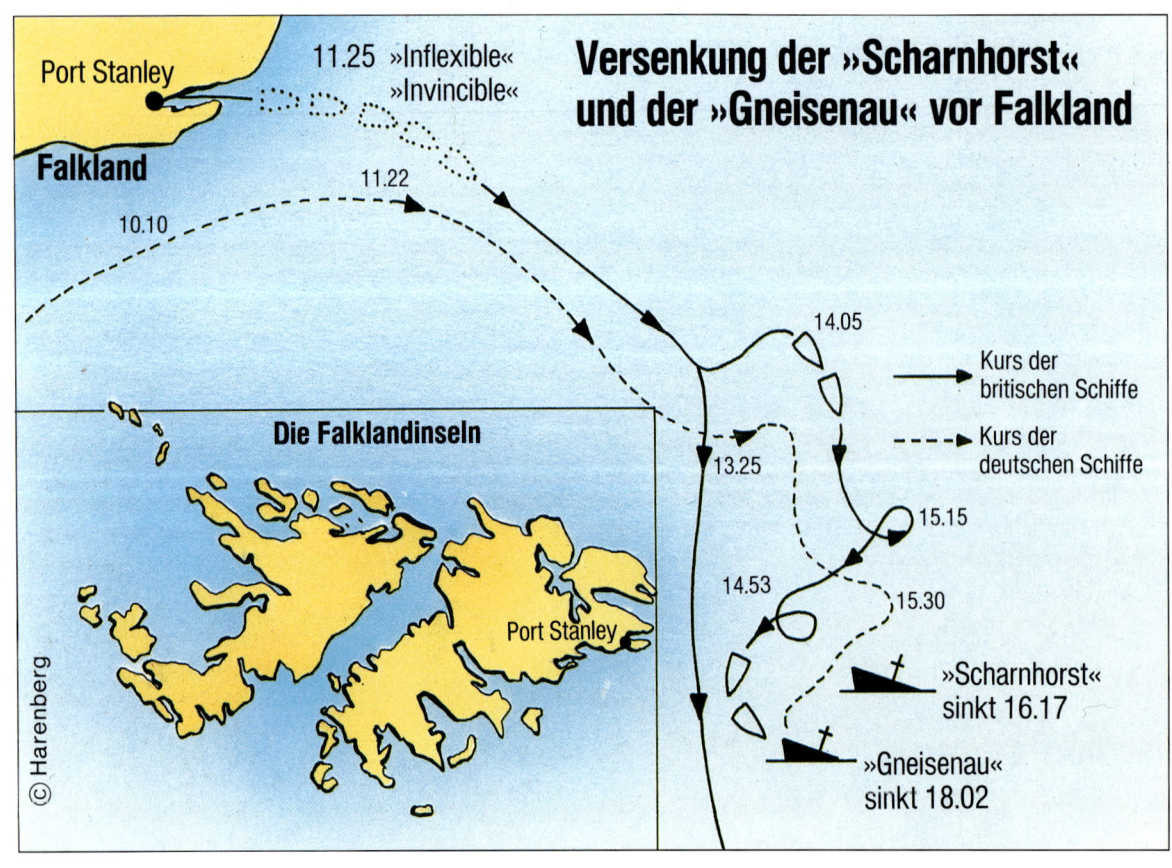

Dezember 1914

Der 53jährige Vizeadmiral Maximilian Reichsgraf von Spee, Kommandant des Kreuzergeschwaders

Graf von Spee fällt bei Falklandinseln

8. Dezember. Der Kommandant des sog. deutschen Kreuzergeschwaders, Vizeadmiral Maximilian Reichsgraf von Spee, fällt bei der Seeschlacht vor den Falklandinseln (→ 8. 12. / S. 206).
Geboren am 22. Juni 1861 in Kopenhagen, durchlief Spee eine steile Militärkarriere. Nach verschiedenen Bord- und Landkommandos nahm er ab 1884 als Torpedobootskommandant an der kolonialen Besetzung von Gebieten in Westafrika und im Südwestpazifik teil. Von 1896 bis 1899 war er Flaggleutnant des Prinzen Heinrich von Preußen, bevor er sich 1900 mit einem deutschen Invasionskorps an der Niederschlagung des Boxeraufstandes in China beteiligte. 1905 wurde Spee Kapitän zur See und Kommandant des Schlachtschiffs »Wittelsbach«. Drei Jahre später avancierte er zum Chef des Stabes der Nordseestation und 1910 zum zweiten Admiral der sog. Aufklärungsstreitkräfte. Spee übernahm im Dezember 1912 das Kreuzergeschwader, 1913 wurde er Vizeadmiral. Nach den militärischen Rückschlägen durch die Versenkung der drei Schlachtkreuzer »Karlsruhe«, »Königsberg« und »Emden« konnte der Seesieg, den ein Kreuzergeschwader unter dem Kommando von Vizeadmiral Spee am 1. November 1914 gegen die britische Flotte bei Coronel vor der Küste Chiles errang, die deutsche Siegeszuversicht wieder heben. Spee wurde daraufhin von der Presse als Kriegsheld gefeiert.

Britische Flotte im Seekrieg überlegen

Mit dem Ausbruch des Krieges beginnt im Nordseeraum auch der Seekrieg. Als Hauptgegner stehen sich Großbritannien und das Deutsche Reich als bedeutendste Seemächte der Welt gegenüber. Allein der Vergleich bei den Großkampfschiffen zeigt, daß die deutsche Flotte der britischen weit unterlegen ist: 24 britischen Schlachtschiffen und -kreuzern stehen 16 deutsche gegenüber. Angesichts dieser Kräfteverhältnisse kann sich die deutsche Flottenführung (Chef des Admiralstabes: Admiral Hugo von Pohl; Chef der Hochseeflotte: Admiral Friedrich von Ingenohl) das Risiko einer Entscheidungsschlacht auf offener See zunächst nicht erlauben. Sie versucht daher, durch einzelne kleinere Operationen die feindlichen Streitkräfte allmählich zu schwächen. Zu den erfolgreichsten deutschen Angriffen zählt – neben dem Kreuzerkrieg in Übersee (→ 9. 11. / S. 190; 8. 12. / S. 206) – die Versenkung von drei britischen Kreuzern durch das deutsche Unterseeboot »U 9« am 22. September im Ärmelkanal vor Hoek van Holland.
Umgekehrt sorgt die in Scapa Flow (Orkneyinseln) sowie im ostschottischen Firth of Forth stationierte britische Flotte erfolgreich für eine Blockade des deutschen Seeverkehrs. Zugleich sichert sie britische Truppentransporte auf ihrem Weg nach Belgien und Frankreich. Für die deutsche Seekriegführung völlig unerwartet, kommt es bei der britischen Sperre nicht zu einer Nahblockade der Deutschen Bucht, sondern zu einer Fernblockade des Nordseeraumes durch Minensperren und britische Patrouillenfahrten im Ärmelkanal. Am 2. November erklärt Großbritannien die gesamte Nordsee zum Kriegsgebiet. Die Minensperren zwingen auch neutrale Schiffe, auf dicht an der britischen Küste gelegenen Routen zu fahren. Damit werden u. a. Rohstofftransporte ins Deutsche Reich empfindlich gestört. Die britische Flotte verzeichnet darüber hinaus Angriffserfolge, z. B. als sie bei einem Vorstoß gegen Helgoland Ende August drei deutsche Kreuzer zerstört.

Britische Marinesoldaten präparieren eine Seemine; Minen zählen im deutsch-britischen Seekrieg in der Nordsee zu den gefährlichsten Waffen

Zeichnerische Darstellung von britischen Minenfänger-Schiffen in der Nordsee. Die zu zweit operierenden Schiffe ziehen mit jeweils einem rund 200 m langen Kabeltau einen beschwerten Eisendraht mit sich. Dieser reißt die Seeminen aus ihrer Verankerung, indem er deren Ankerketten erfaßt. Der Zünder befindet sich an der Oberseite der Kontaktminen, wo große Schiffe ihn berühren würden

Seemine der deutschen Marine   *Britische Unterwasser-Treibmine*

Dezember 1914

»Pancho« Villa (vorn) kämpfte bis zum Sommer auf seiten von Carranza gegen das Huertisten-Regime in Mexiko

»Pancho« Villa zieht in Mexiko-Stadt ein

4. Dezember. Der mexikanische Rebellenführer Francisco »Pancho« Villa zieht mit seinen Truppen in Mexiko-Stadt ein. Damit tritt der nach dem Sturz des Regimes von Victoriano Huerta (→ 16. 8. / S. 152) ausgebrochene innenpolitische Machtkampf in eine neue Phase.
Im Herbst brachen innerhalb der Huerta-Gegner die Widersprüche zwischen dem Konstitutionalistenführer Venustiano Carranza – seit 16. August Machthaber in Mexiko – und sozialrevolutionären Rebellengruppen offen aus. Ein in Aguascalientes tagender »Souveräner Konvent« vereinigte alle Carranza-Gegner, darunter als stärkste Fraktionen die Anhänger »Pancho« Villas und Emiliano Zapatas. Sie erlangen vorübergehend ein militärisches Übergewicht; Carranza weicht vor ihnen in das seit dem 23. November von den USA geräumte Veracruz Llave (→ 21. 4. / S. 60) zurück.
Unter dem Druck der ungünstigen militärischen Lage verspricht der bisher nur wenig reformfreundliche Carranza soziale Verbesserungen und gewinnt dadurch die Unterstützung gewerkschaftlicher Gruppen. Im August 1915 besetzt er erneut Mexiko-Stadt.

Deutsche Gegenoffensive in Westpolen

21. Dezember. Bei den Flüssen Bzura und Rawka endet eine am 11. November in Westpolen eingeleitete Offensive der deutschen Streitkräfte gegen Rußland.
Die 9. deutsche Armee unter General August von Mackensen hatte am 11. November nach der Bedrohung Schlesiens durch Rußland (→ 5. 10. / S. 176) den Nordflügel der russischen Nordwestfront zwischen Weichsel und Warthe durchbrochen und die russischen Truppen nach Süden bis Lodz zurückgedrängt. Allerdings mißlang die Einkreisung des Gegners in der Schlacht um Lodz (17.–24. 11.). Bis Mitte Dezember wird das russische Heer in Westpolen auf breiter Front zum Rückzug gezwungen. Die 9. deutsche Armee verliert bei den Kämpfen insgesamt 100 000 Mann.

Russische Truppen in Warschau; seit dem Wiener Kongreß 1815 gehört der Großteil des Herzogtums Warschau als sog. Kongreßpolen zu Rußland

Großbritannien annektiert Ägypten

19. Dezember. Die Regierung Großbritanniens erklärt Ägypten zum britischen Protektorat. Damit hebt sie die bisherige formelle Oberhoheit des Osmanischen Reiches auf. Zugleich ernennt die britische Regierung Oberstleutnant Henry MacMahon zum Oberkommissar für Ägypten. Nachfolger des bisherigen Khediven (osmanischer Vizekönig) Abbas II. Hilmi wird nun auch offiziell im Rang eines Sultans dessen Onkel Husain Kamal, nachdem die britische Regierung bereits am 3. November die Absetzung Abbas II. Hilmi beschlossen hatte. Der bisherige Khedive hatte zuvor gemeinsam mit der osmanischen Regierung in Konstantinopel (heute Istanbul) den Abzug aller britischen Truppen aus Ägypten gefordert.
Ägypten wurde ab 1883 von einem sog. britischen Residenten bei formeller Anerkennung der osmanischen Oberhoheit regiert. Das jetzt verkündete Protektorat endet 1922 mit der Ausrufung einer parlamentarischen Monarchie in Ägypten.

Albanische Stadt von Italien besetzt

25. Dezember. Italienische Marineeinheiten besetzen die albanische Hafenstadt Valona (heute Vlorë). Damit demonstriert Italien seine Machtansprüche in Südosteuropa. Bereits im September hatte die italienische Regierung als Kompensation für einen etwaigen Kriegseintritt u. a. die Einverleibung wichtiger Punkte an der albanischen Küste gefordert, um Italiens Herrschaft an der Adria auszubauen. In einem am 26. April 1915 in London mit Großbritannien, Rußland und Frankreich unterzeichneten Geheimvertrag über den Kriegseintritt wird die Besetzung Valonas nachträglich akzeptiert und Italien für die Zeit nach dem Ende des Krieges ein Protektorat über Albanien zugesichert. Albanien hatte sich nach der Abreise des von den europäischen Großmächten eingesetzten Fürsten Wilhelm I. am → 3. September (S. 166) zum Kriegs- und Einflußgebiet verschiedener Mächte entwickelt; beispielsweise besetzten griechische Truppen am 27. Oktober südalbanische Gebiete (→ 3. 4. / S. 64; 12. 10. / S. 176).

Dezember 1914

Christian X., Gustav V. und Håkon VII. vor der Residenz in Malmö

Skandinavische Könige in Malmö

18. Dezember. In der südschwedischen Hafenstadt Malmö treffen der dänische König Christian X., der norwegische König Håkon VII. und der schwedische König Gustav V. zu zweitägigen Konsultationen über die Haltung der skandinavischen Staaten im Weltkrieg zusammen. In einem Kommuniqué betonen die drei Monarchen ihren Willen zur Aufrechterhaltung der Neutralität und fordern von den Kriegsnationen, das Recht auf freien Handel zu gewährleisten.

Rotkreuz sorgt für Kriegsgefangene

24. Dezember. Von besonderer Bedeutung für die Verteilung von Weihnachtspost an Kriegsgefangene ist die Genfer Zentralauskunftsstelle für Kriegsgefangene. Seit Kriegsbeginn organisiert die durch das Internationale Komitee vom Roten Kreuz geschaffene Einrichtung Kontakte zu den Kriegsgefangenen in den verschiedenen kriegführenden Staaten.
Die rund 300 Beschäftigten der Auskunftsstelle sichern anhand der von den Kriegsministerien herausgegebenen Kriegsgefangenenlisten eine möglichst reibungslose Zustellung von Briefen und Paketen. Zu diesem Zweck vergleichen sie u. a. täglich durchschnittlich 15 000 Briefanschriften mit den Angaben der Gefangenenlisten.

Tödliches Unglück bei Kriegsforschung

17. Dezember. Bei einem Explosionsunglück im Kaiser-Wilhelm-Institut für physikalische Chemie und Elektrochemie in Dahlem (heute zu Berlin) kommt der 35jährige deutsche Chemiker Walther Sackur ums Leben. Das von dem Chemiker Fritz Haber (→ 26.10. / S. 177) geleitete Institut befaßt sich u. a. mit der Entwicklung von Kriegskampfstoffen.
Über die Ursachen des Unglücks, bei dem sich ein weiterer Wissenschaftler verletzt, wird nichts bekannt; Sackur war Spezialist für gasförmige Stoffe. Unter Leitung von Fritz Haber arbeitet das Dahlemer Institut an der Herstellung und Erprobung von Giftgasen. Der seit 1912 dort tätige deutsche Chemiker Otto Hahn erinnert sich: »Mitte Januar 1915 wurde ich zum Geheimrat Haber befohlen... Haber teilte mir mit, daß er den Auftrag habe, eine Spezialtruppe für den Gaskampf aufzustellen.« Der Gaskampfstoff wird erstmals am 22. April 1915 bei Ypern (Flandern) eingesetzt.

Zwei Nobelpreise ohne Preisträger

10. Dezember. In Stockholm findet die Verleihung der Nobelpreise statt. Wegen des Krieges wird 1914 kein Friedensnobelpreis vergeben, ebenso kein Literaturnobelpreis.

Der österreichische Mediziner Róbert Bárány ist ungarischer Abstammung und wurde am 22. April 1876 in Wien geboren. Er betreibt wegweisende Forschung auf dem Gebiet der Ohrenheilkunde.

Der 38jährige österreichische Mediziner Róbert Bárány erhält für seine Untersuchungen über Physiologie und Pathologie des Bogengangapparates im menschlichen Ohr den Medizinnobelpreis. Chemiepreisträger ist der 46jährige US-Amerikaner Theodore William Richards; dem 35jährigen Deutschen Max von Laue wird der Nobelpreis für Physik zugesprochen.

Eigenes Theater für Volksbühne

30. Dezember. Am Berliner Bülowplatz wird das Theater der Neuen Freien Volksbühne nach über einjähriger Bauzeit eingeweiht. Das von dem deutschen Architekten Oskar Kaufmann geschaffene Gebäude faßt rund 2000 Besucher.
Nach einer Eröffnungsrede des deutschen Theaterkritikers Julius Bab wird der Neubau mit einer Aufführung des Lustspiels »Wenn der junge Wein blüht« des norwegischen Dichters Bjørnstjerne Bjørnson eingeweiht. Als erster Direktor amtiert Emil Lessing.
Die Neue Freie Volksbühne als Trägervereinigung spaltete sich 1892 von der zwei Jahre zuvor gegründeten Freien Volksbühne ab. Beide Theaterbesucherorganisationen sind in der deutschen Arbeiterbewegung verankert. Sie verzeichneten Mitte 1914 zusammen rund 70 000 Mitglieder. Ihr Ziel ist die Bekämpfung des Theaterprivilegs höherer Schichten, indem sie durch Mitgliedsbeiträge preisgünstigere Theatervorstellungen finanzieren.

Franz Marc: Reinigende Kraft des Krieges

15. Dezember. Der deutsche Maler und Grafiker Franz Marc, 1911 Mitbegründer der Künstlervereinigung »Blauer Reiter«, veröffentlicht in der Berliner »Vossischen Zeitung« einen kriegsverherrlichenden Artikel. Im Sog militaristischer Begeisterung unter deutschen Künstlern und Intellektuellen (→ 4.10. / S. 182) interpretiert er dabei den Krieg als »mystisches Erlebnis«. Der Artikel ist ein Beispiel für die unreflektierte, irrationale Haltung vieler deutscher Künstler gegenüber dem Massensterben auf den Schlachtfeldern. Franz Marc fällt im Alter von 36 Jahren am 4. März 1916 bei Verdun.

»Was wir Krieger in diesen Monaten draußen erleben, überragt in weitem Bogen unsere Denkkraft. Wir werden Jahre brauchen, bis wir diesen sagenhaften Krieg als Tat, als unser Erlebnis werden begreifen können... Durch diesen großen Krieg wird mit vielem anderen, das sich zu Unrecht in unser zwanzigstes Jahrhundert hinübergerettet hat, auch die Pseudokunst ihr Ende finden, mit der sich der Deutsche bislang gutmütig zufriedengegeben hat. Der Drang der Deutschen, formbildnerisch Neues in Musik, Dichtung und Kunst aufzunehmen, war in der letzten Generation so gering, daß man sich die schlechtesten und fadenscheinigsten Wiederholungen alter guter Kunstformen gefallen ließ. Das Volk als Ganzes ahnte wohl den großen Krieg sicherer als der Einzelne und spannte alle seine Nerven nach ihm. Kunst in solcher Wartezeit war nicht aktuell, Kunst als

Der 34jährige Maler Franz Marc

Volkstat unzeitgemäß. Das Volk ahnte, daß es erst durch den großen Krieg gehen mußte, um sich ein neues Leben und neue Ideale zu formen... Ich glaube nicht, daß viel von dem, was wir neuen Maler in Deutschland an ungewohnten Kunstformen vor dem Kriege geschaffen haben, Wurzel fassen konnte. Wir werden von vorn anfangen müssen zu arbeiten; erst an uns selber in der Schule dieses großen Krieges, dann an unserem deutschen Volk. Denn wenn das große Aufatmen kommt, wird der Deutsche auch wieder nach seiner Kunst fragen... Wer ihn [Franz Marc meint hier den Krieg] draußen miterlebt und das neue Leben ahnt, das wir uns mit ihm erobern, der denkt wohl, daß man den neuen Wein nicht in alte Schläuche faßt. Wir werden das neue Jahrhundert mit unserem neuen formbildnerischen Willen durchsetzen... Das Deutschtum wird nach diesem Krieg über alle Grenzen schwillen.«

Literatur 1914:
Schriftsteller suchen nach neuen Formen des Ausdrucks

»Ausbruch« ist das Motto der Literatur im Weltkriegsjahr 1914. In Anbetracht der als beengend empfundenen gesellschaftlichen Verhältnisse suchen Schriftsteller in verschiedenen Ländern nach neuen Wegen literarischer Darstellung. Beispielhaft dafür stehen der Ire James Joyce mit seinem Frühwerk »Dubliners« sowie die US-Amerikanerin Gertrude Stein.

Lebensweg von James Joyce
James Joyce wurde am 2. Februar 1882 im irischen Rathgar (heute Rathmines and Rathgar) geboren. Ab 1888 besuchte er nacheinander die Jesuitenschulen Clongowes Wood (bis 1892) und Belvedere College in Dublin (bis 1898). Danach studierte Joyce Philosophie und Sprachen in Dublin, bevor er 1902 nach Paris übersiedelte. Nach einer vorübergehenden Rückkehr in seine Heimat emigrierte er 1904 endgültig und lebt seitdem als Journalist und Sprachlehrer auf dem europäischen Kontinent.

Von dem 38jährigen populären US-Schriftsteller Jack London erscheint 1914 »Meuterei auf der Elsinore«

George Bernard Shaw; seine im Herbst 1913 uraufgeführte Komödie „Pygmalion" wird 1914 viel diskutiert

Die 15 Geschichten in dem 1914 veröffentlichten Band »Dubliners« von James Joyce zeigen die engen Lebensbedingungen im kleinbürgerlichen Milieu der irischen Stadt Dublin. Joyce schildert in exemplarischen Situationen die Menschen als Gefangene einer armseligen Umwelt und ihrer Institutionen wie Kirche und Staat. Psychologisch in die Tiefe gehend und unter Mißachtung herrschender Tabus seziert Joyce die seelischen Probleme seiner Protagonisten, etwa im sexuellen Bereich. Daher war die Veröffentlichung der bereits zwischen 1904 und 1907 entstandenen Erzählungen aus Zensurgründen mehrmals verschoben worden. Gleichzeitig kennzeichnet Joyce die individuellen Reaktionen auf eine als übermächtig empfundene Welt: Passivität, ungezügelter Alkoholkonsum, Aggressivität, aber auch Resignation.
In bemerkenswertem Zusammenhang mit der inhaltlichen Thematik steht die formale Gestaltung der Texte: Aussparende, kommentarlose Beschreibung und indirekter innerer Monolog. Diese Erzähltechnik weist bereits auf die späteren Formexperimente hin, mit denen Joyce Weltgeltung erlangt (»Ulysses«, »Finnegans Wake«).
James Joyce erweist sich damit als Pionier der literarischen Moderne, einer Stilrichtung, die – nicht nur auf dem Gebiet der Dichtung – innerhalb der abendländischen Kultur in den ersten Jahrzehnten des 20. Jahrhunderts wegweisend ist. Sie beinhaltet eine grundlegende Änderung künstlerischer Formen, Strukturen und Techniken vor

Ricarda Huch; sie beendet ihr Werk »Der große Krieg in Deutschland«

Titelblatt der Erzählung »Roßhalde« des Dichters Hermann Hesse

Der am 24. Juli 1864 in Hannover geborene deutsche Schriftsteller Frank Wedekind (l.) ist ein beißender Kritiker des wilhelminischen Bürgertums

dem Hintergrund vergleichbarer Entwicklungen im gesellschaftlich-technischen Bereich. Dabei markiert der Beginn des Weltkrieges eine Epochenschwelle: Mit ihm verlieren die traditionellen Denkmuster des 19. Jahrhunderts endgültig ihre maßgebende Kraft. Übermächtig erscheinende Institutionen einerseits und ein zunehmend naturwissenschaftlich geprägtes Weltbild andererseits bestimmen immer stärker die künstlerische Kreativität. James Joyce selbst erhielt durch seine Aufenthalte in europäischen Metropolen wie London und Paris auch persönliche Kontakte zu Vertretern dieser Bewegung (u. a. durch den Kreis des 29jährigen US-amerikanischen, seit 1909 in Großbritannien lebenden Dichters Ezra Pound).

In formalen Experimenten radikaler als Joyce ist die US-amerikanische Schriftstellerin Gertrude Stein, deren von Wiederholungen geprägter Stil auf zahlreiche Schriftsteller eine innovative Wirkung ausübt. In ihrem 1914 erscheinenden Werk »Tender Buttons« (»Zarte Knöpfe«), einem Prosagedicht in drei Teilen, beschreibt sie in assoziativer, fragmentarischer Weise den »Rhythmus der sichtbaren Welt«. Die Sprachexperimente von Gertrude Stein lassen sich in ihrer rhythmischen Auflösung konventioneller Formen mit Stilelementen der kubistischen Malerei vergleichen.

Im folgenden ein Auszug aus dem Prosagedicht »Zarte Knöpfe« der in Paris lebenden Gertrude Stein:
»Der Vorgang des aufräumens säuberns ist eine Art nicht zu zerschmeißen zerreißen und doch zu zerreißen. Die eine Art sich der Gewohnheit zu bedienen ist sich der Seife und Seide zum säubern zu bedienen. Die Art Baumwolle zu sehen ist ein Muster zu haben das die Illusion und die Illustration zusammenzieht. Die vollkommene Art ist das Ding daran zu gewöhnen daß es einen rand hat und die Form eines Bandes und körperhaft ist, ganz körperhaft wenns steht zu bedienen ... Eine Schachtel wird manchmal gemacht und sie darauf zu passen fein säuberlich aufzupassen und um die Löcher zu stopfen ist es nötig Papier zu benutzen. Ein Brauch der nötig ist wenn eine Schachtel benutzt und genommen wird ist daß den größten Teil der Zeit drei da sind die verschiedene Verbindungen haben.«

George – Dichter der Neuromantik
Der am 12. Juli 1868 in Büdesheim (heute zu Bingen) als Sohn eines Weinhändlers und Gastwirtes geborene Stefan George studierte Philosophie und Kunstgeschichte. Auf seinen Reisen durch Europa lernte er u. a. die französischen Dichter Stéphane Mallarmé und Paul Verlaine sowie den österreichischen Schriftsteller Hugo von Hofmannsthal kennen. Mit seinem aristokratischen Schönheits- und Formsinn zählt er zu den bedeutendsten Neuromantikern.

Neben Gertrude Stein arbeitet vor dem Krieg auch der britische Dichter T.(homas) S.(tearns) Eliot an experimentellen Sprachformen.
Der konsequenten Umsetzung neuer inhaltlicher Erfahrungen in entsprechende Formen bei der englischsprachigen Literatur steht innerhalb der deutschen Literatur eine »vergeistigte« Flucht aus der Realität gegenüber. Sie wird in den Werken von Ernst Stadler, Stefan George und Hermann Hesse deutlich als Streben nach einer metaphysisch begründeten Erneuerung menschlicher Existenz.
Mit seinem 1914 veröffentlichten, in München erscheinenden Gedichtband »Der Aufbruch« erweist sich der elsässische Lyriker Ernst Stadler als ein Wegbereiter des Expressionismus. Auf eine als entfremdet empfundene Welt reagiert Stadler mit der Forderung »Mensch werde wesentlich«. Allerdings bleibt das Ziel individueller Vervollkommnung in seinen Gedichten letztlich unklar (→ 3. 11. / S. 192).
Noch ausgeprägter als Stadler setzt der deutsche Dichter Stefan George der modernen Gesellschaft den Rückzug in eine überwirkliche Welt entgegen. Mit seinem Gedichtzyklus »Der Stern des Bundes« prophezeit er – unter Rückgriff auf die mittelalterliche Gedankenwelt – einen neuen Bund zwischen Volk und Gott. Im Mittelpunkt des Werkes steht die Sendung des Dichters als Mittler zwischen Gott und Menschen. In einem symbolischen Akt soll er eine neue mythische Daseinsform begründen.
Neben seiner dichterischen Tätigkeit ist George an der 1892 von ihm begründeten Zeitschrift »Blätter

Wegbereiter der Moderne: Der irische Schriftsteller James Joyce

für die Kunst« beteiligt, die als Organ für seine Anhänger (sog. George-Kreis) fungiert. Ebenso wie sich in seinem Werk elitäres Denken widerspiegelt, sieht sich Stefan George auch selbst als Führer einer geistigen Elite.
Zeigt George dadurch seine Verachtung für die Probleme diesseitiger Existenz, so sucht Hermann Hesse in der Vollendung der individuellen künstlerischen Persönlichkeit den Ausbruch aus einer als unbefriedigend empfundenen Umgebung. In der Erzählung »Roßhalde« gelingt dem Künstler Johann Veraguth die Überwindung der konventionellen bürgerlichen Existenz – literarisch ausgedrückt in den Vorbereitungen auf eine Reise. Die krisenhafte Entwicklung einer privaten Beziehung bereitet dabei in Hermann Hesses Erzählung den Weg für den Durchbruch zur künstlerischen Existenz.

Der Schriftsteller Leonhard Frank debütiert mit »Die Räuberbande«

Seine Romane aus Preußens Geschichte bleiben populär: E. Wichert

Gefeierter Boulevardautor: Der Franzose Sacha Guitry (l., mit Frau)

André Gide, einer der einflußreichsten französischen Literaten

Dezember 1914

Wilhelm Diegelmann als Falstaff (l.) in Shakespeares »Heinrich IV.« (Deutsches Theater Berlin)

Else Heims in der Rolle der Beatrice in Williams Shakespeares »Viel Lärm um Nichts«

Reinhardt-Inszenierungen: Albert Bassermann als König Lear (r., daneben A. Moissi als Narr)

Theater 1914:

Bühnenereignis: Shakespeare-Zyklus von Max Reinhardt

Der Ausbruch des Weltkrieges wirkt sich nachhaltig auf das Theaterleben im Deutschen Reich aus. Viele Schauspieler werden eingezogen, Theatergebäude für Kriegszwecke verwendet; so wird z. B. im Theater Münster ein Lazarett eingerichtet. Noch in den ersten Monaten des Jahres machen die Aufführungen des Shakespeare-Zyklus am Deutschen Theater in Berlin, inszeniert von Max Reinhardt, Furore.

Der im November 1913 begonnene, bis zum Mai 1914 dauernde Zyklus von Shakespeare-Inszenierungen am Deutschen Theater gilt als eines der letzten großen Theaterereignisse im Deutschen Reich vor dem Krieg. Er umfaßt u. a. die Stücke »Sommernachtstraum«, »Viel Lärm um Nichts«, »Hamlet«, »Der Kaufmann von Venedig«, »König Heinrich IV.« und »Othello«. Berliner Theaterkritiker interpretieren die farben- und formenreichen, aber zugleich bedrängend wirkenden Aufführungen als ein Spiegelbild des wilhelminischen Bürgertums.

Sämtliche aufgeführten Stücke des englischen Dramatikers William Shakespeare wurden am Deutschen Theater, der bedeutendsten Privatbühne im deutschsprachigen Raum, von Max Reinhardt neu einstudiert. Dabei wirken u. a. bekannte Schauspieler wie Alexander Moissi, Wilhelm Diegelmann und Else Heims mit. Max Reinhardt, der die Leitung des Deutschen Theaters 1905 übernahm, gilt mit seinen Neugestaltungen klassischer Dramen als Mitbegründer des modernen Regietheaters. Neben dem Shakespeare-Zyklus tritt er mit Beginn der Kriegssaison 1914/15 noch mit einer nationalistisch verbrämten Inszenierung von Heinrich von Kleists »Prinz von Homburg« (→ 1. 10. / S. 183) sowie Shakespeares »Wintermärchen« hervor.

In Wien übernimmt der österreichische Schauspieler Hugo Thimig am 12. April offiziell die Direktion des Wiener Hofburgtheaters (seit 1918 Burgtheater). Der am 16. Juni 1854 in Dresden geborene Thimig amtierte seit August 1912 bereits als provisorischer Leiter. Er arbeitet mit dem Ensemble an einer Modernisierung des Klassiker-Repertoires. Thimig, als Gegner jeglichen Starkultes bekannt, bekämpft dessen Auswuchs unter den Schauspielern.

Mit einer Aufführung des Dramas »Sakuntala« von dem indischen Dichter Kalidasa, der um 400 n. Chr. lebte, eröffnet der russische Regisseur Alexandr J. Tairow das Moskauer Kammertheater. Damit schafft er eine neue Experimentierbühne für seine als »entfesseltes Theater« bekannten Inszenierungen. Als Repräsentant eines sog. reinen Theaters lehnt der im In- und Ausland einflußreiche, erst 29jährige Tairow sowohl die naturalistisch als auch die psychologisch-realistisch geprägte Regiekunst entschieden ab. Er arbeitet seit 1908 als Regisseur, zuvor war er Schauspieler.

Szene aus Gerhart Hauptmanns neuem Werk »Der Bogen des Odysseus«; das Stück wird am 17. Januar im Deutschen Künstlertheater in Berlin uraufgeführt; Hans Marr spielt in der Rolle des Odysseus (r.), Hedwig Reicher als Leukone (l.) und Theodor Loos in der Rolle des Telemach (M.)

Behördliche Anordnungen für ein »stilles Silvester«

31. Dezember. Angesichts des Krieges werden die Silvesterfeiern im Deutschen Reich von den Behörden reglementiert. Für den größten Teil der Bevölkerung sind jedoch in Anbetracht existentieller Probleme wie Geldnot und Nahrungsmittelknappheit aufwendige Feiern ohnehin nicht denkbar.

»Überlautes Zuprosten verboten«

»1. Die verehrlichen Gäste werden gebeten, am Silvesterabend mit den Vorbereitungen für den Heimweg unter allen Umständen um 3/4 1 Uhr zu beginnen, da die Räume Punkt 1 Uhr geleert sein müssen.
2. Das Werfen mit Konfetti, Papierschlangen, Papierschnee usw. ist verboten.
3. Das überlaute Zuprosten an der Jahreswende ist nicht gestattet. Gedenket der Krieger in den kalten Schützengräben!«
(Plakat in Berliner Lokalen)

In der deutschen Hauptstadt Berlin sind alle Vergnügungen in der Silvesternacht nach 1 Uhr untersagt.

An der deutschen Ostfront: Angehörige des Landsturms befestigen kargen Schmuck am Weihnachtsbaum

Auch nach fast fünf Monaten Krieg sind die Weihnachtsfeiern im Reich noch von Militarismus geprägt

Die Besitzer von Gaststätten, Cafés und Vergnügungsetablissements weisen ihre Gäste durch den Aushang von Plakaten auf die behördlichen Anordnungen hin. Mit ihnen soll ein ruhiger Verlauf des Silvesterabends gewährleistet werden. Auch in der Presse wird ein »stilles Silvester« propagiert. So heißt es in der »Vossischen Zeitung« am 29. Dezember unter der Überschrift »Die rechte Silvesterfeier« in ermahnendem Ton: »Die diesjährige Silvesterfeier wird sich im Hinblick auf die ernste Kriegszeit in anderen Bahnen bewegen als vordem. Unsere Väter und Söhne und sonstige Anverwandte stehen im Felde im Schlachtgetümmel Auge in Auge dem Feinde gegenüber. Zu lärmender Fröhlichkeit und Trinkgelagen, zu Konfettischlachten und sonstigen Scherzen ist daher nicht die Zeit. Wir werden vielmehr beim Klange der Silvesterglocken unserer fernen Lieben gedenken.«

Für den Neujahrstag werden die traditionellen militärischen Zeremonien in der deutschen Reichshauptstadt abgesagt; sie umfaßten bislang u. a. die sog. Paroleausgabe im Zeughaus unter Beteiligung von Kaiser Wilhelm II.

Soldatenwinter im Schützengraben

31. Dezember. Die meisten Soldaten an der Westfront müssen angesichts des Stellungskrieges Weihnachten und Silvester in Schützengräben verbringen. Der Feldpostbrief eines Gefreiten berichtet über die Situation an der Front:
»Alle Wasserpfützen sind gefroren, und auf den zerfahrenen kotigen Wegen läuft man Gefahr, seine Knochen zu brechen. Die entlaubten Sträucher bieten keinen Schutz mehr gegen Sicht, und hinter den Stellungen zeugt manch frisches Grab von der Aufmerksamkeit unserer Feinde, die jeden sich unvorsichtig Zeigenden abschießen . . . Ich schlafe trotz der Kälte ohne Mantel, aber Kniewärmer, Kopfschützer und die anderen Wollsachen leisten gute Dienste. Meine Hose habe ich recht und schlecht (mehr schlecht natürlich) geflickt – neue gibt es erst zu Ostern. Ferner sind sämtliche Urlaubsgesuche zu Weihnachten gestrichen worden und sollen . . . neu eingereicht werden.«

Kriegspropaganda auch auf Silvesterkarten (Reklame)

Kitschig-chauvinistische deutsche Kriegsneujahrskarte

Neue Postwertzeichen 1914 im Deutschen Reich

Freimarkenausgabe Germania (Kriegsdruck; 10 Werte, 40 Pfg o. Abb.)

Anhang

Das Deutsche Reich, Österreich und die Schweiz 1914 in Zahlen

Die Statistiken für die drei deutschsprachigen Länder umfassen eine Auswahl von grundlegenden Daten. Es wurden vor allem Daten aufgenommen, die innerhalb der einzelnen Länder vergleichbar sind. Maßgebend für alle Angaben waren die amtlichen Statistiken. Die Zahlen beziehen sich auf die jeweiligen Staatsgrenzen von 1914. Nicht in allen gesellschaftlichen Bereichen finden jährliche Erhebungen statt, so daß mitunter die Daten aus früheren Jahren aufgenommen werden mußten. Das Erhebungsdatum ist jeweils angegeben (unter der Rubrik »Stand«). Die aktuellen Zahlen des Jahres 1914 werden – wo möglich – durch einen Vergleich zum Vorjahr relativiert. Wichtige Zusatzinformationen zum Verständnis einzelner Daten sind in den Fußnoten enthalten.

Deutsches Reich

Erhebungsgegenstand	Wert	Vergleich Vorjahr (%)	Stand
Fläche			
Fläche (km²)	541 000	–	1. 12. 1910[1]
Bevölkerung			
Wohnbevölkerung[2]	67 790 000	+1,2	1914
männlich	32 886 000	–	1. 12. 1910[1]
weiblich	32 040 000	–	1. 12. 1910[1]
Einwohner je km²	120,0	–	1. 12. 1910[1]
Ausländer	1 259 900	–	1. 12. 1910[1]
Privathaushalte	14 283 000	–	1. 12. 1910[1]
Einpersonenhaushalte	1 045 000	–	1. 12. 1910[1]
Mehrpersonenhaushalte	13 238 000	–	1. 12. 1910[1]
Lebendgeborene	1 838 750	–1,2	1913[1]
Gestorbene	1 060 798	–	1913[1]
Eheschließungen	513 283	–	1913[1]
Ehescheidungen	17 835	–	1913[1]
Familienstand der Bevölkerung			
Ledige insgesamt	38 108 000	–	1. 12. 1910[1]
männlich	19 516 000	–	1. 12. 1910[1]
weiblich	18 592 000	–	1. 12. 1910[1]
Verheiratete	23 622 000	–	1. 12. 1910[1]
Verwitwete und Geschiedene	3 589 000	–	1. 12. 1910[1]
männlich	916 000	–	1. 12. 1910[1]
weiblich	2 673 000	–	1. 12. 1910[1]
Religionszugehörigkeit			
Christen	64 096 820	–	1. 12. 1910[1]
katholisch	23 821 453	–	1. 12. 1910[1]
evangelisch	39 991 421	–	1. 12. 1910[1]
sonstige	283 946	–	1. 12. 1910[1]
Juden	615 021	–	1. 12. 1910[1]
andere, ohne Konfession	214 152	–	1. 12. 1910[1]
Altersgruppen			
unter 5 Jahren	7 068 000	–	1. 12. 1910[1]
5 bis unter 10 Jahren	6 608 000	–	1. 12. 1910[1]
10 bis unter 15 Jahren	6 173 000	–	1. 12. 1910[1]
15 bis unter 20 Jahren	5 641 000	–	1. 12. 1910[1]
20 bis unter 30 Jahren	9 607 000	–	1. 12. 1910[1]
30 bis unter 40 Jahren	8 205 000	–	1. 12. 1910[1]
40 bis unter 50 Jahren	6 153 000	–	1. 12. 1910[1]
50 bis unter 60 Jahren	4 460 000	–	1. 12. 1910[1]
60 bis unter 70 Jahren	2 930 000	–	1. 12. 1910[1]
70 bis unter 80 Jahren	1 334 000	–	1. 12. 1910[1]
80 Jahren und darüber	272 000	–	1. 12. 1910[1]
Die zehn größten Städte			
Berlin	2 071 257	–	1. 12. 1910[1]
Hamburg	931 035	–	1. 12. 1910[1]
München	596 467	–	1. 12. 1910[1]
Leipzig	589 850	–	1. 12. 1910[1]
Dresden	548 308	–	1. 12. 1910[1]
Köln	516 527	–	1. 12. 1910[1]
Breslau	512 105	–	1. 12. 1910[1]
Frankfurt am Main	414 576	–	1. 12. 1910[1]
Düsseldorf	358 728	–	1. 12. 1910[1]
Nürnberg	333 172	–	1. 12. 1910[1]
Erwerbstätigkeit			
Erwerbstätige	28 092 000	–	12. 6. 1907[1]
männlich	18 599 000	–	12. 6. 1907[1]
weiblich	9 493 000	–	12. 6. 1907[1]
nach Wirtschaftsbereichen			
Land- und Forstwirtschaft, Tierhaltung und Fischerei	9 883 000	–	12. 6. 1907[1]
Produzierendes Gewerbe	11 256 000	–	12. 6. 1907[1]
Handel und Verkehr	3 478 000	–	12. 6. 1907[1]
sonstige	3 475 000	–	12. 6. 1907[1]
Ausländische Arbeitnehmer	691 000	–	1. 12. 1910[1]
Betriebe			
Landwirtschaftliche Betriebe	5 736 082	–	1907[1]
Bergbau und Industrie einschl. Bau u. verarbeitendes Gewerbe	2 086 368	–	1907[1]
Handel, Gastgewerbe, Reiseverkehr	1 283 931	–	1907[1]
Außenhandel			
Einfuhr (Mio. Mark)	10 770	–	1913[1]
Ausfuhr (Mio. Mark)	10 097	–	1913[1]
Einfuhrüberschuß (Mio. Mark)	673	–	1913[1]
Verkehr			
Eisenbahnnetz (km)[3]	61 749	+1,0	1914
Beförderte Personen (Mio.)	1 798	–	1913[1]
Beförderte Güter (t)	528 882 000	–21,8	1914
Bestand an Kraftfahrzeugen	93 072	–19,6	1. 1. 1914
davon Pkw	83 333	+18,9	1. 1. 1914
davon Lkw	9 739	+26,4	1. 1. 1914
Binnenschiffe zum Gütertransport (Tragfähigkeit in t)	7 394 065	–	1913[1]
Beförderte Güter (t)	99 607 000	–	1913[1]
Handelsschiffe/Seeschiffahrt (BRT)	5 238 937	+6,1	1914
Bildung			
Schüler an			
Volksschulen	10 309 949	–	1911[1]
Mittelschulen	354 054	–	1911[1]
Höheren Schulen	664 156	–	1911[1]
Studenten	79 511	+2,6	1914
Gesundheitswesen			
Ärzte	30 558	–	1909[1]
Zahnärzte	11 213	–	1909[1]
Krankenhäuser	4 718	–4,3	1914
Sozialleistungen			
Mitglieder der gesetzlichen Krankenversicherung	15 609 586	–15,1	1914
Rentenversicherung der Arbeiter	1 219 011	+5,8	1914
Finanzen und Steuern			
Gesamtausgaben des Staates (Mio. Mark)	9 650,592	+34,3	1914
Gesamteinnahmen des Staates (Mio. Mark)	8 149,362	+20,1	1914[1]
Schuldenlast des Staates (Mio. Mark)	5 157,900	+2,8	1914
Löhne und Gehälter			
Wochenarbeitszeit in der Industrie (Stunden)	50–60	–	1913/14
Tariflicher Bruttostundenverdienst (Pfennig)			
männlicher Facharbeiter	65,9	–	1913/14
weiblicher Facharbeiter	38,2	–	1913/14
Preise			
Einzelhandelspreise ausgewählter Lebensmittel (Mark)			
Butter, 1 kg	2,84	+0,7	1914[4]
Weizenmehl, 1 kg	0,50	–3,8	1914[4]
Schweinefleisch, 1 kg	1,67	+13,9	1914[4]
Rindfleisch, 1 kg	1,95	–1,0	1914[4]
Eier, 1 Stück	0,13	–7,1	1914[4]
Kartoffeln, 5 kg	0,36	+8,7	1914[4]
Vollmilch, 1 l	0,21	–4,5	1914[4]

[1] Letzte verfügbare Angabe
[2] Ortsanwesende Bevölkerung
[3] Vollspurige Eisenbahnen
[4] Durchschnittliche Einzelhandelspreise in München

Statistische Zahlen/Regierungen 1914

Erhebungs-gegenstand	Zürich	Basel	Bern	Genf	Davos	Lugano
Klimatische Verhältnisse (Fortsetzung)						
Niederschlagsmengen (mm)						
August	139	141	170	162	130	232
September	86	79	58	32	70	46
Oktober	31	22	36	37	75	387
November	47	30	61	48	45	43
Dezember	57	84	69	158	24	166
Sonnenscheindauer (Stunden)						
Januar	29	64	41	33	115	137
Februar	99	110	95	49	113	115
März	96	115	89	119	98	177
April	211	230	202	208	186	182
Mai	100	126	114	185	139	180
Juni	204	207	205	276	153	237
Juli	191	194	186	247	148	257
August	227	218	222	243	232	258
September	167	159	167	201	180	242
Oktober	109	108	123	134	136	138
November	53	79	78	71	97	137
Dezember	68	76	65	86	72	80

Die Regierungen des Deutschen Reichs, Österreichs und der Schweiz 1914

Neben den Staatsoberhäuptern des Deutschen Reichs, Österreichs und der Schweiz sind in der Zusammenstellung die einzelnen Kabinette des Jahres 1914 in chronologischer Reihenfolge enthalten. Hinter den Namen der wichtigsten Regierungsmitglieder steht in Klammern der Zeitraum ihrer Tätigkeit.

Deutsches Reich

Staatsform:
Kaiserreich
Staatsoberhaupt:
Wilhelm II. (1888–1918)

Reichskanzler:
Theobald von Bethmann Hollweg (1909–1917)
Vizekanzler und Inneres:
Clemens (von) Delbrück (1909–1916)
Auswärtiges:
Gottlieb von Jagow (1913–1916)
Reichsschatzamt:
Hermann Kühn (1912–1915)
Reichsjustizamt:
Hermann Lisco (1909–1917)
Reichspostamt:
Reinhold Kraetke (1901–1917)
Reichsmarineamt:
Alfred von Tirpitz (1897–1916)
Reichskolonialamt:
Wilhelm Heinrich Solf (1911–1918)

Gekrönte Häupter und Regierungschefs der deutschen Länder:
Anhalt:
Friedrich II., Herzog (1904–1918)
Baden:
Friedrich II., Großherzog (1907–1918), Alexander Freiherr von Dusch, Ministerpräsident und Justizminister (1905–1917)
Bayern:
Ludwig III., König (1913–1918, zuvor Prinzregent 1912/13), Georg Graf von Hertling, Ministerpräsident und Außenminister (1912–1917)
Braunschweig:
Ernst August, Herzog (1913–1918)
Hessen:
Ernst Ludwig, Großherzog (1892–1918), Christian Wilhelm Karl von Ewald, Ministerpräsident (1906–1918)
Lippe:
Leopold IV., Fürst zur Lippe (1905–1918)
Mecklenburg-Schwerin:
Friedrich Franz IV., Großherzog (1897–1918)
Mecklenburg-Strelitz:
Adolf Friedrich V., Großherzog (1904–11. 6. 1914), Adolf Friedrich VI., Großherzog (11. 6. 1914–1918)
Oldenburg:
August, Großherzog (1900–1918)
Preußen:
Wilhelm II., König (1888–1918, als Wilhelm II. zugleich deutscher Kaiser), Theobald von Bethmann Hollweg, Ministerpräsident und Außenminister (1909–1917)
Reuß ältere Linie:
Heinrich XXIV., Fürst (1902–1918)
Reuß jüngere Linie:
Heinrich XXVII., Fürst (1913–1918)
Sachsen:
Friedrich August III., König (1904–1918)
Sachsen-Weimar:
Wilhelm Ernst, Großherzog (1901–1918)
Sachsen-Coburg-Gotha:
Karl Eduard, Herzog (1900–1918)
Sachsen-Altenburg:
Ernst II., Herzog (1908–1918)
Sachsen-Meiningen:
Georg II., Herzog (1866–25. 6. 1914), Bernhard III., Herzog (25. 6. 1914–1918)
Schwarzburg-Rudolstadt:
Günther, Fürst (1890–1918), in Personalunion auch Fürst von Schwarzburg-Sondershausen (1909–1918)
Waldeck und Pyrmont:
Friedrich, Fürst (1893–1918)
Württemberg:
Wilhelm II., König (1891–1918), Karl Freiherr von Weizsäcker, Ministerpräsident und Außenminister (1906–1918)

Österreich

Staatsform:
Kaiserreich
Staatsoberhaupt:
Franz Joseph I. (1848–1916)

Österreichisch-ungarische Minister:
Minister des Kaiserlichen und des Königlichen Hauses und des Äußeren:
Leopold Graf Berchtold (1912–1915)
Finanzminister:
Leo von Biliński (1912–1915)
Kriegsminister:
Alexander Freiherr von Krobatin (1912–1917)
Chef der Marinesektion:
Anton Haus (1913–1917)

Österreichische Minister Kabinett Stürgkh (1911–1916):
Ministerpräsident:
Karl Graf Stürgkh (1911–1916)
Inneres:
Karl Freiherr Heinold von Udynski (1911–1915)
Unterricht:
Max Freiherr Hussarek von Heinlein (1911–1917)
Justiz:
Viktor Ritter von Hochenburger (1909–1916)
Finanzen:
August Freiherr Engel von Mainfelden (1913–1915)
Handel:
Rudolf Freiherr von Schuster, Edler von Bonnott (1912–1915)
Öffentliche Arbeiten:
Ottokar Freiherr Trnka (1911–1917)
Eisenbahnen:
Zdenko Freiherr von Forster (1908/09, 1911–1916, 1916/17)
Ackerbau:
Franz Freiherr von Zenker (1912–1916)
Landesverteidigung:
Friedrich Freiherr von Georgi (1907–1917)
Staatsminister für Galizien:
Zdzisław Morawski-Dzierzykraj (2. 1. 1914–1916)
Landeschef von Bosnien-Herzegowina:
Oskar Potiorek (1911–22. 12. 1914), Stefan Freiherr Sarkotić (22. 12. 1914–1918)

Schweiz

Staatsform:
Republik
Staatsoberhaupt:
Arthur Hoffmann (1914)

Politisches Departement (Äußeres):
Felix Calonder (1913–1919)
Inneres:
Arthur Hoffmann (1911–1917)
Justiz und Polizei:
Eduard Müller (1911–1919)
Finanzen und Zölle:
Giuseppe Motta (1911–1919)
Militär:
Camille Decoppet (1912–1919)
Volkswirtschaft:
Edmund Schulthess (1912–1935)
Post und Eisenbahn:
Ludwig Forrer (1902–1917)

Staatsoberhäupter und Regierungen ausgewählter Länder 1914

Die Einträge zu den wichtigsten Ländern des Jahres 1914 informieren über die Staatsform (hinter dem Ländernamen), Titel und Namen des Staatsoberhaupts sowie in Klammern dessen Regierungszeit. Es folgen – soweit vorhanden – die Regierungschefs, bei wichtigeren Ländern auch die Außenminister des Jahres 1914; jeweils in Klammern stehen die Zeiträume der Amtsausübung. Eine Kurzdarstellung gibt – wo es sinnvoll erscheint – einen Einblick in die innen- und außenpolitische Situation des Landes. Über bewaffnete Konflikte und Unruhegebiete, auf die hier nicht näher eingegangen wird, informiert der Anhang »Kriege und Krisenherde des Jahres 1914« gesondert.

Abessinien: Kaiserreich
Kaiser: Josua (1911–1916)

Afghanistan: Emirat
Emir: Habib Ullah Khan (1901–1919)
Seit 1879 erkennt das Land die britische Oberhoheit über seine Außenpolitik an. Während des Ersten Weltkrieges bleibt es jedoch neutral.

Ägypten: Vizekönigtum
des Osmanischen Reichs/britisches Protektorat
Khedive (Vizekönig): Abbas II. Hilmi (1892–19. 12. 1914)
Von Großbritannien eingesetzter Sultan: Husain Kamal (19. 12. 1914–1917)
Britischer Resident: Horatio Herbert Kitchener, Earl Kitchener of Khartoum and of Broome (1911–1914)
Britischer Oberkommissar-Resident: Sir Henry MacMahon (1914–1916)
Ägypten wird am 19. Dezember 1914 britisches Protektorat unter Aufhebung der osmanischen Oberhoheit, nachdem das Osmanische Reich auf der Seite des Deutschen Reichs in den Krieg eingetreten ist.

Albanien: Republik
Fürst: Wilhelm I., Prinz zu Wied (7. 3.–2. 9. 1914)
Die Aufstände der Albaner gegen die Türkisierungspolitik des Osmanischen Reichs hatten 1912 zur Ausrufung des unabhängigen Albaniens durch Ismail Kemal Beï geführt. Der neugewählt Fürst, Wilhelm I., Prinz zu Wied, muß nach einem Aufstand das Land im September 1914 wieder verlassen. Danach herrschen anarchische Zustände. Die Italiener besetzen Valona und die Insel Saseno, weitere Teile des Landes werden von Montenegro, Serbien und Griechenland besetzt. Einige albanische Stämme kämpfen während des Ersten Weltkriegs auf der Seite der Mittelmächte.

Algerien:
Französisches Generalgouvernement
Generalgouverneur: Charles Lutaud (1911–1918)
Algerien ist ein politisch und wirtschaftlich dem Mutterland angegliedertes französisches Generalgouvernement.

Annam: Kaiserreich
unter französischem Protektorat
König: Duy-Than (1907–1916)
Annam ist ein zur Indochinesischen Union gehöriges französisches Protektorat.

Argentinien: Bundesrepublik
Präsident: Roque Sáenz Peña (1910–April 1914), Victorino de la Plaza (April 1914–1916)

Äthiopien: Siehe Abessinien

Australien: Bundesstaat
im British Empire
Premierminister: Joseph Cook (1913–September 1914), Andrew Fisher (1908/09, 1910–1913, September 1914–1915)
Britischer Generalgouverneur: Thomas Denman Baron Denman (1911–18. 5. 1914), Ronald Craufurd Munro-Ferguson (18. 5. 1914–1920)
Während des Ersten Weltkriegs baut das britische Dominion Australien, das Großbritannien mit Truppen und Hilfslieferungen unterstützt, erstmals eine leistungsfähige eigene Industrie auf. Australische Truppen besetzen während des Weltkriegs die deutschen Kolonialbesitzungen im Pazifik (Neuguinea, Bismarckarchipel, Samoa).

Belgien: Königreich
König: Albert (1909–1934)
Ministerpräsident: Charles de Broqueville (1911–1918, 1932–1934)
Außenminister: Julien Davignon (1907–1915)
Am 4. August 1914 marschieren deutsche Truppen in das neutrale Belgien ein und besetzen das Land. Die belgische Regierung verlegt ihren Sitz auf französisches Territorium.

Bhutan: Königreich
König: Ugyen Wangchuk (1907–1926)
Das Land erkennt seit dem 19. Jahrhundert die britisch-indische Vormacht an, regelt seine inneren Angelegenheiten jedoch selbständig.

Birma: Provinz von Britisch-Indien
Birma ist 1886 von Großbritannien annektiert worden und wird als Provinz von Britisch-Indien verwaltet.

Bolivien: Republik
Präsident: Ismael Montes (1904–1909, 1913–1917)

Brasilien: Bundesrepublik
Präsident: Hermes Rodrigo da Fonseca (1910–15. 11. 1914), Wenceslao Braz Pereira Gomes (15. 11. 1914–1918)
Da die europäischen Länder während des Ersten Weltkriegs keine Fertigwaren mehr liefern können, beginnt das bis dahin fast ausschließlich agrarisch geprägte Brasilien mit dem Aufbau einer eigenen Industrie.

Bulgarien: Königreich
König bzw. Zar: Ferdinand (1887–1918)
Bulgarien bleibt im Ersten Weltkrieg zunächst neutral, schließt sich jedoch 1915 den Mittelmächten (Deutsches Reich, Österreich-Ungarn) an.

Chile: Republik
Präsident: Ramón Barros Luco (1911–1915)

China: Republik
Präsident: Yüan Shih-k'ai (1912–1916)

Costa Rica: Republik
Präsident: Cleto González Víquez (1906–1910, 1912–8. 5. 1914, 1928–1932), Alfredo González Flores (8. 5. 1914–1917)

Dänemark: Königreich
König: Christian X. (1912–1947)
Ministerpräsident: Carl Theodor Zahle (1909/10, 1913–1920)
Das Land organisiert während des Ersten Weltkriegs seine Verteidigung entsprechend der von ihm proklamierten bewaffneten Neutralität.

Dominikanische Republik: Republik
Präsident: José Bordas y Valdes (1913–13. 4. 1914), Ramón Baez (27. 8.–5. 12. 1914), Juan Isidro Jiménez (1899–1902, 1903/04, 5. 12. 1914–1916)

Ecuador: Republik
Präsident: Leónidas Plaza Gutiérrez (1901–1905, 1912–1916)

El Salvador: Republik
Präsident: Carlos Meléndez (1913–August 1914, 1915–1919), Alfonso Quinones Molina (29. 8. 1914–1915)

Finnland:
Russisches Großfürstentum (1809–1917)

Frankreich: Republik
Präsident: Raymond Poincaré (1913–1920)
1. Kabinett Doumergue (1913–4. 6. 1914):
Ministerpräsident: Gaston Doumergue (1913–4. 6. 1914, 1934)
Außenminister: Gaston Doumergue (1913–4. 6. 1914, 8.–26. 8. 1914, 1934)
1. Kabinett Viviani (9. 6.–26. 8. 1914):
Ministerpräsident: René Viviani (9. 6. 1914–1915)
Außenminister: René Viviani (9. 6.–27. 8. 1914), Théophile Delcassé (1898–1905, 3./4. 8. 1914, 27. 8. 1914–1915), Gaston Doumergue (1913–4. 6. 1914, 8.–26. 8. 1914, 1934)
2. Kabinett Viviani (27. 8. 1914–1915):
Ministerpräsident: René Viviani (9. 6. 1914–1915)
Außenminister: Théophile Delcassé (1898–1905, 3./4. 8. 1914, 27. 8. 1914–1915)
Am 3. August 1918 erklärt das Deutsche Reich Frankreich den Krieg. Einen Tag später schließt das französische Parlament die »Union sacrée« (politischer Burgfrieden) und erteilt der Regierung einstimmig außerordentliche Kriegsvollmachten. In der Marneschlacht vom 6. bis zum 9. September bringen die Franzosen den deutschen Vormarsch zum Stillstand, der Krieg an der deutschen Westfront erstarrt zum Stellungskrieg (siehe Anhang »Kriege und Krisenherde«).

Griechenland: Königreich
König: Konstantin I. (1913–1917)
Ministerpräsident: Eleftherios Weniselos (1910–1915, 1917–1920, 1924, 1928–1932, 1932, 1933)
König Konstantin I. tritt für die unbedingte Neutralität seines Landes im Ersten Weltkrieg ein.

Großbritannien: Königreich
König: Georg V. (1910–1936)
1. Kabinett Asquith (1908–1915):
Premierminister: Herbert Henry Asquith (1908–1916)
Außenminister: Sir Edward Grey (1905–1916)
Schatzkanzler: David Lloyd George (1908–1915)
1. Lord der Admiralität: Winston Churchill (1911–1915)
Kolonialminister: Lewis Vernon Harcourt (1910–1915)
Staatssekretär für Indien: Robert Offley Ashburton Crewe-Milnes, Earl of Madeley (1910–1915)
Am 4. August 1914 billigt das Unterhaus mit Ausnahme des pazifistischen Flügels der Labour Party unter Ramsay MacDonald den Eintritt in den Krieg gegen das Deutsche Reich.

Guatemala: Republik
Präsident: Manuel Estrada Cabrera (1898–1920)

Haiti: Republik
Präsident: Michel Oreste (1913–27. 1. 1914), Oreste Zamor (8. 2.–29. 10. 1914), Joseph Davilmare Théodore (7. 11. 1914–1915)

Honduras: Republik
Präsident: Francisco Bertrand (1913–1919)

Indien (Britisch-Indien):
Britisches Vizekönigreich
Vizekönig: Charles Hardinge, Baron Hardinge of Penshurst (1910–1916)

Indochinesische Union:
Französisches Protektorat
Das französische Kolonialgebiet in Indochina besteht aus den 1887 vereinigten französischen Protektoraten Annam, Tonkin und Kambodscha, der Kolonie Kotschinchina und seit 1893 auch Laos.

Irak: Teil des Osmanischen Reichs
Irak bleibt bis 1914 Teil des Osmanischen Reichs; gegen Ende des Jahres wird das Land von britischen Truppen besetzt. 1921 wird es Königreich.

Iran: Siehe Persien

Irland: Teil von Großbritannien
Irland ist seit 1801 dem Vereinigten Königreich von Großbritannien und Irland eingegliedert. 1921 wird es Freistaat.

Island: Teil des Königreichs Dänemark
Island steht seit 1397 unter dänischer Herrschaft, seit 1874 mit beschränkter Selbstverwaltung. 1918 wird das Land unabhängig.

Italien: Königreich
König: Viktor Emanuel III. (1900–1946)
4. Kabinett Giolitti (1911–10. 3. 1914):
Ministerpräsident: Giovanni Giolitti (1892/93, 1903–1905, 1906–1909, 1911–10. 3. 1914, 1920/21)
Außenminister: Antonino Paternò-Castello Marchese di San Giuliano (1905/06, 1910–16. 10. 1914)
1. Kabinett Salandra (21. 3.–31. 10. 1914):
Ministerpräsident: Antonio Salandra (21. 3. 1914–1916)

Regierungen 1914

Außenminister: Antonino di San Giuliano (1905/06, 1910–16. 10. 1914)
2. Kabinett Salandra (5. 11. 1914–1916):
Ministerpräsident: Antonio Salandra (21. 3. 1914–1916)
Außenminister: Giorgio Sidney Baron Sonnino (5. 11. 1914–1919)
Nach dem Ausbruch des Ersten Weltkriegs proklamiert Italien seine Neutralität.

Japan: Kaiserreich
Kaiser: Joschihito (1912–1926)
Ministerpräsident: Gombei Jamamoto (1913–15. 4. 1914), Schigenobu Okuma (1898, 15. 4. 1914–1916)
Japan nimmt als Verbündeter Großbritanniens am Ersten Weltkrieg teil und erweitert seine Machtstellung in Asien (siehe Anhang »Kriege und Krisenherde«).

Jemen (Sana): Imamat
Imam: Hamid Ad Din Jahja (seit 1904, König 1918–1948)

Jordanien:
Teil des Osmanischen Reichs
Jordanien ist Teil des Osmanischen Reichs; es wird zum Emirat Transjordanien ab 1921 bzw. 1923.

Jugoslawien:
Teil des Osmanischen Reichs und Österreich-Ungarns
Königreich ab 1918. Siehe auch Kroatien, Montenegro, Serbien.

Kambodscha: Königreich
unter französischem Protektorat
König: Sisovath (1904–1927)
Kambodscha ist ein zur Indochinesischen Union gehörendes französisches Protektorat.

Kanada:
Bundesstaat, britisches Dominion
Premier- und Außenminister: Robert Laird Bordon (1911–1920)
Britischer Generalgouverneur: Arthur Herzog von Connaught (1911–1916)
Kanada beteiligt sich als britisches Dominion auf seiten der Entente am Ersten Weltkrieg.

Kirchenstaat: Siehe Papst

Kolumbien: Republik
Präsident: Carlos E. Restrepo (1910–7. 8. 1914), José Vicente Concha (7. 8. 1914–1918)

Korea:
Japanisches Generalgouvernement Chosen (1910–1945)
Generalgouverneur: Masakata Graf Terauchi (1910–1916)

Kroatien:
Österreichisch-ungarisches Kronland
Ungarischer Statthalter: Iwan Freiherr Skerlecz von Lomnicza (1913–1917)

Kuba: Republik
Präsident: Mario García Menocal (1913–1921)
Das Land ist wirtschaftlich (Zucker, Tabak) und politisch völlig abhängig von den USA, die sich seit der Räumung der Insel 1902 auch das Interventionsrecht vorbehalten haben.

Laos: Königreich
unter französischem Protektorat
König: Sisavong Vong (1904–1959)
Laos ist ein seit 1893 zur Indochinesischen Union gehörendes französisches Protektorat.

Libanon: Teil des Osmanischen Reichs
Libanon ist Teil des Osmanischen Reichs. Seit 1864 ist das Gebiet um Beirut autonom und untersteht einem christlichen Gouverneur.

Liechtenstein: Fürstentum
Fürst: Johann II. (1858–1929)

Luxemburg: Großherzogtum
Großherzogin: Marie Adelheid (1912–1919)
Am 2. August 1914 besetzen deutsche Truppen Luxemburg.

Marokko: Sultanat
unter französischem Protektorat
Sultan: Jusuf (1912–1927)
Französischer Generalresident: Louis Hubert Gonzalve Lyautey (1912–1925)

Mexiko: Bundesrepublik
Präsident: Victoriano Huerta (1913–15. 7. 1914), Francisco Carbajal (15. 7.–12. 8. 1914)
Seit 1910 ist die innenpolitische Situation des Landes von bürgerkriegsähnlichen Unruhen zwischen Sozialreformern und Konservativen geprägt. Außenpolitisch kommt es 1914 zu einem Konflikt mit den USA (siehe Anhang »Kriege und Krisenherde«).

Monaco: Fürstentum
Fürst: Albert (1889–1922)

Montenegro: Königreich
König: Nikolaus I. (Nikita) Petrović Njegoš (König 1910–1918, davor Fürst 1860–1910)
Am 7. August 1914 erklärt Montenegro Österreich-Ungarn den Krieg, am 11. August dem Deutschen Reich.

Nepal: Königreich
König: Tribhuwan Bir Bikram Schah (1911–1950, 1952/53)
Ministerpräsident: Maharadscha Sri Tschandra Schah Rana (1901–1929)

Neuseeland:
Dominion im British Commonwealth
Premierminister: William Ferguson Massey (1912–1925)
Neuseeländische Truppen kämpfen während des Ersten Weltkriegs auf der Seite der Tripelentente (Großbritannien, Frankreich, Rußland).

Nicaragua: Republik
Präsident: Adolfo Díaz (1911–1916)
1912 sind US-Marinetruppen in Nicaragua gelandet, die bis 1933 im Land bleiben.

Niederlande: Königreich
Königin: Wilhelmina (1890–1948)
Ministerpräsident (Kabinettsbilder): Pieter Wilhelm Adriaan Cort van der Linden (1913–1918)
Außenminister: John Loudon (1913 1918)
Die Niederlande bleiben im Ersten Weltkrieg neutral.

Norwegen: Königreich
König: Håkon VII. (1905–1957)
Ministerpräsident: Gunnar Knudsen (1908–1910, 1913–1919)
Norwegen bleibt während des Ersten Weltkriegs neutral.

Osmanisches Reich: Siehe Türkei

Panama: Republik
Präsident: Belisario Porras (1912–1916)

Papst: Absoluter Monarch
Papst: Pius X. (1903–20. 8. 1914), Benedikt XV. (3. 9. 1914–1922)
Staatssekretär: Kardinal Raffaele Merry de Val (1903–20. 8. 1914), Kardinal Domenico Ferrata (4. 9.–10. 10. 1914), Kardinal Pietro Gasparri (Oktober 1914–1930)
Der frühere Kirchenstaat ist seit 1870 dem italienischen Nationalstaat eingegliedert.

Paraguay: Republik
Präsident: Eduardo Schaerer (1912–1916)

Persien: Kaiserreich
Kaiser/Schah: Ahmad Schah (1909–1925)

Peru: Republik
Präsident: Gulliermo Billinghurst (1912–4. 2. 1914), Oscar Raimundo Benavides (15. 5. 1914–1915)

Philippinen: Gouvernement der USA
Generalgouverneur: Francis Burton Harrison (1913–1921)

Polen:
Teil des Russischen Reichs, Preußens und Österreich-Ungarns

Portugal: Republik
Präsident: Manoel d'Arriaga (1911–1915)
Ministerpräsident: Alfonso Augusto da Costa (1913–8. 2. 1914, 1915, 1916, 1917), Bernardino Louis Machado Guimarães (8. 2.–7. 12. 1914), Vítor Hugo de Azevedo Coutinho (7. 12. 1914–1915)

Rumänien: Königreich
König: Karl I. (1881–10. 10. 1914 König, davor Fürst 1866–1881), Ferdinand I. (10. 10. 1914/1927)
Ministerpräsident: Titu Liviu Maioresco (1912–16. 1. 1914), Ion C. Brătianu (1909, 1910/11, 16. 1. 1914–1918)

Rußland: Kaiserreich
Kaiser und Zar: Nikolaus II. (1894–1917)
Ministerpräsident: Wladimir N. Kokowzew (1911–11. 2. 1914), Iwan L. Goremykin (1906, 11. 2. 1914–1916)
Außenminister: Sergei D. Sasonow (1910–1916)
Am 1. August 1914 erklärt das Deutsche Reich Rußland den Krieg (siehe Anhang »Kriege und Krisenherde«).

Sansibar: Sultanat
unter britischem Protektorat
Sultan: Chalifa II. (1911–1960)

Schweden: Königreich
König: Gustav V. (1907–1950)
Ministerpräsident: Karl Albert Staaf (1905/06, 1911–17. 2. 1914), Hjalmar Hammarskjöld (17. 2. 1914–1917)
Schweden bleibt im Ersten Weltkrieg neutral.

Serbien: Königreich
König: Peter I. Karadordević (1903–1921)
Ministerpräsident: Nikola Pašić (1891/92, 1904/05, 1906–1908, 1909–1911, 1912–1918, davon 1915–1918 im Exil, danach Ministerpräsident des Königreichs der Serben, Kroaten und Slowenen 1918, 1921–1924, 1924–1926)
Am 28. Juli 1914 erklärt Österreich-Ungarn Serbien den Krieg (siehe Anhang »Kriege und Krisenherde«).

Siam: Siehe Thailand

Spanien: Königreich
König: Alfons XIII. (1886–1931)
Ministerpräsident: Eduardo Dato Iradier (1913–1915, 1917)
Spanien bleibt während des Ersten Weltkriegs neutral.

Südafrikanische Union:
Dominion im British Commonwealth
Ministerpräsident: Louis Botha (1910–1919)
Generalgouverneur: Herbert Gladstone (1910–1914), Sydney Viscount Baxton (1914–1920)

Thailand: Königreich
König: Rama VI. (1910–1925)

Tibet: Autonomer Staat
unter chinesischer Oberhoheit ab 3. Juli 1914
Dalai-Lama: Thupten Gjatso (1876/95–1933)
Pantschen-Lama: Tschökji Njima (1883–1937)

Tunis: Französisches Protektorat
Bei: Muhammad V. (1906–1922)
Generalresident: Gabriel Alapetite (1906–1918)

Türkei: Sultanat
Sultan: Muhammad V. (1909–1918)
Großwesir: Said Halim Pascha (1913–1917)
Kriegsminister: Enwer Pascha (1914–1918)
Das Osmanische Reich tritt am 29. Oktober 1914 auf der Seite der Mittelmächte (Deutsches Reich, Österreich-Ungarn) in den Ersten Weltkrieg ein.

Ungarn: Königreich,
Teil der österreichisch-ungarischen Doppelmonarchie
König: Franz Joseph I. (1848–1916)
Ministerpräsident: István Graf Tisza (1913–1917)

Uruguay: Republik
Präsident: José Batlle y Ordónez (1903–1907, 1911–1915)

USA: Bundesstaat
Präsident: Woodrow Wilson (Demokrat), 28. Präsident (1913–1921)
Vizepräsident: Thomas Riley Marshall (1913–1921)
Staatssekretär (Außenminister): William Jennings Bryan (1913–1921)
Zur Haltung der USA im Weltkrieg siehe Anhang »Kriege und Krisenherde«.

Venezuela: Republik
Präsident: Juan Vicente Gómez (1908–1929, 1931–1935)

Kriege und Krisenherde des Jahres 1914

Die herausragenden politischen und militärischen Krisensituationen des Jahres 1914 werden – alphabetisch nach Ländern geordnet – im Überblick dargestellt. Internationale Kriege und Krisenherde sind dem alphabetischen Länderverzeichnis vorangestellt.

Erster Weltkrieg

Die nationale und internationale Politik steht in der zweiten Hälfte des Jahres 1914 im Zeichen des beginnenden Ersten Weltkriegs, der sich an den Konflikten innerhalb des europäischen Staatensystems entzündet. Folgende Staaten treten 1914 in den Kriegszustand:
Österreich-Ungarn – Serbien (28. 7.)
Deutsches Reich – Rußland (1. 8.)
Deutsches Reich – Luxemburg (2. 8.)
Deutsches Reich – Frankreich (3. 8.)
Deutsches Reich – Belgien (4. 8.)
Großbritannien – Deutsches Reich (4. 8.)
Österreich-Ungarn – Rußland (6. 8.)
Serbien – Deutsches Reich (6. 8.)
Montenegro – Österreich-Ungarn (7. 8.)
Montenegro – Deutsches Reich (11. 8.)
Frankreich – Österreich-Ungarn (11. 8.)
Großbritannien – Österreich-Ungarn (12. 8.)
Japan – Deutsches Reich (23. 8.)
Rußland – Osmanisches Reich (2. 11.)
Großbritannien – Osmanisches Reich (5. 11.)
Frankreich – Osmanisches Reich (6. 11.)

Attentat von Sarajevo
Unmittelbarer Anlaß des Ersten Weltkriegs ist das Attentat von Sarajevo auf den österreichisch-ungarischen Thronfolger Franz Ferdinand am 28. Juni 1914. Auf diesen Mord folgt die sog. Juli-Krise, eine diplomatische, politische und militärische Krisensituation in ganz Europa, die in der österreichischen Kriegserklärung an Serbien am 28. Juli, in der russischen Mobilmachung am 29./30. Juli, in der deutschen Kriegserklärung an Rußland am 1. August und in der deutschen Kriegserklärung an Frankreich am 3. August gipfelt.

Kriegserklärung Österreichs
Am 23. Juli überreicht der österreichische Gesandte Wladimir Freiherr Giesl von Gieslingen in Belgrad ein bis zum 25. Juli befristetes Ultimatum Österreich-Ungarns an Serbien, alle antiösterreichischen Aktionen zu unterlassen; gefordert wird u. a. die Mitwirkung österreichischer Beamter an der Aufklärung des Attentats und die Säuberung der Armee, der Beamtenschaft, des Schulwesens und der Presse von österreichfeindlichen Kräften. Wie erwartet, lehnt Serbien – von russischer Seite unterstützt – das Ultimatum Wiens ab. Unmittelbare Folge ist der Abbruch der diplomatischen Beziehungen zwischen beiden Staaten am 25. Juli. Um 15 Uhr desselben Tages ordnet die Regierung in Belgrad die Mobilmachung an; Österreich-Ungarn befiehlt um 21 Uhr die Teilmobilmachung. Mit der Nachricht von einem Gefecht bei Temes-Kubin – in Wirklichkeit wohl nicht mehr als eine kleine Schießerei – veranlaßt der österreichisch-ungarische Außenminister Leopold Graf Berchtold am 28. Juli Kaiser Franz Joseph I. zur Unterzeichnung der Kriegserklärung an Serbien. Die Bevölkerung nimmt die Nachricht vom Kriegsbeginn mit Begeisterung auf. Der Mechanismus des europäischen Bündnissystems verhindert jedoch die Lokalisierung des Krieges auf den Balkan: Am 29. Juli befiehlt der russische Zar Nikolaus II. die Teilmobilmachung seiner Truppen; am 30. Juli um 18 Uhr schreitet Rußland zur Generalmobilmachung; am selben Tag mobilisiert Frankreich seinen Grenzschutz, und das Deutsche Reich befiehlt »Sicherung« für die Flotte.

Kriegserklärung an Rußland
Am 1. August um 16 Uhr befiehlt Frankreich die Mobilmachung. Eine Stunde später ordnet das Deutsche Reich die Mobilmachung an und erklärt Rußland den Krieg. Zum selben Zeitpunkt ordnet Großbritannien die Mobilmachung seiner Flotte an. Die Mobilmachungsanordnungen im Deutschen Reich werden auf öffentlichen Plätzen in den Städten und Gemeinden verlesen und durch Sonderausgaben der Zeitungen der Bevölkerung mitgeteilt. Der Jubel und die Begeisterung der deutschen Bevölkerung sind groß. Die vor dem Berliner Schloß wartende Menschenmenge stimmt, als sie die Nachricht hört, spontan den Choral »Nun danket alle Gott« an. Die Mobilmachung verläuft reibungslos. Zwei Millionen Menschen werden einberufen oder melden sich freiwillig. Mahnende Stimmen verhallen ungehört im aufwallenden Patriotismus; wer zurückbleibt, gilt als Feigling und Verräter. Schulklassen ziehen geschlossen in den Krieg.

Beginn der Westoffensive
Mit dem Einmarsch deutscher Truppen unter Generaloberst Helmuth von Moltke in Luxemburg am 2. August und in Belgien am 4. August 1914 beginnen die Kriegshandlungen im Ersten Weltkrieg. Am 3. August erklärt das Deutsche Reich Frankreich den Krieg. Das Deutsche Reich beabsichtigt, den Zweifrontenkrieg entsprechend dem Schlieffen-Plan – benannt nach dem ehemaligen Generalstabschef Alfred Graf von Schlieffen – mit einer Offensive im Westen zu beginnen und Frankreich von der ungenügend gesicherten französisch-belgischen Grenze her anzugreifen. Am 2. August verlangt das Deutsche Reich von dem neutralen Belgien das Recht zum freien Durchzug seiner Truppen; dieses lehnt das Begehren aus Berlin ab.
Großbritannien als eine der Garantiemächte der Neutralität Belgiens richtet an das Deutsche Reich ein Ultimatum, die Grenzen Belgiens zu respektieren. Der Abbruch der diplomatischen Beziehungen am 4. August ist gleichbedeutend mit einer Kriegserklärung an das Deutsche Reich. Am 20. August ziehen die deutschen Truppen in Brüssel ein.

USA bleiben neutral
Nach dem Ausbruch des Ersten Weltkriegs proklamiert US-Präsident Woodrow Wilson am 4. August die Neutralität der USA. Wenig später appelliert er an die Nation, »unparteiisch sowohl in Gedanken als auch in Taten« zu sein. Wilson bietet seine Dienste für eine Friedensvermittlung an.
Mit dieser Haltung folgen die Vereinigten Staaten ihrer bisherigen Maxime, sich von einem Engagement in Europa fernzuhalten. Zudem zeigen die Amerikaner wenig Verständnis für die Mächtegruppierungen und Interessenkollisionen in Europa. Sie sind jedoch betroffen von der Verletzung der belgischen Neutralität durch das Deutsche Reich. In der Folgezeit gelten die Sympathien der Vereinigten Staaten allerdings Großbritannien und Frankreich.

Kriegseintritt Japans
Am 23. August erklärt Japan dem Deutschen Reich den Krieg, nachdem das Deutsche Reich ein Ultimatum der Regierung in Tokio, alle Flottenverbände aus chinesischen Gewässern abzuziehen und das deutsche Schutzgebiet Kiautschou an China zurückzugeben, unbeantwortet gelassen hat.
Japan, das im letzten Jahrzehnt zur Großmacht in Ostasien aufgestiegen ist, verfolgt in seiner Außenpolitik imperialistische Ziele, u. a. die Unterwerfung Chinas. Am 7. November erobern die Japaner den deutschen Stützpunkt Tsingtau in der ostchinesischen Provinz Schantung. Außerdem besetzen sie die deutschen Südseekolonien auf den Marianen, den Karolinen, den Salomonen und den Marshallinseln.

Deutsche Erfolge an der Ostfront
Die Schlacht bei Tannenberg im westlichen Masuren endet am 31. August mit dem Sieg der 8. deutschen Armee unter Generaloberst Paul von Beneckendorff und von Hindenburg über die zahlenmäßig überlegene 2. russische Armee unter Alexandr W. Samsonow. In der für den Feind überraschenden Umfassungsschlacht machen die Deutschen 93 000 Gefangene.
Während der deutsche Angriffskrieg im Westen zum Erliegen kommt und in einen Stellungskrieg übergeht, gelingt es dem Deutschen Reich im Osten, zur Offensive gegen Rußland überzugehen. Zwei russische Armeen waren nach Kriegsbeginn nach Ostpreußen vorgedrungen. Unter dem Oberbefehl des reaktivierten 66jährigen Hindenburg gelingt es der 8. Armee in den beiden Schlachten bei Tannenberg (23.–31. 8.) und an den Masurischen Seen (6.–15. 9.), die russischen Truppen entscheidend zu schlagen. Die Russen müssen Ostpreußen räumen. Der glänzende Doppelsieg legt den Grundstein zum Hindenburg-Mythos und bringt Hindenburg in den Ruf, der Befreier Ostpreußens zu sein.

Französische Regierung flieht
Da der Vormarsch der deutschen Truppen auf französischem Territorium die Sicherheit der Hauptstadt Paris bedroht, verlegt die französische Regierung am 3. September ihren Sitz nach Südwestfrankreich in das sichere Bordeaux. General Joseph Jacques Césaire Joffre befiehlt den Rückzug der französischen Streitkräfte hinter die Marne.

Marneschlacht stoppt Vormarsch
In der für die Anfangsphase des Ersten Weltkriegs entscheidenden Marneschlacht bringen französische und britische Truppen unter dem Oberbefehl des französischen Generals Joseph Jacques Césaire Joffre den deutschen Vormarsch während des 6. und 9. Septembers zum Stehen. Der deutsche Generalstabschef Helmuth von Moltke gibt den Befehl zum Abbruch der Schlacht und zum Rückzug hinter die Aisne.
Vom 10. bis zum 12. September ziehen sich die deutschen Truppen der Order gemäß hinter die Aisne zurück, die französischen und britischen Verbände drängen nach, ohne jedoch zu einem operativen Erfolg zu gelangen. In der Folgezeit erstarrt der Bewegungskrieg im Westen zum Stellungskrieg.
Mit dem »Wunder von der Marne« haben die Franzosen die deutsche Offensivstrategie durchkreuzt und die vom Schlieffenplan vorgesehene rasche Kriegsentscheidung im Westen verhindert. Diese strategische Niederlage führt zur Ablösung Moltkes als Generalstabschef des Feldheers durch Erich von Falkenhayn.

Sturz Huertas in Mexiko

Die 1911 ausgebrochene »nationale Revolution« in Mexiko – sie dauert bis zum Erlaß der Verfassung 1917 an – fordert auch 1914 zahlreiche Opfer und führt erneut zu einem Umsturz: Am 15. Juli wird der als Staatspräsident amtierende General Victoriano Huerta gestürzt. Nach seinem Sturz brechen die Machtkämpfe rivalisierender Revolutionsführer wieder auf.
Der mit aktiver Unterstützung des US-Botschafters vorgehende General hatte 1913 die Unentschlossenheit der liberalen Opposition gegen den Präsidenten Francisco Indalecio Madero zu einem Staatsstreich genutzt und eine Militärdiktatur errichtet. Sein Regime wurde vom Militär und von den kreolischen Großgrundbesitzern getragen. Im Norden des Landes trat als Gegenpräsident General Venustiano Carranza (Präsident 1915–1920) an die Spitze der konstitutionalistischen Armee. Er tritt für die Demokratie und eine Agrarreform ein und erhält bis zum Wiederaufflammen der Machtkämpfe die Unterstützung von Francisco (»Pancho«) Villa und Emiliano Zapata, den Führern der indianischen Landarbeiter.
Die Diktatur Huertas hatte zu einem offenen Konflikt mit den USA geführt. US-Präsident Woodrow Wilson erklärte 1913 gegen den Willen der US-amerikanischen Geschäftswelt, er werde den nach der Ermordung seines Vorgängers an die Macht gekommenen General Huerta nicht anerkennen. Er verhängte ein Waffenembargo und forderte Huerta zum Rücktritt auf. Das Waffenembargo wurde am 3. Februar 1914 zugunsten von Venustiano Carranza und den Konstitutionalisten aufgehoben. Am 9. April wurden US-Matrosen bei ihrem Landgang in Tampico vorübergehend verhaftet. Wilson gab daraufhin der US-Flotte Befehl, nach der Tampico-Bucht auszulaufen. Am 21. April besetzten US-Marineinfanteristen Veracruz Llave, angeblich um Waffenlieferungen an ein deutsches Schiff zu verhindern. Die beiden Länder standen am Rand eines Kriegs.
Der Konflikt gilt mit dem Rücktritt Huertas am 15. Juli als beigelegt. Eine auf Vorschlag von Argentinien, Brasilien und Chile eingesetzte, am 20. Mai in Niagara Falls in der kanadischen Provinz Ontario zusammengetretene Kommission zur Beilegung des Streits zwischen den USA und Mexiko hatte Entschädigungsansprüche der USA zurückgewiesen, aber den Rücktritt von Huerta gefordert.

Ausgewählte Neuerscheinungen auf dem Buchmarkt 1914

Die Auswahl berücksichtigt nicht nur Neuerscheinungen von literarischem oder wissenschaftlichem Wert, sondern auch vielgelesene Bücher des Jahres 1914. Innerhalb der einzelnen Länder sind die erschienenen Werke alphabetisch nach Autoren geordnet.

Deutsches Reich

Johannes R. Becher
Verfall und Triumph
Gedichte
Johannes R. Becher (1891–1958), später führender Repräsentant der »sozialistischen deutschen Nationalliteratur« in der DDR, beginnt als expressionistischer Avantgardist. Die zwei Gedichtbände, die unter dem Titel »Verfall und Triumph« im Hyperion-Verlag in Berlin erscheinen, zeigen eine Welt des Häßlichen, Krankhaften, Zerrissenen, in der sich der Dichter dem Verfall und der Katastrophe ausgeliefert sieht. Hoffnung auf Erlösung beruht ausschließlich auf dem Glauben an einen – religiös begründeten – künftigen »Triumph«.

Aloys Fischer
Deskriptive Pädagogik
Pädagogische Abhandlung
Fischer (1880–1937), ab 1914 Professor für Philosophie und Pädagogik an der Universität München, veröffentlicht seine »Deskriptive Pädagogik«. Er vertritt eine kulturphilosophisch begründete Erziehungswissenschaft und zieht bei der Lösung pädagogischer Probleme die Phänomenologie Edmund Husserls und die Soziologie Max Webers sowie die empirische Psychologie heran. Ab 1927 gibt er die Zeitschrift »Die Erziehung« mit heraus. Weitere Werke: »Über Begriff und Aufgabe der pädagogischen Psychologie« (1917), »Psychologie der Gesellschaft« (1922), »Theorie der emotionalen Bildung« (1923), »Das Verhältnis der Jugend zu den sozialen Bewegungen und der Begriff der Sozialpädagogik« (1928), »Pädagogische Soziologie« (1933).

Leonhard Frank
Die Räuberbande
Roman
Leonhard Frank (1882–1961), sozialistisch-pazifistischer Erzähler mit Neigung zu psychoanalytischer Darstellung, wird bekannt durch seinen ersten Roman, »Die Räuberbande«, der beim Verlag Müller in München erscheint. Zu seinen Themen gehören Schule und Bildung sowie die Ausgliederung des Empfindsamen, des Künstlers aus der bürgerlichen Enge. Eine Bande von Lehrlingen lebt ihre von der Lektüre Karl Mays geprägten prärie-romantischen Sehnsüchte aus, treibt tolle Späße, ärgert die Bürger, den Lehrer usw. Als die Jungen älter werden, verblaßt der Traum vom Wilden Westen, sie passen sich den Verhältnissen an. Demgegenüber steht der empfindsame Michael, der einzige, dem mit dem Traum vom Wilden Westen tatsächlich ernst war. Er fügt sich nicht kleinbürgerlichen Normen, sondern folgt seinem Künstlertalent. Zum Schluß wird er in den Selbstmord getrieben. – Das erfolgreiche Werk wird 1928 verfilmt und in den Romanen »Das Ochsenfurter Männerquartett« (1927) und »Von drei Millionen Drei« (1932) weitergeführt.

Stefan George
Der Stern des Bundes
Gedichtzyklus
Der Gedichtzyklus »Der Stern des Bundes«, den Stefan George (1868–1933) bereits 1913 als Privatdruck herausgebracht hat und der nun beim Verlag Bondi in Berlin erscheint, umfaßt drei Bücher mit je 30 Gedichten und einen »Schlußchor« mit zehn Gedichten. Das Werk, in dem die Katastrophensymbolik – wie in der gesamten Literatur dieser Jahre – dominiert, hat während des Ersten Weltkriegs großen Erfolg, obwohl die neuen Werte, die George verkündet, hinter rauschenden Rhythmen und klangvollen Worten wenig greifbar sind und im Bereich des Irrationalen bleiben. Der Kritik der bürgerlichen Gegenwart wird das Mittelalter gegenübergestellt. Mythische Erneuerung, »Rausch und Helle« sollen an die Stelle des »Verfalls« treten. Der Dichter über Gegenwart und Zukunft: »Zu spät für stillstand und arznei! / Zehntausend muss der heilige wahnsinn schlagen / Zehntausend muss die heilige seuche raffen / Zehntausende der heilige krieg.«

Hermann Hesse
Roßhalde
Erzählung
Hermann Hesse (1877–1962), Literaturnobelpreisträger 1946, gestaltet in der Erzählung »Roßhalde« die Krisensituation des Künstlers mit Hilfe neuromantischer und impressionistischer Stilmittel. Das Werk, das 1912/13 in »Velhagen & Klasings Monatsheften« abgedruckt wurde, erscheint 1914 in Buchform beim Verlag Fischer in Berlin. Der Kunstmaler Johann Veraguth lebt wie ein Einsiedler auf seinem Landgut Roßhalde und widmet sich nur noch der künstlerischen Arbeit. Mit seiner Frau verbindet ihn nichts mehr als der gemeinsame Sohn Pierre, der auch das einzige Hindernis für eine Scheidung ist. Otto Burkhard, ein Jugendfreund des Malers, erkennt bei einem Besuch schnell die häusliche Tragödie, die sich auf Roßhalde abspielt, und schlägt Veraguth vor, zur Klärung der Situation eine Reise nach Indien zu unternehmen. Als Pierre stirbt, trennen sich die Gatten, Roßhalde wird verkauft, und Veraguth bereitet sich auf die Reise vor, geht »einem neuen Leben entgegen, das kein Tasten und dämmerndes Irren mehr sein durfte, sondern ein steiler, kühner Weg bergan«.

Magnus Hirschfeld
Die Homosexualität des Mannes und des Weibes
Sexualwissenschaftliche Abhandlung
Der Nervenarzt und Sexualforscher Magnus Hirschfeld (1868–1935) spricht sich in der Abhandlung »Die Homosexualität des Mannes und des Weibes« für Toleranz gegenüber abweichendem Sexualverhalten ein. Er wendet sich entschieden gegen die strafrechtliche Verfolgung der Homosexualität.

Ricarda Huch
Der große Krieg in Deutschland
Historisches Werk
Beim Verlag Insel in Leipzig erscheint der dritte und letzte Band des historischen Werks »Der große Krieg in Deutschland«, einer epischen Darstellung des Dreißigjährigen Kriegs von Ricarda Huch (1864–1947). Das Werk wird von der Kritik mit Johann Jakob Christoffel von Grimmelshausens »Der Abentheurliche Simplicissimus Teutsch« (1669) verglichen.
Als eine der ersten Frauen promovierte Ricarda Huch 1891 nach dem Studium der Geisteswissenschaften in Zürich, war bis 1897 Sekretärin an der dortigen Zentralbibliothek und wurde nach kurzer Tätigkeit als Lehrerin in Bremen und nach zwei gescheiterten Ehen 1910 freie Schriftstellerin. Im Mittelpunkt der frühen Dichtung der neuromantischen Lyrikerin und Erzählerin steht das Verlangen nach Glück und nach einem erfüllenden Leben, die Freude am Ergreifen des Augenblicks und die Trauer um seinen Verlust (»Das Leben, ein kurzer Traum«, 1903). Aus ihrer Triester Zeit stammen die Skizzen »Aus der Triumphgasse« (1902). 1906/07 folgte erstmals eine größere Darstellung historischer Gestalten und Ereignisse, »Die Geschichte von Garibaldi«. Zu den literar- und kulturgeschichtlichen Forschungen der Schriftstellerin gehört die Studie »Die Romantik« (1902).

Eduard Graf von Keyserling
Abendliche Häuser
Roman
Der impressionistische Erzähler und Dramatiker Eduard Graf von Keyserling (1855–1918) schildert in seinem Roman »Abendliche Häuser«, der beim Verlag Fischer in Berlin erscheint, die morbide Welt einer vom Untergang gekennzeichneten Aristokratie: »Wir sitzen still und warten, bis uns einer nach dem anderen abbröckelt.« Die Tochter eines standesbewußten baltischen Barons will der Enge dieser Welt entrinnen, indem sie mit ihrem Hauslehrer in die Stadt zieht und Krankenschwester wird, doch sie kehrt zurück zu ihren Eltern, »wo die Tage so ereignislos waren, daß man kaum merkte, daß man lebte«. Vergeblich versucht sie hier, einen Jugendfreund aus einer Mittelmäßigkeit herauszureißen, am Ende resigniert sie und fügt sich den Gesetzen der Adelsgesellschaft.

Ernst Stadler
Der Aufbruch
Gedichte
Der elsässische Dichter Ernst Stadler (* 1883, Colmar), der am 30. Oktober 1914 bei Ypern fällt, gründete 1902 zusammen mit René Schickele und Otto Flake die elsässische neuromantische Literaturzeitschrift »Der Stürmer«. 1912 wurde er Professor an der Université libre in Brüssel. Er schuf formvollendete frühexpressionistische Lyrik. Sein bedeutendstes Werk ist der Gedichtband »Der Aufbruch«, der im Verlag der Weißen Bücher in München erscheint. Das Buch ist Ausdruck des Willens, aus den unbefriedigenden bürgerlichen Verhältnissen auszubrechen, und des Wunsches nach einer Lebenserfüllung, die jedoch nur vage umrissen wird: »Etwas muß kommen«. An die Stelle einer klaren Aussage treten ekstatisch gereihte Bilder und Begriffe: »Besinnung. Einkehr. Kommunion. / Und Glut und Drang / Zum Letzten, Segnenden. Zum Zeugungsfest. / Zur Wollust. Zum Gebet. Zum Meer. / Zum Untergang.«

William Stern
Psychologie der frühen Kindheit
Psychologische Abhandlung
Der deutsche Psychologe und Philosoph William Stern (1871–1938), Professor in Breslau, Begründer der differentiellen Psychologie und Entdecker der Konvergenztheorie, veröffentlicht die Abhandlung »Psychologie der frühen Kindheit«. – Als einer der Pioniere der modernen Psychologie stellt Stern die Konvergenztheorie auf, die eine Verbindung zwischen Welt und Mensch, Außen und Innen herstellt. Er begründet die differentielle Psychologie, die sich im Gegensatz zur allgemeinen Psychologie um die Erfassung unterschiedlicher seelischer Eigentümlichkeiten auf der Basis von Typen-, Alters-, Gruppen- und Geschlechtsunterschieden bemüht. Außerdem gilt er auch als einer der Begründer der angewandten Psychologie, die psychologische Einsichten auf das soziale und kulturelle Leben überträgt, und prägt ferner die Bezeichnung Intelligenzquotient. Weitere Schriften: »Person und Sache. System der philosophischen Weltanschauung« (1906), »Die differentielle Psychologie in ihren methodischen Grundlagen« (1911), »Die psychologische Methode der Intelligenzprüfung« (1912), »Allgemeine Psychologie auf personalistischer Grundlage« (1935).

Frankreich

André Gide
Die Verliese des Vatikan
(Les caves du Vatican)
Roman
André Gide (1869–1951), Literaturnobelpreisträger 1947, verarbeitet in dem Roman »Die Verliese des Vatikan«, den er im Untertitel als »Narrenspiel« (Sotie) bezeichnet, die Begebenheiten, die 1893 das Gerücht auslösten, Papst Leo XIII. werden von Freimaurern in den Verliesen des Vatikan gefangengehalten. Seine Berühmtheit verdankt der Roman der Gestalt Lafcadios, der einen Mord ohne Motiv begeht, und zwar nach der Maxime des »acte gratuit« (»Tat, die nichts einbringt«). Wie er früher unter Einsatz seines Lebens als »acte gratuit« Kinder aus den Flammen gerettet hat, so tötet er nun spontan einen ihm gänzlich unbekannten und gleichgültigen Menschen. – Die deutsche Übersetzung erscheint 1922.

Irland

James Joyce
Dubliner
(Dubliners)
Erzählungen
Die in der Zeit von 1904 bis 1912 entstandenen 15 Erzählungen, die unter dem Titel »Dubliner« in London erscheinen, sind das erste Prosawerk des irischen Dichters James Joyce (1882–1941). Sie führen in das Milieu, in dem der Autor aufgewachsen ist: Das Klein- und mittlere Bürgertum der irischen Hauptstadt Dublin. Das Thema des Bandes ist »frustration« – Desillusionierung und Enttäu-

schung, unerfüllte Sehnsucht nach dem Leben, Auseinanderklaffen zwischen Illusion und Realität. Zentrales Mittel der Darstellung ist der für Joyce typische innere Monolog, der Individualität und Bewußtseinsvorgänge (»stream of consciousness«) der Figuren deutlich abzeichnet. – Die deutsche Übersetzung erscheint 1928.

Rußland

Maxim Gorki
Unter fremden Menschen
(V ljudjach)
Roman
»Unter fremden Menschen« ist der zweite Teil von Maxim Gorkis (1868–1936) autobiographischer Romantrilogie. Die zwei anderen Teile sind »Meine Kindheit« (1913) und »Meine Universitäten« (1923). Gorki, der in ärmlichen Verhältnissen aufwuchs, wurde schon vor der Jahrhundertwende durch seine realistischen Romane und Erzählungen auch in Westeuropa berühmt. Nach der Oktoberrevolution bekennt er sich zum Bolschewismus. Wegen seines gespaltenen Verhältnisses zur Sowjetunion lebt er jedoch jahrelang quasi im Exil. Noch 1927 diskutiert die kommunistische Akademie darüber, ob er als »proletarischer« Schriftsteller gelten könne. Als Gorki im Jahr 1931 endgültig in die UdSSR zurückkehrt, erhält er eine Führungs- und Ehrenposition in literarisch-politischen Fragen, vor allem als Vorsitzender des Schriftstellerverbands, kommt in persönlichen Kontakt mit dem diktatorisch regierenden Josef W. Stalin und bekennt sich zum etablierten System.
Gorkis Kindheit und Jugend fallen zeitlich zusammen mit der intensiven Entwicklung des Kapitalismus in Rußland, der sich nach der Aufhebung der Leibeigenschaft der Bauern (1861) in schnellem Tempo vollzog. »Unter fremden Menschen« behandelt die Zeit zwischen 1880 und 1883: 1880 floh Gorki vor seinem Lehrherrn und wurde Tellerwäscher auf dem Dampfer «Dobry«, der zwischen Nischni Nowgorod und Perm verkehrte. Der Oberkoch Smury, der eine kleine Bibliothek besaß, weckte Gorkis Interesse für Literatur. 1881 wurde er Abwäscher auf dem Schnelldampfer »Perm« und trat danach als Lehrling in eine Werkstatt für Ikonenmalerei ein. Jede freie Minute verwendete er aufs Lesen. Sein früherer Lehrherr überredete ihn 1883, die Ikonenwerkstätte zu verlassen und als Aufseher in seinen Dienst zu treten. Von den fünf Töchtern der im selben Haus wohnenden Familie wurde er mit Lesestoff versorgt.

USA

Gertrude Stein
Zarte Knöpfe
(Tender Buttons)
Prosagedichte
Gertrude Stein (1874–1946), Tochter einer wohlhabenden deutsch-jüdischen Familie, wuchs in Österreich und Frankreich auf. 1902, nach dem Studium der Psychologie bei William James und Henri Bergson, ließ sie sich endgültig in Paris nieder, wo sich in ihrem Salon avantgardistische Maler und Schriftsteller trafen. Stein entdeckte den jungen Pablo Picasso, von dem sie sich malen ließ, und arbeitete mit Ernest Hemingway ihre Manuskripte durch. Bekannt wurde sie durch ihr frühes Erzählwerk »Drei Leben« (1909), in dem sie Techniken verwendete, die die moderne Experimentierprosa beeinflußten: Über weite Passagen hinweg ohne Interpunktion wiederholt, variiert und erweitert sie Sätze und Motive scheinbar grundlos und erreicht so durch die Sprache selbst den Eindruck von der sich endlos und im selben Rhythmus abspielenden Geschichte der Menschen. Dieser Techniken bedient sie sich auch in ihren »Zarten Knöpfen«, kurzen Prosapassagen über »Gegenstände«, über »Essen« und »Räume«. Salat, Fisch u. a. Gegenstände des täglichen Lebens werden in fragmentarischer Weise so beschrieben, daß konventionelle Sichtweisen gewöhnlicher Dinge gezielt durchbrochen werden.

Uraufführungen Schauspiel, Oper, Operette und Ballett 1914

Die bedeutendsten Uraufführungen aus Schauspiel, Oper, Operette und Ballett sind alphabetisch nach Autoren/Komponisten geordnet.

Deutsches Reich

Carl Sternheim
Der Snob
Komödie in drei Akten
Die am 2. Februar unter der Regie von Max Reinhardt in den Kammerspielen des Deutschen Theaters in Berlin uraufgeführte Komödie »Der Snob« des sozialkritischen expressionistischen Dramatikers und Erzählers Carl Sternheim (1878–1942) ist eine bissige Satire auf den Standesdünkel der Geldaristokraten während der Wilhelminischen Zeit. Der 36jährige Christian Maske soll zum Generaldirektor eines Konzerns gewählt werden und bricht alle Kontakte ab, die darauf hinweisen könnten, daß er aus dem kleinbürgerlichen Milieu stammt.
»Der Snob« gehört mit den Komödien »Die Hose« (1914), »Die Kassette« (1912), »Bürger Schippel« (1914) und »1913« (1915) sowie den Stücken »Der Kandidat« (1915), »Tabula rasa« (1916, uraufgeführt 1919), »Perleberg« (1917), »Der Nebbich« (1922) und »Das Fossil« (1925) zu Sternheims Dramenzyklus »Aus dem bürgerlichen Heldenleben«. Trotz seiner Bühnenerfolge wird Sternheim im kaiserlichen Deutschland von der offiziellen Kritik feindselig behandelt; einige seiner Komödien werden bis 1918 verboten. Erst nach dem Ersten Weltkrieg erobern sich seine Stücke die deutschen Bühnen.

Finnland

Artturi Järviluoma
Pohjalaisia
(Pohjalaisia)
Schauspiel in drei Akten
Artturi Järviluomas (1879–1942) Schauspiel »Pohjalaisia« wird bei der Uraufführung in Helsinki am 2. Oktober ein grandioser Erfolg. Das um 1850 während der zaristischen Herrschaft spielende Stück, das der Unabhängigkeit des Landes gewidmet ist, wird als Volks- und Freiheitsdrama, als Nationaldrama verstanden. In der Folgezeit wird das beliebteste finnische Schauspiel von dem finnischen Komponisten A. Madetoja vertont (1924) und 1925 und 1936 verfilmt.

Frankreich

Paul Claudel
Der Tausch
(L'échange)
Prosadrama in drei Akten
In dem Prosadrama »Der Tausch«, das am 22. Januar im Théâtre Vieux-Colombier in Paris unter der Regie von Jacques Copeau uraufgeführt wird, wählt Paul Claudel (1868–1955) den sündhaften Verstoß gegen die von Gott etablierte sittliche Weltordnung als Thema der Kommerzialisierung von Liebesbeziehungen. Der amerikanische Geschäftsmann Thomas Pollock Nagoire bringt sich durch Zahlung einer größeren Summe an den Untergebenen Louis Laine in den Besitz von Marthe, der jungen Frau Laines, die bis dahin stets an der christlichen Vorstellung von der Unauflösbarkeit der Ehe festgehalten hat. Laine selbst erlebt ein erotisches Abenteuer mit Nagoires Frau. Als er zu Marthe zurückwill, läßt Nagoires Frau ihn ermorden und steckt den Besitz ihres Mannes in Brand. Für Marthe, die nun Witwe ist, ist dadurch die Sünde gesühnt und die sittliche Weltordnung wiederhergestellt. – Claudel ist einer der führenden Vertreter des Renouveau catholique, einer Bewegung zur Erneuerung der Literatur aus dem Geist des Katholizismus.

Richard Strauss
Josephslegende
Handlung in einem Aufzug
Serge Diaghilews Ballets Russes bringen am 14. Mai im Pariser Théâtre National de l'Opéra das Ballett »Josephslegende« unter der Leitung des Komponisten Richard Strauss (1264–1949) in der Choreographie von Michail M. Fokin zur Uraufführung. Das Libretto schrieben Harry Graf Keßler und Hugo von Hofmannsthal, das Bühnenbild für die Uraufführung schuf José Maria Sert, die Kostüme entwarf Léon Bakst. Inhalt des Stücks, das das letzte große Ballettereignis vor dem Ausbruch des Ersten Weltkriegs ist, ist die alttestamentliche Geschichte von Joseph und der Frau des Potiphar. Hofmannsthal schreibt darüber in einem Brief an Strauss: »Gut an dem Entwurf ist zweierlei: der Einfall, das biblische Sujet in Kostümen des Paul Veronese und im Geist des Paul Veronese zu behandeln, und, rein dramatisch, die scharfe Antithese der zwei Hauptfiguren, die zum Schluß in polarem Gegensatz, die eine zum lichten Himmel hinauf, die andere zum jähen Tod und zur Verdammnis führt.«

Igor Strawinski
Die Nachtigall
(Le rossignol)
Lyrisches Märchen in drei Akten
Igor Strawinski (1882–1971), der 1913 mit dem Ballett »Le sacre du printemps« für einen ungeheuren Skandal in Paris sorgte, zeigt sich in der Oper »Die Nachtigall« als lyrischer Komponist. Das Werk, für das Stephan N. Mitousoff gemeinsam mit Strawinski das Libretto nach einem Märchen von Hans Christian Andersen verfaßte, wird am 26. Mai in Paris aufaufgeführt. Die Arbeit an dieser Oper begann der aus Rußland stammende Komponist bereits 1908.

Österreich

Franz Schmidt
Notre Dame
Romantische Oper in zwei Akten
Franz Schmidt (1874–1939), Lehrer an der Wiener Musikakademie, steht mit der Oper »Notre Dame« in der Nachfolge Anton Bruckners. Das Werk, das spätromantischen Charakter trägt, wird am 1. April in Wien uraufgeführt. Schmidt hat die Oper, für die er zusammen mit Leopold Wilk das Libretto nach Victor Hugos Roman »Notre Dame de Paris, 1482« schrieb, bereits 1904 vollendet, war jedoch mit dem damaligen Operndirektor Gustav Mahler in Streit geraten, so daß dieser die Aufführung ablehnte.

Filme 1914

Die neuen Filme des Jahres 1914 sind entsprechend der Nationalität der Regisseure dem Länderalphabet zugeordnet und hier wiederum alphabetisch nach Regisseuren aufgeführt. Bei ausländischen Titeln steht unter dem deutschen Titel der Originaltitel.

Deutsches Reich

Urban Gad
Engelein
Die zum Zeitpunkt der Dreharbeiten 33jährige Starschauspielerin Asta Nielsen spielt in Urban Gads Stummfilmkomödie »Engelein«, die am 3. Januar in Berlin uraufgeführt wird, eine 17jährige, die wiederum die Rolle einer Zwölfjährigen mimen muß. Eine 17jährige soll einen reichen Onkel (Max Landa) aus Amerika beerben, doch der sittenstrenge Herr darf nicht erfahren, daß »Engelein« fünf Jahre vor der Hochzeit ihrer Eltern geboren wurde; folglich schlüpft sie in die Rolle einer Zwölfjährigen – aber sie verliebt sich in ihren Onkel, der zunächst ihre Avancen »übersieht«. Nach einem gescheiterten Selbstmordversuch Engeleins kommt es zum Happy-End: Onkel und Nichte heiraten.
Der 24. Asta-Nielsen-Film seit dem Debüt der Dänin im Jahre 1910 wird von der Kritik als bester Film des Jahres gewertet. Als »Engelein« 1928 in Berlin noch einmal in die Kinos kommt, schreibt Harry Kahn in der »Weltbühne«: »Das Lächeln wird recht bitter beim Anblick von ›Engelein‹. Denn da sieht man, was Asta Nielsen kann, und was unsere gefeiertsten Lustspielstars nicht können. Man erkennt, daß der, natürlich riesengroße Fortschritt der fotografischen Technik, die ganze Verfeinerung von Aufnahme und Einstellung, all diese Kurbel- und Blendenwitze, nichts bedeuten neben der mimischen Begabung des Menschen, der vor dem Apparat steht. Ein filmisches Genie wie die Nielsen ist in all den 15 Jahren europäischem Boden nicht wiedererstanden; und auf amerikanischem ist allein Chaplin ihr Pair.«

Ernst Lubitsch
Fräulein Seifenschaum
Mit dem Einakter »Fräulein Seifenschaum« gibt der bereits als Schauspieler bekannte Ernst Lubtisch sein Debüt als Filmregisseur. Erzählt wird die Geschichte einer Barbiersfrau, die das Geschäft weiterführt, während ihr Mann in den Krieg zieht. Lubitsch urteilt über die Beweggründe, die ihn veranlaßten, einen Film zu drehen, so: »Obwohl ich in ›Der Stolz der Firma‹ die Hauptrolle spielte und der Film ein Erfolg war, kam meine Filmkarriere zum Stillstand. Ich war als Typ abgestempelt, und niemand schien eine Rolle zu schreiben, die für mich gepaßt hätte. Nach zwei Erfolgen war ich völlig raus aus dem Filmgeschäft. Ich wollte aber nicht aufgeben, und es wurde mir klar, daß ich mir meine Rolle selbst erfinden mußte. Zusammen mit einem befreundeten Schauspieler, Erich Schönfelder, schrieb ich eine Reihe Einakter, die ich an die Union-Produktion verkaufte. Ich inszenierte dann die Filme und spielte die Hauptrollen. Und so wurde ich Filmregisseur. Wenn meine Laufbahn als Schauspieler glatter verlaufen wäre, wäre ich vielleicht nie Regisseur geworden.«

Italien

Giovanni Pastrone
Cabiria
(Cabiria)
Die Produktionskosten während der sechsmonatigen Dreharbeiten für Giovanni Pastrones Stummfilm »Cabiria« erreichen zwar astronomische Summen, der Film wird aber auch ein riesiger internationaler Erfolg. Um diesen Erfolg zu sichern, ließ sich Pastrone das Drehbuch von dem berühmten Dichter Gabriele D'Annunzio signieren, obwohl D'Annunzio nur die Zwischentitel verfaßte und einige Rollennamen erfand. Der fast dreistündige Monumentalfilm schildert die Abenteuer des Sklavenmädchens Cabiria (Ladia Quaranta) während des Punischen Kriegs zwischen Römern und Karthagern in der Antike.

Österreich

Carl Froelich
Tirol in Waffen
In dem Stummfilm »Tirol in Waffen« inszeniert Carl Froelich die Geschichte des Tiroler Freiheitskampfs unter Andreas Hofer (Rudolf Biebrach) und Joseph Speckbacher (Carl Zickner) im Jahre 1809 gegen die Franzosen. »Die hochgespannten Erwartungen wurden vollauf befriedigt«, schreibt die Wiener »Neue Zeitung« nach der Premiere. »Tirol in Waffen« gehört zu den großartigsten Leistungen der bereits zu nie geahnter Vollendung gelangten Kinotechnik.«
Der Großfilm wurde nach genauen Recherchen gedreht: »Wir wollten keinen Kitsch herstellen, sondern eine künstlerische Leistung vollbringen. Durch einen Aufruf in einer Meraner Tageszeitung wurden Tiroler Trachten und alte Waffen gesucht und mit diesen und etwa 1000 Mann Riesenschlachten inszeniert«, sagt Oskar Meßter, der Produzent.

USA

Henry Lehrman
Seifenkistenrennen in Venice
(Kid Auto Races At Venice)
Henry Lehrmans Elf-Minuten-Stummfilm »Seifenkistenrennen in Venice«, der zweite Film mit Charlie Chaplin, ist der Film, in dem Chaplin Aussehen und Charakter des Tramps begründet, mit dem er später weltberühmt wird. Er spielt einen Mann mit übergroßen Schuhen, zu weiten Hosen, winzigen Rockschößen, Bowler-Hut, Spazierstock und akkuratem Schnurrbärtchen, der ein Kamerateam bei Dreharbeiten in Venice, einem Vorort von Los Angeles, stört.

Mack Sennett
Tillies geplatzte Romanze
(Tillie's Punctured Romance)
Mack Sennetts Stummfilm »Tillies geplatzte Romanze« ist Charlie Chaplins erster abendfüllender Film – Spieldauer 64 Minuten – und zugleich seine erste Komödie. Chaplin spielt die zweite Hauptrolle neben dem Star des Films, der Theaterkomikerin Marie Dessler. Für Chaplin bedeutet der Erfolg dieses Films den Durchbruch zu allgemeiner Anerkennung. Chaplin spielt einen Tramp, der eine Bauerntochter verführt, sie einer Hübscheren wegen verläßt, aber zu ihr zurückkehrt, als sie eine reiche Erbschaft macht. Nach dem Erfolg von »Tillies geplatzte Romanze« wird Chaplin auch für andere Filmgesellschaften interessant, die Mack Senneth – für dessen Keystone-Studio spielt Chaplin seit 1913 – mit höheren Gagen zu überbieten suchen.

Sportereignisse und -rekorde des Jahres 1914

Die Aufstellung erfaßt Rekorde, Sieger und Meister in wichtigen Sportarten. Aufgenommen wurden nur solche Wettbewerbe, die in den vergangenen Jahren bereits regelmäßig ausgetragen worden sind oder ab 1914 kontinuierlich zu den Sportprogrammen gehören (Sportarten in alphabetischer Reihenfolge).

Automobilsport
Grand-Prix-Rennen

Großer Preis von (Datum) Kurs/Strecke (Länge)	Sieger (Land)	Marke	Ø km/h
Sizilien (30. 5.) Coupe Florio (446,5 km)	Nazarro	Nazarro	54,517
Frankreich (4. 7.) Lyon (752,6 km)	Christian Lautenschläger (GER)	Mercedes	105,431
Amerika (28. 7.) Sta. Monica (650,2 km)	Eddie Pullen (USA)	Mercer	124,442

Langstreckenrennen

Kurs/Dauer (Datum)	Sieger (Land)	Marke	Ø km/h
Indianapolis/500 ms (30. 5.)	Thomas	Delage	132,729
Targa Florio/1050 km (24./25. 5.)	Sceirano	SCAT	62,280
Tourist Trophy/1000 km (10./11. 6.)	Kenelm Lee Guiness (GBR)	Sunbeam	90,804

Rallyes

Monte Carlo	1914 nicht ausgetragen

Boxen
Schwergewicht

Ort/Datum	Weltmeister (Land)	Gegner	Ergebnis
San Francisco/1. 1.	Gunboat Smith (USA)*	Arthur Pelkey	k.o. 15. R.
Paris/27. 6.	Jack Johnson (USA)	Frank Moran	PS 20. R.
London/16. 7.	Georges Carpentier (FRA)*	Gunboat Smith	disq. 6. R.
Paris/24. 7.	Jack Johnson (USA)	Frank Moran	PS 20. R.

* sog. »weißer Weltmeister«

Eiskunstlauf

Turnier	Ort	Datum
Weltmeisterschaften	Helsingfors (Männer)	21./22. 2.
	St. Moritz (Damen/Paare)	24./25. 2.
Europameisterschaften	Wien	8. 2.
Deutsche Meisterschaften	Troppau	

Einzel

	Herren	Damen
Weltmeister	Gösta Sandahl (SWE)	Opika v. Méray Horváth (UNG)
Europameister	Fritz Kachler (AUT)	nicht ausgetragen
Deutsche Meister	Paul Metzner (Berlin)	Thea Frenssen (Berlin)

Paarlauf

Weltmeister	Ludowika Eilers-Jakobson/Walter Jakobson (FIN)
Europameister	nicht ausgetragen
Deutsche Meister	Lischke/Hoppe (Troppau)

Fußball
Länderspiele

Länderspiele	Ergebnis	Ort	Datum
Deutschland			
Holland – Deutschland	4:4	Amsterdam	5. 4.
Österreich			
Italien – Österreich	0:0	Mailand	
Österreich – Ungarn	2:0	Wien	
Ungarn – Österreich	2:2	Budapest	
Österreich – Ungarn	1:2	Wien	

Länderspiele	Ergebnis	Ort	Datum
Schweiz			
Frankreich – Schweiz	2:2	Paris	8. 3.
Italien – Schweiz	1:1	Genua	5. 4.
Schweiz – Italien	0:1	Bern	17. 5.

Landesmeister

Deutschland	SpVgg Fürth – VfB Leipzig 3:2 n. V. (31. 5., Magdeburg)
Österreich	Wiener AF
Schweiz	FC Aarau
Belgien	Daring Brüssel
Dänemark	Boldklubben Kopenhagen
England	Blackburn Rovers
Finnland	nicht ausgetragen
Holland	VV Den Haag
Norwegen	Frigg Oslo
Schottland	Celtic Glasgow
Schweden	AIK Stockholm

Landespokal

England	FC Burnley – FC Liverpool 1:0
Holland	DFC
Schottland	Celtic Glasgow
Spanien	Atletico Bilbao – Espanol Barcelona 2:1

Gewichtheben/Schwergewicht

Weltrekordhalter (Land)/Datum	Freies Umsetzen und Stoßen
Hermann Gässler (GER)/12. 4. 1912	157,0 kg

Leichtathletik
Deutsche Meisterschaften

1914 nicht ausgetragen

Weltrekorde (Stand: 31. 12. 1914)

Disziplin	Name (Land)	Leistung	Datum	Ort
Männer				
100 m	Donald Lippincott (USA)	10,6	6. 7. 1912	Stockholm
200 m (Gerade)	Archie Hahn (USA)	21,6	31. 8. 1904	St. Louis
	Bernard Wefers (USA)	21,2*	30. 5. 1896	New York
200 m (Kurve)	William Applegarth (USA)	21,2*	4. 7. 1914	London
400 m	Charles Reidpath (USA)	48,2	8. 7. 1912	Stockholm
	Maxey Long (USA)	47,8*	29. 9. 1900	Travers I.
800 m	James Meredith (USA)	1:51,9	8. 7. 1912	Stockholm
1000 m	Georg Mickler (GER)	2:32,3	22. 6. 1914	Hannover
1500 m	Abel Kiviat (USA)	3:55,8	8. 6. 1912	Cambridge
Meile	John Paul Jones (USA)	4:14,4	31. 5. 1913	Cambridge
3000 m	Hannes Kohlemainen (FIN)	8:36,9	12. 7. 1912	Stockholm
5000 m	Hannes Kohlemainen (FIN)	14:36,6	10. 7. 1912	Helsinki
10 000 m	Jean Bouin (FRA)	30:58,6	16. 11. 1911	Paris
110 m Hürden	Forrest Smithson (USA)	15,0	25. 7. 1908	London
400 m Hürden	Charles Bacon (USA)	55,0	22. 7. 1908	London
3000 m Hindernis**	Josef Ternström (SWE)	9:49,8	4. 7. 1914	Malmö
4 × 100 m	Deutschland	42,3	8. 7. 1912	Stockholm
4 × 400 m	USA	3:16,6	15. 7. 1912	Stockholm
Hochsprung	Edward Beeson (USA)	2,02	2. 5. 1914	Berkeley
Stabhochsprung	Marcus Wright (USA)	4,02	8. 8. 1912	Cambridge
Weitsprung	Peter O'Connor (IRL)	7,61	5. 8. 1901	Dublin
Dreisprung	Daniel Ahearn (USA)	15,52	30. 5. 1911	Celtic Park
Kugelstoßen	Ralph Rose (USA)	15,54	21. 8. 1909	S. Francisco
Diskuswurf	James Duncan (USA)	47,58	27. 5. 1912	New York
	Armas Taipall (FIN)**	47,85	20. 7. 1913	Magdeburg
Hammerwurf	Patrick Ryan (USA)	57,77	17. 8. 1913	New York
Speerwurf	Erik Lemming (SWE)	62,32	29. 9. 1912	Stockholm
	Jonni Myyrä (FIN)**	62,29	5. 7. 1914	Malmö
Zehnkampf**	Hugo Wieslander (SWE)	7724,495	13.–15. 7. 12	Stockholm
	Jim Thorpe (USA)***	8412,955		

* Yard-Strecke: 220 y = 201,17 m; 440 y = 402,34 m; 880 y = 804,67 m
** inoffiziell, offiziell (auch später) nicht anerkannt
*** später disqualifiziert

Sport 1914

Leichtathletik

Weltrekorde (Stand: 31. 12. 1914) (Fortsetzung)

Disziplin	Name (Land)	Leistung	Datum	Ort
*Frauen***				
100 m	Nina Popowa (RUS)	13,1	22. 8. 1913	Kiew
200 m	Lisie Nyström (FIN)	29,7	28. 9. 1913	Turku
400 m	Berit Hjulhammer (SWE)	72,5	13. 9. 1914	Stockholm
800 m	Elsa Dahl (SWE) / Berit Hjulhammer (SWE)	2:50,8	1. 11. 1914	Stockholm
4 × 100 m	Turun Riento (FIN)	56,9	14. 9. 1913	Turku
Hochsprung	Dorothy Hover (USA) / Isabelle Swain (USA) / Meriam Heermans (USA)	1,44	16. 5. 1911	Aurora
Weitsprung	Ellen Hayes (USA)	5,00	1914	

Deutsche Rekorde (Stand: 31. 12. 1914)

Disziplin	Name (Land)	Leistung	Datum	Ort
Männer				
100 m	Richard Rau (Berlin)	10,5	13. 8. 1911	Braunschweig
200 m	Richard Rau (Berlin)	21,6	28. 6. 1914	Berlin
400 m	Hanns Braun (München)	48,3	13. 7. 1912	Stockholm
800 m	Hanns Braun (München)	1:52,2	13. 7. 1912	Stockholm
1000 m	Georg Mickler (Berlin)	2:32,3	22. 6. 1913	Hannover
1500 m	Erwin von Sigel (Berlin)	4:06,5	23. 7. 1911	Berlin
3000 m	Erwin von Sigel (Berlin)	8:59,6	28. 7. 1912	Hamburg
5000 m	Richard Heinzenburg (Berlin)	15:58,5	2. 10. 1910	Berlin
10 000 m	Gregor Vietz (Berlin)	33:45,1	26. 5. 1912	Leipzig
110 m Hürden	Walter Martin (Leipzig)	15,8	18. 8. 1912	Duisburg
400 m Hürden	Karl Weitling (Berlin)	60,4	9. 6. 1913	Berlin
4 × 100 m	Nationalstaffel	42,3	8. 7. 1912	Stockholm
4 × 100 m	TSV 1860 München	42,6	28. 6. 1914	Berlin
Hochsprung	Robert Pasemann (Berlin)	1,923	13. 8. 1911	Braunschweig
Stabhochsprung	Robert Pasemann (Berlin)	3,69	22. 6. 1913	Berlin
Weitsprung	Willi Dünker (Düsseldorf)	7,06	14. 6. 1914	Münster
Dreisprung	Otto Bäuerle (München)	14,17	12. 5. 1912	München
Kugelstoßen	Karl Halt (München)	13,16	23. 9. 1912	Karlsruhe
Diskuswurf	Heinrich Buchgeister (Berlin)	43,71	19. 7. 1914	Berlin
Hammerwurf	Max Furtwengler (Nürnberg)	36,53	29. 9. 1912	Nürnberg
Speerwurf	Julius Mandel (Berlin)	57,15	14. 5. 1911	Berlin
Zehnkampf	Karl Halt (München)	636	7.–9. 7. 1914	Duisburg

Pferdesport

Disziplin/Turnier	Sieger (Land)	Pferd (Gestüt)	Tag
Galopprennen			
Deutsches Derby	G. Archibald	Ariel (Oppenheim)	28. 6.
Trabrennen			
Deutsches Derby	R. Großmann (GER)	Morgenwind (Klausner)	

Radsport

Disziplin	Plazierung, Name (Land)	Zeit/Rückstand
Rundfahrten (Etappen)		
Tour de France (15) Datum: 28. 6.–26. 7. Länge: 5405 km 145 Starter, 54 im Ziel	1. Philippe Thys (BEL)	200:28:48
	2. Henri Pélissier (FRA)	1:40
	3. Jean Alavoine (FRA)	36:33
Giro d'Italia (8) Datum: 24. 5.– 6. 6. Länge: 3170,6 km 81 Starter, 8 im Ziel	1. Alfonso Calzolari (ITA)	135:15:56
	2. Pierino Albini (ITA)	2:02:26
	3. Luigi Lucotti (ITA)	2:06:23

Schwimmen

Deutsche Meisterschaften

1914 nicht ausgetragen

Weltrekorde (Stand: 31. 12. 19124)

Disziplin	Name (Land)	Leistung	Datum	Ort
Männer				
Freistil 100 m	Paoa Kahanamouku (USA)	1:01,6	20. 7. 1912	Hamburg
Freistil 200 m	Zoltan Halmay (UNG)	2:25,4	4. 10. 1908	Magdeburg
Freistil 400 m	John G. Hatfield (GBR)	5:21,6	26. 9. 1912	London
Freistil 800 m	Henry Taylor (GBR)	11:25,4	21. 7. 1906	Runcorn
Freistil 1500 m	George Hodgson (CAN)	22:00,0	10. 7. 1912	Stockholm
Freistil 4 × 100 m	Deutschland	4:34,0	20. 7. 1912	Hamburg
Freistil 4 × 200 m	Australien	10:11,2	15. 7. 1912	Stockholm
Brust 100 m	Willi Lützow (GER)	1:16,8	24. 5. 1914	Magdeburg
Brust 200 m	Willi Lützow (GER)	2:54,2	25. 4. 1914	Magdeburg
Rücken 100 m	Otto Fahr (GER)	1:15,6	29. 4. 1912	Magdeburg
Rücken 200 m	Otto Fahr (GER)	2:48,4	3. 4. 1912	Magdeburg
Frauen				
Freistil 100 m	Fanny Durack (AUS)	1:18,8	21. 7. 1912	Hamburg
Freistil 200 m	Fanny Durack (AUS)	3:05,3	21. 7. 1912	Hamburg
Freistil 400 m	Fanny Durack (AUS)	6:58,0	1914	Sydney
Freistil 800 m	Fanny Durack (AUS)	13:56,0	1914	Sydney
Freistil 1500 m	Fanny Durack (AUS)	26:08,0	1914	Sydney
Freistil 4 × 100 m	Großbritannien	5:52,8	15. 7. 1912	Stockholm
Brust 100 m	Erna Stamm (GER)	1:38,0	22. 7. 1912	Hamburg
Brust 200 m	G. Willner (GER)	3:41,6	1909	Hamburg
Rücken 100 m	Klara Milch (AUT)	1:41,8	1913	Wien

Deutsche Rekorde

Disziplin	Name (Land)	Leistung	Datum	Ort
Männer				
Freistil 100 m	Kurt Bretting (Magdeburg)	1:02,4	6. 4. 1912	Brüssel
Freistil 200 m	Kurt Bretting (Magdeburg)	2:27,3	20. 4. 1912	Magdeburg
Freistil 400 m	Oskar Schiele (Magdeburg)	5:31,2	21. 4. 1912	Magdeburg
Freistil 800 m	Otto Fahr (Cannstatt)	11:45,0	20. 4. 1912	Magdeburg
Freistil 1500 m	Oskar Schiele (Magdeburg)	24:05,6	9. 8. 1913	Kassel
Freistil 4 × 100 m	Hellas Magdeburg	5:09,4	11. 7. 1910	Frankfurt
Brust 100 m	Willi Lützow (Magdeburg)	1:16,8	24. 5. 1914	Magdeburg
Brust 200 m	Willi Lützow (Magdeburg)	2:54,2	25. 4. 1914	Magdeburg
Rücken 100 m	Otto Fahr (Cannstatt)	1:15,6	29. 4. 1912	Magdeburg
Rücken 200 m	Otto Fahr (Cannstatt)	2:48,4	3. 4. 1912	Magdeburg

Das Rekordproblem: Seit der Mensch sportliche Leistungen registriert und vergleicht – und das geschieht überschaubar seit rund 100 Jahren – gibt es das Problem der genauen Feststellung der Rekorde.
Weltrekorde z. B. wurden zuerst privat aufgezeichnet. Später übernahmen internationale und nationale Verbände diese Aufgabe und gaben Höchstleistungen durch ihre Anerkennung offiziellen Charakter.
Probleme bei der Anerkennung der Rekorde gab es, weil nationale Verbände häufig im Ausland erzielte Rekorde nicht anerkannten, oder Rekorde von Sportlern, die nicht zu einem Weltverband gehörten, ignorierten. Zudem wurden in einigen wenigen Fällen aufgrund sprachlicher Mißverständnisse und falscher Umrechnungen (z. B. yards in Meter, inches in Zentimeter) Weltrekorde anerkannt, die in Wirklichkeit keine waren.
Bis 1912 sind etwa 95% aller Weltrekorde das Ergebnis privater Recherchen. Von 1912 bis 1945 halten einige Höchstleistungen den heutigen Maßstäben nicht stand. Das bedeutet, daß einige offizielle Weltrekorde falsch und mehr oder weniger »privat« registrierte die richtigen sind.
In den Rekordlisten des Jahres 1914 sind also inoffizielle deutsche oder Welt- und Europarekorde genauso verzeichnet wie die offiziellen, sofern sie der Nachprüfung standhalten.

Disziplin	Name (Land)	Leistung	Datum	Ort
Frauen				
Freistil 100 m	Grete Rosenberg (Hannover)	1:22,2	28. 6. 1914	Berlin
Freistil 200 m	E. Bohne (Magdeburg)	3:46,4	1907	Hannover
Brust 100 m	Erna Stamm (Gotha)	1:38,0	22. 7. 1912	Hamburg
Brust 200 m	G. Willner (Hamburg)	3:41,6	1909	Hamburg
Rücken 100 m	Maria Bertram (Hamburg)	1:42,0	2. 3. 1913	Magdeburg

Tennis

Meisterschaften	Ort	Datum
Wimbledon	London	
US Open		
Australian Open	Melbourne	
Internationale Deutsche	nicht ausgetragen	
Daviscup-Endspiel	New York	

Einzel

Turnier	Sieger (Land) – Finalgegner (Land)	Ergebnis
Herren		
Wimbledon	Norman Brookes (AUS) – Anthony F. Wilding (NSE)	6:4, 6:4, 7:5
US Open	Norris Williams (USA) – Maurice McLoughlin (USA)	6:3, 8:6, 10:8
Australian Open	A. O'Hara-Wood (AUS) – Gerald Patterson (AUS)	6:4, 6:3, 5:7, 6:1
Daviscup-Endspiel	Australien – USA 3:2	

Turnier	Sieger (Land) – Finalgegner (Land)	Ergebnis
Damen		
Wimbledon	Dorothea Lambert-Chambers (GBR) – Ethel Larcombe (GBR)	7:5, 6:4
US Open	Mary K. Browne (USA) – Mani Wagner (USA)	6:2, 1:6, 6:1
Australian Open	nicht ausgetragen	
Herren-Doppel		
Wimbledon	Norman Brookes (AUS)/ Anthony F. Wilding (NSE) – Charles Dixon (GBR)/ Herbert Roper Barrett (GBR)	6:1, 6:1, 5:7, 8:6
US Open	Thomas Bundy (USA)/ Maurice McLoughlin (USA) – G. M. Church/ D. Mathey	6:4, 6:2, 6:4
Australian Open	A. Campbell/ Gerald Patterson (AUS) – R. W. Heath/ A. O'Hara Wood (AUS)	7:5, 3:6, 6:3, 6:3
Damen-Doppel		
Wimbledon	Agatha Morton (GBR)/ Elizabeth Ryan (USA) – Edith Hannam (GBR)/ Ethel Larcombe (GBR)	6:1, 6:3
US Open	Mary K. Browne (USA)/ R. H. Williams (USA) – Louise H. Raymond (USA)/ Edna Wildey (USA)	8:6, 6:2
Australian Open	nicht ausgetragen	
Mixed		
Wimbledon	James Parke (IRL)/ Ethel Larcombe (GBR) – Anthony F. Wilding (NSE)/ Marguerite Broquedis (FRA)	4:6, 6:4, 6:2
US Open	Bill Tilden (USA)/ Mary K. Browne (USA) – J. R. Towland/ M. Myers	6:1, 6:4
Australian Open	nicht ausgetragen	

Abkürzungen zu den Sportseiten

AFG	Afghanistan	COS	Costa Rica	HAI	Haiti	NEP	Nepal	SAN	San Marino
ARG	Argentinien	CUB	Kuba	HOL	Niederlande	NIC	Nicaragua	SPA	Spanien
AUS	Australien	DAN	Dänemark	HON	Honduras	NOR	Norwegen	SUI	Schweiz
AUT	Österreich	DOM	Dominikanische Republik	IRA	Persien	NSE	Neuseeland	SWE	Schweden
BEL	Belgien			ITA	Italien	PAN	Panama	THA	Thailand
BOL	Bolivien	ECU	Ecuador	JAP	Japan	PAR	Paraguay	TUR	Türkei
BRA	Brasilien	ETH	Äthiopien	LIA	Liberia	PER	Peru	UNG	Ungarn
BUL	Bulgarien	FRA	Frankreich	LIE	Liechtenstein	POR	Portugal	URU	Uruguay
CAN	Kanada	GBR	Großbritannien	LUX	Luxemburg	RUM	Rumänien	USA	Vereinigte Staaten von Amerika
CHI	Chile	GER	Deutsches Reich	MCO	Monaco	RUS	Rußland		
CHN	China	GRE	Griechenland	MEX	Mexiko	SAF	Südafrika		
COL	Kolumbien	GUA	Guatemala	MON	Mongolei	SAL	El Salvador	VEN	Venezuela

Nekrolog 1914

Bekannte Persönlichkeiten aus allen Bereichen des gesellschaftlichen Lebens, die im Jahr 1924 gestorben sind, werden – alphabetisch geordnet – in Kurzbiographien vorgestellt.

Alain-Fournier
eigentl. Henri-Alban Fournier, französischer Schriftsteller (* 3. 10. 1886, La Chapelle-d'Angillon/Cher), fällt am 22. September bei Saint-Rémy.
Alain-Fournier, der unter dem Einfluß des Symbolismus schrieb, wurde 1913 bekannt durch seinen einzigen vollendeten Roman, »Der große Kamerad«. Hier schildert er anhand der romantischen Liebesgeschichte eines 17jährigen Jungen, der seiner Geliebten flüchtig begegnet, sie dann lange sucht und wiederfindet, die Entwicklung eines Jugendlichen, »dessen Kindheit zu schön war« und der aus einer Traumwelt zur Realität des Lebens findet. Der ganze Roman soll »ein ewiges unmerkliches Hinüberwechseln vom Traum zur Wirklichkeit« vergegenwärtigen, »wobei der Traum als ein unendliches und ungenaues Kinderdasein zu verstehen ist, das unter jenem anderen webt und unaufhörlich von seinem Widerhall in Bewegung gesetzt wird«.

Ambrose Gwinnett Bierce
US-amerikanischer Erzähler (* 24. 6. 1842, Meigs County/Ohio), kommt vermutlich im Januar während der bürgerkriegsähnlichen Revolutionswirren in Mexiko ums Leben. Das genaue Todesdatum und die Umstände seines Todes sind nicht überliefert. Auch seine Leiche wurde nie gefunden.
Ambrose Bierce war einer der Wegbereiter der modernen Kurzgeschichte. In seinen Erzählungen, die oft während des nordamerikanischen Bürgerkriegs und in Kalifornien spielen, analysiert er realistisch psychische Grenzsituationen. Kennzeichnend für sein gesamtes literarisches Werk sind sein »schwarzer« Humor sowie Schreckeffekte in der Tradition Edgar Allan Poes und ein oft desillusionierender Schluß. Er schrieb u. a. die »Erzählungen von Soldaten und Zivilisten« (1891) und »Das Wörterbuch des Teufels« (1911).

Jean Bouin
französischer Leichtathlet (* 20. 12. 1888, Marseille) fällt am 29. September 1914 in der sog. Marneschlacht.
Der Langstreckenläufer Bouin erlebte 1911/12 den Höhepunkt seiner sportlichen Laufbahn: Am 6. Mai 1911 stellte er in Paris mit 8:49,6 min einen – inoffiziellen – Weltrekord über 3000 m auf, den er allerdings noch im selben Jahr an den Finnen Hannes Kohlemainen verlor. Am 16. November 1911 erzielte Bouin mit 30:58,8 min einen Weltrekord über 10 000 m, der zehn Jahre lang Gültigkeit besitzen sollte. Bei den Olympischen Spielen 1912 in Stockholm ging er über 10 000 m überraschend nicht an den Start, holte aber über 5000 m die Silbermedaille.

Gaston Calmette
französischer Journalist, Direktor des »Figaro« (* 1858, Montpellier), wird am 17. März in Paris von Madame Caillaux, der Gattin des radikalsozialistischen französischen Finanzministers Joseph Caillaux, erschossen.
Calmette gehörte seit 1883 der Redaktion der stark rechts ausgerichteten politischen Tageszeitung »Le Figaro« an und übernahm 1902 die Direktion. Das Blatt startet eine Verleumdungskampagne gegen Finanzminister Caillaux, der die progressive Einkommensteuer einführen will. Als sich Calmette weigert, der Frau des Ministers jene persönlichen Briefe auszuhändigen, die ihr Mann ihr vor Jahren geschrieben hatte, erschießt Madame Caillaux Calmette in der Redaktion des »Figaro«. Nach der Festnahme erklärt sie: »Da es keine Gerechtigkeit in Frankreich mehr gibt, kann nur der Revolver noch helfen.« Caillaux tritt als Minister zurück, ist jedoch wenig später wieder im Amt. Seine Frau wird freigesprochen.

Joseph Chamberlain

britischer Politiker (* 8. 7. 1836, London), stirbt am 2. Juli in London.
Joseph Chamberlain, Vater des späteren Premierministers Arthur Neville Chamberlain und des späteren Außenministers und Friedensnobelpreisträgers Joseph Austen Chamberlain, begann seine politische Karriere als Liberaler (Handelsminister 1880–1885), wechselte jedoch 1886 zu den Konservativen und trug wesentlich zur Umformung dieser Partei in eine Volkspartei bei. Als Kolonialminister (1895–1903) verfolgte er eine Schutzzollpolitik innerhalb des britischen Empire und eine Expansion in Übersee, die 1899 den Burenkrieg provozierte. Nach dem Scheitern der deutsch-britischen Bündnisverhandlungen 1901 suchte er die Annäherung an Frankreich.

Franz Ferdinand
österreichischer Erzherzog und Thronfolger (* 18. 12. 1863, Graz), seit 1913 Generalinspekteur der gesamten bewaffneten Macht, wird am 28. Juni zusammen mit seiner Gemahlin, Herzogin Sophie von Hohenberg (ursprünglich Gräfin Sophie Chotek), in Sarajevo von dem bosnischen Studenten Gavrilo Princip erschossen.
Zwei junge Nationalisten, die Kontakt zur serbischen Geheimorganisation »Schwarze Hand« haben, hatten die Ermordung des Thronfolgers in Sarajevo geplant. Der 19jährige Schriftsetzer Nedeljko Cabrinović, ein überzeugter Sozialist und Anarcho-Syndikalist, wirft am 28. Juni eine Bombe auf das Automobil des Thronfolgers, die aber vom zusammengefalteten Dach auf die Straße fällt und erst unter einem nachfolgenden Fahrzeug explodiert. Franz Ferdinand und Herzogin Sophie setzen trotz dieses Zwischenfalls ihre Fahrt durch Sarajevo fort – eine Stunde später fallen sie den Revolverschüssen des 19jährigen Princip zum Opfer. Dieser erklärt, seine Tat sei ein Racheakt für die Unterdrückung der Serben in Österreich-Ungarn.

Hermann Frasch (Frash)
deutsch-US-amerikanischer Chemiker und Technologe (* 25. 12. 1851, Oberrot/Rems-Murr-Kreis), stirbt am 1. Mai in Paris.
Frasch, ab 1868 in Philadelphia in den Vereinigten Staaten, entwickelte 1876 in seinem eigenen Laboratorium ein Verfahren zur Paraffinraffination. Um 1900 führte er das nach ihm als Frasch-Verfahren bezeichnete Entschwefelungsverfahren für Erdöl ein, nach dem über 70% des Schwefels auf der ganzen Welt gewonnen werden.

Charles Albert Gobat
schweizerischer Jurist und Politiker, Friedensnobelpreisträger 1902 (* 21. 5. 1843, Tramelan Biel/Kanton Bern), stirbt am 16. März in Bern.
Gobat wurde 1882 in den Regierungsrat des Kantons Bern gewählt und leitete bis 1906 das Departement des öffentlichen Unterrichts, bis 1912 des Inneren. Von 1884 bis 1890 war er im Ständerat, von 1890 bis 1914 Mitglied des Nationalrats. Er war 1888 Mitbegründer des Ständigen Büros der Interparlamentarischen Union, die der internationalen Friedensbewegung angehörte, mit Sitz in Genf; ab 1906 leitete er das Ständige Büro als Nachfolger von Élie Ducommun, mit dem zusammen er den Friedensnobelpreis des Jahres 1902 erhalten hatte.

Sir Hubert von Herkomer

deutsch-britischer Maler (* 26. 5. 1849, Waal bei Landsberg am Lech), stirbt am 31. März in Budleigh Salterton in Devonshire.
Von Herkomer, ein Meister des Bildnisses und der realistischen Darstellung, lebte ab 1857 in Großbritannien, wo er nach dem Studium als Illustrator für die Wochenschrift »The Graphic« arbeitete. 1875 wurde er mit dem Gemälde »Der Gottesdienst der Invaliden des Chelsea-Hospitals« berühmt und stieg zu einem der gefragtesten Porträtmaler auf (»Richard Wagner«, 1877).

Richard Heuberger
österreichischer Komponist (* 18. 6. 1850, Graz), stirbt am 28. Oktober in Wien.
Heuberger, Musikkritiker, ab 1902 Lehrer am Wiener Konservatorium, ab 1907 Leister des Wiener Männergesangsvereins, schuf mit »Der Opernball« eine Meisteroperette, die ihm großen Erfolg brachte. 1898 wurde sie in Wien uraufgeführt. Weniger erfolgreich war er mit seinen Opern, weiteren Operetten, Ballett-, Orchester- und Chorwerken.

Paul von Heyse

deutscher Schriftsteller, Literaturnobelpreisträger 1910 (* 15. 3. 1830, Berlin), stirbt am 2. April in München.
Heyse erhielt 1910 als erster deutscher Dichter den Literaturnobelpreis »als Beweis der Huldigung für das vollendete und von idealer Gesinnung geprägte Künstlertum, das er in einem langen, bedeutenden Wirken als Lyriker, Dramatiker, Romanschriftsteller und Verfasser weltberühmter Novellen verwirklicht hat«. Im selben Jahr verlieh ihm der bayerische Prinzregent Luitpold den persönlichen Adel, von dem Heyse allerdings nie Gebrauch machte.
Heyse schrieb rund 150 Novellen, acht Romane und 60 Dramen sowie zahlreiche Gedichte und verfaßte fünf Bände Übersetzungen. Als Urheber der sog. Falkentheorie war er ein wichtiger Theoretiker der Novelle; nach dieser Theorie braucht jede Novelle einen organisierten Mittelpunkt (»Falke«), d. h. ein klar abgegrenztes, zentrales Motiv, Bild, Symbol. Zu den bedeutendsten Werken Heyses zählen zahlreiche Novellen wie »L'Arrabiata« (1855) und »Andrea Delfin« (1862), die Romane »Kinder der Welt« (1873), »Über allen Gipfeln« (1895) und »Gegen den Strom« (1907) sowie das »Italienische Liederbuch« (1860) und die Gedichte des »Skizzenbuchs« (1877).

John Philip Holland
US-amerikanischer U-Boot-Konstrukteur irischer Herkunft (* 29. 2. 1840, Liscannor/County Clare), stirbt am 12. August in Newark in New Jersey.
Holland, der 1873 in die USA auswanderte, gilt als der Vater des U-Boot-Baus. 1898 kaufte die US-Marine seine »Holland«, das erste funktionsfähige Unterseeboot, und bestellte sechs weitere Exemplare dieses Typs. In der Folgezeit kamen Bestellungen aus Großbritannien, Japan und Rußland.

Jean Jaurès
französischer Philosoph und Politiker, Führer der französischen Sozialisten (* 3. 9. 1859, Castres/Tarn), wird am 31. Juli von dem Rechtsextremisten Raoul Villain im »Café Croissant« in Paris ermordet.
Jaurès, Pazifist und Gegner des doktrinären Marxismus, war mit Unterbrechungen seit 1885 Parlamentsabgeordneter, zuerst für die Linksrepublikaner, ab 1893 für die Sozialisten. 1904 gründete er in Paris die Tageszeitung »L'Humanité«, das Zentralorgan der SFIO (Section Française de l'Internationale Ouvrière), wurde zum Symbol des Zusammenschlusses der französischen Sozialisten, dessen Gründung (1905) er gefördert hatte. Seine Verständigungsbereitschaft gegenüber dem Deutschen Reich schuf ihm zahlreiche Feinde.

Karl I. (Carol I.)
eigentl. Karl Eitel Friedrich Zephyrin von Hohenzollern, Fürst von Rumänien ab 1866, König von Rumänien ab 1881 (* 20. 4. 1839, Sigmaringen), stirbt am 10. Oktober in Schloß Peleș bei Sinaia.
Karl, der Sohn des Fürsten Karl-Anton von Hohenzollern-Sigmaringen, wurde nach dem Sturz des rumänischen Fürsten Alexandru Ioan Cuza mit Zustimmung des preußischen Ministerpräsidenten Otto von Bismarck und des französischen Kaisers Napoleon III. 1866 zu dessen Nachfolger gewählt. 1869 heiratete er Elisabeth, die Tochter des Fürsten Hermann zu Wied-Neuwied, die unter dem Namen Carmen Sylvia auch als Dichterin bekannt wurde. 1881 nahm Karl den Königstitel an. Er bemühte sich erfolgreich um die Modernisierung seines Landes.

Nekrolog 1914

Arnold Lang
schweizerischer Zoologe (* 18. 6. 1855, Oftringen/Kanton Aargau), stirbt am 30. November in Zürich.
Lang, der als Professor an den Universitäten Jena und Zürich lehrte, verfaßte das »Lehrbuch der vergleichenden Anatomie der wirbellosen Tiere« (1888/89). Das zweibändige Werk ist aus seinen morphologisch-phylogenetischen Forschungen an der zoologischen Station Neapel (1878–1885) hervorgegangen.

Alfred Lichtenstein
deutscher Dichter (* 23. 8. 1889, Berlin), fällt am 25. September in Vermandevillers bei Reims.
Lichtenstein, Lyriker und Erzähler des Expressionismus, veröffentlichte seine Skizzen und Gedichte in den Zeitschriften »Sturm« und »Die Aktion«. In Buchform erschienen das Kinderbuch »Die Geschichte des Onkel Krause« (1910) und der Gedichtband »Die Dämmerung« (1913). Postum werden seine »Gedichte und Geschichten« (1919) herausgegeben.

Alfred Lichtwark

deutscher Kunsthistoriker (* 14. 11. 1852, Reitbrook bei Hamburg), stirbt am 13. Januar in Hamburg.
Lichtwark wurde 1886 Direktor der Hamburger Kunsthalle, die ihre Bedeutung zu einem großen Teil seiner Tätigkeit verdankt. Als Vertreter der Kunsterziehungsbewegung versuchte er durch praktische Unterweisung, durch engen Kontakt mit der Hamburger Lehrerschaft und durch zahlreiche Veröffentlichungen, beim Publikum die Fähigkeit, Kunstwerke richtig zu betrachten, auszubilden. So gründete er 1896 die Hamburger Lehrervereinigung zur Pflege der Künstlerischen Bildung in der Schule und verfaßte Werke wie »Übungen in der Betrachung von Kunstwerken« (1897).

Hermann Löns
Deutscher Schriftsteller (* 29. 8. 1866, Culm bei Bromberg), fällt am 26. September bei Reims.
Löns, der als Jäger und Naturforscher die Lüneburger Heide durchstreifte, wird aufgrund seiner zoologischen Kenntnisse der Schöpfer der deutschen Tiergeschichte genannt. In Gedichten, Skizzen, Erzählungen und Romanen schildert er liebevoll und präzise die Tierwelt und die Wunder der Natur: »Mein grünes Buch« (1901), »Mein braunes Buch« (1906), »Was da kreucht und fleucht« (1909), »Mümmelmann« (1909). Darüber hinaus schrieb er düstere Romane aus der Welt der niedersächsischen Bauern: »Der letzte Hansbur« (1909), »Da hinten in der Heide« (1910), »Der Wehrwolf« (1910).

Ernst Wilhelm Lotz
deutscher Dichter (* 6. 2. 1890, Culm), fällt am 26. September in Bouconville/Aisne.
Lotz schrieb unter dem Einfluß Arthur Rimbauds frühexpressionistische Lyrik (»Und schöne Raubtierflecken«, 1913). Postum erscheint 1917 der Gedichtband »Wolkenüberflaggt«.

August Macke
deutscher Maler aus dem Kreis um den Blauen Reiter (* 3. 1. 1887, Meschede), fällt am 26. September in Perthes-lès-Hurlus in der Champagne.
Macke studierte an der Kunstgewerbeschule Düsseldorf (1904–1906) und war 1907/08 Schüler von Lovis Corinth in Berlin. 1911/12 beteiligte er sich auf Einladung seines Freunds Franz Marc an den Ausstellungen der neugegründeten Künstlergemeinschaft Blauer Reiter, die sich vor allem gegen die akademische Malerei wandte und den Impressionismus überwinden wollte. 1914 reiste er mit Paul Klee und Louis Moilliet nach Tunis, wo er eine überwältigend produktive Phase erlebte. Außer den lichtdurchfluteten Tunis-Aquarellen sind es vor allem die rhythmisch-flächigen Bilder mit langgewandeten, schlanken Frauen vor Schaufenstern oder mit Menschen in Parks und auf Plätzen, die Mackes unverwechselbare Handschrift tragen.

Frédéric Mistral
neuprovenzalischer Dichter und Lexikograph, Literaturnobelpreisträger 1904 (* 8. 9. 1830, Maillane bei Arles), stirbt am 25. März in Maillane.
Mistral stellte Leben und Dichtung in den Dienst seiner provenzalischen Heimat, für die er zeitweise administrative Autonomie innerhalb Frankreichs forderte. Er arbeitete für die Wiedererweckung der provenzalischen Sprache und Literatur und verfaßte ein zweibändiges Wörterbuch des Provenzalischen (»Lou tresor dóu Félibrige«, 1879–1886). Sein dichterisches Hauptwerk ist das Versepos »Mirèio« (1859), mit dem die neuprovenzalische Dichtung Weltruhm erlangte. 1904 erhielt er – zusammen mit dem spanischen Dramatiker José Echegaray y Eizaguirre – den Literaturnobelpreis »für die frische Ursprünglichkeit und das Geniale seines Dichtens, das getreu die Natur seiner Heimat und das Wesen seines Volkes widerspiegelt, sowie für seine bedeutenden Arbeiten zur provenzalischen Philologie«.

Christian Morgenstern

deutscher Schriftsteller (* 6. 5. 1871, München), stirbt am 31. März in Meran.
Morgenstern wurde bekannt durch die ironisch-witzigen und burlesken, zum Teil auch grotesk-phantastischen Verse seiner Gedichtsammlungen »Galgenlieder« (1905), »Palmström« (1910), »Der Gingganz« (1919) u. a. Darüber hinaus verfaßte er Liebesgedichte, weltanschaulich-bekenntnishafte Lyrik, Kinderbücher, Epigramme und Aphorismen, aber auch Kabarettexte u. a. für Max Reinhardts »Überbrettl«.

Charles Pierre Péguy
französischer Schriftsteller (* 7. 1. 1873, Orléans), fällt am 5. September in der Marneschlacht in Le Plessis-l'Évêque bei Villeroy.
Péguy begann als politisch links engagierter Schriftsteller und gründete 1900 die Schriftenreihe »Cahiers de la Quinzaine« (Hefte über die vergangenen 14 Tage), die bedeutendste literarisch-politische Zeitschrift Frankreichs vor dem Ersten Weltkrieg. Hier veröffentlichte er eigene Werke und Essays, aber auch Arbeiten zahlreicher später berühmt gewordener Autoren (Julien Benda, Romain Rolland, Georges Sorel u. a.). Ab 1908 bekannte er sich zum Katholizismus und trat für die geistige Erneuerung Frankreichs auf der Grundlage mittelalterlicher Traditionen ein. Während seine Dichtungen – Gedichte, Versdichtungen u. a. – von der zeitgenössischen Kritik unbeachtet blieben, fanden seine gesellschaftskritischen und geschichtsphilosophischen Werke große Beachtung.

Charles Sanders Peirce
US-amerikanischer Philosoph (* 10. 9. 1839, Cambridge/Massachusetts), stirbt am 19. April in Milford in Pennsylvania.
Peirce ist der Begründer des Pragmatismus in den Vereinigten Staaten von Amerika, einer philosophischen Richtung, die die Trennung zwischen Seins- und Erkenntnistheorie sowie theoretischer und praktischer Philosophie aufhebt und den Wahrheitsbeweis allein mit der Prüfung realer Anwendbarkeit im menschlichen Handeln führt. Hauptwerk ist die wissenschaftslogische Abhandlung »Wie wir unsere Ideen klären können« (1878). Hier definiert Peirce Wahrheit und Realität so: »Diejenige Meinung, die dazu bestimmt ist, die Zustimmung aller Forscher zu finden, stellt das dar, was wir unter der Wahrheit verstehen, und der Gegenstand, der in dieser Meinung repräsentiert würde, ist der reale.«

Pius X.
vorher Giuseppe Sarto, Papst seit 1903 (* 2. 6. 1835, Riese = Riese Pio X/Treviso), stirbt am 20. August in Rom. Am 3. September wird Giacomo della Chiesa zum Papst gewählt. Er nimmt den Namen Benedikt XV. an.
Die Hauptsorge von Pius X. galt der Reinerhaltung der kirchlichen Lehre. Seine Pastoralschreiben führten zur Vertiefung der asketischen und wissenschaftlichen Ausbildung der Priester. Zu Beginn seines Pontifikats rief er dazu auf, das gesellschaftliche Leben an Jesus Christus zu orientieren. In dem Dekret »Lamentabili sane exitu« (1907) verurteilte er die liberalen und demokratischen Grundlagen der modernen Staaten und den sog. Modernismus, d. h. die Bestrebungen innerhalb des Katholizismus, die die kirchliche Lehre mit den modernen Denkweisen und den neuen bürgerlichen Ordnungen in Europa in Einklang bringen wollten. Dieses Dekret führte zu Denunziationen, hemmte die biblischen und kirchengeschichtlichen Forschungen und rief die Gründung reaktionärer Laienbewegungen hervor. – 1954 läßt Papst Pius XII. Pius X. heiligsprechen.

Robert von Pöhlmann
deutscher Althistoriker (* 31. 10. 1852, Nürnberg), stirbt am 27. September in München.
Die Hauptarbeitsgebiete Pöhlmanns – 1884 Professor in Erlangen, 1901 in München – waren die Sozial- und Wirtschaftsgeschichte der Antike: »Grundzüge der politischen Geschichte von Griechenland« (1889 in: »Handbuch der klassischen Altertumswissenschaft«, Band 3), »Geschichte des antiken Kommunismus und Sozialismus« (1893–1901).

Julius Rodenberg
eigentl. Julius Levy, deutscher Schriftsteller (* 26. 6. 1831, Rodenberg/Landkreis Schaumburg), stirbt am 11. Juli in Berlin.
Rodenberg wurde bekannt als Verfasser erfolgreicher Wander- und Skizzenbücher: »Pariser Bilderbuch« (1856), »Kleine Wanderchronik« (1858), »Alltagsleben in London« (1860), »Die Insel der Heiligen« (1860), »In deutschen Landen« (1873), »Bilder aus dem Berliner Leben« (1885–1888). Von 1867 bis 1874 gab er mit Ernst Dohm die belletristische Zeitschrift »Der Salon« heraus. 1874 gründete er die kulturpolitische Monatsschrift »Deutsche Rundschau«. Er verfaßte auch Romane, Erzählungen und Lyrik.

Giovanni Sgambati
italienischer Pianist, Dirigent und Komponist (* 28. 5. 1841, Rom), stirbt am 14. Dezember in Rom.
Sgambati wurde als Klaviervirtuose – gefördert von Franz Liszt – und als Dirigent berühmt. 1877 war er Mitbegründer des Liceo Musicale der Accademia di Santa Cecilia in Rom. Von seinen Kompositionen im Stil der deutschen Romantik und Neuromantik wurde das Requiem (1896) am bekanntesten.

Maximilian Reichsgraf von Spee

deutscher Admiral (* 22. 6. 1861, Kopenhagen), fällt am 8. Dezember auf seinem Flaggschiff »Scharnhorst« in der Seeschlacht bei den Falklandinseln. Auf der »Gneisenau« und der »Nürnberg« fallen im selben Gefecht um Port Stanley seine beiden Söhne. Die Briten versenken in der Schlacht ein deutsches Geschwader aus zwei Panzerkreuzern und drei Kreuzern unter der Führung von Spees; nur der deutscher Kreuzer »Dresden« kann entkommen.
Spee war von 1910 bis 1912 II. Admiral der Auklärungsschiffe der Hochseeflotte und wurde 1912 Chef des deutschen Kreuzergeschwaders in Ostasien. Nach Ausbruch des Ersten Weltkriegs führte er sein Geschwader nach Südamerika, wo er am 1. November ein britisches Geschwader bei Coronel besiegte, aber bei den Falklandinseln der stark überlegenen britischen Flotte unterlag.

Johann Sperl
deutscher Maler (* 3. 11. 1840, Buch bei Nürnberg), stirbt am 29. Juli in Bad Aibling.
Sperl, der von 1875 bis 1900 mit Wilhelm Leibl zusammenlebte, schuf hauptsächlich Landschaften des bayerischen Voralpenlandes und bäuerliche Interieurs. Zwischen 1875 und 1881 entstanden mehrere gemeinsam von Sperl und Leibl signierte Werke. Mit weich-verschwommener Tonmalerei gelang Sperl die Darstellung sublimer Naturstimmungen in der Erfassung weiter Landschaftsräume. Er kam dabei dem Impressionismus nahe, strebte ihn jedoch nicht an.

Nekrolog 1914

Ernst Stadler
elsässischer Dichter (* 11. 8. 1883, Colmar), fällt am 30. Oktober bei Ypern. Stadler gründete 1902 zusammen mit René Schickele und Otto Flake die elsässische neuromantische Literaturzeitschrift »Der Stürmer«. 1912 wurde er Professor an der Université libre in Brüssel. Er schuf formvollendete frühexpressionistische Lyrik (»Der Aufbruch«, 1914) und verfaßte literarhistorische Schriften, Essays und Kritiken.

Bertha Freifrau von Suttner

geb. Gräfin Kinsky, österreichische Pazifistin und Schriftstellerin (* 9. 6. 1843, Prag), stirbt am 21. Juni in Wien.
Bertha von Suttner war das geistige Zentrum der europäischen Friedensbewegung, für die sie mit ihren pazifistischen Romanen »Die Waffen nieder!« (1889, 30 Auflagen bis 1910) und »Martha's Kinder« (1893) weite Kreise der Bevölkerung gewann. 1891 gründete sie die österreichische Gesellschaft der Friedensfreunde (ab 1964 Suttner-Gesellschaft). 1892 regte sie Alfred Nobel zur Stiftung des Friedensnobelpreises an, den sie 1905 als erste Frau selbst erhielt. Sie war außerdem Vizepräsidentin des Internationalen Friedensbureaus in Bern.

Georg Trakl
österreichischer Dichter (* 3. 2. 1887, Salzburg), stirbt am 3. November im Lazarett in Krakau an einer Überdosis Kokain.
1913 veröffentlichte der frühexpressionistische Lyriker Trakl seine »Gedichte«, eine Sammlung schwermütig-trauriger Lyrik, in der der Untergang des Dichters und seiner Generation prophezeit wird, ein visionärer Todesreigen bzw. eine »unvollkommene Sühne«, wie Trakl sein Werk vom Religiösen her deutete. Es ist die subjektive Gestaltung eines ohnmächtigen, fatalistisch empfundenen Zustands, der keine Möglichkeit autonomen Handelns erkennen läßt. Selbst Distanz ist zu den als quälend empfundenen Verhältnissen nicht gewährleistet. Der Dichter, der die Schrecken des Krieges als Sanitätsfähnrich in der Schlacht bei Gródek unmittelbar erlebte, sieht sich als Enkel eines »verfluchten Geschlechts« einem universellen und schrecklichen, aber verdienten Untergang ausgeliefert. Neben der Flucht in Alkohol und Drogen häuften sich Angstzustände, Verfolgungswahn, Selbstmordträume und Halluzinationen. 1913 war Trakl bereits so zerrüttet, daß er in immer stärkerem Maße auf die Hilfe von Freunden angewiesen war. »Zu wenig Liebe, zu wenig Gerechtigkeit und Erbarmen, und immer zu wenig Liebe; allzuviel Härte, Hochmut und allerlei Verbrechertum – das bin ich«, charakterisierte er sich in einem Brief. »Ich sehne den Tag herbei, an dem die Seele in diesem unseligen, von Schwermut verpesteten Körper nicht mehr wird wohnen wollen und können, an dem sie diese Spottgestalt aus Kot und Fäulnis verlassen wird, die ein nur allzu getreues Spiegelbild eines gottlosen, verfluchten Jahrhunderts ist.«
Postum erscheinen die Gedichtsammlungen »Sebastian im Traum« (1915), »Der Herbst des Einsamen« (1920), »Gesang des Abgeschiedenen« (1933) und die Prosadichtungen »Offenbarung und Untergang« (1947).

August Weismann
deutscher Zoologe (* 17. 1. 1834, Frankfurt am Main), stirbt am 5. November in Freiburg im Breisgau.
Weismann, ab 1873 Professor in Freiburg in Breisgau, war einer der führenden Theoretiker der Abstammungs- und Vererbungslehre. Nach seiner Keimplasmatheorie ist die Erbsubstanz in Form von Determinanten oder Anlageteilchen im Keimplasma enthalten. Als Vertreter des Neodarwinismus sah er in der Selektion den entscheidenden Vererbungsfaktor und lehnte die These von der Vererbung erworbener Eigenschaften ab. Weismann unterschied zwischen Körperzellen (»Soma«) und Geschlechtszellen. Da nur das Soma sterblich sei, seien Einzeller und Keimzellen prinzipiell unsterblich (»Kontinuität des Keimplasmas«). Die Befruchtung bezwecke nicht, Einzeller zu verjüngen und Eizellen zu beleben, sondern diene nur der Mischung der Erbanlagen zweier Individuen. Zu Weismanns Hauptwerken zählen die »Studien zur Deszendenztheorie« (1875/76) und »Das Keimplasma« (1892).

George Westinghouse
US-amerikanischer Erfinder und Industrieller (* 6. 10. 1846, Central Bridge/New York), stirbt am 12. März in New York.
Westinghouse ist der Erfinder der Druckluftbremse für Eisenbahnen (Westinghouse-Bremse). 1867 erhielt er für diese Erfindung sein erstes Patent, zwei Jahre später gründete er in Pittsburgh die Westinghouse Airbrake Comapony, die Druckluftbremsen in die ganze Welt lieferte. 1882 gründete er die Union Switch and Signal Comapny, in der von ihm konstruierte, auf der Basis von Druckluft funktionierende Signalanlagen für den Eisenbahnverkehr produziert wurden. Darüber hinaus stellte George Westinghouse Generatoren für Wechselstrom und Turbinen her.

Personenregister

Das Personenregister enthält alle in diesem Buch genannten Personen (nicht berücksichtigt sind mythologische Gestalten und fiktive Persönlichkeiten sowie Eintragungen im Anhang mit Ausnahme des Nekrologs). Herrscher und Angehörige regierender Häuser mit selben Namen sind alphabetisch nach den Ländern ihrer Herkunft geordnet. Kursive Zahlen verweisen auf Abbildungen.

Abbas II., osmanischer Vizekönig von Ägypten 186, 202, 208
Adickes, Franz 182
Ahmed Izzet Pascha 8, 13
Ahna, Pauline de → Strauss, Pauline
Alain-Fournier *192*, 228
Alavoine, Jean 125
Albert I., König von Belgien *15*, 170, 174
Albinmüller → Müller, Albin
Albrecht, Herzog von Württemberg 128, 175
Alexander III., Kaiser und Zar von Rußland 13
Alexander Karađorđević, König von Serbien 112
Alexander, Kronprinz von Serbien 86, 112
Alfons XIII., König von Spanien 8, 193
Aljochin, Alexander A. 83
Archibald 72
Arnold, Viktor 43
Arriaga, Manoel d' 200
Asquith, Herbert Henry 32, 44, 46, *50*, 56, 102, 115, 118, 126, 188, 190
Auguste Wilhelm, Prinzessin 183
Azevedo Coutinho, Vitor Hugo de 200
Bab, Julius 209
Badger 60
Bahr-Mildenburg, Anna 124
Balfour, Arthur James 188
Ball, Hugo 28
Ballin, Albert 44, 51, 56, 105, 180
Bárány, Róbert 200, *209*
Barlach, Ernst 71
Barn, Alfred von *124*
Barrère, Camille 15
Barrès, Maurice 100
Bassermann, Albert *212*
Bassermann, Ernst 10, *43*, 84
Bäumer, Gertrud 148
Baxton, Sydney Viscount 10
Bebel, August 51
Beck, Heinrich 74
Beckmann, Max *71*
Beecham, Sir Thomas 83
Beernaert, Auguste *79*
Beeson, Edward 72
Behring, Emil von 58, 68, *182*
Below-Saleske, Konrad von 138
Benckendorf, Alexander K. Graf 106, *110*
Benedikt XV., Papst 153, 158
Benua, Alexander N. 83
Benz, Carl 58
Berchtold, Leopold Graf 49, 58, 100, 104, 105, 106, 107, 111, 112, 116, 186, 202

Berg, Alban 185
Bernhard, Georg 18
Berthet, Marcel 86
Bertillon, Alphonse *21*
Bertram, Adolf Johannes 74, 77
Beseler, Hans von 43, 170, 174
Bethmann Hollweg, Theobald von 10, 16, 20, 30, 44, *76*, 84, 102, 104, 110, 111, 115, 116, 119, 126, 128, 132, *136*, 138, 158, 160, *162*, 163, 170, 172, *180*, 188, 200, 202, *204*
Beukendorf, Wilhelm 77
Bierce, Ambrose Gwinnett 228
Bismarck-Schönhausen, Otto von, Herzog von Lauenburg 19
Bissing, Moritz Ferdinand Freiherr von 188, 202
Bittner, Rudolf 10
Bjørnson, Bjørnstjerne 209
Boberg, Ferdinand 72
Boccioni, Umberto 122
Bonatz, Paul 95
Böres, Franz 199
Borsig, Ernst von 148
Bosch, Carl 177
Botha, Louis 158, 193
Bouin, Jean 160, 228
Bourgeois, Léon Victor 92
Brătianu, Ion I. C. 10, 93, 160
Breuer, Hans *124*
Briand, Aristide 8, *92*, 128, 164, 177
Brookes, Norman 100, *125*
Bruckner, Anton 56
Brundage, Avery 158
Brunisch, M. *124*
Bryan, William Jennings 170, 202
Buchanan, George William 106, 108
Büchner, Georg 74, 185
Buckman, Rosina *184*
Bülow, Bernhard Heinrich Martin Fürst von 200
Bülow, Karl von 128
Cabrinovic, Nedeljko 88, 90, *91*, 179
Cadorna, Luigi Graf 100, 167
Caillaux (Ehefrau von Joseph → Caillaux) 46, *50*, 102
Caillaux, Joseph 46, *50*, 56
Calmette, Gaston 46, *50*, 102, 228
Cambon, Jules 116
Cambon, Paul *62*
Capablanca y Graupera, José Raúl 74, *83*
Carbajal, Francisco 118, 128, 152
Carlowitz, Adolf von 74
Carpentier, Georges 102
Carranza, Venustiano 30, *61*, 74, 78, 86, 118, 128, 152, 208
Carson of Duncairn, Edward Henry Baron 46, *50*, 100, 102, 118
Caruso, Enrico *184*
Cassani, Putzi 29

Castle, Irene 29
Castle, Vernon 29
Cézanne, Paul 122
Chalipine, Th. I. *184*
Chamberlain, Joseph 228
Chaplin, Charlie 82
Chiesa, Giacomo della → Benedikt XV., Papst
Chopin, Frédéric 98
Christian X., König von Dänemark 72, 74, 188, 202, *209*
Churchill, Winston 8, *25*, 34, 44, 46, 86, 174
Claß, Heinrich 65
Claudel, Paul 10
Cohen-Reuß, Max 180
Conrad von Hötzendorf, Franz Freiherr 34, 76, 88, 116, 145, 167, 205
Costa, Alfonso Augusto da 30
Coubertin, Pierre Baron de 84, *99*
Cradock, Sir Christopher George Francis Maurice 186
Curinaldi, Alois von 170, 179
Cuvaj, Slavko 88
Czernin von und zu Chudenitz, Ottokar Theobald Graf 93
D'Annunzio, Gabriele 82
Daimler, Gottlieb 67
Dallwitz, Johann von 58, 65
Dato Iradier, Eduardo 8, 186, 193
David, Eduard Heinrich Rudolph *137*, 163, 180
Davidson, Paul 27
Dawley, J. Searle 82
Debussy, Claude 185
Degas, Edgar 72
Deimling, Berthold von 65
Delaunay, Robert 122
Delbrück, Clemens 10, *20*, 72, 77, 81, 106, 158, 160, 162, *163*, 168, 172, 180, 186, 188, 202
Delbrück, Rudolf von 20
Delcassé, Théophile 8, *62*, 107, 128, 160, 164
Denkel 16
Déroulède, Paul 100
Destinn, Emmy *184*
Dewet, Christiaan Rudolph 186, *193*, 200
Diaghilew, Sergei 72, 83, 98
Díaz, Porfirio 61
Diegelmann, Wilhelm *212*
Dmowski, Roman 188, 193
Douglas, Charles 56
Doumergue, Gaston 8, *36*, 56, 58, 62, 84, 92
Doyle, Sir Arthur Conan 82
Drygalski, Erich von 23
Dschawid Bei 56
Duchamp, Marcel 123
Duchamp-Villon, Raymond 122, 123
Duden, Paul 22
Ebert, Friedrich *17*, 51, 119, 137
Edvina, Marie-Louise *184*
Egg, Oscar 86
Ehrlich, Paul 54
Eilers-Jakobson, Ludowika 10, 27

Einstein, Albert 56, 68
Eliot, T(homas) S(tearns) 211
Elisabeth, Königin von Rumänien 179
Elsensohn 16
Emmich, Otto von 140
Endell, August 81
Engelmann, Helene 27
Enwer Pascha 8, *13*, 46, 172, 176
Erkelenz, Anton *15*
Ernst August, Herzog zu Braunschweig und Lüneburg 10
Ernst Günther, Herzog zu Schleswig-Holstein 25
Essad Pascha Toptani 32, *49*, 74, *78*, 118, 170, *176*
Eucken, Rudolf 128
Eugen, Erzherzog von Österreich 202, 205
Fabre, Victor *50*
Falkenhayn, Erich von 72, 149, 158, *166*, 172, 174, 175, 186, 188, 190, 191
Fechter, Paul 198
Ferdinand I., König von Rumänien 172, 179
Fewzi Bei 10
Filchner, Wilhelm 23
Finger, Grete *124*
Fischer, Emil 121
Fischer, Franz 121
Fischer, Richard 163
Flotow, Hans von 152
Fokin, Michail M. 72
Fönss, Johannes *184*
Forti, Helena *124*
Fournier, Henri-Alban → Alain-Fournier
François, Hermann von 144
Frank, Leonhard 211
Franz Joseph I., Kaiser von Österreich und König von Ungarn 46, *49*, 88, 100, 104, 105, 106, 111, 112, 116, 117, 128, 183, 200
Franz Ferdinand, Erzherzog von Österreich 46, 84, 86, *88*, 90, 93, 100, 104, 105, 108, 170, 172, 179, 228
Frasch (Frash), Hermann 228
French, John Denton Pinkstone 34, 56
Frenssen, Thea 10, 27
Freund, Karl 27
Frey, Hermann 183
Friedrich, Erzherzog von Österreich 167
Friedrich August III., König von Sachsen 81
Friedrich Karl, Prinz von Preußen 84, *99*
Friedrich Wilhelm, Kurfürst von Brandenburg 55
Friedrich Wilhelm III., König von Preußen 149
Froitzheim, Otto 125
Gad, Urban 8, 27, 82
Gaffron, Max von Prittwitz und 128, 144, *145*
Gallieni, René 164

Personenregister 1914

Georg V., König von Großbritannien 58, *62*, 71, 102, 118, 188
George, Stefan 211
Gide, André *211*
Giesl von Gieslingen, Wladimir Freiherr 102, 106, *107*, *108*, 109
Giolitti, Giovanni 44, 46
Gobat, Charles Albert 228
Goethals, George 10, 25, *154*
Goltz, Colmar Freiherr von der 32, 44, 74, 84, *94*, 128, 140, 188
Goremykin, Iwan L. 30, 39, *64*
Gorki, Maxim 10, 58, 71
Goschen, William Edward *107*, 111, 115, 138
Gothein, Georg 65
Graatkjaer, Axel 27
Grabež, Trifko *88*, *179*
Grandi 170
Grey, Sir Edward 48, 58, 62, 72, 84, 102, 104, 106, 108, *110*, 111, 113, *115*, 126, 132
Grigorowitsch, Iwan K. 12, 36
Gropius, Walter 72, 81, 125, 157
Groß, Hanns *21*
Grünfeld, Heinrich 160
Guitry, Sacha *211*
Gulbranson, Ellen *124*
Gunnestad, Hans 10, *27*
Gustav V., König von Schweden 30, 39, 44, *209*
Gwinner, Arthur von 158, 162
Haase, Hugo *17*, 51, *137*, 186
Haber, Fritz 149, 172, 177, 202, 209
Haberlandt, Gottlieb 74
Haeckel, Ernst 128
Hahn, Otto 209
Haiger, Ernst 199
Hajduk, August 67
Håkon VII., König von Norwegen 202, *209*
Hamel, Gerard Anton van 21
Hammerskjöld, Hjalmar 32, 39
Harms, Bernhard 39
Harnack, Adolf von 55, 121
Hartmann, Felix von 30, 39
Hauptmann, Gerhart 10, 27, 212
Hausegger, Siegmund von 74
Hausen, Max Clemens Lothar Freiherr von 74, 128
Haußmann, Conrad 15
Havenstein, Rudolf 10, 20, 160, 163
Heims, Else *212*
Heinrich, Prinz von Preußen 207
Helfferich, Karl *119*
Helland-Hansen, Björn 121
Henckel von Donnersmarck, Hugo Graf 72
Henderson, Arthur 186, 190
Hentsch, Richard 166
Herkomer, Sir Hubert von *228*
Herrmann, Paul 81
Hertling, Georg Freiherr von 8, 188, 200
Hesse, Hermann 210, 211
Hesterberg, Trude 183
Heuberger, Richard 228

Heydebrand und der Lasa, Ernst von *17*
Heyse, Paul von *228*
Hindenburg, Paul von Beneckendorff und von 128, *145*, 146, *147*, 158, 167, 186, 188, *190*, 200
Höckesfeld, Jakobus 51
Hodler, Ferdinand 166
Hoetger, Bernhard 198
Hoffmann, Arthur 74
Hoffmann, Max *145*
Hofmannsthal, Hugo von 185, 211
Hohenlohe-Schillingsfürst, Gottfried Prinz zu 170
Hohlwein, Ludwig 96
Holland, John Philip 228
Horine, George 72
Hoyos, Alexander Graf von 104, 107, 109
Huch, Ricarda *210*
Hué, Otto 120
Huerta, Victoriano 30, 58, 60, 61, 78, 84, 86, 100, *118*, 152, 208
Hugenberg, Alfred 58, 148
Hugo, Victor 70
Humperdinck, Engelbert 124, *183*
Husain Kamal, osmanischer Vizekönig von Ägypten 186, 208
Ibrahim Hilmi Bey 42
Iglesias Posse, Pablo 193
Ihne, Ernst von 55
Immler, Fredy *27*
Ingenohl, Friedrich von 207
Ingold, Karl *42*
Ippolitow, Wladimir 30, 43
Iswolski, Alexandr 8, 62
Jäckh, Ernst 180
Jagow, Gottlieb von 12, 30, 32, 44, 72, 74, *76*, 106, 110, 117, 132, 138, 170, 186
Jagow, Traugott von 110, 126, 128
Jakob II., König von England 100
Jakobson, Walter 10, 27
Jamamoto, Gombei 56
Januskevic, Nikolai N. 34
Järviluoma, Artturi 170
Jastrow, Ignaz 72, 79
Jaurès, Jean *36*, 100, 102, *110*, *118*, 228
Joffre, Joseph Jacques Césaire *34*, 143, 158, 165
Johnson, Jack 86
Joyce, James 210, *211*
Kachler, Fritz 30, *43*
Kaempf, Johannes 119, 160, 204
Kalidasa 212
Kandinsky, Wassily 123
Kant, Immanuel 32
Karl Eitel Friedrich Zephyrin von Hohenzollern → Karl I., König von Rumänien
Karl Franz Joseph, Erzherzog von Österreich *105*, 116
Karl I., König von Rumänien 93, 117, 170, 179, 228
Karlin, Bischof von Triest 105

Károlyi von Nagykárolyi, Mihály Graf 15, 74
Kaufmann, Oskar 209
Keim, August 77
Keir Hardie, James 152, 190
Kemal Bei, Ismail 10
Kerr, Robert J. 58
Kiess, August *26*
Kipling, Rudyard 44
Kirchner, Ernst Ludwig 122, 123
Kirdorf, Emil 58
Kirkby-Lunn, Louise *184*
Kitasato, Schibasaburo 68
Kitchener, Horatio Herbert, Earl Kitchener of Karthoum and of Broome 10, 34, 126
Kittl, Emmy → Destinn, Emmy
Klee, Paul 123
Kleist, Heinrich von 183, 212
Kluck, Alexander von 128
Kokoschka, Oskar 84, 98
Kokowzew, Wladimir N. 8, 12, 13, 30, 39
Konstantin I., König von Griechenland 117
Kopp, Georg Kardinal von 10, 39, 74, 77
Korn, Alfred 44, 55
Kreis, Wilhelm 157
Kretzer, Hans 43
Kriwoschein, Alexander W. 30, 39
Krobatin, Alexander von 111, 116
Krüger, Felix 199
Krupp von Bohlen und Halbach, Bertha 178
Kühne, Alfred 27
Kusnezow, Marie *184*
Lama, Adolfo de la 60
Lambert-Chambers, Dorothea 100, 125
Landa, Max 27
Lang, Arnold 228
Langer, Bruno 30, *42*
Lansdowne, Henry Charles Keith Petty-Fitzmaurice *62*
Lasker, Emanuel 74, *82*
Laue, Max von 200, 209
Lautenschläger, Christian 100, *125*
Law, Andrew Bonar *50*, 102, 118
Ledebour, Georg *137*
Legien, Karl *94*
Lehmann, Else 10
Lenard, Philipp 22, 23
Lenbach, Franz von 26
Lenin, Wladimir I. 13, 71, 158
Lentze, August 8
Leopold von Hohenzollern-Sigmaringen 179
Lerroux y Garcia, Alejandro 193
Lesseps, Ferdinand Marie Vicomte de 154
Lessing, Carl Rudolf 18
Lessing, Emil 209
Lessing, Gotthold Ephraim 8
Levy, Julius → Rodenberg, Julius
Lichnowsky, Karl Max Fürst von 84, *93*, 106, *107*, 110, 113, *115*, 132

Lichtenstein, Alfred 229
Lichtwark, Alfred *229*
Liebermann, Max 40, 71, 158, 182
Liebknecht, Karl 51, 72, 76, 126, *137*, 158, 163, 170, 172, 200
Liebknecht, Wilhelm 72, 163, 204
Liman von Sanders, Otto 8, *12*, 176
Lippincott, Donald 126
Liszt, Franz von 8, 10
Lloyd George, David 8, 25, 30, 79
Lockheed, Malcolm 66
Loebell, Friedrich Wilhelm von 202
Lombroso, Cesare 21
London, Jack *210*
Löns, Hermann 192, 229
Loos, Adolf 199
Loos, Theodor 212
Lotz, Ernst Wilhelm 229
Ludendorff, Erich 128, *145*, 146, 167, 186, 190
Ludwig II., König von Bayern 26
Ludwig III., König von Bayern 188
Luxemburg, Rosa 32, *39*, 51, 84, 158, 170, 172
Lyautey, Louis Hubert Gonzalve 30
Lyncker, Moritz Freiherr von 104
MacDonald, James Ramsey 186, 190
Machado Guimarães, Bernardino Luis 30, 200
Mack, Max 82
Macke, August 122, 123, *192*, 229
Mackensen, August von 202, 208
MacMahon, Henry 208
Madero, Francisco Indalecio 61
Mahler, Alma Maria 98
Maiorescu, Titu Liviu 10
Malvy, Louis 46, *92*
Mann, Heinrich 126, *155*
Mann, Thomas *155*
Marc, Franz 200, *209*
Margold, Emanuel Josef 199
Marinetti, Filippo Tommaso 70
Marr, Hans 10, 27, *212*
Martinelli, Giovanni *184*
Mascagni, Pietro 70
Mathisen, Oscar 30, 32, *43*
Matte-Trucco, Giacomo 157
Matthews, Eveline *26*
Max, Adolph 141
May, Joe 82
McDermid, Elsie *26*
Mehring, Franz 188
Meier, John 72, 83
Mejstrik, Karl 27
Melba, Dame Nellie *184*
Mellarmé, Stéphane 211
Mensdorff-Pouilly-Dietrichstein, Albert Graf *107*, 108
Méray Horváth, Opika von 10, *27*
Meßter, Oskar 82
Meyer, Adolf 81, 157
Meyer-Waldeck, Alfred 194
Michaelis, Georg *197*
Miklossy, Bischof von Debrecen 30
Mischewski, Bernhard 56
Mistral, Frédéric 229

Mitchell, Helen
  → Melba, Dame Nellie
Mohammed, Stifter des Islam 42
Moilliet, Louis 123
Moissi, Alexander *212*
Möllendorff, Wichard von 149
Moltke, Helmuth von 32, *34*, 72, 74, 76, *104*, 111, 138, 143, 145, 148, *166*
Montessori, Maria 80
Monteux, Pierre 83
Moran, Frank 86
Morgenstern, Christian *229*
Mosse, Rudolf 18
Mozart, Wolfgang Amadeus 185
Muck, Carl 124
Muhammad V., Sultan des osmanischen Reiches 193
Mühsam, Erich 29
Müller, Albin 156, 198
Müller, Georg Alexander v. 111, 132
Mussolini, Benito 167, 188
Muthesius, Hermann 100, 125, 198
Nansen, Fridtjof 100, 121
Naumann, Friedrich 180
Nelson, Rudolf 28
Neuendorff, Edmund 69
Neuss, Alwin 82
Nielsen, Asta 8, *27*, *82*
Nijinski, Waslaw 98
Nikolajew, Nikolai 126
Nikolaus II., Kaiser und Zar von Rußland 8, *13*, 56, 69, 72, *78*, 84, 86, 93, 102, 105, 106, *108*, 114, *155*, 158, 200
O'Shaughnessy, Nelson 58
Obrist, Hermann 125
Okuma, Schigenobu 56, 152
Oppenheim, Max Freiherr von 193
Orth, Johannes 54
Ossiander *16*
Osten, Eva von der *184*
Oswald, Richard 82
Paléologue, Maurice 8, 86, *107*
Pankhurst, Christabel 54
Pankhurst, Emmeline 44, 54
Pašić, Nikola 104, 109, 200
Pasini, Lina 26
Pastrone, Giovanni 82
Pawlowa, Anna P. 84, *98*
Péguy, Charles Pierre 229
Peirce, Charles Sanders 229
Pélissier, Henri 125
Peter I. Karađorđević, König von Serbien 86, 112
Peters, Carl 38
Pieck, Wilhelm 30, 80
Pilsudski, Józef Klemens 126, 128, 193
Pius X., Papst *28*, 39, *79*, 128, *153*, 158, 229
Planck, Max 74
Podbielski, Viktor von 42
Pohl, Hugo von 188, *207*
Pöhlmann, Robert von 229
Poincaré, Raymond 10, *15*, *62*, 74, 77, 84, 92, 99, 100, 102, 105, 106, 128, *155*, 158, 160, *164*, 193

Poiret, Paul 52, *53*
Pollio, Alberto 30, 34, 100
Pordes-Milo, Sigmund 183
Potiorek, Oskar 202, 205
Poulet 42
Pound, Ezra 211
Pourtalés, Friedrich Graf von *107*, 132
Princip, Gawrilo 86, *88*, *91*, 170, 172, *179*
Prins, Adolphe 21
Pullen, Eddie 71
Rathenau, Walther 126, *149*, 162
Ravel, Maurice 185
Redlich, Josef 109
Redmond, John Edward 118
Redon, Odilon 72
Reicher, Emanuel 10, 27
Reicher, Ernst 82
Reicher, Hedwig *212*
Reichmann, Friedrich 158
Reinhardt, Max 29, 43, 182, *183*, 212
Rennenkampf, Paul Edler von 146, 167
Renoir, Auguste 56, 71
Renoult, René 46, 50
Reuter, Adolf von 8, 16
Reuter-Eichberg, Adele *27*
Ribot, Alexandre 84, *92*
Richards, Theodore William 200, 209
Riemerschmidt, Richard 156
Rießer, Jacob 74, 77
Rijsselberghe, Theo van 70
Rittner, Rudolf 27
Rochat, Louis Lucien 68
Röchling, Louis 180
Rockefeller, John Davison, jr. 64
Röckle, Franz 10
Rodenberg, Julius 229
Roedern, Siegfried Graf von 10
Roesicke, Gustav 39
Roetger, Max 200
Roethe, Gustav 183
Rohrbach, Paul 180
Romanow, Boris 83
Rosebery, Archibald Philip Primrose, 5. Earl of, Earl of Midlothian 188
Rudolf, Kronprinz von Österreich 88
Rupprecht, Kronprinz von Bayern *143*
Rüsche, Cäcilie *26*
Russolo, Luigi 70
Rutherford, Ernest 22
Sackur, Walther 209
Saint-Saëns, Camille 98
Salandra, Antonio 46, 50, 56, 72, 172, 193, 200
Salis, Rodolphe 29
Samsonow, Alexandr W. 128, 144
San Giuliano, Antonino Paternò-Castello Marchese di 46, 58, 152, 172, 186, 193

Sant'Elia, Antonio 157
Sasonow, Sergei D. 8, 12, 13, 34, 44, *48*, 72, 74, 78, 84, 93, 104, 106, 108, 110, 114
Schäfer, Dietrich *182*
Scheffler, Karl 71
Scheidemann, Philipp 186, 202
Scheidhauer, F. *124*
Scherl, August 18
Schiffer, Eugen 84
Schlieffen, Alfred Graf von 34, 138, 166
Schmidt, Franz 56, 70, 185
Schmidt, Robert 94
Schoen, Wilhelm Freiherr von *48*, *107*
Scholer, Friedrich 95
Schönberg, Arnold 185
Schott, Gerhard 23
Schwerin-Löwitz, Hans Graf von 10, *17*
Seely, John 32, *34*, 46, 56, 126
Sembach, Johannes *26*
Sennett, Mack 82
Serafin, Tullio 70
Sgambati, Giovanni 229
Shakespeare, William 212
Shaw, George Bernard *210*
Siegismund, Karl 197
Simmel, Georg 44, *55*
Sinclair, Upton 64
Slevogt, Max 158
Smith, W. E. 46
Smits, Perry 27
Soden-Frauenhofen, Max Freiherr von 32
Sombart, Werner 186
Sonnino, Giorgio Sidney Baron 186, *193*
Sophie, Herzogin von Hohenberg *88*, *90*, 105
Souchon, Wilhelm 176
Spahn, Martin 10
Spee, Maximilian Reichsgraf von 172, 186, 200, 206, *207*, *229*
Sperl, Johann 229
Staaff, Karl Albert 30, 32, 39
Stadler, Ernst *192*, 211, 230
Stein, Gertrude 210, 211
Stein, Hermann von 148
Sternheim, Carl 30, 43
Stevenson, Robert Louis 82
Stinnes, Hugo 121
Strauss, Pauline *184*
Strauss, Richard 72, 98, *184*, 185
Strawinski, Igor 74, 83, 185
Stresemann, Gustav 200
Stumm, Wilhelm von 93
Sturdee, Frederick Charles Doveton 206
Stürgkh, Karl Graf von 32, 49, 100, 106, 111, 112
Suchomlinow, Wladimir A. 8, *48*, 86
Südekum, Albert 102, 119, 163
Suttner, Bertha Freifrau von 86, *230*

Sydow, Reinhold von 46
Sylva, Carmen → Elisabeth, Königin von Rumänien
Szögyény-Marich, Lazlo Graf 104, 106, *107*, 109, 110
Taft, William Howard 44
Tairow, Alexandr J. 212
Talaat Bey 72, 78, 128
Tarrasch, Siegfried 83
Tauber, Richard *185*
Taut, Bruno 72, 81, 125, 157
Taylor, M. 67
Terzi, A. 40
Thimig, Hugo 212
Thoma, Hans 70
Thomas, Albert 36
Thys, Philippe 102, *125*
Thyssen, August 121, 128
Tirpitz, Alfred von 84, 93, 111, 188, 202
Tisza, István Graf 10, 15, 32, 72, 74, 104, 106
Trakl, Georg 98 186, *192*, 230
Trott zu Solz, August von 55, 74
Tschirschky und Boegendorff, Heinrich von 100, 105, 106, *107*, 111
Turkhan Pascha 49, 64
Ullstein, Leopold 19
Vandervelde, Émile 172
Velde, Henry van de 100, 125, 198
Verlaine, Paul 211
Viktor Emanuel III., König von Italien 46, 100, 118, *167*, 172
Viktoria Luise, Herzogin zu Braunschweig und Lüneburg 10
Villa, Francisco »Pancho« 56, 61, 118, 152, 200, *208*
Villain, Raoul 102, 118
Viviani, René 46, 84, 86, *92*, 102, 128, 158, 164, 172, 202
Volkmann, Ludwig 81
Vollmoeller, Karl Gustav *183*
Voß, Christian Friedrich, d. Ä. 18
Voß, Christian Friedrich, d. J. 18
Wachenfeld, Ewald 156
Wadsworth, James 194
Wagner, Cosima 124
Wagner, Richard 8, *26*, 84, 124
Wagner, Siegfried *124*
Waldersee, Georg Graf von 30, 34, 104
Waltz, Johann Jakob 100
Wangenheim, Conrad Freiherr von 32, 39, 77, 117
Wangenheim, Hans Freiherr von 176
Warrender, George 100
Weber, Marianne 15
Weber, Max 180
Webern, Anton von 185
Weddigen, Otto 160
Wedekind, Frank 29, *210*
Wedel, Karl Graf von 10, 58, *65*
Weingartner, Felix von 185
Weismann, August 230

Personenregister 1914

Wekerle, Sándor 25
Weniselos, Eleftherios 8, 30
Wermuth, Adolf 119
Westarp, Kuno Graf von *15*
Westinghouse, George 230
Wichert, Ernst *211*
Wilamowitz-Moellendorff, Ulrich von 172, 182
Wilding, Anthony F. 100, 125
Wilhelm II., deutscher Kaiser und König von Preußen 8, 10, 12, *14*, 46, *49*, *51*, 55, 65, *76*, 84, 86, 100, 102, 104, 106, 111, 114, 116, 117, 126, 128, 132, 136, 147, 148, 149, 155, 166, 183, 188, 200, 202, 213
Wilhelm I., Fürst von Albanien 32, 44, *49*, 78, 118, 158, 166, 170, 176, 208
Wilhelm III., König von England 100
Wilhelm, Kronprinz von Preußen 128
Wilhelm, Prinz zu Wied → Wilhelm I., Fürst von Albanien
Williams, F. 56
Wilson, Woodrow 10, *24*, 25, 30, 44, 46, 54, 56, 58, 60, 126, 154, 158, 160, *167*, 170, 186, 188, *194*, 202
Wolf, Sophie *124*
Wolf-Ferrari, Ermanno 185
Wolkow, Gawril A. 78
Wolzogen, Ernst Freiherr von 29
Woyzeck, Christian 74
Wrochem, Alfred von 17
Wussow, Friedrich 148
Yüan Shih-k'ai 8, 46, *64*, 72, 194, 202
Zapata, Emiliano 61, 118, 152, 208
Zedlitz und Neukirch, Oktavio Freiherr von 15
Zetkin, Clara *163*, 172
Zietz, Luise 148
Zilinsky, Jakov G. 12, *34*
Zimmermann, Arthur 104, 172, 202
Zita, Erzherzogin von Österreich *105*
Zoellner, Eugen *148*
Zorn von Bulach, Freiherr 10
Zupelli, Vittorio Italico 170

Sachregister

Das Sachregister enthält Suchwörter zu den in den einzelnen Artikeln behandelten Ereignissen sowie Hinweise auf die im Anhang erfaßten Daten und Entwicklungen. Kalendariumseinträge sind nicht in das Register aufgenommen. Während politische Ereignisse im Ausland unter den betreffenden Ländernamen zu finden sind (Beispiel: »Caillaux-Affäre« unter »Frankreich«), wird das politische Geschehen im Deutschen Reich unter den entsprechenden Schlagwörtern erfaßt. Begriffe zu herausragenden Ereignissen des Jahres sind ebenso direkt zu finden (Beispiel: »Weltkrieg« eben dort). Ereignisse und Begriffe, die einem großen Themenbereich (außer Politik) zuzuordnen sind, sind unter einem Oberbegriff aufgelistet (Beispiel: »Luftfahrt« unter »Verkehr«).

Abessinien 219
Afghanistan 219
Ägypten 208, 219
Albanien 219
– Amtsantritt Wilhelm I. 49
– Ausweisung Kriegsminister 78
– Epirus-Aufstand 64
– Machtwechsel 166, 176
– Valona 208
Algerien 219
Alldeutscher Verband 65, 149 (auch → Annexionspolitik; September-Programm)
Alltag
– Kriegsalltag 149, 196, 213
– Kriegsgefangenenagentur 210
– Kriegskitsch 196
– Silvesterferien 213
Annam 219
Annexionspolitik 149, 162 (Karte), 180 (Karte)
Antirussische Pressekampagne 48
Antisemitismus 65, 69
Arbeit und Soziales 120 (Übersicht)
– Frauenarbeit 148
– Gewerkschaftskongreß 94
– Koalitionsrecht 17
– Kriegsarbeitslosigkeit 149
– Maifeiern 77
– Textilarbeiterstreik 119
– Zechenunglück in Dortmund 20
Architektur 156 (Übersicht)
– Kathedrale Reims 166
– Stadthalle Hannover 95
Argentinien 219
Äthiopien (→ Abessinien)
Attentat von Sarajevo (→ Sarajevo-Attentat)
Aufrüstung
– Großmächte 34, 35 (Grafik)
– Militärluftschiff 69
– Rüstungskonzerne 37
Australien 219
Auto 66 (Übersicht)
Automobilsport (→ Sport)
Ballett (→ Oper/Operette/Ballett)
Belgien 219
Bhutan 219
Bildungswesen 80 (Übersicht)
– Büchersammelstellen 197
– Königliche Bibliothek 55
– Streit an Handelshochschule 79
– Universität Frankfurt am Main 182
Birma 219
Bolivien 219
Boxen (→ Sport)

Brasilien 219
»Bugra« (→ Weltausstellung für Buchgewerbe und Graphik)
Bulgarien 219
– Bulgarien-Anleihe 119
Bündnissysteme 35 (Karte)
»Burgfriedenspolitik«
– Innenpolitische Neuorientierung 163, 180
– Reichstagssitzung 136
– Schloßrede 132
Chile 219
China 64, 219
Costa Rica 219
Dänemark 209, 219
Deutsches Reich
– Regierung 218
– Statistik 215
Deutschkonservative Partei 17
Dominikanische Republik 219
Düppelfeiern 65
Ecuador 219
Eiskunstlauf (→ Sport)
El Salvador 219
Essen und Trinken/Ernährung 181 (Übersicht)
Film 82 (Übersicht)
– Kriegswochenschauen 183
– Werke:
  »Cabiria« 224
  »Engelein« 27, 224
  »Fräulein Seifenschaum« 224
  »Making a Living« 82
  »Seifenkistenrennen in Venice« 224
  »Tillies geplatzte Romanze« 224
  »Tirol in Waffen« 224
Finnland 69, 219
Frankreich 219
– Bordeaux Regierungssitz 164, 221
– Caillaux-Affäre 50
– Entente cordiale 62
– Jaurès-Attentat 118
– Parlamentswahlen 78
– Poincaré-Appell 164
– Regierungskrise 92
– Staatsbesuch Georg V. 62
– (auch → Julikrise; Putilow-Affäre; Weltkrieg)
Frauenstimmrechtsbewegung 54
Fußball (→ Sport)
Generalstab
– Kriegskurs 76
– Moltke-Entlassung 166
– Oberkommando Ost 190
– (auch → Weltkrieg)
Gesellschaft

– Duellwesen 51
– Einschränkungen des öffentlichen Lebens 119
– Fürsorgeerziehung 51
– Karneval 42
– Nationaler Frauendienst 148
– Trinkerfürsorge 68
Gesundheit 168 (Übersicht)
– Salvarsan-Streit 54
Gewichtheben (→ Sport)
Griechenland 219
Großbritannien 219
– Ehrendoktorwürde für deutschen Botschafter 93
– Entente cordiale 62
– Home-Rule-Gesetz 54, 118
– Labour-Politik 190
– Staatsbesuch Georg V. in Frankreich 62
– Streit um Aufrüstung 25
– Suffragetten 54
– (auch → Julikrise; Rußland/Flottengespräche; Weltkrieg)
Guatemala 219
Haiti 219
Honduras 219
Indien (Britisch-Indien) 219
Indochinesische Union 219
Irak 219
Iran (→ Persien)
Irland 219 (auch → Großbritannien)
Island 219
Italien 219
– Albanienpolitik 118, 208
– Generalstreik 93
– Irredentismus 78
– Neutralitätspolitik 152, 167
– Regierungswechsel 50
Japan 220
– Kriegseintritt 152
– (auch → Weltkrieg)
Jemen (Sana) 220
Jordanien 220
Jugendbewegung 69 (auch → Tod/Jugendregimenter)
Jugoslawien 220
Julikrise 104–117, 221
– Angriff auf Serbien 113
– Britische Haltung 115
– Deutscher »Blankoscheck« 104
– Deutsche Ultimaten 116
– Diplomaten 107
– Grey-Vermittlung 110
– Hoyos-Mission 104
– Kriegserklärung an Serbien 111
– Kriegskurs Österreich-Ungarn 116
– Kriegsmanifeste 112
– Kriegsvorbereitungen Deutsches Reich 116, 117
– Mobilmachung Deutsches Reich 116, 117
– Mobilmachung Rußland 109, 114
– Rückkehr Wilhelm II. 111
– Ultimatum an Serbien 106, 108, 109
Kambodscha 220

Kanada 220
»Kinderkreuzzug« 175
Kino (→ Film)
Kirche/Religion
– Gewerkschaftsstreit 42
– Polen-Demonstration 51
– Staat und Kirche in Europa 79
– (auch → Osmanisches Reich/Heiliger Islamischer Krieg)
Kirchenstaat (→ Papst)
Kolonialismus 194
– Tanganjika-Bahn 38
Kolumbien 220
Korea 220
Kriegskredite 136, 204
Kriegspolitik 76, 77 (auch → Antirussische Pressekampagne; Julikrise)
Kriegszielpolitik (→ Annexionspolitik)
Kriminalistik
– Internationale Kriminalistische Vereinigung 21
– Methoden 21
Kroatien 220
Kuba 220
Kunst 123 (Übersicht)
– Ausstellung Berliner Freie Sezession 71
– Ausstellung Venedig 70
– Künstlerpostkarten 43
– Werke:
  »Windsbraut« 98
Landwirtschaft
– Bund der Landwirte 39
– Kriegsgetreidegesellschaft 197
– (auch → Rußland/Agrarzölle)
Laos 220
Leichtathletik (→ Sport)
Libanon 220
Liechtenstein 220
Liman-Sanders-Krise 12 (Karte), 13
Literatur 210 (Übersicht)
– Gorki-Übersetzung 71
– »Untertan«-Vorabdruck 155
– Werke:
  »Abendliche Häuser« 222
  »Der Aufbruch« 211, 222
  »Deskriptive Pädagogik« 222
  »Dubliner« 210, 222
  »Der große Krieg in Deutschland« 222
  »Die Homosexualität des Mannes und des Weibes« 222
  »Psychologie der frühen Kindheit« 222
  »Die Räuberbande« 222
  »Roßhalde« 211, 222
  »Der Stern des Bundes« 211, 222
  »Unter fremden Menschen« 223
  »Verfall und Triumph« 222
  »Die Verliese des Vatikan« 222
  »Zarte Knöpfe« 210, 223
Luftfahrt (→ Verkehr)
Luxemburg 220 (auch → Weltkrieg/Beginn Westoffensive)
Marokko 220

Sachregister 1914

Mexiko 220, 221
– Huerta-Rücktritt 118
– Machtwechsel 152
– Niagara-Falls-Konferenz 78
– Revolution 61, 208
– US-Einmarsch 60 (Karte)
– Verhältnis zu den USA 60
Militär
– Orden 149
– Stärkeverhältnis in Europa 35 (Grafik)
– Uniformen 139
– (auch → Aufrüstung; Generalstab; Militarismus)
Militarismus
– Bildungsbürgertum 182
– »Der deutsche Krieg« 180
– Deutscher Wehrverein 77
– Goltz-Dokument 94
– Hindenburg-Glorifizierung 147
– Kriegseuphorie 110
– (auch → Alltag/Kriegskitsch)
Mode 52 (Übersicht)
Monaco 220
Montenegro 220
Musik 185 (Übersicht)
– Futuristenkonzert 70
– Kriegslieder 183
– Volksliedarchiv 83
– (auch → Unterhaltung)
Nepal 220
Neuseeland 220
Nicaragua 220
Niederlande 220
Nobelpreise 209
Norwegen 209, 220
Oper/Operette/Ballett
– Bayreuther Festspiele 26, 125
– Mailänder Scala 70
– »Parsifal«-Privileg 26
– Pawlowa-Gastspiel 98
– Werke:
  »Josephslegende« 223
  »Die Nachtigall« 83, 223
  »Notre Dame« 70, 223
– (auch → Musik)
Osmanisches Reich 220
– Friedensvertrag mit Serbien 49
– Heiliger Islamischer Krieg 193
– Kriegseintritt 176
– Liman-Sanders-Krise 12 (Karte), 13
– Rußland-Kontakte 78
– Wechsel Kriegsminister 13
Österreich-Ungarn
– Besuch Wilhelm II. 49
– Minderheitenproblem 49
– Regierung (nur Österreich) 218
– Sarajevo-Attentat 88, 104, 179, 221
– Statistik (nur Österreich) 216
– (auch → Julikrise; Weltkrieg)
Panama 220 (auch → Panamakanal)
Panamakanal 25, 154 (Karte)
Papst 153, 220
Paraguay 220

Pazifismus 110, 118, 152
Persien 220
Peru 220
Pferdesport (→ Sport)
Philippinen 220
Polen 220
– Nationalrevolutionäre Bewegung 193
Portugal 220
Pressewesen 18
– Pressetag 95
– Technologien 18
– Ullstein-Verlag 19
Preußenbund 17
Putilow-Affäre 36
Radsport (→ Sport)
Revue (→ Unterhaltung)
Rumänien 220
– Besuch Nikolaus II. 93
– Tod Karl I. 179
Rußland 220
– Agrarzölle 68 (Grafik)
– Flottengespräche mit Großbritannien 78
– Kontakte zum Osmanischen Reich 78
– Politische Repressionen 13
– Semstwo 13
– Staatsbesuch Poincaré 106
– Streikwelle 64
– Wechsel Ministerpräsident 39
– (auch → Antirussische Pressekampagne; Julikrise; Liman-Sanders-Krise; Putilow-Affäre; Weltkrieg)
Sansibar 220
Sarajevo-Attentat 88, 104, 179, 221
Schiffahrt (→ Verkehr)
Schweden 220
– Königstreffen 209
– Regierungskrise 39
Schwimmen (→ Sport)
Schweiz
– Regierung 218
– Statistik 217
September-Programm 162 (auch → Annexionspolitik)
Serbien 220
– Friedensvertrag mit dem Osmanischen Reich 49
– (auch → Julikrise; Sarajevo-Attentat; Weltkrieg)
Siam (→ Thailand)
Ski (→ Sport)
Spanien 193, 220
SPD (Sozialdemokratische Partei Deutschlands)
– Innerparteiliche Opposition 163, 204
– Kriegskreditfrage 137
– Rosa-Luxemburg-Prozeß 39
– »Rote Woche« 51
– Südekum-Gespräche 119
Spitzbergen 94 (Karte)
Sport
– Automobilsport 71, 125, 225
– Boxen 225

– Eiskunstlauf 27, 43, 225
– Eisschnellauf 43
– Flugsport 42
– Fußball 71, 83, 225
– Gewichtheben 225
– IOC-Kongreß 99
– Kanuverband 55
– Leichtathletik 55, 99, 225
– Olympiafahne 99
– Olympiavorbereitungen 42, 99
– Pferdesport 99, 226
– Radsport 125, 226
– Rudern 55
– Schach 83
– Schwimmen 226
– Ski 27
– Tennis 125, 227
Südafrikanische Union 220
– Aufstand 193
– Generalstreik 24
Tennis (→ Sport)
Thailand 220
Theater 212 (Übersicht)
– Kriegsspielpläne 183
– Volksbühne 209
– Werke:
  »Der Bogen des Odysseus« 27
  »Pohjalaisia« 223
  »Der Snob« 43, 223
  »Der Tausch« 223
Tibet 220
Tod 228
– Feuerbestattung 182
– Jugendregimenter 175
– Kriegstod von Künstlern 192
Tunis 220
Türkei (→ Osmanisches Reich)
Unglücksfälle 20, 42, 79, 209
Ungarn 220
Unterhaltung 28 (Übersicht)
– Kabarett 29
Unternehmen (→ Wirtschaft)
Urlaub und Freizeit 96 (Übersicht)
Uruguay 220
USA 220
– Antitrustbotschaft 24
– Antitrustgesetze 167
– Frauenstimmrecht 54
– Militäreinsatz gegen Streikende 64
– Niagara-Falls-Konferenz 78
– Parlamentswahlen 194
– (auch → Mexiko; Panamakanal)
Venezuela 220
Verkehr 150 (Übersicht)
– Eisenbahn 69, 197
– Luftfahrt 42, 69
– Schiffahrt 25, 95
Wandervogel (→ Jugendbewegung)
Weltausstellung für Buchgewerbe und Graphik (»Bugra«) 81, 183
Weltkrieg 221
– Antwerpen 174
– Deutscher Terror in Löwen 142
– Flandernschlachten 174, 191

– Führungswechsel 8. Armee 145
– Galizien 167, 205
– Hauptquartier 148
– Kiautschou 194
– Kriegserklärungen 132, 221
– Luftkrieg 177
– Marneschlacht 165, 221
– Militärische Kriegsvorbereitungen 138
– Ostfront 176, 205, 221
– Schlacht von Gumbinnen 144
– Schlacht von Lothringen 143 (Karte)
– Schlacht an den Masurischen Seen 167
– Schlacht von Tannenberg 146 (Karte)
– Seekrieg 190, 206, 207
– Serbien 205
– Strategieprobleme 145, 165, 190
– Westoffensive 138, 140, 143, 221
– (auch → Wissenschaft und Technik)
Werbung 40 (Übersicht)
Werkbund
– Werkbund-Ausstellung 81
– Richtungsstreit 125
Wetter 20, 155
Wirtschaft 195 (Übersicht)
– Bulgarien-Anleihe 119
– Börsenkrise 119
– Deutsch-Amerikanischer Wirtschaftsverband 51
– Diskontsatz 20
– Erzbecken Longwy-Briey 180 (Karte)
– Hansabund 77
– Kriegsfinanzwirtschaft 195 (Grafik)
– Kriegsgeschäfte 148
– Kriegsmonopolgesellschaften 149, 177
– Kriegswirtschaft 163
– Mitteleuropäischer Zollverband 25, 162
– Postscheckgesetz 54
– Regierungspolitik 20
– Unternehmen 19, 37, 68
– Wirtschaftlicher Ausschuß 77
– Wirtschaftskrieg 177
Wissenschaft und Technik 22 (Übersicht)
– Behring-Werke 68
– Forschung für militärische Zwecke 42, 177, 209
– Ingenieurstag 95
– Kaiser-Wilhelm-Institut für Physik 68
– Kohleforschungsinstitut 121
– Meeresforschung 23, 121
– Tropeninstitut 121
– Waffentechnik 177, 178
Wohnen und Design
 (auch → Werkbund) (Übersicht) 198
Zabern-Affäre 16, 65

Bildquellenverzeichnis

Archiv Historisches Nähmaschinen-Museum, München (1); Comité International Olympique, Lausanne (2); Deutsches Literaturarchiv/Schiller-Nationalmuseum, Marbach (4); Deutsches Plakatmuseum, Essen (1); Deutsches Theatermuseum, München (1); Norbert Fischer, Berlin (2); Friedrich-Ebert-Stiftung/Archiv der sozialen Demokratie, Bonn (1); Archiv Gerstenberg, Wietze (2); Harenberg Kommunikation, Dortmund (497); Historia-Photo, Hamburg (6); Historisches Archiv Krupp, Essen (2); Robert Lebeck, Hamburg (10); Giesela Macke, Bonn (1); Frieder Mellinghoff, Essen (1); Otto Müller Verlag, Salzburg (1); Nationalarchiv der Richard-Wagner-Stiftung/Richard-Wagner-Gedenkstätte, Bayreuth (2); Österreichische Nationalbibliothek, Wien (4); Max Reinhardt Archiv, New York (1); Siemens-Museum, München (1); Süddeutscher Verlag/Bilderdienst, München (2)

© für die Abbildungen:
Max Beckmann: »Selbstbildnis« VG Bild-Kunst, Bonn 1988
Ludwig Hohlwein, Plakat 1914, VG Bild-Kunst, Bonn 1988
Wassily Kandinsky: »Unbenannte Improvisation« VG Bild-Kunst, Bonn 1988
Ernst Ludwig Kirchner: »Blaue Artisten« Wolfgang und Ingeborg Henze, Campione d'Italia
Oskar Kokoschka: »Die Windsbraut« Cosmopress, Genf

© für die Karten und Grafiken:
Harenberg Kommunikation, Dortmund (18)